城厢年鉴

YEARBOOK OF CHENGXIANG 2020

中共莆田市城厢区委 莆田市城厢区人民政府主办
中共莆田市城厢区委党史和地方志研究室承编

方志出版社
Publishing House of Local Records

图书在版编目（CIP）数据

城厢年鉴. 2020 / 中共莆田市城厢区委党史和地方志研究室编 .-- 北京：方志出版社，2020.12
ISBN 978-7-5144-4717-0

Ⅰ. ①城… Ⅱ. ①中… Ⅲ. ①区（城市）－莆田－2020－年鉴 Ⅳ. ①Z525.74

中国版本图书馆 CIP 数据核字（2020）第 268401 号

城厢年鉴（2020）

编　　者：中共莆田市城厢区委党史和地方志研究室
责任编辑：王　娜

出 版 者：方志出版社
地　址　北京市朝阳区潘家园东里 9 号（国家方志馆 4 层）
邮　编　100021
网　址　http://www.zgfzcb.cn
发　　行：方志出版社图书经销中心
电话（010）67110500
经　　销：各地新华书店
印　　刷：福州远榕印刷有限公司

开　　本：889×1194　　1/16
印　　张：24.75
字　　数：577 千字
版　　次：2020 年 12 月第 1 版　　2020 年 12 月第 1 次印刷
印　　数：001 ～ 500 册

ISBN 978-7-5144-4717-0　　定价：280.00 元

《城厢年鉴》编辑部

编辑说明

一、《城厢年鉴》是中共莆田市城厢区委、莆田市城厢区人民政府主办的地方年度资料性文献，由中共莆田市城厢区委党史和地方志研究室具体承纂，于2010年创刊，国内外公开发行，《城厢年鉴（2020）》为第七卷。

二、《城厢年鉴（2020）》以马克思列宁主义、毛泽东思想、邓小平理论、“三个代表”重要思想、科学发展观、习近平新时代中国特色社会主义思想为指导，坚持辩证唯物主义和历史唯物主义的立场、观点和方法，全面、客观、翔实、系统地记载2019年城厢区政治、经济、文化、社会、生态等方面的基本情况，突出反映各行各业、各条战线的新发展、新成就、新经验。

三、本年鉴原则上记载城厢区2019年度资料，记事时限为2019年1月1日至2019年12月31日。年鉴内容分为三大版块，卷首设图片、特载、专记、大事记、区情概况；内文（主体部分）以概况、职能、工作条目、综合记事条目及年度动态条目等各类条目为主要信息和基本撰稿内容；卷末设人物、名录、附录等。

四、本年鉴框架设计上采用类目、分目、条目三级结构，除特载、专记收录综合性文章外，内文（主体部分）采用综合年鉴规范性记述，以条目为基本单元和主要表现形式。全书共设类目32个，分目115个，条目884条，特载、专记、大事记、人物、名录、附录中内容不作条目统计。

五、本年鉴采用记述体为主兼具说明体，文字、标点符号、计量单位均以国家现行规范为准。文中凡简称“党员”均指中国共产党党员，“省、全省”均指福建省，“市、全市”均指莆田市，“区、全区”均指城厢区。

六、本年鉴所有资料均由各有关单位提供并审核，作者署名。相关统计数据，均以区统计局公布统计资料为准，统计局统计范围之外的数据，由各主管部门提供。由于统计口径不同，个别数据在不同条目中不尽相同，使用时请注意出处。

七、《城厢年鉴（2020）》配备双重检索系统，正文前刊有目录，书后配有检索。索引采用主题分类法，款目按汉语拼音字母顺序排列。

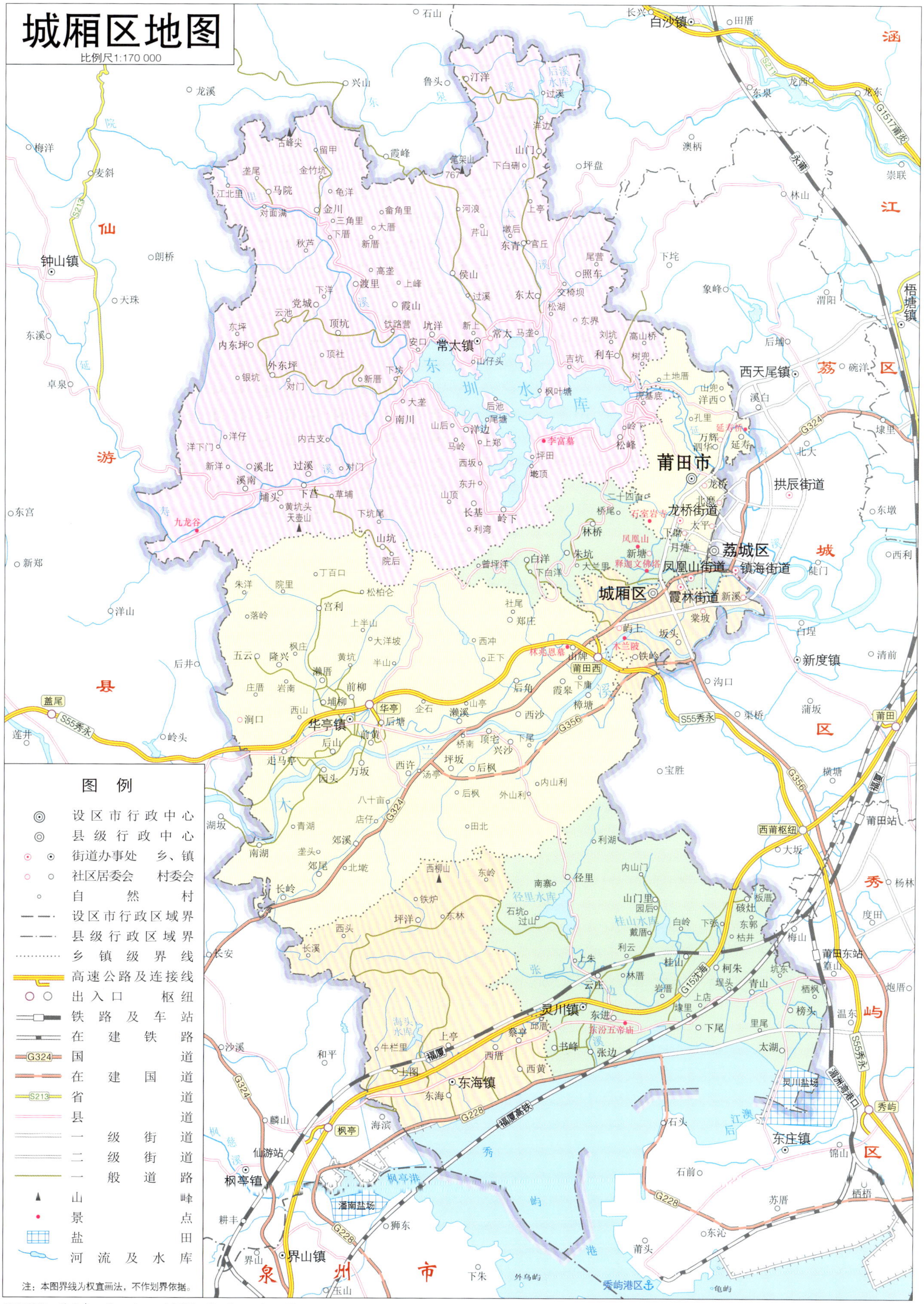

编制单位：福建省地图出版社　审图号：莆S〔2021〕3 号

资料截至为2019年12月

大美城厢　　（许金珊 摄）

东圳水库 （许金珊 摄）

3 月 11 日，城厢区住建局进行河道治理
（俞震 摄）

3 月 4 日，城厢区住建局进行河道治理
（俞震 摄）

3 月 12 日，城厢区住建局进行河道治理
（俞震 摄）

绥溪公园 （许金珊 摄）

延寿溪 （蔡新添 摄）

下磨溪　（蔡新添　摄）

洋西溪　（蔡新添　摄）

11 月 29 日，外商参观安福电商城　（蔡新添　摄）

夜幕下的电商小镇　（易振环　摄）

1 月 8 号，城厢区颁发第一张电商营业执照　（易振环　摄）

5 月 15 日，骠骑·海丝动力摩托车文化节在城厢区举办　　（蔡新添　摄）

智慧 U 站　　（易振环　摄）

华林园区厂房一角 （詹丽明 摄）

9 月 13 日，中央电视台到木兰陂公园采访 （易振环 摄）

1月8日，木兰大道在建中

（蔡新添 摄）

3月26日，省重点项目灵华线施工现场 （蔡新添 摄）

福厦客专跨海大桥施工现场 （易振环 摄）

5 月 31 日，径里隧道施工现场
（蔡新添 摄）

9 月 11 日，笏枫路拓宽施工现场
（陈丽君 摄）

2019 年 6 月，霞林街道滨溪北路通车
（蔡新添 摄）

6 月 6 日，城厢区筱塘小学举行“浓情端午粽飘香”千人诵读　（许金珊 摄）

12 月 30 日，莆田三中举办第十六届校园文化艺术节　（许金珊 摄）

9 月 21 日，城厢区中小学举行合唱比赛　（许金珊 摄）

11 月 23 日，城厢区举行诗歌朗诵“不忘初心，牢记使命”主题教育暨敬老爱老文艺晚会　（蔡新添　摄）

1 月 12 日，莆田市 2019 第四届东圳千人单车骑游活动在城厢区举行　（许金珊　摄）

8 月 29 日，华亭镇游泳池一角　　（蔡新添　摄）

7 月 1 日，城厢区举行应急安全演练
（蔡新添　摄）

7 月 1 日，城厢区医院举行新址揭牌仪式　（许金珊　摄）

常太镇

山村木屋

（许金珊 摄）

（许金珊 摄）

山村花圃

（许金珊 摄）

1 月 25 日，华亭镇樟塘片区整村项目改造拆迁编号
（蔡新添 摄）

1 月 29 日，华亭镇樟塘片区整村项目改造拆房后航拍现场
（蔡新添 摄）

9 月 12 日，城厢区香菇种植园 （蔡新添 摄）

风力发电　（易振环 摄）

东海农田　（易振环 摄）

山村一角　（易振环 摄）

沿海乡村　（易振环 摄）

4月26日，东海镇坪洋村村民喜摘金丝皇菊
（蔡新添 摄）

乡村美景　（许金珊 摄）

目录

特　载

专　记

大事记

区情概览

中共城厢区委

莆田市城厢区人民代表大会

莆田市城厢区人民政府

政协莆田市城厢区委员会

纪检 监察

民主党派 工商联

群众团体

法 治

军 事

应急管理

经济管理

市场监督

农业农村

工 业

商 贸

城市建设

交　通

金 融

科学技术

教　育

文化　体育　旅游

卫生　健康

社会民生

生态环境

镇 街

人　物

名　录

附　录

索　引

莆田市城厢区人民代表大会常务委员会工作报告

——2019年12月26日在城厢区九届人大四次会议上

城厢区人大常委会主任 王国太

2019年是新中国成立70周年，也是人民代表大会制度建立65周年、地方人大设立常委会40周年，更是全面建成小康社会、实现第一个百年奋斗目标的关键之年。一年来，区人大常委会深入贯彻习近平新时代中国特色社会主义思想、党的十九大和十九届四中全会精神，牢固树立“四个意识”，不断增强“四个自信”，坚决做到“两个维护”。在中共城厢区委的坚强领导下，全面落实中央、省委、市委和区委的重大决策部署，依法行使人大职权，主动服务工作大局，为推进高质量发展落实赶超、加快“木兰溪时代”美丽莆田先行区建设作出积极贡献。

一、坚持党的领导，以新思想为指导践行初心使命

始终坚持党的领导、人民当家作主、依法治国有机统一。牢记人大及其常委会是党领导下的政治机关，切实把党的路线方针政策和区委决策部署落实到人大工作全过程，确保人大工作正确政治方向。

旗帜鲜明讲政治。坚持把党的政治建设摆在首位。深入学习贯彻习近平新时代中国特色社会主义思想、党的十九大和十九届四中全会精神，学习贯彻习近平总书记关于坚持和完善人民代表大会制度的重要思想、对地方人大常委会工作的重要指示、参加十三届全国人大二次会议福建代表团审议时的重要讲话以及对福建工作的重要指示批示精神和治理木兰溪的重要理念。召开23次党组理论学习中心组扩大会议，选派干部下基层宣讲十九届四中全会精神，组织党员干部参加省人大、区委组织的学习培训，并通过“夜间学堂”“学习强国”“干部网络学院”等平台加强学习，进一步提升机关党员干部思想政治素质，巩固党员干部理想信念，切实把学习新思想转化为做好人大工作的实际行动。

初心使命见担当。认真贯彻落实习近平总书记在中央“不忘初心、牢记使命”主题教育工作会议上的重要讲话精神，按照中央、省委、市委及区委的部署，牢牢把握“守初心、担使命，找差距、抓落实”总要求，切实加强组织实施，把学习教育、调查研究、检视问题、整改落实贯穿始终。通过开展主题教育，理论武装持续强化，调查研究深入扎实，查找问题全面深刻，整改落实成效明显，确保理论学习有收获、思想政治受洗礼、干事创业敢担当、为民服务解难题、清正廉洁作表率。常委会 1 名副主任抽调市委巡回指导组任副组长，2 名副主任分别担任区委指导组组长，常委会机关 3 名科级干部分别抽调区委指导组任副组长，负责具体指导工作，主题教育成效得到市委指导组的充分肯定。

围绕大局抓落实。自觉把人大工作置于区委的领导之下，及时向党委请示报告重大事项、重要工作和重大问题，紧扣区委中心工作，突出重点议大事，抓好要事促落实。坚持服从服务发展大局，主动融入，紧扣事关城厢经济社会发展的全局性、长远性问题积极履职，适时作出决议决定。一年来，先后召开常委会会议 8 次、主任会议 16 次，听取和审议“一府两院”工作报告 22 项，开展执法检查 4 次、专题调研 3 次、跟踪调研 1 次、视察调查 4 次，专题询问 1 次，作出决定决议 11 项。坚持把党管干部原则同依法行使人事任免权统一起来，严格落实市委、区委人事安排意图。一年来，依法任免国家机关工作人员 36 人次，宪法宣誓 11 人次，确保党组织推荐的人选通过法定程序成为国家机关工作人员，为推动全区经济社会事业发展提供坚强的组织保障。认真做好挂钩联系镇（街道）、重点项目、信访维稳等工作，常委会 2 位副主任、3 位常委会委员分别参与坂头东片区、月塘南片区、华亭霞皋山牌片区等项目攻坚，1 位副主任负责全区重点项目督查工作，在项目攻坚一线发挥积极作用。

二、服务大局工作，以新发展为引领展现履职担当

树立新发展理念，围绕中心工作，创新工作方法，依法履职尽责，积极有效作为，确保人大及其常委会成为全面担负起宪法法律赋予的各项职责的工作机关。

推动经济稳中提质。坚持以高质量发展落实赶超为目标，切实增强财经监督实效。对经济运行情况进行分析研判，组织对 2019 年上半年计划、预算的执行情况和重点项目建设情况开展视察检查，督促区政府紧紧围绕年度各项目标任务，精准发力，加快项目落地，提升产业层次；大力发展实体经济，推动创新驱动发展，加快构建推动经济高质量发展体制机制；大力培植财源，夯实财政收入稳定增长基础。听取和审议 2018 年财政决算的报告、本级预算执行和其他财政收支的审计工作报告，加大对审计反映问题整改情况的审查监督力度，督促区政府重视审计发现的问题，责成有关部门认真抓好整改，切实提高财政资金的运行和使用效率，促进财政资金管理科学化、规范化、精细化。听取区政府关于我区行政事业性国有资产管理情况的报告，督促区政府强化资产管理意识和责任落实，加强法规制度和机制建设，确保国有资产保值增值。审查批准 2019 年区本级预算调整方案，督促区政府及有关部门规范预算执行，优化支出结构。听取和审议区政府 2019 年新增地方政府债务限额及调整新增债券资金支出预算方案，着力推动防范和化解金融风险。

推动补齐民生短板。坚持以人民为中心，积极回应群众关切。对全区乡村振兴战略实施情况进行视察调查，督促区政府及有关部门围绕“产业兴旺、生态宜居、乡风文明、治理有效、生活富裕”总要求，统筹城乡发展，巩固脱贫成果，助力乡村振兴出实效。听取区政府 2019 年为民办实事项目落实情况汇报，促进今年 17 件惠民实事项目取得进展，增强人民群众的获得感、幸福感。对区政府贯彻实施《中华人民共和国教师法》及福建省实施办法情况开展执法检查，督促政府及有关部门加大财政经费投入，持续提升全区教育教学水平。对区政府贯彻实施《莆田市中小学校幼儿园规划建设条例》情况开展专题调研，督促政府及相关部门提高站位，切实做好规划布局修编，推动文献小学、滨溪幼儿园等 13 项学校项目建设，新增学生学位 5140 个，其中小学学位 1750 个、幼儿园学位 3390 个，有效缓解“上学难、入园难”问题。

推动城市品质提升。深入贯彻落实习近平总书记治理木兰溪的重要理念，积极响应市人大作出的“发挥人大监督作用，全力助推木兰溪综合治理人与自然和谐共生的美丽莆田建设决议”，组织代表对我区木兰溪两岸规划建设情况开展专题调研，详细了解木兰溪两岸规划建设、保护等情况，督促区政府及相关部门注重规划先行，促进多规合一。强调木兰溪两岸的规划要立足实际，结合生态环境保护，高起点科学规划，为建设美丽莆田先行区打造“木兰样本”。对区政府贯彻实施《中华人民共和国土地管理法》及省实施办法情况开展执法检查，督促政府及相关部门正确处理好发展经济与保护土地资源的关系，盘活闲置土地，科学规划整合，确保有限的土地资源得到合理的利用。重视打好污染防治攻坚战，对区政府贯彻实施《中华人民共和国水污染防治法》情况开展执法检查并进行专题询问，督促政府及相关部门加强联防联控，强化执法力度，巩固“黑臭污水”整治成果，建立水污染防治长效机制，坚持绿色发展。对我区 2018 年度环境状况和环境保护目标完成情况开展视察调查，列出问题清单，跟踪监督到点，督促政府及相关部门严格执行环保法律法规，充分利用刚性手段倒逼落后产业转型升级，打造新的绿色经济增长点，助力人文宜居新城厢进入“木兰溪时代”。

推动法治城厢建设。着力推进依法治区进程，促进公正司法和社会和谐。对我区贯彻实施《中华人民共和国人民陪审员法》情况进行执法检查，督促区政法有关部门严把选拔关，充分发挥人民陪审员的作用，最大限度地实现法律效果和社会效果的统一。对区检察院落实公益诉讼工作情况进行视察调研，督促检察机关切实加强衔接协调，充分调动行政机关依法履职的积极性和主动性，形成推动公益诉讼工作的强大合力。对区政府落实宗教事务条例审议意见情况进行“回头看”，促进我区宗教活动规范发展，发挥宗教在经济社会发展中的积极作用。进一步加强规范性文件备案审查制度和能力建设，维护法制统一权威。持续做好人大信访工作，把人大信访工作作为密切联系群众、倾听群众心声的重要渠道，落实每月 15 日领导接访制度，认真开展信访信息分析，一年来，共受理上级人大转来或群众来信 61 件，接待群众来访 40 批 52 人次，注重做好化解稳控工作，维护群众合法权益。加大涉法涉诉信访件督办力度，助推扫黑除恶专项斗争深入开展，为社会和谐稳定做出积极贡献。

三、发挥代表作用，以新活力为目标突出主体地位

尊重代表主体地位，健全工作制度，着力提升服务保障水平，确保人大及其常委会成为同人民群众保持密切联系的代表机关。

强化代表履职保障。扩大代表对常委会工作的参与，坚持邀请代表列席常委会会议，有计划安排代表参加各类执法检查、视察调查和专题调研活动，安排代表参加各级的工作报告、监督计划、法规制定等征求意见会。抓好代表履职培训，不断提升代表依法履职能力和水平。注重加强代表队伍建设，强化代表履职管理和监督，依法做好代表补选、资格终止等工作，做好代表资格审查，完善代表退出机制。一年来，共接受 3 名代表因工作变动等原因辞去代表职务，并根据工作需要依法补选 3 名区人大代表。积极配合做好我省的全国人大代表、我市的省人大代表以及市人大代表在我区各类视察调研的服务保障和协调联系工作，为各级人大代表履职创造条件。

密切联系人民群众。落实常委会组成人员联系代表制度，开展常委会组成人员走访联系代表、走进代表活动室联系人民群众等活动，充分听取代表和人民群众的意见建议。加强镇（街道）代表活动室建设，积极开展代表日活动。指导各镇（街道）人大组织代表开展好集中视察调研，引导代表走进农户、走进项目、走进企业，充分发挥代表联系人民群众的桥梁纽带作用。适时总结推广镇（街道）经验做法，增强代表小组活动实效。注重发挥代表履职服务网络平台作用，进一步拓宽代表履职渠道。

增强建议办理实效。引导代表坚持从大局出发提出意见建议，既当出题人，也主动参与答题，代表建议和会议审议质量明显提高。改进代表建议督办工作，听取和审议区政府办理代表建议情况汇报，发出审议意见书加强督办，推动办理工作从“答复型”向“落实型”转变。区九届人大三次会议期间共收到39件代表建议，确定5件进行重点督办。至目前，39件代表建议全部在规定时限内答复，其中已办结16件，正在办理14件，向代表解释说明9件。一些代表和群众关心的问题，如进一步完善华林经济开发区基础环境、整治学校门口交通混乱现象等建议得到有效办理。对办理代表建议成效突出的5家单位，评为代表建议办理工作先进单位，并在本次代表大会上予以授牌表彰。2014年我区的市人大代表提出的“关于修建莆田西高速路口至城北快速通道的建议”，经过历年的呼吁、跟踪促进和市人大的督办，现已由市政府调研规划立项，该项目的建成落地，对完善市区交通网络、缓解交通堵塞将起到积极作用。

四、突出主体责任，以新形象为动力强化自身建设

落实新时代党的建设总要求，不断提升依法履职能力和水平，推动机关建设高质量发展。

坚持全面从严治党。按照“两个机关”的定位和要求，落深落细人大常委会党组履行全面从严治党的主体责任，推进党风廉政建设。坚持把党规党纪、廉政法规等纳入人大机关干部学习教育内容，抓好纪律教育、政德教育、家风教育，组织全体党员观看警示教育片，深化以案为鉴、以案促改，引导党员干部筑牢拒腐防变的思想道德防线。支持和保障区纪委派驻人大机关纪检组开展工作，推动巡视整改问题的解决。重视在节假日敏感节点抓好廉洁教育，要求人大机关党员干部特别是领导干部要带头清正廉洁，杜绝违规违纪行为发生。加强常委会机关党的建设，进一步规范党内政治生活，坚持民主集中制原则，落实“三会一课”制度，结合主题教育，组织机关党员干部赴常太马院革命纪念馆、东圳精神纪念馆、木兰陂文化公园开展主题党日活动，重温入党誓词，激发初心动力。抓好机关文明创建、综治平安、法制宣传、绩效考评等工作，确保全方位提升机关形象。

把好意识形态关口。落实意识形态工作责任制，注重抓好意识形态工作研究、网络舆情分析研判、稿件审核把关、文件签批等工作，加强对意识形态领域新变化新情况的分析研究，排查意识形态管理漏洞，查找风险隐患和薄弱环节，采取措施改进完善，在细微之中保障意识形态工作扎实到位。注重同区委宣传部门联系，重点围绕召开代表大会、常委会会议和执法检查、视察调查、专题调研以及代表活动等进行宣传报道。积极配合省人大常委会围绕“地方人大工作与时俱进”开展课题调研。组织部分区人大代表参加省人大、市人大、城厢区举办的庆祝新中国成立70周年书画展览等活动，深入宣传人大工作创新发展的生动实践，宣传人大制度，讲好人大故事，传播人大声音。

营造和谐工作环境。积极协助配合上级人大常委会来我区开展执法检查、视察调查和立法调研等活动，促进相关工作有序开展。加强对镇、街道人大的工作指导，组织召开镇（街道）人大主席（主任）联席会议，围绕“发挥人大监督作用，全力助推木兰溪综合治理人与自然和谐共生的美丽莆田建设”进行交流研讨。重视联系交流，密切与“一府一委两院”及相关部门的沟通联系，营造良好的工作氛围。积极做好省内外县、区人大常委会来我区调研、考察等活动的服务保障工作，展现区人大机关的良好形象。

各位代表，一年来，常委会工作所取得的成绩，是区委正确领导和市人大常委会有力指导的结果，是全体区人大代表共同努力的结果，是区政府、区监委、区法院、区检察院和各镇（街道）人大密切配合的结果，也是全区人民和社会各界积极支持的结果。在此，我谨代表区人大常委会，表示崇高的敬意和衷心的感谢！

在肯定成绩的同时，我们也清醒地看到，常委会工作还有待进一步加强和改进，如监督工作的实效和人民群众的期待还有差距；代表保障服务机制还不完善；部分人大代表的履职积极性还不够高；对镇（街道）人大工作的指导还不够到位；常委会及机关作风和能力建设还有待加强等等。我们将正确认识和对待这些问题，虚心听取意见，采取有效措施，切实加以改进。

各位代表，2020 年是实现高质量发展落实赶超的重要一年，更是决胜全面建成小康社会的收官之年，也是实现第一个百年奋斗目标的关键之年。区人大常委会工作的总体要求是：以习近平新时代中国特色社会主义思想为指导，认真贯彻落实党的十九大、十九届四中全会以及省委十届九次全会、市委七届九次全会和区委九届十一次全会精神，践行习近平总书记关于坚持和完善人民代表大会制度的重要思想和对地方人大常委会工作的重要指示，积极发挥人大制度优势，切实维护制度权威，在中共城厢区委的坚强领导下，凝聚起信仰信念信心的强大精神力量，围绕高质量发展落实赶超，立足人大工作特点，紧扣人民群众重大关切，认真履行宪法和法律赋予的各项职权，为加快“木兰溪时代”美丽莆田先行区建设做出人大贡献。

一、以更高站位讲政治，确保人大工作正确方向

持续深入学习贯彻习近平新时代中国特色社会主义思想和党的十九大、十九届四中全会精神，深刻领会习近平总书记对福建工作的重要指示批示精神，把习近平总书记关于坚持和完善人民代表大会制度的重要思想学深做实，持续提高政治站位，不断增强坚持和完善根本政治制度、做好地方人大常委会工作的思想自觉和行动自觉，在区委坚强领导下，认真谋划和推进人大工作，依法履行好各项职责，确保区委决策部署得到贯彻落实。持续深化对人大地位、性质和作用的认识，不断增强坚持党的领导、人民当家作主、依法治国有机统一的自觉性，进一步把人民代表大会制度坚持好、完善好、发展好，为坚持和完善中国特色社会主义制度、推进国家治理体系和治理能力现代化作出新的贡献。

二、以更严要求强履职，着力提升监督实效

着眼全区发展大局，综合运用好听取和审议专项工作报告、视察调研、执法检查、专题询问、满意度测评等法定监督形式，形成监督合力，增强监督实效。围绕促进经济发展。加强对政府全口径预算决算的审查和监督，推动实施预算绩效考核，听取和审议本级决算和审计工作报告，审查批准 2019 年区本级决算。听取和审议国民经济和社会发展计划及预算执行情况报告。组织开展我区“十三五”规划实施情况和“十四五”规划编制情况调研，听取和审议区政府关于我区国有企业经营情况和国有资产管理情况报告，审查批准 2020 年区本级预算调整方案，促进经济发展稳中求进。围绕推动重点工作。持续跟踪督促打好防范化解重大风险、精准脱贫、污染防治三大攻坚战。认真践行习近平生态文明思想，推动做好木兰溪流域的综合治理工作。听取和审议 2019 年度环境状况和目标完成工作情况报告，组织对我区贯彻执行《福建省河道管理条例》情况的执法检查，推动全区加强河道保护管理，发挥河道综合功能。配合市人大常委会持续开展中华环保世纪行宣传活动，推动宜居城厢建设。围绕增进民生福祉。响应省、市、区三级人大联动，组织开展《中华人民共和国食品安全法》执法检查，推进餐桌安全，保障人民群众健康。对我区农产品深加工工作情况开展视察调研，推动我区农业供给侧结构性改革。组织对区政府贯彻落实教师法审议意见“回头看”跟踪调研，组织对我区贯彻实施《莆田市中小学校幼儿园规划建设条例》情况开展执法检查，进一步提高全区教育整体水平。组织对我区少数民族群众扶贫脱贫工作情况的专题调研，维护民族团结，提升脱贫攻坚整体成效。组织对我区贯彻实施《福建省物业管理条例》情况的执法检查，推动全区物业管理规范化。组织对我区安置房建设、回迁、产权登记及剩余安置房处置情况的视察调研，进一步提升我区安置房建设管理水平。围绕社会公平正义。坚定不移走中国特色社会主义法治道路，全面推进依法治区，支持和促进“一府一委两院”依法行政、公正司法。组织对我区贯彻落实“认罪认罚从宽制度”的视察调查，组织对我区人民调解工作情况的专题调研，着力提升司法公信力，让人民群众进一步感受到公平正义。

三、以更具活力的代表工作，切实发挥主体作用

大力支持保障代表依法履职，进一步激发代表履职积极性，更好发挥代表主体作用。加强和改进代表培训工作，提升代表履职能力。密切常委会与代表的联系，继续深入开展走访联系基层代表活动，坚持依靠代表做好视察调研、执法检查等各项工作，拓展代表参与的广度和深度。充分发挥代表联系群众工作平台和网络平台的作用，认真做好群众意见的处理反馈，推动解决实际问题。加强代表小组建设，组织代表有针对性地开展专题调研和集中视察，提高闭会期间代表履职活动质量。改进代表建议办理工作，强化跟踪落实。做好常委会领导领衔重点督办、对口督办代表建议工作，健全建议办理质量评审和绩效考评衔接机制。落实代表履职登记制度，健全代表履职档案。

四、以更为坚定的使命担当，持续强化自身建设

以政治建设为统领，以能力建设为根基，着力提升人大机关干部的政治品格，把“两个维护”贯穿到人大工作的全过程和依法履职的各方面。持续抓好“不忘初心、牢记使命”主题教育这一党建的永恒课题和党员的终身课题，把提高治理能力现代化作为干部队伍建设的重大任务，切实把制度优势转化为治理效能。严格落实全面从严治党主体责任和党风廉政建设责任制，严守政治纪律和政治规矩，严肃党内政治生活。严格落实意识形态工作责任制，牢牢把握意识形态工作主动权。认真落实中央八项规定，切实转变作风。配合上级人大常委会做好立法、监督等各项工作。密切与镇（街道）人大的工作联系和交流，加强工作指导，注重经验总结，推动解决镇（街道）人大工作中遇到的困难和问题，进一步提升全区人大工作水平。

各位代表，潮涌木兰溪，扬帆正当时，奋进新时代，踏上新征程。让我们更加紧密地团结在以习近平同志为核心的党中央周围，以习近平新时代中国特色社会主义思想为指导，深入学习贯彻党的十九大和十九届四中全会精神，在中共城厢区委的坚强领导下，紧紧依靠全区人民，不忘初心、牢记使命，开拓创新，锐意进取，为加快“木兰溪时代”美丽莆田先行区建设做出新的更大的贡献！

政府工作报告

——2019 年 12 月 25 日在城厢区九届人大四次会议上

城厢区人民政府区长 吴文恩

攻坚克难 稳中提质
美丽莆田先行区建设迈出新步伐

2019 年，区政府坚持以习近平新时代中国特色社会主义思想为指导，全面贯彻党的十九大和十九届二中、三中、四中全会精神，深入学习贯彻习近平总书记在参加十三届全国人大二次会议福建代表团审议时的重要讲话精神和治理木兰溪的重要理念，全面落实中央和省、市、区委的各项决策部署，坚持稳中求进工作总基调，紧扣高质量发展落实赶超，着力做好“六稳”工作，经济社会保持持续健康发展的良好态势，较好地完成了区九届人大三次会议确定的目标任务。主要成效体现在“1234”：

“1”——完成“一大目标”。全区生产总值完成（预计，下同）443 亿元，增长 8.2%。农林牧渔业总产值完成 17.1 亿元，增长 5%。规模以上工业产值完成 373 亿元，增长 10.7%；其中增加值增长 9%。固定资产投资增长 10%。财政总收入完成 34.9 亿元，增长 1.2%，其中地方级财政收入完成 24 亿元，增长 3.6%。社会消费品零售总额完成 270 亿元，增长 15%。外贸出口总额完成 65.6 亿元，增长 5.7%。居民人均可支配收入 37960 元，增长 8%，基本实现年初目标。

“2”——激活“两大动能”。一是园区高质量发展的新动能更强，持续推进“三转一市”“五换三名”，大力实施园区高质量发展，园区公共服务中心投入使用，为园区企业提供一站式、零距离服务，一批产业链服务中心、科技育成中心、专业化标准厂房、商服配套、基础设施提升项目动工建设，园区发展水平再上新台阶。二是现代服务业的新动能更足，成功承办第二届“一带一路”电子商务国际合作论坛，带动电子商务集聚发展，初步形成东部安福电商城、双洋网商创业园，西部跨境电商产业园，南部中国（国际）油画交易中心，北部联发电商城、中国·莆田电子商务区域创新合作中心的成熟电商集聚区。出台促进平台经济发展的实施办法，新引进云智薪、瑞银信、全国建材集采等 6 个平台项目，全区 12 个平台项目已有 11 个上线运营，累计交易额达 17 亿元，新增税收超 2000 万元，为产业发展注入新动能。

“3”——打好“三大攻坚战”。一是防范化解重大风险攻坚战方面，年末信贷风险企业不良信贷余额控制在 1.5 亿元以内，不良率低于 1%，实现连续三年“双降”目标，区域金融风险低于全市平均水平。二是精准脱贫攻坚战方面，持续强化产业扶贫、就业扶贫、金融扶贫力度，实现全区 741 户 2230 人建档立卡贫困人口稳定脱贫不返贫。三是污染防治攻坚战方面，深入实施“六水共治”工程，整治入河排污口 2500 个，木兰溪干流、省控小流域、东圳水库水质优良比例 100%，全年空气质量达标天数比例 95.3%，城厢水更清、天更蓝、山更绿，环境更宜居。

“4”——实现“四大突破”。一是“产”的突破，全年实现招商签约项目 31 个，总投资达 100 亿元。大唐 5G 微基站全国生产基地总部、中电科创城、三利谱等一批重大电子信息产业项目签约落地，全区经济高质量发展后劲进一步增强。二是“城”的突破，高起点高标准完成木兰溪两岸地区总体策划和城市设计编制，樟林、钟潭、万达南等片区全面完成征迁，木兰铁岭片区完成丈量，城市“南拓西进”腹地进一步拓展。三是“溪”的突破，实施木兰溪城区段两岸景观整治提升、北渠综合整治、木兰陂世遗公园等全流域综合治理工程，助力木兰溪入选全国示范河湖，木兰溪生态文明建设实践入选中组部主题教育案例，园头桥水站成为生态环境部首批“最美水站”，“百里兰溪十里景”迈出坚实一步。四是“村”的突破，“破壳消薄”工程成效显著，全区120个村（居）集体经济经营性年收入全部实现超10万元。入选省级乡村振兴重点区，华亭镇入选省级特色乡镇，五云、岭下等8个村列入省级试点村，霞皋村列入财政部农村综合性改革试验点，“一村一品”乡村振兴格局初步形成。

上述成绩的取得，源于我们一年来做的如下工作：

（一）抓产业带动，增长的步伐更稳了。三次产业比例预计调整为2∶38.6∶59.4。第三产业加快提升。三产增加值占GDP比重连续11年超过50%。持续推进“三转一市”，出台商贸服务业发展实施意见,全年实现“个转企”800家,“下转上”120家，新增市场主体2.2万户，增长35.5%，总量突破8万户，创历史新高。成功举办两大电商盛事，第二届“一带一路”电子商务国际合作论坛有16个国家和地区参会，现场签约项目13个，论坛知名度、影响力进一步扩大；首次举办“莆田工匠杯”第四届中国电商讲师大赛全国总决赛，为电商行业培养高端人才，进一步巩固莆田电商领先优势。新增两大电商交易中心，中国·莆田电子商务区域创新合作中心已入驻企业36家，建立莆田与“海丝”沿线国家的交易展示窗口；改造提升莆田国际油画城商业及艺术氛围，设立中国（国际）油画交易中心，吸引一批油画电商企业、艺术品拍卖平台、油画衍生产品销售、油画研学机构、自媒体电商等新业态入驻，加快推动油画产业“触网”。大力实施“多彩城厢”工程，精心制作《你好 城厢》旅游宣传片，新增常太马院省级四星级乡村旅游村及东海坪洋省级旅游村，全区全年游客接待量突破1000万人次，旅游总收入突破100亿元。实体经济稳步发展。大力扶持制造业，落实减税降费政策，减免税额近3亿元，兑现惠企政策奖励资金超3000万元，29家鞋企列入市生产型、商贸型“白名单”，26家130项产品列入市名优地产品名录。搭建金融服务平台，制定中小微企业政策性融资担保实施办法，精准助推民营企业申贷获得率，完成9家企业融资担保审批，增贷资金4280万元，逐步缓解中小微企业融资难、融资贵问题。大力实施创新驱动，搭建中电研究院、黑马城市学院等创新载体，新增恒鑫、福瑞科技等国家高新技术企业4家，劲德电源、郭氏鞋业等工信部两化融合贯标企业4家，中科华宇、杰讯光电等省级高成长企业12家，嘉裕华、中伟体育等省“专精特新”企业3家以及省科技小巨人领军企业、省级企业技术中心各1家，市级企业技术中心4家。实施质量提升工程，新增国家标准3项，52家企业“上云上平台”。深入实施“五换三名”工程，“腾笼换鸟”6万平方米，提升改造老旧厂房4.5万平方米，二次嫁接招商一批项目，盘活做优存量土地。出台促进建筑业发展壮大实施意见，引进28家建筑企业入驻区商务大楼，建筑业不断发展壮大。农业基础不断夯实。科技特派员覆盖60个村（居），新增农民专业合作社4家、家庭农场8家，华亭省级龙眼产业园、台湾兰花培育销售基地二期、台湾牛樟芝种植基地、东海龙眼农业科技示范基地等一批重点农业项目加快建设，推动特色现代农业提质增效。落实粮食安全行政首长责任制，粮食安全得到有效保障。

（二）抓项目引领，发展的后劲更足了。深入贯彻落实《建设美丽莆田行动纲要》，结合开展“聚焦项目比质量、争先进位比赶超”活动，创新重点项目分级管理制度，全市首家推出重点项目管理手机客户端，有效实现项目管理精细化、现代化。全区398个重点项目预计完成投资247亿元，其中3个省重点、68个市重点、7个市重大攻坚和111个市级九大专项行动项目均完成年度计划，26个列入全市“双百”开竣工项目按序时完成任务。深化“五个一批”项目差异化考评，全年新增总投资亿元以上项目220个，其中谋划项目55个、签约项目80个、开工（含增资）项目45个、投产项目40个，总投资1180亿元以上。高强度推进“三改一拆”工程，累计征地665亩、拆除房屋60万平方米，月塘南一期、泗华老叶树、坂头东等6个片区基本完成征迁，月塘南二期、霞皋山牌等片区全部完成丈量，累计出让万达南地块一、坂头东地块三等7宗356亩经营性土地；保持“两违”整治高压态势，全年拆除“两违”989宗38.5万平方米，腾出土地面积约23.7万平方米。加快建设保障性安居工程，坂头东、顶墩下黄整村改造等3个安置房动工建设，祥和经济适用房629套房源全部完成配售。

（三）抓建管并举，城乡的颜值更高了。市民生活更加多姿多彩，实施“绿满城乡·美丽家园”园林绿化提升三年行动，启动绶溪公园二期建设，新建棠坡、洋西等6个口袋公园，新增绿地面积15公顷、绿道6公里，建成区绿化覆盖率达48.1%，人均公园绿地面积15.9平方米；“一溪一园两馆”成为居民休闲娱乐的好去处，绶溪泛舟赏景，南湖公园喷泉赏乐，市美术馆灯光赏夜，市博物馆“我和国旗同框”拍照打卡、“不忘初心、牢记使命——党旗、党徽、党章专题展”等活动，掀起庆祝新中国成立70周年热潮，满城中国红，闪闪爱国心。群众出行更加绿色便捷，竣工投用滨溪北路，稳步推进木兰大道、灵华线等线性工程，打通肖厝路、顶黄路、棠坡支一路等3条“断头路”，架设莆田一中、天九湾市场等4座人行天桥，完成泗华、洋西片区6条道路改造，新增公共停车位700多个、公共自行车站点200多个。城市更新管理更加规范，泗华安置房老旧小区完成提升，福兴、育华等老旧小区启动改造；常态化推进创城工作，完善“城管+公安”网格化机制，处置各类城管案件16万多件；开展中心城区道路停车整治，城区交通秩序不断优化；全面铺开全区176个小区生活垃圾分类，经验做法全市交流。美丽乡村更加干净宜居，新建城乡公厕18座，提升农村道路61公里，“四好农村路”建设获评第三批省级示范县区；完成福厦铁路沿线两侧可视范围内裸房立面整治、“平改坡”整治16万m^2，拆除乱搭乱建、畜禽养殖场5.7万m^2，新建绿地3万m^2，城镇生活垃圾无害化处理率达99.5%以上。

（四）抓污染防治，生活的环境更美了。深入贯彻落实习近平总书记治理木兰溪的重要理念，全面落实河湖长制，大力实施“六水共治”工程，解决了一批突出环境问题。“治污水”大力创建“污水零直排区”，创新“区级主导、镇街主责、村居主体、群众参与”的农村污水管网建设模式，得到市里的高度肯定，全区88个村的污水处理工程实现全面开工，累计新建污水管网1100公里，新建改造三格化粪池8800户，接管率达90%以上，列入全省全域推进农村污水治理重点县（区）；创新实行水质溯源监测，设置100个村居交界断面监测点位，精准掌握水质动态；强力实施内河综合整治，11条城市内河基本消除劣Ⅴ类水质，龙桥溪、下磨溪消除黑臭，为我市入选第三批国家黑臭水体整治示范城市做出积极贡献。“排涝水”完成沟头、天妃、莆田西等6个片区21条道路雨水管清淤改造，基本解决城区内涝问题。“清河水”完成常太院里溪、东太溪、莒溪等3条13.8公里，动工建设西湖溪、坑尾溪等6条37公里安全生态河道治理。“防洪水”加快推进木兰溪防洪工程、篁山溪榜头片防洪排涝工程、霞皋水库、过池水库除险加固等一批防洪保安工程。“保供水”完成龙桥水厂老旧管网改造及五云水厂老旧设备提升，实现笏枫路自来水迁建、华亭管道互联互通等城乡供水一体化工程基本完工。多点发力保卫蓝天，完成286家“两无”企业、103家涉VOCs企业治理提升改造。完成商品林赎买1785亩，植树造林2600亩，全区森林覆盖率达71.8%，持续位居全市第一。

（五）抓民生事业，群众的实惠更多了。坚持把全区财政支出增量的70%以上用于民生事业，17件年度惠民实事基本完成。社会保障不断加强，全面实施全民参保计划，发放低保补助等各类救助资金3.3万人次超2000万元；落实“稳就业”要求，全区城镇新增就业人员3020人，期末城镇登记失业率1.65%；有序开展养老服务工作，新建13所农村幸福院、1所社区日间照料中心；深入推进历史遗留安置房不动产证办理工作，完成38个项目2653户21172套首次登记。教育事业优先发展，新投用圳湖、滨溪等10个幼儿园，新改扩建文献小学、太平小学、区第一实验小学，新增幼儿园学位2850个、小学学位1350个，下黄小学、泗华小学、九华学校、顶墩学校等一批新校区动工建设。新认定17所普惠性民办幼儿园，全区普惠性幼儿园覆盖率达到89%，有效缓解“入园贵”问题。教育集团建设、名校联姻结对、名校带弱校工作稳步推进，优质教育资源总量递增，

校际差距逐步缩小。中、高考总分平均分居全市各县区首位，获评莆田市“教育优秀管理县区”。“健康城厢”深入推进，区医院搬迁新址，与省人民医院、厦门大学附属中山医院搭建2个“名医工作室”，与市第一医院共建“联合病房”，带动全区医疗水平整体发展。完成64家村卫生所一体化建设，全部上线远程视频诊疗服务，让更多群众在家门口就能享受市、区医院专家诊疗服务，农村群众就医更加方便了。文体惠民扎实开展，成功举办海丝动力摩托车文化交流节，联发健身跑、环东圳水库单车骑游等群众性体育活动蓬勃开展；新建村级综合文化服务中心30个、智慧体育公园等文体设施16个，巩固提升农家书屋24家。国家知识产权强县工程试点加快建设，7家企业列入省、市级知识产权试点，全区每万人口发明专利拥有量、授权量增长率均居全市第一。“智慧食安”走在全市前列，推进食品安全“一品一码”追溯体系建设，全区93家学校食堂全面推广“明厨亮灶”，在全市率先实现全覆盖。深入开展信访积案专项治理三年行动，化解信访积案94件。纵深推进扫黑除恶专项斗争，严厉打击“村霸”“套路贷”“黄赌毒”、电信诈骗等违法犯罪分子，打掉涉黑组织2个、涉恶集团（团伙）8个，破获九类涉恶案件235起，判决一批涉黑涉恶大案要案。社会治理推陈出新，推广灵川镇信访事项多元调解做法，搭建“多心合一”矛盾纠纷调解平台，打造“零出村枫桥经验”样本；探索建立“妈祖故里家家亲”基层社会治理综合平台，打通服务群众“最后一公里”。“诚信交通+人脸识别”交通管理新模式、“雪亮工程+智能化侦查”、综治（网格）中心“一图一表”等基础性工作不断夯实。严守安全底线，深入开展安全生产专项整治，安全生产形势总体平稳。

（六）抓自身建设，服务的氛围更好了。加强政府系统党的建设，扎实开展“不忘初心、牢记使命”主题教育，通过“六个围绕”“四促四看”，深入一线找差距、深入群众解难题，为从严从实加强自身建设注入强大动力。认真落实意识形态工作责任制，牢固树立“四个意识”，坚定“四个自信”，坚决做到“两个维护”。严格执行区人大及其常委会的各项决议决定，自觉接受区人大工作监督、法律监督和区政协民主监督，认真听取各方面意见。办理人大代表建议68件、政协提案88件，办复率100%、满意率98%，解决了代表委员关注的一批重点难点问题。持续优化营商环境，全面推行“一窗受理、集成服务”和“互联网+政务服务”改革，创新“自己‘批’网上办”审批服务新模式，97.7%以上事项实现“一趟不用跑”和“最多跑一趟”，审批时限压缩至50%以内，实现审批服务“马上办、网上办”；实施工程建设项目审批制度改革，审批管理系统正式上线运行；全省率先推行食品药品审批“证照同办”等商事制度改革，实现营业执照与食品药品生产经营许可证“一次受理、一次审批、一次发证”，经验做法全市推广。严格执行中央八项规定精神和国务院“约法三章”，全力整治形式主义、官僚主义，不折不扣落实“基层减负年”各项措施，严肃查处违反中央八项规定精神的问题、发生在群众身边的不正之风和腐败问题。顺利完成政府机构改革，高标准完成第四次全国经济普查工作。与此同时，国防动员、民兵预备役、平安海域、双拥等工作进一步加强，审计、物价、档案、地震、

慈善、老龄、残疾人、工青妇、地方志、港澳台、外事侨务、民族宗教等各项事业也取得新进展。

各位代表，过去一年取得的成绩，是习近平新时代中国特色社会主义思想科学指引的结果，是市委、市政府和区委坚强领导的结果，是全区人民齐心协力、社会各界鼎力支持的结果。在此，我代表区人民政府，向全区干部群众，向各位人大代表、政协委员，向离退休老同志、各民主党派、工商联、人民团体、无党派人士，向驻莆部队、武警官兵、公安政法干警，向所有参与、关心、支持城厢建设与发展的同志们、朋友们，表示衷心的感谢和崇高的敬意！

在总结成绩的同时，我们也清醒地看到国内外经济形势发生深刻变化，经济下行压力加大，区域发展还存在不平衡不充分的问题，政府工作还有不足。主要是：发展质量效益还不高，科技创新能力仍不强，转型升级步伐不够快，新兴产业尚未形成有效支撑；生态环境保护还存在短板，仍需持续加力攻坚；实体经济发展困难还不少，营商环境还需进一步改善；民生领域仍有不少欠账，优质公共服务供给不足；政府职能转变和体制机制创新还需加大力度，等等。对此，我们一定坚持问题导向，采取有力措施，认真加以解决。

产城融合　创新驱动
开启木兰溪时代建设新征程

2020年是全面建成小康社会和“十三五”规划的收官之年，也是推动高质量发展落实赶超的决胜之年。做好明年工作，意义重大。

政府工作的总体要求是：以习近平新时代中国特色社会主义思想为指导，全面贯彻党的十九大和十九届二中、三中、四中全会精神，坚持党的领导，紧扣全面建成小康社会目标任务，坚持稳中求进工作总基调，坚持新发展理念，坚持以供给侧结构性改革为主线，坚持以改革开放为动力，推动高质量发展落实赶超，坚决打赢三大攻坚战，全面做好“六稳”工作，统筹推进稳增长、促改革、调结构、惠民生、防风险、保稳定，确保全面建成小康社会和“十三五”规划圆满收官，努力实现木兰溪时代美丽莆田先行区建设奋斗目标。

全区经济社会发展主要预期目标是：全区生产总值490亿元，增长8%；农林牧渔业总产值18亿元，增长3%；规模以上工业产值416亿元，增长11.5%，其中增加值增长9%；固定资产投资增长10%以上；财政总收入36亿元，增长3.2%，其中地方级财政收入24.3亿元，增长1.3%；社会消费品零售总额302亿元，增长11.5%；实际利用外资1.35亿元，增长10%；外贸出口总额69亿元，增长5%；全体居民人均可支配收入增长8%。重点做好以下六个方面工作：

（一）高举经济转型“龙头”，在推动高质量发展上彰显新作为

着力强化项目支撑。围绕“十三五”规划重大项目库，全年安排重点项目400个，总投资2032亿元，年计划投资285亿元。全年计划开工项目182个，完成投资135亿元以上；竣工项目109个，完成投资89亿元以上。按照“五个一批”要求滚动推进，把重点放在数字经济、产业升级、基础设施和民生领域上，力争全年新增亿元以上谋划项目50个、签约80个、开工（含增资）50个、投产40个，总投资1200亿元以上。强化大招商、招大商“一把手”工程，全力引进一批新技术、新产业、新业态、新模式“四新”企业，力争全年引进超亿元投资项目20个以上，总投资100亿元以上，其中产业类项目投资争取突破50亿元。围绕创新驱动战略和“数字福建”建设需求，启动“十四五”规划编制，谋划一批大数据、云计算、信息网络等数字产业重大项目，不断夯实“数字城厢”基础。

大力发展现代服务业。继续实施“三转一市”，新增“个转企”1000家以上、“下转上”85家以上，不断做大增量。加快发展平台经济，用活用好系列扶持政策，培育壮大云智薪、瑞银信、建材集采、工美智创等已落地平台项目，再引进一批新兴消费、

产业供应链等领域平台企业，以点带面提升平台经济发展质量，争取培育1个以上百亿交易额平台。统筹发展楼宇经济，重点围绕莆田西写字楼、区商务大楼、南兴国贸、西城国际等新兴商务楼宇，着力打造现代商务服务、建筑服务、现代金融和区域总部经济集聚区，培育一批百亿楼宇。提升发展跨境电商，以市里争创“跨境电子商务综合试验区”为契机，办好第三届“一带一路”电子商务国际合作论坛，吸引“一带一路”沿线国家更多的官方机构和企业在我区设立中国市场办事处或采购中心，持续提升论坛影响力，打造集物流、商流、信息流、资金流为一体的新型数字贸易港。逐步点亮“夜间经济”，全力打造安福电商小镇、国际油画城、南湖公园钟潭片区、霞皋村、绶溪公园等5个夜间经济示范街区。探索发展直播经济，依托安福电商产业优势资源，打造电商直播一条街。

倾力培育数字经济。紧盯市场前景和科技前沿，引龙头、聚项目，加快工业企业智能化改造步伐，促进互联网、大数据、人工智能和实体经济深度融合。重点建设大唐5G微基站全国生产基地总部，引进大唐网络5G产业研究院，建立电子信息产业链服务中心和5G产业科技育成中心，逐步构建以5G微基站技术为核心的5G科技应用产业集群；依托杰木科技、三利谱、杰讯光电等掌握核心技术的高新企业，引进国内上下游供应商，打造新型电子信息产业集群；开发运营中电科创城，高起点规划建设智慧产业高地，引进一批软件服务、电子信息、智能制造、设计研发等高新技术企业，打造莆田城市“硅谷”。培育创新活力，实施创新型高成长企业“倍增”计划，新增一批国家高新技术企业、省级企业技术中心、市级工业设计中心；加快黑马城市学院等一批创新创业基地建设，力争每年引进创新型企业10家以上，培育经济发展新动能；支持工业互联网云等一批平台发展，鼓励企业“上云上平台”，为企业自主创新创造良好环境。持续推进商标战略实施，引导企业参与制定国家标准、行业标准，鼓励联盟创牌、抱团营销，不断增强企业核心竞争力。

全力推动园区高质量发展。按照城市的定位高标准配套推进华林园区“十个一”工程，着力打造“产城融合、集约紧凑、功能完善、生态良好、管理高效”的现代化产城融合示范区。实施华林园区提质扩容，向西拓展西许片区，为承接重大产业类项目留足空间，带动城厢西翼一体化发展。持续实施“五换三名”，推动“工改工”，加大旧厂房政府回购力度，建设小微企业产业园，“高位嫁接”研发、创意、设计、中试、数字经济等创新型产业落地，进一步盘活低效厂房和土地。做强做大主导产业，在西许规划建设鞋业综合基地，在鞋艺小镇搭建千厂互联网络平台，引进阿迪达斯、雷宝等世界一线鞋品牌在华林设立亚洲研发、设计和贸易中心，打造1个鞋业产业链服务中心和2个鞋业科技育成中心，推动产业基础高级化、产业链现代化。加快城市功能改造，实施竹林路、支一路等路网改造，布建一批文体设施，建设一批商业配套中心及商务酒店，逐步完善园区配套设施。加快打通灵华线，充分拓展太湖工业园腹地，进一步提升园区配套服务功能，围绕食品加工、物流仓储、装配式建筑等重点产业布局精准招商，形成特色产业集群，打造高品质的产业新载体。

（二）勇立美丽莆田“潮头”，在提升城乡品质上实现新突破

舒展木兰溪大美画卷。紧紧围绕“百里兰溪十里景”核心布局，以溪为轴，以水为脉，以山为景，以田为梯，以村为基，构建溪水山田村互融共生的大生态旅游格局。以“溪”为主题，围绕三大功能片区，打造产城文旅生态为一体的国际旅游目的地。木兰铁岭片区重点规划金融商贸、文化旅游、生活服务等产业，打造高端休闲商务宜居新区；钟潭片区大力发展禅修养生、文化创意、研学采风、旅游休闲等产业，打造国内一流文化创意产业园；樟林片区着力发展软件服务、电子信息、5G产业和智能制造等新兴产业，聚集高端研发人才，打造新兴科创产业集聚区。以“水”为主题，加快建设沿溪

码头、避风港、木兰湖儿童公园，实施木兰溪沿岸夜景工程，发展沿溪经济。以“山”为主题，按照4A标准打造九龙山核心景区，实施凤凰山、天马山保护工程，规划建设九龙山顶—霞皋村观光索道、走马亭—青云山登山栈道，开展度假野营等定制式山地旅游产品。以“田”为主题，打造新农村稻香田园、千亩果园体验区，推出后街农市—拾艺田园—泛舟兰溪—共享民宿的田园新社区体验游。以“村”为主题，统筹推进沿溪两岸村的规划布局，实施霞皋村修缮保护工程，挖掘文化底蕴，讲好城厢故事。

完善城市配套功能。大力实施“三改一拆”工程，全年重点实施延寿整村、西门巷、华亭山牌等3个片区改造，适时启动沟头、龙德井、八十亩等片区改造，征收土地2500亩、拆除房屋100万㎡以上，实现樟林、屿上等16宗800亩以上经营性土地出让。不断完善交通路网，竣工投用木兰大道一期，加快推进福厦客专、福莆宁城际铁路F2线等重大交通设施及木兰大道三期、龟山路等主干路网建设，动工滨江北路、霞林路、恒大上山路，打通延寿路西伸“断头路”，实现洋西八期、莆田学院北区等城市支路建成通车。统筹布局城市绿化，持续开展园林绿化提升三年行动，加快绶溪公园二期、木兰陂世遗公园建设，布局7个“口袋公园”，完善北渠、延寿溪、木兰溪等滨水绿道，改造新增城市绿地600亩、绿道6公里，推进莆永高速、沈海高速、福厦高铁及交通主干道沿线环境综合整治，实现“居民常走、客人常到”门户廊道景观提升。

提升精细化管理水平。推动城市管理创新转型升级，不断完善“城管+公安”网格化工作机制，做大做强“大城管”模式，实行以社区为管理单元、辅以网格化管理的基层管理体制，长效开展社区微治理，完成育华、福兴等老旧小区改造，启动南门老旧片区改造提升工程，开展中心城区荔城大道、东园路等主干道“示范街”创建工作，构建和谐城市管理新局面。深入推进城区垃圾分类处置利用，建设垃圾分类屋60座以上，提高群众知晓率、参与率和投放准确率，实现生活垃圾回收利用明显提升。逐步完善物业管理，有序推进公共场所物业社会化、居民小区物业专业化。加强中心城区道路整治，新增一批公共停车泊位，优化城市道路交通环境。持续深化文明旅游、文明交通行动和加强诚信建设，不断完善全国文明城市和省级文明城区创建长效机制。

（三）严控污染防治“源头”，在建设生态文明上展现新担当

深入实施“六水共治”。贯彻落实河湖长制规定，深入实施水污染防治行动计划，紧抓新一轮“六水共治”，持续开展木兰溪全流域、东圳库区控源截污、内源治理、垃圾清理等综合治理，新改建城市污水管网10公里，常态化整治11条城市内河，开展中央、省、市环保督察反馈问题整改、畜禽养殖等治理“回头看”，严格涉水污染源专项执法检查，确保木兰溪干流国省控断面水质优良比例稳定在100%、省控小流域水质优良比例稳定在95%以上，不断巩固提升生态文明的木兰溪样本。大力实施老区、苏区安全饮水工程，实施华亭、东海自来水“一户一表”及管网改造，完成东海10个行政村农村饮水安全改造提升，启动常太镇28个村安全饮水工程建设和市第二水厂迁建工程前期工作，加快补齐老区、苏区农村饮水安全短板。

重拳整治环境污染。持续开展“两无”企业、涉VOCs企业、餐饮油烟、露天烧烤、露天焚烧秸秆等专项整治，全力做好建筑和道路施工工地等污染源的管控，明显改善大气环境质量。全面实施土壤污染防治行动计划，继续做好土壤环境质量调查与信息化管理，深入开展涉重企业排查整治，加强土壤环境及其污染源监管执法。加强农用地分类保护与安全利用，严格管控建设用地环境风险。加快建立污染地块名录和开发利用负面清单，继续有序开展土壤污染治理和修复工作，实施植树造林2600亩、森林抚育6300亩、封山育林5700亩，赎买商品林1200亩，建设高标准农田3500亩，促进土壤资源永续利用。

改善农村人居环境。坚持规划引领，完善乡村

振兴各项规划，推动村庄规划管理全覆盖。扎实推进“一革命四行动”，继续实施农村“厕所革命”，新建城乡公厕25座、旅游厕所8座。实施农村垃圾治理行动，持续开展农村生活垃圾治理全覆盖，进一步完善“户分类、村收集、镇中转、区处理”的城乡一体化垃圾处理模式，保持城镇生活垃圾无害化处理率在99.5%以上。实施农村污水治理行动，常态化推进房前屋后河道整治，加强88个村污水设施运营管理，健全镇域、村域交界干管收集体系，持续提升污水处理率。实施农房整治行动，进一步推进农房“平改坡”改造和裸房整治。实施村容村貌提升行动，推进村庄“三边六化”，改造公共照明，整治杆线“蜘蛛网”；全面落实路长制，深入实施农村公路安全生命防护工程，持续推进“四好农村路”建设。

（四）掀起乡村振兴“势头”，在改善农村面貌上走出新路子

做优脱贫质量。把保障稳定脱贫、提高脱贫质量放在首位，保持贫困村、贫困人口退出后原有脱贫政策不变、支持力度不减、帮扶责任不卸，不断完善稳定脱贫长效机制。致力增强造血功能，围绕实现“两不愁、三保障”，支持通过产业扶持、公益性岗位、兜底保障等渠道实现稳定收入，确保稳定脱贫不返贫。发展壮大集体经济，深化与市振兴乡村集团合作，进一步盘活农村资产资金，实现全区所有村（居）年收入稳定在10万元以上。更加关注贫困线边缘的低收入群体生产生活，对共同生活的家庭成员人均收入水平低于低保线(7560元/年)的对象给予更多倾斜支持，提升帮扶实效，筑牢民生兜底保障安全网，确保如期全面打赢脱贫攻坚战。

做旺特色农业。围绕打造“一镇一业”“一村一品”，加快推进华亭龙眼产业园、常太枇杷产业园、灵川贝类养殖基地、东海台湾优质农产品种植园基地等重点农业项目，打造区域品牌。坚持质量兴农、品牌强农、科技助农，积极培育“互联网+农业”“绿色产业+旅游”“平台经济+特色产业”等多种融合发展新模式，鼓励和发展农村电商、休闲农业、田园综合体等新业态，推动一二三产融合发展。进一步壮大科技特派员队伍，提升农业科技创新创业支撑水平。规范发展生猪标准化规模养殖，加快冷链物流体系建设，增强猪肉市场供给能力，保障人民群众生活所需。大力实施粮安工程，提升粮食安全保障能力。

做强全域旅游。围绕“有的看、留的住、带的走、想再来”的理念要求，将旅游专项规划与乡村振兴规划有机结合，形成城乡融合、区域一体、多规合一的乡村振兴规划体系。大力实施“1366”全域旅游战略，加快木兰大道、天龟线等旅游公路沿线景观景点及周边乡村旅游的创建、提升工作。加快实施木兰溪文旅综合开发项目，开展游船夜游绶溪、木兰溪，提升九龙谷国家森林公园、马院红色教育基地、霞皋历史文化名村，打造钟潭风景区、南山文化名胜区、龟山生态文化园等一批国家级旅游产品，形成宜居宜业宜游的现代化旅游集聚区。支持有特色的镇、村发展乡村旅游，重点推进东圳文创园、园头农业旅游生态园、灵川海鲜一条街、东海蔡襄文化游等项目，着力打造一批省级特色旅游乡村，建成乡村旅游经济带和示范片，让农村美、农业强、农民富。

（五）争当机制创新“排头”，在优化营商环境上增创新优势

深化重点领域改革。深化国资国企改革，按照“资产集中、经营细分”原则，推动国有企业重组整合，在做开发、做民生、做金融等方面发挥更大作用，加快构建国资监管新体系。全面加强预算绩效管理，处理好规范政府举债与保障高质量发展落实赶超资金需求的关系，统筹使用预算建设资金，综合运用地方政府债券、国有资产运营等方式，提高资金使用效益。深化金融服务实体经济改革，推动银行业机构落实小微企业贷款“两增两控”目标，提高政策性融资、产业投资基金、政府风险补偿基金等运作实效，推动金融与科技、产业、经济良性互动。

推进园区改革创新。深化工业园区体制改革，

理顺园区机构职能，做好对园区下放行政职权的跟进工作，对尚未授权的事项，简化和创新服务方式。试行园区行政管理主体与基础设施开发主体分离模式，支持园区成立运营投资开发公司，引进第三方机构，实行市场化、专业化运作，推动回购厂房、存量土地、基础配套设施资产化，分步推进标准化厂房建设，参与重大战略性新兴产业项目运营，提升园区的服务管理能力。开展“亩均论英雄”行动，探索工业用地亩产、能耗、环境、研发等指标弹性出让制度，强化亩产效益综合评价，落实差别化激励约束政策，实现资源要素合理调配，提高工业性投资质量和效益。建立批而未供、供而未用、低效利用土地退出机制，盘活存量建设用地，优先保障重大基础设施、重大产业用地需求。

建设一流营商环境。继续深化“放管服”改革，提升区行政服务中心“一站式”功能，加强基层便民服务中心标准化建设，打造覆盖区、镇（街道）、村（居）三级的一体化政务服务平台，巩固和推广“自己‘批’网上办”审批服务新模式，实现政务服务“马上办、网上办、就近办、一次办”。深化工程建设项目审批制度改革，推进审批告知承诺制和“网上中介超市”建设，落实“多规合一”“并联审批”“多测合一”制度，实现工程项目建设审批时限“9752”。深化“证照分离”“多证合一”和食品药品审批“证照同办”改革，进一步完善电子证照资料库，全面铺开企业电子化登记，提高市场主体注册便利程度。坚持包容审慎监管和分类监管，建立监管“正面清单”，打造“双随机、一公开”监管升级版，营造“无事不扰”的市场环境。深化对台交流合作，发挥“以台引台”效应，加快东海台湾千亩牛樟芝种植基地和华亭牛樟芝产业园等项目建设进度，引进一批台资项目，吸引更多台湾青年来城厢创业发展，努力打造台胞台企登陆的“第一家园”。

（六）瞄准广大群众“盼头”，在增进民生福祉上取得新进展

优化公共服务供给。全面提升教育综合实力，实施“校舍建设年”行动，实现泗华小学、顶墩学校等9所学校秋季投入使用，推进霞林学校、华林学校等学校扩容，新增初中学位4600个、小学学位7080个、幼儿园学位2280个，破解中心城区入园难就学难问题。大力发展职业教育，在华亭云峰村规划建设容纳8000人以上的科技职业技术学校新校区，为产业发展培育职业技能人才。持续推进教育集团化建设，将华林园区5所小学设为城区名校分校，纳入统一考评管理，拓展优质教育资源，快速提升园区教育质量，解决园区“招工难”和“留住才”问题。继续实施名师、名校、名校长“三名”工程，努力办好人民满意教育。加快“健康城厢”建设步伐，完成区医院病房楼建设，改造提升凤凰山街道社区卫生服务中心，建成投用华亭镇卫生院医养结合中心，建设灵川镇中心卫生院东海分院，完善提升农村远程视频诊疗系统，推进优质医疗资源下沉。加强中小型公共体育设施建设，构建全民健身设施网络和城市15分钟健身圈。保护盘活霞皋村、照车五七自然村等古村落，做好十八张厝、延寿古桥等历史文化建筑修缮，切实留住美丽乡愁。

强化社会民生保障。聚焦群众所想所急所忧所盼，办好15件年度惠民实事。始终牢记“就业是民生之本”，着力解决高校毕业生、就业困难人员、农民工、退役军人等群体就业，确保期末城镇登记失业率控制在3%以内。加强创新创业人才培育，深入挖掘和扶持潜在高层次人才，鼓励其申报各级领军人才计划和人才培养工程，加快建设人才小高地。强化社会保障兜底功能，落实城乡居民基本养老保险特殊群体代缴政策，实现应保尽保。全面推进居家养老服务，推动养老院内设医疗机构，新建4所农村幸福院，不断健全多层次养老服务体系。持续抓好治理“餐桌污染”，完善“一品一码”全过程追溯体系，严查食品药品违法违规行为。实施“安置房建设年”行动，实现华亭山牌、木兰大道西许、后枫等5个安置房回迁，万达南、坂头东等10个安置房动工建设，全面完成历史遗留安置房办证，确保征迁群众住有所居、居有所安。

深化社会治理创新。持续深化扫黑除恶专项斗争，集中攻坚重点案件、重点问题、重点领域，强力整治电信诈骗、“套路贷”等群众反映的突出问题，深挖根治、打深打透黑恶势力，逐步建立健全长效常治工作机制，彻底铲除黑恶势力滋生土壤。积极防范化解金融风险，控新化旧压降不良贷款，严厉打击违法违规金融活动。强化政法综治基层基础，全面推广霞林下黄、凤凰山南门、华亭埔柳“妈祖故里家家亲”基层治理示范点建设做法，精心推进学校、社区、重点单位等心理服务体系建设，深入实施“智慧天网”“多元调解”“多心合一”等基层平安基础建设，探索建立全市首家执法办案管理中心，进一步健全共建共治共享的社会治理体系。巩固提升省级双拥模范城创建成果，推动军民融合深度发展。开展第七次全国人口普查。认真贯彻党的宗教工作基本方针，促进宗教关系和谐。严格落实安全生产责任制，实施重点领域专项整治，健全防灾减灾救灾机制，坚决防范和遏制重特大生产安全事故发生。

不忘初心 砥砺前行
谱写服务型政府建设新篇章

面对新时代、新形势、新任务、新要求，我们将认真落实全面从严治党的要求，以法治思维和创新精神推动工作，坚持为人民服务、对人民负责、受人民监督，创新行政方式，提高行政效能，努力建设人民满意的服务型政府。

（一）用高度的自觉抓党建、强制度。坚持用习近平新时代中国特色社会主义思想武装头脑，持续巩固深化“不忘初心、牢记使命”主题教育成果，严格落实意识形态责任制，把党的领导贯彻到政府工作的各领域、各环节、全过程，不断增强“四个意识”、坚定“四个自信”、做到“两个维护”。毫不动摇地坚持和巩固中国特色社会主义制度，强化制度意识，维护制度权威，严格按照制度开展工作，确保中央、省、市和区委各项决策部署不折不扣落实。着力推进治理体系和治理能力现代化，固根基、扬优势、补短板、强弱项，加强系统治理、依法治理、综合治理、源头治理，加快构建职责明确、依法行政的政府治理体系，切实把制度优势更好转化为治理效能。

（二）用法治的思维做决策、履职责。带头尊法学法守法用法，运用法治思维和法治方式深化改革、推动发展、化解矛盾、维护稳定、应对风险，提升政府依法决策和履职能力。落实合法性审查和风险评估决策制度，深化行政执法体制改革，落实行政执法“三项制度”，全面提升政府执行力和公信力。依法接受区人大及其常委会法律监督和工作监督，自觉接受区政协民主监督，认真听取各民主党派、工商联、无党派人士和人民团体意见，认真办理人大代表议案建议和政协提案，深化政务公开、府院联动和“两法衔接”机制，进一步完善行政监督体系。持续推进“七五”普法工作，增强全民法治观念，完善公共法律服务体系，夯实依法治区基础。

（三）用担当的气势谋发展、勇作为。以“比学赶超”的精气神，和最好的比、与最强的赛，比工作、比担当、比落实，当好美丽莆田建设的“排头兵”。实行政府权责清单制度，厘清政府和市场、政府和社会关系，持续改善营商环境，更大激发市场活力和创造力。健全高质量发展落实赶超的指标体系，深入推进激励机制和容错纠错机制，完善干部绩效评价和政绩考核机制，实行工作项目化、项目目标化、目标节点化、节点责任化，激发干部勇担当善作为，创造更好的服务环境、政务环境。坚持多为群众办好事，办实事，自觉在推动发展、服务人民中提升工作水平，把忠诚和看齐写在岗位上、刻在事业中。

（四）用最严的标准守纪律、促廉政。坚定不移推进全面从严治党，严格落实主体责任和“一岗双责”，以永远在路上的恒心和韧劲推进党风廉政建设。认真落实中央八项规定及实施细则精神，牢固树立过紧日子的思想，坚持压缩政府部门一般性支出，持续纠正“四风”，坚决破除形式主义、官僚主义。始终保持惩治腐败“零容忍”高压态势，盯紧权力运行各个环节，压减权力设租寻租空间。坚决从严查处侵害群众利益的行为，严肃认真解决群众反映强烈的问题。深化标本兼治，推动审批监管、执法司法、工程建设、资源开发、金融信贷、公共资源交易、公共财政支出等重点领域监督机制改革和制度建设。始终把纪律规矩挺在前面，坚决守好廉洁底线，营造风清气正的政治生态。

各位代表，幸福都是奋斗出来的，成绩都是实干出来的。新的一年、新的征程，我们要更加紧密地团结在以习近平同志为核心的党中央周围，在市委、市政府和区委的坚强领导下，不忘初心、牢记使命，振奋精神、开拓进取，奋力谱写“打造人文宜居新城厢、建设美丽莆田先行区”新篇章！

《政府工作报告》部分缩写词释义

1.“六稳”：即稳就业、稳金融、稳外贸、稳外资、稳投资、稳预期。

2.“三转一市”：即个体工商户转企业、规模以下企业转规模以上企业、有限责任公司转股份有限公司、企业上市。

3.“上云上平台”：包括企业“上云”和“上平台”两层意思。其中“云”指在网络上按需使用资源的业务模式，“平台”指工业互联网平台。

4.“五换三名”：即腾笼换鸟、机器换工、空间换地、电商换市、引智换脑，培育名牌、名企、名家。

5.“五个一批”：即“谋划一批、签约一批、开工一批、投产一批、增资一批”五个阶段项目。

6.“三改一拆”：即改造旧片区、旧村庄、旧厂房，拆除“两违”。

7.“六水共治”：即“治污水、清河水、防洪水、排涝水、保供水、抓节水”等六项治水工程。

8.“两无”企业：无安全生产条件，无环保生产条件的企业。

9.“十个一”工程：即一个园区公共服务中心、一批产业链服务中心、一批科技育成中心、一批专业化标准厂房、一批人才（员工）公寓、一批商业配套中心、一批配套学校、一批商务酒店、一批医疗健康服务中心、一批基础设施配套提升工程。

10.“工改工”：通过“改功能、不改性质”，将现有的低效工业用地或旧工业厂区升级改造为高效的标准化工业厂区。

11.“四好农村路”：把农村公路建好、管好、护好、运营好。

12.“1366”全域旅游战略：围绕打造莆田市旅游枢纽一个目标，制定“一核、一轴、三廊”三大实施方案，完善“吃、住、行、游、购、娱”旅游生态闭环六要素，创新“商、养、学、闲、情、奇”旅游生态闭环六大类型，形成全域旅游格局。

13.“两增两控”：“两增”即单户授信总额1000万元以下（含）的小微企业贷款同比增速不低于各项贷款同比增速，贷款户数不低于上年同期水平；“两控”即合理控制小微企业贷款资产质量水平和贷款综合成本。

14. 审批时限“9752”：指房建市政工程政府投资项目审批时限控制在90个工作日以内，社会投资项目控制在70个工作日以内，小型投资项目控制在50个工作日以内，装饰装修工程控制在20个工作日以内。

中国人民政治协商会议
第八届莆田市城厢区委员会常务委员会
工作报告

——2019 年 12 月 24 日在城厢区政协八届四次会议上

城厢区政协主席 黄志强

2019 年工作回顾

一年来，常委会在中共城厢区委的坚强领导下，坚持以习近平新时代中国特色社会主义思想为指导，深入学习贯彻中共十九大、十九届二中、三中、四中全会精神，全面贯彻落实习近平总书记在中央政协工作会议暨庆祝中国人民政治协商会议成立 70 周年大会上的重要讲话精神、对福建工作的指示精神和治理木兰溪的重要理念，坚决贯彻中共中央和省委、市委、区委决策部署，围绕打造人文宜居新城厢，建设美丽莆田先行区，坚持团结和民主两大主题，坚持建言资政和凝聚共识双向发力，认真履行政治协商、民主监督、参政议政职能，为推动城厢经济社会发展作出了积极贡献。

一、坚持党的领导，在加强思想政治引领上有新成效

坚持党的全面领导。中国共产党领导是人民政协事业发展进步的根本政治保证，也是新时代人民政协必须恪守的根本政治原则。常委会旗帜鲜明讲政治，始终坚持把政治建设摆在首位，牢固树立“四个意识”，坚定 “四个自信”，做到“两个维护 ”，在思想上政治上行动上同以习近平同志为核心的中共中央保持高度一致。坚持区委对政协工作的全面领导，严格执行重大问题请示报告制度，自觉把政协工作融入全区发展大局。发挥政协党组把方向、管大局、保落实作用，每年定期向区委报告工作，重要工作和重大事项及时向区委请示、报告。邀请党政领导出席政协全体会议、发言大会和分组讨论，邀请区委区政府领导出席政协常委会议、专题协商会议和其他重要履职活动，主动接受区委对政协工作的领导，确保人民政协事业正确的政治方向。

加强思想政治建设。常委会把深入学习贯彻习近平新时代中国特色社会主义思想和中共十九届四中全会精神作为首要政治任务，通过组织学习研讨，走基层、入界别开展宣讲，积极引导各党派团体和社会各界人士以习近平新时代中国特色社会主义思想武装头脑、指导实践、推动工作，夯实团结奋斗的共同思想政治基础。严格落实意识形态责任制，牢牢把握意识形态的领导权、管理权和话语权，确保主流思想占领机关意识形态阵地，引领政协机关风正气顺。坚持把加强思想政治引领贯穿于各项履职活动中，结合庆祝人民政协成立 70 周年活动、参加市政协组织的书画作品展、举办专题报告会等，不断增强对中国共产党和中国特色社会主义的政治认同、思想认同、理论认同、情感认同。

扎实开展主题教育。根据中央和省委、市委、区委的决策部署，常委会认真开展“不忘初心、牢记使命”主题教育，把学习教育、调查研究、检视问题、整改落实贯穿主题教育全过程。成立了以党组书记、主席为组长的工作领导小组，制定了《区政协机关“不忘初心、牢记使命”主题教育工作方案》。认认真真学原著、读原文、悟原理，开展专题学习研讨 7 个，革命传统教育、爱国主义教育 7 次，警示教育 2 次，体验教育 1 次，观看相关视频 7 场。开展主题党日活动 4 次，邀请荣获“全国退役军人

工作模范个人”称号的陈敏同志到政协机关作报告，营造区政协机关“学习先进、担当作为”的良好氛围。精心组织主题教育民主生活会，认真严肃地开展批评与自我批评。制定整改落实清单，明确整改内容、措施、责任人、时限，使全体党员干部理论学习有收获、思想政治受洗礼、干事创业敢担当、为民服务解难题、清正廉洁作表率。

二、坚持提质增效，在发挥专门协商机构作用上有新作为

紧扣中心协商议政。常委会组织广大政协委员广泛开展协商议政，共遴选“弘扬企业家精神推动高质量发展、推进养老服务行业”等10件重点提案，征集提案55件，提交大会发言11篇，提出意见建议21条。认真落实2019年度协商计划，围绕“加快发展特色农业，助推乡村振兴战略”“加强中小学生心理健康教育”等课题召开协商座谈会议政建言，共形成专题报告2份、会议发言11篇，提出意见建议28条。这些协商议政成果，得到区委、区政府领导和有关部门的高度重视和采纳，促进了相关问题的解决。

聚焦民生协商建言。常委会围绕着力解决重点民生问题，就重点项目落实情况和为民办实事项目实施、佛教场所规范化管理、河道综合治理和水质提升等开展专项视察，就教育、交通、农村环境卫生整治等开展调查研究。一年来，围绕6项课题开展专题调研视察，提出意见建议25条，为增强人民获得感和幸福感献智出力。

围绕发展协商聚力。区政协领导班子成员协助区委区政府抓好工作落实，为推进全区经济社会发展鼓实劲、出实力、干实事。挂钩腾辉工艺产业园、福厦铁路客运专线、月塘南等重点项目，及时协调解决项目建设遇到的困难和问题。围绕打好精准脱贫、污染防治、防范化解重大风险“三大攻坚战”开展工作，献计出力。持续深入开展“三深入三服务”活动，经常走访委员企业，与业主交心谈心，了解企业经营的情况和困难，力所能及地帮助企业协调解决一些问题。

三、坚持团结民主，在广泛凝聚共识上有新突破

营造合作共事氛围。常委会深入学习领会习近平总书记关于新型政党制度的重要论述，保障党派团体发表主张的权利，联合开展调研视察、举办协商议政、督办重要提案，进一步密切与各民主党派联系。坚持区政协领导与各党派团体联系制度和协调沟通机制，为各民主党派、工商联、无党派人士在政协履行职责创造条件，形成了相互理解、体谅包容、畅所欲言、合作共事的民主氛围。一年来，各党派团体充分发挥自身优势，积极参加政协各项履职活动，共提交集体提案11份、会议发言6篇，为助推我区经济社会发展发挥了应有作用。

增进各界人士团结。常委会根据界别的特点和要求开展活动，充分调动各界别委员参政议政的积极性，通过界别平台使委员中分散、个别的意见得到系统、综合的表达，努力实现不同政党、不同信仰、不同阶层、不同区域间群众关系的和谐。以加强与非公有制经济人士团结联系为主题，开展走访异地委员系列活动，广泛宣传城厢投资创业环境和有关政策，鼓励引导城厢籍莆商回乡创业。广泛团结新的社会阶层、少数民族和宗教界等各方面人士，主动协助党委政府协调关系、化解矛盾、理顺情绪、凝聚共识，使政协工作进一步向基层延伸、向各界别和各阶层拓展。

开展对外联络联谊。参加市县区政协主席联席会议，学习交流工作经验，增进共识。承办好省政协办公厅2020年度政协报刊宣传报道培训班，做好省市政协和外地政协来城厢考察服务工作，借机展示城厢发展成果，宣传推介城厢。2019年，共陪同省市政协领导考察视察10批次，外地政协学习考察6批次。

四、坚持以人民为中心，在以人为本、履职为民上有新贡献

提升提案监督功能。常委会坚持把提高提案质量作为立足点，将协商贯穿于提案的提出、立案、交办、办理、督办和反馈全过程，不断创新和完善

提案工作机制。切实改进提案督办方式，推动提案提交由数量型向质量型转变、提案办理由重答复向重落实转变。坚持对提案办理征求意见形式改“面对面”为“背靠背”，由提案委直接向提案人征询意见，促进承办单位对提案办理工作更加认真负责，更加富有成效。开展民主评议提案办理单位活动，对区教育局等8家承办单位的提案办理工作进行民主评议，促进承办单位把评议的压力转化为办好提案的动力，进一步提高了提案办理的落实率和满意率。区委、区政府高度重视提案办理工作，要求区各级党委（党组）自觉接受政协民主监督，认真办理政协提案、建议，把提案办理纳入承办单位绩效考评。八届三次会议以来共收到提案88件，经审查立案55件，对其中10件重点提案进行了督办，提案办理满意率基本满意率达98%。截至本次大会，所有提案均已办复，其中《关于改善营商环境，助推民营经济高质量发展》《关于降成本保质量，助推我区农业产业振兴》《关于加强全民大健康教育》等一批事关经济社会发展和民生改善的提案得到较好解决，推动了社会的和谐稳定。

积极反映社情民意。常委会高度重视反映社情民意信息工作，完善《关于加强反映社情民意信息工作的意见》，重点围绕党委政府重视、人民群众关心的问题，积极拓宽社情民意信息渠道，不断完善信息征集、报送、督办和反馈机制。2019年，被省、市刊物采用信息稿件40多篇，宣传信息工作位于全市县区政协前列。同时及时与有关部门就社情民意信息的办理情况进行沟通落实，切实发挥政协社情民意信息的“直通车”作用，及时传递群众呼声，获得了较好的社会反响。

持续拓展履职平台。常委会与纪委监委、法院、检察院等单位紧密配合，规范了委派政协委员担任职能部门特邀监督员制度，特邀监督员由区政协和聘任单位共同管理，确保委员在推动行政机关和司法机关依法行政、公正司法、促进机关作风转变等方面，发挥应有的民主监督作用。一年来，有10多名委员担任特邀监督员，这些委员积极参加有关监督检查，认真履行民主监督职能，受到群众和有关部门好评。常委会还通过组织委员参与人民法院庭审、参加人民检察院开展的“检察开放日”活动、听取区公安分局工作通报等形式，丰富民主监督形式。

协助做好精准脱贫。区政协领导班子成员分别挂钩1户贫困户，区政协机关挂钩灵川镇太湖村16户贫困户（贫困人口34名），做到经常走访慰问贫困户，了解扶贫政策和帮困措施的落实情况，加大“造血”式帮扶力度，尽力帮助他们早日脱贫。同时，还开展科技服务、医疗卫生、文化教育等主题的帮扶活动。

五、坚持担当作为，在发挥委员主体作用上有新举措

全面深化从严治党。政协党组认真学习贯彻《关于加强新时代人民政协党的建设工作的若干意见》，落实深化全面从严治党主体责任。严格落实区委《关于进一步严格党内组织生活的十二条措施》，严格执行民主集中制，落实民主生活会等党内制度。认真落实“一岗双责”，严格执行中央八项规定和实施细则，落实党风廉政建设主体责任，坚持把纪律规矩挺在前面，强化廉政教育、警示教育、作风建设和反腐败斗争，支持区纪委驻政协机关纪检组履行监督执纪问责职责，使党员干部牢固树立党章党规党纪意识，做到严格自律、慎独慎微。加强对政协机关党支部的领导，每年年初、年中、年末3次听取党支部工作汇报。机关党支部强化“六个基本”建设，制定完善党支部工作规则，推动党支部主体作用发挥。2019年，共召开党组理论中心组学习16次，党组民主生活会2次，组织生活会2次，开展主题党日活动12次。

强化两支队伍建设。按照习近平总书记“懂政协、会协商、善议政”和全国政协主席汪洋提出的人民政协处于凝心聚力第一线、决策咨询第一线、协商民主第一线、国家治理第一线的要求，传承好传统，弘扬好作风，全力打造高素质专业化的政协委员和机关干部两支队伍。

以“建设学习型党组织”活动为载体，从抓管理、抓活动入手，弘扬“马上就办、真抓实干”的优良作风，加强机关效能建设，将责任逐项分解落实到人，使每个岗位、每位同志都有工作任务、有考核指标。通过一系列制度和措施的落实，政协机关工作效率有了新的改善，服务质量有了新的提高。完善专委会工作制度，加强专委会之间工作联动协作，有效发挥专委会基础性作用，工作水平明显提高。践行社会主义核心价值观，争创市级文明单位和平安单位，努力营造政协机关积极向上的良好工作氛围。

修订《区政协全体会议工作规则》《区政协常务委员会工作规则》《关于区政协委员履行职责服务管理办法（试行）》等，完善委员履职管理、考核与评价机制，通过培训班、读书班、视察调研等有效形式，提升全体政协委员的思想政治水平和履职能力。加强对镇街委员联络组的指导，引导各委员联络组围绕区委区政府中心工作及各自特点，组织委员深入村、居听取群众的意见、建议、诉求和反映的突出问题，开展形式多样、内容丰富的调研视察活动，为促进当地的发展贡献智慧力量。今年6月，为打造忠诚干净担当的干部队伍和委员队伍，与市政协首次联合在中央民族大学举办提升履职能力培训班，委员们反映良好。

各位委员！一年来，区政协工作取得的成绩，是中共城厢区委正确领导的结果，是区人大常委会、区政府和社会各方面支持的结果，是区政协各参加单位、全体政协委员和政协工作者团结努力的结果。在此，谨让我代表区政协常委会，向大家的鼎力支持表示衷心的感谢！

回顾一年来的工作，我们也清醒地看到，区政协的工作与新时代新目标新任务的要求相比，还存在不足，主要表现为：协商民主建设还有待进一步深化，民主监督的工作机制还有待进一步完善，委员主体作用还有待进一步激发，人民政协作为专门协商机构在国家治理体系和治理能力现代化中的价值作用还有待进一步发挥等。真诚希望广大委员对常委会工作提出意见和建议，帮助我们把工作做得更好。

2020年工作思路

2020年是全面建成小康社会的决胜之年。区政协将在中共城厢区委的坚强领导下，坚持以习近平新时代中国特色社会主义思想为指导，深入贯彻落实市委七届九次、区委九届十一次全会精神，牢牢把握团结和民主两大主题，充分发挥政协职能优势，齐心协力谋发展，尽心竭力惠民生，凝心聚力促和谐，为推动“木兰溪时代”美丽莆田先行区建设作出新贡献。

（一）强化学习引领，广泛凝聚团结奋斗的思想政治共识

以理论学习增进共识。坚持党组理论中心组、主席会议和常委会议学习制度，通过专题培训、理论研讨等多种形式，组织广大政协委员学习贯彻中共十九大、十九届二中、三中、四中全会精神，跟进学习贯彻习近平总书记最新重要讲话精神，进一步增强“四个意识”，坚定 “四个自信”，做到“两个维护　”，在思想上政治上行动上同以习近平同志为核心的中共中央保持高度一致，确保政协工作正确的政治方向。

以协商理论提升共识。深入学习贯彻社会主义协商民主理论，准确把握中央关于人民政协工作的新思想新部署新要求。创新学习平台，丰富学习内容，活跃学习形式，加强委员集中培训，将政协理论学习与爱国主义、革命历史教育相结合，将学习成果转化为指导实践和推动工作的强大动力。

以区委部署统一共识。旗帜鲜明讲政治，把政治建设摆在首位，落实意识形态责任制，切实与区委思想上同心、目标上同向、工作上同步，坚持做到区委、区政府的工作推进到哪里，政协工作就跟进到哪里。坚持党的全面领导，充分发挥政协党组把方向、管大局、保落实作用，自觉把区委的部署要求贯彻落实到政协工作的各个环节、各个方面。

（二）聚焦中心任务，为建设美丽莆田先行区献计出力

围绕中心抓好协商议政。发挥人民政协作为专门协商机构在国家治理体系和治理能力现代化中的价值作用，始终将政协协商工作置于全区工作大局中谋划和部署。围绕加快推进“南拓西进”、木兰流域系统治理、法治城市建设、三大攻坚战等重大任务，开展广泛多层的调研视察和协商议政，为促进高质量发展落实赶超提供智力支持。

服务大局促进改革发展。组织各专委会、界别小组和镇街委员联络组围绕振兴实体经济、文化产业发展、生态文明保护、美丽乡村建设、特色小镇打造等课题，深入调研视察，发挥政协人才荟萃的优势，精准建言，形成具有前瞻性、针对性、可操作性的意见建议。走访经济、工商界委员企业，了解企业诉求，提振企业家信心，为助推民营经济发展建言献策。

（三）践行履职为民，助推民生福祉改善

强化民生提案办理。切实发挥提案推动民生实事落地的积极作用，坚持区党政领导、区政协主席会议成员领衔督办重点提案的制度，优先选择教育、医疗、就业、养老、环保等提案，作为跟踪督办的重点。加大重点提案办理协商力度，通过调研走访、召开协商座谈会等形式，持续跟踪督办，推动相关事项解决。

发挥委员主体作用。依托镇街委员联络组全面推进委员进村居、进厂企、进机关、进学校、进家庭，收集和反映社情民意，促进履职更接地气。围绕区委精准扶贫、精准脱贫工作部署，结合政协实际，积极参与帮扶工作，发扬扶贫济困、友爱相助的传统美德。

（四）加强政协统战功能，积极推进大团结大联合

深化团结合作共事。进一步调动各民主党派、工商联、无党派人士合作共事积极性。支持各民主党派结合自身优势开展工作，联合开展重大课题调研、重要视察和监督工作。坚持区政协主席会议与党派团体双向联系制度，定期开展活动，为各民主党派履行职能搭建平台、创造条件。

团结新的社会阶层人士。加强新的社会阶层人士工作，着力做好年轻一代非公经济人士、新媒体中的代表人士等的团结联谊工作，建立经常性联系平台，畅通他们反映意愿诉求渠道，努力寻求最大公约数，增进最大共识度。

（五）坚持守正创新，不断加强履职能力建设

规范委员管理。按照“懂政协、会协商、善议政”和提高“四个能力”的要求，加强和改进委员学习培训，不断提高委员履职能力。落实《关于区政协委员履行职责服务管理办法（试行）》，完善全覆盖的委员联系制度，健全委员履职档案，进一步激发委员活力。

创新履职机制。总结履职实践，在推进协商民主建设、有效开展民主监督、提升提案工作质量等方面多思考、多研究，不断创新和改进工作机制，进一步增强科学履职、有效履职的能力水平。进一步强化“界别 + 基层”双平台建设，充分发挥专委会的基础性作用，加强专委会与对口职能部门的交流协作、与委员的沟通联络；支持镇街委员联络组开展富有特色的基层协商、惠民利民活动。

健全服务保障。深入推进党风廉政建设，巩固拓展“不忘初心、牢记使命”主题教育成果，深化全面从严治党，不断改进工作作风，优化机关运行机制，锻炼提升专业能力，努力打造一支“有理想、有责任、有激情、有作为、有水平”的政协干部队伍，切实发挥好机关在政协工作中的服务保障作用。

各位委员，同志们！让我们更加紧密地团结在以习近平同志为核心的中共中央周围，以习近平新时代中国特色社会主义思想为指导，高举中国特色社会主义伟大旗帜，在中共城厢区委的正确领导下，不忘初心，牢记使命，守正创新，求实进取，努力开创城厢政协事业发展新局面，为“木兰溪时代”美丽莆田先行区建设做出更大的贡献！

关于城厢区2019年国民经济和社会发展计划执行情况及2020年国民经济和社会发展计划草案的报告

——2019年12月25日在区九届人大四次会议上

城厢区发展和改革局局长 陈志军

一、2019年国民经济和社会发展计划执行情况

一年来，在区委、区政府的正确领导下和区人大、区政协的监督指导下，全区上下坚持以习近平新时代中国特色社会主义思想为指导，认真贯彻落实党的十九大和十九届二中、三中、四中全会精神，在外部环境深刻变化和风险挑战明显上升的复杂局面下，牢牢把握稳中求进工作总基调，紧抓“木兰溪时代”美丽莆田先行区建设的大好时机，扎实推进“六稳”工作，经济社会保持平稳健康发展，较好地完成了区九届人大三次会议审议通过的目标任务。

（一）主要经济发展指标完成情况

1. 预期性指标9项：地区生产总值443亿元（预计，下同），增长8.2%。农林牧渔业总产值17.1亿元，增长5%。规模以上工业产值373亿元，增长10.7%，其中：规模以上工业增加值增长9%。固定资产投资增长10%。财政总收入34.9亿元，增长1.2%，其中：地方级财政收入24亿元，增长3.6%。社会消费品零售总额270亿元，增长15%。外贸出口总额65.6亿元，增长5.7%。实际利用外资1.23亿元。全体居民人均可支配收入37960元，增长8%。

2. 约束性指标12项：居民消费价格总水平同比上涨2%、城镇登记失业率1.65%、人口自然增长率6.37‰，均控制在年初预期目标内。基本养老保险参保率、贫困人口减少、城镇棚户区住房改造、耕地保有量、万元地区生产总值用水量、单位地区生产总值二氧化碳排放量降低、单位地区生产总值能耗降低、主要污染物排放、森林蓄积量和森林覆盖率等约束性指标均完成市下达任务。

（二）计划执行主要成效

对照区九届人大三次会议确定的计划目标，9项预期性指标和12项约束性指标完成情况总体较好，经济运行保持在合理区间，主要指标均与全市平均增速持平或略高。一年来国民经济和社会发展成效主要体现在五个“持续”：

一是突出产业支撑，转型升级持续加快。产业结构持续优化，三次产业结构由去年的2.1:38.7:59.2调整为2:38.6:59.4。三产繁荣焕发生机活力。第三产业增加值完成263亿元，三产增加值占GDP比重连续11年超过50%。“三转一市”持续推进，全年限上批零业、住餐业分别完成445亿元、10.4亿元，全面完成年初目标；西城国际·现代服务中心等项目建设有序推进，肖厝国际油画城等商圈加速繁荣，消费引擎作用更加突出。电商生态圈初步形成，跨境电商通关公共服务平台、中国·莆田电子商务区域创新合作中心等跨境电商企业持续壮大，联发莆田电商城、世全·时尚国际电商城等加快招商入驻步伐，电商聚集凸显“磁场效应”。现代服务业快速发展，新引进云智薪、全国建材集采平台、瑞智无忧等一批平台经济项目，11个上线运营平台项目累计完成交易额17亿元，新增税收超2000万元，平台经济崛起迅速有力。成功举办“一带一路”电子商务国际合作高峰论坛、“莆田工匠杯”第四届中国电商讲师大赛、海丝动力摩

托车文化交流节等活动，全年接待游客突破 1000 万人次，旅游总收入突破 100 亿元，城市文化魅力彰显提升。创新驱动释放工业动能。搭建中电研究院、黑马城市学院等创新载体，全年新增国家级高新技术企业 4 家，工信部两化融合贯标企业 4 家，省级高成长企业 12 家，省“专精特新”企业 3 家，省科技小巨人领军企业、省级企业技术中心各 1 家。大力实施质量提升工程，新增国家标准 3 项，52 家企业“上云上平台”，全年工业技改投资累计完成 23 亿元，同比增长 21%，力奴鞋业、才子服饰、华源工贸等引进半自动化生产线及 ERP 等软件应用，企业转型升级步伐加快。深入推进园区高质量发展，全年“腾笼换鸟”6 万㎡，提升改造老旧厂房 4.5 万㎡，固源实业、溢通环保等一批标准化厂房项目有序推进。特色农业夯实发展格局。“一村一品”乡村振兴格局初步形成，华亭省级龙眼产业园、台湾兰花培育销售基地二期、常太枇杷产业园、东海龙眼农业科技示范基地、台湾牛樟芝基地等一批重点农业项目加快建设。种植业、畜牧业、渔业、林业等产值分别达 3.44 亿元、7.25 亿元、3.83 亿元和 0.9 亿元。

二是坚持项目引领，投资拉动持续显现。开展“聚焦项目比质量、争先进位比赶超”活动，坚持以高质量的项目建设推动全区经济高质量发展，项目建设稳步推进。聚力优化投资结构。全年固定资产投资比增 10%，其中商贸服务业投资比重较去年提高 8.4 个百分点，总投资同比增长 124.5%；工业科技类比重提高 1.7 个百分点，总投资同比增长 26.9%；钟潭文化小镇、京都国际金融中心等 16 个重点项目加快建设，香格里拉酒店、城厢商务大楼等项目实现竣工，新动能投资加速蓄势，投资结构不断调整优化。致力创新项目机制。重点项目在线监管系统高效运行基础上，再创新重点项目分级管理制度，全市首家推出重点项目管理手机客户端，实现项目实时全方位、无盲点监测，有效提升项目精细化管理水平。全年共实施区重点项目 398 个，完成年度投资 247 亿元，其中 72 个省市重点项目完成投资 155.8 亿元，完成年计划的 102.4%。全年新增（含升级）亿元以上“五个一批”项目 220 个，总投资 1180 亿元，其中谋划项目 55 个，签约项目 80 个，开工（增资）项目 45 个，投产项目 40 个，“五个一批”工作稳步推进。全力推进“美丽莆田”建设。全年累计完成征地 665 亩、拆除房屋 60 万㎡，坂头东、万达南、泗华老叶树等 6 个片区基本完成征迁，累计出让万达南地块一、坂头东地块三等 7 宗 356 亩经营性土地。111 个市级九大专项行动项目完成投资 93.6 亿元，完成年计划 84.2 亿元的 111.2%；7 个市重大攻坚项目完成投资 62.3 亿元，完成年计划 61.1 亿元的 102%，其中钟潭片区综合开发一期、坂头地块八、九、十等项目按序时建设。

三是深化改革创新，营商环境持续优化。以“放管服”改革为主要抓手，着眼于解决市场中存在的“难点、痛点、堵点”问题，从细处着眼、从实处着力改善营商环境，推出新举措、探索新方法，企业和群众的获得感、幸福感、满意率不断增强。“放管服”改革纵深推进。出台优化营商环境等指导性政策文件，全面推行“一窗受理、集成服务”和“互联网 + 政务服务”，企业开办时限压缩至 4 天，“一趟不用跑”和“最多跑一趟”事项超过 97.7%，审批时限压缩至 50% 以内，电子证照应用率达 70% 以上，实现审批服务“马上办、网上办”。全国创新“自己‘批’网上办”开卷式审批服务模式，进一步深化工程建设项目审批制度改革，工程建设项目审批管理系统正式上线运行。全市首家实行食品药品审批“证照同办”，实现营业执照与食品药品生产经营许可证“一次受理、一次审批、一次发证”。政策“组合拳”精准发力。全年减税降费近 3 亿元，兑现区级惠企政策奖励资金超 3000 万元。新增市场主体 2.2 万户，同比增长 35.5%，其中企业、个体分别比增 38%、34%，全区创业氛围浓厚。搭建“政企直通车”等企业服务平台，累计为企业办理应急转贷 3.2 亿元，为中小微企业提供政策性融资担保 4280 万元，有效帮助企业解决权证办理、企业融资、基础设施配套等具体问题，实现政企沟通“零距离”。招商引资量质齐升。紧紧围绕电子商务、平台经济、工业美术、文化旅游等多条产业链招商，强化以商招商，探索委托式招商，全年新增招商项目31个，总投资达100亿元。云智薪平台、黑马城市创新中心、莆田市创新企业服务平台等项目顺利实现当年引进签约、当年落地，三利谱偏光片、全国地材平台等重大项目完成选址，大唐5G微基站全国生产基地总部、中电科创城等一批重大项目取得实质性进展，为全区坚持高质量发展落实赶超奠定坚实基础。

四是统筹区域发展，城乡面貌持续改善。围绕“坚持绿色发展，建设美丽莆田”大方向，不断完善城乡整体性、系统性、协同性，有效提升城市承载力、包容度、宜居性，城厢品质进一步提升。城区建设步伐加大。莆田西安置房实现回迁，洋西地块A、油画城一期等安置房项目稳步推进，保障性安居工程建设步伐加快。月塘南、坂头东、万达南等一批片区改造相继启动，樟塘片区形成净地，城市发展空间进一步拓展。改造提升泗华、洋西片区等6条道路，架设天九湾市场、莆田一中等4座人行天桥，打通肖厝路、顶黄路、棠坡支一路等3条“断头路”，城市基础建设进一步完善。宜居环境有效提升。泗华安置房小区完成提升改造，福兴、育华等老旧小区改造开工建设，城市更新有效提升。镇际交通不断有机融合，获评第三批“四好农村路”省级示范县区，稳步推进木兰大道、灵华线、笏枫公路改扩建等一批交通重点项目，全年新增公共停车位超700个，公共自行车站点200余个，群众出行更加绿色便捷。实施“绿满城乡·美丽家园”园林绿化提升三年行动，新建棠坡、洋西等6个口袋公园，绶溪公园二期动工建设，新增绿地面积15公顷、绿道6公里。积极探索垃圾分类机制，全市率先在全区176个小区铺开运行，城市生活垃圾处理步伐加快。生态面貌持续改善。深入贯彻落实习近平总书记木兰溪治理重要理念，加大生态文明建设力度，全年17个生态项目完成投资7.22亿元，完成年计划的108%。重点水利工程建设加快实施，持续推进木兰溪防洪工程、篁山溪榜头片防洪排涝工程等一批防洪保安工程项目，常太院里溪、东太溪、莒溪等3条河道完成安全生态治理，西湖溪、坑尾溪等6条河道治理动工建设。环境治理力度不断加大，全市创新实行水质溯源监测模式，全年完成近2500个入河排污口整治，累计新建污水管网1100公里，286家“两无”企业、103家涉VOCs企业完成治理提升改造。生态绿化不断提升，全年完成商品林赎买1785亩，植树造林2600亩，全区森林覆盖率达71.8%，持续位居全市第一。

五是倾力民生福祉，社会保障持续增强。坚持为民惠民、让利于民，着力补齐教育、医疗、养老等民生短板，群众获得感、幸福感、安全感持续增强。教育卫生文体服务提质。新投用滨溪、筱塘、圳湖等10个幼儿园，新改扩建文献小学、太平小学、第一实验小学，新增幼儿园学位2850个、小学学位1350个，普惠性幼儿园覆盖率达到89%，获评莆田市“教育优秀管理县区”。全年完成64家村卫生所一体化建设，全部上线远程视频诊疗服务，区医院正式搬迁并投入使用。建成基层“中医馆”6家，实现辖区基层公立医疗机构内设“中医馆”全覆盖。新建村级综合文化服务中心30个、智慧体育公园等文体设施16个、巩固提升农家书屋24家，持续推进国家知识产权强县工程试点建设。综合保障能力完善提标。住房保障体系进一步完善，祥和经济适用房629套房源全部完成配售，保障能力持续加强。养老服务工作有序开展，新建13所农村幸福院、1所日间照料中心，全年新增城镇就业3020人，基本养老保险参保率达97%。社会治理体系全面提效。深入开展信访积案专项治理三年行动，大力推进社会治理创新水平，探索建立“妈祖故里家家亲”基层社会治理综合平台，搭建“多心合一”矛盾纠纷调解平台，打造“零出村枫桥经验”样本。纵深推进扫黑除恶专项斗争，公共安全防控体系不断增强，安全生产、物价水平等保持平稳态势，金融风险防控有力有效，食品安全、粮食安全保障工作等进一步强化提升。

各位代表，过去一年，我们紧紧把握发展新形势、新任务、新要求，全力为“打造人文宜居新城厢、建设美丽莆田先行区”目标而奋斗，形成了适应经济发展新常态的体制机制和发展方式。但在肯定成绩的同时，我们也清醒地认识到，由于国际国内各种挑战和不确定因素明显增多，我区经济社会发展仍面临诸多困难和问题。主要是发展新动能不足，经济下行压力较大，稳增长任务艰巨；企业生产困难面大，民间投资意愿不强，大项目好项目较少，保持投资增长难度加大；结构性减税政策影响较大，重点纳税企业增收面较窄，新增税源贡献偏低；城乡基础设施、教育、医疗、养老等方面短板依然较多等。面对这些困难和问题，我们一定要引起高度重视，保持战略定力，坚定发展信心，破解瓶颈制约，努力迎难而上。

二、2020 年国民经济和社会发展的主要目标

2020 年是全面建成小康社会和“十三五”规划收官之年，是推动高质量发展落实赶超的决胜之年。在充分考虑我区的区位优势和支撑能力基础上，政府工作报告提出的经济社会发展目标如下：

全区生产总值增长 8% 以上，预期 490 亿元。

农林牧渔业总产值增长 3%，预期 18 亿元。

规模以上工业产值增长 11.5%，预期 416 亿元。

固定资产投资增长 10% 以上。

财政总收入增长 3.2%，预期 36 亿元，其中：地方级财政收入增长 1.3%，预期 24.3 亿元。

社会消费品零售总额增长 11.5%，预期 302 亿元。

外贸出口总额增长 5%，预期 69 亿元。

实际利用外资增长 10%，预期 1.35 亿元。

全体居民人均可支配收入增长 8%。

居民消费价格指数增幅控制在 3% 左右。

城镇登记失业率控制在 3% 以内。

人口自然增长率控制在 14‰以内。

基本养老保险参保率、贫困人口减少、城镇棚户区住房改造、耕地保有量、万元地区生产总值用水量、单位地区生产总值二氧化碳排放量降低、单位地区生产总值能耗降低、主要污染物排放、森林蓄积量和森林覆盖率等约束性指标完成市下达任务。

三、2020 年国民经济和社会发展计划的主要任务

以习近平新时代中国特色社会主义思想为指导，认真贯彻落实党的十九大精神、习近平同志对福建工作的重要指示精神和治理木兰溪重要理念，坚持稳中求进工作总基调，以供给侧结构性改革为主线，突出抓好“六稳”工作，推动经济高质量发展落实赶超，助力“木兰溪时代”美丽莆田先行区建设再上新台阶，重点抓好以下几项工作。

（一）优结构、促转型，激发高质量发展新潜力

现代服务业引领经济“加速跑”。以增强服务业核心竞争力为抓手，坚持生产性和生活性服务业发展并举，加快推动现代商贸业、平台经济、楼宇经济、电子商务等现代服务业快速发展，力争现代服务业体量在全市占比达 30% 以上。一是加快提升优势产业。改造提升传统商贸业，加快推进油画城提升改造、文献步行街广场等商贸服务业项目建设，促进实现经营业态多样化、营销手段现代化。以园区化形式拓展做大电商产业，以安福电商城“示范基地”带动联发莆田电商城、中国·莆田电子商务区域创新合作中心等周边地区，完善形成多功能、多业态的电子商务集聚区，重点扶持跨境通、0594 原创公版、百盛跨境电商供应链、诺亚跨境电商等孵化型服务平台，培育本地化龙头电商运营企业、自主品牌企业和电子商务服务企业进一步发展壮大。二是进一步整合总部集群。加快建筑业和关联产业集聚，重点跟进莆田西写字楼、区商务大楼、南兴国贸、西城国际等新兴商务楼宇集聚区建设，培育一批百亿楼宇，促进楼宇经济提质增效。大力实施“引金入莆”工程，依托金融业基础优势，谋划建设以总部金融为主的区域金融中心（街），以金融服务为辅的综合配套功能区，形成金融产业集聚区，打造金融业发展新高地。三是着力培育新业态经济。发展壮大平台经济，重点扶持瑞智无忧、

采购宝、云智薪、工美智创等一批平台企业，进一步完善平台服务集聚功能。点亮夜间经济，打造木兰溪沿岸、东圳路、广化路周边等一批夜间经济集聚区，运作夜赏、夜游、夜娱系列，丰富夜间经济业态。大力发展全域旅游，突出木兰溪、绶溪两大绿色生态水系旅游建设，重点推进木兰溪（城厢段）全域旅游、钟潭片区综合开发等项目，力争全年游客接待量千万人次以上，旅游收入百亿以上。

实体经济撬动发展“大杠杆”。高标准实施园区“十个一”改造提升工程，依托华林经济开发区打造现代化产城融合示范区，实现以产兴城、以城促产、产城联动，辐射带动园区扩容、西许片区拓展、太湖园区提升等项目加快实施，促进实体经济高质量发展。一是打造一批产业链服务中心。依托天螺科技有限公司建设千厂互联网络平台，串联整合鞋业离散中小工厂，推进鞋服产业实施新一轮企业技术改造提升，开展工业互联网、智能车间、智能生产线试点，打造鞋业产业链服务中心；做强做大杰木科技、三利谱、杰讯光电等电子信息企业，力促大唐5G微基站全国生产基地总部、莆田·中电科创城等一批重大项目落地，引进一批国内上下游供应商，铸全电子信息产业链条，打造新型产业集群。二是打造一批科技育成中心。实施新一轮技改专项行动，让传统产业“老树发新枝”，实现技术提升、产品提质、企业提效。新增一批国家高新技术企业、省级企业技术中心、市级工业设计中心，加快新兴产业培育孵化，推动区块链、人工智能、电子信息、医疗健康等新兴产业快速壮大，重点推进建设意立得、华林智汇、5G产业研究院等科技育成中心，进一步提升区域创新能力。三是打造一批专业化标准厂房。深入实施“五换三名”工程，加大“腾笼换鸟”“空间换地”等清理力度，淘汰一批低效项目，改造新建标准化厂房10万m²以上，有效盘活土地资源开展“二次招商”，提高工业性投资质量和效益。同时，加快完善园区商务酒店、医疗健康、学校、人才公寓、商业中心等一批配套设施建设，激活工业发展潜力。

乡村振兴打造农业“好品牌”。依托霞皋八卦村、常太马院村、岭下村、灵川径里村、华亭五云村、油潭村等一批改革试验区、省级试点村，进一步打造“一镇一品”“一村一品”。加快推进华亭龙眼产业园、常太枇杷产业园、灵川花蛤育苗示范基地、灵川贝类养殖基地、东海台湾优质农产品种植园基地等重点农业项目，引进冷链物流技术，提升全链条生产质量，积极发展优质、高效、绿色农业。打造一批乡村旅游示范镇和精品旅游线路，加快木兰大道、天龟线等旅游公路沿线景观景点及周边乡村旅游的创建、提升工作，重点推广闽中、东圳等文化底蕴浓厚的特色旅游示范点，形成我区乡村振兴名片。坚持质量兴农、品牌强农、科技助农，积极培育“互联网+农业”“绿色产业+旅游”“平台经济+特色产业”等多种融合发展新模式，推进农村一二三产业融合发展，为实现乡村振兴提供有力支撑。

（二）攻项目、引投资，增强高效发展新动力

做实做好项目建设。全年计划安排区级重点项目400个，总投资2032亿元，年计划投资285亿元。从行业结构看，其中：工业科技类项目40个，总投资282亿元，年计划投资35亿元；社会事业类项目66个，总投资179亿元，年计划投资20亿元；交通路网类项目42个，总投资160亿元，年计划投资17亿元；城建环保类项目140个，总投资1036亿元，年计划投资182亿元；商贸服务类项目64个，总投资335亿元，年计划投资19亿元；农林水利类项目48个，总投资40亿元，年计划投资12亿元。全年计划开工项目182个，年计划投资135亿元；竣工项目109个，年计划投资89亿元。持续优化项目结构，集中精力攻坚关键少数大项目好项目，进一步细分促开工、促竣工、促进度、促前期四类项目，计划申报省市重点项目46个，总投资466.5亿元，年计划投资69.1亿元。按照“五个一批”要求滚动推进，把重点放在基础设施、产业升级和民生领域上，突出抓好签约、前期、建设等关键环节，力争全年新增亿元以上谋划项目50

个、签约80个、开工（含增资）50个、投产40个，总投资1200亿元以上。

做前做细要素保障。滚动实施“三重”项目册，继续推行“责任在一线落实、调度在一线进行、服务在一线到位、问题在一线解决”的一线工作法，紧盯重点项目年度目标任务，对重要重大重点项目实施定点精准服务，加快项目征迁、用地、审批等前期工作步伐，推进重点项目按序时开工、竣工、投产、增资。深入研究国家专债安排方向，围绕“三农”建设、重大基础设施建设、创新驱动和结构调整、“一带一路”建设和区域协调发展、社会事业和社会治理、节能环保与生态建设等六大领域资金补助投向，加大项目策划、储备、推进力度，全力向上争取预算内资金，积极拓宽融资渠道，有效解决项目资金瓶颈问题。

做大做强招商引资。坚持多种招商形式并举，充分发挥莆商优势，坚持引资、引智、引技、引税“四引”相结合，围绕产业链核心、关键环节的龙头企业，加大电子信息、绿色产业、朝阳产业、新能源产业等领域招商力度，全力引进一批新技术、新产业、新业态、新模式“四新”企业。推进大亚湾中南实业、中建华侨城等在谈项目加快落地，力争全年引进亿元以上投资项目20个以上，总投资100亿元以上，其中产业类项目争取突破50亿元。积极办好第三届“一带一路”电子商务国际合作高峰论坛，吸引更多的政府机构和企业在我区设立中国市场办事处或采购中心，增强经济高质量赶超发展的后劲。

（三）抓城建、保生态，构筑绿色发展新格局

从快推进城市建设。实施“安置房建设年”行动，实现木兰大道西许、后枫等5个安置房回迁，坂头东地块三、顶墩下黄整村改造等10个安置房动工建设。大力实施“三改一拆”工程，全年重点推进延寿整村、西门巷、华亭山牌等片区改造，征收土地2500亩、拆除房屋100万平方米以上，实现樟林、万达南、华亭霞皋等16宗800亩以上经营性土地出让。加快补齐城市配套设施短板，全年新增停车位200个，新建一批人行天桥，完善北渠、延寿溪、木兰溪等滨水绿道，加快木兰陂世遗公园、木兰湖儿童公园、南湖公园二期等项目建设，布局7个“口袋公园”，改造新增城市绿地600亩、绿道6公里，促进城市品质进一步提升。

从严筑牢生态屏障。深入实施“六水共治”，贯彻落实“河长制”“湖长制”，持续开展木兰溪全流域、东圳库区控源截污、内源治理、垃圾清理等综合治理措施。实施木兰溪、下磨溪、延寿溪、城市内河等一批河道整治，重点推进北渠污水管网改造、莒溪中小流域治理等一批生态项目建设。实施老旧小区污水管网提升工程，全年新改建城市污水管网10公里，加快推进片区污水源整改工作。持续实施水、大气、土壤三大污染防治工程，持续加大污染整治力度，加强饮用水水源地保护，严格管控建设用地环境风险，努力降低碳排放强度，确保单位GDP二氧化碳排放下降4.5%以上。

从优统筹城乡融合。进一步完善交通路网体系，推进联十一线、木兰大道三期、滨海大道等国省干线城厢段和福厦客运专线，串通灵华线、龟山路等县域支线，动工滨江北路、霞林路、恒大上山路，打通延寿路西伸“断头路”，力促洋西八期、莆田学院北区等城市支路建成通车，构建城乡互融互通交通体系。以乡村振兴规划为引领，继续完善“幸福家园”试点村配套设施建设，扎实推进常太镇下莒村、灵川镇桂山村、东海镇坪洋村等一批幸福家园项目。持续推进华亭小城镇改革试点建设，构筑向西辐射的战略性增长极，统筹推进城乡一体化建设。

（四）促改革、优营商，拓展创新发展新空间

扎实推进重点领域改革。大力推进园区体制改革，加快实施“工改工”，建立批而未供、供而未用、低效利用土地退出机制，盘活存量建设用地，优先保障重大基础设施、重大产业用地需求。落实差别化激励约束政策，对不同类型企业给予不同水电、税收政策。加快建设华林经济开发行政服务审批中心，集中审批有关主管部门实行“一站式”办

公，零距离服务企业。持续推进混合所有制改革，深化投融资体制改革，用好地方政府专项债券，有效发挥国有企业资源优势和民营经济竞争活力。

持续深化“放管服”改革。大力推广“自己‘批’网上办”审批模式，依托“问卷式”服务及“开卷式”系统，打通服务企业群众的“最后一公里”，实现“无窗口受理、智能化审批”。深化工程建设项目审批制度改革，全面推进全程网办，力争电子证照应用率90%以上，事项网上可办率95%以上。实施“证照分离”、“多证合一”和食品药品审批“证照同办”改革，推进企业全程电子化登记，提高市场主体注册便利程度。加强基层便民服务中心标准化建设，打造覆盖区、镇（街道）、村（居）三级的一体化政务服务平台，实现政务服务“马上办、网上办、就近办、一次办”。

全力优化营商环境。持续实施“三转一市”，全年新增“个转企”1000家、“下转上”85家以上，重点围绕与市场主体密切相关的开办企业、办理建筑许可、政务服务、获得信贷、纳税和知识产权保护等方面，突出企业需求导向，着力于解决营商环境存在的痛点难点堵点，不断做大市场主体总量。进一步加大减税降费力度，清理规范涉企收费，加大清理拖欠民营企业中小企业账款力度。深化信用体系建设，探索信用监管新模式，将信用管理融入经济社会发展的各环节、各领域，打造更加规范、公平、透明的社会体系。

（五）谋民生、强保障，共享和谐发展新成果

加快教育强区建设。坚持公办民办并举，扩大普惠性学前教育资源供给，促进泗华小学、九华学校等秋季投入使用，推进霞林学校、科技学校、华林学校等改扩建工程加快建设，新增初中学位4600个、小学学位7080个、幼儿园学位2280个，着力破解中心城区入园难就学难问题。持续推进教育集团化办学和信息化建设，提高12所高效课堂试点校和16所教研基地校实效，全面完成中小学校数字化建设。提升医疗卫生服务能力。深入建设“健康城厢”，加快区医院病房楼建设，改造提升凤凰山街道、龙桥街道社区卫生服务中心，建设灵川镇中心卫生院东海分院，推进华亭镇卫生院医养结合中心建设并投入使用，完善提升农村远程视频诊疗系统，推进“互联网+医疗”。推进文体事业发展。保护盘活霞皋村、照车五七自然村等古村落，做好十八张厝、张琴故居、延寿古桥等历史文化建筑修缮，切实留住美丽乡愁。加强中小型公共体育设施建设，构建全民健身设施网络和城市15分钟健身圈。健全社会保障体系。在保持原有脱贫政策不变、支持力度不减、帮扶责任不卸基础上，致力增强造血功能，支持通过公益性岗位、就业创业、小额信贷等渠道实现稳定收入，确保稳定脱贫不返贫，筑牢民生兜底保障安全网。新建农村幸福院4个，居家社区养老服务照料中心1个，推动养老院内设医疗机构，健全多层次养老服务体系。落实城乡居民养老保险特殊群体代缴政策，基本养老保险参保率达到95%以上，新增城镇就业2850人，期末城镇登记失业率确保控制在3%以内。深化社会治理创新。持续深化扫黑除恶专项斗争，集中攻坚重点案件、重点问题、重点领域，强力整治电信诈骗、“套路贷”等群众反映的突出问题，逐步建立源头治理防范工作机制，彻底铲除黑恶势力滋生土壤。开展城市安全风险评估，落实安全生产责任制，实施重点领域专项整治，健全防灾减灾救灾机制，坚决防范和遏制重特大安全事故发生。落实粮食安全行政首长责任制，持续抓好治理“餐桌污染”，完善“一品一码”全过程追溯体系，严查食品药品违法违规行为。巩固提升省级双拥模范城创建成果，推动军民融合深度发展。认真贯彻党的宗教工作基本方针，促进宗教关系和谐。

各位代表，2020年国民经济和社会发展工作，任务艰巨、责任重大。我们要在区委、区政府的坚强领导下，在区人大和区政协的监督指导下，深入贯彻新发展理念，守初心、担使命，奋发有为，开拓进取，完成本次会议通过的各项任务，为实现“打造人文宜居新城厢、建设美丽莆田先行区”目标不懈努力！

城厢区 2020 年国民经济和社会发展主要综合指标安排表

表 4

序号	指标	单位	2019 年		2020 年计划	
			预计数	增长 (%)	预期数	增长 (%)
1	地区生产总值	亿元	443	8.2	490	8.0 以上
	第一产业增加值	亿元	9	4.5	9.5	3.5
	第二产业增加值	亿元	171	8.5	189	8
	# 工业增加值	亿元	115	11	129	11
	建筑业增加值	亿元	56	6	60	7
	第三产业增加值	亿元	263	8	291.5	8.5
	三产结构	%	2:38.6:59.4		1.9:38.6:59.5	
2	农林牧渔业总产值	亿元	17.1	5	18	3
3	规模以上工业产值	亿元	373	10.7	416	11.5
4	固定资产投资	亿元	0	10	0	10 以上
5	社会消费品零售总额	亿元	270	15	302	11.5
6	外贸出口总额	亿元	65.6	5.7	69	5
7	实际利用外资	亿元	1.23	0	1.35	10
8	财政总收入	亿元	34.9	1.2	36	3.2
	# 地方级财政收入	亿元	24	3.6	24.3	1.3
9	全体居民人均可支配收入	元	37960	8	40990	8
10	居民消费价格指数	%	2		3 左右	
11	城镇登记失业率	%	1.65		3 以内	
12	人口自然增长率	‰	6.37		14 以内	

关于城厢区2019年预算执行情况及2020年预算草案的报告

——2019年12月25日在城厢区九届人大四次会议上

城厢区财政局局长 许玉树

一、2019年预算执行情况

2019年，在经济下行压力和减税降费力度加大的背景下，全区财政部门认真贯彻区委区政府各项决策部署，在区人大及其常委会的监督支持下，以习近平新时代中国特色社会主义思想为指导，充分发挥财政职能作用，深挖税收增长潜力，积极筹措项目资金，提升财政管理水平，促进经济提质增效和社会事业协调发展。

（一）全区财政预算执行情况

1. 全区财政一般预算执行情况

区九届人大三次会议通过的2019年全区一般公共预算总收入代编预算为368900万元，其中：地方一般公共预算收入241500万元；全区一般公共预算支出代编预算227710万元。区九届人大常委会第十九次会议审查批准，2019年区本级使用地方政府新增一般债券资金调增18914万元，相应调增支出预算18914万元。调增地方政府新增债券资金收支后，当年度安排支出预算246624万元。预算执行过程中，由于收支因素发生变化，经区九届人大常委会第二十二次会议批准，全区一般公共预算总收入调整为348800万元，调减20100万元，其中：地方一般公共预算收入240000万元，调减1500万元。

2019年全区一般公共预算总收入预计完成349000万元，完成预算的100.1%，增长1.2%。其中：地方一般公共预算收入预计完成240000万元，完成预算的100%，增长3.6%。

全区地方一般公共预算收入预计完成240000万元，减去预计上下级财政体制结算净上解26103万元，加上地方政府债券转贷资金20014万元、收回部分上年结转资金7151万元、调入国有资本经营预算收入1023万元和预算稳定调节基金2147万元，全区预算内总财力为244232万元。全区一般公共预算支出预计完成269288万元，增长5.0%，总支出减去上年结转支出和当年上级专项支出25056万元，全区财力支出244232万元，当年财政收支平衡。

2. 全区政府性基金预算执行情况

2019年全区政府性基金收入预计完成1285万元，完成预算的100%，加上政府性基金预算上级补助收入185146万元，上年结余收入233万元，地方政府专项债券资金36700万元，收入总计223364万元；政府性基金支出预计完成177677万元（含上年结转和当年上级专项支出3200万元），上解上级支出42000万元，收支对抵，年终滚存结余3687万元。

（二）区本级财政预算执行情况

1. 区本级财政一般预算执行情况

区九届人大三次会议通过的2019年区本级一般公共预算总收入为293900万元，其中：地方一般公共预算收入197000万元；可用财力219033万元，相应安排支出预算219033万元。区九届人大常委会第十九次会议审查批准，2019年区本级使用地方政府新增一般债券资金调增18914万元，相应调增支出预算 18914万元。调增地方政府新增债券资金收支后，当年度安排支出预算237947万元。预算执行过程中，因收支情况发生变化，经区九届人大常委会第二十二次会议批准，区本级一般公共预算总收入调整为278200万元，其中：地方一般公共预算收入195400万元；区本级一般公共支出预算243615万元。

2019年区本级一般公共预算总收入预计完成278200万元，完成预算的100%，增长1.1%。其中：地方一般公共预算收入预计完成195400万元，完成预算的100%，增长2.4%。

区本级地方一般公共预算收入预计完成195400万元，加上预计上下级财政体制结算净补助8697万元、地方政府债券转贷资金20014万元、收回部分上年结转资金7151万元、调入国有资本经营预算收入1023万元和预算稳定调节基金2147万元，区本级预算内总财力为234432万元。

区本级一般公共预算支出预计完成257937万元。总支出减去上年结转支出和当年上级专项支出23910万元，区本级财力支出234027万元，加上本级财力补助下级支出405万元，区本级财力总支出234432万元，当年财政收支平衡。

2. 区本级政府性基金预算执行情况

2019年区本级政府性基金收入预计完成1285万元，完成预算的100%，加上政府性基金预算上级补助收入185146万元，上年结余收入233万元，地方政府专项债券资金36700万元，收入总计223364万元；政府性基金支出预计完成177677万元（含上年结转和当年上级专项支出3200万元），上解上级支出42000万元，收支对抵，年终滚存结余3687万元。

3. 区本级国有资本经营预算执行情况

2019年区本级国有资本经营收入预计完成1023万元，完成预算的94.7%，全部调入一般公共预算。

4. 区本级社会保险基金预算执行情况

2019年区本级社会保险基金收入预计完成25558万元，完成预算的95%，下降39.6%；社会保险基金支出预计完成25634万元，完成预算的94.4%，下降40.04%；累计结余42676万元。下降的主要原因为2019年度减税降费政策效应和2018年度含结算2014年10月至2016年10月的社会保险基金收支。

以上数据在2019年决算编制中还会有所调整，待决算编制完成后，再报请区人大常委会审批。

（三）2019年区本级债务情况

2019年省政府下达我区政府债务限额506961万元，包括一般债务限额197679万元、专项债务限额309282万元。2019年政府债务余额503248.9万元， 包括一般债务限额194568.9万元、专项债务限额308680万元，政府负有担保债务366.9万元。其中：2019年新增债券额度56714万元，包括一般债务20014万元、土地储备专项债务36700万元。2019年完成地方政府到期债券置换6667万元。

（四）2019年预算执行和财政工作的主要特点

1. 以开源节流为基础，组织财政收入，着力推进经济平稳发展

（1）力增财政收入。面对复杂的经济形势，紧盯收入年度目标，坚持依法组织收入。落实财税部门收入协调工作机制，完善重点税源企业联系监控制度，制定促进平台经济健康发展等政策，强化税源引导服务，夯实财源税源基础，加大潜在和流动税源的跟踪争取，强化税收收入征管，切实把经济增长、转型升级的成效体现到财政增收上来。

（2）严控一般性支出。贯彻落实党中央、国务院关于过“紧日子”和坚持厉行节俭反对浪费有关要求，在行政开支上打好“铁算盘”，当好“铁公鸡”。大力压减一般性支出，除刚性和重点项目支出外，一律按不低于10%的幅度压减本部门开支，节省资金优先安排用于落实“三保”支出、三大“攻坚战”等重点领域项目，提高财政资金支出有效性和精准度。

（3）拓宽融资渠道。创新融资模式，积极对接国开行、农发行等金融机构，探索教育、污水处理、园区高质量发展项目等新型融资模式，夯实项目前期进度，保障重大民生项目资金需求。争取上级新增债券额度56714万元和置换债券额度6667万元，重点投向保障性安居工程、交通市政等基础性设施

建设，有效弥补资金短板，促进我区经济社会发展。

2. 以增长后劲为关键，发挥财政职能，着力推进持续经济发展

（1）支持打好三大攻坚战役。一是推动扶贫资金统筹整合工作。统筹整合扶贫资金1554万元，用于乡村振兴战略、“幸福家园”试点村、村级集体经济破壳消薄、建档立卡贫困家庭慰问金等脱贫攻坚项目。二是支持污染环保防治攻坚战。拨付资金9054万元，支持环境综合整治、城区环卫作业、农村家园清洁、公厕建设等。拨付资金4167万元，用于雨污水管整治工程建设，进一步改善污水处理设施。拨付资金1535万元，专项用于拆除补助和畜禽养殖污染整治，保护木兰溪流域及东圳水库饮水源。三是做好政府债务风险防控工作。加强全口径债务的动态监测和评估分析，继续实施债务风险预警提示通报制度，逐步降低债务风险指标，共拨付16807万元用于偿还政府债券本金利息，确保债券按期还本付息，积极稳妥防范化解政府债务风险。

（2）扶持重点产业转型升级。拨付工业发展专项资金3007万元，扶持规上、限上企业升级改造、扩大生产，促进工业经济稳定增长和企业转型升级，推动“三转一市”工作。拨付第三产业专项资金2774万元，优化商贸服务业发展，推动油画交易平台、电商小镇等项目建设和保障海丝动力摩托车交流文化节成功举办。拨付科技资金2500万元，支持企业提高自主创新能力，提升产品核心竞争力，营造科技创新引领高质量发展的良好氛围。拨付旅游专项资金200万元，用于挖掘旅游资源、鼓励旅游业壮大发展，全面提升旅游接待能力，促进我区全域旅游快速、健康发展。

（3）坚持推进重点项目建设。统筹整合各类资金22265万元，用于保障性住房等省、市、区重点项目建设。拨付农村路网建设资金9560万元，用于木兰大道、灵华线、笏枫公路改扩建、城区5座人行天桥及“四好”农村路建设。拨付资金2200万元，用于推进滨溪北路、肖厝路、顶黄路、棠坡支一路、恒大上山路建设，新塘和月塘片区道路“白改黑”改造工程，进一步完善城市基础设施。拨付资金309万元用于农村公路安保工程建设及公路养护。

3. 以改善民生为重点，加大财政投入，着力推进经济协调发展

（1）加大财政投入，推动公共事业发展。拨付资金6246万元，加大教育经费投入力度，保障中小学校公用经费足额拨付到位。拨付资金3000万元，用于续建新建筱塘幼儿园、滨溪幼儿园、圳湖幼儿园、文献小学、泗华小学、下黄小学、顶墩实验小学等学校。拨付资金1418万元，用于职业学校学生免学费补助，建设科技职校学生宿舍楼，支持职业教育事业发展。拨付资金438万元，用于农村有线广播村村响工程及村级综合文化服务中心示范点建设。

（2）加大资金支持，提升社会保障水平。拨付资金9972万元，用于提高城乡居民社会养老保险基础养老金标准。拨付资金9371万元，用于推进机关事业单位养老保险制度改革。拨付资金7018万元，用于城乡居民医疗保险。拨付资金4886万元，用于支持公共卫生，实现基本公共卫生服务村居全覆盖。拨付资金2557万元，用于重病重残低保户、城市低保对象、农村低保对象、特困人员低保补助，提升城乡居民最低生活保障补助水平。拨付资金3340万元，用于拥军优属工作，及时兑现优抚待遇政策。拨付资金1582万元，用于全面推进区级公立医院综合改革。拨付资金1061万元，用于建设公共就业服务平台，加大困难人员就业扶持力度。

（3）加大经费保障，构建平安和谐城厢。拨付资金4746万元，用于扫黑除恶综合治理、居住证实施惠民服务、户籍历史档案数字化、“智慧城市交通”等项目，提高保障公共安全和处置突发事件的能力。拨付资金3182万元，支持实施社会治安动态视频监控工作，健全大调解工作救助、道路交通事故救助制度，促进电子警察平安小区、网格化社会管理体系、社会管理服务中心建设，提升平

安综合治理水平，促进社会安定和谐。

4. 以改革创新为动力，强化财政管理，着力推进经济全面发展

（1）规范国有资产监管。出台区直行政事业单位固定资产日常管理规定等相关文件，完善国有资产收益管理，将租金收入、对外投资收益、资产处置变价收入和残值收入等纳入公共预算管理，保证国有资产收入依法依规上缴财政。探索建立行政事业单位资产共享共用机制，加强和改进资产管理工作，科学整合调剂使用固定资产，防止资产流失，提高资产使用效率，实现价值最大化。

（2）创新预算绩效管理。在全市首创开展实施预算绩效管理示范点工作，出台全面实施预算绩效管理的实施意见，运用财政信息一体化系统、预算绩效管理系统等，推进预算绩效管理全过程“双监控”，及时纠偏、调整预算安排，建立预算绩效线上运行监控新模式。全面启动区级预算项目库管理，充分发挥预算示范、引导和杠杆作用，推动我区全面实施预算绩效管理。

（3）强化财政会计监督。持续推进会计信息质量监督检查工作，选择5家使用专项资金较多的一级预算单位作为检查对象，进一步强化财政专项资金支出监督管理，共涉及资金52.87万元，其中进行账务调整35.35万元，收回退款0.4万元，补齐相关手续17.12万元。持续推进全区扶贫专项资金专项督查工作，严肃财经纪律，助力精准扶贫，盘活资金134万元用于其他扶贫项目，切实提高财政资金绩效。加强“三公”经费监管，健全区直单位“三公”经费支出月报公开工作机制，努力降低行政成本，强化监督问效，2019年全区“三公”经费支出共计157万元，同比下降27.09%。

（4）落实减税降费政策。采取有效措施，积极落实减税降费政策，出台印发减税降费工作细则，明确责任分工。积极会同税务和发改部门配合，开展深化增值税改革、降低企业收费、放宽小微企业标准和小微企业普惠性税费改革等政策辅导工作，强化对减税降费政策宣传，不断推进各项减税降费政策落地生根。全区累计新增减税降费近3亿元，所有行业均实现减税，在减轻企业负担、促进企业研发、增加投资和扩大就业等方面发挥了积极作用，让企业和群众有实实在在的获得感。

各位代表，在看到工作成绩的同时，我们也清醒地看到财政运行中存在的问题和不足：受进一步落实减税降费政策影响，财政增收面临较大压力；政府性投资项目融资困难问题日益突出。下一步我们将全面贯彻落实区委、区政府的各项决策部署，持续抓紧财源建设，提升预算管理绩效，扎实做好财政预算执行工作。在此，恳请各位代表、委员多提宝贵意见建议，并对财政工作一如既往地给予指导和支持。

二、2020年预算草案

根据我区经济社会发展目标和财政收支情况，2020年主要预算指标编列如下：

全区一般公共预算总收入代编预算为360000万元，比增3.2%，其中地方一般公共预算收入243000万元，比增1.3%。根据上下级预算管理体制测算，加上上下级财政体制结算净收入、收回部分上年结转资金、调入稳定调节基金等，预计全区总财力241508万元，相应安排支出预算241508万元。当年财政收支平衡。全区安排“三保”支出176556万元，其中：保工资84291万元，保运转14216万元，保基本民生78049万元。

区本级一般公共预算总收入预算为286000万元，其中地方一般公共预算收入为196600万元。根据上下级预算管理体制测算，加上收回部分上年结转资金、调入稳定调节基金等，预计区本级预算内总财力229568万元，相应安排支出预算229568万元。当年财政收支平衡。

区本级政府性基金预算收入安排5880万元，加上政府性基金预算上级补助收入256120万元，地方政府专项债券资金70000万元，收入合计332000万元。相应安排政府性基金预算支出332000万元。

区本级国有资本经营预算收入926万元，调入

一般公共预算 926 万元。

区本级社会保险基金收入预算 28151 万元，增长 10.1%；安排社会保险基金支出预算 28116 万元，增长 9.7%；累计结余 42711 万元。

为圆满完成 2020 年预算任务，全区财政部门将认真学习贯彻落实习近平新时代中国特色社会主义思想，着力培植财源税源，强化民生保障能力，提升整体管理水平，持续加大扶贫、环保、教育、社会保障等领域经费投入和保障力度。

（一）注重广聚财源，想方设法增加财政收入

1. 围绕收入目标，突出挖掘增收潜力。进一步落实好减税降费和相关财政奖励政策，用政府收入的“减法”换取市场活力的“加法”，落实“放管服”改革政策，进一步优化营商环境。充分发挥财政资金引导作用，做大做强特色产业，推动传统鞋服业开展技术改造，提升企业盈利水平和竞争能力，提高财源增收潜力。抓好总部经济、平台经济等招商引资服务工作，积极推进三利谱、大唐 5G 东南总部和中电科创城等一批项目落地城厢，想方设法拓宽新增税源渠道。

2. 围绕财源培植，提升财政发展后劲。安排平台经济补助经费 7500 万元，支持云智薪、港粤台、采购宝等平台经济发展，强化税源培植，夯实财源基础。安排第三产业专项资金和战略新兴产业政策补助经费 7300 万元，支持商贸服务业、油画产业、电子商务产业发展，兑现电商补助和企业入驻租金补助，促进第三产业持续提升。安排工业发展专项资金 3000 万元，落实稳增长、促发展各项优惠措施，完善工业转型升级财政扶持政策，促进企业技术创新和改造，支持绿色能源、循环经济和低碳经济发展。安排科技资金 1450 万元，支持企业提高自主创新能力，提升产品核心竞争力，营造科技创新引领高质量发展的良好氛围。安排旅游专项资金 300 万元，扶持旅游推介、景区创建和基础设施建设。

3. 围绕体制创新，拓宽政府融资渠道。在产业转型推进高质量发展方面，积极对接国家开发银行，策划园区高质量发展“十个一”项目，争取政策性银行授信额度，有力助推城厢经济发展。积极争取上级资金支持，统筹安排用于保障性住房等省、市、区重点项目建设。继续争取上级新增债券额度和置换债券额度安排，重点投向交通、能源、市政等基础性设施建设，弥补资金短板，有效缓解我区重点项目资金需求。

（二）优化支出结构，有效保障民生领域支出

1. 推进社会公共事业发展。安排资金 9623 万元，用于中小学校工程建设及改造项目，完善中小学附属工程的设施配套，改善薄弱学校建设。安排资金 4965 万元，继续做好义务教育经费保障工作，保证义务教育公用经费按时拨付到位。安排资金 633 万元，提高对农村文化事业投入比例，支持农村公共文化事业，繁荣基层文化建设。安排资金 746 万元，用于发放高中、中职、学前教育助学金，资助家庭困难学生免除学杂费及中职免学费补助。

2. 促进社会保障体系建设。以社会保险、社会救助、社会福利为基础，以基本养老、基本医疗、最低生活保障为重点，加大投入力度。安排资金 16749 万元，用于城乡居民社会养老保险和机关事业单位基本养老保险，提高最低居民困难生活保障和社会整体救助水平。安排资金 7147 万元，提高城乡居民、城镇职工医疗保险补助水平，提高医疗保险参保率，实现人人享有医保。安排资金 4672 万元，推进基本公共卫生服务项目建设，全面落实区级基本公共卫生服务和村卫生所基本药物零差率。安排资金 994 万元，用于义务兵优待金、退役军人自谋职业安置。

3. 提高社会服务管理水平。安排资金 3884 万元，用于政法、公安、司法等部门安全保障支出和网格化平台建设、社区网格化规范管理建设、“电子小区”维护、大调解工作救助、道路交通事故救助等，大力支持“扫黑除恶”专项斗争工作向纵深推进，提升技防水平和侦破效率，提高公共安全和突发事件应急处置能力。

（三）强化创新驱动，全面提升财政管理水平

1. 开展全国农村综合性改革试点试验。推动

华亭镇霞皋村全国农村综合性改革试点试验项目建设，通过三年时间，加快实施村文化旅游和木兰溪生态公园等项目，推进“健全村级集体经济发、完善乡村治理、构建农民持续增收、建立农村生态文明发展”四个方面体制机制创新，把试点试验成效落到农民增收优结构、增渠道上，努力把霞皋试点村打造成为美丽乡村样板村、乡村振兴示范村，进一步激发乡村振兴的活力和动力。

2. 推进国有企业整合重组。以突出主业、突出资产质量和运行效率为原则，实体化运作、龙头带动、规模经营、集约管理为方向，结合我区现有国有企业资产规模、人员配备、业务范围等各方面实际情况，进一步推进区属国有企业整合重组，实现经营性资产资源有效集聚，做强做优做大区属国有企业，扎实推进国有企业改革步伐。

3. 强化预算执行动态监控。加强国库集中支付管理与监督，健全预算执行动态监控机制，逐步完善系统智能预警，提高财政资金使用的安全性、规范性和有效性。推进国库电子化管理改革，将全区预算单位全部纳入实施国库电子化管理改革动态监控范围，加强财政资金安全管理，提高财政资金支付效率。同时，健全支出进度通报和约谈机制，加大对预算单位支出的督导力度，不断提高预算单位预算执行力。

4. 财政收支纳入绩效管理。将2020年全部收支纳入部门单位绩效管理，以预算资金管理为主线，统筹考虑资金和业务活动，从运行成本、管理效率、履职效能、社会效益、可持续发展能力和服务对象满意度等方面，衡量部门和单位整体及业务实施效果，推动提高部门和单位整体绩效水平，进一步提高财政收入质量和财政资源配置效率，增强财政可持续性。

各位代表，做好2020年财政工作任务艰巨，责任重大。我们将在区委、区政府的正确领导和区人大、政协的监督支持下，聚焦预算执行、绩效评价、债务防控、减税降费等重点领域，不忘初心，牢记使命，敢于担当，推进财政各项工作取得实效，为“打造人文宜居新城厢、建设美丽莆田先行区”提供强有力的财力保障！

中华人民共和国成立70周年系列活动图片选辑

欣逢盛世，适遇良时，为庆祝中华人民共和国成立70周年华诞，城厢区委区政府举办相关主题的图片展、歌咏比赛、书画比赛等系列活动。

9月29日，城厢区华林学校举行喜迎建国70周年“我和祖国共成长”活动　　（许金珊　摄）

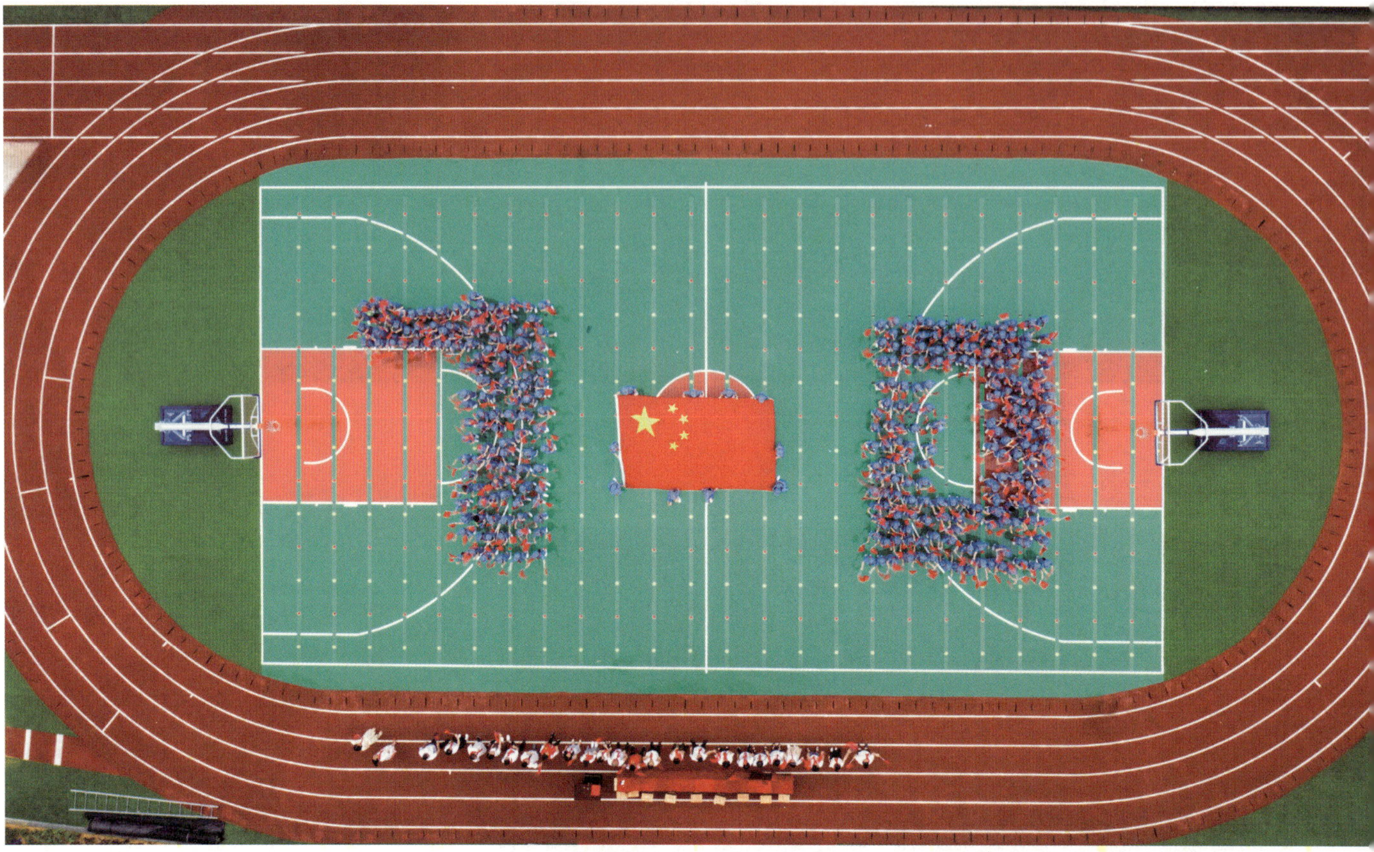

5月28日，城厢区太平小学举行庆六一暨少先队员入队仪式（许金珊 摄）

9 月 19 日，城厢区龙桥派出所举行“我和国旗合影”活动（许金珊 摄）

9 月 30 日，城厢区第二实验小学举行喜迎建国 70 周年“特别的爱给伟大的你”活动（许金珊 摄）

区府办党支部开展庆祝建国成立 70 周年主题党日活动　　（吴琳琳　摄）

9 月 29 日，城厢区筱塘小学举行建国 70 周年歌咏比赛　　（林燕钦　摄）

城厢区东海镇举行庆祝建国70周年图片展 （黄益彬 摄）

9月29日，城厢区太平小学举行建国70周年活动

（许金珊 摄）

9月27日，城厢区沟头小学举行喜迎建国70周年活动

（许金珊 摄）

非物质文化遗产

【非物质文化遗产代表性项目情况】 截至2019年底，城厢区非物质文化遗产代表性项目一共包含九大类别146个项目，其中国家级非物质文化遗产代表性项目1个，省级非物质文化遗产代表性项目4个，市级非物质文化遗产代表性项目35个，区级非物质文化遗产代表性项目106个。

城厢区国家级和省级非遗代表性项目汇总表

表1

序号	类 别	项目名称	级别（批次）	保护单位
1	传统美术	竹刻（莆田留青竹刻）	国家级 第二批	莆田市云起香材有限公司
2	民 俗	闽台送王船	省级 第二批	灵川镇东汾五帝祖庙董事会
3	传统美术	留青竹刻	省级 第二批	莆田市云起香材有限公司
4	传统技艺	复茂饼家制作技艺	省级 第三批	福建复茂食品有限公司
5	传统体育	南少林武术（莆田）	省级 第四批	莆田南少林武术协会

城厢区市级非遗代表性项目汇总表

表2

序号	类 别	项目名称	级别（批次）	保护单位
1	民间文学	小五哥传说	市级 第二批	城厢区文化馆
2	民间文学	龙眼的传说	市级 第二批	城厢区文化馆
3	民间文学	龟山茶的传说	市级 第二批	城厢区文化馆
4	民间文学	黄濂起义歌	市级 第三批	城厢区文化馆
5	传统舞蹈	南门棕轿舞	市级 第二批	凤凰山街道南门社区居委会
6	传统舞蹈	皂隶舞（东汾五帝庙）	市级 第二批扩展	东汾五帝庙管委会
7	传统戏剧	莆仙戏“净、末”	市级 第二批	莆田市艺术研究所
8	传统戏剧	木偶戏（东海西厝）	市级第三批扩展	城厢区文化馆
9	曲 艺	俚歌（常太山歌－俚歌）	市级 第一批扩展	城厢区文化馆
10	传统美术	刘氏竹雕	市级 第一批	莆田市云起香材有限公司
11	传统技艺	复茂饼家制作技艺	市级 第一批	福建复茂食品有限公司
12	传统技艺	莆田柯氏藤编传统技艺	市级 第二批	柯国华藤编工艺所
13	传统技艺	方氏家酿枇杷酒工艺	市级 第二批	城厢区天妃红酒业有限公司
14	传统美术	郑氏沉香雕	市级 第四批	城厢区文化馆
15	传统技艺	郑氏山水木雕圆浮雕技艺	市级 第四批	城厢区腾晖工艺厂
16	传统技艺	莆田传统美食烹饪技艺	市级 第五批	城厢区老蒲鲜海鲜楼
17	传统技艺	龟山茶制作技艺	市级 第五批	三紫有机茶叶有限公司
18	传统医药	郑氏传统跌打伤科	市级 第四批	南湖郑氏传统拳医研究室
19	民 俗	东汾端午节化龙船	市级 第一批	灵川镇东汾五帝祖庙董事会
20	传统体育	南少林三十六宝传统拳术	市级 第二批	莆田南少林武术协会
21	传统体育	戴氏南少林鸣鹤二十八宿	市级 第二批	莆田南少林武术协会
22	传统体育	南少林桂麟拳	市级 第二批	莆田南少林武术协会
23	传统体育	南少林韦驮拳	市级 第二批	莆田南少林武术协会

续表 2

序号	类 别	项目名称	级别（批次）	保护单位
24	传统体育	南少林韦驮扁担法	市级 第三批	莆田南少林武术协会
25	传统体育	南少林五雷拳	市级 第三批	莆田南少林武术协会
26	传统体育	南少林白鹤拳	市级 第三批	莆田市非物质文化遗产学会
27	传统体育	南少林佛祖棍法	市级 第四批	莆田南少林武术协会
28	传统体育	南少林青龙大刀	市级 第四批	莆田南少林武术协会
29	传统体育	南少林候拳	市级 第三批	莆田南少林武术协会
30	传统体育	南少林老鹰披翅拳	市级 第四批	莆田南少林武术协会
31	传统技艺	东沙村油纸灯笼制作技艺	市级 第六批	东海镇东沙村委会
32	民 俗	东海镇金沙宫上元祈福习俗	市级 第六批	东海东沙金沙宫
33	传统医药	余氏传统消痛配方	市级 第六批	莆田国医堂民间秘方研究所
34	传统技艺	唐式佛像彩绘、贴金	市级 第六批	庄严苑工艺品有限公司
35	传统技艺	桂圆干传统烘焙技艺	市级 第七批	莆田市大同医药有限公司

城厢区省级、市级非遗代表性传承人汇总表

表 3

序号	类别	项目名称	传承人	批次 / 级别	主要传承地
1	民 俗	闽台送王船	林玉坤	第二批省级	闽台送王船传习所
2	传统技艺	复茂饼家制作技艺	郭继光	第三批省级	福建复茂食品有限公司
3		郑氏山水木雕圆浮雕技艺	郑春辉	第三批省级	城厢区腾晖工艺厂
4	传统体育	南少林武术（莆田）	洪光荣	第四批省级	莆田市南少林武术协会
5	民 俗	闽台送王船	林庆森	第四批市级	闽台送王船传习所
6		东海镇金沙宫上元祈福习俗	蔡美林	第五批市级	东海东沙金沙宫
7			蔡玉应		
8			蔡海儿		
9	传统技艺	刘氏竹雕	刘志高	第二批市级	云起香材有限公司
10		莆田柯氏藤编传统技艺	柯国华	第三批市级	柯国华藤编工艺所
11		留青竹刻	刘建新	第四批市级	云起香材有限公司
12		莆田传统美食烹饪技艺	陈伟军	第四批市级	莆田市城厢区老蒲鲜海鲜楼
13		龟山茶制作技艺	郑亦新	第四批市级	福建省三紫有机茶叶有限公司
14	传统美术	郑氏沉香雕	郑云鹏	第四批市级	城厢区文化馆
15	传统体育、游艺与杂技	南少林“三十六宝” 拳术	洪光荣	第三批市级	莆田市南少林武术协会
16		南少林老鹞批翅拳	郑瑞凿	第四批市级	
17		南少林深山猿猴拳	朱圣熙		
18		南少林韦驮拳术	陈玉樵		
19		南少林佛祖棍法	吴 鹤		
20		南少林白鹤拳	吴锦春		
21		戴氏南少林鸣鹤二十八宿	戴义龙		

续表 3

序号	类别	项目名称	传承人	批次 / 级别	主要传承地
22	传统体育、游艺与杂技	莆田南少林武术（韦驮拳）	陈玉樵	第五批市级	莆田市南少林武术协会
23		莆田南少林武术（桂麟拳）	蔡永希		
24		莆田南少林武术（青龙大刀）	林国森		
25		莆田南少林武术（五雷拳）	陈绍俊		
26		莆田南少林武术（护院单刀）	唐家辉		

说明：其中省级传承人郑春辉作品《清明上河图》是莆田市唯一一位在非物质文化遗产传统技艺类获得吉尼斯世界纪录者。

（许少杭）

木兰溪生态文明建设实践

2019 年，城厢区深入学习贯彻习近平总书记在参加十三届全国人大二次会议福建代表团审议时的重要讲话精神和治理木兰溪的重要理念，认真贯彻“节水优先、空间均衡、系统治理、两手发力”治水方针，紧盯“一溪一区”核心项目，加强生态环境管控，大力实施综合治理，有序推进保护性开发，切实加快木兰溪流域治理及片区开发建设，不断改善水域环境，进一步巩固生态文明的“木兰溪样本”。

一、基本做法

城厢区紧紧围绕市委、市政府提出的“建成美丽中国生动范本，必须落实到行动中，细化到项目上”的工作要求，以习近平新时代中国特色社会主义思想为指导，紧紧围绕统筹推进“五位一体”总体布局和协调推进“四个全面”战略布局，研究制定《城厢区深入贯彻落实习近平总书记治理木兰溪的重要理念打造人与自然和谐共生美丽莆田先行区的贯彻意见》，以推进水生态文明建设为总揽，以水生态保护与修复为重点，以示范工程和重点项目为抓手，加快推进“六水共治”，持续实施“河长制”“湖长制”，统筹做好水灾害防治、水资源节约、水生态保护修复、水环境治理，绘制东圳库区、城区内河、木兰溪水质提升等“作战图”，形成较为完善的水生态文明体系，全力打造人与自然和谐共生美丽莆田先行区，努力为建设美丽中国提供生动范本。

二、总体进展情况

（一）木兰溪综合治理情况

按照木兰溪流域治理工作要求，围绕“水资源、水生态、水环境及水安全”等四大体系及管控措施，有力推动十大工程、十大管控措施建设。

一是配合构造水资源综合体系。通过实施“大管网”建设，主动融入城乡供水一张网，相继动工建设：霞林屿上至濑溪、濑溪至华亭集镇区自来水供水管网建设及湄洲湾自来水厂供水至灵川、东海镇供水主管网改造，共铺设供水管网 27 公里。截至 2019 年 12 月，城厢区除山区片常太镇因地势高等原因，其他 6 个镇（街道）均实现市水务集团供水区域覆盖，为即将开展全市的城乡供水一体化建设试点工作打下坚实的基础。

二是积极打造水生态体系。2019 年，城厢区大力推进桉树林改造项目；对重点生态区位内非国有的商品林进行赎买，实行集中统一管护，改善和提升其生态功能，其中桉树林改造完成 1000 亩苗木种植，低效针叶林等林分改造完成 400 亩，花化彩化提升已完成 200 亩；上级下达商品林赎买任务

1000 亩，已完成赎买 1784 亩，超额完成任务。完成华亭镇水土流失综合治理项目建设，治理水土流失面积达 3800 亩。

三是打造优质水环境体系。通过实施木兰溪沿线污水收集及城市黑臭水体整治全力推进水环境整治。强化对 11 条城市内河综合整治，为莆田市入选第三批国家黑臭水体整治示范城市作出贡献。一是钟潭溪沿线截污改造、河道清淤、岸上景观绿化工程均已完成。二是北渠完成中特桥旁、下黄桥旁、肖厝路桥旁、阳光酒店、联创国际广场商业区排水口截污改造；完成北渠天九湾市场处排水口截污改造工程；完成北渠金海湾污水分流工程，在北渠城港大道金海湾桥下右岸处设立抽水泵站将污水收集接进就近污水管网，截污规模日均约 700 吨；市水务集团已启动北渠截污管改造工程，由学园路与南园路交叉口开始沿南园路敷设干管，通过胜利路，沿着荔枝公园汇入荔园路污水主干管中。三是下黄内河两岸均已完成截污改造，北渠至下黄河水系连通渠工程已完成通水。四是棠坡沟采取末端截污，收集接入荔园路污水市政管网，该工程已竣工运行。五是洋西溪南侧洋西安置房雨污混流问题已完成整改；洋西东圳安置房及联发电商楼盘污水已接入配套污水管；联发电商城污水混接雨水管排放问题已完成整改；六是延寿溪南岸老叶树安置房污水管网已完成改造及污水提升泵站建设，主要收纳恒大小区污水；泗华路拓宽配套污水管已完成建设。七是新塘溪和新梅溪截污工程已完工，污水已接管，泵站正常运行将污水从提升泵站抽入筱塘南街污水管后汇入莆阳路市政污水管，截污规模日均约 3000 吨；新塘溪（凤翔巷至蘑菇私房菜段）污水收集工程已完工；市水务集团实施的荔城南大道（南湖路至广化路）市政污水主干管打通工程已基本完工。八是柳桥沟应急引水工程已完工；沿岸民房建设明渠部分截污管建设已完成，长度约 300 米，收集沿线居民污水，并将污水接入天妃路市政污水管内，确保污水收入污水管不入河。

四是着力构建水安全体系。紧紧围绕习总书记治理木兰溪重要理念，扎实推进木兰溪防洪工程（华亭段）项目建设，在用地报批、征迁上均先行一步，实现无障碍施工。推动木兰溪城厢区华亭段河道生态修复综合整治工程、木兰溪城区（城厢区）内河整治工程等项目实施见效，内河水质进一步提升。全区共投入近 8000 万元，通过河滩保护、水生态修复生态护岸建设、清淤疏浚等措施，实施生态河道治理约 32 公里。①协助完成木兰溪防洪工程征迁，助力工程进度。②实施木兰溪干流木兰陂至濑溪段疏浚工程，重点对沿线零星的“水下孤岛”进行疏浚，预计疏浚量 2 万方，初步实现游艇自由航行，在打造莆田版“多瑙河”上迈出了坚实步伐。③建成樟龙溪、草埔溪、莒溪、溪北溪、东太溪、院里溪以及木兰溪的主要支流长岭溪等 7 个安全生态水系治理工程，修建生态护岸，巡河步道、两岸绿化缓冲带等。④动工建设西湖溪、坑尾溪等 6 条 37 公里安全生态河道治理。⑥全区河道清淤疏浚行动已完工，共累计清理疏浚河道 33 条 173 公里。

五是有力落实十大管护措施。以实施河长制为纽带，依托网格 + 公安模式，实现实时全面掌握全区水库、海堤、水闸、河道、低洼地、地灾点等重要危险区域、关键时段现况，有效扫除了防御盲点；实施清“四乱”专项行动，全区 41 处河湖管理范围内乱占、乱采、乱堆、乱建等“四乱”突出问题，已完成整治 38 处，未完成整治 3 处，为历史遗留问题，全区河湖管理秩序明显好转。常态化推进畜禽整治、面源污染、“散乱污”企业整治及生活垃圾长效管理等，进一步巩固管护成效。

（二）木兰片区建设情况

实现“两大突破”。一是“城”的突破，高起点高标准完成木兰溪两岸地区总体策划和城市设计编制，樟林、钟潭、万达南等片区全面完成征迁，木兰铁岭片区完成丈量，城市“南拓西进”腹地进一步拓展。二是“溪”的突破，实施木兰溪城区段两岸景观整治提升、北渠综合整治、木兰陂世遗公园等全流域综合治理工程，助力木兰溪入选全国示范河湖，木兰溪生态文明建设实践入选中组部主题教育案例，园头桥水站成为生态环境部首批“最美水站”，“百里兰溪十里景”迈出坚实一步。

狠抓项目引领。围绕木兰溪两岸保护性开发建设，高强度推进“三改一拆”工程，实行一个重点项目，一名区级领导、一个责任部门、一套工作班子、一个项目经办的“五个一”抓项目工作机制，明确任务表、时间表、进度表，对征迁扫尾、前期手续等项目推进中的卡壳问题，倒排工期，全力加快重点项目征迁，累计征地665亩、拆除房屋60万平方米，月塘南一期、泗华老叶树、坂头东等6个片区基本完成征迁，月塘南二期、霞皋山牌等片区全部完成丈量，累计出让万达南地块一、坂头东安置地块三等7宗356亩经营性土地；保持“两违”整治高压态势，全年拆除“两违”989宗38.5万m²，腾出土地面积约23.7万平方米。深化乡村振兴与木兰溪发展相融合，规划霞皋八卦村、油潭整村改造项目，打造一批改革试验区、省级试点村，修缮保护历史文化建筑，切实留住美丽乡愁。目前，木兰溪两岸景观整治提升工程已完成木兰溪两岸建筑立面改造、绿化提升，对木兰溪霞林段沿岸建筑立面粉刷、安置房小区夜景工程、屿上公园绿化种植项目建设，同时结合木兰溪两岸景观提升规划实施木兰溪荔港大桥至樟林大桥沿岸夜景照明，沿岸建筑、安置房小区夜景工程；北渠综合整治示范工程已于2019年8月底完工，有效的提升了北渠水系整治和两岸景观、步道、截污纳管能力；霞皋八卦村修缮保护工程已完成房屋丈量工作，进入赔偿方案研究阶段；木兰湖儿童公园、木兰陂世遗公园工程（二期）、城厢区滨江北路（木兰陂至樟林大桥）目前正在前期推进中。

（三）木兰溪水质提升情况

2019年，木兰溪濑溪断面全年水质达到Ⅲ类；省级考核的7个小流域断面中5个断面水质达到或优于Ⅲ类，延寿溪口断面（考核城厢区）水质为Ⅳ类；东圳水库集中式饮用水源水质达标率100%，6个乡镇级集中式饮用水源中4个水质达到年度目标；东圳湖库水质达标率100%；完成龙桥溪、下磨溪两条城市黑臭水体年度整治任务。城厢区列入全省11个农村污水治理整县推进重点县（区）之一。

（1）抓排查。2019年，组织人员对木兰溪沿线干流及汇水支流共31条河道排污口进行全面排查，截至目前共排查出2502口排污口，完成整治数2500口（其中雨水排放口数为1196口），完成整治率为99.9%。

（2）抓治理。加强沿河常态化卫生保洁，今年来共整改市、区级木兰溪沿线卫生巡查问题2096处，清理生活垃圾7994吨。严控农业面源污染，制定城厢区到2020年化肥、农药使用量零增长行动方案，今年全区完成测土配方施肥13.5万亩次，开展测土配方施肥技术、耕地质量保护和化肥减量化技术培训97人次，肥料使用检查和指导30多场次，发放《科学施肥技术》手册等宣传材料近1万本，化肥使用量减少3%，全区使用农药201吨，绿色防控26.6万亩次，统防统治7.8万亩次。按照“村周巡查、镇（街道）月检查、区季督查”长效管理机制，加强畜禽养殖反弹复养巡查督查，凡是发现违规养殖（含反弹复建）的及时查处，做到“两断三清”“应拆尽拆”，确保整治到位。今年来共出动人员537人次进行畜禽养殖反弹督查130次，涉及263个村次，发出整改函10份，均已整改到位。开展城区餐饮业餐厨废水污染整治“回头看”，全区1826家餐饮店已安装油水分离器。

（3）抓收集。加快实施污水收集工程，在城区，结合市政道路新建延伸及“白改黑”改造、片区改造和污水源普查发现问题整改等，2020计划建设10公里的污水管网，年内完成管网建设约10.6公里。在园区，目前华林园区104家征地投产企业、太湖园区24家征地投产企业污水均已接入市政污水管网，接管率100%。实施华林东段末端污水管改线工程，主干管长度约1070米，已于今年8月20日全线接通并投入使用，解决了华林路污水溢流至郑庄沟、霞皋沟的问题。在农村，城厢区一期农村污水PPP项目累计建成污水管网约173.8公里，建设三格化粪池8262座，今年3月份该项目已终止 PPP 合同。城厢区成立了农村污水处理设施一期 PPP 项目解除合同后续工作领导小组，创新通过“区级主导、镇街主责、村居主体、群众参与”的组织建设模式，加快推进全区 88 个村的农村污水收集工程建设。截至 12 月 17 日，87 个村已开工建设，13 个村已完工，新建污水管网 1043 公里，上级下达新建改造三格化粪池任务 8240 户中完成了 8630 户，当前正在加快入户管等建设。同时为缓解区财政对农村污水工程建设资金投入的压力，组织相关部门积极向上争取专项资金补助，已争取中央水污染防治资金 6598 万，部分用于常太镇农村污水治理项目建设；已申请到上级农村环境综合整治项目资金 1760 万元；已申请上级 2020 年农村环境整治资金 3800 万元，列入明年财政预算；将华亭、灵川、东海和凤办农村污水工程进行打包，以区水投公司为项目业主，向国开行申请信贷支持。

（4）抓监管。一是不断健全河长架构，设立由区委书记及区长担任总河长的“双河长”机制，全面升级流域河长，持续深化河长制工作，充分发挥各级河长在治水工作中的作用，促使治水工作制度化、常态化；二是建立河长会议、信息报送、投诉受理举报、河长制督察、信息共享、工作考核和问责激励等制度，为全面推行河湖长制提供制度保障，形成河道管理保护合力；三是坚持河道巡查制度，把加强日常巡查作为重要工作手段，发现涉河污染等问题，发放督办函督促相关单位及时解决，今年以来共发放督办函 121 份，已整改问题 375 个；四是创新实行跨区域流域断面分段监测考核机制，全区设置 100 个水质监测点，实现对 33 条河道村级交接断面水质监测全覆盖，及时全面掌握乡村水质情况，为全区水质提升特别是木兰溪流域水质提升提供数据支撑。

（区水务局供）

木兰溪城厢区段　（许金珊 摄）

大事记

1月

1日，霞林街道幸福家园3348户安置房回迁。

2—4日，水利部党组书记、部长鄂竟平深入城厢调研水利工作。先后参观莆田市木兰溪生态治理、木兰陂、延寿溪安全生态水系、东圳水库水环境综合整治、农村饮水安全等工作。

3日，中共城厢区纪委检查委员会常太镇监察组挂牌成立。

5日，城厢区法治创建新农村法律宣传活动暨“共创平安 共享和谐”综治平安创建文艺晚会在灵川镇东进村举行。

10日上午，城厢区司法局华亭司法所组织社区矫正人员观看改革开放40周年活动宣传片，弘扬爱国主义精神。

15日，区委宣传部、区委政法委、区司法局、区农业农村局、团区委等22家区直单位，在华亭镇云峰村举行城厢区文化、科技、卫生“三下乡”集中服务活动，为当地群众送去科技文化图书、疾病预防和卫生知识，并举办现场义诊、写春联等多项活动。

同日下午，由区依法治区办、区司法局主办的《百姓法治宝典》走进城厢“千家万户”系列活动在霞林街道下黄村启动。

20日下午，市委书记林宝金带队调研木兰溪水质提升工作。并察看木兰溪北渠支流柳桥沟（延寿路段）黑臭水体情况。区领导王文才、吴文恩、谢长征陪同调研。

24日，团区委组织30余名志愿者、社工在莆田火车站开展“青春志愿行 奉献新时代”主题志愿服务活动。

25日，在区机关三层大会议室，召开区纪委九届四次全会。区委书记王文才讲话，区委副书记、区长吴文恩传达市纪委七届四次全会精神，区委常委、区纪委书记、区监委主任余丽红作工作报告。

同日，区司法局灵川司法所组织法律顾问召开村规民约法治宣传、法律咨询讲座，提高基层人民调解员的法律素质和政策水平。

同日，龙桥街道举办学习贯彻新时代中国特色社会主义思想暨移风易俗宣传活动。

同日下午，区司法局将《百姓法治宝典》送进东海镇上亭村法治书屋，提升村集体依法治村能力。

28日下午，在区机关三层大会议室，城厢区组织收听收看省委省政府经济形势分析会暨坚持高质量发展落实赶超工作督查视频会。区委、区政府、区人大、区政协班子领导等参加会议。

29日，市委书记林宝金带领市委办、应急局、住建局等部门负责同志到旷远能源股份有限公司城厢混气灌瓶站检查安全生产工作，区委书记王文才陪同。

同日，区司法局龙桥司法所

在延寿村开展“法治大礼包”进万家活动。

同日，城厢区举行中电互联网研究院揭牌仪式。

同日，区住建局联合区执法局、华亭镇政府及当地派出所对华亭镇内无证燃气经营点进行整治，现场取缔4处黑气窝点，暂扣非法液化气137瓶。

同日下午，区委书记王文才带领区应急局、区消防大队等部门主要领导先后到女人街6+3超市、莆田市公交南站、快乐农庄公安检查站、华亭濑溪顺天烟花爆竹有限公司等处检查节日市场供应和安全生产工作，区领导肖志雄等陪同。

30日，区司法局华亭司法所组织65名社区服刑人员开展《百姓法治宝典》专题学习活动。

31日上午，在东方国际大酒店附属楼三楼会议室，举行城厢区2019年新春团拜会。

2月

2日上午，区委书记王文才、区长吴文恩先后到区交警大队、凤凰山派出所看望值班值守的公安干警。区领导陈庆王陪同。随后，王书记、吴区长一行到南湖公园，察看节日氛围布置情况。最后，区委书记王文才、区长吴文恩到莆田广电中心城厢记者站，慰问一线采编人员。

11日下午，市委书记林宝金带队调研水生态文明建设，并察看木兰溪荔城段和城厢段建设情况及周边环境、绶溪公园水生态提升项目。

12日上午，区委书记王文才带领区民宗局、交警大队、应急局等部门主要领导到石室岩检查民俗活动安保工作。区领导陈洪武、陈庆王、李文杰等陪同。

13日上午，区委书记王文才带领区财政局、区国土分局、区工信局等部门主要领导先后到月塘南片区、万达南片区、坂头东片区、樟塘片区等项目现场调研，随后到东南艺纸、新步鞋业等企业了解企业年后复工情况。区领导郑松青、陆建琪、肖志雄等陪同。

14日上午，区委书记王文才带领区财政局等部门主要领导到区税务局调研财税工作。区领导张伟国陪同。

同日，福建省的全国人大代表到城厢木兰陂公园考察，市领导林宝金、李建辉、阮军、郑祖杰、胡国防，区领导王文才、肖志雄陪同。

15日上午，省税务局副局长郑孝真一行到区税务局开展走访调研工作，看望慰问办税服务大厅一线人员，了解办税服务厅自助办税终端、金三并库系统运行及个税改革宣传辅导情况。

16日上午，在东方国际大酒店附属楼三楼会议室，召开城厢区践行习近平总书记治理木兰溪的重要理念暨加快建设美丽莆田先行区动员大会，区委、区人大、区政府、区政协班子领导，公检法主要领导等参加会议。

同日，在东方国际大酒店附属楼三楼会议室，召开城厢区纳税大户表彰大会。

19日，市税务局党委委员、副局长吕瑜中率市局减税降费工作领导小组相关人员到城厢调研督导“减税降费”工作，通过听、看、问、寻等方式，全面掌握该局关于“减税降费”工作落实情况、开展进度、预测分析及下一步计划。

20日，区司法局借游灯闹元宵活动尾声，深入东海镇利角村组织开展“‘扫黑除恶’送元宵 法律常识进万家”法治宣传主题活动。

同日，区司法局常太司法所组织在矫人员参观闽中革命根据地，学习革命历史，缅怀先烈，学习革命先烈为新生活流血牺牲的大无畏奉献精神。

同日下午，市委书记林宝金、市长李建辉带领市委办、市府办、生态环境局、住建局、水利局等部门负责人在城厢区、荔城区、涵江区开展河长日暨生态整治工作调研，并到霞皋村实地调研。市领导傅冬阳、卓晓銮、吴立新、沈伯麟、吴健明、郑瑞锦，区领导王文才、吴文恩市里集中乘车，陆建琪在点上陪同调研。

27—28日，区人民法院党组成员、政治处主任陈静应邀到最高法院参加由中国法官协会、中国女法官协会组织举办的“《中华人民共和国反家庭暴力法》实施三周年暨人身保护令问题研究座谈会”，并就“代为申请人身保护令问题”作会议发言。

3月

4日下午，城厢区在木兰陂公园举办“全民健康 平安城厢”为主题的健步走暨志愿者服务活动。

5日上午，区委书记王文才带领区公安分局、区信访局等部门有关同志到东海镇、灵川镇调研信访维稳、全面从严治党等工作。区领导郑松青、陈洪武、陈庆王等陪同。

6日，民建云南省保山市主委赵燕蓉到城厢区考察调研木兰溪生态治理事宜。

同日，市检察院党组书记、检察长许志鹏一行到区检察院调研指导工作。

同日下午，区税务局联合区总工会深入灵川镇开展“综治平安宣传月”暨维权服务活动。

7日上午，在区机关三层大会议室，召开区委政法工作会议和全区生态环境保护工作会议。区委书记王文才出席并讲话，区长吴文恩主持会议。

同日，在区委六楼一号会议室，区委书记王文才主持召开中共城厢区委审计委员会第一次会议。

同日，江苏省太仓市政法委考察组到城厢调研。

同日，区税务局与区总工会联合深入灵川镇径里小学开展“依法诚信纳税共建和谐城厢”税法宣传活动。

8日，区教育局在该局六楼会议室召开扫黑除恶专项斗争工作推进会暨公共安全领域突出问题大排查大化解大整治攻坚行动部署会。

12日，区委宣传部在区机关三楼会议室召开2019年城厢区意识形态工作综合分析会。

同日，区司法局常太司法所组织辖区内矫正人员在常太社区环卫站附近开展以“助力新莆田 建功新时代”为主题的义务植树活动。

同日下午，在区机关三层大会议室，城厢区召开全区组织、宣传、统战工作会议。

13日下午，在区委六楼二号会议室，区委书记王文才主持召开听取木兰溪两岸项目策划工作汇报会。区领导吴文恩、郑松青、陆建琪、肖志雄、林少敏、李文杰、谢长征、郭国辉等参加会议。

14日上午，区司法局华亭司法所特邀心理咨询师朱老师对社区矫正人员开展心理健康教育。

15日上午，区司法局走进喜盈门建材中心广场，参与以“信用让消费更放心”为主题的宣传教育活动。

18日上午，在区委六楼一号会议室，召开2018年度市对区全面从严治党责任落实情况检查工作对接会。检查组组长、市委宣传部常务副部长唐炳椿向区领导说明来意，对接检查工作事宜。区领导王文才、吴文恩参加会议。

下午，区委、区人大、区政府、区政协班子领导、公检法主要领导到华亭镇木兰大道樟塘段，与市、区两级绿化委成员单位主要领导、驻莆部队官兵、志愿者一起参加义务植树活动。

19日上午，区司法局、区依法治区办到华亭镇前黄村，组织开展2019年村（社区）法律讲堂之民族宗教篇暨打击整治枪爆违法犯罪专项宣传教育活动。

同日，区农业农村局组织志愿者在常太镇进行“放心农资下乡进村宣传活动”，为当地村民发放宣传图册、书籍等，为村民解答技术问题。

20日，共青团城厢区第十二次代表大会召开，区领导王文才、吴文恩等出席。团市委书记郭志诚到会致辞，区委书记王文才作强调讲话，会议听取并同意团区委书记林鸿伟所作的工作报告。大会选举产生共青团城厢区第十二届委员会，圆满完成预定的各项任务。

同日，区检察院组织干警在万达广场开展法制宣传活动。

同日上午，市法院院长苏建平带队督导龙桥街道扫黑除恶专项斗争工作，区委常委、政法委书记陈庆王陪同参加。

21日，区长吴文恩、副区

长谢长征带领区住建局、区生态环境局、区财政局等部门负责人到东海镇调研福厦铁路东海段环境综合整治推进情况。

同日下午，在纪念第二十七届“世界水日”和第三十二届“中国水周”之际，城厢区在木兰溪公园举行“保护母亲河·我们在行动”志愿服务活动。

22日，市水利局、市东圳水库管理局、区水利局、区河长办、常太镇人民政府共同在常太镇举办“纪念第二十七届世界水日、第三十二届中国水周宣传活动”，现场发放宣传材料1000多份，并组织志愿者深入常太学校大力宣传《莆田市东圳库区水环境保护条例》。

22日上午，莆田市举行2019年第一季度项目集中开竣工活动。市领导林庆生、李飞亭、吴立新、郑瑞锦带领市政协办主要领导，市商务局、市住建局分管领导，先后到香格里拉酒店、霞林地块七安置房、凯达纸业厂房、木兰溪防洪排涝樟塘安置房等处调研，区领导王文才、肖志雄、陆建琪等陪同调研。

25日，区税务局联合区财政局、区经信局、区商务局举办“全面落实减税降费工作政策辅导会”，为辖区内100余户企业代表开展普惠性减免税政策辅导培训。

26日下午，省税务局总审计师陈艳一行到城厢区才子服饰股份有限公司和莆田市华源工贸有限公司走访，详细了解减税降费政策工作是否到位、企业生产经营、税收情况及困难和诉求，并征求企业对实施减税降费工作的意见和建议。

27日上午，在区机关三层小会议室，召开木兰溪全流域系统治理交叉巡察动员会。市委交叉巡察督导组组长蔡建硕、副组长汪小京，市委县区交叉巡查组组长陈建兴及市委交叉巡查督导、县区交叉巡查组全体成员出席会议。区领导王文才、余丽红、郭国辉及有关镇街、园区、区直部门负责人参加会议。

27—28日，召开莆田市城厢区妇女第六次代表大会，来自全区各条战线的149名代表出席大会。大会选举产生城厢区妇联第六届执行委员会委员27名，区妇联六届一次全会选举产生主席1名、专职副主席1名、兼职副主席3名。

28日，城厢区组织召开2019年区委编委会第一次会议，区委书记王文才主持。

同日，绿水青山就是金山银山——贯彻《莆田市东圳库区水环境保护条例》宣传会演在常太镇举行，市、区生态环保局等领导出席，镇村干部、群众500多人观看演出。

同日，区司法局、东海司法所联合东沙边防派出所、灵川交警中队、福建联合信实（莆田）律师事务所到东海镇西厝中学开展“关爱生命，快乐成长”送法进校园活动。

同日下午，副区长杨碧静一行2人到区司法局，开展党风廉政、意识形态、扫黑除恶专项斗争等工作督查。

29日，区司法局平安建设暨扫黑除恶专项斗争宣传主题宣传晚会在灵川镇榜头村举行。

同日，区农业农村局牵头举办“保护母亲河·我们在行动”暨福建省第三十六届“爱鸟周”志愿宣传活动。

同日，区委常委、副区长周敏和区人民法院党组书记、院长陈志权为城厢区人民法院、城厢区残联设立的“城厢区残疾人法律救助工作站”揭牌，并向部分家事调解员、家事调查员颁发聘书。

同日，区法院与区残联联合签署实施《关于在家事审判工作中切实维护残疾人合法权益的若干意见》，这是全省首份由法院和残联共同签署的若干意见。

同日下午，在区委六楼一号会议室，区委书记王文才主持召开城厢区委编委会2019年第一次会议。

同日下午，省防检局副局长黄炳荣带队到常太镇检查松材线虫病防治“冬春攻坚”行动落实情况，深入现场检查防治情况并召开座谈会。

4月

1日上午，区税务局以“落

实减税降费，促进经济高质量发展”为主题，联合区财政局、区经信局、区商务局共同开展“减税降费在行动，政策宣传暖人心”税收宣传活动，正式拉开第28个全国税收宣传月活动的序幕。

3日，区司法局华亭司法所组织70名社区服刑人员进行清明节前安全思想教育，同时集中学习《福建省社区服刑人员分类管理规定（试行）》以及《福建省社区服刑人员考核奖惩办法（试行）》。

同日，市长李建辉、副市长郑瑞锦带领市住建局、市生态环境局、市财政局等部门负责人到东海镇调研福厦铁路城厢东海示范段环境综合整治推进情况。区长吴文恩、副区长谢长征陪同。

同日，河南省洛阳市政法委干部参观龙桥街道太平社区善治工作及社区网格站建设。

9日，区司法局华亭司法所开展国家安全日主题讲座，进一步增强全体干部的国家安全意识。

10日，市长李建辉、副市长郑瑞锦、区长吴文恩、副区长谢长征等领导到东海镇（上亭）指导福厦铁路环境卫生整治工作。

同日，城厢区举办工业企业上云上平台培训会。

11日上午，市长李建辉带领有关部门调研全市平台经济工作，并到城厢察看智慧能源平台、中电（福建）工业互联网平台、杰木科技等项目。市领导傅冬阳、沈伯麟，区领导王文才陪同调研。

12日上午，区教育局、区司法局常太司法所组织太平小学、岭下小学的60名学生到常太镇革命老区村岭下村法治主题公园参观。

18日，莆田第三中学举行“青春心向党　建功新时代”——莆田市纪念五四运动100周年暨“离队入团”仪式集中示范活动。

18—23日，区司法局对辖区内7个基层司法所的社区服刑人员工作档案开展专项互查。

19日，区委常委、组织部部长陆建琪带队到龙桥街道北磨社区、龙桥街道骏欧龙盘小区、逸夫实验小学教育集团党委、龙桥街道党群文化活动中心等督导城市基层党建及党代表工作室工作。

同日上午，区依法治区办、司法局在常太镇开展“坚决扫黑除恶　共建平安城厢”暨法治创建新农村法律宣传活动。

22日，区检察院团支部举办“习语点亮检察路　青年干警学习青年习近平”读书沙龙活动。

23日，莆田市学校交通安全精准教育劝导现场会在区教育局召开。

24日，国务院发展研究中心公共管理与人力资源研究所副所长、研究员李兰、刘理晖一行到区人民法院开展反家暴工作专题调研。

25日，区教育局被全国第六届中小学生艺术展演活动组织委员会授予优秀组织奖。

同日，由区人民法院设立的“木兰溪全流域系统治理木兰法律服务站”举行揭牌仪式。

同日上午，区司法局凤凰山司法所在凤凰路、筱塘南街、顶社路等人流密集点开展扫黑除恶、污染防治进小区入户宣传活动。

25日下午，区司法局召开基层司法所扫黑除恶专项斗争推进会。

28日，团区委组织莆田五中学生在南湖公园开展迎五四运动100周年百人航拍活动。

同日，区检察院团支部组织青年干警开展积木拼团徽、骑行环保宣传等纪念五四运动100周年系列活动；区检察院干警为莆田科学职业技术学校学生开展“预防校园欺凌”专题法制课。

29日，城厢区举行创客中国海峡两岸中小企业创新创业大赛启动仪式。

同日上午，在区机关三层大会议室，召开全区劳动模范表彰大会。区委书记王文才出席会议并讲话。

5月

1日，霞林街道莆田西九龙小区1675户安置房回迁。

4日，团区委组织城厢区青年参加“青春传薪火　奉献新城厢”火炬传递活动；联合区妇联、区总工会、区检察院、区法院等单位到常太镇岭下小学开展“大手牵小手，我与新时代共成长”志愿服务活动。

5日，区司法局举办社区矫正工作交流会。

同日，区长吴文恩带领区府办、区教育局、区前期办等区直部门主要负责人，实地调研“十三五”教育项目推进情况。

6日，区委书记王文才到龙桥街道调研基层党建工作。区委副书记郑松青，区委常委、组织部部长陆建琪一同参加。

同日，区委副书记、区长吴文恩带领区生态环保局等相关科局领导深入常太镇检查排污口整治情况。

同日，区纪委书记余丽红带队到东海镇开展扫黑除恶专项斗争蹲点调研工作。

同日，区委书记王文才带队调研扫黑除恶专项斗争及党建工作，分别在龙桥派出所调研扫黑除恶专项斗争工作开展情况，在兴安小学调研校园及周边安全综合整治情况，在万辉社区调研社区党建情况，在龙桥党群服务中心调研街道“大工委”工作运行情况。区领导郑松青、陈庆王、陈志权、陆建琪等陪同。

7日，区检察院干警为莆田哲理中学学生开展法治小课堂。

8日，区委副书记郑松青深入联发电商城、龙桥派出所，协调督促有关项目落地问题，进一步落实区委、区政府工作部署。

同日，区司法局华亭司法所对辖区内71名社区矫正服刑人员开展禁毒宣传教育。

9日，市、区总工会领导为区检察院案件管理科举行“福建省五一先锋号”授牌仪式。

同日，市总工会党组书记、常务副主席彭鲤芳和区委常委、组织部部长、总工会主席陆建琪受省总工会委托，向区人民法院灵川人民法庭颁授“福建省五一先锋号”证书、匾额。

10日，区检察院联合区法院、团区委、区关工委等部门到常太镇岭下小学开展“法治进校园暨关爱留守儿童”活动。

同日，区水利局联合区住建局组织专家对雅颂居等15家开展水平衡测试的居民小区进行节水型居民小区创建进行评审。

同日下午，区司法局在东海镇蔡亭小学开展“建设法治乡村服务振兴战略”系列宣传活动。

13日上午，芗城区委书记侯为东带领芗城区党政代表团，到城厢区考察。区委书记王文才陪同考察。

14日上午，区委书记王文才带领区水利局、区住建局、区发改局等部门有关同志调研防汛备汛及宗教工作。先后察看祥和山庄处易涝点、柳桥沟应急引水工程、文献路政协桥桥梁工程、区级防汛救灾物资储备库、梅峰寺、石室岩寺及承通寺地灾点。区领导陈洪武、郭国辉、李文杰等陪同调研。

同日，在区机关三层小会议室，城厢区组织收看“莆田大讲堂”视频会议。

同日，省人大党组书记、副主任张广敏带领省环保厅、省水利厅、省住建厅等领导到常太镇长基村、下莒村等进行水污染防治执法实地检查，市人大主任阮军、副市长胡国防、区长吴文恩、区人大主任王国太等陪同检查。

14日至9月30日，区财政局开展惠民惠农财政补贴资金“一卡通”专项治理工作。

16日，省委常委周联清到东圳水库调研水环境综合治理工程及东圳精神教育基地，市长李建辉、区委书记王文才等陪同调研。

同日，霞林街道棠霞路北侧地块（玖玺正荣一期）出让，总共2.93公顷，拍卖价4.815亿。

同日下午，省委常委周联清带队调研东圳水库水环境综合治理工程及东圳精神教育基地。市领导李建辉、区领导王文才等陪同调研。

20日，区财政局开展预算绩效管理示范点工作。

21日，区征兵办联合市征兵办、莆田学院召开“莆田市大学生征兵暨城厢区征兵启动仪式”，同时，在线上进行直播，吸引2万多人在线上观看。

同日下午，省税务局信息中心主任王敏奇一行到区税务局了解该局自助办税终端安全隐患排查和整改工作开展情况，并听取相关整改工作汇报和自助办税终端改进有关意见。

同日，副市长郑瑞锦带领市住建局、市生态环境局、市财政局等部门负责人到东海镇检查福厦铁路城厢东海示范段环境综合整治成效推进情况，对其整治成效作法予以肯定和全市推广。副区长谢长征陪同。

22日，民建城厢支部代表民建莆田市委会到泉州市参加民建全省关于“会的思想政治建设”交流会。

24—26日，来自仙游枫亭、涵江国欢、三江口、白塘、江口等乡镇的党政主官带队到福厦铁路城厢东海示范段环境综合整治成效观摩参观交流。

27日上午，市政协副主席林惠中到东海镇调研才子服饰、华丰制鞋、嘉裕华制鞋、协信制模、康华饲料、协顺鞋业等企业。

28日下午，区司法局在霞林街道下黄村开展“千名干部进村户 排忧解难保平安”主题宣传活动。

同日，区检察院开展“携手关爱·共护明天”主题检察开放日活动。

29日上午，召开中共城厢区委九届十次全会。区委书记王文才代表区委常委会向全会作报告。

同日下午，法律知识进校园宣教活动暨区司法局赠书仪式在筱塘小学举办。

30日上午，区委书记王文才带领区教育局、区妇联等部门主要负责人到逸夫幼儿园查看校园建设情况，慰问在校师生。区领导陆建琪、黄美光陪同。

同日，区委书记王文才到逸夫实验幼儿园开展“六一”慰问活动并调研教育事业。区委常委、组织部部长陆建琪，区委常委、区政府党组成员黄美光等一同参加慰问活动。

31日，团区委联合区教育局、区总工会、区少工委在灵川小学开展庆六一暨“争做新时代好队员——小小追梦人”主题队日活动。

同日下午，在区委六楼一号会议室，区委书记王文才召开非洲猪瘟后续补偿信访事项处置情况汇报会。区领导郑松青、陈洪武、陆建琪、陈庆王、郭国辉、林一虎，区农业农村局、生态环境局、财政局、信访局局长，华亭镇、灵川镇、东海镇党委书记、派出所所长参加会议。

是月，区人民法院灵川人民法庭与灵川镇网格化中心共建“网格化+司法送达”新机制，确定灵川镇网格员30名为司法送达联络员。

6月

月初，区司法局部署以“携手筑网·同防共治”为主题的2019年防范非法集资宣传月主题宣传活动。

5日，区长吴文恩、副区长谢长征带领区住建局、区生态环境局、区财政局等部门负责人到东海镇督导福厦铁路东海示范段环境综合整治提升推进情况。

6日上午，区委书记王文才带领区教育局、区卫健局、区市场监管局、区公安分局等部门有关同志到莆田三中检查2019年高考备考工作。区领导黄美光陪同。

同日，区委书记王文才带领区工信局等部门主要负责同志先后走访华源纺织城、天喔食品、诚味食品等企业，区领导施清芳、张伟国陪同。

10日，区司法局对15名科级领导干部拟任人选进行任前法律知识考试。

11日，区司法局走进太平社区开展禁毒暨防范非法集资宣传月系列活动。

12日上午，区委书记王文才带领区工信局等部门主要负责同志先后走访坤英奇新材料、明扬纸品、劲德电源、福瑞科技等企业。区领导郑松青陪同。

同日，区司法局常太司法所组织常太镇全体机关干部70余人，集中学习《中华人民共和国安全生产法》。

13日上午，区司法局联合区供销社在华亭镇供销社开展安全生产主题宣传活动。

14日，区司法局凤凰山司法所会同筱塘小学法治副校长（凤凰山派出所民警）叶荣兵走进筱塘小学，开展“健康人生绿色无毒”主题宣传进校园活动。

17—23日，全国节能宣传周，区住建局在主城区34个在建工程的主要出入口、工地围墙悬挂节能宣传标语。

18日，由区司法局、区公安分局主办、莆田十二中承办的

2019 年“美丽青春　健康无毒”法治宣传讲座在莆田十二中举行。

20 日上午，市长李建辉带队到城厢区调研经济工作，并在区委六楼二号会议室听取经济工作情况汇报。市领导吴立新、何金清、胡国防、林惠中、王少华、吴宗兴、刘笃凡及相关市直部门负责同志陪同；区委、区政府领导班子成员，有关区直单位负责同志及企业家代表参加会议。

同日，区税务局党委书记、局长陈文海和区财政局局长许玉树联合率领由业务骨干组成的宣讲组一行走进区政府办公楼，为区政府领导讲授一堂生动的“县长税课”。

同日下午，市税务局总经济师林建霞一行到区税务局，对区税务局减税降费政策落实情况开展督导检查。

21 日，区检察院检察长林秀冰、副检察长张丽琼参加有关涉恶案件协商会。

25 日，区司法局走进东海镇东沙中学，开展“健康人生　绿色无毒”系列法治宣传活动。

同日，城厢区医院新址全部完工，7 月 1 日正式入驻霞林街道八二一南街 1166 号。

26 日下午，区委书记王文才带领区扶贫办等部门负责同志到华亭镇调研脱贫攻坚工作，并慰问困难党员林金藏、林寿淡及贫困户林国良。区领导陆建琪陪同慰问。

27 日，副市长郑瑞锦带领市住建局、市生态环境局、市财政局等部门负责人到东海镇督导福厦铁路城厢东海示范段环境综合整治提升推进情况。

同日，城厢区在灵川镇太湖工业园万源广场开展“保护油气长输管道，人人有责”主题宣传活动。

同日，区长吴文恩带队到龙桥街道慰问困难党员，了解两户困难党员家中情况，并对就医、就业提出具体扶持措施。

28 日，在区机关三层大会议室，召开城厢区庆祝中国共产党成立 98 周年大会。

同日，区委书记王文才先后赴区市场监督管理局和区自然资源局参加宣布任命会议及揭牌仪式。区领导陆建琪、郭国辉、陈丽萍陪同。

同日，区人民法院对一起涉恶势力犯罪的 16 名被告人依法宣判。

28—29 日，区农业农村局组织植保技术志愿者赴华亭镇、常太镇开展草地贪夜蛾防控技术培训。

下旬，区司法局组织辖区内的社区服刑人员开展禁毒法治宣传教育活动。

下旬，区司法局邀请国家二级心理咨询师蔡梅清为全区社区服刑人员开展以“觉察身体，释放压力”为主题的心理健康讲座。

是月，城厢区兑现惠企政策奖励资金超 3000 万元。

是月，区检察院干警为莆田市机关幼儿园学生开展法治小课堂。

7 月

1 日，为纪念中国共产党建党 98 周年，区妇联与城厢区第一实验幼儿园党支部联合开展以“牢记光荣使命　唱响时代旋律”为主题的庆“七一”红歌汇演活动。

同日，区委副书记郑松青带区农业农村局、区信访局领导到东海镇督导非洲猪瘟信访工作。

同日，区住建局在城厢区北渠绿道举行庆“七一”木兰陂健步走活动。

2 日，山东省烟台市中级人民法院及莱州、莱阳法院执行局组团前来城厢区人民法院进行交流学习并召开座谈会。

同日，在全市举行 2019 年第二季度项目集中开竣工活动之际，市领导傅冬阳、陈枫带领市府办领导和市住建局、市美丽莆田重点项目办主要领导，先后察看顶墩下黄片区改造工程和骠骑网络平台项目，区领导王文才、黄美光、陈国忠等陪同调研。

3 日上午，区委书记王文才带领区生态环境局、水利局等部门检查中央环保督察问题整改工作。先后查看西湖溪水质提升情况、前柳溪水质提升情况、郑庄沟污水改造工程进展情况及新塘溪、新梅溪截污工程进展情况。区领导陆建琪、谢长征陪同。

5日上午，区委书记王文才带领区台港澳办、区工信局等部门负责人调研对台工作。先后查看“妈祖缘 同胞情”书画展览、台富食品、成果鞋业等。区领导黄美光、施清芳陪同调研。

同日下午，在区机关三层小会议室，召开城厢区木兰溪全流域系统治理专项巡察反馈暨整改督导部署会。市委专项巡察督导组组长蔡建硕、组员陈奇彬；市委整改督导组组长汪小京；县区交叉巡察三组全体成员等出席会议。区领导王文才、余丽红、肖志雄、谢长征、郭国辉及有关镇街、园区、区直部门负责人参加会议。

5日，省妇联主席徐珊娜一行到木兰陂考察学习中共中央总书记、国家主席习近平关于木兰溪治理的重要理念精神。市妇联党组书记、主席庄怀冰，副主席刘敏，木兰溪防洪工程管理处主任王萍，区委常委、组织部部长陆建琪，区委组织部副部长、区妇联主席谢芳菁陪同调研。

9日，城厢区组织召开城厢区深化“放管服”改革提升政府采购领域营商环境工作会议。

同日，区税务局走进华亭镇霞皋村围绕2019年涉农税收优惠政策、城乡居民医保和养老保险等与广大村民息息相关的热点问题进行宣传，同时还免费发放税收知识宣传资料，为村民答疑释惑。

10日上午，区委常委、组织部部长陆建琪带队到龙桥街道金域华府查看小区党支部工作情况，指导下一步抓好小区党建工作的思路措施。

上旬，区司法局霞林司法所邀请律师在莆糖社区后门开展“送法下乡”现场法律咨询活动。

11日，区司法局组织全区收听收看省司法厅“方秋轩同志先进事迹”报告会，号召干部向方秋轩学习。

同日下午，在区机关三层大会议室，城厢区组织收听收看全省巡视巡察工作视频会议。

12日上午，区司法局霞林司法所组织机关干部、辖区11个村居工作人员共同学习《中华人民共和国安全生产法》和安全生产工作相关法律法规。

同日，区工信局委托莆田学院、湄职院、市特检院的铸造行业专家对英龙活塞环厂新购买的中频炉进行鉴定，确保辖区内铸造企业使用的中频炉全部符合相关产业政策要求。

12—14日，团区委联合区检察院、区妇联、莆田学院数学与金融学院等单位在砺成中学开展城厢区第四届“传递爱心·扶志助学”公益夏令营活动。

13日下午，在区委六楼一号会议室，区委书记王文才组织召开轨道交通科技项目招商见面沟通会。

15日至10月15日，区财政局组织开展2019年会计监督检查工作。

16日，省司法厅领导一行赴区司法局开展司法行政队伍“四化建设”问题及基层法律服务工作者队伍建设调研座谈会。

16—17日，水利部水资源管理中心副主任管恩宏等一行3人，到城厢区调研县域节水型社会达标建设工作。

18日，在区机关三层大会议室，城厢区召开收听收看全市坚持高质量发展落实赶超暨美丽莆田建设上半年工作分析视频会。

同日，在区机关三层大会议室，城厢区召开配合中央生态环境保护督察工作动员会。

19日上午，省税务局纳税服务处副处长吴红萍一行到区税务局办税服务厅调研指导工作。

同日上午，区纪委书记余丽红一行到区税务局开展减税降费调研工作。

21日下午，市委书记林宝金带领市委办、市生态环境局、市住建局、市水利局、市信访局等部门负责人到城厢区调研环保工作，并察看霞林街道察看君领兰溪施工噪音扰民情况。市领导沈伯麟、郑瑞锦，区领导王文才、谢长征陪同调研。

同日，在区委六楼一号会议室，区委书记王文才组织召开中电光谷项目推进座谈会。

22日，城厢区召开坚持高质量发展落实赶超暨美丽莆田建设上半年工作分析会。

同日，霞林街道万达南地块一出让，总共2.28公顷，拍卖价 5.34 亿元。

同日，市司法局副调研员黄少飞到区司法局督导司法行政系统扫黑除恶斗争、安全生产及党风廉政建设开展情况。

同日，区司法局华亭司法所邀请律师在埔柳村开展“生态环保知识”主题讲座。

22—23 日，区农业农村局组织农业面源污染防治志愿者，到华亭、常太、灵川、东海开展秸秆露天禁烧宣传、巡查。

23 日上午，区委书记王文才带队走访慰问武警第二机动总队机动第五支队、莆田军分区等驻地部队官兵。区领导吴文恩、郑松青、余丽红、吴彦继、黄光明等一同前往。

同日，区委书记王文才带领区生态环境局等部门负责同志调研环保工作，并先后查看霞林街道坂头村福兴印染厂、凤凰山街道天天鲜烧烤门店。区领导谢长征陪同调研。

24 日上午，区司法局灵川司法所邀请法律顾问开展扫黑除恶法治讲座活动。

同日，区司法局华亭司法所举办“让国学净化心灵”社区矫正人员集中学习会。

25 日，区农业农村局组织畜牧技术志愿者，到畜禽养殖场开展防暑降温技术指导，科学应对高温天气，防止动物疫病发生，确保畜牧安全生产。

26 日上午，区委书记王文才带领区生态环境局、自然资源局等部门负责通知到华亭镇南湖村督导检查中央环保督察信访件整改情况。区领导陆建琪、谢长征陪同调研。

28 日下午，市委书记林宝金带领市委办、市生态环境局、市自然资源局到南湖村查看环保信访件办理情况。市领导沈伯麟、郑瑞锦，区领导王文才、陆建琪、谢长征、郭国辉陪同调研。

29 日，区委书记王文才在文献步行街项目指挥部主持召开文献步行街项目推进会。区领导张伟国，区住建局、质量安全监督站、自然资源局、金融办、经发公司主要领导及区文献步行街项目指挥部全体人员参加会议。

同日，区妇联在龙桥街道举办 2019 年“书香飘万家——相伴同阅读•共抒家国情”活动启动仪式。市妇联副主席郑丽萍出席启动仪式。

30 日下午，市纪委书记吴立新带队督办中央生态环境保护督察重点信访件。先后在东海镇坪洋村查看“农田复垦”整改情况、在灵川镇下尾村察看沙场整改情况。区领导王文才、余丽红陪同。

8 月

5 日下午，省委书记于伟国到城厢调研，先后查看东圳水库坝头、一体化污水处理站及松峰村枇杷、龙眼等。市领导林宝金等，区领导王文才、谢长征陪同。

6 日，区农业农村局组织植保、科教志愿者，到常太镇莒溪片区免费发放防控红火蚁药剂，指导村级农技员正确撒放杀蚁饵剂，遏制红火蚁疫情蔓延，严防其危害人、畜，保障生态环境安全。

7 日，团区委联合区总工会、区妇联等单位在华亭绿丰园艺举行“爱在七夕　与你厢约”大型公益联谊活动；组织霞林街道团工委、华亭镇团委开展“爱在木兰溪”公益夏令营活动。

同日，城厢区司法局、华亭镇派出所、华林经济开发区管委会共同开展“谨防电信网络诈骗共建平安和谐城厢”法治讲座。

8 日，区委副书记、绶溪公园延寿项目指挥长郑松青到龙桥街道，就项目近期进展情况、需要协调和明确的事项及下一步工作进行研究布置、协调督导。

8 日上午，市委书记林宝金带队查看木兰大道三期（城厢段）项目。区领导王文才、陆建琪陪同。

同日，在区委六楼一号会议室，城厢区召开中央环保督察组督察东圳库区发现问题整改推进会，区委书记王文才主持召开，区领导吴建銮、谢长征、杨碧静、郭国辉，区生态环境局、水利局、农业农村局、自然资源局、交通运输局、两违办主要领导，常太镇镇长参加会议。

9 日，区司法局霞林司法所召开“扫黑除恶”工作推进会议。

同日，区司法局霞林司法所邀请律师开展“法治体检，服务乡村振兴”——中国的调解制度专题讲座。

16日，区行政服务中心召开问卷式审批、工程建设项目审批制度改革工作讨论会。

中旬，区依法治区办、区司法局走进郭氏鞋业集团，开展“预防水污染”法治讲座。

19日下午，市委书记林宝金带队调研木兰溪流域农村污水治理工作。林宝金一行在华亭镇埔柳村查看农村污水综合治理情况，并在埔柳村村部三层会议室召开现场会。市领导沈伯麟、吴健明、郑瑞锦，各县区、管委会党委（工委）书记，有关市直部门主要领导参加。

20日，区委理论学习中心组学习（扩大）会议召开，邀请农业农村部农村经济研究中心宏观经济研究室副主任、研究员姜楠作乡村振兴发展战略专题讲座。

同日，省农科院调研组翁伯琦、王义祥等一行6人在市、区农业农村局相关人员陪同下，深入常太镇松峰、渡里等村调研枇杷产业与农业面源污染情况，并在常太镇举行东圳库区枇杷产业振兴和农业面源污染治理座谈会。

同日下午，市委书记林宝金、市委组织部部长卓晓銮、区委书记王文才、区委组织部部长陆建琪陪同“不忘初心、牢记使命”主题教育指导组一行到东圳库区调研。

20—21日，中央“不忘初心、牢记使命”主题教育第三指导组一行到城厢区调研，察看木兰陂水利公园、东圳水库及绶溪公园。市领导林宝金、卓晓銮，区领导王文才、陆建琪陪同。

20—22日，新华社中国经济信息社组织智库专家团队到城厢区调研乡村振兴工作，从产业融合发展、乡村宜居建设、历史文化传承、村级组织建设等多方面提出解决路径，为城厢区全面推进乡村振兴提供智库支持。

21日，新华社智库专家组姜楠、王秀东、刘晔、刘昕、吴德松一行5人到常太镇岭下村、马院村、莒溪片、宏耕生态果园、金川时茂农业生态园调研乡村振兴发展情况。

22日，在莆田市法院系统“庆祝中华人民共和国成立70周年”趣味运动会上，区人民法院获团体总分第一名。

27日，区检察院举行案件信息填录专题培训会。

同日，区行政服务中心组织收听收看全市问卷式审批服务标准化业务培训视频会暨城厢区问卷式审批工作推进会。

29日，区农业农村局组织植保志愿者，赴华亭、灵川、东海等镇（街），无偿供给3.4吨红火蚁饵剂，并分别为各镇（街）红火蚁防控保障组负责人“点对点”详细指导，无缝对接，联合对付“会咬人”的红火蚁，避免红火蚁危害农业生产以及人身安全。

同日，区司法局、华林经济开发区管委会共同开展“食品安全齐监督　健康生活同构筑”食品安全法治宣传活动。

9月

3日上午，在区机关三层大会议室，召开全区中华人民共和国成立70周年庆祝活动安保维稳工作推进会暨公安工作会议。区长吴文恩主持会议，区委书记王文才出席会议并讲话。

4日上午，区委书记王文才带领区生态环境局、区农业农村局等部门负责人到灵川镇调研环保及中央环保督察信访件整改工作。区领导郭国辉陪同调研。

5日，区人民法院开展“亮剑八闽　夏季风暴——院长带队攻坚执行难”网络直播活动，区人民法院党组书记、院长陈志权作出发前动员并带队执行，邀请区人大代表黄志兴、区政协委员陈真夫全程见证。

6日，区检察院邀请厦门市人民检察院检察官黄莺为业务干警开展“法庭讯问的基本策略及方法”专题讲座。

同日上午，在区委六楼二号会议室，召开城厢区庆祝第35个教师节座谈会。区长吴文恩主持会议，区委书记王文才出席会议并讲话。区领导吴建銮、黄美光、王乌妹、林素香，相关区直单位负责人以及部分教师代表参加会议。

9日上午，市委书记林宝金

带队，先后在龙桥街道慰问逸夫实验小学困难教师，在莆田第五中学慰问优秀老教师郭景国、优秀班主任陈益周、优秀乡村教师陈柳颖。

同日，城厢区组织对新提拔的科级干部进行任职前法律知识考试。

10日下午，城厢区召开城乡居民基本医疗保险参保缴费工作会议，区税务局、区医保局、区财政局、区农商银行负责人、各镇街分管领导及经办人员参加会议。

同日，在区机关三层大会议室，收听收看全省深入贯彻落实习近平总书记重要讲话精神工作推进视频会。

11日，区长吴文恩、区委常委黄美光带区直相关部门主要负责人到东海镇专题调研笏枫路改扩建工程扫尾攻坚项目推进情况。

12日下午，在区机关三层大会议室，召开城厢区“不忘初心、牢记使命”主题教育工作会议。区委书记王文才主持会议并作动员讲话，市委第三巡回指导组组长张丽冰出席会议并讲话。

18日，区委书记王文才带领区委、区人大、区政府、区政协班子领导、公检法主要领导前往常太镇东圳精神教育基地、闽中游击区革命纪念馆等地，开展“坚定理想信念”集中学习，追忆红色故事，集体重温入党誓词。

同日，甘肃省武威市凉州区法院副院长叶文宝、家事审判团队负责人张春蕾等一行到区人民法院进行家事审判工作考察学习交流，区人民法院党组成员、副院长郑炳素及家事审判庭法官陪同参与座谈交流。

同日，区司法局华亭司法所组织开展“我和我的祖国”爱国主义主题教育系列活动。

19日，区委宣传部组织召开践行社会主义核心价值观基层“最美人物”先进事迹观摩暨表彰会议，集中表彰2018年度十大基层“最美人物”获得者。

同日，区委书记王文才带领区委、区人大、区政府、区政协班子领导、公检法主要领导前往木兰陂公园等地开展“牢记为民宗旨”集中学习。

22日，区农业农村局在华亭镇南湖村湖里宫举行主办城厢区2019年“中国农民丰收节”庆祝活动。

23日，城厢区召开区委全面依法治区委员会第一次会议，区委书记、区委全面依法治区委员会主任王文才主持。

25日，区委副书记郑松青深入龙桥街道，开展“不忘初心、牢记使命”主题教育“四看四促”信访一线调研。

同日，区委书记王文才带队到华林经济开发区开展主题教育“园区标准化建设”调研，并先后察看星华电子、溢通环保、三利谱光电项目。

同日，区委书记王文才带队到华亭镇后塘村开展基层软弱涣散党组织一线调研，并在后塘村部会议室上专题党课。

26日上午，区委书记王文才带队开展主题教育“生态环保”一线调研，并先后察看华亭镇后山村废弃矿坑整治情况、华亭镇沙里溪水闸处察看侵占河道治理情况、华亭镇山牌村农村生活污水项目建设情况、霞林街道坂头村福兴印染厂整改情况等，区领导郭国辉陪同调研。

同日，在区委六楼二号会议室，召开城厢区主题教育专项整治工作部署会议。市委第三巡回指导组组长张丽冰、副组长林秀峰及成员王光波、魏鸿飞出席会议。

同日，城厢区组织志愿者参加在莆田三中举办的“礼赞新时代·智慧新生活”的科普宣传活动，为现场的师生发放《枇杷栽培技术》和《龙眼栽培技术》等农业科技类书籍。

同日，区政法委书记陈庆王到东海镇调研笏枫公路拓宽项目。

27日，区行政服务中心召开城厢区“放管服”改革专项巡察“回头看”工作部署会。

同日，在全市举行2019年第三季度项目集中开竣工活动之际，市领导阮军、胡国防带领市人大办、教育局主要领导，市工信局分管领导，先后察看调研城厢区实验幼儿园滨溪分园、莆田筱塘变电站迁建工程、星华电子、溢通环保、城厢区建筑业企业总部等项目，区领导王文才、肖志雄、黄美光、谢长征、张伟国等陪同调研。

29日上午，区委书记王文才带队开展“迎大庆”安全生产检查，分别到中石油商贸（霞皋）加油站、涉氨制冷企业昌德食品公司、漱溪安置房项目、莆田十二中、华亭凤凰百货等地，详细检查危化品及特种设备安全、建筑工地安全、人员密集场所安全、校园安全、食品安全等安全生产工作。随后到华亭镇开展主题教育“乡村振兴”一线调研，并察看隆兴村光伏发电项目。期间，慰问老干部、老党员王秉钧，百岁老人郑吓阻，困难老人方永加以及贫困户林国良。

同日下午，区委书记王文才带队到莆田“110”基地、下黄网格站等处开展主题教育“信访维稳”、扫黑除恶工作一线调研，并在下黄网格站二楼会议室召开信访维稳工作座谈会。

同日晚上，区司法局邀请法律顾问参加区长办公会议，开展解读《中华人民共和国政府信息公开条例》知识讲座。

30日下午，在区机关三层大会议室，城厢区组织收听收看全省、全市国庆节前工作视频调度会，区领导王文才、吴文恩、郑松青、陈庆王等在城厢分会场出席。省、市视频会议后，城厢区紧接着召开全区国庆节前工作视频调度会，贯彻落实省、市视频会议精神，部署国庆节前工作。

是月，城厢区29家鞋企列入市生产型、商贸型“白名单”。

是月，城厢区26家130项产品列入市名优产品名录。

10月

1日，市委书记林宝金带队到华源纺织城公司看望一线工作人员，区领导王文才、张伟国陪同。

8日上午，城厢区在金海湾大酒店6楼会议室上“不忘初心、牢记使命”专题党课，区委书记王文才主讲。各镇（街道）党委（党工委）书记、组织委员，全区村（社区）党组织书记（负责人），区委主题教育办、区委组织部、区委党校有关负责人参加会议。

9日上午，区委书记王文才，紧扣“不忘初心、牢记使命”主题教育，带领区文旅局、区民政局等区直有关部门负责人到常太镇革命老区村、贫困村，开展“三走进、解难题”蹲点调研活动，区委常委周敏、副区长杨碧静一同参加调研。

同日，区委书记王文才、组织部部长陆建琪、副区长杨碧静深入常太镇调研老区村、贫困村工作，察看松峰村别墅咖啡、半浮生等文创项目及长基村移民集体厝修缮工程和移民古道工程，慰问岭下村贫困户陈亚尾、入户征求岭下村老党员洪金安主题教育活动意见。

10日，团区委联合区交通局、区医院、区交警大队等单位在莆糖社区开展“关爱快递小哥 携手传递温暖”主题活动。

同日，区委政法委书记陈庆王带区直相关部门主要负责人到东海专题督导笏枫路改扩建工程扫尾攻坚项目推进情况。

11日上午，市委常委、组织部部长卓晓銮，市委组织部常务副部长徐德俊等一行7人到城厢区，结合主题教育进行调研，实地考察龙桥街道延寿村整村改造项目指挥部，区委书记王文才陪同。

12日，区委常委、组织部部长陆建琪参加城厢区经营类事业单位改革工作调研座谈会。

同日，莆田市“不忘初心、牢记使命”主题教育宣讲小分队“辉煌70年、美丽新莆田”主题巡回宣讲走进城厢。

同日上午，省税务局总审计师李建功一行到才子服饰股份有限公司开展调研座谈，第一时间为企业送上红利清单。

13日，城厢区举行创客中国海峡两岸中小企业创新创业大赛颁奖仪式。

15日，市检察院副检察长齐路平调研区检察院主题教育工作。

同日，区人民法院成立全市首家一站式财产保全服务中心，整合受理诉前、诉中、执行前的财产保全业务以及仲裁财产保全业务。

16日，市检察院党组书记、检察长许志鹏深入城厢区开展“不忘初心、牢记使命”主题教育调研。

同日，广西壮族自治区钦州市委办考察团到区检察院调研未成年人特殊保护工作。

17日，市妇联党组书记、主席庄怀冰，副主席郑丽萍带队到龙桥街道太平社区开展“不忘初心、牢记使命”主题教育专题调研，区委常委、组织部部长、区委主题教育领导小组副组长兼办公室主任陆建琪陪同调研。

同日下午，市委组织部副部长、市委老干部局局长魏荣华带领市委老干部局领导班子到龙桥街道党群服务中心、龙桥社区，开展“不忘初心、牢记使命”主题教育专题调研，区委常委、组织部部长、区委主题教育领导小组副组长兼办公室主任陆建琪陪同调研。

18日上午，市税务局党委书记、局长黄亮明深入城厢区霞林税务分局，了解主题教育开展情况，就如何发挥基层党组织作用进行专题调研。

同日，省委主题教育巡回指导组张元闽、杨宁、刘坤华、市委主题教育办蔡金春到常太镇岭下村调研指导乡村振兴、精准扶贫、东圳移民精神展示馆建设等工作，区委书记王文才、组织部部长陆建琪陪同调研。

同日，市司法局分管领导蔡军一行3人到区司法局开展行政复议、规范性文件等工作调研检查。

同日，区司法局联合莆田监狱干警对新入矫的社区服刑人员开展集中训诫暨现场点验活动。

19日上午，由市委宣传部、市社科联主办，市社科普及工作联席会议成员单位区委宣传部、城厢区社科联承办的2019年社会科学普及周开幕式在南湖公园举行，活动主题为“礼赞新中国•奋进新时代”。

23日，区财政局开展扶贫专项资金检查。

24日上午，区司法局党组书记陈志平到东海司法所调研人民调解工作开展情况。

同日，区住建局在城厢区北渠绿道霞林街道段开展“你我共携手•呵护母亲河”环保志愿活动。

25日，区人民法院成立黑恶势力犯罪案件涉财产执行专门工作组，对黑社会性质组织犯罪和重大、需处置财产众多的恶势力集团犯罪案件，由专门工作组按照“一案一组”的形式负责涉案财产处置执行工作，强力推进扫黑除恶“打财断血”专项执行行动。

28日下午，在区机关三层大会议室，区委书记王文才作“不忘初心、牢记使命”主题教育专题党课。市委第3巡回指导组部分成员，区委、区人大、区政府、区政协班子领导，公检法主要领导，区直副科级以上单位主要领导，各镇（街道）党政主要领导，华林经济开发区负责人，太湖工业园主任参加。

29日上午，圳湖华苑小区第一批不动产权证发放仪式在龙桥街道洋西村圳湖华苑小区举行。

30日上午，区住建局联合区直部门在万达广场赛博思大厦七层会议室召开城厢区住房租赁中介机构乱象整治工作动员部署暨教育培训会，辖区内135家中介机构参加。

是月，区人民法院依法裁定终结莆田市川龙鞋业有限公司破产程序，慎妥办结全市首例企业“执转破”案件，使得破产企业依法退出市场，营造良好的营商环境。

是月，区人民法院与交警部门联合在全市首创“诉前地址确认书”，将法院送达地址确认提前到事故调查处理阶段，解决交通事故责任认定后部分案件在法院送达时遇到的困难和问题，进一步提高审判效率。

是月，区教育局获得福建省教育厅、省禁毒委员会办公室颁发的首届全省青少年毒品预防教育优质课件评选活动优秀组织奖。

11月

4日上午，在区机关三层大会议室，相继召开区委常委会（扩大）会议、全区坚持高质量发展落实赶超三季度工作分析会、全区深入贯彻落实习近平总书记重要讲话精神工作推进会和区委机关党的建设工作会议。区委、区人大、区政府、区政协班子领导，公检法主要领导、区直副科级以上（含）单位主要领导、各镇（街道）党政主要领导，华林经济开发区负责人，太湖工业园主任以及相关代表及人员参加会议。

5日，市老区促进会在常太镇组织召开县区老区工作座谈会，市老促会会长王玉宝、副会长梁元章、陈兆阳、区政协副主席郑尚庆及各县区老促会会长、老区办主任参加会议。

同日，区行政服务中心召开华林经济开发区行政审批分中心筹备会。

7日，省文明办到常太镇马院村进行全国文明村届中复评，并确定常太镇马院村为省级文明乡风示范点。

同日，区税务局社保非税股人员、税务分局对应管理员和区农行工作人员一道深入部分镇（街），与镇政府保障所一起召开城乡居民养老保险征缴推进会，召集各村居协理员参加会议。

同日下午，区司法局霞林司法所联合霞林街道、街道宣教办开展“普法进校园——校园欺凌的预防和应对”专题活动，以法治小课堂形式在下黄小学首站开讲。

同日下午，在区委六楼二号会议室，召开城厢区委主题教育征求意见座谈会暨专题民主生活会会前征求意见座谈会。区委书记王文才主持会议并讲话。区领导余丽红、陆建琪出席会议。

11日上午，在区机关三层大会议室，组织收听收看福建省贯彻全国科技特派员制度推行20周年总结会议。

13日上午，区司法局、华林工业园管委会开展禁毒预防教育活动。

14日上午，区司法局邀请法律顾问向区直有关单位的相关行政执法人员、文书制作归档人员等解读《福建省行政执法条例》（新修订）等相关问题。

同日，区委书记王文才带领区自然资源局、区工信局、区住建局、区教育局等部门主要领导调研园区“十个一”标准建设工作。区领导张伟国陪同调研。

15日，区住建局在城厢辖区开展房地产中介机构乱象专项整治工作。

同日上午，区司法局常太司法所邀请莆田市知安防火中心的朱警官开展以“防范火灾风险 共建美好家园”为主题的2019年秋冬季节消防安全知识讲座。

同日上午，市委常委、组织部部长卓晓銮带领市委组织部领导班子成员、部机关全体党员干部到龙桥街道党群服务中心等地方开展“举党旗、戴党徽、学党章，做好事、办实事、解难题”主题党日活动。区委常委、组织部部长、区委主题教育领导小组副组长兼办公室主任陆建琪陪同参加。

16—17日，农业农村部秋防检查组到城厢区检查秋季重大动物疫病防控工作。省农业农村厅梁全顺、叶品坤、徐忠林，市政府副秘书长谢劲兵、市农业农村局局长林超雄、副区长郭国辉等陪同检查。秋季重大动物疫病防控工作成效得到农业农村部检查组的充分肯定。

19日，区行政服务中心召开城厢区“自己‘批’网上办”行政审批新模式暨深化“放管服”改革工作推进会。

同日下午，区委常委、组织部部长、主题教育领导小组副组长兼办公室主任陆建琪带领区委组织部、区民政局等部门负责人到龙桥街道，围绕“8+7+1”专项整治工作，现场督导软弱涣散党组织整顿转化工作。

20日，区司法局党支部与莆田市劳动关系协会党支部签订共建协议，并开展第一次联合党支部主题党日活动。

同日上午，区委书记王文才带领区住建局、区自然资源局、区生态环境局、区农业农村局等部门主要领导先后到灵川镇、东海镇、华亭镇调研“两高”沿线环境综合整治工作。副区长谢长征陪同调研。

25日，省检察院巡视员王小青一行到区检察院调研督导主题教育和未检工作。

26日，区检察院第三、第五检察部联合区市场监督管理局开展校园及周边食品安全专项检查。

同日晚上，在区委六楼一号会议室，区委书记王文才主持召开区委常委会。研究中电科创城项目合作协议有关事宜、干部工作。

27日下午，在区机关三层大会议室，举行学习贯彻中共十九届四中全会精神市委宣讲团报告会。市委宣讲团成员、市纪委副书记、监委副主任潘冬英作宣讲报告，区委书记王文才主持报告会并讲话。

28日，区委常委黄美光、副区长莫彩华到龙桥街道洋西集采中心检查“一带一路”工作准备情况，指导周边环境整治、安保维稳情况。

同日，莆田国际油画城艺术交易中心招商20家企业正式入驻新址霞林街道肖厝安置区北。

28日至12月6日，区委宣传部选派9名科级干部组成区委宣讲团，先后深入7个镇（街）、华林经济开发区、9个系统党委宣讲中共十九届四中全会精神，听众达1500余人，受到基层干部群众的广泛好评。

29日，区司法局霞林司法所联合霞林街道邀请律师给霞林学校进行一场精彩的“校园欺凌的预防与应对”讲座。

是月，城厢区新增恒鑫、福瑞科技、荔城纸业、燎原包装、亚明食品等国家高新技术企业5家。

是月，区工信局将类金融监管职能移交给区金融办。

是月，区工信局推荐亚明食品、天喔食品和星华模具等三家企业申报省级第三批制造业单项冠军产品。

是月，区人民法院在全市法院系统率先向每位人民陪审员配发制式统一服装，增强人民陪审员的职业尊荣感。

12月

2日上午，区检察院联合区司法局、区法院、区依法治区办联合区住建局等区直各单位在万达广场举行“弘扬宪法精神，推进国家治理体系和治理能力现代化”集中宣传活动。

同日，团区委携手区总工会、区妇联、区疾控中心等单位在万达广场开展“社区动员同防艾 健康中国我行动”防艾主题宣传活动。

同日下午，市委副书记周青松带队调研城厢区有关工作，并先后察看东圳水库、百盛跨境电商中心、南湖公园、力奴鞋业、樟林片区等处。区领导王文才、郑松青陪同调研。

3日，区检察院联合区总工会、区司法局等多家单位到莆田市力奴鞋业有限公司开展“12•4”宪法进企业主题日宣传活动。

同日，城厢区枇杷协会换届选举大会在常太镇举行。

4日，团区委联合区总工会、区妇联、莆田监狱等单位在华亭镇后塘小学开展“弘扬宪法精神、推进国家治理体系和治理能力现代化”法治主题游园活动。

同日，区司法局华亭司法所组织62名社区服刑人员开展“四个一”、“12•4”宪法宣传周专题活动。

同日，省县域节水型社会达标建设验收组一行对城厢区开展行政验收工作，经省水利厅专家组考核评审，城厢区以94.2分的高分顺利通过省县域节水型社会达标建设行政验收。

同日，区司法局常太司法所开展系列法治宣传活动。

5日，区司法局、区民政局、凤凰山街道社会事务办、筱塘社区居委会、莆田市心海社工服务中心共同开展2019年城厢区“宪法进社区主题日”宣传活动。

6日下午，城厢区“宪法宣传周”系列活动暨乡村法治文艺巡演走进华亭镇霞皋村。

7日，区司法局开展法治巡演进乡村系列巡演活动，分别走进常太镇岭下村、常太社区。

10日，区委书记王文才组织召开2019年区委编委会第二次会议，审议通过《中共莆田市城厢区委机构编制委员会工作细则》和《中共莆田市城厢区委机构编制委员会办公室工作细则》，区委编办主任在会上做主要发言。

同日，区水利局在福建省第四个“水土保持宣传日”开展以“加强水土保持，建设美丽城厢”为主题的宣传活动，提高全民水保意识。

11日，亚明食品在“中式鱼糜菜肴加工关键技术的创新与应用”项目荣获第五届福建省食品工业科学技术进步奖。

同日下午，福建省税务局副巡视员阮诗雄一行在莆田市税务局总经济师黄子文的陪同下到才子服饰股份有限公司和莆田市华源工贸有限公司开展调研。

13日，区委编办把制定的《莆田市城厢区乡镇街道机构改革方案》送市委编办审定。

同日，中共城厢区委九届十一次全会召开。区委常委会主持会议，区委书记王文才代表区委常委会向全会作报告。

15日，区农业农村局组织农技志愿者，到东海镇利角、上亭等村免费发放油葵新品种，为两个村铁路沿线的80多户农业科技示范主体，无偿供给100多千克油葵新品种XC302，可种植面积13.3公顷。

17日，城厢区获得2019年度河长制考评第一名。

19日，常太镇召开第十八届人民代表大会第三次会议，会议审议通过常太镇政府2019年工作报告、2019年财政预算执行情况和2020年财政预算报告及常太镇人大2019年工作报告，64名代表共出席59名。

24日，区教育局获得爱国主义读书教育活动全国组委会颁发的第二十六届青少年全国爱国主义读书教育活动组织优秀奖。

同日，霞林街道坂头地块十一出让，总共2.2公顷，拍卖价5.44亿元。

同日，霞林街道坂头地块三出让，总共1.69公顷，拍卖价1.674亿元。

24—27日，召开区九届人大四次会议、区政协八届四次会议。

25日下午，在区机关三层大会议室，收听收看全省医药卫生体制改革工作推进会视频会议。

同日，在区机关三层大会议室，集中收听收看新闻专题片《变害为利　造福人民——习近平生态文明思想在福建木兰溪的先行探索》，区委、区人大、区政府、区政协班子领导，公检法主要领导，区委办、区府办、区委组织部、区委宣传部全体人员参加。

26日，区住建局在融创•莆田兰溪建筑工地举办全区房建工程质量安全标准化标杆工地现场观摩会，并开展建筑工程施工现场消防演练。

27日上午，市委书记刘建洋带队调研木兰陂水利工程、樟林片区，区领导王文才、肖志雄陪同调研。

同日下午，在莆田市举行2019年第四季度项目集中开竣工活动之际，市领导周青松、陈枫带领市府办领导，市工信局、市教育局分管领导，先后察看城厢区固源实业、城厢区锐马自动检测仪表与传感器项目、顶墩下黄整村改造安置房等项目，区领导王文才、肖志雄、陈国忠、张伟国等陪同调研。

29日，在区教育局六楼会议室举办城厢区第16届教育论坛。

30日上午，区长吴文恩到龙桥街道，实地察看龙桥街道社区戒毒康复管理工作站建设情况。

同日上午，区委书记王文才带队到城厢区跨境电商生态园、零伍玖肆电子商务有限公司等处调研电商工作，区领导李文杰陪同调研。

31日，区人民法院“驻区河长制办公室法官工作室”在城厢区河长制办公室正式挂牌成立。

是月，福建省劲德电源科技有限公司、中科华宇（福建）科技发展有限公司、日杰讯光电（福建）有限公司、郭氏（福建）鞋业有限公司等4家企业通过“全国两化融合管理贯标体系”评定。

是月，嘉裕华鞋业、中伟体育和福瑞科技3家企业获得省级“专精特新”企业。

自然环境

【区域位置】 城厢区地处福建省“黄金海岸”中部，位于北纬25°15′34″—25°35′14″，东经118°49′13″—119°02′48″。西与仙游县、泉港区相邻、北接涵江区、东连荔城区、南为秀屿区。北距省会福州市108公里，南距厦门经济特区190公里，与台湾隔海相望，距台中港仅72海里，是全市承北接南、推进与“南北两州”（福州和泉州）、“南北两角”（“珠三角”和“长三角”）、“东西两岸”（台湾和内陆地区）对接工作的重要阵地。全区东西宽约20公里，南北长36公里，全区土地总面积505平方公里，其中市区面积13.5平方公里，域内山、海、田兼备。

（方琳）

【地质地貌】 城厢区地处福建沿海中部低山丘陵区，由低山、丘陵和平原组成。境内山脉纵横，丘陵起伏，河谷错综其间，地形较复杂，山脉属闽中戴云山脉向东延伸的支脉。区境内地势西产高东南低，区内为树枝状水系，主要河流为木兰溪。木兰溪从西向东贯穿中部，延寿溪从西北向南流经东部、北部，全市最大的东圳水库坐落境内。最南端的灵川、东海2个镇临界于“世界少有、中国不多”的优良港湾湄洲湾，滩涂和浅海面积较大，适宜发展滩涂和浅海养殖，是本区主要的海产品养殖基地。沿海岸有成片围海农田、水产养殖区及盐场，胜利围垦的耕地面积1006.67公顷，为境内最大的围垦耕地。境内地层分布广，出露地面约430平方公里，占全区面积88.8%。有上侏罗长林组（J3c）、南园组（J3n）和第四系（Q）。南园组占绝对优势，呈大面积分布。第四系仅分布在木兰溪两岸、沿海地区山间盆地，长林组仅见于常太镇至候山一带，面积4平方公里。南园组分为第一段（J3n1）、第二段（J3n2）、第三段（J3n3）、第四段（J3n4）4个岩性段。以第二、第三段为主，第四段次之，第一段仅在东海镇上炉一带，面积3.5平方公里，第四系根据成因类型分为更新洪冲积层（Q3pal）、全新统洪冲积层（Q4pal）和海积层（Q4m）。

（方琳）

【土地资源】 区域境内不仅拥有部分市区、还有山区、低山丘陵区（由低山、丘陵、草地和平原组成），以及浅海面积较大的滩涂。土地类型较齐全，自然资源丰富，全区土地总面积50506.25公顷，其中，农用地面积34966.64公顷，占土地总面积的69.23%；建设用地面积6699.85公顷，占土地总面积的13.27%；其他土地面积8839.76公顷，占土地总面积的

17.50%。全区耕地面积5396.6公顷，占土地总面积的10.69%。主要分布于沿海低丘台地、中部平原和北部山区。其中灵川、常太、华亭3个镇耕地面积都超过1333.33公顷。三个镇耕地面积总和4239.44公顷，占耕地总面积的78.56%。全区园地面积8394.96公顷，占土地总面积的16.62%。有果园8358.22公顷，茶园34.78公顷，其他园地1.96公顷。园地主要分布在平原与山区过渡地带的丘陵缓坡上，果树大多属热带和亚热带树种，主要有龙眼、枇杷、荔枝、橄榄等果树，园地分布在华亭（3210.24公顷）、常太（3653.98公顷）两镇，分别占全区果园面积的38.24%、43.53%，其次为龙桥街道，占4.64%；沿海灵川、东海两镇果园较少。林地面积19857.7公顷，占土地总面积的39.32%，主要分布在北部的低山丘陵区。其中华亭镇（4661.16公顷）和常太镇（9310.22公顷）林地面积较大，两镇林地面积总和为13971.38公顷，占全区林地总面积的70.36%；其他区域林地总面积为5886.32公顷，占全区林地总面积的29.64%。其他农用地面积4853.57公顷，占土地总面积的9.61%。主要为田坎、农田水利用地和农村道路。湿地总面积5709.8147公顷，分为4类9型45斑块。其中，近海湿地与海岸湿地2849.1328公顷；河流湿地696.292公顷；沼泽湿地1.9559公顷；人工湿地2162.434公顷。

（方琳）

【矿产资源】　全区已发现矿产20种，其中金属矿产有铁、铬、铜、铅、铅锌、多金属、镍、金等8种；非金属矿产有滑石、蛇纹石、高岭土、叶蜡石、水晶、黄铁矿、饰面石材、建筑石料、建筑用砂、砖瓦黏土等10种，能源矿产有泥煤、地热水等2种。其中，铁矿点3处，分别分布于常太镇的新厝山、印斗山和莒溪；铬矿化点1处，在常太长基；铜矿化点1处，在常太长基；铅矿化点1处，在灵川何寨；铅锌矿点1处，在常太长基；多金属矿点1处，在常太白硎；镍中型矿床1处，在常太长基，矿床资源量为D级，镍矿石量3144.2吨，金属量61638吨（ZS22），外D级镍矿石量490.3万吨，金属量8576吨（ZS22），金矿点1处，在东海坪洋金矿化点。

从总体上看，城厢区矿产矿种少，且以非金属矿建筑用石料和石材为主。建筑用石料资源非常丰富，饰面用石材储量也较为丰富，主要品种有“华亭青”（石英闪长岩）等。金属矿产少，仅镍矿有一定的储量规模，能源矿产仅有地下热水，储量较丰富，开发利用前景良好。探明资源储量居全省第一位的常太长基镍矿、滑石、化肥用蛇纹石中型矿床，因位于东圳水库边，属禁采区，而无法开发利用。

（方琳）

【海洋资源】　城厢区海域面积约3300公顷，大陆海岸线全长24.033公里，其中人工岸线23.996公里（渔业岸线15.044公里，工业岸线1.360公里，造地工程岸线7.592公里），河口岸线0.037公里。海洋资源开发以渔业为主要产业，其次还有港口，用于渔船停泊与避风以及渔业运输。区内缺乏深水岸线资源，但有浅水岸线多处，地处内湾避风条件好，现已在东海镇东海村南岸建一座东港陆岛交通码头，灵川镇下尾村海岸修建一座渔港。临海乡镇有灵川和东海两个镇，共有12个渔业村，全区渔业人口11712人，全区已开发利用海洋养殖面积约1666. 67公顷。

（方琳）

【水资源】　地下水资源：截至2019年底，城厢区地下水资源量为1.03亿立方米，与上年相比少1.57%，与多年相比少18.8%。　地表水资源：境内河流除木兰溪以外，还有延寿溪、张边溪等大小河流72条。境内大型东圳水库1座，小（1）型水库有4座分别为径里水库、桂山水库、海头水库和长里溪水库，小（2）型水库21座，山塘45座。当年度水情基本情况：城厢区2019年水资源总量约4.12亿立方米，人均约1021立方米，只有全省人均的1/4，属水资源紧张区，且具有水资源时空分布不均，与区域经济发展水平、生产力布局不配套等显著特征，辖区内临港产业发展用水依靠木兰溪和东圳水库调水解决。全区2019年降水量1206.1毫米，比往年减少18.3%，属偏枯水年。全区及各镇（街道）的降水量和水资源量较往年减少。

（林楠）

【生物资源】 全区海水养殖品种主要有牡蛎、花蛤、缢蛏、梭子蟹、青蟹、泥蚶、欧洲鳗、真鲷、大黄鱼、鮸鱼、鲈鱼、石斑鱼、海参、麒麟藻、龙须菜、硬壳蛤等。2019年，渔业总产量57024吨，总产值37848万元。花蛤苗是本区特色优势养殖品种，苗种除供本地养殖外，还远销全国各地。淡水鱼类共有81种，隶属于21科，以鲤科种类最多，有43种，经济价值较大的有草鱼、鲢鱼、鳙、鲤、鲫、鲮、鲴、倒刺鲃、鲶鱼、黄颡鱼、鲈鱼、月鳢、鲻、鲚、鳗鲡、罗非鱼等。

（方琳）

【森林资源】 2019年底，全区林地面积3.328万公顷（包括园地面积），森林面积3.426万公顷，森林覆盖率71.32%。森林面积中：乔木林面积2.082万公顷，占60.77%；竹林面积0.054万公顷，占1.57%；国家特别规定灌木林面积1.153万公顷，占33.64%；非林地上片林面积0.138万公顷。活立木蓄积126.77万立方米，其中：森林蓄积121.562万立方米，占95.89%；散生木蓄积5.014万立方米，占3.96%；非林地上片林0.194万立方米，占0.15%。

（方琳）

【森林公园】 辖区内森林公园两个，分别为福建九龙谷国家森林公园（以下简称“九龙谷森林公园”）和莆田天马山省级森林公园（以下简称“天马山森林公园”）。其中九龙谷森林公园位于莆田市城厢区常太镇溪南村，距离莆田市区32公里，总面积1091.5公顷，森林覆盖率95%以上，素有莆田“后花园”之称，与风景名胜区九鲤湖接壤，俗称“下九鲤”，于2006年评为国家级森林公园；天马山森林公园位于2006年经福建省林业厅批准成立。位于莆田城厢区龙桥社区，紧邻莆田城区，南面与莆田市政府相接，背面是东圳水库，西面是凤凰山风景区，规划面积215.2公顷。

（方琳）

气候特征

【气候】 2019年城厢区少寒冷、多暖热天气，夏秋气象干旱严重，极端天气气候事件多见，气候年景中等偏差。年平均气温为21.8℃，较常年平均气温偏高1.1℃，属异常偏高。极端最高气温38.1℃，出现在8月10日；极端最低气温7.7℃，出现在1月27日。年降水量1206.1毫米，较常年偏少270.7毫米（-18%），属偏少。年日照时数1665.0小时，较常年偏少186.2小时，属偏少。

年内无寒潮，经历36次强对流、5个台风、5次高温、9场暴雨过程和夏秋气象干旱。四季气温皆偏高，以冬、秋季为甚。年内降水总量正常但前后反差大，以7月为界，降水前多后少。全年任意24小时最大雨量仅81.4毫米，为近30年最低值。雨季结束迟、历时长但降水量正常，无严重暴雨过程。台风影响个数略多于常年，其影响以大风为主、程度较轻。超强台风“利奇马”外围下沉气流增温作用致全区出现大范围异常高温天气。夏秋季持续异常温高雨少致全区出现大范围气象干旱，连旱日数超百天。2019年，城厢区气象灾害主要为气象干旱，台风及暴雨洪涝灾害轻。

（林楠）

建置与行政区划

【建置】 1984年，析莆田县的城厢镇和城郊公社设立城厢区，为县级建置，直属莆田市；5月25日，成立中共城厢区委员会，组建城厢区人民政府，6月1日，正式对外办公。10月，城郊公社改为城郊乡，城厢镇改为荔城街道办事处。2002年2月1日，莆田市区划调整；5月，常太镇、华亭镇、灵川镇、东海镇划归城厢区。至2019年12月，城厢区下辖龙桥、凤凰山、霞林3个街道办事处和常太、华亭、灵川、东海4个镇。

【行政区划】 置区之前，城厢是莆田县境域的组成部分，其行政区划隶属沿革随莆田县。

南朝陈光大二年（568），析南安郡东北部地置莆田县，县治在延陵里，隶属丰州（州治在今福州）南安郡；不久县废，地还属南安郡。隋开皇九年（589），改丰州为泉州（州治在今福州），析南安县地再置莆田县属之；大业三年（607）撤销莆田县建置，其地归建安郡（郡治在今福州）南安县。唐武德五年（622），析南安县置丰州（州治在今泉州），复置莆田县属丰州。圣历二年（699），置武荣州，析莆田西部地置清源县（后改名仙游县），莆田、清源两县同属之。景云二年（711），武荣州改名泉州，莆田县属之。天宝元年（742），升泉州为清源郡，莆田县属之。后汉乾祐二年（949），升泉州为清源军，莆田县属之。乾德三年（965），改清源军为平海军，莆田县属之。太平兴国四年（979），析莆田、仙游、福清、永福（今永泰）山区接合部之地置兴化县，县治设在今仙游游洋，同时建太平军领之；不久，改太平军为兴化军。太平兴国五年（980），莆田县改隶兴化军。太平兴国八年（983），兴化军治所从游洋迁莆田县公廨里，并筑军城，隶属不变。景炎二年（1277），升兴化军为兴安州，莆田县属之。同年十月，元军占领莆田，改兴安州为兴化路，莆田县属之。至正二十年（1360），置兴化路分省，莆田县属之。明洪武元年（1368），改兴化路为兴化府，莆田县属之。正统十三年（1448），撤销兴化县，以武化、长乐二乡的六个里并为广业里，划归莆田县。清沿明制，废兴化、平海二卫。直至清宣统三年（1911），莆田县均隶属兴化府。

民国2年（1913），撤销府建置，福建设省、道、县三级地方政权。全省划分为东路、西路、南路、北路四道，莆田县属南路道。民国3年（1914），南路道改称厦门道，莆田县属厦门道。民国15年（1926），道废，莆田县直属福建省政府管辖。民国22年（1933）11月，国民革命军第十九路军在福建成立中华共和国人民革命政府，莆田县隶属兴泉省。次年1月，“闽变”失败，国民党南京政府恢复统治，莆田县隶属第四行政督察区。

1949年8月21日莆田县解放。1949年10月1日中华人民共和国成立，福建省划分为8个专区及福州、厦门两市。莆田县成立人民政府，隶属福建省第五行政督察专员公署（驻泉州）。1950年4月起，第五行政督察专员公署先后更名为“晋江行政督察专员公署”和“晋江地区专员公署”（简称“晋江专署”），莆田县隶属不变。1955年12月，莆田县人民政府改称莆田县人民委员会，仍隶属晋江专署。1967年7月，成立莆田县军事管制委员会（简称“军管会”），隶属于晋江专区军事管制委员会。1968年9月，撤销“军管会”，成立莆田县革命委员会，隶属晋江专区革命委员会。1970年2月17日，经国务院批准，莆田县由晋江专区划属闽侯专区；专区革委会机关由闽侯螺洲迁至莆田县城厢镇。1971年4月13日，改闽侯专区为莆田专区。同年5月，改莆田专区为莆田地区，莆田县隶属莆田地区。1979年1月，莆田地区革命委员会改称莆田地区行政公署。1980年12月，莆田县革命委员会改称莆田县人民政府，隶属不变。1983年5月，撤销莆田地区，成立莆田市筹备组；9月9日，经国务院批准，建立莆田市，为省辖地级市，下辖莆田、仙游两个县和涵江、城厢两个区。5月25日，中国共产党莆田市城厢区委员会成立。6月1日，莆田市城厢区人民政府正式挂牌办公。

人　口

【人口基本情况】 2019年度，

全区常住人口 43.4 万人，出生率为 9.8‰，死亡率为 5.8‰，人口自然增长率为 4‰。

经济社会发展

【经济发展】 2019 年，城厢区生产总值 475.64 亿元，同比增长 6.1%。其中：第一产业增加值 9.86 亿元，同比增长 3.8%；第二产业增加值 180.92 亿元，同比增长 6.9%；工业增加值 114.50 亿元，同比增长 9.5%；第三产业增加值 284.85 亿元，同比增长 5.7%。规模以上工业总产值 375.04 亿元，同比增长 11.4%。农林牧渔业总产值 19.62 亿元，同比增长 5.9%。固定资产投资同比增长 8.8%。社会消费品零售总额 290.15 亿元，同比增长 14.9%。外贸出口额 67.53 亿元，同比增长 7.93%；实际利用外资 12335 万元，下降 77.1%。一般公共预算总收入 34.96 亿元，同比增长 1.3%；其中地方一般公共预算收入 24.36 亿元，同比增长 5.1%。城镇居民人均可支配收入 45848 元，同比增长 7.8%；农村居民人均可支配收入 21709 元，同比增长 9.0%。

提升第三产业　2019 年，城厢区三产增加值占 GDP 比重连续 11 年超过 50%。持续推进“三转一市”（个体工商户转企业、规模以下企业转规模以上企业、有限责任公司转股份有限公司、企业上市），出台商贸服务业发展实施意见，全年实现“个转企”800 家，“下转上”120 家，新增市场主体 2.2 万户，同比增长 35.5%，总量突破 8 万户，创历史新高。成功举办两大电商盛事，第二届“一带一路”电子商务国际合作论坛知名度、影响力进一步扩大；首次举办“莆田工匠杯”第四届中国电商讲师大赛全国总决赛，为电商行业培养高端人才，进一步巩固莆田电商领先优势。新增两大电商交易中心，中国·莆田电子商务区域创新合作中心已入驻企业 36 家，建立莆田与“海丝”沿线国家的交易展示窗口；改造提升莆田国际油画城商业及艺术氛围，设立中国（国际）油画交易中心，吸引一批油画电商企业、艺术品拍卖平台、油画衍生产品销售、油画研学机构、自媒体电商等新业态入驻，加快推动油画产业“触网”。大力实施“多彩城厢”工程，精心制作《你好 城厢》旅游宣传片，新增常太马院省级四星级乡村旅游村及东海坪洋省级旅游村，全区全年游客接待量突破 1000 万人次，旅游总收入突破 100 亿元。

发展实体经济　大力扶持制造业，落实减税降费政策，减免税额近 3 亿元，兑现惠企政策奖励资金超 3000 万元，29 家鞋企列入市生产型、商贸型“白名单”，26 家 130 项产品列入市名优地产品名录。搭建金融服务平台，制定中小微企业政策性融资担保实施办法，精准助推民营企业申贷获得率，完成 9 家企业融资担保审批，增贷资金 4280 万元，逐步缓解中小微企业融资难、融资贵问题。大力实施创新驱动，搭建中电研究院、黑马城市学院等创新载体，新增恒鑫、福瑞科技等国家高新技术企业 4 家，劲德电源、郭氏鞋业等工信部两化融合贯标企业 4 家，中科华宇、杰讯光电等省级高成长企业 12 家，嘉裕华、中伟体育等省“专精特新”企业 3 家以及省科技小巨人领军企业、省级企业技术中心各 1 家，市级企业技术中心 4 家。实施质量提升工程，新增国家标准 3 项，52 家企业“上云上平台”（包括企业“上云”和“上平台”两层意思。其中“云”指在网络上按需使用资源的业务模式，“平台”指工业互联网平台）。深入实施“五换三名”（即腾笼换鸟、机器换工、空间换地、电商换市、引智换脑，培育名牌、名企、名家）工程，“腾笼换鸟”6 万平方米，提升改造老旧厂房 4.5 万平方米，二次嫁接招商一批项目，盘活做优存量土地。出台促进建筑业发展壮大实施意见，引进 28 家建筑企业入驻区商务大楼，建筑业不断发展壮大。

夯实农业基础　科技特派员覆盖 60 个村（居），新增农民专业合作社 4 家、家庭农场 8 家。华亭省级龙眼产业园、台湾兰花培育销售基地二期、台湾牛樟芝种植基地、东海龙眼农业科技示范基地等一批重点农业项目加快建设，推动特色现代农业提质增效。落实粮食安全行政首长责任制，粮食安全得到有效保障。

引领重点项目　深入贯彻落实《建设美丽莆田行动纲要》，结合开展“聚焦项目比质量、争先进位比赶超”活动，创新重点项目分级管理制度，全市首家推出重点项目管理手机客户端，有效实现项目管理精细化、现代化。全区398个重点项目完成投资247亿元，其中3个省重点、68个市重点、7个市重大攻坚和111个市级九大专项行动项目均完成年度计划，26个列入全市“双百”开竣工项目按序时完成任务。深化“五个一批”（谋划一批、签约一批、开工一批、投产一批、增资一批）项目差异化考评，全年新增总投资亿元以上项目220个，其中谋划项目55个、签约项目80个、开工（含增资）项目45个、投产项目40个，总投资1180亿元以上。高强度推进“三改一拆”（改造旧片区、旧村庄、旧厂房，拆除“两违”）工程，累计征地44.33公顷、拆除房屋60万平方米，月塘南一期、泗华老叶树、坂头东等6个片区基本完成征迁，月塘南二期、霞皋山牌等片区全部完成丈量，累计出让万达南地块一、坂头东地块三等7宗23.73公顷经营性土地；保持“两违”整治高压态势，全年拆除“两违”989宗38.5万平方米，腾出土地面积约23.7万平方米。加快建设保障性安居工程，坂头东、顶墩下黄整村改造等3个安置房动工建设，祥和经济适用房629套房源全部完成配售。

美化城乡颜值　2019年，城厢区实施“绿满城乡·美丽家园”园林绿化提升三年行动，启动绶溪公园二期建设，新建棠坡、洋西等6个口袋公园，新增绿地面积15公顷、绿道6公里，建成区绿化覆盖率达48.1%，人均公园绿地面积15.9平方米；“一溪一园两馆”（绶溪、南湖公园、市美术馆、市博物馆）成为居民休闲娱乐的好去处，绶溪泛舟赏景，南湖公园喷泉赏乐，市美术馆灯光赏夜，市博物馆“我和国旗同框”拍照打卡、“不忘初心、牢记使命—党旗、党徽、党章专题展”等活动，掀起庆祝中华人民共和国成立70周年热潮，满城中国红，闪闪爱国心。群众出行更加绿色便捷，竣工投用滨溪北路，稳步推进木兰大道、灵华线等线性工程，打通肖厝路、顶黄路、棠坡支一路等3条“断头路”，架设莆田一中、天九湾市场等4座人行天桥，完成泗华、洋西片区6条道路改造，新增公共停车位700多个、公共自行车站点200多个。城市更新管理更加规范，泗华安置房老旧小区完成提升，福兴、育华等老旧小区启动改造；常态化推进创城工作，完善“城管+公安”网格化机制，处置各类城管案件16万多件；开展中心城区道路停车整治，城区交通秩序不断优化；全面铺开全区176个小区生活垃圾分类，经验做法全市交流。美丽乡村更加干净宜居，新建城乡公厕18座，提升农村道路61公里，“四好农村路”（把农村公路建好、管好、护好、运营好）建设获评第三批省级示范县区；完成福厦铁路沿线两侧可视范围内裸房立面整治、“平改坡”整治16万平方米，拆除乱搭乱建、畜禽养殖场5.7万平方米，新建绿地3万平方米，城镇生活垃圾无害化处理率达99.5%以上。

防治环境污染　2019年，城厢区继续深入贯彻落实习近平总书记治理木兰溪的重要理念，全面落实河湖长制，大力实施“六水共治”（治污水、清河水、防洪水、排涝水、保供水、抓节水）工程，解决一批突出环境问题。“治污水”大力创建“污水零直排区”，创新“区级主导、镇街主责、村居主体、群众参与”的农村污水管网建设模式，得到市里的高度肯定，全区88个村的污水处理工程实现全面开工，累计新建污水管网1100公里，新建改造三格化粪池8800户，接管率达90%以上，列入全省全域推进农村污水治理重点县（区）；创新实行水质溯源监测，设置100个村居交界断面监测点位，精准掌握水质动态；强力实施内河综合整治，11条城市内河基本消除劣Ⅴ类水质，龙桥溪、下磨溪消除黑臭，为莆田市入选第三批国家黑臭水体整治示范城市作出积极贡献。“排涝水”完成沟头、天妃、莆田西等6个片区21条道路雨水管清淤改造，基本解决城区内涝问题。“清河水”完成常太院里溪、东太溪、莒溪等3条13.8公里，动工建设西湖溪、坑尾溪等6条37公里安全生态河道治理。“防洪水”加快推进木兰溪防洪工程、篁山溪榜头片防洪排涝工程、霞皋水库、过池水库除险加固等一批防洪保安工程。“保供水”完成龙桥水厂老旧管网改造及五云水厂老旧设备提升，实现笏枫路自来水迁建、华亭管道互联互通等城乡供水一体化工程基本完工。多点发力保卫蓝天，完成286家“两无”（无安全生产条件、无环保生产条件）企业、103家涉VOCs企业治理提升改造。完成商品林赎买119公顷，植树造林173.33公顷，全区森林覆盖率达71.8%，持续位居全市第一。

保障民生事业　坚持把全区财政支出增量的70%以上用于民生事业，17件年度惠民实事基本完成。社会保障不断加强，全面实施全民参保计划，发放低保补助等各类救助资金3.3万人次超2000万元；落实“稳就业”要求，全区城镇新增就业人员3020人，期末城镇登记失业率1.65%；有序开展养老服务工作，新建13所农村幸福院、1所社区日间照料中心；深入推进历史遗留安置房不动产证办理工作，完成38个项目2653户21172套首次登记。教育事业优先发展，新投用圳湖、滨溪等10个幼儿园，新改扩建文献小学、太平小学、区第一实验小学，新增幼儿园学位2850个、小学学位1350个，下黄小学、泗华小学、九华学校、顶墩学校等一批新校区动工建设。新认定17所普惠性民办幼儿园，全区普惠性幼儿园覆盖率达到89%，有效缓解“入园贵”问题。教育集团建设、名校联姻结对、名校带弱校工作稳步推进，优质教育资源总量递增，校际差距逐步缩小。中、高考总分平均分居全市各县区首位，获评莆田市“教育优秀管理县区”。“健康城厢”深入推进，区医院搬迁新址，与省人民医院、厦门大学附属中山医院搭建2个“名医工作室”，与市第一医院共建“联合病房”，带动全区医疗水平整体发展。完成64家村卫生所一体化建设，全部上线远程视频诊疗服务，让更多群众在家门口就能享受市、区医院专家诊疗服务，农村群众就医更加方便了。文体惠民扎实开展，成功举办海丝动力摩托车文化交流节，联发健身跑、环东圳水库单车骑游等群众性体育活动蓬勃开展；新建村级综合文化服务中心30个、智慧体育公园等文体设施16个，巩固提升农家书屋24家。国家知识产权强县工程试点加快建设，7家企业列入省、市级知识产权试点，全区每万人口发明专利拥有量、授权量增长率均居全市第一。“智慧食安”走在全市前列，推进食品安全“一品一码”追溯体系建设，全区93家学校食堂全面推广“明厨亮灶”，在全市率先实现全覆盖。深入开展信访积案专项治理三年行动，化解信访积案94件。纵深推进扫黑除恶专项斗争，严厉打击“村霸”“套路贷”“黄赌毒”、电信诈骗等违法犯罪分子，打掉涉黑组织2个、涉恶集团（团伙）8个，破获九类涉恶案件235起，判决一批涉黑涉恶大案要案。社会治理推陈出新，推广灵川镇信访事项多元调解做法，搭建“多心合一”矛盾纠纷调解平台，打造“零出村枫桥经验”样本；探索建立“妈祖故里家家亲”基层社会治理综合平台，打通服务群众“最后一公里”。“诚信交通+人脸识别”交通管理新模式、“雪亮工程+智能化侦查”、综治（网格）中心“一图一表”等基础性工作不断夯实。严守安全底线，深入开展安全生产专项整治，安全生产形势总体平稳。

精神文明建设

【概况】　2019年，中共莆田市城厢区委文明办公室（以下简称“区委文明办”）以提升公民文明素质，加强未成年人思想道德教育，创建志愿服务品牌，深入开展群众性精神文明创建活动，深化全国文明城市和省级文明城区创建，努力推动全区精神文明建设上新台阶，促进经济、政治、文化、社会和生态文明建设协调发展。

【创建文明城市（文明城区）】

2019年，区委文明办着力推进管线整治，优化市容市貌。针对老城区背街小巷、居民楼等场所架空通信用电管网搭建混乱、管理无序等问题，督促区工信局牵头属地政府按照缆线“入地、捆扎、贴墙、入管”原则进行专项整治，逐步减少消防安全隐患。畅通诉求渠道，完善投诉处理，及时对接区效能办“12345”平台，回应社会关切，妥善解决各类群众投诉诉求。强化暗访巡查，推动整改落实。坚持专项巡查和全面考核相结合，明察和暗访相结合，组织巡查组常态化暗访巡查，认真查找问题、及时督促落实，推动创城动态管理工作落细落实。

【群众性精神文明创建活动】

2019年，区委文明办认真做好新一届全国文明村镇、文明单位、文明校园及培育对象和2018—2020年度省级文明村镇、文明单位（社区）、文明校园推荐申报和届中初评工作。推荐2016—2018年度市级精神文明建设先进名单。表彰2016—2018年度区级精神文明建设各类先进，其中23个单位、2个社区、23个村、24所学校、9户家庭受表彰，推动形成各类精神文明创建工作均衡发展。做好涉及机构改革文明单位参评对象认定及补申报工作，确保平稳有序、顺利衔接。加强文明单位创建动态管理，对全区文明单位进行日常检查、督导和评估，实行动态考评，并将考核评估成绩作为文明单位评选的重要依据，推动文明创建工作的科学化、制度化、规范化。常太镇马院村被命名为省级“文明乡风联系点”。

【公民思想道德实践活动】

2019年，区委文明办开展推荐第七届全国和第六届全省道德模范活动。持续开展身边好人推荐评选活动，激励干部群众见贤思齐，汇聚正能量。徐晋雄、谢亚顺、林毅、俞明华、张培丽、张琪等6人入选福建好人榜候选人，其中，林毅、俞明华等2人当选福建省好人榜。春节期间，向林智永、林萍2位莆田市道德模范各送去1000元慰问金。通过广泛推荐、评议、宣传和慰问先进典型，营造大力帮扶身边好人、学习弘扬好人精神的社会氛围，推动形成学习、关爱、崇尚、争当道德模范的良好风尚。4月16日承办新时代莆田“新人、新事、新风”现场交流活动，谢亚顺作为邻里和睦代表、林智永作为爱岗敬业代表、华亭镇涧口村作为移风易俗代表参与录制，在全市引起较大反响。

【未成年人思想道德建设】

2019年，区委文明办围绕“扣好人生第一粒扣子”主题教育实践活动，组织开展传承红色基因等6大专题活动，先后举办“学雷锋争做新时代好少年”“清明祭英烈”、中华优秀传统文化展演、“童心向党”歌咏、“新时代好少年”“劳动美”实践7场观摩会，开展“阳光心理健康辅导”进社区、进学校20余场次，承办市级活动2场，推选南门学校徐喆同学被评为2019年莆田市“新时代好少年”。开展乡村学校少年宫结对共建，培育一宫一品特色项目，组织5所省级文明校园与5个乡村学校少年宫签订结对共建协议。9月，举办“庆祝中华人民共和国成立70周年暨2019年乡村学校少年宫成果展示（城厢展区）”。国庆期间，先后在沟头小学、华林学校、华亭第一中心小学举办3场“向国旗敬礼文艺展演”，夯实学生爱党爱国的思想基础。持续开展关爱特殊群体未成年工作，分别在春节中秋期间礼遇10名新时代好少年和留守儿童、外来务工儿童、困难儿童，在坂头小学举办2019年“我们的节日·中秋节”进校园系列活动。开拓未成年人研学基地，采取共建的方式，在莆田市博物馆、岭下美丽乡村、华亭花卉基地、九龙谷等开设研学基地，组织“重走红军路”“小小金话筒”等100余场研学活动。广泛宣传未成年人工作亮点，先后在东南网开设活动直播活动 3 场，多篇报道在《福建文明风》《湄洲日报》等刊登。常态化加强文明校园创建工作，整改 2018 年省暗访存在的突出问题，校园周边环境得到有效的净化。

【志愿服务活动】 2019 年，区委文明办在 16 个社区设立学雷锋志愿服务站，为社区群众提供便民利民志愿服务。积极推进志愿服务活动由社区向社会延伸，在公园、旅游景区、各行业窗口等公共场所，建立 2 所妈祖义工志愿服务驿站、100 余个学雷锋志愿服务点，根据不同场所性质，常年开展志愿服务活动，实现志愿服务常态化。持续开展“助力新莆田 建功新时代”主题志愿服务活动，利用 3 月份“学雷锋活动月”等重要时间节点，持续推进以助老、扶幼、助学、帮困、助医、生态环保等重点领域为内容的“爱在城厢”、“美在城厢”、文明交通劝导、防诈骗反传销宣传等品牌志愿服务活动。以庆祝中华人民共和国成立 70 周年为契机，以木兰溪为平台，广泛开展“木兰溪畔志愿红”系列活动 20 余场，引导群众贯彻落实习近平总书记关于治理木兰溪的重要理念。

【开展“我们的节日”主题活动】 2019 年，区委文明办在春节、元宵、清明、端午、中秋、重阳等重要传统节日期间，组织开展民俗展演、慰问帮扶、文体健身等惠民利民活动，营造浓厚节日氛围。以庆祝中华人民共和国成立 70 周年为主题，大力开展精神文明宣传活动。以“春节元宵之喜庆、清明之缅怀、端午之追忆”为主题，开展内容丰富、形式多样的群众性节日文化活动。在东海镇举办“我们的节日·端午”主题文艺演出活动，在坂头小学举办“邻里守望 爱在城厢 情暖中秋 团圆美满”活动，在华亭镇华亭社区举办“孝老爱亲 向上向善”重阳节主题晚会。

（李立群、张曼雪）

中共莆田市城厢区委员会

【区委常委名录】 区委书记：王文才；区委副书记、区长：吴文恩；区委副书记：郑松青；区委常委、统战部部长：陈洪武；区委常委、纪委书记：余丽红；区委常委、组织部部长：陆建琪；区委常委、宣传部部长：吴建銮；区委常委、政法委书记：陈庆王；区委常委、副区长：肖志雄；区委常委、人武部部长：颜启昌（2019年12月期满）；区委常委、副区长、区政府党组成员：周敏（至2019年10月期满）；区委常务、区政府党组成员：黄美光；区委常委、人武部政委：吴彦继（2019年12月起）。

【概况】 2019年，中共莆田市城厢区委员会（以下简称“中共城厢区委”）在市委的坚强领导下，区委领导班子坚持以习近平新时代中国特色社会主义思想为指导，全面贯彻中共十九大和十九届二中、三中、四中全会精神，深入学习贯彻习近平总书记在参加十三届全国人大二次会议福建代表团审议时的重要讲话精神和治理木兰溪的重要理念，坚定不移把党的政治建设摆在首位，把增强“四个意识”、坚定“四个自信”、做到“两个维护”作为加强政治建设的主题主线，深入学习贯彻习近平总书记重要讲话重要指示精神、中共十九大精神和党中央决策部署，始终在政治上思想上行动上同以习近平同志为核心的党中央保持高度一致，团结带领全区干部群众，坚持高质量发展落实赶超，聚焦主城主业主责，统筹推进经济、政治、文化、社会、生态文明和党的建设，全力攻坚，奋力拼搏，推动各项工作再上新台阶。

【严抓理论学习】 2019年，中共城厢区委领导班子带头把学懂弄通做实习近平新时代中国特色社会主义思想作为重大政治任务、长期政治任务。先后召开常委会11次、区委中心组学习29场、专题会议6场，举办各类培训班9期，培训学员719人，原原本本、认认真真学习近平新时代中国特色社会主义思想，深刻领会中共十九届四中全会精神。举办中共十九届四中全会精神主题宣讲等各类培训班18期，进一步学深悟透新思想。

【严格制度执行】 2019年，中共城厢区委认真贯彻执行民主集中制，坚持重大事项集体研究，全年共召开22次区委常委会会议，集体研究解决70个重大问题，有效推动议事决策科学化、规范化，民主化。健全区委全会和常委会决策程序、议事规则，落实讨论决定重大问题和任用重要干部票决制、重大决策社会稳定风险评估、保密工作责任制等机制。

坚持总揽全局、协调各方，定期听取区人大常委会、政府、政协党组和区纪委监委以及法院、检察院党组工作汇报，支持各套班子依法依规、独立负责、协调一致地开展工作，努力巩固和衷共济谋发展、同心协力干工作的良好局面。认真落实“三会一课”、民主生活会、领导干部双重组织生活、谈心谈话等制度，区委领导班子带头当好讲政治、担当尽责、执政为民、团结协作、清正廉洁的“五个表率”，为全区党员干部作出示范。

【严明纪律规矩】 2019年，中共城厢区委领导班子始终把政治纪律和政治规矩挺在前面，进一步增强忠诚核心、拥戴核心、维护核心、捍卫核心的自觉性、坚定性，自觉做到“五个必须”，坚决维护党中央权威和集中统一领导。认真学习党章，严守党规党纪，把中央八项规定精神作为一项铁的纪律和刚性约束，坚决反对“四风”，主动接受监督，以身作则带领群众把各项工作落到实处。坚决贯彻和执行党的路线方针政策，认真贯彻落实中央和省委、市委的决策部署，引导全区各级领导干部充分发挥“头雁效应”，紧密结合中华人民共和国成立70周年庆祝活动、“不忘初心、牢记使命”主题教育活动等，努力做到知行合一，确保工作落实。

【精准施策稳增长】 2019年，中共城厢区委紧盯全年经济社会发展主要指标、重点任务和目标责任，逐项细化分解，层层落实责任，定期分析监测，把高质量发展落实赶超落实到每一项具体工作中，努力在新一轮发展中争先进位。是年，地区生产总值完成475.64亿元，比增7.5%；农林牧渔业总产值完成19.62亿元，增长5.9%；规模以上工业产值完成375.04亿元，增长11.4%，增加值增长9.9%；固定资产投资增长8.8%；财政总收入完成34.96亿元，增长1.3%，其中地方级财政收入完成24.36亿元，比增5.1%；社会消费品零售总额完成290.15亿元，增长14.9%；限上批零业销售额完成444.4亿元，同比增长12.1%；限上住餐业完成10.57亿元，同比增长26.2%；实际利用外资1.23亿元；规模以上服务业其他营利性营业收入完成17.48亿元，同比增长32.8%。其中，农林牧渔业总产值、社会消费品零售总额等2个指标排名全市5个县区第一，规模以上工业增加值、财政总收入、规上服务业其他营利性营业收入等3个指标排名全市第二，固定资产投资、地方级收入、限上住餐业营业额、实际利用外资额等4个指标全市第三。

【提质增效优结构】 2019年，中共城厢区委始终把实体经济作为高质量发展落实赶超的第一支撑，继续把提高供给体系质量作为主攻方向，不断增强经济创新力和竞争力，三次产业比例调整为2.1:38:59.9，持续优化产业结构。实体经济稳中提质。积极扶持制造业发展，落实减税降费政策超2亿元，兑现惠企政策奖励资金超3000万元，29家鞋企列入市“白名单”，26家130项产品列入市名优地产品名录。搭建金融服务平台，推荐9家企业过桥转贷3.2亿元，逐步缓解中小微企业融资难、融资贵问题。深入推进园区“十个一”标准化建设，共策划项目48个，总投资19.8亿元。大力实施创新驱动，搭建中电研究院、黑马城市学院等创新载体，新增恒鑫等4家国家高新技术企业，劲德电源等4家工信部两化融合贯标企业，杰讯光电等12家省级高成长企业，溢通环保等7家省“专精特新”企业，以及省科技小巨人领军企业、省级企业技术中心各1家，市级企业技术中心4家。第三产业扩量增效。三产增加值占GDP比重连续11年超过50%。持续推进“三转一市”，全年实现“个转企”720家、“下转上”150家，新增市场主体2.2万户，同比增长35.5%，总量突破8万户，创历史新高。成功举办两大电商盛事，第二届“一带一路”电子商务国际合作论坛有16个国家和地区参会，现场签约项目13个，论坛知名度、影响力进一步扩大；首次承办“莆田工匠杯”第四届中国电商讲师大赛全国总决赛，进一步巩固莆田电商领先优势。设立两大电商交易中心，中国·莆田电子商务区域创新合作中心入驻企业35家，建立莆田与“海丝”沿线国家的交易展示窗口；改造提升莆田国际油画城商业及艺术氛围，挂牌中国（国际）油画交易中心，吸引一批油画电商企业、艺术品拍卖平台等新业态入驻，加快推动油画产业“触网”。农业基础不断夯实。做精做特现代农业。坚持龙头拉动，立足特色产品，积极培育“互联网+农业”“绿色产业+旅游”等多种融合的农业发展新模式，农业综合效益稳步提升。全年新申报市级以上农业龙头企业17家，新增农民专业合作社4家，达到110家，新增家庭农场8家，达到35家。科技特派员覆盖60个村（居），华亭省级龙眼产业园、台湾兰花培育销售基地二期、台湾牛樟芝基地、东海龙眼农业科技示范基地等一批重点农业项目加快建设，农业综合效益稳步提升。

【项目建设】 2019年，中共城厢区委始终强化项目带动，在项目带动、征地拆迁、开放招商等方面集中发力，不断夯实发展基础。优化提升区重点项目监察管理系统，实现重点项目管理从粗放到精细，一批重大项目快速推进，发展后劲更加充足。全区398个重点项目，其中省重点项目3个、市重点项目68个均超序时完成年度计划任务，共完成投资247亿元。列入全市“双百”开竣工项目26个均按时完成开竣工。新增（含升级）“五个一批”项目160个，总投资1300亿元以上。高强度推进“三改一拆”工程，全力攻坚木兰片区，累计征地44.33公顷、拆除房屋60万平方米，拆迁量占全市三分之一，位居全市第一，进一步拉开城市框架。其中，月塘南一期、泗华老叶树、坂头东等6个片区基本完成征迁，月塘南二期、霞皋山牌等片区全部完成丈量，累计出让万达南地块一、坂头东地块三等7宗23.73公顷经营性土地。保持“两违”整治高压态势，全年拆除“两违”989宗38.5万平方米，腾出土地面积约23.7万平方米。加快建设保障性安居工程，坂头东、顶墩下黄整村改造等3个安置房动工建设，祥和经济适用房629套房源全部完成配售。加大招商引资，全年新增招商项目32个，总投资203亿元，推动中电科创城、大唐5G产业东南总部基地等重大产业项目落地，发展后劲不断增强。

【完善社会保障体系】 2019年，中共城厢区委切实办好17件年度惠民实事项目，积极回应群众关切，不断满足人民群众对美好生活向往的需求。积极探索稳定脱贫长效机制，强化产业扶贫、就业扶贫、金融扶贫力度，抓实督查考核、工作问责等关键环节，扶贫工作成效考核全市第二，切实巩固脱贫成果。加快发展养老事业，新建13所农村幸福院和1所日间照料中心，推进华亭、常太、灵川卫生院医养结合项目建设。全面实施全民参保计划，共发放低保补助等各类救助资金3.29万人次2015万元。扎实推进更高质量更充分就业，全区城镇新增就业2702人，开发公益性岗位134个，安排精准扶贫对象就业78人。是年，全区城镇登记失业率1.93%，低于市控目标。

【丰富公共服务供给】 2019年，中共城厢区委深化基础教育改革，义务教育优质均衡发展，新增幼儿园学位2850个、小学学位1350个，滨溪、圳湖等一批学校改造扩容投入使用，普惠性幼儿园达到89%；中高考总分、平均分均居全市各县区第一，获评莆田市“教育优秀管理县区”。区医院正式搬迁并投入使用，与厦门大学附属中山医院、省人民医院搭建“名医工作室”2个，带动医院整体发展；全市率先启动乡村卫生服务一体化管理，完成64家村卫生所一体化建设，实现全覆盖；家庭医生签约覆盖率达30.7%，公共卫生服务保障能力持续增强。落实省、市、区级科技特派员工作经费72万元，实现镇街科技特派员全覆盖，覆盖村居60个，专利申请量共963件，每万人口专利拥有量增长率居全市第一，授权量增长率居全市第二。全力推进文体惠民工程，丰富公共文化产品供给，新建文体设施16个、巩固提升农家书屋24家。加强党管武装工作，军民融合持续发展，做好退役士兵接收安置工作，积极解决家属就业、子女就学等问题，巩固发展军政军民团结良好局面。

【统筹城乡协调发展】 2019年，中共城厢区委深化城乡规划建设管理提升年活动，坚持区域协调发展，协同推进老城改造提升、新区新城建设和实施乡村振兴战略，加快建设高品质、高颜值的现代化城市。加快安置房建设回迁进度，肖厝10#楼、华亭山牌等4个安置房实现回迁，坂头东地块三、顶墩下黄整村改造等4个安置房动工建设，祥和经济适用房项目629套房源全部完成配售。加快旧区改造步伐，完成泗华安置房小区改造，福兴、育华等2个老旧小区改造开工建设。启动木兰溪城区段两岸景观整治提升工程、绶溪公园二期建设，新建棠坡、洋西等6个口袋公园，新增绿地面积15公顷、绿道6千米。打通肖厝路、顶黄路、棠坡支一路等3条“断头路”，架设逸夫小学、莆田一中等5座人行天桥，完成泗华、洋西片区6条道路改造，新增公共停车位600多个、公共自行车站点近200个。持续共建美丽乡村，实施壮大村级集体经济“破壳消薄”工程，全区120个村（居）全部实现年收入超10万元。围绕实现“五个振兴”，扎实推进农村人居环境整治三年行动，实施农村厕所革命，垃圾治理、污水治理、农房整治、村容村貌提升、绿化行动以及高铁、高速沿线环境综合整治等有序开展，新建公厕6座，拆除乱搭乱建、畜禽养殖场7.5万平方米，垃圾治理4000吨，新建绿地3万平方米，农村垃圾无害化处理率达99.5%以上，村容村貌不断改善。

【完善社会治理体系】 2019年，中共城厢区委坚持问题导向、突出法治思维，深入开展社会治理创新改革，扎实推进民主法治进程，努力营造民主团结、安定和谐的社会发展环境。坚决打好防范化解重大风险攻坚战，处置化解不良贷款14家20笔金额7.34亿元，年末不良余额控制在2.65亿元以内，不良率控制在0.75%，排名全市第二，近三年连续实现“双降”，区域金融风险得到有效控制。纵深推进扫黑除恶专项斗争，聚焦重点案件、重点问题、重点领域，强力整治电信诈骗、“套路贷”等群众反映的突出问题，抓获涉恶嫌疑人166人，破获81起涉恶案件，摧毁涉恶团伙2个、涉黑组织1个，形成扫黑除恶的强大攻势。加强矛盾纠纷排查化解，突出综治网格中心实战化，深入开展信访积案专项治理三年行动，搭建“多心合一”矛盾纠纷调解平台，健全商会调解、网上调解、名人调解等多元调解工作机制，全面拓展“莆田枫桥经验”品牌，连续三年获得平安建设（综治工作）考评全市第一名。严格落实安全生产责任制，聚焦25个重点行业领域，检查生产经营单位5334家，排查整改各类隐患5341项，全年未发生较大及重特大安全生产事故，获评2019年度安全生产目标责任考核先进单位。

【重点领域改革】 2019年，中共城厢区委瞄准体制机制障碍，主动对标对表中央及省市改革部署要求，精心组织谋划9大类28项改革要点，精准发力、狠抓落实，在经济社会事业体制、社会治理体制等重点领域和关键环节上取得突破。持续优化营商环境，推进“放管服”改革，开展“全程网办”“秒批”事项共计148项，52个高频事项实现“一趟不用跑”，102个高频事项实现“最多跑一趟”。深化供给侧结构性改革，大力实施创新驱动，持续推进智慧能源等产业服务平台建设，深化财政金融体制改革，落实减税降费优惠政策，培育经济发展新动力，推动经济主要指标实现显著性突破。扎实推进机构改革，因地制宜设置33个区级党政机构，新老机构顺利交替、无缝衔接、平稳过渡。以“小切口、大成效”改革举措为突破口，选取“信访+调解”、社会心理服务试点、远程视频诊疗系统试点等最具有条件的改革事项，探索形成有特色、可借鉴、能推广的城厢模式，打响地方改革品牌。

【扩大对外开放】 2019年，中共城厢区委结合数字中国峰会、“5·18”“6·18”等重大活动，用足用好“一带一路”电子商务国际合作论坛这一平台，深化与海丝沿线国家和地区交流合作，进一步提升城厢的参与度和影响力。

【党管意识形态工作】 2019年，中共城厢区委强化理论武装，把学习宣传贯彻习近平新时代中国特色社会主义思想作为重中之重，不断健全区委理论学习中心组学习、党委（党组）理论学习中心组学习通报制度，抓好党员干部日常学习教育，进一步推动党员干部发挥引领示范作用，形成比学赶超的浓厚氛围。强化舆论引导，围绕“庆祝中华人民共和国成立70周年”主线及全区中心工作，在中央、省级和市级主流媒体刊发新闻稿件1158多篇（幅），有力抢占舆论引导先机和制高点，牢牢掌握舆论主动权。强化阵地管理，坚决守好新闻媒体、公共宣传载体、党校课堂、论坛、报告会等意识形态领域阵地，共收集处置倾向性信息150余条，牢牢把握意识形态工作的领导权、主动权和话语权。强化责任落实，严格落实意识形态工作责任制，加强党对意识形态工作的全面领导，全年区委常委会3次专题研究意识形态工作，进一步建立健全意识形态领域分析研判常态化，组织开展专题督查考评，推动意识形态工作责任制落实落地落细。

【精神文明建设】 2019年，中共城厢区委持续巩固和提升全国文明城市和省级文明城区创建工作，突出常态长效，重点从群众最关切，问题最突出的具体事情抓起，让创建成果更多惠及市民群众。以培育和践行社会主义核心价值观为根本，大力加强公民道德建设，培育“福建好人”2名，举办城厢区2018年度践行社会主义核心价值观基层“最美人物”先进事迹观摩暨表彰会，推进“扣好人生第一粒扣子”主题教育实践活动，组织开展“学雷锋争做新时代好少年”中华优秀传统文化展演和“新时代好少年”先进事迹推选等活动，推动形成见贤思齐、崇德向善的良好氛围。以创建全国“志愿之城”为抓手，深化“爱在城厢”等志愿服务品牌，推进12个重点领域志愿服务活动常态化、品牌化发展。持续深化移风易俗，开展迎新春赠送春联活动40场，移风易俗系类文艺汇演20场、大型春节文体系列活动6场、元宵活动10场，“好家风好家训”宣传展示活动3场，引导群众讲道德、守规矩、重家风。

【繁荣文化事业产业】 2019年，中共城厢区委坚持文化惠民，大力开展文化、科技、卫生“三下乡”、美术书画作品展览等群众性文化文艺活动，完成公益性文艺演出10多场次，公益电影下乡放映951场次。新建和提升30个村（社区）综合文化服务中心，建成一批农家书屋、文化激情广场、多功能运动场所等文体设施，新增市级非物质文化遗产代表性项目7个，着力化解文化发展中的不平衡不充分问题。持续开展乡村文化文艺采风活动，挖掘和建设城厢传统文化资源，着手编印发《家园记忆（灵川篇）》。加快融媒体中心建设，改版《今日城厢》，试行新闻+政务，形成传统媒体和新兴媒体齐头并进、“立体式”宣传报道新格局。围绕打击非法有害出版活动、侵权盗版等重点任务，积极开展扫黄打非“清源”“净网”“护苗”“秋风”等系列专项整治行动，共取缔非法经营摊点16家、盗版图书9000多册，持续净化全区文化市场环境。

【落实环保责任】 2019年，中共城厢区委严格落实环保“党政同责、一岗双责”要求，完善党政生态环保目标责任书考核机制，构建“管发展必须管环保”“管行业必须管环保”“管生产必须管环保”的工作格局，全区环保绩效考评位居全市各县区第一。创新总结农村污水建设“区镇统筹设计+村居主导实施+三级共管监督”的“埔柳模式”，科学高效推进农村污水管网建设，得到省市充分肯定。构建全区村居交接断面水质监测体系，在各村居交界断面共设置100个监测点位进行逐月监测，实现以小溪小河促进大溪大河水质提升。积极融入福建国家生态文明试验区建设，创新生态保护机制建设，完成商品林赎买119公顷，超额完成年度任务。

【防治污染】 2019年，中共城厢区委全力开展木兰溪流域系统治理，全面落实“河湖长制”，重点攻坚木兰溪流域水质提升，木兰溪入选全国示范河湖建设，园头桥水站成为生态环境部首批“最美水站”，全区88个村、1916千米的农村污水处理工程，通过大力推广“埔柳模式”，全部开工建设，累计完成建设26个村、1522千米。强力实施内河综合整治，11条城市内河基本消除劣Ⅴ类水质，助力莆田市成功入选第三批国家黑臭水体整治示范城市。园头桥、濑溪等断面水质监测保持达标，东圳水库水质达标率100%，重要江河湖泊水功能区水质达标率达100%，基本构建“碧水城厢”新格局。强力推进大气污染防治工作，开展建筑工地扬尘、城市道路扬尘、严控露天烧烤等专项治理，全区空气质量达标天数比例为96%，达到当年党政目标责任书要求的优良天数94.8%比例目标。加强土壤污染管控和修复，强化涉重金属行业企业监管，完成全区9家重点行业企业用地信息采集与风险筛查。实施全民绿化行动，植树造林173.33公顷，全区森林覆盖率达71.8%，持续位居全市第一。

【整治突出问题】 2019年，中共城厢区委结合第二批主题教育，全区上下围绕木兰溪流域系统治理开展调研1169场次。聚焦木兰溪流域系统治理找差距、抓落实，其中，第二轮中央生态环保督察交办城厢区的信访举报件共28批57件，办结50件，反馈率100%，办结率87.7%；木兰溪全流域系统治理专项巡察反馈共70个问题，其中67个问题整改到位，其余3个涉及征迁和需上级协调解决的问题；围绕主题教育“8+7+1”专项整治，共查找涉及木兰溪流域亟须解决的突出问题18个，完成整改17个，剩余1个问题正按序时推进。对突出环境问题保持执法高压态势，结合开展“清水蓝天”“利剑斩污”等专项执法行动，严厉打击无证排污、超标排污、偷排漏排、私设暗管等处置废水的典型违法行为，执法行政立案处罚共43件，处罚金额约275.24万元。

【支持人大依法履行职责】 2019年，中共城厢区委坚持把人大工作纳入总体工作布局，坚决支持和保证区人大及其常委会和人大代表依法履行决定、任免、监督等职能，加强人大对“一府两院”的监督力度。先后召开人大常委会会议8次，听取和审议“一府两院”工作报告20项，作出决议、决定7项。坚持把党管干部原则同人大依法行使人事任免权有机统一，共依法任免国家机关工作人员36人次，其中任免区级领导2人次，确保党组织推荐的人选通过法定程序成为国家机关工作人员，为推动城厢经济社会事业发展提供坚强的组织保证。

【加强政协协商民主建设】 2019年，中共城厢区委支持区政协履行政治协商、民主监督、参政议政职能，充分发挥人民政协作为协商民主重要渠道和专门协商机构的作用。围绕重点民生问题开展专项调查研究，提出意见建议25条；八届三次会议期间，共遴选弘扬企业家精神推动高质量发展、推进养老服务行业等“重点提案”10件，征集提案55件，提交大会发言11篇，提出意见建议21条；紧盯年度协商计划，围绕“加快发展特色农业，助推乡村振兴战略”“加强中小学生心理健康教育”等课题，形成专题报告2份、会议发言11篇，提出意见建议28条；重视政协提案落实，共立案55件，所有提案全部办复，并对其中10件重点提案进行督办，提案办理满意率达98%，有效推动社会和谐稳定。

【扎实推进统一战线工作】 2019年，中共城厢区委巩固发展爱国统一战线。牢牢把握大团结大联合主题，发挥好各民主党派、工商联和无党派人士服务发展的积极作用，发挥好工会、共青团、妇联等群团组织桥梁纽带作用，团结和凝聚各方面的力量，形成全区上下同心协力、共谋发展的良好局面。着力加强和改善党对统战工作的领导，区委常委会多次专题研究统战、民宗工作，并及时就统战调研、宗教督查整改、侨情普查、对外联谊作出部署。积极支持党外人士履职尽责，召开工作通报会、征求意见会6场次，就经济社会发展、党风廉政建设、民主生活会整改、机构改革、政府工作报告等重大事项、重要决策向党外人士进行通报或征求意见。深入推进工会、共青团、妇联等人民团体改革，不断增强党联系人民群众的桥梁纽带作用。

【推进全面依法治区】 2019年，中共城厢区委成立区委全面依法治区委员会，充分发挥牵头抓总、总揽全局作用，下设的司法、执法、守法普法3个协调小组各司其职、形成合力，切实推进全面依法治区各项工作不折不扣落实。全面贯彻实施宪法，组织实施“七五”普法规划，将“七五”普法工作落实纳入全区经济发展社会规划中，纳入全年目标绩效考核、综合治理、党建工作、精神文明等体系中，做到同部署、同检查、同考核、同落实。以“谁执法、谁普法”为原则，把普法与依法治区相结合，深入开展法律、法规宣传教育，依法执政能力不断增强，社会治安明显好转，法治政府建设有效推进。是年，城厢区作为全市唯一一家获评第四批全国法治县（市、区）创建活动先进单位。

【开展主题教育】 2019年，中共城厢区委领导班子带头做示范，精心选树东圳精神纪念馆等现场教学点、21个主题党日基地等特色载体，带头组织开展集中学习研讨845场、接受革命传统等教育645次、组织基层党组织书记培训班3期、上专题党课577场；领导班子带头聚焦木兰溪流域系统治理、园区高质量发展等重点工作，累计开展“四看四促”一线调研2856次，形成调研报告453篇，召开调研成果交流会69场；聚焦“8+7+1”专项整治和群众最急最忧最盼问题，带头每周一督促，每旬一调度，每月一推进，累计查找问题281个，基本完成整改或长期坚持，推动主题教育走深走实。

【巩固基层组织】 2019年，中共城厢区委坚持大抓基层、大抓支部的良好态势，以项目化推进、品牌化运转的方式，精心培育、精准发力，打造“城厢样板”。软弱涣散党组织整顿稳步推进。结合主题教育和扫黑除恶针对软弱涣散村级党组织多形式开展专项整治，建立软弱涣散村级党组织整顿工作定期汇报制度，共摸排曾受刑事处罚和涉黑涉恶村干部7名并清理到位，调整撤换村两委干部5名，9个村级软弱涣散村党组织全部整顿到位。各领域基层党建持续向好。全面贯彻落实习近平总书记在中央和国家机关党建工作会议上的讲话精神，全面落实党建责任制，继续深入开展“强党建、促发展”联合行动，建立区委常委挂钩联系企业党组织制度，11名常委挂钩联系15家企业，下派33名兼职党建指导员，累计走访服务企业389人次；持续推进“城市党建5个10项目”，三个街道10个社区党支部升格为党委；骏欧龙盘、肖厝家园等9个小区成立小区党支部，进一步提高党建网格化；推动30家机关党组织同街道小区党组织开展联建，带动2个后进党组织完成整改提升。基层党组织规范化建设不断提升。充分发挥全市基层党建“三比三创”示范工程创建工作中2个全市“书记领办”党建创新项目、7个全市党建工作示范点，10个全市“五星级”基层党组织的示范带动作用，推动城厢区基层党组织规范化建设走深走实。基层组织工作保障日趋完善。村级干部基本报酬每月提高700—1000元，统筹专项资金用于发放村干部奖励性工资，进一步调动村（社区）干部工作的积极性。各村居按照人口数的不同，每年转移支付 11 万元、12 万元、13 万元不等村级党组织为民服务资金。

【干部队伍建设】 2019 年，中共城厢区委采取“引进来”和“走出去”两种方式，持续办好 4 场科级干部“夜间学堂”，培训干部 1500 多人次。组织领导干部赴北京大学、清华大学培训 2 期，培训干部 100 多名，进一步提高领导干部高素质专业化水平。坚持“一线”选任。注重在“一线”实践锻炼干部，有计划地选派区镇村三级干部 600 多名参与项目攻坚工作，20 多名年轻干部到区扶贫办、河长办等岗位实践锻炼，20 多名党务干部到村（社区）、“两新”组织蹲点挂职。注重在“一线”考核评价干部，扎实开展干部一线蹲点考察，准确掌握服务一线干部的工作实绩。注重在“一线”提拔使用干部，是年，区委提拔重用的 50 名干部中有 20 名是在基层一线工作表现突出的，占 40%，有效激发基层一线干部干事创业热情。坚持严管厚爱。实行双向约谈制度，强化对干部的心理疏导，及时解其工作生活情况和思想动态，共开展谈心谈话 392 多人次。积极审慎地应用好澄清保护机制和提醒、函询、诫勉等办法，既促进工作落实，又不挫伤干部干事创业积极性。加强党管武装工作，认真落实各项拥军优属政策，做好优抚安置，帮助解决军人军属的后顾之忧，巩固深化双拥共建发展成果。

【严明纪律作风】 2019 年，中共城厢区委始终把政治建设放在首位，持续抓好“两个责任”落实。压紧压实主体责任。充分运用主体责任检查、巡察等，摸清实情、找准问题。开展“机动式”“延伸式”“联动式”村级巡察，上下联动监督的效果受到省、市委巡察组的肯定，巡察叠加效应显现。突出精准问责，探索运用“三个综合考量”，综合考量客观条件、动机态度、整改情况，做到约束激励并重。全年问责 18 人，涉及科级干部 10 人；为 5 名受到错告、诬告的干部澄清事实。有效遏制“四风”顽疾。严查“四风”隐形变异问题，深入开展“天价烟”及其背后“四风”问题联合监督检查，全区共查处违反中央八项规定精神问题 21 起 24 人，给予党纪政务处分 16 人，实名通报曝光 2 期 4 起。聚焦整治“景观亮化工程”过度化等“政绩工程”“面子工程”，聚焦“文山会海”“过度留痕”等突出问题，深入开展形式主义、官僚主义集中整治。全年查处形式主义、官僚主义案件 33 件 57 人，通报典型案例 2 期 4 起。严厉惩治腐败问题。保持全面从严治党和反腐败高压态势，全区纪检监察机关全年共立案 142 件 149 人，其中自办案件 98 件 105 人，科级案件 12 件 13 人，移送司法机关 5 件 7 人。深入开展廉政教育，突出镇街特色，以方言小品、歌曲快闪、散文朗诵等多种形式，打造“一镇一孝廉”特色廉洁品牌，推动成风化俗，营造风清气正的政治生态。

区委办主要工作

【概况】 2019 年，中共莆田市城厢区委办公室（以下简称区委办）在区委的正确领导和市委办的指导帮助下，区委办领导班子坚持以习近平新时代中国特色社会主义思想为指导，紧紧围绕区委中心工作，主动适应新形势、新任务、新挑战，坚持超前谋划、主动跟进、担当尽责，不断提升“三服务”水平，坚决当好区委坚强前哨和巩固后院，有力保障区委各项工作的平稳高效运行。现将有关情况总结如下：

【理论学习】 2019 年，区委办坚持把政治建设摆在首位，把绝对忠诚内化为干部的优良基因，着力打造党性坚强、政治过硬的模范部门。注重理论修养。班子成员坚持把学习宣传贯彻习近平新时代中国特色社会主义思想和习近平总书记在参加十三届全国人大二次会议福建代表团审议时的重要讲话精神和治理木兰溪的重要理念相结合，深入开展“不忘初心、牢记使命”主题教育活动，并通过学习例会、专题讨论等多种形式，带动深入学习贯彻新思想，不断树牢“四个意识”，坚定“四个自信”，坚决做到“两个维护”，始终在思想上政治上行动上同以习近平同志为核心的党中央保持高度一致。注重业务提升。主动深入学习省、市重要文件精神以及三大攻坚战、突出开放招商强化项目带动、高质量发展落实赶超、全面从严治党等方面的政策、法规和业务知识，引导干部职工认真学习科学技术、市场经济、法律等现代知识和《秘书工作》《党办通讯》等相关业务知识，不断拓宽知识面，打造业务“多面手”，切实提高整体水平。注重学用结合。坚持边学习、边思考，把理论学习与提高“三服务”水平结合起来，把办公室工作实际与推动城厢发展更好地结合起来，做到以学促用、以用促学。围绕年度重点热点工作，开展调研并组织撰写《关于优化营商环境和深化“放管服”改革工作》等调研文章12篇，为区委、区政府的科学决策参谋辅政。

【综合文字工作】 2019年，区委办强化精品意识和效率意识，注重提升各类综合文稿的政策性、指导性和针对性，力求政策清楚、主题突出、观点正确、格式规范、逻辑严谨、准确及时。全年高质量完成区委文件、领导讲话、汇报交流等各类文字材料300多篇，保证上级和区委、区政府的各项工作及时准确地贯彻落实、安排部署，较好地发挥以文辅政作用。

【行文办会】 2019年，区委办在公文处理上，严格贯彻落实《党政机关公文条例》的要求，努力做到高效、精简、准确、快捷办文，确保公文高效流转无差错。在会议和活动保障上，坚持提前谋划、周密安排、严谨落实，全年承办各类会议、安排领导调研、接待上级领导检查等工作，均做到一丝不苟、精益求精、万无一失。深入开展“文山会海”整治活动，严格贯彻落实上级及区委的有关文件要求，严控会议数量规模、严把发文关口，全年会议、文件数量均实现比降45%以上。

【督促检查】 2019年，区委办按照“一事一办、专人负责、严格把关”的原则和“快、实、准”的要求，紧紧围绕区委、区政府中心工作、阶段性工作、领导和大众关注的热点难点问题，对重大决策、重要工作部署、重点项目和领导批示，采取全程督办、跟踪督办、专项督办等办法，不断增强督查实效，做到“督得准、跟得紧、把得严、落得实”，确保区委政令畅通和各项工作扎实有效推进。是年，共办理领导批示件116件（上级88件、本级28件），实现及时率、办结率100%。对全区督查检查考核事项进行专项清理，督查检查考核事项压减率达78.7%。

【信息报送】 2019年，区委办围绕区委中心工作，紧密贴合领导关注焦点、特色工作亮点、改革推进难点、群众关心热点，在求真、求实、求准、求深上下功夫，持续提升信息收集、综合和反馈水平，有效发挥“耳聪目明”的作用，并及时向省市报送反映城厢社会经济发展中的新成果、新情况、新问题。全年共编辑《城厢信息》35期，增刊20期，业务通报4期。累计上报省、市信息1300多条，其中省委办公厅采用39条（3篇获省领导批示）、市委办采用208条，信息成绩排名全市第一，并被市委办公室评为“全市党委信息工作先进单位”。

【后勤保障】 2019年，区委办围绕中心工作，注重机关财务管理，严格执行预决算制度，加强公务用车使用管理，做到规范、安全、节约、高效。严格执行领导干部带班和24小时值班制度，认真做好重大节日、重要节点值班工作，切实履行好上情下达、下情上报、协调左右的职能，确保区委工作正常运转。坚持厉行节约、反对铺张浪费，严肃财经纪律，严格控制“三公”经费支出，加强办公室财务管理。

【机要保密工作】 2019年，区委办建立健全机要工作的各项规章制度，严格落实机要密码工作“十三五”规划，进一步细化责任分工与工作任务，在“70 年国庆”、全国“两会”等重大活动期间，高质高效地完成通信保障任务。从强化忠诚、锤炼党性出发，加强对涉密人员的教育和管理，组织开展“五法”普法知识网络知识竞赛，征订《保密工作》杂志 122 份，进一步拓展保密宣传教育覆盖面，规范保密管理，着力提升各单位保密管理和机关干部的保密防范能力，充分发挥“保安全、保畅通、保稳定”作用，实现“优质、高效、保密、无事故”的目标。

【党建工作】 2019 年，区委办大力抓好党员干部的学习教育，扎实推进“不忘初心、牢记使命”主题教育活动，落实意识形态工作责任制，不断增强干部职工自身素质、党性修养及政治意识，做到在重大原则问题、重大考验面前旗帜鲜明、立场坚定。高质量召开专题民主生活会，带头坚持“三会一课”、主题党日、民主生活会、领导干部双重组织生活会、民主评议党员、谈心谈话等制度，推动党内政治生活常态化、规范化。围绕全区工作大局，注重把落实巡视反馈意见整改、精准扶贫、文明平安创建、扫黑除恶等各项工作和党建工作相结合，做到以党建工作推动业务工作、以业务工作检验党建工作。

【严守纪律规矩】 2019 年，区委办认真落实从严治党主体责任，严格按照党要管党、从严治党的要求，恪守党员干部廉洁自律和党风廉政建设责任制的有关规定，深入学习并严格执行《准则》《条例》和《中央八项规定实施细则》等党内法规，模范遵守纪律规矩，自觉接受监督。支持驻区委办纪检组开展相关工作，并通过组织召开区委办领导干部述责述廉工作会议、观看警示教育片、组织开展红色教育等形式，引导全办干部职工坚守纪律底线，强化规矩意识，在本职岗位上履职尽责。认真贯彻民主集中制，严格按程序决策、按规矩办事，坚持重大问题和重要事项由领导班子集体讨论决定，对涉及“三重一大”等事项，均提交室务会研究，做到科学决策、民主决策、依法决策。

【持续改进作风】 2019 年，区委办认真贯彻落实中央和省市关于进一步激励广大干部新时代新担当新作为的意见措施，围绕履行好“三服务”的基本职能，以开展“聚焦项目比质量、争先进位比赶超”活动为载体，带头弘扬“四下基层”“马上就办、真抓实干”等优良传统作风，切实提高全体党员干部的服务意识和服务水平。突出抓好办公室学习制度、值班制度、财务管理制度和工作规范运行等制度建设，完善工作规程，强化过程控制，确保各项工作职责分明、有章可循，真正做到用制度管人、按制度办事。发挥支部职能优势，积极组织党员志愿者开展形式多样的入户宣传、防汛抗台等系列服务群众、服务基层活动，继续保持扶贫力度不减为 13 户 41 名贫困户排忧解难，进一步提升干部干事创业精气神。

【激发队伍活力】 2019 年，区委办进一步明确班子成员的责任和分工，有效调动班子成员和各科室负责人大胆开展工作，大力倡导团队精神，着力提高干部职工顾全大局、服从大局、服务大局的意识，形成相互信任、相互尊重、团结协作的工作氛围，增强工作合力。强化干部培养，有计划地实施多岗位锻炼计划，根据岗位要求，对 2 名干部岗位进行调整，使之在岗位锻炼中提高工作能力；积极向组织部门民主推荐条件成熟的年轻干部予以提拔使用，进一步调动工作积极性，着力营造能进能出的工作环境，有效激发队伍活力。

（陈超）

组 织

【概况】 2019 年，全区组织工作坚持以习近平新时代中国特色社会主义思想为指导，深入贯彻落实中共十九大和中共十九届二中、三中、四中全会精神，坚定践行新时代党的建设总要求和党的组织路线，精心组织开展“不忘初心、牢记使命”主题教育，扎实推进党的组织体系建设，着力培养忠诚干净担当的高素质干部，广泛集聚各方面优秀人才，用心用情做好老干部工作，为加快打造人文宜居新城厢、建设美丽莆田先行区提供坚强的组织保证和智力支撑。

【主题教育】 2019年，中共莆田市城厢区委组织部（以下简称“区委组织部”）紧扣主题主线，深入开展“不忘初心、牢记使命”主题教育。按照市委“五学一体”要求，挖掘利用马院闽中游击区革命纪念馆等本地红色教育资源，以及博物馆、东圳精神纪念馆、21个主题党日基地等现场教育点，先后组织开展集中学习研讨845场、跟进学习习总书记最新讲话精神486次，组织3期基层党组织书记培训班，学深悟透新思想。以“深入基层找问题，勇于担当抓落实”为载体，推动开展“四看四促”一线调研、“三走进解难题”蹲点调研等3807次。聚焦“8+7+1”专项整治和群众最急最忧最盼问题，查摆出281个问题，制定措施482条。积极引导全区各级党组织和党员干部把学习教育与庆祝新中国成立70周年结合起来，与坚持高质量发展落实赶超和抓好木兰溪时代美丽莆田先行区建设结合起来，推动主题教育出成效、见成果。

【干部队伍建设】 2019年，区委组织部坚持新时期好干部标准，大力培养忠诚干净担当的干部队伍。抓实干部教育培训，持续办好科级干部“夜间学堂”，邀请专家教授、上级领导等围绕乡村振兴、新时代宗教工作、加强政治建设等开展专题培训。2019年共举办各类专题培训4场，培训干部1600多人次。主动适应事业发展需要，进一步提高领导干部高素质专业化水平，围绕三大攻坚战、供给侧结构性改革、社会治理等重点任务，办好异地高校专题研修班。已组织领导干部赴北京大学、清华大学培训，共2期，参训干部100多名。采取“课堂教学+现场教学”模式，举办青干班1期，培训学员44人。把基层一线作为锤炼干部的主要平台，形成干部到一线去，人才从一线来的良性循环机制和凭实绩用干部的鲜明选人用人导向。2019年，深化“党支部+指挥部”工作模式，共选派80多名区直部门优秀干部参与项目攻坚工作，19名年轻干部到区扶贫办、河长办、扫黑办等岗位实践锻炼，40多名干部到村（社区）、“两新”组织蹲点挂职，促进干部长见识、增才干、壮筋骨、累经验。共有25名干部因在基层一线工作表现突出而得到提拔或重用，有效激发基层一线干部干事创业热情。进一步落实省委、市委关心关爱基层干部措施，稳妥推进公务员职级套改工作，继续抓好干部日常监督管理，实行双向约谈制度，及时了解干部近期工作生活情况和思想动态，2019年以来，共开展谈心谈话300多人次。

【基层组织建设】 2019年，区委组织部紧扣基层党建重点工作任务要求，从补短板、增投入、创品牌中谋划推进基层党建工作，切实提高基层组织力，夯实党的组织体系建设的基层基础。结合村级组织换届“回头看”、主题教育专项整治和农村宗教治理工作，完成9个软弱涣散村党组织整顿转化验收。全年增加761万元用于提高村级干部基本报酬，让基层党组织有钱办事；选聘11名大学本科以上学历的年轻干部担任社区专职党务工作者，返聘97名工作经验丰富、影响力强的离任村级两委干部担任文书、党建协管员等，让基层党组织有人办事；先后投入300多万元对6个村（社区）的办公场所、党群活动阵地进行改造升级，让基层党组织有址议事。总结推广洞口“中心村”党委模式，相关做法得到中组部、省市领导的肯定，并在《人民日报》头版报道，同时，推广复制食品产业党建联盟、“一刻钟”园区网格化党建、异地商会党建+大调解、主题党日活动基地、党代表工作室、城市家党建等党建品牌。严格落实《支部工作条例》、《农村基层组织工作条例》和《党员教育管理工作条例》制度，推动党组织标准化、规范化建设。

【人才工作】 2019年，区委组织部始终坚持党管人才，广泛汇聚各方面优秀人才，统筹推进人才队伍建设。落实市“壶兰计划”及各类人才评定办法，组织个人、企业积极开展申报，2019年通过省高层次B类人才认定2人、C类人才4人；省工科类青年人才6人；市“壶兰计划”两批次人才认定45人。目前，全区现拥有蛤老大、诚味食品、才子服饰等省科技小巨人领军企业17家，省级科技创业领军人才1人，市级科技创业领军人才1人；拥有省级（企业）工程技术研究中心5家，省级众创空间5家。亚明食品被授予2019年福建省产学研合作示范基地，福建省院士专家工作站（孙宝国院士工作站）。完成74套人才公寓升级改造，实现拎包入住，安排三批次32名优秀人才入住。

【老干部工作】 2019年，区委组织部围绕“让党放心、让老干部满意”的工作目标，坚持精准服务工作理念，坚持求真务实工作作风，有效提升老干部工作质量和水平。坚持把政治建设摆在首位，举办城厢区老干部“不忘初心、牢记使命”主题教育培训班和离退休干部党支部书记培训班。加强离退休干部党组织建设，全区单独建立离退休干部党支部12个，注重选配具有丰富党务工作经验和事业心、责任感强的离退休党员干部担任支部书记、骨干，提升离退休干部党建工作水平。长期贯彻“五必访”工作，深入开展“闽善行·桑榆情”智能助老志愿服务活动等，切实增强老干部的获得感、幸福感和安全感。打造“万年青”老干部志愿服务品牌，进一步发挥老干部余热，弘扬正能量。

【机构改革】2019年2月28日，按照《中共莆田市城厢区委机构编制委员会办公室关于区委组织部职责和机构、人员编制划转的通知》（莆城委编办〔2019〕5号）要求，区委老干部局（编制3名，实有3人）并入区委组织部；区老年活动中心（编制4名，实有5人）隶属关系调整为区委组织部管理，人员编制成建制划入；区老年大学（编制3名，实有3人）隶属关系调整为区委组织部管理，人员编制成建制划入。将研究制定或参与制定离（退）休干部工作的有关规定，指导并协调有关部门抓好离（退）休干部党建工作，负责老干部教育、管理和服务工作等职能划入组织部，设立老干部股。

（李玲）

宣　传

【概况】 2019年，中共莆田市城厢区委宣传部（以下简称“区委宣传部”）在区委的正确领导和市委宣传部的精心指导下，城厢区宣传思想文化战线切实担起“举旗帜、聚民心、育新人、兴文化、展形象”的新使命，守正创新、担当作为，围绕中心、服务大局，为加快推进城厢高质量发展落实赶超提供坚强的思想保障和强大的精神动力。

【理论武装】 2019年，区委宣传部全面落实意识形态工作主体责任，下发《关于进一步规范意识形态阵地管理落实审签制的通知》，明确报纸、广播电视、乡刊乡讯、标语宣传栏、网站、新媒体、讲座、文化活动等审签制度。推进意识形态督查常态化，选派干部全程参与区委九届第8、9轮巡察，组织开展“点穴式”意识形态责任制落实情况指导检查，牢牢把握工作领导权、管理权、话语权。紧扣思想共识教育主线，充分利用《习近平新时代中国特色社会主义思想学习纲要》等学习读本，认真制定学习计划，通过专题学习、辅导讲座、交流研讨等形式，深入学习习近平新时代中国特色社会主义思想。区委修改印发《城厢区党委（党组）理论学习中心组学习实施方案》，进一步推进党委（党组）理论学习中心组学习制度化、规范化，推动理论武装工作深入开展。年内召开区委中心组学习29场，传达学习习近平总书记重

10月12日，区委宣传部举办辉煌70年宣讲城厢专场（蔡丽红 摄）

要讲话精神，十九届中央纪委三次全会、全国、省、市“两会”等重要会议、文件精神；召开学习习近平新时代中国特色社会主义思想、习近平总书记在《告台湾同胞书》发表40周年大会上重要讲话精神、“防范化解风险挑战”、《中国共产党宣传工作条例》等专题研讨12次（含不忘初心、牢记使命主题教育专题研讨），引导领导干部深入学、往里学，做到学思用贯通、知信行统一。依托“夜间学堂”平台，邀请各级领导干部、专家教授等到城厢为党员领导干部作“创新推进新时代宗教工作”“不忘初心、牢记使命”“乡村振兴发展战略”主题教育辅导等专题讲座5次。做精做强“大宣讲”活动，将“学习贯彻习近平总书记治理木兰溪重要理念”宣讲活动、学习习近平总书记在《告台湾同胞书》发表40周年纪念会重要讲话精神宣讲会引向深入。结合“不忘初心、牢记使命”主题教育，围绕6个专题，结合贯彻践行习近平总书记治理木兰溪的重要理念、“辉煌70年、美丽新莆田”主题宣讲活动，组建8支宣讲小分队，依托基层宣讲员网络和队伍、基层党支部党员、先进模范、优秀教师等，深入机关、农村、社区、学校企业等开展分众化、精细化宣讲，推动党的理论“飞入寻常百姓家”，为中华人民共和国成立70周年营造良好氛围。深入开展“学习贯彻党的十九届四中全会精神”大宣讲活动，选派9名科级干部组成区委宣讲团，先后深入7个镇街、华林经济开发区、9个系统党委开展宣讲17场，听众达1500多人。继续组织城厢区乡村讲师团成员深入各镇（街道）、村（社区）开展多层次、多元化的宣讲活动，大力宣传精准脱贫、扫黑除恶、平安家庭、移风易俗等内容，充分融合理论宣讲与文艺宣讲，方式生动灵活，内容深入人心，推进基层理论宣讲品牌化，助力新时代城厢乡村振兴。配合全市开展理论进百村、理论进百企、理论进百校、理论进百庙等理论进基层“四个百”活动，进一步扩大学习范围。充分利用“学习强国”平台、党员e家、福建干部网络培训平台等，抓好党员干部日常

11月27日，区委宣传部举办学习贯彻中共十九届四中全会精神市委宣讲团报告会（蔡丽红 摄）

学习教育，进一步推动党员干部发挥引领示范作用，形成比学赶超的浓厚氛围。

【弘扬社会主义核心价值观】2019年，区委宣传部按照市委文明办部署，承办新时代莆田“新人、新事、新风”2019年第一期现场交流活动，谢亚顺作为邻里和睦代表、林智永作为爱岗敬业代表、华亭镇涧口村作为移风易俗代表参与录制，充分发挥其先进典型的模范带头作用，在全市引起较大反响，推动社会主义核心价值观成为人们的价值导向和自觉实践。组织开展“身边好人”推选评议活动，林毅、俞明华等2人当选福建省好人榜，在全社会形成崇德向善的良好风尚。积极开展第七届全国和第六届全省道德模范推荐工作，慰问莆田市道德模范，激励干部群众见贤思齐，汇聚正能量。举办城厢区2018年度践行社会主义核心价值观基层“最美人物”先进事迹观摩暨表彰会，对10名“最美人物”进行表彰，在全区上下营造见贤思齐、崇德向善的良好社会氛围。以庆祝新中国成立70周年为主题，大力开展精神文明宣传活动，制作一批导向鲜明、富有内涵、感染力强的公益广告作品，在各类媒体和公共载体刊播，浓厚社会氛围。推进“扣好人生第一粒扣子”主题教育实践活动，组织开展“学雷锋争做新时代好少年”“清明祭英烈”、中华优秀传统文化展演、“童心向党”歌咏和“新时代好少年”先进事迹推选和学习宣传等活动，南门学校徐喆同学被评为2019年莆田市“新时代好少年”。持续开展“八不”行为规范“三进”活动，重点深化文明旅游、文明交通行动和加强诚信建设；注重部门联动，与公安部门联合开展规范全区公职人员文明交通行为活动，全面提升公民文明素质。

【新闻宣传】 2019年，区委宣传部牢牢把握全区宣传工作重点，依托《今日城厢》新媒体阵地，发布1600多条新闻，刊发城厢志愿者快闪、书香家庭谢亚顺、基层最美人物视频新闻，传播正能量。以迎接中华人民共和国成立70周年为主线，围绕中心工作，主动对接新华社、福建日报、湄洲日报等上级主流媒体，组织采写全区项目攻坚、美丽莆田建设等特色、亮点稿件。是年，对外宣传稿件共计339条，其中新华社、人民日报等中央级稿件91条，福建日报省级稿件219条，头条54条，《福建日报·莆田观察》刊发木兰溪流域水质提升、《81个超亿项目！城厢这样打造“全市第一”》《小康路上，老区村一个都不能少》等大篇幅深度报道；《湄洲日报》935篇，头题252条，其中，《构建规划项目生态“三位一体”乡村振兴格局——莆田市城厢区乡村振兴调研》在新华社政务智库报告上刊登。对接新华社、三沙电视台等媒体到木兰陂采访，新华社日本专线用日文作专题报道；对接广东电视台拍摄大型纪录片《中国节日》栏目组到南门社区，拍摄莆田元宵民俗摆棕轿活动；组织省级驻莆田媒体采访木兰溪沿线2个村庄，扩大对外宣传的影响力和引导力。参与首届海丝动力摩托车文化交流节活动，邀请中央、省、市约70家媒体近100名记者，积极协调近500家媒体刊播超过1000篇相关报道（含网络转载），有效地扩大此次活动在境内外的影响力。安排专人负责中央生态环境保护督察期间的新闻宣传，组织采写20多篇稿件在《福建日报》《湄洲日报》等媒体刊发。加快融媒体中心建设，改版《今日城厢》微信公众号、APP手机客户端栏目，增设《城厢视角》《你问我答》栏目，试行新闻+政务，积极引导群众服务群众，扩大新闻舆论的传播力、引导力、影响力、公信力。截至12月底，《今日城厢》APP手机客户端下载8万多次，平均活量3万左右，微信公众号粉丝数9.8万。拍摄《福建百城巡展：多彩城厢 永立潮头》《你好，城厢》2部视频作品，其中，《你好，城厢》获“锦绣中华·大美山川·福建那么美”微视频大赛小屏作品优秀奖。

【文化建设】 2019年，区委宣传部坚持文化惠民，大力开展群众性文化文艺活动，1月份举办宣传中共十九大精神，开展文化、科技、卫生“三下乡”集中服务活动及宣传移风易俗活动；2月份，先后在市艺术馆展厅、美术馆举办“木兰春声”美术作品展览、“迎新春”中国画小品展览，在东海镇东沙村举办“妈祖爱，元宵长”传统元宵旅游文化节；3-5月份举办“木兰芳华”莆田市青年油画家写生活动；4月份举办“第十三届全国美展创作观摩会”；5月份在三清殿举办“母亲节”书法作品展，在东海举办“不忘初心 勇担当 阔步逐梦新时代”文艺晚会暨综治平安、依法治镇、移风易俗等主题晚会，6月在市艺术馆举办“寻找最美木兰溪”写生作品展，9月举办第三届福建省广场舞蹈大赛（城厢赛区），极大地丰富市民群众的精神文化生活。配合市委宣传部办好莆田市庆祝新中国成立70周年暨“寻找最美木兰溪”摄影书画展、“欢度国庆 灯耀莆阳”大型灯会等系列活动，组织木兰溪文艺采风活动、莆仙戏剧下乡巡演、爱国主义优秀影片放映活动，举办《向祖国献礼——城厢区庆祝中华人民共和国成立七十周年青少年美术作品展》《情系新时代·共筑中国梦——城厢区庆祝中华人民共和国成立70周年书画展览》等，吸引上万市民参观。正式成立区图书馆机构，积极筹备开馆前期工作。持续提升公共文化服务水平，落实文化馆（站）公共文化设施免费开放制度，健全文化公益培训、艺术普及、阅读欣赏、展示展览等基本服务项目；持续开展乡村文化文艺采风活动，收集整理记录家风家训、民俗工艺、名人传说、古厝民居等系列资料，挖掘和建设城厢传统文化资源，编辑出版《家园记忆（灵川篇）》。

1月15日，城厢区举行文化、科技、卫生“三下乡”活动（蔡丽红摄）

【阵地管理】 2019年，区委宣传部针对涉及经济、民生、环保、反腐、抢险救灾等热点话题发布专项主题评论和跟帖1400余条，有力抢占舆论引导先机和制高点。进一步加强网络舆情应急防范措施，制定《关于报送网信工作联络员和落实网络直播服务报备工作的通知》（莆城委宣〔2019〕21号）。将“基层减负年”各项工作落深落细，下发《关于开展微信工作群整治清理工作的通知》，要求各单位对本单位的微信工作群对照工作过度留痕进行整改和清理，进一步安全、规范使用。注重加强对区级政务新媒体平台信息的动态掌握，开展走访属地主要商业新媒体平台的调查摸底活动，推进网络舆情通报反馈制度化、规范化，提高网络舆情应对处置工作的系统性、整体性和协同性。同城厢公安分局网安大队、共青团城厢区委等部门联合在莆田学院开展题为“网络安全为人民，网络安全靠人民”的网络安全进校园活动，普及网络安全知识和防护技能，确保广大人民群众在网络空间享有更多的获得感、幸福感、安全感。

【文化产业】 2019年，区委宣传部积极推动骨干文化企业向上争取专项资金，福建腾晖工艺有限公司“春晖木雕艺术馆三维全息影像主题馆建设项目”入选2019年度省文化产业发展专项资金补助对象。积极打造“互联网+”文化产业发展模式，大力推进油画产业与互联网融合发展，整合油画企业集体入驻国内主流电商平台，开拓销售新渠道，推动油画产业转型升级。推注重打造量质并重的文化产业，依托腾晖工艺、复茂食品及国家AAA级景区御庄园温泉度假村等资源，规划建设文化创意产业园，将传统文化产业工艺美术和旅游业相结合，形成集创作、生产、展示、旅游观光为一体，成为城厢区文化产业重点创作生产及培训基地。注重将文化与旅游、创意融合发展，协调开通马院红色旅游线路，打造红色乡村生态旅游文化产业。申报东海镇坪洋村为省级旅游村、常太镇岭下村为2019年乡村旅游扶贫重点村，做强传统优势产业。完成华亭龙山宫文物修缮工程、灵川青龙书社维修工程，完善非遗传习所，促进非遗生产性保护项目与产业的融合，增强传承活力。进一步凸显油画品牌和人才优势，打造中国莆田艺术小镇；持续发挥鞋城优势，依托华林园区产业基础，将文化因素注入产业发展，积极打造城厢区华林鞋艺小镇。组织文化企业和项目参加厦门旅博会、“6•18”深圳文博会，推荐福建腾晖工艺有限公司木雕作品参加2019年福建文化精品金砖国家（巴西）展览会，进一步展示城厢文化底蕴，提升城厢区对外影响力。

（蔡丽红）

统一战线

【概况】 2019年，中共莆田市城厢区委统战部（以下简称“区委统战部”）认真学习贯彻习近平新时代中国特色社会主义思想和中共十九大精神，牢牢把握大团结大联合主题，有效落实中央、省、市、区委关于统一战线重大决策部署，在推进政治协商、引导参政议政、参与精准扶贫、促进社会和谐、服务改善民生、拓展对外联谊等工作努力拼搏、不断创新，为促进全区经济社会发展发挥了积极独特作用。

【统战工作会议】 3月12日，召开城厢区统战、民族宗教工作会议，区委常委、统战部部长陈洪武总结通报2018年全区统战、民族宗教工作情况，部署2019年工作任务，区委书记王文才作强调讲话。

【宗教调研】 5月14日，区委书记王文才带队调研宗教工作，深入莆田梅峰寺、石室岩寺、成通寺等宗教活动场所实地察看，并与宗教界人士座谈了解，就宗教场所规划、团体建设、防汛安全等作出批示，区委常委、统战部长陈洪武，副区长李文杰陪同调研。7月16日，区人大组织《宗教事务条例》贯彻落实情况专题视察，区人大常委会副主任王乌妹带队，视察组一行深入莆田华亭龟山福清寺、莆田广化寺实地察看宗教场所规范管理情况。8月19日，区政协组织宗教工作专题调研，区政协副主席带队，调研组一行深入莆田梅峰光孝寺、莆田华亭龟山福清寺察看宗教活动场所“四进”工作推进情况。

【党外人士通报会】 1月18日，区委区政府召开党外人士通报会，区委书记王文才向党外人士通报2018年经济社会和党风廉政建设情况，并就有关工作情况征求党外人士意见。

【友好党派交流】 5月8—11日，区民盟组织赴江苏邗江区开展友好党派交流活动，学习借鉴邗江区党总支在开展党盟共建、社会服务方面的先进经验。

【共建同心林活动】 5月22日，城厢统一战线共建同心林植树活动在常太镇南川村举行，共有民主党派、工商联、无党派、新阶层代表人士及统战口干部职工共100多人参加，区委常委、统战部长陈洪武出席活动。

【致公党员之家揭牌仪式】 7月5日，致公党城厢区支部党员之家揭牌仪式暨庆祝中华人民共和国成立70周年座谈会举行，参会人员畅所欲言，说变化，话发展，并通过合唱《我和我的祖国》等形式，庆祝中华人民共和国成立70周年。城厢区人大常委会副主任王乌妹出席。

【党派寻根之旅】 2019年，围绕庆祝中华人民共和国成立70周年，区民盟、民建、民进、致公分别组织党派骨干成员赴重庆、广东、浙江等党派发源地开展寻根之旅，追溯党派与中共合作共识的革命历史，进一步坚定与党同心同行。

【非公有制经济人士优秀建设者评选表彰】 2019年，区委统战部协助做好非公有制经济人士优秀建设者表彰推荐工作，福建海源实业有限公司董事长林秋云被评选为全省非公有制经济人士优秀建设者、福建复茂食品有限公司董事长郭继光作为小微企业代表获评“第五届全国非公有制经济人士优秀中国特色社会主义事业建设者”称号。

【城厢区道教协会换届大会】 5月28日，城厢区道教协会第四次会员大会在壶兰大酒店召开，来自全区道教界代表100多人出席会议，会议审议通过《城厢区道教协会第三届理事会工作报告》《城厢区道教协会章程》修改草案，民主选举第四届理事会领导班子，华亭城隍庙杨秀国当选新一届会长，区委常委、统战部部长陈洪武出席会议并作强调讲话。

【新阶联扶贫慰问】 5月28日，区新阶联组织开展社会服务活动，践行“凝聚新力量·筑梦新时代”主题，深入灵川云庄村开展精准扶贫走访慰问活动，为17户贫困群众捐资1.02万元。

【新阶联实践创新考察活动】 10月中旬，区新阶联领导班子赴厦门市开展实践创新学习考察活动，考察组一行深入湖里区青瓦创业基地、思明区云顶创谷基地进行学习参观，就新阶联组织建设、实践创新基地打造、代表人士培养、新媒体及党建工作等问题进行交流讨论。

【“妈祖缘·同胞情”海峡两岸书画精品大联展】 9月27日，“妈祖缘·同胞情”海峡两岸书画精品大联展暨海峡两岸妈祖书画现场交流笔会在莆田市博物馆举办，来自海峡两岸40多名书画名家同台献艺，凸显“中华妈祖情、两岸一家亲”的主题，书画大联展。截至10月7日，共展出100多幅书画精品，参观群众达3万多人，进一步弘扬了妈祖文化，促进两岸文化艺术互动交流。

（陈继扬）

台港澳工作

【概况】 2019年，中共莆田市城厢区委台港澳工作办公室（以下简称“区委台港澳办”）认真贯彻落实习近平总书记在《告台湾同胞书》发表40周年纪念会上重要讲话和参加十三届全国人大二次会议福建代表团审议时的重要讲话精神，立足城厢实际，制定实施意见，并就经贸合作、文化交流等方面提出具体的贯彻措施，在引进台商台企、服务台胞台企、对台经贸文化交流等方面都取得明显的成效。

【机构改革】 2月，因机构改革，中共城厢区委台湾事务办公室的职责划入区委办，区委台办并入区委办，原区委台办下属事业单位区两岸经济文化交流中心隶属关系调整为区委办管理，编制人员成建制划入。区委办公室对外加挂区委台港澳工作办公室（区政府台港澳事务办公室）。

【莆台经济交流合作】 2019年，区委台港澳办新引进的台资企业福建省京浦牛樟芝生物科技有限公司牛樟芝产业园项目，于6月10日在湄洲岛举行的第十一届海峡论坛·妈祖文化活动周“莆田市招商引资项目签约仪式”上签约，投资4000万元。区内首个上千亩的台资农业企业在东海镇落户，完成征（租）地68.33公顷，种植台湾名贵中药材牛樟芝8万株，积极打造国内最大的牛樟芝种植基地和原材料供应基地。是年，台壹购平台等一批新兴台资项目与城厢区跨境电商中心签约合作成为城厢区莆台经贸合作的新亮点。

【服务台商台胞】 2019 年，城厢区为推动国台办 31 条、省 66 条、市 35 条等惠台政策，结合城厢实际制定实施意见。印发惠台政策宣传手册，开展送优惠政策进台企活动；及时为台胞台企申报台湾青年来闽实习实训、台湾特色商品店等补助项目，落实落细各项惠台政策。

【莆台乡镇村里对接交流】 10 月 19-25 日，由城厢区人民政府副区长杨碧静率团赴台考察交流，拜会台中六合夜市协会、大甲镇澜宫、台中青创协会、沙鹿区村里长联谊会等社会团体及基层单位，推进闽台乡镇村里对接交流，深入推介城厢的投资环境与投资项目。

【莆台文化交流合作】 2019 年，城厢区进一步加大对台交流的工作力度，充分发挥灵川东汾五帝祖庙的祖地文化资源的载体作用，围绕“中华五帝情·两岸一家亲”这个主题深入开展两岸中华五帝文化交流。端午节期间，邀请苗栗、新竹等 100 多位五帝信众前往灵川东汾五帝祖庙谒祖进香，参加五帝民俗文化交流，观看省级非物质文化遗产“闽台送王船”活动，进一步推动两岸五帝信众的常态化交流；认真做好参加第十一届海峡论坛妈祖文化活动周城厢嘉宾的陪同接待工作。11 月 18—23 日，灵川五帝庙组织五帝信众 38 人赴台湾基隆五帝庙等地进行五帝文化交流，增进友谊，促进两岸五帝信众的互动联谊。

（吴碧清 林平凡）

机构编制

【概况】 2019 年，中共莆田市城厢区委机构编制委员会办公室（以下简称“区委编办”），是区委机构编制委员会的常设办事机构，在区委编委领导下，承担区委编委日常工作，作为区委工作机关，归口区委组织部管理。党政机构改革后，编委会领导体制机制进行调整优化，编办归口区委组织部管理，出台《中共莆田市城厢区委机构编制委员会工作细则》和《中共莆田市城厢区委机构编制委员会办公室工作细则》。城厢区党政工作部门机构改革后，共设置党政机构 33 个，党委机构 10 个，其中纪检机关 1 个，工作机关 9 个，政府工作部门 23 个。重新核定 33 个党政部门“三定”规定。重新规范全区科级事业单位领导职数，制定区级事业单位领导职数的核定标准、原则和设置方案。按照“一支队伍管执法”的要求，区农业执法大队机构人员已转隶市农业农村局。全年承办并办结市政协提案 2 件、区人大代表建议 1 件、区政协提案 1 件，办理结果满意率 100%。配合区公务员局、教育局等单位，做好春季事业单位人员公开招聘和教育系统招考幼儿教师等工作。

【党政机构改革】 2019 年，区委编办重新核定区级党政部门行政编制，党政工作部门领导职数按照 2—3 名设置，并保证有 1 名以上的科员编制，区委政法委、区司法局各设政治处主任 1 名，其中按照一正三副核定领导职数共 9 个部门，按照一正一副核定领导职数的部门 9 个，其余部门按照一正二副核定。落实区巡查组行政编制 6 名。核销区水务局、区住建局、区交通局总工程师副科级事业领导职数，核定区市场监管局、区自然资源局、区水利局、区住建局、区交通局 5 家区直单位总工程师领导职数（副科长级）。按照有关规定批复设立城厢区供销合作社联合社理事会、监事会，与区供销合作社联合社实行“一个机构、一套人员”运作模式。

【重点领域机构编制】 2019 年，区委编办统筹调剂华林经济开发区、区城建项目前期办公室、供销社 23 名空余编制，保障亟需事业单位用编。调整区卫生系统编制，减少华亭卫生院编制30名、灵川卫生院编制5名，增加城厢区医院编制30名，增加常太卫生院编制5名。收回华林经济开发区管委会、前期办、供销社事业编制23名，用于保障重点领域、关键环节编制使用。加强巡察机构和队伍建设，统筹调剂全区行政编制，增加区委巡察办行政编制6名，增加区委巡察信息中心事业编制3名。设立退役军人服务中心编制2名、新社会阶层工作室编制2名、图书馆编制5名、节能监测中心编制1名；增加侨联编制1名、油画城管委会（与广化寺佛教名胜区管委会合署办公）编制6名。整合区报道组、区文化改革发展办公室、区《今日城厢》编辑部，组建“莆田市城厢区融媒体中心”。设立“莆田市中电科创城管理委员会”“莆田市城厢区板头中学”“城厢区园林绿化中心”“城厢区城镇燃气中心”，撤销“城厢区交通工程有限公司”。

【事业单位登记管理】 2019年，区委编办全面完成事业单位年度报告公示工作，实现事业单位登记服务“最多跑一趟”。开展事业单位法人公示信息双随机抽查工作，与莆田市、荔城区事业单位登记管理局实行“同城”联合检查，按5%的比例随机抽查11家单位，通过实地核查事业单位法人登记相关内容，督促事业单位坚持公益导向，依法履行职责。开展事业单位法人异常名录库工作，对出现异常情形的事业单位法人列入异常名录库管理，强化对事业单位法人事中、事后监管。组织实施2019年度事业单位法人年检工作，全区符合“条例”规定登记的事业单位285个，271个法人单位进行年检，其中通过网上审批办理设立事业单位法人登记9个，变更登记91个，重新申领证书3家，注销4家，年检率95%，合格率100%。

【机关党建】 2019年，区委编办共派出3名科级干部服务项目一线从事征迁工作，1名科级干部表现突出被市委、市政府授予“莆田市十佳担当作为好干部”荣誉称号。安排1名干部到区纪委跟班锻炼，2名干部参加纪委巡查工作，1名科级干部参与“不忘初心、牢记使命”主题教育指导组工作。

（陈俊洪）

信访工作

【概况】 2019年，莆田市城厢区人民政府信访局（以下简称“区信访局”）在区委、区政府的高度重视和有关部门的大力支持下，坚持以学习贯彻习近平总书记关于加强和改进人民信访工作的重要思想和习近平总书记关于信访工作的重要批示指示精神为引领，强化底线思维，深化信访制度改革，化解信访突出矛盾，扎实推进阳光信访、责任信访、法治信访建设，有力维护群众合法权益和社会安定稳定。是年，全区信访工作呈现“三升二降三不发生”的平稳态势。

【重要节点信访保障】 2019年，在全国“两会”、第二届“一带一路”国际合作高峰论坛、中华人民共和国成立70周年庆祝活动、亚洲文明对话大会和中共十九届四中全会期间，全区无涉访人员进京到非接待场所上访和进京集体访；省“两会”、市“两会”、第十一届海峡论坛·妈祖文化活动周等重大活动顺利举办，实现“三个不发生”的工作目标，得到市信访联席办专门发感谢信2次表示肯定。得益于公安机关、镇（街道）、信访联席办紧密配合、横向协调、纵向联动，无缝对接，在各个重要切点，公安机关及时提供预警情报信息，出现问题，立即研究解决办法，及时发出指令，信访联席办即刻对接，各镇（街）立即启动应急预案，为实现信访保障工作目标提供坚强保障。

【依法惩处违法信访】 2019年，政法机关主动扛起责任、各镇(街)紧密配合，及时固定证据，依法处理违法信访行为6人次，其中2人次转为刑事拘留，树立“违法信访必严惩”的导向，取得明显效果，信访秩序进一步好转。是年，城厢群众进京到非接待场所上访 2 批 6 人次，同比批次和人次同比下降 66.7% 和 25%。

【信访机制体制创新】 2019 年，区信访局开展“多元调解 + 信访”机制，不断规范信访事项多元调解工作，推广灵川镇信访事项多元调解做法，搭建“多心合一”矛盾纠纷调解平台，打造“零出村枫桥经验”样本，同时推进镇（街）、村（居）信访评理室建设，进一步推动多元调解 + 信访工作深入开展。全区建立 7 镇（街）评理室、120 个村（居）信访评理室，成功调解劳资、邻里纠纷等 118 起信访事项，推动信访化解工作。

【信访矛盾化解】 2019 年，区信访局开展以“重点领域、重点群体、重点问题、重点人员”的信访矛盾攻坚战，共梳理排查 20 件，化解 20 件。在“不忘初心、牢记使命”主题教育活动中开展“找差距、抓落实、重化解、见实效”的市、区、镇（街）三级党政领导和市信访局领导联系包案 25 件重点信访事项，通过采取领导下访约访、教育疏导和困难帮扶等措施，全部化解到位。开展以“聚力化解合理诉求、聚焦处理违法行为”活动，共排查 36 件合理诉求的信访事项，化解 36 件。

（陈蜜云）

区直机关党的工作

【概况】 2019 年，中共莆田市城厢区委区直机关工作委员会（以下简称区直机关党工委）在区委的正确领导下，在市直机关党工委的指导下，城厢区直机关党建工作坚持以习近平新时代中国特色社会主义思想为指导，深入学习贯彻习近平总书记在中央和国家机关党的建设工作会议上的重要讲话和省委、市委机关党的建设工作会议精神，以“不忘初心、牢记使命”主题教育为主线，纵深推进机关全面从严治党，把区直各级机关建设成让党放心、让人们满意的模范机关。

【开展“大学习”活动】 2019 年，区直机关党工委始终把政治建设融入集中学习、民主生活会、组织生活会、党日活动等各项工作中，坚持在“大学习”方面走前头、做表率。以“三会一课”为主阵地，开展原原本本学习，以“三会一课”为主要载体，结合主题党日活动，认真组织各党支部学习《习近平谈治国理政》和《习近平新时代中国特色社会主义思想三十讲》，并与学习习近平总书记治理木兰溪的重要理念紧密结合起来，在城厢区直机关兴起习近平新时代中国特色社会主义思想“大学习”热潮。

【开展主题教育】 2019 年，区直机关党工委认真谋划、精心组织，高标准高质量开展“不忘初心、牢记使命”主题教育。将习近平总书记治理木兰溪的重要理念、“东圳精神”纳入主题教育内容，践行为民宗旨、发扬优良传统、砥砺党性心性。利用好马院村闽中游击区革命纪念馆等 20 个主题党日活动基地，作为主题教育的重要实践课堂。建立“月督导季互评年总结”的常态化督导机制，促进学习教育高质高效。以中华人民共和国成立 70 周年为契机，结合主题教育，组织开展党内集中表彰和先进典型选树宣传活动。把政治建设融入机关党建各项工作之中，引导党员干部把树牢“四个意识”、坚定“四个自信”、坚决做到“两个维护”融入灵魂和血液，对党绝对忠诚，不折不扣贯彻落实中央决策部署和习近平总书记的重要指示批示精神。

【党内政治生活】 2019 年，区直机关党工委严格执行新形势下党内政治生活若干准则，落实“三会一课”、民主评议党员、领导干部双重组织生活等基本制度，拓展提升每月 15 日相对固定的“三会一课 + 主题党日”模式，坚持和完善新党员入党宣誓、重温入党誓词、过集体“政治生日”等政治仪式，充分发挥党内政治生活的熔炉作用。弘扬忠诚老实、公道正派、实事求是、清正廉洁等共产党人价值观。认真学习发扬中国共产党勇于自我革命的优良传统，把斗争精神、斗争本领纳入党员教育培训的内容，教育引导党员干部保持共产党人的风骨、气节、操守和胆魄。认真组织学习宣传贯彻《中国共产党支部工作条例（试行）》，抓好专题研讨、集中培训和指导督促，推动各项要求落到实处、见到实效。组织开展支部达标创星活动，完善机关党支部考核指标体系，开展评星定级，扩大先进支部增量、提升中间支部水平、整顿后进支部。

【队伍建设】 2019 年，区直机关党工委把党性强、素质优、有潜力、群众认可的单位领导班子成员或部门中层正职以上的党员干部作为基层党支部班子人选，切实促进“一岗双责”有效落实。举办 1—2 期党组织书记和党务骨干培训班，提升新时代党务干部的业务能力和综合素质。

着力发挥典型引领示范作用，探索创新“互联网 + 党建”模式，开展“网上主题党日”“网上课堂”等线上活动，讲好党建故事，抓好舆论引导，有效掌握主动权，厚植网络空间群众基础。不定期到机关各级党组织调研指导，挖掘亮点、查找不足、补齐短板，夯实党建工作基础。确定 12 个机关党建工作示范点，培育打造一批可看、可学、可推广的先进典型。适时召开党建工作现场观摩会，推进基层党组织标准化规范化建设。强化基层党建基础保障，健全完善述职评议党建机制，逐级建立党建工作“责任清单、问题清单、任务清单、整改清单等“四个清单”通报制度，通过互比互看、拉练观摩、现场评议、定期通报等形式，确保党建工作责任落实。

【机关纪律建设】 2019 年，区直机关党工委严明党的政治纪律和组织纪律，抓好廉政警示教育，带动廉洁纪律、群众纪律、工作纪律、生活纪律严起来，营造机关良好的政治生态。通过各具特色的廉政文化阵地传播党规党纪、廉政故事、名人警句、家风家训等，引导机关党员干部在耳濡目染、潜移默化中接受廉政熏陶。

【巡察问题整改】 2019 年，区直机关党工委对照省委、市委、区委巡视巡察中发现的党建共性问题，主动认领、逐一分析，举一反三，切实抓好问题的整改落实，推动管党治党不断从“宽松软”走向“严实硬”。

【弘扬社会主义核心价值观】 2019 年，区直机关党工委深入实施公民道德建设工程，选树和宣传道德模范、身边好人典型；推进学雷锋志愿服务常态化，广泛开展移风易俗、弘扬时代新风行动；结合机关实际，扎实推进诚信建设，提高诚信水平。

【营造文明和谐机关氛围】 2019 年，区直机关党工委以中华人民共和国成立 70 周年为契机，举办以“礼赞新中国、奋进新城厢”为主题的系列庆祝活动，组织观看红色电影、戏剧，广泛开展各种主题宣传报道，丰富机关文化生活，弘扬正能量，营造团结紧张、严肃活泼的机关氛围。

【深化“党建带群建、群建壮党建”】 2019 年，区直机关党工委将工、青、妇工作纳入机关党建、文明创建工作体系，在建机制、强功能、增实效上下功夫，通过学习联抓、活动联办、业务联促，使机关广大职工、青年、妇女在理想信念、价值理念、道德观念上紧紧团结在一起，凝聚在党的周围。

（吴国晖）

史志研究

【概况】 2019 年，在区委的正确领导和上级业务部门的指导帮助下，中共莆田市城厢区委党史和地方志研究室（以下简称“区委史志室”）以习近平新时代中国特色社会主义思想为指导，深入学习贯彻中央、省和市（区）会议精神，切实加强党风廉政建设、精神文明建设，深入贯彻落实中央“八项规定”，围绕中心、服务大局，以史鉴今，不断做好新形势下的党史和地方志工作，完成全年既定目标任务。按照区委、区政府的统一部署安排，积极开展和完成深入挂钩村、精准扶贫、文明城市创建、综治、档案、人事、保密等各项工作任务。及时给区发改局、区交通局、区旅游局等部门提供辖区地情方面资料，主动服务经济建设大局。

【机构改革】 2019 年 9 月 26 日，根据《中共莆田市委办公室、莆田市人民政府办公室关于印发〈城厢区机构改革方案〉的通知》（莆委办发〔2018〕23 号）和《中共莆田市城厢区委办公室、莆田市城厢区人民政府办公室关于印发〈莆田市城厢区区级机构改革实施方案〉的通知》（莆城委办发〔2018〕11 号）文件精神，将中共城厢区委党史研究室和城厢区地方志编纂委员会整合，设置中共城厢区委党史和地方志研究室，为区委直属事业单位，相当正科级，负责党史、文献和地方志工作，设置综合股、党史工作股、志鉴工作股、宣传教育股等 4 个内设机构。

【征编党史人物】 2019 年，区委史志室进一步推进《中共城厢区党史人物》资料征编工作。年内收集 1984 年 6 月建区以来至 2016 年 12 月在城厢区担任过副科级（实职）以上的领导干部 800 多位，近 24 万字的原稿，对各供稿单位提供的人物五要素、工作简历及任职期间获得的省部级以上表彰、正式出版的书籍等原稿资料进行修改、补充、完善，完成初稿编辑。

【推进党史教育基地利用】 2019 年，为推进城厢区党史资政育人、推进革命遗址保护和推动红色旅游发展，区委史志室给予省级党史教育基地龙桥街道中共闽中特委机关延寿联络站旧址 1 万元补助，给予市级党史教育基地常太镇闽中游击队洋边革命展览馆 1 万元补助，给予区级党史教育基地常太镇侯山村烈士纪念堂和闽中游击区革命纪念馆各五千元补助，用于党史教育基地的日常维护。同时，通过参观、现场讲解遗址文物，缅怀革命先烈，让红色记忆深入身心。通过红色教育对遗址遗迹加以利用，提高党员干部的党性教育。年内全区党史教育基地宣传教育受众面近 5000 人次，为党史资政育人提供重要阵地，为建设美丽莆田先行区提供思想教育阵地。党史遗址遗迹是无数共产党人用智勇、鲜血甚至生命留给后世的宝贵精神遗产，由此建立的党史教育基地是党取之不竭的物质、精神和政治资源。

【收集党史资料】 2019 年，区委史志室通过向区委办、区委组织部等部门收集区委全委会九届十次，十一次全会等相关文件资料，树立“即时存史”的理念，夯实党史研究的资料基础，汇编成册。

【编纂年鉴】 2019 年，区委史志室继续推进地方综合年鉴编纂工作，年初印发《关于做好城厢年鉴 2019 年编写工作的通知》，分发《城厢年鉴（2019）》编写纲目。按照年鉴篇目、内容的要求，将年鉴的资料分解到各承编单位，年鉴编纂人员责任到人。为确保年鉴按时保质完成编辑，通过电子邮箱、电话、面谈等多种方式，加强与各单位撰稿人联系，指导督促各单位年鉴资料撰写情况，确保年鉴资料的齐全。7 月，基本收集好各单位年鉴初稿；8—10 月完成《城厢年鉴（2019）》总纂工作；11 月，联系出版社、印刷厂，进行版面设计，精心校对稿件，交付印刷厂出版印刷。《城厢年鉴（2019）》一书主要记载 2018 年度城厢区政治、经济、文化、社会、生态环境等方面基本情况，突出反映各行各业、各条战线的新发展、新成就、新经验。年鉴内容分为三大版块，卷首设图片、特载、专记、大事记、区情概况；内文（主体部分）以概况、职能、工作条目、综合记事条目及年度动态条目等各类条目为主要信息和基本撰稿内容；卷末设先进单位、先进个人和领导名录以及收录个别重要文献资料。全书共61万字，由方志出版社出版。

档　案

【概况】　2019年，莆田市城厢区档案局与莆田市城厢区档案馆［以下简称“区档案局（馆）”］坚持以“一亮点、三重点”为主线开展档案工作，主要是推进新一期“乡村记忆”档案项目建设、筹办爱国主义教育基地建设、推进机构改革档案处置、《红色记忆·渡里篇》刊印交流及组织开展《渡里村志》编纂等。进一步推动档案督导执法、服务新农村、信息化建设、安全保管、宣传教育等工作的开展。

【档案督导】　2019年，区档案局（馆）推动机构改革档案处置。以区委办、区府办名义印发《城厢区档案局关于做好区级机构改革中档案工作的意见》，明确全区42个涉改部门和单位的档案归属和流向，并组织人员进行全程指导、推动，确保机构改革后档案的齐全、完整与安全；组织完成原区环保局、区海渔办等涉改部门档案的接收工作；推动民生领域档案规范建档，重点抓好不动产登记、婚姻、林权、新农合、医保、社保等各类专门案规范建档；推进工程项目档案规范整理，组织指导常太镇100多个项目工程、区交通局80多个交通工程及区水利局养殖场拆除、钟漂溪综合治理、村村通水利等工程档案的规范整理工作，积极推进新南景、木兰大道项目征迁工程后续材料的收集、整理等；抓好主题教育档案规范整理，与区“不忘初心、牢记使命”主题教育办联合发文规范城厢区“不忘初心、牢记使命”文件材料收集归档，并指导各单位做好收集、归档工作；推进学校档案规范整理，组织指导逸夫小学、东海中心小学、沟头幼儿园等学校规范整理档案2000多卷，指导灵川西厝中学、灵川东进小学校安工程档案规范化整理，积极引导全区10多个学校建立符合“八防”要求的档案室；组织开展太平小学改扩建、综合楼工程及东沙中学综合楼工程校安档案的验收工作；指导镇街开展全区120个村（社区）档案规范建档工作，建档数量较2018年上升约18%。

【依法治档】　2019年，档案局（馆）连续14年开展全区档案行政执法检查工作，对列入全区政府绩效考评的65个单位组织开展年度建档情况检查，重点瞄准年度建档、涉及机构改革部门和单位档案交接、“村档镇管”情况，鼓励有条件单位开展档案全文数字化；结合最新省市权责清单，全面梳理区档案局权责清单，实现权责一致，由原有26项权责事项梳理为15项，其中：行政处罚1项、行政监督检查2项、其他行政权力1项、公共服务4项和其他权责事项7项。

【“村档镇管”】　2019年，档案局（馆）持续推动“村档镇管”工作开展，督促、指导各镇街统一收集、规范整理全区110多个村（社区）档案，并免费寄存所属镇街综合档案室，全区规范建档的村（社区）约有95%以上。2018年度村级文书、换届选举专门档案等实现“村档镇管”。

【乡村记忆档案】　2019年，档案局（馆）积极落实市委办、市政府办把“乡村记忆”档案作为争创品牌战略任务，按照市档案局的部署有序推进新一期渡里村“乡村记忆”档案项目建设。年内召开4场座谈会，1场动员部署会，1场推进会推动渡里村“乡村记忆”档案项目建设；积极组织渡里村部分群众到东青村、榜头镇参观，安排民俗专家讲解乡村记忆档案重要性等调动村民参与项目建设的积极性；组织项目组相关人员到市、区档案馆及常太镇政府等部门查阅相关档案资料，访谈渡里村村民等方式初步勾勒渡里村历史发展脉络；多次深入渡里村民众家中征集档案资料，并组织抢救性整理，共完成20世纪50年代至2002年度文书、专门档案126卷及

20 世纪 90 年代会计档案 151 卷档案的规范化整理，对渡里村群众提供的康熙、乾隆年间民间的分家析产的房契、地契等 65 件资料进行数字化加工并计划开展抢救性复制。

【红色记忆展示馆】 2019 年，档案局（馆）积极筹办以传承渡里村红色基因为主题的爱国主义教育基地——红色记忆展示馆建设，组织完成时长 18 分钟的《红色记忆·渡里》视频宣传片拍摄及城厢区革命烈士相关档案资料的复制、考证、革命遗址拍摄、烈属后代访谈等部分前期工作；积极争取区委宣传部、区财政局等部门的支持，区委常委、区宣传部部长吴建銮等曾多次到渡里村调研重走红军路、红色记忆展示馆建设，区财政初步提供 7 万元配套资金，为展示馆建设提供保障。

【信息化建设】 2019 年，档案局（馆）组织对 21.6 万页数字化档案副本进行验收，接收档案电子目录 2.5 万多条，接收数字化副本 10.6 万页；新增采购数字化加工电脑 9 台，并安装安全管控系统；指导部分单位开展档案全文数字化工作，积极推进纸质档案与数字化副本同步移交；开展馆藏档案数据异地异质备份，推进全区各单位年度建档目录数据馆内备份工作，确保档案数据安全保管。

9 月 4 日，《中国档案报》记者、省档案局领导到城厢区采访座谈档案典型工作　（梁亦娴　摄）

【档案安全】 2019 年，档案局（馆）开展档案资料征集抢救，深入区委宣传部、区报道组等征集相关部门专题视频资料，征集到 2016 年、2017 年城厢最美人物、短视频大赛、《你好城厢》、《留青竹刻》、《不忘初心　牢记使命》等城厢区域内相关专题视频 80 余部；上门完成常太镇、灵川镇、华亭镇 150 多件烈士登记档案数字化加工工作；组织开展档案库房门、窗、密集架等的全面清洁及空调、除湿机、烟雾报警器、灭火器、防光窗帘的检修更换工作，严格控制库房温湿度；规范档案进馆前处理制度，对进馆档案案卷利用不同形式进行消毒，对案卷状况较好的采用基础消毒，对 1200 多卷有虫霉趋向的档案利用低温冷冻进行分批消毒，确保进馆档案 100% 消毒到位。

【宣传教育】 9 月 4 日，《中国档案》杂志编辑一室副主任黄佳音等一行人采访城厢区率先推行“村档镇管”得到全国推广、率先推行校安工程档案验收、高质量完成东青村“乡村记忆档案”示范项目建设等方面的典型做法和成效，并在《中国档案》杂志中刊登；联合区档案学会举办档案法律法规及业务知识竞赛，全区有 40 名档案员参加竞赛，并评出一、二、三等奖共 6 名；组织开展档案法制宣传。通过树立气拱门、LED 显示屏推送宣传标语、分发宣传册、群发短信等方式开展“6•9”国际档案日档案系列宣传活动。积极组织开展文化、科技、卫生“三下乡”及社科普及周等档案法律法规及“乡村记忆”档案收集范围知识宣传。

【接收利用】 2019 年，档案局（馆）接收 22 个全宗共计 3000

6月9日，区档案局举办6•9国际档案日知识竞赛活动

（陈剑林 摄）

多卷档案，接待查档2600多人次、2800多卷次，提供复制档案7400多页，提供利用资料5人次，为征迁安置、土地承包、失地补贴、婚姻关系、破产企业职工办理退休、村支部书记补贴等提供翔实可靠的原始凭证；接收34个单位800多件信息公开文件，开展公开信息文件的收集、整理、上传及利用工作。

【产权过户】 2019年，档案局（馆）按照《莆田市财政局关于同意“两馆一宫”旧址资产划拨的批复》（莆财资〔2016〕71号）等文件精神，完成市档案馆旧址房产、土地产权证过户工作。

【编纂成果】 2019年，档案局（馆）完成《红色记忆•渡里外坑篇》编纂并刊印交流，主要由口述实录、革命事迹、史料汇集等5个部分组成，约10万字。其中12篇烈属口述实录在《今日城厢》微信平台连载报道；有序推进《渡里村志》编纂。召开《渡里村志》编纂动员部署及渡里村村委、村民代表等召开座谈会，商讨村志编纂涉及的人员组成、经费保障及村志内容架构、档案资料查证、图片拍摄等相关细节的讨论工作，年内完成《渡里村志》部分章节初稿撰写工作。

（林雪娇）

党校工作

【概况】 2019年，中共城厢区委党校（以下简称“区委党校”）在区委、区政府的领导下，以习近平新时代中国特色社会主义思想为指导，认真贯彻落实《中国共产党党校（行政学院）工作条例》，坚持围绕大局，聚焦主责主业，努力发挥理论宣传主阵地、干部培训主渠道、党性锻炼大熔炉作用，为全区干部教育培训做出贡献。

【干部教育培训】 2019年，区委党校围绕学习宣传贯彻习近平新时代中国特色社会主义思想，确保全区党员干部学懂弄通做实，抓好干部教育培训工作。全年举办和联办各类培训班9期，其中“城厢区第23期中青年干部培训班”1期44人，城厢区党政干部综合能力提升专题研修班（北京大学）1期50人，城厢区党政干部综合能力提升专题研修班（清华大学）1期55人，“城厢区村（居）民委员会主任培训班”1期120人，“城厢区村（居）务监督委员会主任培训班”1期120人，“村（社区）党组织书记‘不忘初心、牢记使命’主题教育专题培训班”1期120人，“城厢区‘两新’组织党组织书记‘不忘初心、牢记使命’主题教育专题培训班”1期50人，“城厢区区直机关党组织书记培训班”1期110人，“城厢区‘不忘初心、牢记使命’主题教育党务骨干培训班”1期50人。同时，扎实推进干部网络培训工作，组织全区各级干部1933人参加“福建干部网络学院”在线学习，进一步提高全区各级干部的综合素质和能力。

【理论宣讲活动】 2019年，区委党校组织骨干教师自主下乡宣讲，深入区直各系统党委、镇街、工业园区、村（社区）、“两新”组织等单位开展“习近平新时代中国特色社会主义思想”“党的十九届四中全会精神”“党章党规”“不忘初心、牢记使命”主题教育专题讲座 15 场 1300 余人次，推动党的理论创新成果走进党员、走进群众，凝聚党心民心，扩大社会共识。

【精准扶贫】 2019 年，为加强我区扶贫干部教育培训工作，区委党校与区委组织部、区扶贫办密切合作，利用党员 e 家、福建干部网络学院办学平台，组织全区干部参加 2019 年“打赢脱贫攻坚战”网络专题培训，取得良好成效。同时，定期组织干部教师深入华亭镇走马亭村开展精准扶贫工作，引导挂钩贫困户脱贫致富。区委党校挂钩帮扶的 5 户贫困户中，均已享受小额无息贷款、发展特色农业补助、低保金、养老金等扶持政策，同时还发动全校教职工捐赠慰问金、慰问品，让这些贫困户充分感受到党和政府的关怀和温暖。

（吴淑香 林志勇）

莆田市城厢区人民代表大会

区人大主要会议

【城厢区第九届人民代表大会第四次会议】 12月25—27日上午，召开区九届人大四次会议，大会应出席代表182名，出席会议的代表有176名。出席区政协八届四次会议的全体委员和区政府组成人员、市直属有关部门、区直有关部门和单位负责人列席大会。会议听取和审议城厢区人民政府区长吴文恩所作的政府工作报告、书面听取区发展和改革局局长陈志军作的关于区2019年国民经济和社会发展计划执行情况及2020年国民经济和社会发展计划草案的报告和区财政局局长许玉树作的关于区2019年预算执行情况及2020年预算草案的报告、听取区人大常委会主任王国太作的区人大常委会工作报告、区人民法院院长陈志权作的区人民法院工作报告、区人民检察院检察长林秀冰作的区人民检察院工作报告。经审议，大会决定批准上述报告。大会选举杨智伟、翁福铭为城厢区第九届人民代表大会常务委员会委员，表决通过莆田市城厢区第九届人民代表大会社会建设委员会组成人员人选名单及莆田市城厢区第九届人民代表大会监察和司法委员会组成人员人选名单。

【城厢区人大常委会会议】 城厢区九届人大常委会第十七次会议 2月21日上午举行，会期半天。会议听取和审议区人大常委会执法检查组关于城厢区贯彻实施《中华人民共和国水污染防治法》情况的执法检查报告，决定任命陈国忠为莆田市城厢区人民政府副区长。区人大常委会主任王国太、副主任黄光明、王乌妹、林少敏、林晋居及委员共24人出席会议。会议由林少敏副主任主持。

12月24—27日，区九届人大四次会议召开 （黄志聪 摄）

城厢区九届人大常委会第十八次会议 4月26日上午举行，会期半天。会议决定任命田爱珍为莆田市城厢区人民政府副区长。会议听取和审议区人民政府2018年度环境状况和环境保护目标完成情况的报告。会议听取和审议区人大常委会执法检查组关于城厢区贯彻实施《中华人民共和国土地管理法》和福建省实施《〈中华人民共和国土地管理法〉办法情况的执法检查报告》。会议听取和审议莆田市公安局关于商请许可对林启仁采取刑事强制措施的报告，作出关于许可对林启仁采取取保候审的决定。区人大常委会主任王国太、副主任黄光明、王乌妹、林少敏及委员共21人出席会议，会议由林少敏副主任主持。

城厢区九届人大常委会第十九次会议 6月28日上午举行，会期半天。会议听取和审议区人大常委会执法检查组关于城厢区贯彻实施《中华人民共和国教师法》及福建省实施《中华人民共和国教师法》情况的报告，听取和审议区人大常委会视察调查组关于城厢区乡村振兴战略实施情况的视察调查报告，听取和审议区人民政府关于提请审议批准2019年城厢区政府债务限额及调整新增债券资金支出预算的议案，作出关于批准2019年区政府债务限额及调整新增债券资金支出预算的决议，听取和审议城厢区人民法院提请关于增加人民陪审员名额的议案，作出关于增加城厢区人民法院人民陪审员名额的决定。会议决定任命李德奋为城厢区市场监督管理局局长、林宇家为城厢区自然资源局局长、陈志军为城厢区发展和改革局局长、曾锋为城厢区统计局局长、石志坤为城厢区民政局局长、肖建耀为城厢区农业农村局局长，任命方新福为城厢区人民法院审判委员会委员、民事审判庭（家事少年审判庭）庭长、陈玲亚为城厢区人民法院审判委员会委员、林吉辉为城厢区人民立案庭（诉讼服务中心）庭长、何冠荔为城厢区人民法院行政审判庭（综合审判庭）庭长；任命蔡丽媛、吴丽艳、赵靖、陈鸿、姚爱育、翁少清、何丽萍、黄立立、吴双海、戴丽洪、林秀美、陈美秀、林桂花、林紫杰、许燕燕、林晶、石忠良、林雪民、蔡洪明、李静静、梁素梅、林梦侠、黄芳、吴金毬、林喜凤、林素红、林建华、占碧霞、郑燕清、柯庆明、林正武、肖庆和、黄芳桦、蔡妹妹、肖庆和、黄芳桦、蔡妹妹、郑娟、郑梅娟、王秀芳、叶丽爱、陈洄、郭樱、郑燕霞、何小宇为城厢区人民法院人民陪审员。会议免去郑仁泉、李健、姚剑雄、林志鹏、叶旺的城厢区人民检察院检察员职务，免去方新福的城厢区人民法院民事审判第一庭庭长、宋国仁的城厢区人民法院民事审判第二庭庭长、陈玲亚的城厢区人民法院审判监督庭庭长、戴爱富的城厢区人民法院立案庭庭长、徐荟的城厢区人民法院少年刑事审判庭庭长、王少甫的城厢区人民法院行政审判庭庭长、林吉辉的城厢区人民法院民事审判第二庭副庭长、刘世民的城厢区人民法院刑事审判庭副庭长、林凤莺的城厢区人民法院审判员、陈爱军的城厢区人民法院审判员、方建文的城厢区人民法院审判员职务。区人大常委会主任王国太、副主任王乌妹、林少敏、林晋居及委员共23人出席会议，会议由林晋居副主任主持。

城厢区九届人大常委会第二十次会议 8月1日上午举行，会期半天。会议作出关于接受吴晋春、陈国荣辞去区九届人大代表职务请求的决定。区人大常委会主任王国太、副主任黄光明、林晋居及委员共20名出席，会议由林晋居副主任主持。

城厢区九届人大常委会第二十一次会议 8月30日上午举行，会期半天。会议听取和审议区政府关于城厢区2019年上半年国民经济和社会发展计划执行情况及重点项目建设情况的报告、区政府关于城厢区2019年上半年预算执行情况的报告、区政府关于2018年区本级财政决算的报告，2018年区本级预算执行和其他财政收支的审计工作报告。会议免去沈文忠的区监察委员会委员职务。区人大常委会主任王国太、副主任黄光明、王乌妹、林少敏、林晋居及委员共23

人出席会议。会议由林晋居副主任主持。

城厢区九届人大常委会第二十二次会议 10月25日上午举行，会期半天。会议听取和审议听取和审议区政府关于2019年区本级预算调整的议案、区人大常委会执法检查组关于贯彻实施《中华人民共和国人民陪审员法》情况的执法检查报告、区政府关于区九届人大三次会议代表建议办理情况的报告。审议通过莆田市城厢区人民代表大会常务委员会关于补选城厢区第九届人民代表大会代表选举日的决定、关于召开区九届人大四次会议的决定。会议任命杨智伟为城厢区人大常委会凤凰山街道人大工作委员会主任、郭凤祥为城厢区人大常委会办公室副主任，免去蔡茂金的城厢区人民检察院检查委员会委员、检察员职务。区人大常委会主任王国太、副主任王乌妹、林少敏、林晋居及委员共23人出席会议。会议由林晋居副主任主持。

城厢区九届人大常委会第二十三次会议 11月15日上午举行，会期半天。会议作出关于接受曾锋辞去区九届人大代表职务请求的决定。会议听取和审议莆田市公安局荔城分局关于申请对区九届人大代表蔡慧萍采取刑事强制措施的报告，作出关于许可对蔡惠萍采取刑事强制措施的决定。区人大常委会主任王国太、副主任黄光明、王乌妹、林少敏、林晋居及委员共23人出席会议。会议由王国太主任主持。

城厢区九届人大常委会第二十四次会议 12月19日上午，会期半天。会议听取和审议区政府关于城厢区国有资产管理综合情况的报告，开展关于区政府贯彻实施《中华人民共和国水污染防治法》情况的专题询问，初审区人大常委会工作报告，审议通过区九届人大四次会议有关事项：（1）主席团和秘书长名单（草案）；（2）主席团常务主席名单（草案）；（3）会议议程（草案）；（4）副秘书长名单（草案）；（5）大会执行主席分组名单（草案）；（6）邀请上主席台就座人员名单（草案）；（7）表决议案办法（草案）；（8）代表提议案截止时间（草案）；（9）初审大会选举办法（草案）；（10）列席人员名单（草案）；（11）主席团会议安排，审议通过莆田市城厢区人民代表大会常务委员会代表资格审查委员会关于补选代表的代表资格审查报告、莆田市城厢区人民代表大会常务委员会公告、关于表彰区九届人大三次会议代表建议办理工作先进单位的决定；书面听取和审议区政府关于2019年为民办实事落实情况的报告。作出关于接受陈仁川、释贤立辞去莆田市第七届人大代表职务请求的决定。免去姚国庆的城厢区人民检察院检察员职务。补选陈忠强为市七届人大代表。区人大常委会主任王国太、副主任黄光明、王乌妹、林少敏、林晋居及委员共21人出席会议。会议由黄光明副主任主持。

人大常委会主要工作

【概况】 2019年，区人大常委会深入贯彻习近平新时代中国特色社会主义思想、中共十九大和中共十九届四中全会精神，牢固树立“四个意识”，不断增强“四个自信”，坚决做到“两个维护”。在中共城厢区委的坚强领导下，全面落实中央、省委、市委和区委的重大决策部署，依法行使人大职权，主动服务工作大局，为推进高质量发展落实赶超、加快“木兰溪时代”美丽莆田先行区建设作出积极贡献。是年，共召开常委会会议8次、主任会议16次，听取和审议“一府两院”工作报告22项，开展执法检查4次、专题调研3次、跟踪调研1次、视察调查4次，专题询问1次，作出决定决议11项。共依法任免国家机关工作人员36人次，宪法宣誓11人次，完成区九届人大三次会议确定的各项任务。

【监督工作】 2019年，开展执法检查4次、专题调研3次、跟踪调研1次、视察调查4次，专题询问1次，听取和审议“一府两院”专项工作报告22项，作出决定、决议 11 项，形成审议意见 9 项，促进“一府两院”依法行政，公正司法。

12 月 27 日，城厢区召开九届人大三次会议　（许金珊　摄）

【开展《中华人民共和国水污染防治法》情况执法检查】 1 月 18 日，区人大常委会组织对城厢区贯彻实施《中华人民共和国水污染防治法》情况执法检查。针对水污染防治宣传力度还不够、水污染现象仍时有发生、水环境综合治理成效不高；执法力度不够导致监管缺位等问题，提出要强化宣传教育，营造社会氛围；突出整治重点、加强环境监管；严控污染源、完善基础建设；增强治理成效、强化综合治理；优化执法环境的意见建议，促进政府及其有关职能部门落实责任、改进工作。

【组织对木兰溪两岸规划建设情况专题调研】 2 月 28 日，区人大常委会组织对木兰溪两岸规划建设情况开展专题调研，针对调研发现的问题，提出意见建议。

【开展《中华人民共和国土地管理法》及《福建省实施办法》执法检查】 3 月 27 日，区人大常委会组织对城厢区贯彻实施《福建省促进革命老区发展条例》情况执法检查。针对违法违规现象还比较突出、资源利用还比较粗放、土地使用和管理矛盾突出、补充耕地难度加大等问题，提出进一步提高思想认识，加大宣传力度、严格保护耕地，盘活土地资源、健全联合机制，严查违法行为等意见建议，促进区政府及其职能部门相关工作。

【组织对区政府关于 2018 年度环境状况和环境保护目标完成情况进行视察调查】 3 月 28 日，区人大常委会组织对区政府关于 2018 年度环境状况和环境保护目标完成情况进行视察调查。指出区政府在环境保护工作上仍然存在思想认识不高，环境质量不容乐观，环保基础设施建设滞后，环境污染防治存在薄弱环节等问题。建议区政府要坚持绿色发展，加快产业结构转型；直面问题实处，加快补齐环保短板；坚持问题导向，加大问题整改力度；严格依法行政，提升环境执法水平；加大环保宣传力度，大力营造全社会保护环境氛围。

【开展《中华人民共和国教师法》及福建省实施办法执法检查】 5 月 29 日，对城厢区贯彻实施《中华人民共和国教师法》及福建省实施办法情况开展执法检查，指出城厢在贯彻实施教师法及省实施办法中还存在一些问题，提出区政府及其职能部门要以人为本，营造尊师重教氛围；多措并举，加大财政经费投入；改革创新，优化教师队伍结构；立德树人，加强师德师风建设等意见建议。

【组织对乡村振兴战略实施情况视察调查】 6 月 11 日，区人大常委会组织开展乡村振兴战略实施情况视察调查，指出城厢区在实施乡村振兴战略中存在一些不可忽视的困难和问题，建议区政府要加大宣传力度，提高乡村振兴思想认识；强化顶层设计，做好乡村振兴发展规划；巩固脱贫成果，助力乡村振兴出实效；优化产业结构，提高农村农业发展质量；突出环境治理，打造美丽宜居乡村。

【组织对城厢区检察公益诉讼工作情况视察调查】 6月13日，区人大常委会组织开展城厢区检察公益诉讼工作情况视察调查，针对视察调查中发现的问题，提出意见建议。

【组织对城厢区2019年上半年国民经济和社会发展计划、预算执行及重点项目建设情况进行视察调查】 7月24日，区人大常委会组织对城厢区2019年上半年国民经济和社会发展计划、预算执行及重点项目建设情况进行视察调查。针对调研中发现的问题，建议区政府要精准发力，强化责任落实；突出重点，加快项目落地；科学谋划，提升产业层次；多措并举，促进产业繁荣。

【开展《中华人民共和国人民陪审员法》执法检查】 9月6日，区人大常委会组织对城厢区贯彻实施《中华人民共和国人民陪审员法》情况执法检查，针对调研中发现的问题，提出强力推进普法宣传；深化人民陪审员推选工作；增强人民陪审员责任意识；提升人民陪审员参审实效；加强人民陪审员管理保障；健全完善相关配套机制意见建议。

【组织对城厢区贯彻实施《莆田市中小学校幼儿园规划建设条例》情况专题调研】 10月23日，区人大常委会组织对城厢区贯彻实施《莆田市中小学校幼儿园规划建设条例》（简称“条例”）情况专题调研，指出城厢区中小学校幼儿园建设过程中存在的一些问题，建议区政府要加强宣传，营造条例贯彻良好氛围；强化协作，凝聚条例贯彻强大合力；突出落实，促进“条例”贯彻提质增效；加大投入，不断提升我区教育质量。

【对城厢区贯彻实施《中华人民共和国水污染防治法》情况进行专题询问】 12月19日，在区九届人大常委会第二十四次会议上，常委会组成人员或区人大代表根据水污染防治法贯彻实施情况提出问题进行询问，被询问单位按照提问的内容进行回答，促进我区水污染防治工作开展。

【代表工作】 2019年，坚持常委会组成人员联系走访代表制度，充分听取代表的意见和建议，认真帮助解决代表履职过程中遇到的困难和问题。扩大代表对常委会工作的参与，在闭会期间邀请代表列席常委会会议、参加执法检查、视察调查和专题调研等活动，组织代表参与信访接待和调解衔接工作，协调解决社会矛盾纠纷，为构建和谐城厢履职尽责。充实代表队伍，自区九届人大三次会议闭幕以来，因工作变动（或调离本行政区域）而辞去（或终止）代表职务的有3名，根据工作需要于12月10日依法补选3名区人大代表，截至12月31日，莆田市城厢区第九届人民代表大会实有代表182名。

【代表建议办理】 2019年，区九届人大三次会议共收到代表建议39件，其中涉及公路建设方面4件、规划建设方面14件、社会管理方面4件、财经方面1件、交通管理方面4件、教育卫生方面8件、农业水利方面1件、环境保护方面1件、其他方面2件。在区政府及各承办单位的共同努力下，39件人大代表建议均答复代表，其中办结或基本办结20件，占总数的51.28%；正在办理11件，占总数的28.21%；向代表解释说明8件，占总数的20.51%。从总体上看，代表对建议办理工作比较满意。

【人事任免】 2019年，区人大常委会依法任免国家工作人员36人次，其中任免区级领导2人次，区人大常委会工作人员2人次，区政府组成单位工作人员10人次，法院、检察院工作人员22人次。

（杨耀葳 陈建国）

莆田市城厢区人民政府

区政府主要工作

【政府机构】 2019年，莆田市城厢区人民政府（以下简称“城厢区政府”）设置工作机构23个：办公室、发展和改革局、教育局、科学技术局、工业和信息化局、民政局、司法局、财政局、人力资源和社会保障局、自然资源局、住房和城乡建设局、交通运输局、水利局、农业农村局、商务局、文化体育和旅游局、卫生健康局、退役军人事务局、应急管理局、审计局、市场监督管理局、统计局、信访局。其中，办公室挂政府外事办公室、金融工作办公室牌子；发展和改革局挂粮食和物资储备局牌子；民政局挂革命老根据地建设办公室牌子；住房和城乡建设局与人民防空办公室实行一个机构，两块牌子；农业农村局挂扶贫开发领导小组办公室、区委实施乡村振兴战略领导小组办公室牌子；文化体育和旅游局挂新闻出版广电局牌子；退役军人事务局挂双拥共建工作领导小组办公室牌子；市场监督管理局挂知识产权局牌子。

【政府领导概况】 区长：吴文恩（区委副书记）；常务副区长：肖志雄（区委常委）；副区长：施清芳、李文杰、谢长征、杨碧静、郭国辉、莫彩华、陈国忠；党组成员：黄美光（区委常委）、张伟国、陈丽萍、蔡建志。

【概况】 2019年，城厢区政府牢固树立新发展理念，紧扣高质量发展落实赶超工作目标，凝心聚力、攻坚克难，各项工作取得积极进展，经济社会保持持续健康发展的良好局面，较好地完成区九届人大三次会议确定的目标任务。全区生产总值完成475.64亿元，增长7.5%。农林牧渔业总产值完成19.62亿元，比上年增长5.9%；规模以上工业产值完成375.04亿元，增长11.4%；增加值增长9.9%。建筑业总产值完成161.58亿元，比上年下降9.7%。固定资产投资增长8.8%。财政总收入完成34.96亿元，增长1.3%；其中地方级财政收入完成24.36亿元，增长5.1%。社会消费品零售总额完成290.15亿元，增长14.9%。实际利用外资完成12335万元。规模以上服务业其他营利性营业收入完成17.48亿元，比上年增长32.8%。全体居民人均可支配收入38220元，增长8.7%。

区府办日常工作

【概况】 2019年，城厢区人民政府办公室(以下简称“区府办”)在区委、区政府的正确领导下，区政府办公室紧紧围绕中心工作，充分发挥统合服务、参谋助手、统筹协调、督促检查和后勤保障等职能，创新机制，扎实工作，有力保证和促进各项工作高效运转。是年，荣获全省信息报送先进单位，城厢区海防工作县区年度考评第一，连续多年被区人大评为建议办理先进单位、被区政协评为提案办理先进单位，先后被评为市级一类平安单位、第十四届市级文明单位。

【文秘工作】 2019年，区府办大力整治“文山会海”，严把会议、文件审批关，做到上会内容规范化，会议议题重点化，会议服务细致周到，会议记录完整准确，会议纪要编发及时，办文办会数较上年均有缩减。严格落实中央八项规定和实施细则等相关精神，扎实做好办文办会和会议活动组织等工作，全年共组织各类会议共857场、领导重要调研活动达1000多次；核发莆城政文件176份，莆城政办52份，莆城政函223份，莆城政办网传55份，区政府专题会议纪要64份，常务会议纪要31份，莆城土23份，莆环保督59份，档案查询达100多份；收到并处理省、市、区文件约11934份。同时，做好第二届“一带一路”电子商务国际合作论坛、“莆田工匠杯”第四届中国电商讲师大赛全国总决赛等大型活动，中央、省扫黑除恶督导组、省委巡视组、各级调研考察等重要公务活动的接待、保障工作。做到办文办会办事零差错、高效率。

【综合文字工作】 2019年，区府办着眼发挥办公室以文立室、以文辅政的作用，坚持贴近城厢实际、贴近领导思路、贴近工作重点，认真开展调查研究、文稿起草、信息报送等工作，为区政府决策部署提供有力的参考。先后完成各类区政府重要会议领导讲话、省市发言材料、专题材料汇报等综合材料近500篇，区政府常务会议、区长办公会及区政府党组会议讲话材料40余期。

【电子政务服务】 2019年，区府办加强网络建设和管理，完成机关大院及赛博思大楼互联网网络进行光纤改造，改进上网方式新增政务网网点114个。完成原视频会议系统高清升级改造及政务视频会议公共平台建设及应急会商指挥系统升级方案设计，新增两个高清视频会场，顺利保障全国、省、市及区级视频会议111场次。升级完善政府网站系统，整合网上审批平台、12345政务服务平台等，整理充实互动知识库，梳理、归纳、统计和汇编各类常见问题、热点问题、电子文件资料等，为公众提供智能化服务。区政府网站主动公开政府信息1072条，出台区级政策解读13条，共受理58件依申请公开，所有依申请公开事项均在规定时限内答复并发布。积极有序地推进电子政务内、外网建设，实现与省、市电子政务内、外网互连通，同时横向实现覆盖全区所有区直单位和各镇（街道）的电子政务内、外网。

【督查工作】 2019年，区府办将督查工作的重点放在区委、区政府重大决策部署、区“两会”、区政府各类会议确定的重点事项，对区政府工作报告任务目标责任进行跟踪督促检查，确保政府工作目标的贯彻落实。全年办理市领导、区领导批示（办）件2395件，编发《督查与反馈》17期。抓好17件惠民实事的专项督查，实行每月一督查一通报制度，17件惠民实事含29个子项目，完成或基本完成任务的子项目27个，抓紧推进的子项目2个。抓好民生改善项目推进工作，17个市级项目、25个区级项目完成年度任务。抓好人大代表建议和政协委员提案的办理工作，市人大代表建议29件、政协提案33件按时答复。对区人大代表39件建议、政协55件提案办理情况共进行4次通报，年内市区人大建议、政协提案办复率100%、满意率98%，解决代表委员关注的一批重点难点问题。区府办连续多年被区人大评为建议办理先进单位。

【信息采编】 2019年，区府办不断增强信息工作的敏锐性，多渠道、多角度挖掘信息，有效拓展信息源，提高信息工作的主动性。全年累计向省、市报送信息1000多条，被市里采用34条，被省里采用33条，被国办采用18条，收到各部门报送信息2300条，编发《城厢要讯》正刊48期，增刊5期。2019年被省政府办公厅评为信息报送先进单位。

【后勤保障】 2019年，区府办强化公房管理，开展公房专项督查行动，先后对区直各单位及各镇（街）公房进行随机抽查20余次，上报问题线索5条，督促整改8次，发出整改通知书3份。规范公车出行，对全区公车定点维修，全程跟踪管理及督查，全年安排应急商务车785车次、中巴车260车次，应急车辆随叫随到，顺利保障各项公务出行。提升接待水平。严格落实八项规定，全年接待各级领导、宾客66批次，协助各部门接待23批次，接待批次同比增加，费用与去年持平。加强食堂管理队伍建设，精心编制菜单，不断提高服务水平和菜品质量，食堂运营得到领导和干部的高度认可。狠抓节能减排。扎实开展公共机构节能工作，通过会议、电视广告、播放电子宣传画册，悬挂宣传标语等形式，大力弘扬勤俭节约的好习惯好传统，大力推进莆田五中争创国家级机构节能减排示范单位工作。加强机关财务管理，严守财经记录，完成各项报表，全年对50多家单位的各类会计档案，进行分类、装订、归档。加强后勤人员管理，统筹做好全区水、电、卫生、绿化等各项琐碎事务，较好地树立机关后勤新形象。

【外事侨务工作】 2019年，区府办贯彻落实上级关于外事工作指示批示精神，以“外事为民”为宗旨，强化宣传与服务，全年共发放各类指南500多份，审核上报企业APEC商务旅行卡1批2人次，办理因公出国（境）3批3人次，配合调查领事保护案（事）件2起，确保外事工作稳步推进。

【效能建设】 2019年，区府办深化“马上就办”，推进“一窗式”服务，70%以上审批服务事项实现一窗分类受理。开展“全程网办”“秒批”事项清单梳理，“一趟不用跑”和“最多跑一趟”占比达98.54%。建立园区“行政审批服务中心”，实现现场办理、全程代办、政策宣传、综合协调等服务，为企业提供快速便捷的家门口服务。督促12345承办单位严格按照规范流程办理诉求件，对不及时查阅件和即将逾期办理件进行提醒预警，督促联动单位及时查阅受理、按时办结群众诉求件。全年共受理12345诉求件22722件，处理完毕21699件，当期办结率100%，及时回复率100%，及时查阅率100%，网评满意率99.68%。严格落实“基层减负年”有关规定，严格按照年度督查检查考核年度计划，突出问题导向，聚焦政策执行、营商环境、群众办事等领导关注、群众关心的重点领域，对线索明确或群众反映强烈的效能问题开展点穴式督查。运用模拟办事、远程视频监督等方式，加大跟踪督办和责任追究力度。年内，予以效能问责15人次，其中诫勉教育1人次、通报批评11人次、效能告诫3人次。

（黄俊衔）

招商引资

【概况】 2019年，莆田市城厢区招商局（以下简称“区招商局”）紧紧围绕“突出开放招商，强化项目带动”的号召，坚持项目为基、项目为要的发展理念，凝心聚力，着力项目攻坚。与北京、上海、浙江等3个城厢异地商会建立委托招商平台，积极对接驻深办、驻京办建立驻点招商窗口。是年，招商签约项目32个，总投资203.08亿元，重点以电子信息、平台经济等方面为主要招商方向，引进大唐5G东南总部基地、中电科创城、三利谱偏光片生产、瑞银信平台、云智薪平台、采购宝平台、壹零贰陆平台、粤港台平台、工美智创平台等项目，初步形成莆田市电子信息产业研发中心、平台经济及总部企业聚集区。其中，大唐5G东南总部基地、中电科创城、三利谱偏光片生产等一批重大产业类项目签约，实现电子信息产业的跨越式发展，填补电子信息产业链在上游研发—中游制造—下游应用的空白领域。

【对接洽谈】 2019年，区招商局赴北京对接洽谈产业基金投资与区域文化产业及建材产业合作相关事宜。4月，组织招商小分队赴北京、上海洽谈大唐5G微基站项目和互联网金融平台等项目。5月7日，区领导带队于北京广州大厦会议室召开“高纯硅烷低温离子态物理法提纯”项目可行性认证会。6月，由市工信局组织、区领导带队参加“清华大学两岸发展研究院与台湾财团法人21世纪基金会产业合作交流研讨会”(福建省莆田市专场)。6月12—15日，分赴北京、沈阳协调文献步行街项目资产重整工作，考察沈阳市医保局“超级医保”项目、东软健康产业园。6月18日，参加福建省第九届民企对接洽谈会。6月20日，陪同市领导赴上海协调化解天喔金融风险。7月9—13日，赴北京、杭州对接海上丝绸国际艺术之都项目和云智薪平台项目，考察中青城投公司、杭州云智薪有限公司、上海瀚银科技技术有限公司等项目公司。8月，区领导率队转战北京、武汉、上海、深圳，对接洽谈中电科创城、文献步行街、大业传媒等项目。10月12日，区领导及中电科创城项目组负责人组团赴长沙、重庆、山东菏泽、深圳等地，考察长沙及重庆中电软件园、山东菏泽大唐5G微基站建设情况、深圳华为5G微基站建设情况，并洽谈有关项目合同细节。10月19日，赴上海拜访城厢上海商会，洽谈即富项目、文献步行街运营等项目相关事宜。11月14日，区领导及相关区直单位负责人组团赴京，拜访大唐网络有限公司，洽谈大唐东南总部5G产业项目建设内容等相关细节；拜访瑞银信公司，洽淡瑞智无忧平台落地事宜；对接有关投资公司，商谈产业基金建立事宜。12月，为了解行业发展趋势，引进优质项目，由区领导带队赴杭州参加第二届浙江国际智慧交通产业博览会•2019中国车联网技术与应用大会、赴北京参加2019中国建材家居行业国际论坛。

【开放招商】 2019年，区招商局按照市委市政府“项目为先、项目为基、项目为要”的发展战略，牢固树立“招商引资是经济工作生命线”的理念，筹备组建区级开放招商领导工作小组，统筹全区开放招商工作。充分调动区直各部门招商工作积极性，策划五条招商战线组，研究出台平台经济、建筑业、工业等行业发展扶持政策，形成“大招商、招大商、招好商”的全员招商氛围。

【保障服务】 2019年，区招商局建立重点项目领导挂钩责任制，实行“一个项目、一位领导、一套班子、一抓到底”的工作模式，由区主要领导班子成员牵头推动招商项目进程。区直各部门、各镇街、园区在项目推进过程中相互配合，由镇街、园区作为项目合作主体，主管部门为服务主体，委派专人对接协调。通过走访调查、企业座谈会、项目协调会等方式，为三利谱项目解决用地报批及制定代建方案、为杰木科技申报办公场所房租补贴、为中电互联网研究院解决人才公寓等具体问题。高度重视项目工作，从人力、物力、财力等方面充分保障项目需求。为保障中电科创城项目核心区空间载体需要，从机关各单位、乡镇、村居抽调人员86名成立樟林整村改造项目征迁指挥部，仅用时9个月就完成华林经济开发区樟林片区67公顷用地征迁。莆田西4幢商务楼总面积10万平方米，全部用于项目使用，其中一幢计划用于中电科创城项目先导区，一幢提供给“采购宝”科技平台使用，一幢对接粤港台联合总部基地项目。根据不同项目的不同需求，主动学习福州、厦门等地项目合作典型案例，与时俱进创新项目合作模式。与三利谱偏光片生产项目签订投资合作协议，由三利谱公司投资技术、设备并制定施工方案，社会资本合作方与区属国企合作垫资代建厂房，项目公司将按期回购土地及厂房，以此降低企业一次性投入成本，保障产品研发生产。与中电科创城项目签订正式投资合作协议，确定以EPC合作模式，由市、区国企与中电光谷成立联合体，中电光谷主导产业园规划设计、建设、运营招商等全生命周期的管理，市、区国企对产业园建设进行投资。

（陈学）

行政服务

【概况】 2019年，莆田市城厢区行政服务中心（以下简称“区行政中心”）为推进审批服务便民化，全面深化“放管服”改革、优化区营商环境，贯彻落实以人民为中心的发展思想，紧盯“向深圳学习、对接佛山，和厦门一样”工作目标，推进“互联网+政务服务”、工程建设项目审批制度改革、“一窗受理、集成服务”改革等3项重点领域改革任务，提升规范化管理服务水平，创新服务方式，加强窗口管理制度建设，开展各项工作目标和任务，打造便民廉洁高效的政务服务新环境，推进区行政服务各项工作。其中，城厢区在市对区绩效指标“行政服务效能”考评中名列全市第一；“自己‘批’网上办”审批服务新模式被中央电视台等11家主流媒体宣传报道；工程审批制度改革被住建部工作简报、中国自然资源报等宣传报道；园区企业服务中心被福建省工业（产业）园区发展工作联席会议办公室推广报道。全年各窗口共受理业务7338件，办结7090件，办结率为96.62%，其中当日办结6224件，当日办结率达84.82%。

【行政审批】 2019年，区行政服务中心深化“放管服”改革，优化营商环境，提升行政服务效能。推行“一窗受理、集成服务”改革，深化审批服务便民化改革，推进全市“一网、一门、一次”改革，推行“全程网办”服务，实行“前台综合受理、后台分类审批、综合窗口出件”工作模式，开展“一窗受理、集成服务”改革，完成区级进驻窗口改革。加快推进镇（街道）便民服务中心标准化建设，同步在镇（街道）开展便民服务中心“一窗受理、集成服务”改革。开展“问卷式”审批改革，并于8月27日召开城厢区问卷式审批工作推进会，组织城厢区“问卷式”审批专题业务培训会，要求各区直进驻窗口、各镇（街道）便民服务中心要结合市住建局“问卷式审批”先进工作经验，进一步完善审查要点，减少部门自由裁量权，提升网上办事便捷性，至9月20日完成工作。年内全区28个部门完成本级1094个事项的问卷式思维导图编制工作。区行政服务中心按照“同一事项、同一标准”的原则，指导区直各部门按照对应市直部门梳理的市、县（区）、镇（街道）三级依申请办理的审批服务事项目录清单，规范统一审批服务事项要素，并实现同一事项在纵向不同层级、横向不同区域间的基础要素相对统一，并参照政务服务省级基本目录进行对照匹配绑定，与省级实现事项名称、事项类型、法律依据、基本编码信息的“四级四同”，并统一在福建省政务服务网和政府门户网站公开。按照市行政服务中心、市审改办《关于全面梳理第五批“一趟不用跑”和“最多跑一趟”办事清单的通知》（莆行政管〔2019〕55号）文件精神，推进简政放权、放管结合、优化服务改革，以更快更好方便企业和群众办事创业为导向，区行政服务中心联合区审改办牵头在全区范围内启动第五批“一趟不用跑”和“最多跑一趟”办事清单梳理工作，年内全区1094个事项中，“一趟不用跑”事项476个，“最多跑一趟”事项602个，一趟不用跑和最多跑一趟占比98.54%。按照文件的有关部署，区行政服务中心将梳理的清单上报市行政服务与市审改办，并在福建省网上办事大厅对外公布。参照上级部门划分的8类工程建设项目，结合城厢实际，压缩审批时限、优化审批流程，制定城厢区8类工程建设项目流程图，明确审批事项清单和审批总时限，并联审批时限分别控制在90个、70个、50个、20个工作日以内，将各类工程建设项目统一划分为二至四个审批阶段，形成各个审批阶段“一份办事指南、一张申请表单、一套申报材料”，形成标准化工作规程，推进简政放权、公正监管、高效服务。

【创新服务】 2019年，区行政服务中心创新服务模式，提升服务效能，按照群众和企业到政府办事“最多跑一趟”的理念和目标，以更快更好方便企业办事，根据市行政服务中心印发《关于推行“一件事情”套餐式集成服务任务分工的通知》（莆行政管〔2019〕23号）文件精神，推行“前台综合受理、后台分类审批、统一窗口收件”的“一件事情”套餐式集成服务，对涉及企业开办和行业经营许可的食品经营、药品零售等十几个行业，推进企业和群众办事角度“一件事情”的证照联办。通过整合营业执照和食品药品行政审批资源，优化许可流程，实现食品药品审批“证照同办”，解决“准入不准营”难题。区市场监管局为全市首家申请食品药品审批“证照同办”的企业——莆田市城厢区方菜菜市场管理公司颁发营业执照和食品药品生产经营许可证。创新审批服务模式，牵头优化城厢区企业公共服务平台，配合华林经济开发区整合一站式办公公共服务中心，将涉及审批业务的住建局、生态环境局、市场监管局等7家主要职能审批部门集中办公，进一步利企惠企，全面提升企业服务综合水平，提升企业满意度。

【公共资源交易】 2019年，区行政服务中心加强招投标日常监管，促进交易平台规范运转。构建规范高效平台，进入区级公共资源交易平台项目实现公共资源交易招标投标全流程电子化。自8月起，根据莆田市公共资源交易管理办公室印发的《关于规范建设工程项目进场交易的通知》（莆公管办〔2019〕3号）文件规定实行县区项目按工程项目属地化管理原则执行。现有投标保证金缴纳方式为现金（转账）、银行保函、保险保函、电子保函等。结合招标人开设投标保证金的可行性及第三方代招标人收取投标保证金的安全性考虑。中心开设投标保证金专用账户。不收取建设工程交易服务费，切实降低企业制度性交易成本，减轻企业负担，持续优化营商环境。CA和电子签章实现兼容互认。其中，区住建局、交通局实现电子保函。推进公共资源交易。全年，区公共资源配置交易平台共受理工程交易82笔，成交金额18.48亿元，节约金额4243.84万元，节约率2.25%；政府采购29笔，成交金额791.96万元，节约金额131.95万元，节约率14.28%；产权交易1笔，成交金额90.75万元。累计交易112笔，成交金额18.57亿元，节约金额4375.79万元。

（林赛平）

主要会议

【八届四次会议】 中国人民政治协商会议第八届莆田市城厢区委员会第四次会议， 12月24日至26日在城厢召开。会议听取并同意黄志强主席所作的工作报告和郑尚庆副主席所作的提案工作报告。列席区九届人大四次会议，听取并讨论政府工作、计划、预算等报告。会议对上述报告表示赞同。会议增选章建平同志为中国人民政治协商会议第八届莆田市城厢区委员会常务委员，听取提案委员会关于八届四次会议提案审查情况的报告，审议通过中国人民政治协商会议第八届莆田市城厢区委员会第四次会议决议。

【八届常委会第十一次会议】 7月30日，区政协召开八届常委会第十一次会议。区政协主席黄志强，副主席郑尚庆、黄斌华、何剑锋及26名常委出席。会议听取区政府通报2019年上半年全区经济运行和社会发展情况；审议通过《中国人民政治协商会议莆田市城厢区委员会常务委员会工作规则（草案）》和《中国人民政治协商会议莆田市城厢区委员会全体会议工作规则（草案）》；通报有关人事事项；开展“加快发展特色农业 助推乡村振兴战略”专题协商。

【八届常委会第十二次会议】 10月25日，区政协召开八届常委会第十二次会议。区政协主席黄志强，副主席林素香、黄斌华、何剑锋及24名常委出席。会议听取区政府关于2019年重点项目实施和为民办实事项目落实情况通报；审议通过中国人民政治协商会议莆田市城厢区委员会关于区政协委员履行职责服务管理办法（试行）（草案）；开展“加中小学生心理健康教育”专题协商。

【八届常委会第十三次会议】 10月18日，区政协召开第八届常委会第十三次会议。区政协主席黄志强，副主席郑尚庆、黄斌华、何剑锋及23名常委出席。会议听取听取区政府2019年工作情况及2020年工作思路通报；听取区政府关于区政协八届三次会议以来提案办理情况通报；听取区人民法院、人民检察院2019年工作通报；民主评议2019年重点提案办理单位；审议通过有关人事事项；通报2019年度区政协委员履职情况；审议通过区政协八届四次会议议程、日程等有关文件。

【八届常委会第十四次会议】 12月24日，区政协召开第八届常委会第十四次会议。区政协主席黄志强，副主席林素香、郑尚庆、黄斌华、何剑锋及27名常委出席。会议协商提交全体委员酝酿的区政协八届四次会议选举办法（草案）；协商增选政协第八届莆田市城厢区委员会常务委员候选人建议名单（草案）；提名产生大会选举总监票人、监票人建议名单（草案）；协商提交全体委员讨论的区政协八届四次会议决议（草案）。

【八届常委会第十五次会议】12月25日，区政协召开第八届常委会第十五次会议。区政协主席黄志强，副主席林素香、郑尚庆、黄斌华、何剑锋及26名常委出席。会议听取各组讨论、酝酿、协商有关事项情况的汇报；审议决定提交大会表决通过的区政协八届四次会议选举办法（草案）；协商确定提交大会选举的增选政协第八届莆田市城厢区委员会常务委员正式候选人名单；协商决定提交大会表决通过的总监票人、监票人建议名单（草案）；审议决定提交大会表决通过的区政协八届四次会议决议（草案）；听取提案委员会关于八届四次会议提案审查情况的汇报。

8月8日，区政协到江春霖故居开展廉政警示教育活动

（陈德胜 摄）

常委会主要工作

【概况】2019年，政协莆田市城厢区委员会（以下简称“区政协”）在区委的坚强领导下，坚持以习近平新时代中国特色社会主义思想为指导，深入学习贯彻中共十九大，中共十九届二中、三中、四中全会精神，全面贯彻落实习近平总书记在中央政协工作会议暨庆祝中国人民政治协商会议成立70周年大会上的重要讲话精神、对福建工作的指示精神和治理木兰溪的重要理念，坚决贯彻中共中央和省委、市委、区委决策部署，围绕打造人文宜居新城厢，建设美丽莆田先行区，坚持团结和民主两大主题，坚持建言资政和凝聚共识双向发力，认真履行政治协商、民主监督、参政议政职能，为推动城厢经济社会发展做出积极贡献。全年召开全委会议1次，常委会议5次。

【政治建设】2019年，区政协旗帜鲜明讲政治，坚持把加强政治建设摆在首位，把深入学习贯彻习近平新时代中国特色社会主义思想和中共十九届四中全会精神作为首要政治任务，通过组织学习研讨，走基层、入界别开展宣讲，积极引导各党派团体和社会各界人士以习近平新时代中国特色社会主义思想武装头脑、指导实践、推动工作，夯实团结奋斗的共同思想政治基础，牢固树立“四个意识”，坚定“四个自信”，践行“两个维护”，在思想上政治上行动上同以习近平同志为核心的中共中央保持高度一致。严格落实意识形态责任制，牢牢把握意识形态的领导权、管理权和话语权，确保主流思想占领机关意识形态阵地，引领政协机关风正气顺。坚持把加强思想政治引领贯穿于各项履职活动中，结合庆祝人民政协成立70周年活动、参加市政协组织的书画作品展、举办专题报告会等，不断增强对中国共产党和中国特色社会主义的政治认同、思想认同、理论认同、情感认同。

【开展“不忘初心、牢记使命”主题教育】2019年，区政协根据中央和省委、市委、区委的决策部署，常委会认真开展“不忘初心、牢记使命”主题教育，把学习教育、调查研究、检视问题、整改落实贯穿主题教育全过程。成立以党组书记、主席为组长的工作领导小组，制定《区政协机关“不忘初心、牢记使命”主题教育工作方案》。认认真真学原著、读原文、悟原理，开展专题学习研讨 7 个，革命传统教育、爱国主义教育 7 次，警示教育 2 次，体验教育 1 次，观看相关视频 7 场。开展主题党日活动 4 次，邀请荣获“全国退役军人工作模范个人”称号的陈敏到政协机关作报告，营造区政协机关“学习先进、担当作为”的良好氛围。精心组织主题教育民主生活会，认真严肃地开展批评与自我批评。制定整改落实清单，明确整改内容、措施、责任人、时限，使全体党员干部理论学习有收获、思想政治受洗礼、干事创业敢担当、为民服务解难题、清正廉洁作表率。

【落实深化全面从严治党主体责任】 2019 年，区政协认真学习贯彻《关于加强新时代人民政协党的建设工作的若干意见》，落实深化全面从严治党主体责任。严格落实区委《关于进一步严格党内组织生活的十二条措施》，严格执行民主集中制，落实民主生活会等党内制度。认真落实“一岗双责”，严格执行中央八项规定和实施细则，落实党风廉政建设主体责任，坚持把纪律规矩挺在前面，强化廉政教育、警示教育、作风建设和反腐败斗争，支持区纪委驻政协机关纪检组履行监督执纪问责职责，使党员干部牢固树立党章党规党纪意识，做到严格自律、慎独慎微。加强对政协机关党支部的领导，每年年初、年中、年末 3 次听取党支部工作汇报。机关党支部强化“六个基本”建设，制定完善党支部工作规则，推动党支部主体作用发挥。年内共召开党组理论中心组学习 16 次，党组民主生活会 2 次，组织生活会 2 次，党支部开展主题党日活动 12 次。

【政治协商】 2019 年，区政协紧扣区委、区政府中心工作，把握履行职能与服务大局的最佳结合点，利用全体会议、常委会议、主席会议、专题协商会议和参加党政重要会议等渠道，开展多层次的政治协商。认真落实 2019 年度协商计划，围绕《加快发展特色农业，助推乡村振兴战略》《加强中小学生心理健康教育》等课题召开协商座谈会议政建言，共形成专题报告 2 份、会议发言 11 篇，提出意见建议 28 条，得到区委、区政府领导和有关部门的高度重视和采纳，促进相关问题的解决。

【民主监督】 2019 年，区政协密切与区政协参加单位及各民主党派、无党派人士、人民团体的联络，积极发挥群团组织和社会新阶层的作用，帮助他们搭建参政议政平台，营造协商民主氛围，拓宽意见反馈渠道。与纪委监察、法院、检察院等单位紧密配合，规范委派政协委员担任职能部门特邀监督员制度，特邀监督员由区政协和聘任单位共同管理，确保委员在推动行政机关和司法机关依法行政、公正司法、促进机关作风转变等方面，发挥应有的民主监督作用。

【项目建设】 2019 年，区政协积极协助区委、区政府抓好工作落实，为促进全区经济社会科学发展鼓实劲、出实力、干实事。区政协领导班子成员挂钩腾辉工艺产业园、福厦铁路客运专线、月塘南等重点项目，及时协调解决项目建设遇到的困难和问题。围绕打好精准脱贫、污染防治、防范化解重大风险“三大攻坚战”开展工作，献计出力。深入委员企业，与业主交心谈心，了解企业经营的情况和困难，力所能及地帮助企业解决一些难题。

【调研视察】 2019 年，区政协围绕区委、区政府中心工作，精心选题，采取“专题听、实地看、当面问、亲身察、重点议”的方法，把事前监督和事后监督有机结合起来，进一步加强和改进调研视察工作。就重点项目落实情况和为民办实事项目实施、佛教场所规范化管理、河道综合治理和水质提升等开展专项视察。

【提案工作】 2019年，区政协坚持把提高提案质量作为立足点，将协商贯穿于提案的提出、立案、交办、办理、督办和反馈全过程，不断创新和完善提案工作机制。切实改进提案督办方式，推动提案提交由数量型向质量型转变、提案办理由重答复向重落实转变。坚持对提案办理征求意见形式改“面对面”为“背靠背”，由提案委直接向提案人征询意见，促进承办单位对提案办理工作更加认真负责，更加富有成效。开展民主评议提案办理单位活动，对区教育局等8家承办单位的提案办理工作进行民主评议，促进承办单位把评议的压力转化为办好提案的动力，进一步提高提案办理的落实率和满意率。区委、区政府高度重视提案办理工作，要求区各级党委（党组）自觉接受政协民主监督，认真办理政协提案、建议，把提案办理纳入承办单位绩效考评。八届三次会议以来共收到提案88件，经审查立案55件，对其中10件重点提案进行督办，提案办理满意率基本满意率达98%。《关于改善营商环境，助推民营经济高质量发展》《关于降成本保质量，助推我区农业产业振兴》《关于加强全民大健康教育》等一批事关经济社会发展和民生改善的提案得到较好解决，推动社会的和谐稳定。

【反映社情民意】 2019年，区政协高度重视反映社情民意信息工作，完善《关于加强反映社情民意信息工作的意见》，重点围绕党委政府重视、人民群众关心的问题，积极拓宽社情民意信息渠道，不断完善信息征集、报送、督办和反馈机制。是年，被省、市刊物采用信息稿件40多篇，宣传信息工作位于全市县区政协前列。及时与有关部门就社情民意信息的办理情况进行沟通落实，切实发挥政协社情民意信息的“直通车”作用，及时传递群众呼声，获得较好的社会反响。

【团结合作】 2019年，区政协发挥政协代表性和包容性强的优势，充分调动各界别委员参政议政的积极性，通过界别平台使委员中分散、个别的意见得到系统、综合的表达，努力实现不同政党、不同信仰、不同阶层、不同区域间群众关系的和谐。以加强与非公有制经济人士团结联系为主题，开展走访异地委员系列活动，广泛宣传城厢投资创业环境和有关政策，鼓励引导城厢籍莆商回乡创业。广泛团结新的社会阶层、少数民族和宗教界等各方面人士，主动协助党委政府协调关系、化解矛盾、理顺情绪、凝聚共识，使政协工作进一步向基层延伸、向各界别和各阶层拓展。

【联谊】 2019年，区政协坚持“走出去、请进来”，利用承办好省政协办公厅2020年度政协报刊宣传报道培训班以及省、市政协领导、兄弟政协到城厢考察等有利时机，广泛开展联谊工作，在加强横向协作交流、助推城厢高质量发展方面发挥作用。

【实施精准扶贫】 2019年，区

8月8日，区政协举办2019年度暑期读书班 （陈德胜 摄）

政协切实把精准扶贫工作作为政协服务民生的出发点和落脚点。充分发挥政协参加单位、政协委员专业优势和资源优势，加大“造血”式帮扶力度，带动贫困户共同发展，为城厢决胜全面建成小康社会贡献力量。区政协领导班子成员分别挂钩1户贫困户，区政协机关挂钩灵川镇太湖村16户贫困户（贫困人口34名），做到经常走访慰问贫困户，了解扶贫政策和帮困措施的落实情况。开展科技服务、医疗卫生、文化教育等主题的帮扶活动。

【制度建设】 2019年，区政协进一步完善《中国人民政治协商会议莆田市城厢区委员会全体会议工作规则》《中国人民政治协商会议莆田市城厢区委员会常务委员会工作规则》《关于区政协委员履行职责服务管理办法（试行）》等制度，完善委员履职管理、考核与评价机制，实行参加政协会议、活动考勤通报制度，激发委员主动参政议政热情。区政协办公室加强机关效能建设，积极创建市级文明单位、市级平安先行单位，提高政协机关工作水平。扎实有序推进委员联络组工作，在抓好规范化建设的同时，引导镇街委员联络组发挥基层应有的作用，为当地发展献计出力。

【强化两支队伍建设】 2019年，区政协按照习近平总书记“懂政协、会协商、善议政”和全国政协主席汪洋提出的人民政协处于凝心聚力第一线、决策咨询第一线、协商民主第一线、国家治理第一线的要求，传承好传统，弘扬好作风，全力打造高素质专业化的政协委员和机关干部两支队伍。弘扬“马上就办、真抓实干”的优良作风，加强机关效能建设，完善专委会工作制度，加强专委会之间工作联动协作，有效发挥专委会基础性作用。践行社会主义核心价值观，争创市级文明单位和平安单位。完善委员履职管理、考核与评价机制，通过培训班、读书班、视察调研等有效形式，提升全体政协委员的思想政治水平和履职能力。加强对镇街委员联络组的指导，引导各委员联络组围绕区委区政府中心工作及各自特点，组织委员深入村、居听取群众的意见、建议、诉求和反映的突出问题，开展形式多样、内容丰富的调研视察活动，为促进当地的发展贡献智慧力量。6月，为打造忠诚干净担当的干部队伍和委员队伍，与市政协首次联合在中央民族大学举办提升履职能力培训班。

（陈德胜）

纪检 监察

【概况】 2019年，中国共产党莆田市城厢区纪律检查委员会和莆田市城厢区监察委员会（以下简称“区纪委监委”）在市纪委监委和区委的坚强领导下，全区纪检监察机关深入学习贯彻习近平新时代中国特色社会主义思想，忠实履行党章和宪法赋予的职责，深化实践“五抓五重”，各项工作坚定稳妥、扎实有效，呈现高质量发展的良好态势。全区运用“四种形态”处理379人次，其中运用第一种形态处理236人次，占处理总数的62.3%，把好保护爱护党员干部第一关口。全区纪检监察机关受理检控类初信初访144件，同比下降27.6%。共立案审查调查142件149人，其中科级案件12件13人，移送司法机关7件9人。

【政治建设】 2019年，区纪委监委把学习贯彻习近平新时代中国特色社会主义思想作为首要政治任务，结合“不忘初心、牢记使命”主题教育，采取“模块式”共学研讨、“随堂式”互动交流、“闭卷式”测试总结方式，不断强化党的创新理论学习。坚持重大决策部署到哪里、政治监督就跟进到哪里，聚焦贯彻新发展理念、打好三大攻坚战、“五个一批”项目推进、减税降费等落实情况监督。特别是把贯彻落实习近平总书记对福建工作的重要指示批示和治理木兰溪重要理念作为监督重点，推行“三点一线监督（聚焦重大项目序时“节点”、部门履职“堵点”、干部作风“顽点”，靠前“嵌入”到项目论证决策、预算财审等关键环节，以精准监督推动项目落地生根）”办法，深入一线开展监督23场次，问责8人，推动矛盾化解在一线、整改落实在一线。协助区委抓好2018年度省委、市委全面从严治党主体责任落实情况检查反馈意见整改及组织开展2018年度全面从严治党主体责任落实情况检查，及时核查问责建议，处理、处分党员干部58人。拧紧责任链条，深入开展“321”履责监督，推动主体责任、监督责任、第一责任和“一岗双责”合力运行。

【专项治理】 2019年，区纪委监委开展扶贫领域腐败和作风问题专项治理，推行“三线并查”工作机制，持续开展“一线”走访调查、推动相关部门和镇（街）“条线”联动检查、依托扶贫（惠民）资金在线监管系统“专线”跟踪督查，强化监督执纪问责。全区纪检监察机关共查处扶贫领域腐败和作风问题11起、处理15人，移送司法机关2人。民生领域突出问题专项治理，把主题教育专项整治同解决群众急难愁盼问题相结合，聚焦教育医疗、生态环境保护、食品药品安全等重点领域，制定5个方面15项具体整治任务，实行民生领域“124工作法”，着力解决基层干部吃拿卡要、盘剥克扣等问题，以有力的监督保障惠民资金落到实处。全区共查处群众身边不正之风和腐败问题52起、处理80人。涉黑涉恶腐败问题专项整治，以挂钩督导、蹲点调研、协调联动等抓手，由班子成员对省、市督办件包案，集中优势力量查处，认真做好中央、省扫黑除恶督导及“回头看”反馈问题整改工作，做到问题整改、信访件处置、问责落实3个100%。全区共查处涉黑涉恶腐败和“保护伞”案件8件，给予党纪政务处分9人，移送司法机关4人。移风易俗专项治理，重点围绕滥放烟花爆竹等突出问题，持续推动移风易俗“一县区一专项”治理。强化宣传引导，坚持“六提倡六反对”，通过举办“践行移风易俗·倡导文明新风”文艺会演、推行“文明祭扫”活动等形式，着力破除陈规陋习。

6月28日，缅怀革命先烈 寻访初心印记——城厢区纪委监委纪念中国共产党建党98周年 （陈志勇 摄）

【改革创新】 2019年，区纪委监委落实双重领导体制，坚持报告结果与报告过程、党委主责与纪委专责、党内监督与国家监督三个结合，把党的领导体现在全面从严治党的日常工作中。加强对镇（街）监察组工作指导，探索镇（街）监察组调查措施规范有效使用，让监督直抵“最后一公里”。编印纪委监委初核、谈话函询及监察措施使用文书，建立“两评审一通报”审查调查工作机制，进一步加强督办指导，不断健全统一决策、一体运行的执纪执法工作机制。探索实践“三内三外”审查调查模式，慎用用好12项措施，着力提升审查调查精准性。严格执行留置场所管理办法、“走读式”谈话安全工作操作指引等系列制度，开展专项监督检查，坚决守住安全底线。

【监督首责】 2019年，区纪委监委建设廉政档案信息化管理系统，把传统纸质廉政档案内容转化录入个人有关事项等系统单机版，实现一人一档、集中建档、精准“画像”。全区共建成418名科级干部廉政档案，登记问题线索156条，其中转立案54人次，谈话函询102人次。深入开展“四访”（开门接访、全员接访、带信下访、入户走访）“四化”（接访下访常态化、办理处置规范化、疑难个案典型化、信息分析数据化）活动，突出重点信访件化解，着力把矛盾问题化解在萌芽状态。完善挂钩联系监督工作机制，发挥区纪委班子成员督导职能作用，带头深入基层，“面对面”开展一线监督，做到情况在一线掌握，矛盾在一线解决，工作在一线推动。深化运用“1+X”联合督查机制，聚焦“三公”经费、机关事业单位各类津补贴发放情况等监督重点，深入镇（街）进行专项检查，督促堵塞漏洞，扎紧扎牢制度笼子。

【正风肃纪】 2019年，区纪委监委结合主题教育专项整治要求，开展“景观亮化工程”过度化等“政绩工程”“面子工程”整治。聚焦“文山会海”“过度留痕”等突出问题，深入开展形式主义、官僚主义集中整治。全区共查处形式主义、官僚主义案件36件61人，党纪政务处分29人，通报典型案例2期4起。始终坚持无禁区、全覆盖、零容忍，突出重点、精准有力惩治腐败。

9 月 25 日，区纪委监委机关在常太镇东圳精神教育基地庆祝中华人民共和国成立 70 周年暨“不忘初心、牢记使命”主题教育

（宋雅炜 摄）

全区纪检监察机关共立案审查调查 142 件 149 人，其中科级案件 12 件 13 人，移送司法机关 7 件 9 人。一体推进不敢腐、不能腐、不想腐机制建设，强化“一案一分析一治理”，针对 5 起“保护伞”案件，责成相关单位建立健全干部管理、“两违”治理、项目征迁等 7 项制度，督促从源头上防治腐败。举办“一镇一孝廉·清风润莆田”城厢专场活动，突出镇街特色，以方言小品、歌曲快闪、事迹宣讲等多种形式，推动廉洁教育向基层延伸。

【政治巡察】 2019 年，区纪委监委全面深化政治巡察，围绕打好三大攻坚战、解决民生热点问题和区委中心工作，共组建 3 轮 5 批次 9 个巡察组，对 19 个区直单位、4 个镇街（70 个村居）进行常规巡察，并对 3 个单位党组开展巡察“回头看”，共发现各类问题 176 个，移交问题线索 13 条。探索“点题巡察”模式，采取被巡察党组织自报主题与巡察组指定主题相结合方式，督促被巡察党组织突出问题导向，自查自纠、未巡先改。完善“四反馈三抄送”和“三方双向”协调机制，通过实时跟踪督促、加强动态管理、开展评估评价等方式，强化整改责任传导、整改情况审核把关，抓实抓细各级巡视巡察整改。强化巡察成果运用，对十轮巡察中发现的共性问题开展综合分析，从体制机制上查找根源，使整改既有当下改的举措，又有长久立的机制。

【自身建设】 2019 年，区纪委监委把贯彻执行《中国共产党纪律检查机关监督执纪工作规则》《监察机关监督执法工作规定》与学习贯彻中共十九届四中全会精神相结合，通过集中动员和分层推进结合、集体研讨与个人自学结合、课程讲义与研讨交流结合等方式，提升纪检监察干部制度意识和运用制度能力。严格执行“六带头、六严禁”（带头遵规守纪，严禁违规操办或违规参加婚丧喜庆活动；带头节俭戒奢，严禁铺张浪费讲排场、搞攀比、比阔气；带头廉洁自律，严禁借机敛财，或收受和违规赠送可能影响公正执行公务的礼品、礼金、消费卡等；带头克己奉公，严禁违规占用公共资源，或侵犯国家、集体和人民利益；带头崇尚科学，严禁组织和参加迷信活动；带头弘扬正气，严禁发生伤风败俗行为或助长不良风气滋生蔓延）行为规范，深化落实系统内部“两个责任”，开展“三级家访”活动，强化干部常态化教育，激发干部履职尽责、敬业奉献的内在动力，构筑单位、家庭、个人“三位一体”廉洁防线。强化自我监督，开展机关内部权力运行监督，定期征询自查干部因私托请事项，自觉接受党内监督和其他各方面监督，做到打铁必须自身硬。

（陈志勇）

民主党派 工商联

民 革

【概况】 2019年，中国国民党革命委员会莆田市城厢区支部委员会（以下简称“民革城厢支部”）在上级领导和区委统战部的关心指导下，继承和发扬孙中山先生爱国、革命、不断进步的精神，充分发挥参政党的作用，履行参政议政、民主监督、参加中国共产党领导的政治协商会议，围绕区委、区政府中心任务及“十三五规划”“建设美丽莆田”、木兰溪治理、三大攻坚战、乡村振兴战略、高质量赶超发展等认真组织调研，撰写报告，同时关注群众反映的热点、难点问题，积极反映社情民意，在加强自身组织建设的同时，积极组织党员学习贯彻习近平新时代中国特色社会主义思想和中共十九大、中共十九届四中全会精神，学习贯彻中共中央总书记习近平的一系列重要讲话精神和木兰溪治理的重要理念、学习民革章程、党史和民革十三届三中全会精神，精心组织开展“不忘合作初心，继续携手前进”主题学习教育实践活动，精心组织并参加民革市委会和区委统战部组织的一系列纪念庆祝新中国成立70周年，多党合作制度70周年活动，积极推进示范支部创建工作，积极引导、号召党员学习老一辈优良传统，学习继承多党合作的优良传统和民革的优良传统，不断加强思想政治建设，提高政治站位，不忘民革多党合作初心，坚定不移地接受中国共产党的领导，不断提高“五种能力”，牢固树立 “四个意识”，坚定 “四个自信”，做到两个“维护”，为努力打造人文宜居新城厢、建设美丽莆田先行区、为祖国的统一大业、为实现中华民族伟大复兴的中国梦做贡献。是年，按照民革党章规定，从区自然资源局吸收1名素质高，德才兼备，参政议政能力强的年轻干部加入民革组织。

【参政议政】 2019年，民革城厢支部围绕区委、区政府中心任务，关注民生，关注老百姓关心的热点、难点问题，深入基层调研、积极建言献策、撰写提案、反映社情民意，在海峡两岸经贸文化交流、木兰溪生态环境保护、莆田城区空气环境质量、农村养老体系、交通项目建设、城厢教育等领域，上报区委统战部1个调研课题“城市合作”助推两岸经贸与文化交流，上报市委会1个提案“关于加强福寿螺防控 保护木兰溪生态的建议”，报送区政协2个集体提案“关于整治莆田城区东园西路路段饭店油烟及临街摆摊污染问题保护城区空气质量的建议”“关于完善农村留守老人居家养老服务体系的提案”和2个调研课题“加快重大交通项目建设，服务城厢经济发展”“营造优质城厢教育氛围 凸显文献名邦城市特质”（为区政协八届四次大会发言书面材料）。

【开展 2019 年春节慰问活动】2 月 4 日，郭妙桑主委带领支部委员陈剑英入户走访看望慰问支部离退休老党员、优秀党员，表达节日问候，送去慰问金，表达组织的关怀和温暖，并向老党员介绍支部发展情况，征求意见、建议等。

【关注全国两会】 3 月，组织支部党员关注全国两会的召开，收集、报送关于 2019 年度全国两会政府工作报告的党外代表人士反映及相关意见、建议。

【开展“保护母亲河·我们在行动”志愿服务活动】 3 月 21 日，民革城厢支部一行踊跃参加城厢区木兰溪畔志愿红——“保护母亲河·我们在行动”志愿服务暨纪念第二十七届“世界水日”和第三十二届“中国水周”活动，为建设美丽莆田，共同守护母亲河贡献自己的一份力量。

【参加“寻找最美木兰溪”文艺采风启动仪式】 4 月 27 日下午，组织骨干党员参加民革莆田市委在木兰溪畔举行“寻找最美木兰溪”文艺采风启动仪式，让党员们在活动中进一步了解木兰溪的水环境、水安全、水资源、水生态、水经济、水文化六大体系的生动实践，感受到木兰溪从变害为利，

9 月 27 日，民革城厢支部赴木兰溪防洪工程奠基点现场教学、学习（沈丽群 摄）

造福人民的巨大变化。激发党员的创作源泉，用笔墨、镜头来展示木兰溪的自然风光、人文遗迹，为“坚持绿色发展、打造宜居港城、建设美丽莆田”营造浓厚的文化氛围而助力，并号召党员“从我做起，从身边做起”，切实做宣传和保护好母亲河的先行者，参与者。

【深入园区企业调研活动】 5 月 21 日，郭妙桑、陈剑英陪同莆田市政协副主席、民革市委主委林惠中到城厢区华骏鞋业、赛博思（莆田）钢结构房屋工程有限公司调研，助推莆田市经济运行确保上半年完成“双过半”目标任务。

【参加“城厢统一战线同心林”植树活动】 5 月 22 日上午，参加在位于东圳库区湖畔常太镇南川村开展“城厢统一战线同心林”植树活动。用实际行动践行中共中央总书记习近平提出的“绿水青山就是金山银山”的生态文明理念，坚持“不忘合作初心，继续携手前进”，推进统一战线工作发展，积极投身“大造阔叶树绿化全莆田”建设美丽城厢行动，做木兰溪流域生态修复——东圳库区的阔叶林改造绿化的实践者、参与者、宣传者，为庆祝中华人民共和国成立 70 周年献礼。

【“庆六一”同心助学在行动】 5 月 24 日，民革城厢区支部联合九三学社城厢支社、农工党城厢支部驱车来到城厢区灵川镇山门小学开展“庆六一”情暖校园同心助学活动，为学生分发送上 150 多份装满小学课外读物及彩

9月27日，民革城厢支部召开“不忘合作初心，继续携手前进”主题教育活动座谈会（张翔 摄）

笔、画笔等文具的学习礼包，表达民革城厢支部对农村山区校教育的关心。

【调研乡村振兴战略产业项目】 5月24日，民革城厢支部联合九三学社城厢支社、农工党城厢支部实地参观调研乡村振兴战略产业项目——莆田市灵川镇山新花圃产业项目、灵川镇花蛤苗养殖基地项目，了解通过“农民合作社”“互联网+农业”电商方式实现线上线下销售促进村民增收、“产研学”基地等产业带动乡村振兴模式。9月27日，组织党员赴荔城区后黄村实地参观后黄村特色农业采摘体验基地、民俗展厅、文化创意展示中心、乡村生活体验中心、农家乐烧烤基地，了解后黄村传统文化村规划设计、乡村治理，增强党员们自觉服务“三农”的意识，深化党员们对多党合作初心、中国特色社会主义参政党性质地位的认识，激发履职热情，提高履职能力，积极为贯彻落实中共十九大精神和中共中央关于乡村振兴战略的决策部署献计出力，在美丽莆田建设中展示新面貌、彰显新作为。

【召开2019年支部工作部署会议】 5月24日，民革城厢支部在灵川镇桂山村村委会会议室，深入学习习近平新时代中国特色社会主义思想，开展现场交流，精读精学，以新思想为指引展现新作为，不断加强思想政治建设，提高思想站位，强化责任担当，积极履职尽责，努力做学习践行新思想的先进典范。同时，召开2019年支部工作部署会议，推进示范支部创建工作。

【组织征文活动】 6—7月，民革城厢支部为热烈庆祝中华人民共和国成立70周年，积极响应民革中央、省、市委会，省市区各级统战部号召，积极开展“助力乡村振兴 共建美好家园—第二届莫干山会议”“同心70周年”等征文活动，回顾历史成就，不忘合作初心，讴歌新时代，展示新风采。

【开展“不忘合作初心，继续携手前进”主题教育系列活动】 9月27日，民革城厢支部召开“不忘合作初心，继续携手前进”主题教育活动工作会议，传达学习《民革莆田市委关于开展“不忘合作初心，继续携手前进”主题教育活动实施方案的通知》文件精神，认真学习贯彻《中共中央关于加强中国特色社会主义参政党建设的意见》，集中学习习近平总书记在中央政协工作会议暨庆祝中国人民政治协商会议成立70周年大会上的重要讲话精神，以及《习近平关于“不忘初心、牢记使命”重要论述选编》《习近平新时代中国特色社会主义思想学习纲要》部分篇章。会议要求党员要积极投身主题教育活动，按照习总书记提出的“四新”“三好”的政治要求，不忘初心，坚持“自觉、自主、自为”的自我教育，不断加强思想政治建设；按照支部关于开展“不忘合作初心，继续携手前进”主题教育活动的目标任务、工作原则、基本要求、重点项目内容实施时间、组织实施等内容，逐项逐条抓好落实，确保主题教育活动有序推进、深入开展。

【开展主题座谈会】 2019年，民革城厢支部结合践行习近平总书记治理木兰溪重要理念，组织以“为保护母亲河建一言，献一策”为主题座谈会，结合工作岗位及专业特长，为保护母亲河——木兰溪积极畅谈，建言献策，以实际行动参与到木兰溪流域系统治理工作中，为建设美丽莆田，助推莆田高质量赶超发展履职尽责。

【赴木兰溪防洪工程奠基点现场教学、学习】 2019年，民革城厢支部组织党员前往木兰溪防洪工程奠基点，认真观看木兰溪流域治理系统展示，深入了解木兰溪治理的艰辛历程，进一步激励党员们认真学习贯彻习近平新时代中国特色社会主义思想和中共十九大精神，践行习近平总书记生态治理木兰溪重要理念，不忘初心，牢记使命，以实际行动投身于建设美丽莆田的潮流中。

【庆祝中华人民共和国成立70周年活动】 9月27日，民革城厢支部组织党员参加由民革莆田市委在莆田市三清殿主办的庆祝中华人民共和国成立70周年书展，认真观赏书画佳作，牢记林惠中主席在开幕式致辞中的强调讲话，回顾中华人民共和国成立70年来的光辉历程、伟大成就和宝贵经验，树牢“四个意识”，坚定“四个自信”，坚决做到“两个维护”，始终做到政治立场坚定、政治方向正确、政治能力过硬，为实现中华民族伟大复兴的中国梦、实现人民对美好生活的向往继续奋斗，为打造人文宜居新城厢、建设美丽莆田先行区作贡献。是日，民革城厢支部在莆田市图书馆多功能厅，组织市图书馆副馆长、市政协委员、民革城厢支部张翔党员以“携手70年”为主题进行专题讲座，庆祝中华人民共和国成立70周年，同时通过专题讲座使党员进一步了解多党合作的历史及丰富内涵，号召传承弘扬长期以来同中国共产党风雨同舟、休戚与共的优良传统，更加紧密地团结在以习近平同志为核心的中共中央周围，不忘合作初心，继续携手前进，奋力谱写美丽莆田建设新篇章。

【开展民革支部联建互动活动】 2019年，民革城厢支部为探索试行“支部联建、互动发展”的模式，努力建设学习型、服务型、创新型的党组织，以互帮、互学、互动来实现优势互补、共同发展，继续携手前进，奋力谱写美丽莆田，建设新篇章。11月7日，在民革莆田市委副主委温斌、郭荔芳带领下，民革城厢支部与组宣委支部、文创支部、民革荔城支部、湄洲岛支部在湄洲妈祖祖庙莆田会馆开展民革支部联建互动活动，各支部党员集聚座谈，以增进党员间的归属感和认同感，在民革湄洲岛支部主委陈金森的陪同下，参观湄洲妈祖祖庙莆田会馆，聆听妈祖故事，观看会馆作品，了解妈祖身前身后的光荣事迹，加深对妈祖、对妈祖文化的敬仰，学习妈祖“立德、行善、大爱”的伟大精神。

【祖国统一工作】 2019年，民革城厢支部积极引导、号召党员学习老一辈优良传统，深入学习贯彻中共中央总书记习近平对台工作重要讲话精神，深入学习贯彻习近平总书记《告台湾同胞书》发表40周年纪念会重要讲话精神，学习贯彻民革中央主席万鄂湘在座谈会上讲话精神，坚持一个中国原则，秉持“两岸一家亲”的理念，团结台湾同胞共同弘扬中华文化；号召党员，主动关心服务在辖区内的台商企业，尽己所能利用台湾地区亲人、台胞亲戚回来探亲时机宣传对台政策，增进认同，为祖国和平统一凝聚共识、汇聚力量。

（郭妙桑）

民　盟

【概况】 2019年，中国民主同盟会莆田市城厢区支部（以下简称“民盟城厢支部”）在中共城厢区委和民盟市委会的领导下，在中共城厢区委统战部的关心和指导下，民盟城厢支部深入学习贯彻习近平新时代中国特色社会主义思想和中共十九大精神，全面贯彻落实习近平总书记系列重要讲话精神、对福建工作的指示精神和治理木兰溪的重要理念，坚决贯彻落实中共中央、民盟中央和中共省委、民盟省委、中共市委、中共区委和民盟市委的决策部署，围绕“打造人文宜居新城厢，建设美丽莆田先行区”，充分履行参政党职能，为推动城厢经济社会发展作出积极贡献。

【思想建设】 2019 年，民盟城厢支部把学习贯彻习近平新时代中国特色社会主义思想和中共十九大精神作为首要政治任务，与学习中共中央总书记习近平关于新型政党制度的重要论述有机结合起来，深刻理解“四个全面”的重要意义，培育和践行社会主义核心价值观，以纪念中华人民共和国成立 70 周年，人民政协成立 70 周年，也是中国共产党领导的多党合作和政治协商制度确立 70 周年为契机，持续深入开展“不忘合作初心，继续携手前进”专题教育活动，开展“弘扬爱国奋斗精神、建功立业新时代”主题活动。切实履行意识形态主体责任，确保主流思想占领意识形态阵地。1 月 26 日，组织全体盟员集中学习；3 月 9 日，组织部分女盟员召开座谈会；3 月 11 日，组织盟员开展振兴乡村调研；5 月 8—12 日，组织骨干盟员赴江苏省开展爱国主义活动暨友好支部结对共建学习交流活动；5 月 21 日，组织盟员参加省盟在湄洲岛举行的“传统教育基地”揭牌仪式；5 月 22 日，组织盟员参加区统战部开展的“同植同心林、共绘同心圆”植树活动。通过集中学习、召开座谈会、参加培训、外出考察学习、撰写心得体会、个人自习等方式，形成多形式、分批次、常态化的学习体系，掀起大学习的热潮，盟员的思想觉悟和政治站位进一步提升，不断增进对中共和新时代中国特色社会主义的政治共识。

【组织建设】 2019 年，民盟城厢支部加强领导班子建设，坚持“选好干部、配强班子”的原则，保证支部班子的凝聚力与战斗力。做好组织发展工作，有针对性地吸纳人才，不断充实新生力量，保证拥有一支政治素质较高、综合素质较强的队伍。重视后备队伍建设，坚持备培结合，重在培养的原则，规范后备干部的发现、选拔、培养、推荐等程序。日常工作中，注重个体与团队的互补和优化，整合各类资源，集聚团队智慧，开展各项活动，通过活动增强组织凝聚力。1 月，慰问退休盟员代表 5 人（林慕容、黄春田、郑李寒、林元华、黄丽玉），上半年发展新盟员 2 名（赵群平、曾国华）。推荐优秀盟员陈松敏挂职政和县自然资源局副局长。

【参政议政】 2019 年，民盟城厢支部做好提案工作，有市人大代表 1 人（郑清东），市政协七届委员 5 人［施清芳（常委）、林少斌、蔡金美、蔡金山、吴懿娴］，区政协第八届委员 6 人［林少斌（常委）、林丹凤、郭建辉、方碧娴、江志平、吴继斌］，各位代表、委员均能履职尽责，积极建言献策。在区政协八届三次会议上，支部集体提案 3 篇［关于加快配备中、小学及托幼机构专职医务人员的建议、关于打好污染防治攻坚战的建议、关于建设城厢新闻（舆情）中心的建议］，委员个人提案 9 篇（林少斌：关于改善城区中小学接送时段交通拥堵的建议，关于社区消防安全工作的几点建议协商；林丹凤：关于打造莆田特色小吃街的建议；郭建辉：关于加大精准扶贫救助力度的建议；方碧娴：关于严格限制塑料袋使用提倡家庭用容器盛用垃圾的建议；江志平：关于解决中小企业转贷难问题，促进中小企业健康发展的建议；吴继斌：关于南湖公园广场舞噪音对莆田五中学生晚自习干扰的提案；王华英：关于增加建设喜盈门家居与联创国际广场商圈人行天桥的建议，关于加强税法及惠民减免税宣传力度营造更美投资环境的建议）。在区政协八届三次会议上，支部提案《关于进一步加强社区医疗场所的建议》，盟员方碧娴提案《关于加强家政服务行业监管》被评为 2018 年度优秀提案。

【社情民意】 2019年，民盟城厢支部充分发挥自身优势，围绕中心、服务大局，积极为城厢区经济建设出谋划策，真实反映社情民意，为党委、政府提供科学决策依据，为维护社会稳定、经济稳速增长尽力尽责。参与协商议政，在党委、政府、政协召开的各次协商会上，均能组织广大盟员深入调查研究，提出一系列有益的见解与意见。参加各类协商会、通报会、征求意见会12场，反映社情民意信息30条。

【民主监督】 2019年，民盟城厢支部参与民主监督，通过政协、人大平台，参与城厢区重大项目的视察活动，提出有针对性的监督意见，推动工作的落实和解决。同时不断拓宽民主监督渠道，拥有市机关效能建设监督员1名（林少斌）、区法院廉政监督员1名（吴懿娴）、区法院人民陪审员1名（王华眉），广泛参与执法检查、监督评查等活动，积极履职尽责。

【社会服务】 2019年，民盟城厢支部发挥优势，推进社会服务。按照“发挥优势、突出重点、量力而行、讲求实效、持之以恒”的指导方针，利用人才优势，整合资源，更好地为经济建设服务，为科技、教育、文化等事业发展服务。同时通过社会服务，使盟员的视野和空间得到拓展，掌握大量第一手社情民意信息，为形成高质量、有价值的提案、议案提供宝贵的实践基础。为企业开展“送法进企业”活动（莆田市涵兴食品有限公司、福建锦和江氏食品有限公司、莆田众翔双创职业培训学校）。

（方碧娴）

民　建

【概况】 2019年，中国民主建国会莆田市城厢区支部委员会（以下简称“民建城厢支部”）深入贯彻落实贯彻习近平新时代中国特色社会主义思想和中共十九大，中共十九届二中、三中全会精神，全面贯彻落实中共中央总书记习近平关于加强和改进统一战线工作的重要思想、对福建工作的重要指示精神和治理木兰溪的重要理念，按照省委十届七次全会、市委七届七次、区委九届九次全会和省市统战会议部署要求，民建省委、市委会议精神、全区统战工作会议精神，学习贯彻传达民建中央、省委、市委全会等会议精神。积极推荐骨干会员、新会员参加省社会主义学院、民建市委会举办的各类培训班、学习，通过召开会员大会、各类座谈会、学习交流会、培训提高会等多种形式组织会员学习。使会员较为系统地掌握新时期统战理论及社会发展的有关知识，提升做好工作的本领，增强会员的党派意识。组织企业会员参加国家卫生健康委员会、国家中医药管理局、甘肃省人民政府定于2019年8月22—24日在甘肃省定西市陇西县举办第二届中国（甘肃）中医药产业博览会；纪念中华人民共和国成立70周年、中国共产党领导的多党合作和政治协商制度确立70周年；部署开展“不忘合作初心，继续携手前进”主题教育活动。发展会员壮大队伍，从物色对象、联系考察、上报审批等相关程序不断健全，严把入会关，注重政治素质，发展新会员2名，发展与巩固相结合，吸收政府部门和从事经济工作、专业性强的层次较高的人士入会，非公经济代表人士入会，拓展专业领域。注重调研工作和开展现场活动为载体。支部积极响应市委会号召“吃生态大米，助老区发展，献民建爱心”等活动。

【参政议政】 2019年，民建城厢支部立足本职，发挥特点和优势，充分运用调研成果在“两会”上积极建言献策，取得良好成效。是年，提交在市、区政协《完善幼儿园布局，推进义务教育优质均衡发展的提案》调研文章在区政协八届三次大会发言，受到区委、区政府主要领导重视。同时，在区政协提交的《关于推进网格化工作 提升社会综合治理

5 月 1 日，民建城厢支部到涵江区坪盘村参观乡村治理情况

（吴洪云 摄）

水平的调研报告》被区政协列入议政议题。并在区政协八届三次会议上提交《关于推进老旧小区雨污混合治理试点建设的提案》被列入 2019 年为民办实事提案。贯彻落实习近平总书记治理木兰溪重要理念、服务美丽莆田建设的实践探索，支部会员参与市委统战部组织“统筹城乡融合发展木兰新城建设亟待加快”专题调研，积极尽职履职，践行木兰溪治理理念，助力美丽莆田建设贡献一分微薄之力。

【制度建设】 2019 年，民建城厢支部以制度建设为突破口，进一步规范会务工作。制定详细的学习制度，每月支部至少组织一次学习，每两个月全体会员组织一次集体学习，每一季度组织一次学习交流活动。支部进一步健全支部主委会议、支部委员会议制度，组织生活制度，领导制度，参政议政、社会服务工作制度等。支部更加注重社会服务工作，密切协调好企业界会员的横向联系，协调好企业界会员与民建上级组织企业工委的纵向联络；注重会员活动的多样性，丰富会员社情民意活动内容，坚持定期走访探望会员企业与不定期慰问相结合。加强后备干部队伍建设，注重培养政治素质高、业务能力强的年轻同志。

【社会服务】 2019 年，民建城厢支部开展社会服务活动，积极引导会员参与到“文明创城、幸福家园、养丽乡村”等主题创建活动，树立和践行“同心”思想，推进会员在城厢经济社会发展中发挥应有的作用。充分发挥自身优势，根据会员特质专长和资源禀赋，立足本职，尽职尽责，积极为城厢经济发展、社会服务、维护社会安定稳定贡献力量。支部副主委王金财常年担任区政府法律顾问，先后承担龙德井片区、沟头片区、万达南、筱塘南湖片区、坂头东等重点项目的专项法律顾问，在负责拟定拆迁补偿安置方案时，充分考虑拆迁户的正当诉求，正确调整国家、集体、个人三者的利益关系，合理确定拆迁补偿安置标准，切实维护被拆迁群众的合法权益。支部积极响应民建莆田市委会精准扶贫号召，支部积极参与涵江区消费精准扶贫，合计购买 4000 大米。11 月 29 日，组织企业家会参与对口帮扶村政和县外屯乡黄坑村工作，合计捐赠金额 2 万多元。

（吴洪云）

农工党

【概况】 2019 年，中国农工民主党莆田市城厢区支部委员会（以下简称“农工党城厢支部”）在中共城厢区委和农工党莆田市委会的坚强领导下，在中共城厢区委统战部的指导和帮助下，以习近平新时代中国特色社会主义思想为指导，全面贯彻落实中共十九大和中共十九届二中、三中、四中全会精神，不断提高政治站位，牢固树立“四个意识”，坚定“四个自信”，践行“两个维护”，深入学习领会中共中央总书记习近平关于新型政党的论述，深刻领会统一战线、多党合作、协商民主的新理论新实践新发展。紧紧围绕中共福建省委、莆田市委、城厢区委的各项决策部署，不断加强自身建设，切实履行参政党各项职能，支部的政治思想、自身建设、参政议政、服务社会职能等全面得到加强和提高。是年，农工党城厢支部被市委会评为先进集体，潘仁东、林玲被市委会评为先进党员，宋益清、叶丽珊、胡德雄、被市委会评为参政议政先进个人。

【参政议政】 2019年，农工党城厢支部完成调研报告1篇，向市委会提交社情民意11件，政协委员在城厢区政协八届三次会议上提交反映社情民意的提案建议10件。

【民主监督】 2019年，农工党城厢支部通过参加区人大、政协会议，专题调研和视察，以及通报会、协商会等活动，发挥支部党员的区人大代表、政协委员、安全生产协会评审员、特约审计员、人民陪审员、教育系统“三风”督察员作用，多渠道多形式参与党外民主监督活动，履行各自的职责，提出的意见建议，得到采纳。

【服务社会】 3月4日，为深入学习贯彻习近平总书记治理木兰溪的重要理念，推进学雷锋志愿服务制度化常态化，农工党城厢区支部参与承办的城厢区木兰溪畔志愿红系列活动暨2019年度学雷锋志愿服务宣传月正式启动。在此次活动中为200多名群众义诊，共送出药品4000多元，宣传册200多本。3月8日，为进一步促进城乡教育交流，发挥党员骨干教师的先锋模范作用和专业引领，更好地带动城乡教育均衡发展，农工党城厢区支部部分骨干党员前往莆田市第十二中学开展以“同心助学、情系乡村”为主题的“三五雷锋日”暨“三八妇女节”系列活动。5月22日，农工党城厢区支部积极响应城厢区政协、城厢区委统战部的号召，组织党员参加“共植同心林”活动。5月24日，农工党城厢区支部党员赴灵川镇山门小学，开展庆祝中华人民共和国成立70周年暨“庆六一”情暖校园，同心助学活动。党员们将150多份装满小学课外读物、文具用品的学习礼包，送到每个孩子的手中。11月7日，组织医务人员到灵川镇太湖村开展健康扶贫送医送药下乡义诊活动，推进健康扶贫工作深入开展，本次活动通过送医送药、健康教育、政策宣传、免费义诊，将健康扶贫工作深入到基层，让更多的群众，特别是贫困户，不出家门就能享受到医疗专家的义诊服务，真正把健康送到百姓当中。12月13日，农工党城厢区支部召集部分骨干党员前往城厢区华亭镇西许中学开展以“同心助学、情系乡村”为主题的送教下乡活动。活动中，骨干党员叶丽姗向同学们展示优质的课堂教学艺术和技巧，使课堂成为同学们学习、领悟和提升的平台。农工党城厢区支部组织部分党员利用一些节假日的时间，到各级慈善机构当义工，深得群众的一致好评。宋益清等同志还经常到梅峰寺国学班给孩子们义务讲学，效果显著。

（潘仁东）

致公党

【概况】 2019年，中国致公党莆田市委城厢支部（以下简称“致公党城厢支部”）积极参加区委、区政府召开的协商会、情况通报会、征求意见会等，组织党员们围绕当前社会发展中的热点难点问题，群众关注关心的焦点问题，认真履行民主监督参政议政职能，撰写高质量的议案、提案、建议，支部党员或领衔或附议向市区“两会”提交议案、提案、建议14件，区政协大会发言1篇。

【理论学习】 3月21日，致公党城厢支部组织党员认真学习习近平生态文明思想和木兰溪治理重要理念精神，并前往木兰溪参观。8月1—5日，开展“重温党的历史、不忘入党初心”传统教育暨庆祝新中国成立70周年，组织党员前往广东省考察，对当地红色教育基地若干场所（馆、点）进行考察，进一步弘扬老一辈致公党员与中国共产党同舟共济的优良传统，进一步增强政治共识。9月26日，组织部分党员

7 月 5 日，致公党城厢支部“致公之家”在华林工业园区举行揭牌仪式（谢晓涵 摄）

参加致公党莆田市委会为庆祝中华人民共和国成立 70 周年暨人民政协成立 70 周年举办的书画笔会。10 月 12 日，组织全体党员召开“不忘合作，继续携手前进”主题教育学习部署动员会议，传达学习习近平总书记在庆祝中华人民共和国成立 70 周年和庆祝人民政协成立 70 周年大会上的重要讲话，并对中国致公党简史和党员权利义务进行解读。10 月 31 日，组织党员前往市博物馆，对中国共产党党史历程进行参观学习，进一步凝聚共识，坚定理想信念。

【服务社会】 1 月 24 日，致公党城厢支部组织党员为华亭镇省级贫困户林国腾送去慰问金 1000 元，帮助解决生活困难。3 月 9 日，组织党员与市委会妇女儿童工作委员会赴坪盘村考察保护青山绿水，大力推进乡村旅游建设方面的情况。3 月份，组织党员参与城厢区木兰溪畔志愿红系列活动之“保护母亲河，我们在行动”志愿服务活动。5 月 22 日，参加植树活动，用实际行动践行绿色发展。7 月 5 日，“致公之家”在城厢区华林工业园区举行揭牌仪式，为支部党员凝智聚力、学习讨论、开展活动倾力打造的平台。11 月 28 日，组织党员前往常太镇松峰村就乡村振兴暨枇杷产业如何发展进行课题调研，了解枇杷产业当前存在的问题，并提出建设性的建议意见。

（王乌妹 谢晓涵）

九三学社

【概况】 2019 年，九三学社城厢区支社委员会（以下简称“九三学社城厢支社”）在中共城厢区委、九三学社莆田市委的坚强领导和中共城厢区委统战部的精心指导下，按照建设“思想上更加坚定、履职上更加坚实、组织上更加坚强”要求，自觉传承九三学社爱国、民主、科学精神，切实增强“四个意识”、坚定“四个自信”、做到“两个维护”，围绕区委、区政府的中心工作，做好课题调研工作，谋划好政协、人大会议的提案建议，整合各方资源，开展社会服务活动，履行民主监督职能，积极参政议政。

【学习活动】 1 月 26 日，九三学社城厢支社主委吴清松陪同中共莆田市城厢区委统战部副部长叶建平上门走访慰问九三学社城厢区支社老社员林学智。是日，支社召开学习中共中央总书记习近平在庆祝改革开放 40 周年大会上的讲话精神暨 2019 年工作布置会，全体社员参加会议，九三学社莆田市委主委蔡国萍、中共城厢区委统战部副部长叶建平应邀到会指导。9 月 30 日，支社组织召开“不忘合作初心，继续携手前进”主题教育活动工作推进会，传达学习社中央、社省委、社市委关于开展“不忘合作初心，继续携手前进”主题教育活动的有关精神，布置支社工作。九三学社市委副主委黄潮月应邀到会指导，支社 10 多位骨干社员参加会议。10 月 16-20 日，支社主委吴清松参加九三学社莆田市委组织的赴辽宁省开展“不忘

12 月 20 日，九三学社城厢支部集中学习中共十九届四中全会精神

（吴清松 摄）

合作初心，继续携手前进”主题教育活动现场学习。参观九一八历史博物馆、雷锋学院、雷锋纪念馆、九三学社中央教育基地李世豪陈列馆，聆听王卓然事迹，并与抚顺市委进行社务工作交流。12 月 20 日下午，九三学社城厢区支社组织社员集中学习中共十九届四中全会精神，会议由支社主委吴清松主持，市人大常委会财经工委主任、九三学社莆田市委副主委黄潮月，中共城厢区委统战部副部长叶建平应邀到会指导，支社 15 位社员参加。

【参政议政】 2019 年，九三学社城厢支社政协委员、社员围绕各自本职工作及社会关注的民生焦点热点问题，积极建言献策，参政议政。支社社员、东海镇副镇长阮成伟主笔的“推进‘四好’农村道路建设的建议及措施”调研课题获九三学社莆田市委员会立项，支社团体提案“关于支持做大做强小微科技创新型企业的几点建议”入选区政协八届四次会议提案。

【社会服务】 2019 年，九三学社城厢支社紧紧围绕“整合资源、打造特色、打响品牌”的工作思路，坚持社会服务工作特色化、品牌化、长期化的方向，扎实推进社会服务工作。1 月 30 日，支社组织社内外书法爱好者一行 8 人到灵川镇桂山村挥毫泼墨书写春联，助力当地党委、政府开展移风易俗写赠春联活动。活动现场共为村民们书写赠送 900 多副春联，发放移风易俗倡议书、平安建设宣传单 300 多份，弘扬中华民族的传统文化，加强与村民之间的交流互动。5 月 24 日，支社联合民革城厢区支部、农工党城厢区支部带着 150 多份装满小学课外读物及彩笔、画笔等文具的礼包，走进灵川镇山门里小学开展庆“六一”助学活动，表达对农村山区校教育的关心。

（吴清松）

工商联

【概况】 2019 年，莆田市城厢区工商业联合会（以下简称“区工商联”）认真学习贯彻中共十九大精神，紧紧围绕党委政府的中心工作，牢牢把握“两个健康”工作主题、服务强会工作主线，积极引导非公有制经济人士坚定理想信念、增强发展信心，着力促进非公有制经济适应和引领经济发展新常态，引导非公经济人士认真做好参政议政、商会建设、会员服务、招商引资、光彩事业等各项工作。是年，被中华全国工商业联合会评为 2018—2019 年度全国“五好”县级工商联。

【思想政治工作】 2019 年，区工商联大力加强思想政治学习教育，持续开展“学讲做”活动，引导非公经济人士牢固树立“四个意识”，坚定“四个自信”，坚决做到“两个维护”。持续深化理想信念教育实践活动，以“守法诚信经营、坚定发展信心”为重点，通过主题座谈会的形式，从抓好非公有制经济代表人士向推动广大非公有制经济人士学习贯彻辐射，进一步增强发展壮大民营企业的信心和决心。共召开主题座谈会3场，人数达120人次，发放各种学习材料120多份。开展庆祝中华人民共和国成立70周年系列活动，把理想信念教育与庆祝中华人民共和国成立70周年系列活动紧密结合，丰富形式、提升内涵。组织非公有制经济代表人士、商会组织负责人开展包括学习会、报告会、座谈会在内的形式多样的主题活动，组织会员企业积极参与一系列庆祝活动，宣传展示城厢区非公有制经济发展成就和典型事迹，生动反映城厢区非公有制经济不断发展、不断壮大的历程和成果，营造良好的社会氛围。

【教育培训】 2019年，区工商联为助推企业转型升级和高质量发展，拓宽企业家经营管理理念。4月9日，组织企业家代表参加莆田市企业创业辅导对接会。辅导对接会有专家、企业家和政府部门共100多人参加。辅导会注重理论与实践、微观与宏观相结合。围绕企业管理的迫切需求就博弈与创新、企业项目化管理，人工智能制造、宏观经济形势与企业发展战略创新、企业家的战略修养等方面，为企业开展创新创业咨询、孵化等服务，助推产业转型升级。9月12日，组织开展法律风险防控知识讲座。讲座专家从合同的概念、种类、订立到如何防范合同陷阱，向企业家们推介多种防范技巧。同时通过大量案例的列举，进行生动详尽地剖析，信息量大，专业性强，引导企业家增强法律风险防控意识和能力，及时预防和化解法律风险。培训学习内容紧贴实际，符合企业需求，得到参会企业家的一致好评。

【深入企业走访】 2019年，区工商联深入开展“进商会、访企业、助发展”活动。全年共走访三威鞋业有限公司、郭氏鞋业有限公司、亚明食品有限公司、力奴鞋业有限公司等20多家民营企业，围绕优化营商环境、科技创新、行业商协会发展等重点课题进行调研，坚持问题导向，通过与企业沟通座谈，收集企业在优惠政策、企业职工子女入学教育、企业用工等各方面25条诉求和建议，并一一跟进协调解决。较好地实现向企业传递和解读城厢区各项惠企政策、精准协助企业解决难题、加强沟通联系、助力企业健康平稳发展。

【精准扶贫】 2019年，区工商联积极响应省委统战部、省工商联“百企帮百村”精准扶贫行动部署和莆田市委、市政府精准扶贫行动要求，积极引导民营企业家致富思源，自觉投身帮扶行动，彰显民营企业家新时代责任担当。全年共组织13家会员企业及商会分别与7个建档立卡贫困村及7个有贫困户的老区村挂钩对接，开展多种形式的帮扶行动。通过产业帮扶、就业帮扶、捐赠帮扶、技能帮扶等多种方式，增强群众致富的信心，为挂钩村的发展提供有力帮助。

（陈晖）

群众团体

总工会

【概况】 2019年，莆田市城厢区总工会（以下简称“区总工会”）在区委和上级工会坚强领导下，坚持以习近平新时代中国特色社会主义思想为指导，深入学习中共十九届二中、三中、四中全会精神，全面落实习近平总书记对工会工作的重要指导和中国工会十七大精神，紧紧围绕中心、服务大局，切实履行工会职责，充分发挥自身优势，干在实处、走在前列，努力推动城厢工运事业全面发展。

【城厢工会第四次代表大会】 4月16—17日，城厢区工会第四次代表大会召开。区委书记王文才在会上讲话，市总工会党组书记、副主席彭鲤芳到会讲话。陈洪武、陆建琪、吴建銮、肖志雄、黄美光等区领导出席会议。城厢区工会第四次代表大会选举新一届区总工会领导班子，区委常委、组织部部长陆建琪为区总工会主席，陈开水、庞丽香、蔡慧萍（挂）、许文龙（兼）、林剑平（兼）为副主席。

【主题教育活动】 2019年，区总工会深入学习宣传习近平新时代中国特色社会主义思想，以“中国梦·劳动美”主题宣传活动为抓手，结合“不忘初心 牢记使命”主题教育活动，持续掀起工会“大学习”热潮，区总工会领导班子带队，邀请劳模、职工代表等先进典型下基层入一线，进园区入企业，全面铺开宣讲工作，推动习近平新时代中国特色社会主义思想进基层一线、进工会干部和广大职工头脑，团结引导职工群众听党话跟党走。是年，区总工会领导班子带队深入基层持续开展宣传宣讲活动，组织开展劳模先进事迹宣传、“培育好家风·女职工在行动”主题教育、女职工心理健康讲座、职业病防治公益讲座、最美职工家庭交流分享会等主题宣传教育活动。

【职工文化建设】 2019年，区总工会充分发挥工会宣传阵地和区总工会微信号等新媒体阵地作用，进一步深化精神文明创建活动，加强职工文化建设，增强职工文化自信。深化职工书屋建设，新建职工书屋2家，捐赠价值6万元书籍，依托“职工书屋”这一载体，组织开展读书分享、学习交流、文化沙龙等阅读活动；在力奴鞋业举办“庆祝新中国成立70周年暨关爱外来工中秋联欢会”活动，全区共1600名职工群众参加；组建城厢区职工代表队参加“莆田市庆祝新中国成立70周年歌咏比赛”，荣获二等奖；充分发挥“互联网+工会”优势，不断创新宣讲方式，举办“知法·用法·懂法”法律知识竞答、“庆祝新中国成立70周年·

7月11日，区总工会在华林园区开展“走基层、进企业、送服务”系列活动 （陈芳芳 摄）

最美奋斗者”竞答活动。

【基层工会建设】 2019年，区总工会通过集中入会、发放入会礼包、点对点指导入会等形式，不断破解入会难点，持续抓好百人以上非公企业建会和“八大群体”入会工作。至11月，区内百人以上非公企业74家，均创建工会，会员数20843人。全区“八大群体”35家，职工数4058人，建会28家，会员数3543人，建会率达80%，入会率达87.3%。稳步推进“建家”工作和民主管理工作，培育复茂食品、亚明食品、中科华宇等3家先进职工之家示范点，其中复茂食品、亚明食品2家被命名为“莆田市先进职工之家示范点”，发展会员实名制单位10家，下基层指导民主管理工作16家。

【建功立业活动】 2019年，区总工会精心组织劳动技能竞赛活动，8月25日，举办第六届“莆田工匠”技能大赛—城厢区“新路杯”制鞋工职业技能竞赛，全区共有101名制鞋能手同台竞技；发挥劳模引领作用，完成2019城厢区劳模推荐评选工作，在“五一”国际劳动节前，评选、表彰莆田市城厢区劳动模范81人；做好劳模管理服务工作，为47名退休劳模发放劳模津贴58320元，为42名市级以上劳动模范进行两年一次的健康体检，对生病、困难劳模年底进行集中慰问。

【困难职工解困脱困】 2019年，区总工会努力帮助困难职工解困脱困，筹集送温暖资金36.8万元。1月24日，城厢区区委常委、组织部长，区总工会主席陆建琪带队，为321名“两节”期间坚守岗位的一线职工（环卫工人和一线路面执勤交警）送去18.3万元的送温暖资金。走访慰问困难职工59人次，发放帮扶资金16.5万元（其中资助

5月30日，市总工会、城厢区总工会联合开展“清清护河心 悠悠关爱情”慰问外来工子女、留守儿童活动 （区总工会 供）

8 月 3 日，区总工会在华亭镇绿丰花卉世界生态园开展 2019 年城厢区“爱在七夕 与你厢约”青年职工联谊活动　（区总工会 供）

困难职工子女上学 2 人，资助资金 1 万元）。贯彻落实省总工会“万名工会干部进万家”帮扶行动工作要求，回访困难职工 154 人（其中全总档 92 人，地方档 62 人）。

【维权服务行动】　2019 年，区总工会高举维护职工合法权益的旗帜，推行“一函两书”制度，履行工会劳动法律监督职责，不断健全协商劳动关系三方机制，推动平等协商和集体合同扩面提质增效，维护职工队伍和谐稳定。举办安全生产和职工病防治讲座、“走基层、进企业、送服务”等活动，邀请省总权益保障部工资集体协商专员，为区内 200 名工会干部及职工进行业务培训。继续开展“法律六进”活动。是年，开展法律专题讲座 3 场，普法宣传活动 5 场，通过网络平台开展普法知识竞答活动，不断实现普法宣传形式多样化。

【关爱职工行动】　2019 年，区总工会关爱高温作业职工，开展“送清凉、送安全、送关爱”活动，为他们送去价值 20 万元左右的清凉品 2020 份。关爱职工子女，举办“清清护河心·悠悠关爱情”“品味端午·爱在隆兴”、职工子女暑托班等关爱外来工子女系列活动。关爱一线职工，通过开展“点亮微心愿·情暖环卫工”“爱在七夕·与你厢约”2019 年单身青年职工大型公益联谊活动、组织一线职工参加疗休养、女职工素质外拓等活动，切实为职工办实事办好事。深化职工医疗互助活动，为 169 名住院职工报销补助达 31.7 万元，其中大病补助 5 人，补助金达 1.2 万元。

（吴佩仙）

共青团

【概况】　2019 年，共青团莆田市城厢区委（以下简称“团区委”）在区委和团市委的正确领导和指导下，高标准、严要求、重创新地推进工作，共青团工作不断迈上新台阶，在全市乃至全省发出城厢声音，展示城厢青春魅力。

【共青团城厢区第十二次代表大会召开】　3 月 20 日，共青团城厢区第十二次代表大会在莆田阳光假日大酒店召开，区领导王文才、吴文恩、黄志强、郑松青、陆建琪、吴建銮、肖志雄、黄美光、黄光明、林素香出席大会。团市委书记郭志诚到会致辞，区委书记王文才作强调讲话。大会审议并通过林鸿伟代表共青团城厢区第十一届委员会所作的《不忘初心跟党走　牢记使命勇担当——在坚持高质量发展落实赶超加快建设美丽莆田先行区新征程中贡献青春力量》工作报告。大会选举产生 25 名共青团城厢区第十二届委员会委员、12 名共青团城厢区第十二届委员会候补委员。共青团城厢区第十二届委员会第一次全体会议上，民主选举产生共青团城厢区第十二届委员会常务委员。林鸿伟当选为共青团城厢区第十二届委员会书记，林琳、陈慕珊、林珊等 3 位分别当

3月21日，共青团城厢区委第十二次代表大会召开（邱水兴 摄）

选为专、挂、兼职副书记。

【宣传工作】 2019年，团区委全力打造微信公众号“城厢共青团”，提升公众号的活跃度，年内有两个月微信综合影响力指标位居全省县级团委前6名。全年累计在各类新媒体、报纸等媒介宣传报道信息150余条。五四期间，拍摄纪念五四运动100周年宣传短视频“百年五四”，累计观看超1万人次。组织开展的“百年五四 微影青春”青春微视频宣传展示活动得到累计超3万人次的投票和转发，且单篇微文在全省县级团委微信文章点击量排名第7名。

【基层团建】 3月，团区委在全市各区中率先落实共青团改革要求开展团区委换届工作，进一步优化本级团组织架构，配备挂兼职副书记。同时，指导城厢8所中学（中职）全部完成团组织换届和团干部配备工作，进一步提升基层学校团组织战斗力。

【思想工作】 2019年，团区委充分依托“智慧团建”平台，扎实开展青少年思想引领工作，如：组织团员青年参与“青年大学习”第7季第8期团课学习达5700人，占比84.23%，参学比例位居全省84个县区团委第1名，较第二名高15.7个百分点，受到团省委、团市委的通报表扬。

【主题活动】 2019年，团区委围绕贯彻治理木兰溪重要理念，利用暑期在木兰溪沿线村园头村、木兰村、油潭村举办“爱在木兰溪”主题公益夏令营活动；以五四运动100周年为契机，组织优秀团员青年代表参与“百年五四”火炬传递活动。同时各校少先队主题活动丰富多彩，组织学校少先队参加第三届鼓号操比赛，城厢区第一实验小学少先队取得第二名的好成绩。

【服务青年】 2019年，团区委积极协调预青部门单位开展青少年关爱帮扶活动，搭建多个活动平台服务青年，组织开展关爱新兴社会群体“快递小

5月4日，团区委在木兰溪畔举办“青春传薪火 奉献新城厢”纪念五四运动100周年火炬传递活动（邱水兴 摄）

10月9日，团区委在莆糖社区开展“关爱快递小哥 携手传递温暖”主题活动 （邱水兴 摄）

哥”活动、“爱在七夕—与你厢约”单身青年联谊活动，进一步扩大团的工作覆盖面。“传递爱心、扶志助学”“法治禁毒夏令营”“335”的校园心理服务工作等工作品牌得到上级部门的充分肯定，2019年度全区预防青少年违法犯罪工作考评位居全市第一名。

【队伍建设】　2019年，团区委针对单位力量不足的情况，进一步创新“团干部＋志愿者＋社工”的模式，在延伸手臂中实现资源整合，有效保障日常工作的开展。以3月区委巡察组进驻团区委开展巡察工作为契机，进一步规范团区委日常工作，自身建设得到加强，并全部完成巡察整改工作。

（韩超凡）

妇　联

【概况】　2019年，莆田市城厢区妇女联合会（以下简称“区妇联”）坚持以习近平新时代中国特色社会主义思想为指引，认真贯彻落实习近平总书记重要讲话精神，按照中国妇女十二大精神和省、市妇联的部署要求，切实增强政治性先进性群众性，进一步筑牢全区妇女高举旗帜、维护核心、紧跟党走的思想根基，进一步拓展发挥妇女“两个独特作用”的载体平台，团结引领全区妇女“巾帼心向党·建功新时代”，为坚持高质量发展落实赶超、奋力推进新时代新城厢建设贡献半边天力量。

【召开城厢区第六次妇女代表大会】　2019年，区妇联组织召开城厢区第六次妇女代表大会，来自全区各条战线的149名妇女代表参会，共商发展大计，共绘妇儿工作。大会选举产生区妇联六届执委，较上届增设6人，壮大妇联执委队伍。

【实施“创业创新巾帼行动”】　2019年，区妇联举办巾帼家政技能公益培训班，50余名有意愿从事家政服务的待业女性参加培训；与区人社局等部门联合举办烘烤职业技能竞赛，70余名选手参赛通过理论知识和技能操作比赛，13名获奖选手中，女性9名，为女性朋友提供一个展示学习交流的平台，有效弘扬工匠精神。开展“巾帼共建行动”，进行女性创业情况调研，了解协调城厢区女企业家创业发展中面临的困难或问题，收集女企业家融资需求，向区政府和市妇联反映，促进女企业家在创业发展中面临的相关问题得以解决，促进女企业家与金融机构顺利对接，助力女性创业。

【开展“巾帼脱贫攻坚行动”】　2019年，区妇联开展“春风送岗行动”，与区人社局等部门在华林经济开发区开展“妇女就业专场”招聘会，现场70多家企业参加，提供2000多个工作岗位，为企业用工和妇女就业搭建平台，实现共赢。挂钩5户精准扶贫户，每个月都深入到挂钩户家中看望慰问，为他们送去精神和物质帮助；同时还携手女企业家慰问常太镇10户精准扶贫户。春节期间联合爱心企业走访慰问87户贫困妇女儿童家庭，其中精准扶贫户23户，发放慰问金和慰问品10万元，为特殊困境妇女儿童和家庭排忧解难。积极为省“母亲健康1+1”募捐，通过微信“爱心帮扶群”发送红包的方式募捐善款；发动机关企事业单位募捐，共募集善款17.08万元，全部汇入“福建省红十字母亲健康天使基金”专用账户，年内有31名“两癌”患者得到救助。持续开展精准扶贫建档立卡贫困妇女赠送保险工作，为443名建档立卡贫困妇女购买女性安康疾病保险；联合中国人寿莆田分公司邀请省肿瘤医院专家，深入区第一实验幼儿园为120多名园教职工及学生家长进行“关爱女性·呵护健康”公益讲座，推进女性“两癌”防治及妇科常见病相关知识普及。

【开展“建设生态家园巾帼行动”】 2019年，区妇联开展“巾帼护河·共建生态家园”志愿服务活动，区、镇（街）、村（社区）三级妇联组织共成立26支巾帼护河志愿服务队，开展17场护河活动。开展“美丽木兰溪·巾帼勇担当”健步走活动，进一步倡导自然、绿色、文明、健康的生活方式。开展“春运巾帼行·让爱温暖回家路”志愿服务活动，组织志愿者深入莆田火车站，为返乡、出行等旅客提供信息查询、购票取票、行李搬运、送方便面及面包、现场写春联等温馨而贴心的服务。举办“爱在七夕 与你厢约”大型相亲联谊活动。大力倡导文明新风，落实移风易俗工作要求，举办集体相亲联谊活动，来自城厢区的170余名党政机关、企事业单位青年和驻地部队官兵相聚一堂，在七夕前邂逅一场浪漫的寻爱之旅。

【深化“巾帼维权行动”】 2019年，区妇联开展巾帼暖人心·普法维权在身边”法律宣传。结合开展“三八”维权、综治宣传月、禁毒日、反邪教、网络安全等主题宣传活动，深入灵川镇径里小学，华亭镇南湖村、园头村、华亭社区进行《中华人民共和国反家庭暴力法》“反邪教”“禁毒”、网络安全等知识宣传，对村民和学生进行毒品的危害和预防进行宣传，分发宣传材料500多份；举办2场以“千家万户齐承诺 不让毒品进我家”“网络安全为人民 网络安全靠人民”主题晚会，通过歌舞、方言小品等形式向广大群众宣传毒品的危害和预防，现场观看群众有5000多人。认真细致地做好矛盾纠纷调解工作，全年接待妇女群众信访14件次，其中家庭纠纷有12件次。做到件件有落实，件件有回音。

【实施妇儿发展纲要】 2019年，区妇联开展“两纲”监测评估工作，协调各成员单位报送指标数据，开展自查，对重难点问题进行分析，制定措施，确保2020年终期如期达标。城厢区“两纲”87个指标，达标68个，达标率78.16%。加强儿童之家和社区家长学校建设，列入区政府2019年为民办实事项目，新建11个儿童

10月7日，区妇联开展好家庭好家风宣讲进社区活动(苏剑玲摄)

7月29日，区妇联在龙桥街道开展"书香飘万家"亲子阅读活动启动仪式
（苏剑玲 摄）

之家。在项目实施上，以示范带动的形式，选取一个街道（龙桥街道）、一个社区（莆糖社区）、三个村（霞皋村、后角村、上亭村）作为试点。在龙桥街道主要结合街道党建工作和区妇联日常工作需求，向广大社区家长开展党政主题宣传教育活动6场；在莆糖社区、后角村、上亭村主要结合"六一"国际儿童节、端午节、重阳节等节假日开展大型社区（村）主题活动5场；在霞皋村主要利用"社工+老师+志愿者"模式，开展"小小追梦人"系列兴趣培养课程14场，"童心向未来"成长营系列主题活动14场。

【开展"家庭文明建设行动"】 2019年，区妇联举办"弘扬家风话家训·喜迎新春扬美德"分享会，以"名人家风家训"经典诵读、"我的家风家训"介绍、"我家的故事"分享3个篇章，引导区妇联全体干部及下属第一实验幼儿园全体教职工从自身做起、从家庭做起，讲道德、守规矩、重家风，有效将社会主义核心价值观融入日常生活。启动"书香飘万家"家庭亲子阅读活动。在龙桥街道以亲子表演和诵读的形式启动，要求全区各级妇联上下联动，因地制宜、创新形式，大力开展丰富多彩的亲子阅读活动，并常态化推进落实。举办"家风家训我传承"公益讲座，邀请区关工委副主任郭景国深入灵川镇径里村为大家讲述他本人是如何传承被誉为"福建妈妈"——他的母亲黄淑贞精神和教育世家的良好家风。邀请省家庭教育专家深入华亭镇樟塘村、霞林街道莆糖社区、城厢区第一实验幼儿园开展"家庭教育公益大讲堂"，为广大家长传授科学育儿知识。举办"大手牵小手·我与新时代共成长"感恩母亲节活动，通过"妈妈，我想对您说"活动，说出孩子们内心深处不曾表达的对母亲浓浓的爱；孩子们还亲手制作手工花献给母亲，并开展"浓浓饺子香"亲子互动包饺子活动。
（苏剑玲）

科　协

【概况】 2019年，城厢区科学技术协会（以下简称"区科协"）在市委、市政府和上级科协的正确领导下，以习近平新时代中国特色社会主义思想为指导，深入贯彻落实中共十九大精神，牢记使命，勇于担当，围绕中心，服务大局，改革创新，务求实效，努力开创工作新局面，扎实推进全区的全民科学素质工作和科技普及工作，为实现城厢区公民科学素质建设水平提高提供有力支撑。

【思想道德建设】 2019年，区科协党组始终坚持用思想武装头脑，深入学习贯彻习近平新时代中国特色社会主义思想，严格按照中央和省市要求，扎实开展"不忘初心、牢记使命"主题教育，自觉把思想和行动统一到以习近平总书记为核心的党中央的决策和部署上来。党组书记认真履行从严治党第一责任人职责，靠前指挥，亲自推动。带动党员干部自觉践行党的根本宗旨，把群众

1月15日，城厢区举办文化、科技、卫生“三下乡”活动

（林志伟 摄）

观点、群众路线深深植根于思想中、具体落实到行动上。区科协领导重视科普工作，经常到现场落实、检查、指导科普工作开展。多次到各个社区科学工作室检查、指导工作，听取困难、问题及需求，并努力给予解决和帮助。

【科普阵地建设】 2019年，区科协积极争取筹措资金用于城厢区青少年科学工作室、科普E站、科普教育示范基地、院士专家工作站建设；支持区内学校的机器人比赛、学校科学工作室和机器人教学等科普设备。是年，投资近18万元购买小胖机器人等设备，用机器人进行禁毒、救护、消防等教育宣传。

【科普活动】 2019年，区科协积极参与文化、科技、卫生“三下乡”和全国科普日、科技活动周活动。通过联合各社区、学校开展形式多样的青少年科普活动。1月15日，区科协积极联合区委宣传部等到华亭镇组织开展2019年城厢区文化、科技、卫生“三下乡”活动，活动现场发放科普教育丛书《营养科学》《疾病预防》《养生保健常识》小册子、反邪教宣传单等科普宣传资料800多份。9月16日，区科协在逸夫实验小学引进人工智能机器人“小胖”，开设机器人课堂，培养孩子们学科学、爱科学的兴趣，增强他们创造力和动手能力。人工智能机器人配合教师上课，机器人讲知识点、教师引导互动、教学与实验同步进行，让课堂形式更加生动，学生更易接受知识。为未成年人提供积极、健康、向上的精神食粮，丰富他们的精神文化生活，让更多的青少年参加活动，提高青少年的科学素质。此次“智慧校园”行动，获得区、市电视台还作为专项报道。9月18日，在莆田三中举行2019年全国科普日暨“礼赞新时代，智慧新生活”活动启动仪式。通过展板、挂图、实物等现场演示、分发宣传资料等方式进行宣传。活动内容有机器人表演、科技咨询活动、创意作品展示、科技成果展示、医疗专家义诊等，发放1000多份的科普宣传资料，科普大篷车展出六个主题24项科普展品，为学校师生带来一场近距离的科技体验活动。10月，组织开展科普宣传周活动，围绕“礼赞新中国，

9月18日，城厢区科协在莆田三中开展全国科普日期活动

（林志伟 摄）

奋进新时代”为主题，对科技创新创业、应急安全、食品药品安全、生态环境保护、节约资源能源等公众关注的社会热点问题进行广泛的宣传，吸引数多民众参加，发放各类科普资料2000余份。

【精准扶贫】 2019年，区科协扎实推进精准扶贫工作。区科协党组每个月定期组织党员干部深入华亭镇宫利村，走访挂钩的4户贫困户，详细了解贫困户的家庭情况并送上慰问品，与村干部共同研究制定挂钩帮扶的方案，引导挂钩贫困户脱贫致富，以实际行动助力精准扶贫工作。

（林雪娟）

侨 联

【概况】 2019年，莆田市城厢区归国华侨联合会（以下简称“区侨联”）在区委、区政府的坚强领导和市侨联的精心指导下，深入学习贯彻中共十九大精神和各级侨联工作会议精神，紧紧围绕区委、区政府工作中心、服务大局，认真履行侨联工作职能，积极服务城厢经济科学发展，努力促进社会和谐，为实现城厢跨越发展提供最广泛的侨力支撑。

【联谊活动】 2019年，区侨联主席陈玉萍参加莆田市侨商联合会2019年会。2月20日下午，城厢区侨青会委员肖文权、叶培炎、赵鲁山、黄福祥等侨界青年参加莆田市侨联和莆田市侨青会联合举办的莆田市侨界青年新春座谈会。利用春节、元宵、中秋等传统节日，拜访10多位回乡的侨商等侨界重点人士，送去鲜花，送上节日的问候和祝福。通过网站、微信群等新媒体，发布新春贺词、中秋电子贺卡等，向广大归侨侨眷和海外乡亲拜年、贺团圆。6月28日，接待来自印度尼西亚雅加达的华裔学生到城厢开展2019年“亲情中华”夏令营活动。9月7日，协助做好第二十届世界华人学生征稿工作，广泛发动归侨侨眷子女和高中在校学生参与征稿活动，共收到团体征稿件34篇，个人征稿件43篇，取得全国一等奖2名，全国二等奖3名，全国三等奖1名的好成绩。9月24日，城厢区侨联主席参加由莆田市侨联主办，莆田市侨商联合会、莆田市侨界青年联合会承办的“莆田蝶变·侨这70年”莆田市侨界庆祝中华人民共和国成立70周年座谈会。认真做好海外联谊工作，接待印度尼西亚雅加达兴安会馆、印度尼西亚商会、马来西亚马六甲兴安会馆、新加坡兴安会馆、沙特华商会、莫桑比克莆田同乡会等访莆团，接待回乡的海外重点人士100多人次。积极响应海外社团的各类庆典活动，及时向海外侨团换届和知名人士获得荣誉等发去贺电，并在侨联、侨商、侨青等微信群上发布，保持侨联组织的关切度。

【助力扶贫帮困】 2019年，区侨联主席陈玉萍参加市侨商会与协和医院联合开展的义诊活动，开展健康咨询，加强互动，促进联谊。2月21日下午，城厢区侨联主席陈玉萍陪同市侨联主席陈锦堂、市侨联专职副主席吴秀珠、市侨青会会长郑志勇、理事长王向上、监事长张少雄以及城厢区侨联一行12人深入城厢区华亭镇云峰村开展“扶贫帮困、侨青在行动”活动。开展“百侨帮百村－联村助户”活动，挂钩帮扶4户贫困户，积极开展扶贫帮困、捐资助学等活动，发放省侨联下拨贫困户帮扶资金8000元，助力脱贫攻坚。春节期间，参与省、市侨联组织的慰问团深入归侨侨眷家中，开展送温暖活动，看望慰问孤寡、病残、特困归侨，发放慰问品、慰问金，把党和政府的温暖送到归侨侨眷的心中。

【基层组织建设】 2019年，区侨联深入贯彻中央《关于加强和改进新形势下侨联工作的意见》，紧紧依靠各镇街、各村居党组织现有基础和条件，积极在镇（街）、村居、企业建立基层侨联组织，努力做到“党”和“侨”密不可分。2019年全区新建园头村、埔柳村、云锋村三家村级侨联。

【党建带侨建活动】 2019年，区侨联与市侨联以及华亭镇云峰村支部开展三级联创，以“创家交友”“百侨帮百村”活动为载体，推动三级侨联党建和业务工作相互促进，联合开展工作。通过开展“知侨情、暖侨心”党员结对帮扶困难归侨、党员献爱心活动，真心实意为海外侨胞、归侨侨眷办实事、做好事、解难事。10 月 16 日下午，城厢区侨联主席陈玉萍陪同市侨联副主席吴秀珠，带领机关干部赴城厢区华亭镇埔柳村调研。结合党建带侨建，促进基层组织建设、主题教育检视问题、以及了解侨资企业发展趋势及发展中存在的问题、需要协调解决的问题等工作进行交流、探讨下一步工作。

【侨情普查】 2019 年，区侨联配合政府开展侨情普查，区内 7 个镇街 120 个行政村（居）实现 98% 零排查入户率，共普查汇总华人华侨 3500 多人，社团 7 个，较全面地把握城厢新时代海外侨情，为城厢社会经济发展、构建和谐侨乡侨社、建设美丽城厢提供数据保障。

【侨法知识宣传】 2019 年，区侨联始终把学习、宣传、贯彻《中华人民共和国归侨侨眷保护法》和《福建省实施〈中华人民共和国归侨侨眷保护法〉办法》作为日常工作重点常抓不懈。通过群发短信、进校园、社区入户等方式进行全方位宣传，制作宣传标语下发各镇（街），充分利用 LED、广告牌、宣传栏等媒介，广泛宣传涉侨法律法规，共发放小册子 1500 多册，宣传单 5000 多份，增强侨法宣传日常影响力。

【涉侨维权机制建设】 2019 年，区侨联协调公、检、法、司法机关建立涉侨矛盾纠纷多元化解机制，为开展涉侨矛盾纠纷多元化解工作和依法维护侨益提供有力支撑。大力发挥区侨联法顾委的作用，指导基层侨联提升涉侨矛盾纠纷调解衔接工作站的服务水平，认真处理侨界群众的来电来信来访，协调诉讼案件，提供法律咨询服务，切实维护侨益。深化涉侨矛盾纠纷工作的信息专报件得到上级侨联主要领导的批示和肯定。

【侨胞之家建设】 2019 年，区侨联认真落实侨联改革方案的要求，坚持把基层侨联组织和“侨胞之家”建设作为团结侨胞、动员侨胞、组织侨胞、凝聚侨心民意的重要阵地，规划在华亭镇园头村旧小学建设“侨胞之家”和“新侨工作站”，在华亭镇民俗博物馆建立“华侨文化陈列室”。深化“创家交友”活动，以开展创先争优、创家交友为重点，健全基层侨联组织建设，夯实侨联工作基础，加强培训，全面提高干部队伍素质，提倡爱岗敬业的奉献精神，打造作风正，群众满意放心的侨联队伍。

（李永鑫）

文　联

【概况】 2019 年，莆田市城厢区文学艺术界联合会（以下简称“区文联”）在省、市文联的正确指导下，坚持“二为”方向，贯彻“双百”方针，紧紧围绕全区中心，服务工作大局，团结全区广大文艺工作者坚持以人民为中心，开展文艺创作、群众性文化活动等活动，推动城厢文化建设的大发展、大繁荣。

【文艺创作】 2019 年，区文联不断浓厚文艺创作氛围，优化创作环境，扩大创作面，将个体创作纳入全区文艺创作工作，侧重推出涉及不同领域、富有城厢特色、贴近群众需求的文艺作品，更好满足人民精神文化生活新期待。指导协助《家园记忆》系列篇、影视剧本《溱川》、木雕《桃花源记》和文化散文集《南日岛往事》系列创作申报 2020 年度省文艺发展专项资金项目，指导莆仙戏《节义春秋》申报 2020 年度省地方戏曲扶持专项资金项目。持续深入镇、村开展乡村文化文艺采风活动，收集整理记录家风家训、民俗工艺、名人传说、古厝民居等系列资料，挖掘和建设城厢传统文化资源，编辑出版《家园记忆——灵川篇》。组织美术家协会会员创作美术作品和精品，参加省、市各级主题书画展览，筑就城厢文艺高峰。

【文艺设施】 2019年，区文联认真贯彻落实国家《关于加快构建现代公共文化服务体系的意见》，继续实施基础文化设施全面覆盖工程，加快构建覆盖城乡的公共文化服务体系，进一步完善区、镇（街）、村（社区）三级公共文化设施网络，形成“区有综合文化中心，乡镇有综合文化站，社区有文化活动中心，村有文化活动室、农家书屋”的文化阵地格局，提升公共文化服务水平。积极落实文化馆（站）公共文化设施免费开放制度，文化公益培训、艺术普及、阅读欣赏、展示展览等基本服务项目健全。

【文艺人才队伍】 2019年，区文联继续实施人才培养工程，充分发挥文艺创作孵化器的作用，协调、组织文艺领域拔尖人才和高层次经营管理人才、专门技术人才文，强化培训深度，加大培养力度，努力造就一批专业贡献突出、引领作用明显的文化名家和各领域领军人物。坚持人才挖掘、培养两手抓，发现和培养扎根乡土的文化能人、民间文化传承人和文化活动积极分子，为全区书画、摄影、文学创作等文艺事业提供强大的后备军力量，抓好区文化馆、乡镇文化站等文化场馆人才培养，打造富有乡镇特色的文化人才队伍，全面提升基层文化管理服务水平。成立莆田市文艺志愿者城厢分队，用好文艺“轻骑兵”深化文化服务。截至12月底，全区从事工艺美术专业技师3000多名，上百件工艺美术精品在国内外美展中获奖。

【文化惠民】 2019年，区文联坚持文化惠民，大力开展群众性文化文艺活动，1月份结合文化、科技、卫生“三下乡”集中服务活动，开展送书下乡、送春联下乡等活动；2月份举办“木兰春声”美术作品展览和迎新春中国画小品展览；4月份组织美协会员创作精品，举办“第十三届全国美展创作观摩会”；5月中旬在三清殿举办“母亲节”书法作品展，6月份在市艺术馆举办“寻找最美木兰溪”写生作品展，9月举办“向祖国献礼”——城厢区庆祝中华人民共和国成立70周年青少年美术作品展、“情系新时代，共筑中国梦”庆祝中国人民共和国成立70周年书画作品展览，极大地丰富市民群众的精神文化生活。

【传统文化保护】 2019年，区文联加强全区文物保护利用工作，加大文物保护经费投入，龙山宫、溪北涂氏祠堂、青龙书社的文物保护修缮工程。加强历史文化资源普查，继续做好历史文化名城名镇名街名村、历史文化街区、传统村落的申报、批准、规划、保护、管理等工作，提升博物馆、纪念馆、名人故居的展示水平，对蔡襄纪念馆进行装修，充实有关蔡襄历史故事的相关内容图片，及时开放展示，不断提升展示水平。

（蔡丽红）

贸易促进

【概况】 2019年，中国国际贸易促进委员会莆田市城厢区支会（以下简称“区贸促会”），以迎接区委巡察、开展党的“不忘初心、牢记使命”主题教育实践活动为契机，紧密联系当前国际国内经济社会发展的新形势、新机遇，围绕外经贸中心工作，发挥贸促机构特点和优势，加强商贸交流活动、涉外商事法律服务和自身全面建设，较好地完成年度各项任务。

【涉外商事法律服务】 2019年，区贸促会利用省市贸促系统培训资源，组织十几家进出口企业参加涉外商事法律服务“八闽行”（莆田站）活动，内容涉及两岸经贸法律现状与合作热点、外经贸扶持政策等。协助市贸促会建立微信平台，以邮箱、微信平台等多种途径发布信息，定期将总会发布的进出口公平贸易预警及应对工作方面的信息向进出口企业发布。

【“不忘初心、牢记使命”主题教育】 2019年9—12月，按照区委主题教育相关要求，区贸促会以深化理论学习为基础，以抓实调查研究为载体，以深入检视问题为契机，以狠抓整改落实为驱动，坚持密切联系实际、坚持问题导向，努力把学习教育、调查研究、检视问题、整改落实四项重点措施贯通起来，共组织参与研讨8次，下企业调研3次，形成调研报告1篇，排查整改问题5个，单位建设全面提升，达到预期目的。

（郑继涌）

残　联

【概况】　2019年，莆田市城厢区残疾人联合会（以下简称“区残联”）在区委、区政府的正确领导下，在省、市残联的指导和各相关部门及社会各界的关心支持下，区残联高举中国特色社会主义伟大旗帜，深入学习贯彻习近平新时代中国特色社会主义思想，坚决执行党的路线方针政策，牢固树立政治意识、大局意识、核心意识、看齐意识，自觉维护以习近平同志为核心的党中央权威，忠诚干净担当；宣传和践行人道主义思想，热爱残疾人事业，维护残疾人权益，热忱服务残疾人，在广大残疾人中具有较高威信，积极推动残疾人事业发展；全面贯彻落实党的十九大、省、市残联有关会议精神，紧紧围绕区委区政府的中心工作，认真履行“代表、服务、管理”职能，坚持“夯实基础、加大宣传、扩大影响、多办实事、不断创新”的工作思路，着力解决残疾人最关心、最直接、最现实的康复、教育、就业、扶贫、维权等问题。

【为民办实事】　2019年，区残联认真实施区委、区政府为民办实事项目，其中就业扶助：为100余名残疾人举办残疾人种、养殖实用技能培训班；6月份举办一期残疾人种、养殖实用技能培训班，参加人数53人；10月份举办第二期残疾人种、养殖实用技能培训班，参加人数50人。居家养护补助：为100名精神残疾人、智力残疾人或精准扶贫挂钩户的残疾人及其他类别重度残疾人补助居家护理费用，每人2000元。

【康复工作】　2019年，区残联认真实施好残疾儿童康复项目，做好0—6岁残疾儿童抢救性康复”项目，救助195名儿童进行康复训练，共拨付补助资金约234万元。常态化地开展残疾人辅助器具工作，对0—6岁残疾儿童人工耳蜗植入手术、辅助器具适配等基本康复服务补贴实现全覆盖，为残疾儿童进行人工耳蜗手术补助；根据《莆田市城厢区慈善总会2019年残疾人辅助器具救助实施方案》，经各村（居）委会、镇街残联审核，区残联理事会研究，为170名残疾人进行辅助器具适配救助，其中，单手手杖适配100名，盲杖适配70名，合计13200元；继续优化残疾人辅助器具适配服务，全区128名残疾人得到辅助器具适配服务，合计136件，适配服务率达100%，补贴金额共计203625.4元。为全区10名精神残疾人提供住院医疗补助，合计补助7988.57元。

【就业工作】　2019年，区残联扩大残疾人就业面，落实扶助残疾人创业就业“6+1”政策。3月初在镇村级残疾人联络员培训中发放莆田市扶持残疾人就业创业政策宣传单200多份，6月初在福建省残疾人在线莆田城厢区站点宣传，受理残疾人自主就业创业社保补助27人；超比例安排残疾人就业奖励申请，有1家企业申请通过审核，补助资金合计10.516796万元，于10月20日前发放到残疾人个人银行卡。加大就业培训力度，组织落实好就业培训工作，力争残疾人培训后的就业率有较大的提升。全年举办2期残疾人种、养殖实用技能培训班，培训内容包括龙眼丰产稳产栽培、水稻栽培、甘薯栽培、玉米栽培技术等，共100多名残疾人参加培训；3月份组织20名残疾人、3家招聘企业参加莆田市残联组织举办的残疾人招聘会；6月份，组织1名应届残疾人毕业生参加省办残疾人高校

3月3日，区残联开展第二十次全国“爱耳日”健康咨询活动

（俞碧珊 摄）

毕业生招聘会。依法征收就业保障金，全年共有522家单位缴纳残疾人就业保障金，收取残疾人就业保障金389.0431万元，申报覆盖面达6.13%。

【社会保障】 2019年，区残联为“一户多残”残疾人家庭进行生活困难补助，每户每月100元，共计发放补助349.95万元，其中，第一季度补助1612户3360人，共发放96.90万元；第二季度补助1618户3339人，共发放97.42万元；第三季度补助1182户2461人，共发放72.89万元；第四季度补助1282户2262人，共发放82.74万元。协助民政部门做好“两项补贴”制度工作，全年累计发放困难残疾人生活补贴368.83万元，惠及5079人次、发放重度残疾人护理补贴435.19万元，惠及5362人次。为12559名持证残疾人办理意外（伤害）保险，全年共计投保192528元。其中：为11507人每人每年投保16元；1052人为2019年上半年新增持证残疾人，每人每半年投保8元。

【法律维权】 2019年，继续规范有序开展第二代残疾人证换发工作，全年办理第二代残疾人证4220本；切实维护残疾人合法权益，发挥“12385”残疾人服务热线和市“12345”政务平台，受理“12345”平台诉求件合计25件，群众满意度达100%；接待、办理残疾人和家属来信来访近3件次，法律政策咨询2人次。

【文化体育工作】 2019年，区残联切实保障残疾人享受平等教育的权利。上半年助学项目中，中央彩票公益金学前助学项目共2名残疾儿童，每人补助3000元，合计0.6万元；配合区教育局高招办摸底并报送4名参加高考残疾考生，为有需求的3名高考、1名中考残疾考生供便利，让残疾学生学一技之长，为以后融入社会提供保障。号召社会各界对残疾学生、贫困残疾人家庭的学生实行救助，确保扶残助学项目顺利实施。继续做好残疾人艺术、美术、书法、摄影作品选送工作，积极挖掘优秀、特殊人才。“赞美无障碍·讴歌新时代”征文比赛中，报送三篇残疾人作品。做好残疾人体育运动苗子的选拔、推荐、选送工作。配合聋协选送聋人吴淑金参加省首届闽台听障人飞镖大赛获得个人二等奖，团体冠军；开展各类残疾人群众性体育活动，推进残疾人体育进社区、进家庭；配合市残联定期组织活动，丰富残疾人文体生活；12月9日，经过区级选拔选送10名残疾苗子参加省残联运动员选拔，为储备优秀残疾人后备人才打下基础。

【组织建设】 2019年，区残联组织考核组对9名镇（街）残疾人工作联络员进行年度考核；举办镇（街）、村（居）残疾人工作联络员培训班，提高其工作业务能力。

（俞碧珊）

法治

政法委及综治

【概况】 2019 年，中共莆田市城厢区委政法委员会（以下简称“区委政法委”）在区委、区政府的坚强领导下，坚持以习近平新时代中国特色社会主义思想为指导，认真贯彻落实中共十九大、十九届四中全会精神和中央、省、市政法工作部署要求，围绕中心、服务大局，积极推进基层社会治理现代化建设，坚持发展新时代“枫桥经验”，纵深推进美丽莆田社会治理专项行动、乡村振兴法治乡村建设等重点工作，全力护航“三大攻坚战”，服务保障重点项目推进，为“木兰溪新时代”美丽莆田先行区建设营造和谐稳定的社会环境和公平正义的法治环境。

【打造“零出村枫桥经验”样本】 2019 年，区委政治委针对基层邻里纠纷、信访积案问题突出的问题，推广灵川镇信访事项多元调解委员会建设，搭建“多心合一”矛盾纠纷调解平台（公共法律服务中心、人民调解中心、司法调解、行政调解中心等），充分发挥村居老协会、名人、角落讲话人等基层调解力量作用，有效化解历史遗留的存量问题、管控住新出现的增量问题和遏制住各类矛盾问题交义感染、叠加升级产生的变量问题，做到“小事不出村、大事不出镇、矛盾不上交”推进访调对接。由接访人员对来访人员予以答疑解并进行登记造册，先行开展诉前调解。加强公调、诉调对接。联合镇（街）调解中心与派出所、法庭合作设立公调对接调解室，根据案件类型进行分流，委派、委托相关部门进行化解，实现办理案件共享职能资源、提高办事效率，防止纠纷反弹。衔接网调平台。镇（街）调解中心全部对接市网上调解中心平台，创新运用“互联网 + 调解”，对身在外地的纠纷当事人，

11 月 8 日上午，区政法委在华亭镇开展防诈骗反传销志愿服务活动 （陈坚 摄）

指导其进入网上调解平台，进行线上视频互动，异地调解。以灵川镇为例，通过平台接待处理矛盾纠纷案件 120 件，成功化解 72 件，其中化解信访积案 12 件。

10 月 1 日，区政法委开展庆祝中华人民共和国成立 70 周年活动（陈坚 摄）

【打造“雪亮工程合成快侦”3.0 升级版】 2019 年，行动队、查找队和便衣队三支队伍联动建立一体化勤务体系，充分发挥人脸识别技术在身份确认、轨迹追踪、布控预警等方面发挥作用，总结“合成作战、快侦多破、三类九种”技战法，实现对接迅速化、研判迅速化、落地迅速化、追赃迅速化、串并迅速化，使“雪亮工程”建设从“立体化防控”进入“智能化侦查”时代。2016 年以来，城厢区刑事案件发案数降幅达 19%（从 2016 年 3636 起，下降至 2019 年 3017 起），破案率增幅达 33.6%，打击侦破效能显著提升。

【打造“网上枫桥经验莆田版”升级版】 2019 年，区委政治委继续开发、全面升级“莆田市网上大调解中心”，将“12345”投诉、食品药品、劳资、医患、道路交通事故等各类矛盾纠纷全部接入网上调解指挥平台，完善“虚拟调解协议”及具有法律约束力的书面调解协议书制度。截至 12 月底，共受理线上各渠道流转案件 2871 起，调解成功率 95%。网格 + 大调解，高效率化纠纷。为破解网上调解资源缺乏、调解力量衔接断档难题，推动“网调进网格”。网格管理员积极协助参与矛盾纠纷、信访事项和不稳定因素的收集排查化解。行业 + 大调解，构建多元调解。联合三大调解、七大商会、多个协会，继续升级完善莆田市劳动关系“1+N”调处中心。推进个人调解室纵深建设，着重打造蔡开典、侯毅个人调解室，形成品牌效应。截至 12 月底，共受理外来务工人员的各类矛盾纠 776 起，调处成功 776 起调处成功率 100%，成效明显，有效防止群体性事件 63 起，为农民工和企业挽回经济损失共计 8065 多万元，取得良好的社会反响和法律效果。

【创新“妈祖故里家家亲”基层治理模式】 2019 年，区委政治委以霞林街道下黄村、华亭镇埔柳村、凤凰山街道南门社区为试点率先搭建“妈祖故里家家亲”基层服务治理综合平台，建立“党员干部 + 网格员 + 能人 + 群众”的治理模式，打造基层党组织领导下的“群众自治圈”“社会共治圈”，探索解决联系服务群众“最后一公里”的问题。党员群众通过平台及时了解党委和政府的重大决策部署、重要活动，村委会通过“政事我知道”“服务指南”“便民链接”等功能将村活动、便民服务、汛期安全提示等通知及时发布在平台上，方便广大居民“不出门便知村里事”。紧扣“不忘初心、牢记使命”主题教育，大力弘扬“榜样我来学”，充分发挥榜样的示范引领作用。随着加入平台的人越来越多，村（居）也迅速加大各板块的活跃度，通过党务公开、党员风采、心理服务、法律服务、办事指南、能人服务、家风家训、先进榜样等功能版块与群众互动，驾起党群、干群的“连心桥”。群众通过平台直接反映诉求、咨询问题等，村居管理员通过后台查看群众上报的问题及时上报并处理，将各类问题预防在萌芽，解决在基层，使群众获得感、幸福感和安全感不断提升。全区家家亲平台注册用户达2300人，平台共收到120余条群众咨询及投诉建议均处置并回复。

【创新网格“一图一表”工作法】 2019年，区委政治委通过“一图”（excel网格电子示意图）“一表”（电子台账表）将网格内街道、小区、自建房、工厂（公司）等不同类型，以二维码门牌为基础建立框架目录全部登记在册，实现全区281个网格内的“人、物、事、地、场所”底数清、情况明。全面化指导培训，组织开展业务培训33场次，进行一对一培训指导，实现全区所有专兼职网格员均会规范绘制网格“一图一表”。常态化督导检查，以电话回访、实地抽查的方式检查人员、单位数据采集准确性，及时清洗、剔除不合格数据，做到耳聪目明，不发生“灰犀牛”或“黑天鹅”事件。集约化更新升级，历经三代“网格示意图”更新迭代，实现“平面—详情—全方位”升级，细化网格内的建筑、道路、沿街店面的布局情况，还通过超级链接把网格内的“人”一起展示出来，实现全方位监管。加强对违法违规公司企业等监管，网格员定期走访采集敏感的典当行业、小额贷款、抵押担保等金融企业信息，并推送至区经信局、公安分局经侦大队等部门，确保及时掌握金融企业经营情况。是年，共采集摸排担保公司10家，小额贷款公司11家，典当行14家，咨询公司27家。协助打击违法犯罪，通过网格“一图一表”信息采集比对，快速获取犯罪嫌疑人具体信息，协助公安抓获各类犯罪嫌疑人共37人。

【创新新媒体宣传方式】 2019年，区委政治委精心制作《老王说平安》莆仙方言微视频，以幽默风趣、简洁明了、通俗易懂的“土话”聊天展现城厢政法工作，短视频入选《学习强国》福建平台，在《正义莆田》的阅读量达15万，《平安城厢》的阅读量达7万，均创下新媒体作品的阅读量新高，得到市委常委、政法委书记李飞亭的批示肯定。平安城厢微信公众号荣获全省政法新媒体运营工作优秀表彰。

（陈坚）

公　安

【概况】 2019年，莆田市公安局城厢分局（以下简称“城厢公安分局”）在区委、区政府和上级公安机关的坚强领导下，以习近平新时代中国特色社会主义思想和中共十九大、十九届四中全会精神为指导，认真贯彻落实全国、全省、全市公安工作会议精神，按照“对党忠诚、服务人民、执法公正、纪律严明”总要求，以中华人民共和国成立70周年大庆安保维稳工作为主线，以开展“践行新使命、忠诚保大庆”实践活动为载体，以“不忘初心、牢记使命”主题教育为动力，以深化“10+1”公安改革为抓手，强化政治担当，弘扬斗争精神，全力推动公安工作和队伍建设实现新发展新跨越。以扫黑除恶专项斗争为牵引，深入开展打击治理电信网络诈骗犯罪、“飓风肃毒”、打击“盗抢骗”犯罪等专项行动，全面净化社会治安环境，不断提升群众安全感。年内，共破获各类刑事案件1477起，破案数同比上升8.7%，现行命案连续12年保持全破。抓获各类违法犯罪嫌疑人1858人，同比上升24.1%。移送起诉1164人，同比上升9.19%，创新合成快侦机制得到厅领导批示肯定。

【创新合成快侦机制】 2019年，城厢公安分局主动适应社会发展新形势，立足“精、细、快”，创新建立“合成快侦”新机制，形成多个警种、多种力量、多种技战深度合成的工作新格局，实现“更快破大案、更多破小案、更准办好案、更好控发案”目标，取得刑事发案数明显下降、破案率明显提高、追赃率明显提升的良好效果。年内，全区“两抢”发案14起，同比下降46.6%，实现全破；盗窃发案1140起，同比下降3.6%，破案541起，同比上升24.7%，破案率47.5%，同比上升10.8%。11月份新机制运行以来，24小时内刑事破案率和治安查处率大大提升，基本实现全追赃。

【严防电信网络诈骗】 2019年，城厢公安分局坚持打防并举，强力推进电信网络诈骗专项治理工作，共立电信网络诈骗案件456起，基本持平，损失135.14万元，同比下降2.9%；破案73起，同比上升4.3%；抓获109人，同比上升131.9%。成功侦破“4•28侵犯公民个人信息案”，抓获涉嫌侵犯公民个人信息犯罪嫌疑人19名，涉案金额3亿多元，得到副省长、公安厅长田湘利专门批示肯定；破获“9•11”菲律宾特大电信网络诈骗案，抓获犯罪嫌疑人244名，其中39名由城厢公安分局审查，系莆田市有史以来首次跨境打击电信网络诈骗窝点。

【重点领域整治】 2019年，城厢公安分局聚集群众反映的热点、难点问题，深入开展“黄赌”专项整治，强化洗浴按摩、旅馆业和行业场所规范化管理，突出南门单面街等重点区域常态清查整治，坚决肃清黄赌危害，铲除黄赌滋生土壤。年内，共破获涉赌刑事案件45起、涉黄刑事案件28起，其中破获省厅挂牌督办案件6起，查处涉赌治安案件211起、涉黄治安案件105起，捣毁黄赌违法犯罪团伙5个，取缔无证旅馆16家。聚焦民生热点问题，深入开展“打四黑除四害”等专项行动，保护群众舌尖上的安全，共破获32起食品违法犯罪案件。积极开展打击成品油走私违法犯罪活动，抓获嫌疑人15人，查获成品油63.07吨，积极开展木兰溪流域及东圳水库饮用水源巡查整治，共查处6起6人。

【开展禁毒斗争】 2019年，城厢公安分局深入推进“禁毒2019两打两控”暨“飓风肃毒2019”会战行动，成立专案组全力攻坚冲刺，移送起诉毒品犯罪嫌疑人61人，查获吸毒人员240人次，缴获冰毒等毒品1.3公斤，成功破获部目标案件。全面落实“重嫌必检”措施，对2500多名“七类重点对象”进行检验。强化易制毒化学品监督管理，对30家易制毒化学品使用企业进行抽查。加大禁毒宣传力度，进一步强化全民禁毒意识，增强抵御毒品的能力。

【打击经济犯罪】 2019年，城厢公安分局全面加强金融领域风险隐患排查管控，深入开展打击鞋服制假售假、非法集资、传销、“云端行动”，严厉打击经济违法犯罪活动，维护良好市场经济秩序，破获各类经济案件86起，其中鞋服制售假、非法集资、传销案件30起，发起全国集群战役3起，缴获各类假冒注册商标运动鞋16万多双，有力服务保障高质量发展落实赶超。

【风险隐患排查整治】 2019年，城厢公安分局深入开展公共安全领域突出问题大排查大化解大整治攻坚行动，实现公安主管的问题库风险隐患化解率达100%、稳控率达100%。有效稳控涉众型经济领域矛盾纠纷，及时化解敏感涉众事件。

【道路交通安全管理】 2019年，城厢公安分局全面推进“诚信体系+平安交通”管理新机制，大力加强重点交通违法行为和中心城区主干道停车秩序整治，积极推进城市慢行系统和智能化停车场建设，共查处各类交通违法行为17万余起，其中酒醉驾913起。交通四项指数全面下降，发生道路交通事故192起，同比下降21.31%；造成死亡23人，同比下降4.16%；造成受伤217人，同比下降30.67%；造成直接经济财产损失4.85万元，同比下降54.86%。全年未发生1次死亡2人及以上交通事故，交通安全形势总体平稳。

【强化治安防控体系建设】 严格落实接处警、巡特警、派出所、网格化、机关警种等五支队伍的巡防勤务机制，最大限度的把警力压向路面。新增高清视频2800个、人脸识别100个、治安卡口25个、“智慧社区”70个，实现科技强警、主动警务。科学布建17个警务（网格）工作站，打造群众家门口的派出所，进一步提升社会治安立体化、法治化、专业化、智能化水平。

【全面推进深化改革】 强力推进扁平化指挥体系和巡防机制、民生“110”、大情报、大数据、公安“放管服”、基层基础、受立案、教育训练、大监督、网格化、合成快侦等“10+1”改革创新项目，推动各项改革举措协同并进，发挥整体功效，成为牵引带动城厢区公安工作发展的强大引擎和新增长点。

【推动执法规范化建设】 大力推动执法规范化建设，以推进“三大方案”和“两项机制”为牵引，狠抓执法薄弱环节专项提升和案件评查制度，在全市首建受理（立案）中心、案件管理中心，形成“统一管理、集中办公、集约运行”的大法制格局。进一步规范接处警和受立案工作，2019年6月，全市公安机关规范受立案专项治理现场会在城厢召开，华亭派出所作为全省4个基层所队之一推报全国公安机关执法示范单位。深入开展规范行政案件办理工作，有效提升行政案件办理质效，涉法涉诉信访件明显下降。强化全程化要素管控，完善接报案、现场执法、同步录音录像等全流程信息记录机制，实现一线民警警务通、执法记录仪及采集站100%配备。聚焦法治公安改革，优化法制员模式，实现派驻法制员100%配备。推动执法办案管理中心建设，打造分局办案中心和华亭派出所智慧办案新模式，不断提升办案质量，切实维护社会公平正义。

【推进“放管服”改革】 坚持以人民为中心发展理念，扎实推进“放管服”改革，完成窗口业务入驻市行政服务管理中心公安分中心，梳理更新“一趟不用跑”办事清单11项，“最多跑一趟”办事清单142项，压缩三大类办事时限由7天减至3天，推行预约服务、周末服务、上门服务、24小时自助服务，实现惠民便民利民。

【推进“枫桥式派出所”创建】 牢固树立大抓基层大抓基础的工作导向，以等级派出所创建为抓手，推行“警务区月自评、季考评和后进民警培训班”制度，不断夯实基层基础，霞林派出所获评“全国一级派出所”。扎实推进“枫桥式派出所”创建工作，华亭派出所被推报全省“枫桥式派出所”。大力开展网格化建设，配齐配强网格信息员、管理员队伍，依托社区网格站，发动网格员开展信息大采集，汇成海量数据，形成“一图一表”，做到耳聪目明，进一步夯实基层基础。李建辉市长亲临霞林派出所下黄警务工作站调研指导，肯定工作成效。

【全面提升公安队伍正规化建设】 以习近平新时代中国特色社会主义思想为指导，牢牢把握“四句话、十六字”总要求，紧紧围绕大庆安保维稳工作主线，以“不忘初心、牢记使命”主题教育为载体，不断加强和改进公安政治工作，持续增强公安队伍向心力、凝聚力和战斗力。

【坚持政治建警】 坚持党对公安工作的绝对领导，始终把政治建设摆在首位，确保队伍绝对忠诚可靠。扎实开展“不忘初心、牢记使命”主题教育，推进党支部标准化规范化建设，强化党支部政治功能和组织力。严格落实“三会一课”“主题党日”“领导干部双重组织生活”等组织生活制度，开展党支部书记抓党建述职评议活动，充分发挥基层党支部战斗堡垒作用。

【狠抓素质强警】 以实战实用实效为导向，以教育训练改革为主线，以考核比武为抓手，启动三年轮训规划，扎实推进全警常态练兵，全区公安民警能力素质得到明显提升。年内，先后组织大庆安保、扁平化指挥、千人处突机动队等各类训练演练。全省比武中取得好成绩，政委陈朝辉被省厅评为全省县级公安机关领导干部警务实战能力比武竞赛标兵，教官陈剑煌被省厅评为全省公安机关警务实战教官教学比武竞赛个人标兵。

【推进改革暖警】 完成全区公安机关执法勤务警员、警务技术职务及综合类职级套转261人，完成217位民警警衔晋升，不断拓展民警职业发展空间。开展战时表彰激励，最大限度激发队伍积极性，加大典型培树和宣传，进一步扩大城厢公安影响力。

【全面从严治警】 构建“大监督”工作机制，全面开展常态化督察检查，有效解决执法不作为、慢作为、乱作为等突出问题。狠抓中央、公安部为基层减负各项措施规定的落实，集中整治形式主义、官僚主义突出问题，大力推进非警务警情分流工作，使基层公安机关提质增效聚焦主责主业。严格落实全面从严治党治警，强力整治队伍纪律作风。

（黄淑芬）

检　察

【概况】 2019年，莆田市城厢区检察院（以下简称“区检察院”）在区委、市检察院正确领导、区人大及其常委会有力监督、区政府、政协以及社会各界的关心支持下，坚持以习近平新时代中国特色社会主义思想为指导，认真贯彻落实中共十九大和中共十九届二中、三中、四中全会精神，全面践行新时代检察工作“讲政治、顾大局、谋发展、重自强”总体要求，自觉强化政治之责、法律之责和社会之责，各项检察工作在顺应新时代、激发新活力、释放新动能中持续健康发展，为人文宜居新城厢进入“木兰溪时代”提供有力司法保障。

【助力赶超攻坚】 2019年，区检察院制定《发挥检察职能服务保障人文宜居新城厢进入“木兰溪时代”实施方案》，落实落细5个方面17项举措，得到区委充分肯定。高标助攻三大攻坚，金融检察专门办案团队妥善办结集资诈骗、非法吸收公众存款等涉众型经济犯罪4件、涉案金额2431万元；司法救助深度融入精准脱贫，向贫困刑事被害人发放救助金13.8万元，监督解决农民工讨薪问题3件，办理扶贫领域职务犯罪2人；发出污染防治检察建议18份，严惩破坏生态资源犯罪7件。开展打击恶意逃废债、市场经济秩序整顿等专项工作，加大产权司法保护力度，平等保护各类市场主体，起诉扰乱市场经济秩序犯罪54件98人，始终做到中心工作推进到哪里，检察工作就跟进服务保障到哪里。

【护航民企发展】 2019年，区检察院开展“服务民企提升年”活动，会同工信部门共建“检察机关+主管部门+产业协会”挂钩联系机制，构建“一机制，两平台，四产业，规上企业全覆盖”的联企新格局。法律助企更丰富，线下设立服务保障民企专门工作室，线上实现区“企业服务平台”与网上“12309”检察服务中心互联互通，定制开展送法入企、法律体检等实效化司法服务18次。严惩侵害民营企业利益犯罪27件37人，专项开展涉民营经济案件立案监督、羁押必要性审查和积案清理三项行动，审慎办理民营企业家涉罪案件，可捕可不捕的，政策倾向于不捕；可诉可不诉的，政策倾向于不诉，切实把写在纸上的服务保障措施转化为实在行动。

【严惩犯罪】 2019年，区检察院把握社会治安态势，做好中华人民共和国成立70周年大庆维稳工作，受理审查逮捕各类刑事犯罪567件782人，批准逮捕454件622人；受理审查起诉975件1267人，提起公诉895件1142人，办案量居全市第二。严惩损害群众利益犯罪，起诉故意伤害、非法拘禁、侵犯公民个人信息等侵害人身权人格权犯罪153人；起诉“盗抢骗”等多发性侵财犯罪215人，提前介入引导侦查公安部挂牌督办的“9•11”菲律宾特大电信网络诈骗案；起诉“黄赌毒”等破坏社会秩序犯罪135人；起诉袭警、暴力抗法

4月28日，区检察院联合区教育局、团区委在莆田科学职业技术学校举办"创造零犯罪校园"专场法治讲座　　（徐靖　摄）

等妨害公务犯罪14人，维护执法权威。依法办理职务犯罪案件，加强司法程序与监察程序衔接联动，受理审查起诉国家工作人员职务犯罪4件9人，提起公诉4件8人，坚决落实检察机关反腐败斗争政治责任。

【综合治理】 2019年，区检察院宽严相济促进案结事了，进一步完善"检律调"衔接机制，发挥值班律师等第三方力量，注重运用群众语言以案释法，在办案中化解矛盾，促成刑事和解12件，对家庭邻里等纠纷引发的轻微刑事案件，依法不批准逮捕58人、决定不起诉60人，避免矛盾因案而激。释法说理提升法治素养，全面开展法律文书说理工作，推送"城检君以案释法"系列原创微信，常态开展法律"六进"16次、受众3000余人次，落实"谁执法谁普法"责任。建言献策规范行业管理，办案中发现行业监管疏漏，善用检察建议综合施策、源头促治，发出的46份检察建议均得到落实反馈。

【便民服务】 2019年，区检察院优化涉检事项服务模式，12309检察服务中心一站式受理各类案事项服务需求2056件，规范内部衔接流转、办理反馈等机制，法定期限内办结率100%。深化良性互动检律关系，增强法律共同体意识，专项开展保障律师执业权利活动，畅通律师阅卷网约平台，开设专门律师接待室，无偿提供电子卷宗光盘255件，听取律师意见497次。强化检务信息公开实效，坚持应公开尽公开，及时发布各类案件程序性信息1334条，实时公开起诉书、不起诉决定书等终结性法律文书876份，"两微一端"动态发布重大检察工作资讯243条，切实保障社会各界知情权参与权监督权。

【生态司法保护】 2019年，区检察院构建"网格+"工作机制，贯彻习近平总书记治理木兰溪重要理念，突出木兰溪和东圳水库重点，全市首家按溪流建立河道检察官制度，纳入全区"五长"联挂机制，联合主管部门开展执法巡查6次。强化"监督+"落实成效，常态化开展检察建议"回头看"，督促对沿溪违法堆放的5000立方米废石料清理到位、整改排污实体3家、拆除违建1200平方米、恢复植被1.3公顷，北渠等4条内河断面水环境监测指标好转。做好"治理+"系统文章，主动加强与镇街、主管部门的工作合力，联合调研破解综合治理难点，形成《木兰溪流域生态环境保护立法与监督调研报告》，获省人大2019年重点课题一等奖，为保护生态提供系统检察方案。

【信访工作】 2019年，区检察院用心办理群众信件，第一时间回应群众诉求，及时答复145件，做到"七日内程序答复，三个月内办理过程或结果答复"两个100%。多措并举落实办信责任，坚持"办信就是办案"，对14件重大复杂信访件带案约访下访，对41件进行实质审查，运用办信回复率、办结答复率、初信再访率等综合评价体系，精准办实办好。效果导向解决实质问题，以“事要解决”为目标，对群众反映的在办案件，注重倾听并依法采纳合理意见；对跨部门事项，积极同有关部门会商共解，化解重信重访3件；对不属于管辖范围或审查后不支持申诉的16件信访件，耐心释疑解惑。

【关怀未成年人】 2019年，区检察院巩固体系支撑，系统落实最高检“一号检察建议”，紧扣学校和家庭两端，多元开展检察长兼任法治副校长、法治巡讲进校园、零犯罪村居创建等工作，专项开展防性侵、防欺凌等活动，促进形成“家村校检”等社会力量共同参与的保护格局。注重司法维权，双向保护被侵害未成年人和涉罪未成年人，严惩性侵、拐卖、故意伤害等侵害未成年人犯罪64人；依法对涉罪未成年人“少捕慎诉少监禁”，对罪轻且悔罪的不批准逮捕4人、决定不起诉8人，封存犯罪记录28人，提供法律援助26人。提升帮教成效，完善“七彩星光”心理护航、基地帮教、技能培训一体机制，引导5名涉罪未成年人重回人生正轨，重新犯罪率为零，努力当好未成年人的“国家监护人”。

【维护刑事司法】 2019年，区检察院坚守防冤纠错底线，依法对不构成犯罪或证据不足的不批准逮捕84人、决定不起诉25人，对错误刑事判决提出抗诉6件20人，确保无罪不受追究、有罪受到公正惩罚。强化诉讼过程监督，专项开展立案刑拘后未报捕未移诉案件监督活动，常态开展“两项监督”、羁押必要性审查、社区矫正监督等工作，监督立撤案7件，追捕追诉漏犯27人、漏罪17起，办理羁押必要性审查120人，建档监督社区矫正罪犯259人，初核特赦罪犯7人。切实维护司法权威，落实不捕不诉案件月通报季分析、退查提纲释法说理等机制，积极通过公检法联席会议等载体，加强疑难复杂案件、区域高发类案等法律适用会商研判，形成司法共识，提升打击效能。

【规范民事行政监督】 2019年，区检察院坚持精准监督原则，围绕司法公正、依法行政的共同法治目标，不搞粗放式监督，综合运用提请抗诉、检察建议、违法调查等多元监督方式纠偏促正，办理民事行政监督案件36件。依法保障群众诉权，突出抓好民事生效裁判、执行活动等关键环节监督，纠正“套路贷”等类型虚假诉讼案件4件、涉案金额28.2万元；办理民事执行活动监督14件，移送拒不执行判决、裁定犯罪线索9件11人，提起公诉4人，保障当事人合法权益。积极促进依法行政，主动强化司法权与行政权的良性互动关系，办理行政非诉执行监督等案件13件，向主管部门发出检察建议10件，督促执行到位国有土地闲置费52.6万元。

【保护公共利益】 2019年，区检察院紧扣法定领域全面履职，牢记公共利益代表神圣职责，突出围绕生态环保、食药安全、国有资产、国有土地、英烈保护等“4+1”领域，办理公益诉讼案件15件。专项带动实现深度履职，连续第二年开展“保障千家万户舌尖上安全”专项监督，联合有关部门加强对校园周边、生鲜市场、网络餐饮等商家的执法巡查，严惩危害食药安全犯罪3人，提起全市首例食药安全领域刑事附带公益诉讼2人，让违法者为公益受损买单。善用法治思维智慧履职，用好用活诉前检察建议、圆桌会议等机制，与行政机关形成共识合力，跟进监督整改，协助改进监管，80%以上的公益受损问题在诉前得到妥善解决。

【实施认罪认罚制度】 2019年，区检察院在全市首家牵头公检法司机关制定实施细则，3月起试点危险驾驶罪、10月起全面推开，完善值班律师、控辩协商等自愿性合法性保障机制，全年适用各类案件361件390人，适用率全市第一。程序注重效率，实行全流程集中办理模式，个案最短2天办结、类案平均办结周期5天；建议法院适用速裁程序、简易程序审理250件，占比69.3%。效果注重统一，规范告知当事各方诉讼权利义务，把化解矛盾贯穿其中，认真听取被害人意见，对自愿认罪认罚的被告人提出从宽量刑建议345人、采纳率91.6%；被告人一审服判率95.2%，被害人申请抗诉数为零。

【深化检察权运行机制】 2019年，区检察院完成内设机构重塑性改革，突出专业化分工、扁平化管理，将原有14个内设机构按照“6+2+1”（6个办案部门、2个综合行政部门、1个直属机构）模式重组，79%的检力资源充实办案一线，形成刑事检察、民事检察、行政检察、公益诉讼检察“四大检察”法律监督布局。完善办案机制精细化配套，全面落实“捕诉一体”办案机制，同一个刑事案件由同一个检察官负责到底，发挥检察官全程引导侦查作用，提高司法办案效能。推进刚性化监督机制创新，将重大监督事项导入严格的司法办案程序，推进从“办事模式”向“办案模式”转变，积极探索公开宣告、公开送达等方式，坚持跟踪监督、持续监督，努力把检察建议做成刚性、做到刚性。

【落实司法办案责任】 2019年，区检察院严实司法责任，完善入额领导干部办案、检察官办案权力清单、联席会议、司法办案绩效考核等机制，90%以上的案件由检察官独立作出决定，提交检察委员会研究的案件同比下降25%。规范质量管控，坚持放权不放任，强化统一业务系统大数据管案作用，健全业务态势月分析、案件质量季评查、检委会委员听庭评议等机制，全年评查各类案件170件。发挥“案－件比”指标倒逼效应，严格落实退回补充侦查案件释法说理、边退查边督促等机制，持续提升一次程序周期内办结率，全年“案－件比”为1∶1.99，优于全省全市同期平均水平。

【检察队伍建设】 2019年，区检察院坚定政治立场，自觉将检察工作置于党的绝对领导之下，不折不扣贯彻落实中央和上级各项决策部署，尊崇政治规矩，坚定制度自信，维护制度权威。突出思想引领，把政治理论武装贯穿到班子和队伍建设全过程，认真开展“不忘初心、牢记使命”主题教育，在活学活用新思想新精神上下功夫，增强政治敏锐感和是非辨别力，持续树牢“四个意识”，坚定“四个自信”，做到“两个维护”。夯实组织堡垒，发挥党组示范作用，建好支部战斗堡垒，育强党务骨干力量，严格规范组织生活，推动党建工作与业务工作、队伍建设深度融合，院党总支被表彰为全市五星级党支部、全区先进基层党组织。岗位培训重常学常练，用好“检答网”“检察官网络培训学院”“城检致远讲堂”等平台，完善训赛练考、接续培训等机制，分层分类培训1495人次。业务精修重专长专项，实施“青年英才”计划，与华侨大学等高校共建检察官研修制度，选送40人次办案骨干参加清华、西政等院校专项业务提升班，有1名干警被推荐为全省检察业务专家。成果转化重实用实效，持续做强理论调研大品牌，全年发表调研文章57篇，获国家级表彰11篇、省市级表彰20篇，连续两年承接最高检重点课题，结项最高检和省检察院课题2项，6名干警受邀省级以上法学论坛发言交流，全省检察理论年会获奖文章总量连续五年居全省各基层院前茅。抓实落细“一岗双责”“两个责任”和意识形态领域政治责任，坚决纠防“四风”问题反弹，自觉接受省检察院党组对市检察院党组巡视延伸检查，“党风廉政建设动态管理系统”全程录入管检治检信息110条。注重源头引导、过程监督，常态化开展廉政党课、警示教育、定期家访等工作，严格落实“三项规定”每月“零报告”制度，开展查纠被列入失信人员情形等专项检务督察，规范干警言正行端。严肃执纪正检风，坚持问题导向，突出司法行为规范和“八小时外”行为管控并重，开展整风肃纪专项活动，积极运用“四种形态”特别是第一种形态，把规矩纪律挺在前面，始终以严的标准、实的举措管干部带队伍。

（方明源）

法 院

【概况】 2019年，莆田市城厢区人民法院（以下简称“区法院”）在区委坚强领导、区人大及其常委会有力监督、上级法院精心指导和政府、政协及社会各界大力支持下，坚持以习近平新时代中国特色社会主义思想为指导，深入学习贯彻中共十九大和中共十九届二中、三中、四中全会精神，忠实履行宪法和法律赋予的职责，坚持司法为民、公正司法工作主线，确保高站位部署谋划、高起点推进工作、高质效执法办案、高品质服务人民，扎实开展“不忘初心、牢记使命”主题教育；推进新思想学实深化行动，结合庆祝中华人民共和国成立70周年、纪念五四运动100周年等，引导广大干警悟初心、守初心、践初心；严格落实意识形态工作责任制，牢牢把握意识形态工作的话语权主动权，坚决打赢意识形态领域斗争主动仗，筑牢意识形态安全防线，为“打造人文宜居新城厢、建设美丽莆田先行区”提供有力司法保障。

【案件审判】 2019年，区法院共受理各类案件13344件，同比增长14.48%；审结12245件，同比增长17.26%；结案率91.76%，同比增长2.17%，居全市第三名。认真落实总体国家安全观，强化刑事审判职能，推动更高水平平安城厢建设，审结各类刑事案件983件1085人。其中，审结严重危害人民群众生命财产安全犯罪案件232件264人，对在公交车上踢打驾驶员，影响公共安全行为予以严惩，持续提升社会安全感。严厉惩处危害民生犯罪，审结危害食品药品安全犯罪案件6件13人，保障群众“舌尖上的安全”；审结非法集资、金融诈骗、“套路贷”等经济犯罪案件29件34人，维护市场经济秩序；审结电信、网络诈骗案件3件22人，利用网络开设赌场案件29件93人，营造健康晴朗的网络空间。审结贪污贿赂等职务犯罪案件10件15人，推动反腐败斗争向纵深发展。完善人权司法保障，积极适用认罪认罚从宽制度，对395名犯罪分子依法从宽处理，判处非监禁刑或免予刑事处罚263人；判处未成年犯34人，做好轻罪记录封存、帮助复学就业等工作。

【案件执行】 2019年，区法院紧紧围绕“切实解决执行难”工作目标，执结5065件，同比增长69.1%，执行到位21.71亿元；作为受检法院顺利通过中国社科院执行工作第三方评估。在提升执行力度上持续发力，组织开展“亮剑八闽”“暖冬行动”等系列集中执行，形成强大攻势；完善“点对点”和“总对总”网络查控系统，查封房产1675处、车辆1863辆，冻结、扣划财产3.91亿元，强制腾房32次；完善网络司法拍卖机制，评估、询价213次，成交标的物108件，金额2.34亿元，实现网拍率100%，网拍数量居全市第二。在保障民生上持续发力，快速执结涉民生案件，执行到位2241万元，集中发放农民工工资248万元；创新“执行+保险”救助制度，发放保险救助金49.07万元；开展涉劳动争议、不动产办证等专项执行，保障民生权益。在失信惩戒上持续发力，向22名失信公职人员单位发送失信通报；拘留“老赖”96人，促成65人履行或和解，到位金额235万元；发布悬赏公告6期，惩戒失信被执行人2795人次，以拒执罪追究刑事责任4件4人，彰显执行权威。

【司法改革】 2019年，区法院深入贯彻新时代司法体制改革的总体战略，对标高度、保持力度、健全制度。认真履行内设机构改革主体责任，精简内设机构5个，完成人员分流与15名中层干部任免工作；增强职业尊荣感，完成2名四级高级法官择优选升和20名员额法官按期晋升工作；组建15个新型审判团队（组），科学合理配置审判资源。充分发挥专业法官会议作用，提交审判委员会案件同比上升7.94%，召开专业法官会议同比上升13.6%。

【司法服务】 2019年，区法院坚持制度控权，明确院庭长审判监督职责范围和程序，落实“四类案件”报告制度，做到放权不放任；健全案例指导、类案指引、关联检索、质量评查等制度，提高审判质效，统一裁判尺度。坚持以人民为中心的发展思想，完善开放动态、普惠均等、便民利民的司法举措。全面畅通“线上+线下”一体化立案渠道，开通网上立案、自助立案、“跨域”立案，持续完善“五大平台”建设；成立一站式财产保全服务中心，实现保全一个窗口办理，开启便民“直通车”。持续完善“两微一网”、抖音、快手等新媒体集群，网上公布生效裁判文书9442份，网上庭审直播924场，推进阳光司法；深化人民陪审员制度改革，完成47名人民陪审员选任、培训工作，陪审率达95.74%；在全市率先启用人民陪审员专用服装，增强陪审员荣誉感。加强司法救助与法律援助、社会救助联动，依法减、缓、免交诉讼费用28.2万元，发放司法救助金58.5万元。增强防范化解金融风险主动性和自觉性，执结涉金融案件1159件，执行到位标的12.11亿元；走访金融机构、监管部门等26次，提出意见建议19条，有效帮助查堵管理漏洞。司法助力脱贫攻坚、乡村振兴，审结农村土地承包纠纷等涉农案件135件。认真学习贯彻习近平总书记治理木兰溪的重要理念，挂牌成立木兰溪全流域系统治理“木兰法律工作站”，创建巡回审判示范点，为打造人与自然和谐共生美丽莆田提供司法服务保障。弘扬新时代“枫桥经验”，深化诉源对接、诉源减量工程，完善立调裁“三点连环”模式，化解纠纷2062件；贯彻“谁执法谁普法”要求，结合进村入户、走访慰问等，开展法治宣传52次，提升平安建设“三率”；充分发挥律师代理申诉作用，将信访维稳工作落细落实。认真贯彻落实习近平总书记关于营造有利于创新创业创造的良好发展环境的重要指示，开展“优化营商环境服务年”活动，推动建立“亲”“清”法商关系。在全市率先制定司法助力民营企业发展若干意见，善于全局思考，强化多重效果，审结涉企案件标的28.04亿元（起诉标的），挽回企业财产损失23.97亿元（结案标的）；强化执行程序中“僵尸企业”出清力度，在全市首结“执转破”案件，确保多名职工权益实现，有效化解执行积案43件。加大服务的倾斜度。执结企业为申请人的执行案件1631件，执行到位15.95亿元。在全市率先制定规范限制消费及纳入失信名单工作的意见，全力强化善意执行理念；审慎采取强制措施，注重解决企业最急最忧的“查冻扣”“资金断链”和“担保链”等问题，充分运用活封、活扣助力企业转危为机，着力解决“小标的大查封”问题。开辟企业涉诉绿色通道，调解涉企案件93件，推动矛盾纠纷低成本化解；召开劳动争议审判通报新闻发布会，发布典型案例，将白皮书寄送企业家协会、城厢区纳税大户等，积极向企业提示法律风险点；聚焦民营企业关切，向民营企业问需求策，走访市企业家协会及企业29次，以有效措施帮助企业纾困解难；发布服务优化营商环境活动简报4期，加大宣传覆盖面。

【助力经济发展】 2019年，区法院强化民生司法保障，服务高质量发展落实赶超，审结各类民商事案件5808件。其中，审结民间借贷、网络借贷案件1607件，依法规范借贷行为；审结婚姻家庭继承案件451件，促进家庭和睦、社会稳定；审结劳动就业、教育医疗、社会保障等案件110件，维护民生权益；审结消费者权益纠纷案件14件，维护消费市场健康有序发展；审结商品房买卖、预售合同纠纷等涉房地产案件562件，保障人民群众居住权益；审结建设工程合同纠纷案件69件，维护建筑市场秩序；审结融资租赁合同、保险纠纷、银行卡纠纷等金融案件762件，维护金融稳定和安全。依法保护行政相对人合法权益，支持、监督行政机关依法履职，审结行政诉讼案件255件、非诉行政审查案件82件，34名行政机关负责人出庭应诉，行政机关工作人员出庭应诉率达 96%。其中，审结与群众健康安全相关的食药、质检、卫生等案件 29 件，助推重点领域监管。以高度责任感和使命感审理好行政公益诉讼案件，促进行政机关依法行政，形成公益保护合力。参与重大项目征地拆迁法律咨询和疏导工作 21 次，将行政争议化解于萌芽。深化府院良性互动，邀请行政机关观摩庭审 63 人次，受邀为交警大队、消防救援支队等进行专题授课，提升行政机关应诉能力；发出司法建议书 15 份，收到反馈 13 份，促进依法行政和公正司法“双提高”。

【司法品牌创新】 2019 年，区法院发扬“工匠精神”，着力守正创新，持续打造特色品牌工程。签发全国首例由残联代为申请的人身安全保护令，该案入选“2018 年度福建法院十大典型案例”；与区残联共同设立全国首个“残疾人法律救助工作站”，签署全省首份在家事审判中维护残疾人合法权益意见，召开全省首场涉残疾人家事审判新闻发布会，取得良好成效。持续完善“网格化 + 送达”，在全市首创“诉前地址确认书”，着力解决送达难问题；在全市首创诚信诉讼保证书，进一步遏制虚假诉讼产生；完善“一站式”多元调处中心建设，审结机动车交通事故责任纠纷案件 504 件，其中调解 410 件，调撤率达 88.3%。

【队伍建设】 2019 年，区法院提高政治站位，把准政治方向，做到党中央有号召、有部署，我们有行动、有落实。贯彻落实习近平总书记对主题教育提出的“四个到位”要求，以勇于自我革命的自觉补短板、强弱项、固根本；坚持读原著、学原文、悟原理，做到知其言更知其意；将查摆问题摆在前头，将改字贯穿始终，确保主题教育不虚不空不偏；加强主题教育的成果宣传，树典型、学先进，发布专报 19 期，推送微信 26 条。坚持“抓党建、带队伍、促审判、树形象、创一流”总体工作思路，院党总支被评为“全市先进基层党组织”。以提升组织力为重点，大力推进党支部标准化、规范化建设，严肃落实组织生活会、“三会一课”等党的组织生活制度，实现党建与业务两手齐抓；推进主题党日活动既“党味”十足又生动活泼，前往嘉兴南湖、大洋闽中革命根据地等地，实地体验红色文化，传承红色精神；创新“互联网 + 党建”模式，打造更有深度、更有吸引力的党建阵地。按照“五个过硬”要求，打造一支手中有本领、肩上有担当、前进有方向的优秀队伍。坚持“人才兴院”方针，加强年轻干部梯次培养，以更宽视野发现人才、使用人才、配置人才；注重培育高层次审判人才、专家型法官，充分发挥“标杆”作用，为法院发展提供智力支持，2 名干警被评为市审判业务专家。持续深化专业化建设，加强传帮带、岗位练兵、技能比武，开展类案裁判研讨、改发案件评析、专题司法实证研究，并组织 26 人次前往西南政法大学交流学习，提升法官综合业务能力。涌现出“全省人民满意的公务员”“福建省三八红旗手”等先进典型，省、市多家媒体予以宣传报道，汇聚新时代榜样力量；在维护妇女权益方面成效突出，2 名干警分别满票当选市、区妇联兼职副主席；在扫黑除恶专项斗争中表现突出，多个集体及干警被上级法院记功表彰，数量居全市基层院第一，其中涉黑案件主审法官被授予市“十佳平安卫士”、区“劳动模范”荣誉称号。

【党风廉政工作】 2019 年，区法院以永远在路上的执著和韧劲，增强全面从严治党的责任感，持之以恒落实中央八项规定精神，运用“四种形态”，一体推进“三不腐”，加强对重点领域、薄弱环节、高发现象的防控，构建党风廉政建设“五位一体”责任体系。开展诉讼费收退、执行款发放等专项督察，对“三公”经费、津补贴发放进行全面查摆，抓早抓小，防微杜渐。坚持重遏制、强高压、长震慑，重点解决形式主义、官僚主义突出问题，端正政绩观，坚守人民立场。开展政治纪律专项督查、审务督察等，对苗头性、倾向性问题及时提醒谈话、通报批评。通过邀请人民法院监督员“把脉挑刺”、开展廉政专题教育和专项通报警示等，加固干警“思想防线”“廉洁边界”。

【接受人大监督】 2019年，区法院坚持法院重大工作和重要事项向党委报告制度，自觉接受人大及其常委会的监督。坚持大会报告和专项报告制度，认真落实人大及其常委会决议决定和审议意见，办理代表意见、建议、来信43件，并及时转化为推进司法为民、公正司法的有效举措；寄送工作月报，全面详尽地向人大常委、政协常委展示法院工作动态；完善人大代表定向联络工作机制，共走访人大代表、政协委员182人次。邀请人大代表、政协委员见证执行、观摩庭审、专项视察、参与调解、参加新闻发布会及法院开放日等各项活动，推进零距离了解、参与、监督司法。今后，我们将在党委领导、人大监督下，继续把守初心担使命的要求贯穿法院工作全过程和各方面，以履职尽责的实际行动，诠释对党的绝对忠诚和对人民的无限赤诚。

（李萍）

司法行政

【概况】 2019年，莆田市城厢区司法局（以下简称“区司法局”）以服务城厢高质量发展为主线，以维护社会安定稳定为抓手，围绕社会治理能力现代化和人民群众对法律服务需求，结合扫黑除恶专项行动等重点任务，全面履行司法行政职能，为美丽城厢建设提供坚强法治保障和优质法律服务。

【法治政府建设】 2019年，区司法局落实领导干部法治宣传教育，合计超过50名科级干部完成干部任前法律知识考试。强化法制机构建设，建立政府法制机构人员为主体、吸收专家和律师参加的法律顾问队伍。开展行政执法人员清理确认工作，落实行政执法公示制度，出台《莆田市城厢区人民政府办公室关于贯彻落实福建省全面推行行政执法公示制度执法全过程记录制度重大执法决定法制审核制度实施方案的意见》，对区卫健局等区直部门开展行政执法案卷评查，有效规范行政执法行为。建立健全重大事项依法决策机制，严格规范性文件管理，对2019年前发布的357件区政府及区政府办公室各类行政规范性文件进行全面清理，对涉及全区发展的13件重大工作部署规范文件进行合法性审查。依法公正办理行政复议案，受理行政复议申请17件。依法履行行政应诉职责，收案行政诉讼176件。

【公共法律服务建设】 2019年，区司法局搭建三级公共法律服务平台，形成“一中心七站点十四示范点”模式，辐射全区120个行政村，构建“法律顾问+村居干部+法律明白人+人民调解员”的组织架构。利用“城厢法治”微信公众号开辟律师服务、公证业务、法律援助、人民调解、法律咨询、法治宣传六大类法律服务，提升法律服务质效。针对农民工、未成年人、妇女等弱势群体打造法律援助绿色通道，加强法律援助窗口规范化建设，共办理法律援助案件118件。推进公证参与经济社会发展事务，办理各类公证案件70件，提供莆田西片区改造等项目服务7次。

【普法依法治理】 2019年，区司法局全面推进“法律六进”活动，以“现场宣讲+新媒体普法”方式，深入学校、企业、单位等地，聚焦宪法等法律法规开展多形式宣传。全年以“法律知识小课堂”“法治文艺会演”“法律讲座”等形式开展进校园法治讲座11场次；深入华林工业园区、太湖工业园区开展法治进企业宣传活动5场次；深入霞林街道下黄村、华亭镇圳头村等地开展形式多样的法治宣传活动40余场次，与各镇街联合开展4场次法治文艺汇演活动。选定14个村（社区）创建“四治一体”民主法治村（社区），编成司法行政工作微视频1部，拍摄“十大金曲献祖国”歌曲MV1部，编印《扫黑除恶十

3 月 15 日，区司法局开展法治宣传活动　　（彭洁　摄）

问十答》折页、扫黑除恶“六个延伸”宣传挂图、《新修订宗教事务条例》等宣传折页，采购《百姓法治宝典》书籍和 APP，营造浓厚的法治宣传氛围。

【人民调解】　2019 年，区司法局建立区级调解中心 1 个，人民调解委员会 132 个，聘请人民调解员 236 人，全区调解组织网络逐步健全。协调建立张瑞凤、陈国庆、陈国山 3 处个人调解室，7 个镇街个人调解室 100% 覆盖。建立莆田市川渝商会人民调解委员会，全区共有专业行业性调委会和调解室 36 个。不断完善公调对接，7 个镇（街）均建立公调对接调解室，坚持“调防结合，以防为主，多种手段，协同作战”的工作目标，及时有效地排查化解和预防减少大量民间矛盾纠纷，累计排查、调处各类矛盾纠纷案件 609 件，矛盾纠纷调解率 100%，调解成功率 100%。邀请经验丰富的人民调解员、法律顾问针对性开展人民调解业务培训，表彰优秀人民调解员、落实人民调解以案定补工作，调解保障机制不断推进。

【社区矫正和安置帮教】　2019 年，区司法局开展社会调查评估“百分制”工作，购买社区矫正心理矫治和社区矫正专职社会工作者服务项目，全区 7 个镇（街）覆盖率 100%。加强社会适应性帮扶工作，创新教育矫正方式，引入“学习强国”APP 学习，组织社区矫正管理新规学习等活动，对社区服刑人员开展爱国主义、法治等主题教育。开展公共安全领域“三大”攻坚行动，排查面达到 100%。开展“百日安全活动”专项活动、违规专项打击活动，有效摸清、掌握社区服刑人员情况。开展刑罚执行一体化工作，成立福建省监狱参与社区矫正工作督察城厢大队。建设完成区社区矫正中心及社区矫正中心远程督查系统，实时对社区服刑人员动态跟踪。全年接收社区服刑人员 229 人，期满解除矫正 200 人，

12 月 4 日，区司法局开展“宪法宣传日”活动（彭洁摄）

在矫社区服刑人员 265 人，无重新犯罪人员。完善衔接帮教环节，切实加强刑释解矫人员信息、基本信息核查工作，及时掌握服刑人员基本情况，共接收刑释解教人员数 208 人，帮教率 100%，安置率 100%，重新犯罪率为 0。做好刑满释放人员就业指导和就业服务，为刑释人员开展职业技能培训 1 期，培训 22 人，鼓励企业安置刑释解矫人员 10 人。

【律师管理】 2019 年，区司法局及时调整补充 26 个村（社区）法律顾问，重新签订村（社区）法律顾问协议，共有 8 家律师事务所 23 名律师通过双向选择聘任为村（社区）法律顾问，区内 120 个村居（社区）法律顾问覆盖率达到 100%。推进法律顾问室规范化建设，14 个法律顾问室示范点运行保持良好，覆盖率 11%。推进“村（社区）法律顾问微信群”法律服务模式，为村（社区）及居民群众提供法律咨询、法治宣传、法律援助引导、矛盾纠纷调处等便利化法律服务。村居法律顾问开展法治讲座 13 余次，参与调解矛盾纠纷 7 起，为人民调解员培训 8 次，通过现场解答、微信、qq 咨询提供法律咨询 2500 人次。积极开展律师参与化解和代理申诉和刑事案件认罪认罚从宽工作，律师参与化解和代理涉法涉诉信访案件 4 件，化解成功案件数 2 件，接待信访人数 200 余人次；落实律师代理涉黑涉恶案件备案、旁听制度，接收涉黑涉恶案件备案 16 件，旁听涉黑涉恶案件 6 次。

（林长春 彭洁）

军事

武装

【概况】 2019年，莆田市城厢区人民武装部（以下简称“区人武部”）坚决贯彻落实习近平主席一系列重要指示和省军区、军分区党委扩大会议精神，紧紧围绕强军目标，紧紧围绕庆祝新中国成立70周年盛事，着力举旗铸魂、聚力应急应战、强力正风肃纪，区人武部应急应战和全面建设整体推进、稳步发展、全面过硬。人武部被表彰为省军区“基层建设先进人武部”；人武部政委吴彦继被军委国防动员部表彰为“优秀共产党员”；军事科参谋郑国良被表彰为省军区“基层正规化建设先进个人”；职工陈秀兰被市表彰为“最美家庭”；曾双清、王松青、肖逵昱等受到军分区嘉奖和表彰为先进个人。

【征兵工作】 2019年，区人武部圆满完成现役征集任务。龙桥街道武装部被省征兵办表彰为“征兵先进单位”，灵川镇武装部、霞林街道坂头社区、东海镇东沙村被市征兵办表彰为“征兵先进单位”，华亭镇镇长苏顺琪、区教育局干部林毓勇、常太镇专武干事陈瑞权被市征兵办表彰为“征兵先进个人”。

【民兵整组】 2019年，区人武部按照“精准建设、精细管理、精确动员”的思路理念，按照“开展潜力调查、进行部署准备、优化结构布局、调整配备人员、预建党的组织、清点落实装备、集合点验民兵、组织检查验收”的步骤程序扎实推进民兵整组工作。

【战备值班】 2019年，区人武部紧紧围绕能力形成这一任务，及时调整国防动员机构人员、展

2019年5月21日，莆田市暨城厢区大学生征兵工作启动仪式

（王中华 摄）

2019 年，区人武部开展军事日主题活动　　（王中华 摄）

开国防潜力调查，并针对民兵队伍结构调整，进一步修订完善相关方案，逐条细化措施、标准，建立责任制，狠抓工作落实。落实 24 小时干部值班和职工值副班制度，较好地完成重大节日、重要时期战备组织工作，确保战备工作秩序正规稳定，无错情、漏情、误情。10 月下旬，结合迎接国动部民兵整组检查，组织民兵应急连拉动检验，人员到位及时，到位率达到 87.5%。11 月份迎接市党管武装考评检查，应急值班分队考评内容获得满分。

【国防动员潜力调查】　2019 年，区人武部根据市国动委指示，为准备掌握城厢国防动员潜力情况，为动员支前打下良好的基础，第四季度国动委综合办组织 7 个镇街和 9 个国动委职能办开展国防动员潜力调查工作，专门召开国防动员潜力调查任务部署会。调查人员“采取横向到边、纵向到底”的方法，走访城厢各镇街、村居、分管职能部门、大中型企业、工业园区，收集相关资料数据，全面了解掌握辖区人力、经济、交通设施、人防设施、医疗卫生、物资储备、车辆装备维修、船舶、军民通用装备等情况，并将数据进行栅格化处理，录入国防动员潜力调查数据管理系统。通过深入细致的调查摸底，较为准确的掌握城厢国防动员潜力情况，较好地解决潜力数据不真、不实、不准的问题。

【群众性练兵比武竞赛】　12 月 12 日，区人武部参加军分区组织的“群众性练兵比武”竞赛，抽组 38 名基干民兵参加，比武重点围绕临战行动、战斗行动、抢险行动、救援行动四项内容展开，城厢区基干民兵训练扎实刻苦，比赛发挥出色，夺得团体第一名，4 人被评为单项先进个人。

【党建规范化运行现场会】　10 月 16 日，区人武部承办军分区党建规范运行试点观摩会，形成党建“七个一”成果：一个“智慧党建”信息交互平台，突出“互联网＋党建”交互平台，设置习近平主席重要论述、上级指示精神、动态信息、制度规范、党费缴纳、网络公示、先进典型、红色图书、党建实例和历史沿革等 10 个模块；部党委议事规则；年度党建工作规范化运行机制；一套党组织生活示范文本；一套党建登记统计；党建文化宣传标语；一套试点活动的成果资料汇编，带动本单位“楼梯文化”“党建广角”等建设得到长足进步，较好地规范人武部党委、纪委、机关党支部、党小组日常运行。军分区蒋政委、王副司令员、城厢区区委王书记、全区各人武部政治主官和政工干部参加会议。

【庆祝中华人民共和国成立 70 周年系列活动】　2019 年，区人武部积极开展“我和国旗合影”“我奋斗、我精彩”、组织观看《我和我的祖国》影片等活动，深入挖掘身边先进人物、身边感人事迹，积极引导全体人员以庆祝盛事为契机，更加积极投入工作，投身动员备战当中。

【主题教育】　2019 年，区人武部在上级的统一部署和安排下，突出深化“传承红色基因，担当强军重任”和“不忘初心，牢记使命”2个主题教育活动，部党委先后6次召开会议，研究部署主题教育活动和民主生活会开展，认真贯彻“守初心、担使命，找差距、抓落实”的总要求，学习借鉴第一批主题教育经验做法，突出牢固确立习近平强军思想在国防和军队建设中的指导地位、聚力推进备战打仗和全面从严治党全面从严治军，精心组织学习教育、调查研究、检视问题、整改落实，锤炼忠诚干净担当的政治品格，焕发干事创业的昂扬精神，以优异成绩向新中国成立70周年献礼。

【“三知”教育整顿】 3月10—12日，区人武部按照军分区统一步骤展开“知法规、知职责、知敬畏”教育整顿，组织集中学习教育、个人对照、专题党日等活动，每个人针对“4个方面15个问题”进行对照检查，并汇报思想。

【军委巡视巡察反馈问题整改】 2018年，区人武部党委坚决贯彻中央委军委和习主席关于全面从严治党、全面从严治军重大战略思想，着力增强“四个意识”、坚定“四个自信”、做到“两个维护”，贯彻军委主席负责制，以维护核心、看齐追随的政治自觉，以认帐领帐、立行立改的政治态度，以从严从紧、主动整改的政治担当，通过集中整改和常态抓建，深度纠治问题，深入抓好整改，梳理党委班子6个方面28个问题清单，指定专人负责，明确整改时限。

【“四类问题”专项整治】 2019年，区人武部对照“四类问题”专项整治要求，并结合“如何改进作风，破除形式主义、官僚主义，在本职岗位上努力工作”讨论题，认真组织民主生活会，组织干部职工人人撰写检查剖析材料，并公开自身查找的问题及整改措施，主动接受党员、党组织的监督和批评，切实达到红脸、出汗、治病的效果

【脱贫攻坚】 2019年，区人武部能够积极协调城厢4个团级驻军单位开展行动，制定脱贫攻坚方案，参加“党员进社区”、组织民兵到贫困户清理营院、打扫卫生等扶贫活动4次，优先承办2名贫困户家庭青年入伍，开展“助学兴教”慰问10名大学生5万元。

【保障工作】 2019年，区人武部坚持以践行中共十九大精神及习近平强军思想为指导，以军事斗争准备为牵引，紧紧围绕战备训练开展服务保障工作。实现年度经费收支综合平衡，自身保障能力不断提高。年内共投入110万余元保障战备训练任务，25万余元为职工（含临时工）办理保险，50余万元用于保障征兵，拿出5万元用于帮扶困难大学生，同时协调区政府投入近400万元为营区广场进行规范化改造及民兵训练基地建设等。有力地保障战备训练、重大军事活动以及征兵工作等大项活动的圆满完成，保障全面建设的稳步发展，保障干部、职工物质文化生活的改善提高，较好地保障年度工作任务。

【营区广场规范化改造】 2019年，区人武部营区广场由于前期变压器搬迁及花坛整改导致路面不平，篮球场地开裂，绿化带与营区总体规划不协调，经部党委研究决定进行规范化改造。同时将需求上报区委、区政府，后区政府决定从区财政拿出约90万元对营区路面、篮球场、绿化带、车库进行整修改造及景观灯建设等，工程由区住建局全权负责建设，于8月底完工并交付使用。

【民兵训练基地建设】 2019年，区人武部临街大楼由于全面停止有偿服务收回而空置，经党委研究决定对临街大楼进行改造成可供140人食宿及授课教育的民兵训练基地，并上报区政府，由区财政拿出约300万元，区经济开发集团有限公司全权负责代为建设，并于11月25日开工建设。

（曾双清　郑国良　戴强）

应急管理

【概况】 2019年，莆田市城厢区应急管理局（以下简称“区应急局”）深入开展隐患排查治理专项行动，扎实推进重点行业领域安全生产专项整治，安全生产各项重点工作取得积极进展。全区发生各类生产安全事故13起，同比减少24起，下降64.9%；死亡8人，同比减少6人，下降42.9%，没有发生较大及以上生产安全事故。

【完善安全生产责任体系】 2019年，全区研究出台《莆田市城厢区安全生产警示通报和约谈制度》《莆田市城厢区安全生产事故隐患挂牌督办办法》，层层落实安全责任，狠抓各项安全防范责任措施落实，不断提升全区安全生产监管水平。

【深化安全专项整治】 2019年，全区不断深化道路交通、消防、危险化学品、烟花爆竹、学校、建筑施工、农业机械、渔业船舶、特种设备、旅游等25个重点行业领域安全生产专项整治工作，狠抓隐患排查治理。推进“智慧安监平台”信息化建设，按照“分行业、分级别、网格化”原则，强化风险分级管控，全力摸排安全风险和隐患。

【隐患排查治理】 2019年，全区出台《关于组织开展安全生产隐患排查治理专项行动的通知》（莆城安〔2019〕1号）、《莆田市城厢区开展危险化学品等重点行业领域安全生产专项执法检查实施方案》（莆城安办〔2019〕9号）和《关于进一步深化做好安全生产隐患排查治理专项行动的通知》（莆城安办〔2019〕22号）等文件，组织全区上下深入开展隐患排查治理专项行动，围绕危险化学品、燃气、醇基燃料、涉氨制冷、烟花爆竹、道路交通、学校、建筑施工等25个重点行业领域，进一步加强重点工程、重点场所、重点部位的排查力度，全面排查治理安全生产隐患问题，有效管控各类安全风险。是年，共检查生产经营单位5334家，排查出安全隐患问题5565项，整改到位5341项，限期整改1925家，停产停业整改企业107家，取缔搬迁38家，处罚158万余元。

【扩大禁燃工作】 2019年，区应急局结合全区实际开展烟花爆竹禁燃工作，多次召开会议部署全区烟花爆竹禁燃工作，分解禁燃工作责任，签订禁燃工作责任书，责任落实到人。针对元宵特殊节日节点，实行街道包片、领导包片负责制，逐一落实专人管理措施。强化宣传教育。利用墙报、标语、横幅和出动宣传车，散发宣传品等多种形式，开展烟花爆竹安全教育活动，广泛宣传禁燃规定。共发送禁燃宣传短信20万余条，微信宣传链接转发1300余次，发放宣传材料4万多份。加强打击治理，组织镇街安监站工作人员开展禁燃区域烟花爆竹“打非”工作，巡查商店、摊点1800余家，查处非法燃放、储存（禁燃区）数量29起、罚款9400元、收缴烟花爆竹15件，查处烟花爆竹零售店1家，罚款3000元，当场制止89起非法燃放烟花爆竹行为。是年，没有发生烟花爆竹事故，空气质量进一步提升。

【危险化学品工作】 2019年，全区危险化学品共计有经营、使用化学品企业68家，其中2家涉氨制冷企业、16家成品油经营单位、50家不带有储存设施经营企业。是年，区应急局出动检查261家次，全部整改到位，取缔6家。

【消防安全工作】 2019年，区应急局共检查各类社会单位场所1526家次，督促整改火灾隐患1445处，发出改正通知书681份，行政处罚51份，罚款89.8万余元。

【烟花爆竹工作】 2019年，区应急局对全区64家取得烟花爆竹零售经营许可证中的45家进行巡查，其中包含3家批发仓库，共发现12项安全隐患，全部整改到位。3家批发仓库通过标杆企业初步评审。

【森林防灭火工作】 2019年，区应急局共发放《致林农一封信》《野外火源管理“十不准”“五不烧”通告》《森林防火案例警示宣传》《大手拉小手、防火一起走——致学生家长的一封信》《“文明祭扫、平安清明、冬至”倡议书》85000份；新建和翻新永久性、半永久性宣传牌156块，书写、粘贴标语600余条；全区固定电话语音提示“护林如爱家、防火靠大家”7100多部；重要路口进山路段设立太阳能语音提示5部，出动森林防火宣传车165多次；发布4次《禁火令》和6次高火险橙色预警信号。建立林区98个寺庙用火管理制度，并对寺庙负责人进行防火宣传，增强寺庙周边林区防火责任意识。建立8支半专业或半专业森林消防队伍350人，确保森林火灾发生时反应迅速、扑救有序、科学高效地实施处置行动，最大程度减少因森林火灾造成的人员伤亡和财产损失，保护森林资源，维护生态安全。

【防震减灾工作】 2019年，区应急局根据区城总体规划和城市人口居住特点，完善莆田一中、莆田五中等11个地震应急避难场所的设施建设。同时争取经费加强对11个应急避难场所的日常管理和维护工作，确保应急避难场所各项功能正常化。全区学校、社区（村）等单位安装地震预警专用发布终端系统175台，未安装的有17家，除灵川镇外首年由区财政提供补助的运营服务费全部拨付到位，完成到位率达80%。

【完善基层安全监管体制】 2019年，全区7个镇（街）、2个工业园区均建立安监机构，实现安全生产委托执法，每个镇（街、园区）发文明确安监站专职人员3—4人；120个村（居）均配备1名专兼职安全协管员。

【安全生产宣传】 2019年，区应急局创新安全宣传方式，加大安全宣传力度，大力宣传安全生产法律、法规，倡导安全文化。6月份，围绕第十八个全国安全生产月“防风险、除隐患、遏事故”主题，共发放宣传单8万余份，微信宣传链接5000余人次，发送宣传短信15万余条，组织开展安全主题宣讲110余场次，开展各类应急演练140余场次。在人流量较大的5个公共自行车站点设置宣传专栏，广泛宣传安全生产法律法规，普及安全常识和基本技能。

（潘兰娟）

消　防

【概况】 2019年，莆田市城厢区消防大队（以下简称“区消防大队”）在支队党委和政府的坚强领导下，以“四句话”方针为指导，高举习近平新时代中国特色社会主义思想伟大旗帜，紧扣“不忘初心牢记使命”主题教育，团结带领广大指战员真抓实干、攻坚克难，火灾形势和队伍建设保持“双稳定”，各项改革任务落实落地，消防工作和队伍建设取得长足进步。大队完成“两会”、国庆70周年消防安保能力大考，保持火灾形势和队伍建设双稳定，为“平安城厢”建设创造良好的消防安全环境。大队2人分别获评总队优秀党优秀共青团员和支队优秀党务工作者，3人获评支队优秀共产党员；1人代表总队参加全国首届“火焰蓝”救援技能对抗比武竞赛，并斩获全国第三名；大队在支队首届“火焰蓝”篮球赛中勇夺冠军。区委、区政府主要领导先后12次对消防工作作出部署，2次区政府专题会议协调解决工作难点，努力打通监督执法“最后一公里”。

【构建立体防控】 2019年，区消防大队积极主动向区政府主要领导汇报消防工作，得到区领导的高度重视，区政府领导多次带队检查消防安全工作，并定期组织召开消防工作联席会议，强调落实消防安全责任。同时，以“防风险保平安迎大庆”专项行动为抓手，对党政领导、行业部门负责人组织约谈，重点宣贯《福建省消防安全责任制实施办法》。大队积极推动区委政法委、区效能办将消防工作考评成绩纳入平安单位和绩效考核评分体系，切实督促各级各部门落实消防安全责任。今年以来，各镇街和行业部门共开展消防安全检查200余次，检查社会单位655家，消除各类火灾隐患1253处，认真落实属地和行业部门监管责任。大队继续巩固完善消防安全网格化管理建设水平，与网格中心进一步明确消防工作纳入综治网格事项、工作流程、工作职责与工作要求，根据消防工作重点，将“三合一”场所、沿街店铺、电动自行车火灾隐患等内容加入基层消防安全网格化排查模块内容。年内各级网格力量共采集消防工单8096处，整改办结7447处，办结率92%，消除一大批火灾隐患。

【隐患排查整治】 2019年，区消防大队以中华人共和国成立70周年大庆、妈祖文化周等重大活动消防安保工作为抓手，聚焦九类重点场所、九大突出风险，先后部署开展冬春火灾防控、“防风险保平安迎大庆”执法检查、文物建筑、电气火灾、大型商业综合体消防安全专项整治“回头看”等专项治理行动。发动镇街、村居、派出所等基层网格力量，落实对居民楼院小区、出租房、群租房及“三合一”场所的消防管理职责，常态化开展消防检查巡查和入户宣传。大队充分发挥“主力军”作用，共累计检查单位1586家次，督促整改火灾隐患1451处，责令“三停”单位18家，临时查封场所7家，罚款90.39万元，以高压执法态势确保火灾形势稳定。年内整改销案重大火灾隐患单位1家。

【监督执法规范】 2019年，区消防大队在转隶改制初始之年，大队党委高度重视消防执法规范化建设工作，每周一定期组织监督业务学习，针对案卷问题举一反三，提高监督员的业务理论水平。开门征询群众意见。邀请廉政监督员以及执法服务单位的负责人共计12名群众代表参加2019年度执法公开述职述廉会议，不断提升消防工作和服务水平。

【消防宣传培训】 2019年，区消防大队不断延伸宣传触角，完善消防宣传体系，积极打造社会化宣传大格局。依托应急消防科普教育基地，每月定期向市民开放，参与群众、学生累计达1万人次。坚持开展消防宣传“七进”活动45场次，发放消防安全知识手册和宣传品等共计2万多份，利用移动公司平台先后发布10余万条消防提示短信。抓好消防网格员和消防安全责任人、管理人以及消控室值班操作人员、微型消防站站长等7类人群消防安全培训，全面深化单位“四个能力”建设，指导辖区微型消防站开展“四个一”活动。在主流媒体曝光火灾隐患单位2家，在中央电视台上稿3条，在省、市级媒体上稿105条，较好地宣传塑造城厢消防好形象，传播城厢消防好声音。

（卓丽双）

经济管理

发展计划管理

【概况】 2019年，莆田市城厢区发展和改革局（以下简称“区发改局”）围绕区委、区政府中心工作，加强前瞻性、全局性问题的分析和研究，牵头制定《城厢区进一步深化改革扩大开放的若干措施》、《城厢区深入贯彻落实习近平总书记治理木兰溪的重要理念打造人与自然和谐共生美丽莆田先行区的贯彻意见》《关于贯彻落实“马上就办”提升营商环境工作推进方案的实施意见》《关于深入推进老区加快发展的实施意见》《关于营造有利于创新创业创造良好发展环境的实施意见》等一批重大政策文件，为全区产业发展、项目投资、民生事业改善、营商环境等提供政策指引。城厢区经济总体持续保持平稳发展，地区生产总值完成475.64亿元，同比增长7.5%。农林牧渔业总产值19.62亿元，同比增长5.9%。规模以上工业产值375.04亿元，同比增长11.4%，其中：规模以上工业增加值同比增长9.9%。固定资产投资同比增长8.8%。财政总收入34.96亿元，同比增长1.3%，其中：地方级财政收入24.36亿元，同比增长5.1%。社会消费品零售总额290.15亿元，同比增长14.9%。实际利用外资12335万元。全体居民人均可支配收入38220元，同比增长8.7%。

【谋划经济工作】 2019年，区发改局紧紧围绕木兰溪时代美丽莆田先行区建设和区政府工作报告部署，合理编制城厢区2019年度国民经济和社会发展计划报告（草案）。分解目标任务，下发《莆田市城厢区人民政府关于下达2019年城厢区国民经济和社会发展计划的通知》，制定《城厢区贯彻落实建设美丽莆田2019年行动计划》、九大专项行动计划，为建设木兰溪时代新城厢再上新台阶提出年度目标任务。围绕全年高质量赶超目标任务，坚持目标导向、问题导向、责任导向和重点导向，加强与上级、区统计、工信、商务、农业、住建等部门协调对接，扎实做好月、季度、半年经济形势分析工作，把经济运行形势分析和研判作为推动高质量赶超发展的重要手段。有效统筹GDP相关指标，把赶超发展落实到具体项目上业，突出重点项目、五个一批、固定资产投资等分析，抓好产业项目、重大项目的精准调度，着力提升数据支撑和质量，推动效率变革、动力变革、质量变革。GDP第一季度、第二季度增幅分别在五个县区排名第一、第二，固定资产投资1—12月增幅8.8%，排名全市第三。

【重点攻坚工作】 2019年，区发改局开展“聚焦项目比质量、争先进位比赶超”活动，坚持以高质量的项目建设推动全区经济高质量发展，项目建设稳步推进。全年固定资产投资比增8.8%，其中商贸服务业投资比重较去年提高8.4个百分点，总投资同比增长124.5%；工业科技类比重提高1.7个百分点，总投资同比增长26.9%；福建华源纺强城、京都国际金融中心等16个重点项目加快建设，华林智汇、城厢商务大楼等项目实现竣工，新动能投资加速蓄势，投资结构不断调整优化。重点项目在线监管系统高效运行基础上，再创新重点项目分级管理制度，全市首家推出重点项目管理手机客户端，实现项目实时全方位、无盲点监测，有效提升项目精细化管理水平。全年共实施区重点项目398个，完成年度投资247亿元，其中72个省市重点项目完成投资155.8亿元，完成年计划的102.4%。全年新增（含升级）亿元以上“五个一批”项目220个，总投资1180亿元，其中谋划项目55个，签约项目80个，开工（增资）项目45个，投产项目40个，“五个一批”工作稳步推进。全年累计完成征地44.33公顷、拆除房屋60万平方米，坂头东、万达南、泗华老叶树等6个片区基本完成征迁，累计出让万达南地块一、坂头东地块三等7宗23.73公顷经营性土地。111个市级九大专项行动项目完成投资93.6亿元，完成年计划84.2亿元的111.2%；7个市重大攻坚项目完成投资62.3亿元，完成年计划61.1亿元的102%，其中钟潭片区综合开发一期，坂头地块八、九、十等项目按序时建设。

【深化改革工作】 2019年，区发改局出台《关于印发城厢区贯彻莆田市提升营商环境2019年行动方案实施意见的通知》，在开办企业、办理建筑许可、纳税、获得信贷、政府采购、政务服务、招标投标等方面进行流程优化，缩短办事时间，如简化企业从设立到具备一般性经营条件所必须办理的环节，压缩办理时间，将企业开办必备环节精简至3个，实现压缩企业开办时间至4天。企业设立登记时限再压缩至2个工作日，变更登记压缩至3个工作日，重点项目企业设立登记压缩为0.5个工作日，进一步提升企业开办便利度，着力为实现高质量发展和赶超目标营造稳定公平透明、可预期的营商环境，让群众和企业办事像“网购”一样方便。制定城厢区8类工程建设项目流程图，明确审批事项清单和审批总时限，并联审批时限分别控制在90个、70个、50个、20个工作日以内，并将各类工程建设项目统一划分为二至四个审批阶段，形成各个审批阶段“一份办事指南、一张申请表单、一套申报材料”，形成标准化工作规程。紧紧扭住“放管服”改革“牛鼻子”，跑出创新“加速度”，倒逼提速增效，不断激发市场活力。通过合并审批环节、开辟“容缺预审”绿色通道、加强事中事后监管等，形成全新的投资项目“并联审批路线”。将行政审批

发展中的城厢区 （许金珊 摄）

和公共服务事项全部纳入“最多跑一趟”“一趟不用跑”清单，企业投资项目备案由法定时限5个工作日压缩为即办件，全流程网上办理，做到“一趟不用跑”，便利感和获得感大幅度增强。是年，窗口共审批项目26个，总投资187.57亿元；核准项目3个，总投资0.93亿元；备案项目117个，总投资182.41亿元。加快网上办事证照材料电子化应用，实现“群众少跑路，数据多跑腿”。进一步优化政务服务、提高电子证照应用率，推动存量证照录入、证照盖章入库，持续推进补证纠错处理工作，城厢区电子证照入库完成超过57万元，及时解决群众办事堵点，为群众办事提供更大便利。制定2019年生态文明专项行动计划，木兰溪城区（城厢区）内河整治工程、院里溪综合整治工程等6个市级生态文明专项行动项目全部动工建设，其中城厢院里溪综合整治工程、城厢东太溪入库口段综合整治工程竣工验收。

【城乡一体化建设】 2019年，区发改局扎实推进华亭小城镇改革试点建设，继续推进和完善试点配套项目建设。城厢区共有三批19个市级“幸福家园”试点村，年内分类推进产业发展、环境整治、新型社区建设、基础设施建设、公共服务配套建设、土地整理及流转等六大类项目。完成华亭镇涧口、云峰村、五云村、灵川镇径里村、常太镇马院村、岭下村等试点村建设。扎实开展特色小镇创建工作。华林鞋艺小镇整体解决方案定稿并经区政府批复，核心区项目华林智汇电商城基本完成建设；莆田电商小镇完成部分工程包项目建设，世全•中央城市广场完成二次装修及园区基础设施建设，其他工程包与商业类项目有序推进中。

【粮食物价开展工作】 2019年，区发改局在粮食方面：完成2019年度全区粮食安全行政首长责任制考核工作；开展政策性粮食库存数量和质量大清查工作；完成1.5万吨区级储备粮库建设任务；对储备粮全面实行“一品一码”质量安全信息追溯管理，加强源头管控；规范储存管理，年末全区粮食储备规模实际到位率100.8%，数量真实、质量良好、储存安全；完善调控监管体系，粮食应急保障能力得到提升，保障市场粮食供应和价格基本稳定。在价格方面：牵头制定城厢区2019年度农业水价综合改革实施计划，为做好农业水价综合改革工作指定方向和目标。开展价格负责市场价格监测、分析、预警，依法实施成本监审。全面梳理各收费单位收费项目、标准、依据，对全区40家有资质的行政事业性收费单位在城厢区政府网站公布，共减轻企业和个人负担约4910万元。做好价格鉴证工作，共受理价格鉴定488件，标的金额6580万元，主要涉及助力车、电动车、摩托车和黄金饰品等，为司法部门和行政执法单位提供客观、公正、可靠的法律依据。加强价格举报查处，共受理价格平台投诉196件，办结185件，其中“12345”有127件，办结127件；“12358”有69件，办结58件（机构改革，其中未办结11件转市场监督管理局），通过及时受理、耐心解答和核查处理，化解价格矛盾。在精准扶贫方面：开展易地扶贫帮迁排查，建立问题台账，找准问题症结和问题阻点，明确工作责任，确保排查问题整改到位。持续开展挂钩帮扶工作，挂钩的灵川镇径里村的15户贫困户全部脱贫，各帮扶人仍持续定期入户，对贫困户日常生活中存在的问题给予帮助，定期携带慰问品等入村入户慰问帮扶。

（陈俊莺）

国有资产管理

【概况】 2019年，莆田市城厢区国有资产管理委员会办公室（以下简称“区国资办”）作为履行全区国有资产监督管理职能的办事机构，在区委、区政府的领导部署下，切实履行国资办的职责，全力做好国有资产监管工作，最大限度盘活国有资产，实现国有资产的保值增值。

【内部监督管理】 2019年，区国资办为切实加强和改进资产管理工作，更好地保障行政事业单位有效运转和促进各项事业发展，提高固定资产使用效益，防止国有资产流失；加快解决资产管理中存在的问题，夯实各级政府向同级人大报告行政事业性国有资产管理情况基础，根据市财政局有关文件精神，印发《关于进一步加强和改进行政事业单位国有资产管理工作的通知》和《城厢区区直行政事业单位固定资产日常管理规定的》文件。按照区委“不忘初心、牢记使命”主题教育领导小组要求，认真落实涉及《关于违反中央八项规定精神突出问题专项整治工作方案》问题整改反馈工作，组织区属国有企业开展商务接待支出情况摸底调查统计，参照市国资委文件精神，结合城厢区实际，制定《关于规范区属国有企业商务接待工作的管理办法》。

【固定资产处置审批】 2019年，区国资办按照《关于进一步规范和加强城厢区行政事业单位国有资产管理的通知》（莆城财〔2018〕193号）等国有资产管理文件规定，截至11月底，对各行政事业单位报送资产处置的申请材料进行审核把关，共办理资产处置批复21件，其中涉及房屋对外招租4件（其中区运管所、教育局因上级另有他用，撤回对外招租程序。)、资产报废14件（报废资产金额643.63万元）及划转3件（划转资产金额14.24万元）。

【征迁补偿评估报告复核工作】 2019年，区国资办按照城厢区政府办公室《关于印发莆田市城厢区经营性土地收储项目和城区工业企业搬迁评估结果复核审核工作方案（试行）的通知》（莆城政办〔2016〕114号）要求，征迁补偿费用评估结果应复核确认。区国资办按照文件要求，采取随机抽取专家方式成立复核审核专家组，认真组织评估复核审核工作。截至11月底，完成莆田市市政建设工程公司、福建莆田市侨雄轻工有限公司、天怡（福建）现代农业发展有限公司、天妃饭店（莆田）有限公司的征收补偿市场价值评估4宗复核工作。

【安置房清理处置工作】 2019年，区国资办为理顺剩余安置房产权调拨程序，加强城厢区剩余安置房资产管理，规范剩余安置房资产处置行为，推进存量资产盘活工作，防止国有资产流失和沉淀，增加财政收入。按照《莆田市城厢区人民政府办公室关于印发城厢区进一步加强安置房欠款清缴及清占攻坚工作方案的通知》（莆城政办〔2018〕78号）文件及区政府工作安排，区财政局（国资办）牵头负责统筹全区安置房欠款清缴工作的督促指导、信息汇总工作。督促相关镇（街）进一步摸清剩余安置房情况，开展剩余安置房侵占和清算欠款清理工作，提交剩余安置房处置具体建议方案。组织村居干部力量，启动各辖区内安置房差价款及申购款欠款清缴工作。是年，全区清缴安置房欠款3467.38万元，其中：霞林街道2292.33万元，龙桥街道1175.05万元。

【国有资产清查】 2019年，区国资办根据《行政单位国有资产管理暂行办法》（财政部令第35号）、《事业单位国有资产管理暂行办法》（财政部令第36号）和《莆田市财政局关于编报2018年度行政事业单位国有资产报告的通知》（闽财资〔2019〕3号）等有关文件精神，城厢区以2018年12月31日为资产统计工作基准日开展资产统计工作，完成2018年度行政事业单位国有资产报告并予以上报市局汇总。是年，纳入资产报表编报范围具备独立编制机构的行政事业单位户数为351户，其中，行政单位70户，事业单位281户。资产账面值237626.12万元（其中固定资产账面值98214.2万元），负债账面值50920.7万元，净资产账面数186705.43万元。根据财政部、省财政厅、市财政局关于做好2018年度公共基础设施等行政事业性国有资产报告工作等要求，以2018年1月1日至12月31日为报告期，及时下发文件通知全区行政事业单位、各镇街组织填报，于4月30日前完成并申报市级汇总。根据2018年公共基础设施等行政事业性国有资产统计报表，全区公共基础设施资产总值95955.3万元，主要为：政府储备物资共111.77万元；公共基础设施共79609.06万元；共有不可移动文物256处；公共租赁住房3.26万平方米5798万元；经济适用住房2.37万平方米8484万元；政府储备土地30.84公顷；其他资产1952.47万元。

【国有资产监管】 2019年，城厢区参照《莆田市城厢区人民政府关于加强产权转让及收入管理的通知》(莆城政〔2003〕240号)、《关于印发〈规范城厢区行政、事业单位公有店面、闲置房对外出租项目市场化配置工作方案〉的通知》(莆城国资办〔2007〕9号)等文件规定，统一报送区财政局、国资办审批后，依托莆田市行政服务中心网站，对外公开招标信息。是年，城厢区共批复房屋对外出租产权交易4宗，其中区运管所、教育局因上级另有他用，撤回对外招租程序。为落实中央、省和市关于国有资产管理情况报告制度的要求，加强行政事业性国有资产管理，及时发现并有针对性解决问题，夯实行政事业性国有资产报告的数据基础，按照莆田市财政局《关于做好行政事业性国有资产月报试编工作的通知》（莆财资〔2019〕1号）等有关文件精神，城厢区从1月起在全区范围内开展行政事业性国有资产月报试编工作，每月按时完成月报汇总上报工作。按照区检察院公益诉讼检查建议，区财政局（国资办）高度重视，提请区政府组织召开专题会议，安排人员对灵川镇硋灶村、霞林街道坂头村两宗违法用地上的建筑物及其他设施管理情况进行跟踪落实。聘请律师发出通知函，要求当事人按照国土行政处罚规定，限期腾空该建筑物。并于6月21日对灵川镇硋灶村刘春荣没收违法建筑物张贴封条，同时协调灵川镇办理资产移交；对不配合腾空建筑的霞林街道坂头村黄文清案件，通过法律程序起诉至区法院，至10月区法院、市中院审理完毕，并根据法院判决书，发函反馈市、区自然资源局。按照区政府分解文件精神，及时办理完成市七届人大三次会议代表建议协办答复反馈和区九届三次人大会议代表建议答复反馈工作。根据福建省机关事务管理局 福建省财政厅《关于印发〈福建省省级以下地方法院检察院资产上划及省级统管的方案〉的通知》（闽机管综〔2019〕137号）文件精神，做好城厢区法院、检察院有关资产上划工作。

（陈元水）

自然资源管理

【概况】 2019年，莆田市城厢区自然资源局（以下简称“区自然资源局”）在区委、区政府的坚持领导下，区自然资源局学习贯彻习近平总书记对福建工作的重要指示精神和治理木兰溪的重要理念，贯彻落实市、区委的各项决策部署，牢固树立新发展理念，完成自然资源管理各项工作。

【机构改革】 6月28日，莆田市城厢区自然资源局挂牌成立，标志着城厢区包括山水林田湖草生命共同体在内的自然资源统一管理迈进新时代。根据《莆田市城厢区区级机构改革实施方案》，整合原国土、规划、林业、海洋渔业、前期办、两违办职能，重新组建城厢区自然资源局。根据《莆田市城厢区区级机构改革实施方案》，将市国土资源局城厢分局的相关职责，市城乡规划局城厢分局的相关职责，以及区发展和改革局的参与编制主体功能区规划职责，区水务局的水资源调查和确权登记管理职责，区农业局承担的森林湿地、海洋功能区划、海域开发利用总体规划、无居民海岛保护规划以及海域海岛等资源调查和确权登记管理职责，区住房和城乡建设局的城乡规划相关职责，相关部门的自然保护区、风景名胜区、自然遗产、地质公园等管理职责整合，新组建莆田市城厢区自然资源局。其主要职责是：对自然资源开发利用和保护进行监管，建立空间规划体系并监督实施，按照权限履行全民所有自然资源资产所有者职责，统一调查和确权登记，建立自然资源有偿使用制度等。新组建的莆田市城厢区自然资源局职责变化主要体现在：将分散在多个部门的水、森林、矿产、土地、海洋等自然资源所有者和管理职责整合，统一行使全民所有自然资源资产所有者职责；整合各项空间规划、用途管制职责，统一行使所有国土空间用途管制和生态保护修复职责；进一步加强自然资源总量管理和合理开发利用制度，突出对自然资源有偿使用和合理开发利用的统一管理。

【国土资源管理】 2019年，区自然资源局发挥规划编制龙头作用，完成生态保护红线评估调整编制；开展华林、太湖工业园区营商环境评估与优化提升研究策划，完成华林工业园区和万达南片区4个建设项目控规图则调整（编制）；稳妥有序推进村庄规划编制，制定《村庄发展研究及布局规划》，分批开展村庄规划编制示范工作，在完成第一批8个乡村振兴试点村规划编制基础上，启动第二批村庄规划编制工作；按照“法定规划+”要求，在规划选址、批地批海时利用国土空间基础信息平台，对各类保护区、生态保护红线、城镇开发边界等控制线进行叠加比对，加强过渡期规划管理。是年，共办理报件77件，其中：下达规划条件3宗，核发建设项目选址意见书7宗，建设项目用地预审及选址意见书6宗，建设用地规划许可证17宗，建设工程规划许可证13宗，建设工程竣工规划条件核实意见书28宗，建筑使用功能临时变更3宗。全力开展自然资源家底调查。按照国家统一规程规范和标准要求组织开展第三次全国国土调查，在省、市三调办悉心指导下，各项工作有序推进，三调成果相继通过省级和国家三调办内业核查；高效率推进农村地籍和房屋调查工作，完成全区农村地籍与房屋调查工作，工作成绩在全市各县（区）位居前列；加速开展海岸线修测工作，全部完成外业调查，形成初步修测成果。稳步实施国土空间保护修复。构建耕地数量、质量、生态“三位一体”保护新格局，完成补充耕地核查项目33宗，面积1056.88公顷，新增耕地3.18公顷；强化划定的272.90公顷永久基本农田的管控与保护，划定永久基本农田储备区92.0公顷；开展“田水路林村”土地综合整治与生态修复专项行动，协同推进木兰溪流域山水林田湖草生态保护修复试点和露天矿山综合整治，完成废弃矿山生态环境综合治理2处。持续加强资源保护执法。强化卫片执法巡查和例行督查，对上一年度下发的130个图斑进行分类判定、资料收集并实施整改，整改到位图斑59个，图斑整改率为45.38%；开展大棚房问题专项清理整治，共清理整治“大棚房”4宗，违规别墅3宗；组织国土日常动态巡查1082多次，发现、制止和查处国土资源违法行为187宗，配合区政府联合执法16次，拆除违章建筑面积约14000平方米；完成巡视巡察反馈意见整改，针对中央生态环保督察群众信访举报问题17个，全部整改到位，整改率100%；落实部门安全生产责任，开展打击非法违法采矿专项行动，坚决防范和遏制矿产生产领域各类安全事故，非法矿山取缔率100%。处理涉林行政案件13起，处罚13人，共罚款人民币42.51万元；配合镇（街）林业站处置森林资源纠纷信访件2起。深入推进历史遗留安置房不动产证办理。牵头解决历史遗留安置房办证项目57个，涉及30112套。办理首次登记22474套，完成率74.63%；应转移登记20958套，办理转移登记11400套，未转移登记9558套，转移年度目标14671套，有力破解多年来悬而未决的安置房和土地登记历史遗留问题。

用地保障方面：全年共组卷上报并获批农用地转用及土地征收9个批次和2个单独选址项目，总批面积140.56公顷；供应土地18宗，其中划拨用地11宗，面积69.81公顷；挂牌出让5宗，面积17.44公顷，实现土地出让金22.629亿元；协议出让用地1宗，面积2.03公顷，出让金992.02万元；司法处置划拨补办出让用地1宗，面积0.77公顷，出让金69.452万元。顶墩实验学校及幼儿园建设、荔景小学新校区、木兰大道华亭段、坂头西片区、城关基督教堂、太湖工业、华林经济开发区、广化路建设等用地项目得到有力保障。落实建设用地“增存挂钩”机制，持续推进批而未供、闲置土地处置，全区共有批而未供土地276.13公顷，消化批而未供土地58.93公顷、消化率21.34%，超额完成上级下达的20%的处置任务。

用林保障方面：规范征占用林地项目审批，年内转报永久性征占用林地审批项目10宗，用林面积50.6484公顷；转报临时征占用林地审批项目1宗，用林面积11.084公顷。严格控制林木采伐制度，办理林木采伐审批面积209.22公顷，蓄积量为13201.6立方米。完成造林绿化174.43公顷，完成率达119%；完成森林抚育416.67公顷，完成率104%；完成封山育林381.87公顷，完成率191%；开展“大造阔叶树绿化全莆田行动”，完成桉树林改造赎买119公顷，完成林分改造103.33公顷；完成低效针叶林林分改造2.67公顷；完成花化彩化提升13.33公顷；完成林木育苗和各类花卉育苗面积133.33公顷。开展松材线虫病防控工作完成以菌治虫351.73公顷、药物治虫154公顷、以虫治虫24.33公顷。开展古树名木调研活动，全区现有挂牌保护古树名木183株，探索和推进古树名木保护工作上台阶。

【海洋资源管理】 2019年，城厢区渔业产量完成57024吨，同比增长4.80%，渔业产值完成37849万元，同比增长4.70%。开展年度海岸线调查统计，城厢区海岸线全长24千米，全区大陆自然岸线保有率为100%。组织海渔股工作人员多次深入区内各养殖场进行养殖技术指导，指导当地养殖生产者科学养殖、合理用药，提高水产养殖户的质量安全意识和健康养殖技术，分发科学养殖宣传单300多份。组织全区水技推广人员、村级渔民技术员和部分水产养殖生产单位参加由市水产技术推广站举办的水产养殖技术培训班，受训人数达200多人次。加大水产品质量安全宣传工作力度，每年4月初开始开展勿食织纹螺预警预报宣传，全年悬挂横幅20多条，结合“6•8”世界海洋日、志愿服务等活动向群众分发水产品质量安全宣传材料5000多份。配合省市海渔局开展2019年产地水产品中孔雀石绿、氯霉素、硝基呋喃类代谢物等药物残留检验，全年共抽检45个批次的水产品样品，均未发现超标现象，合格率为100%。配合省海洋与渔业资源中心对区内海水贝类产品卫生监测和样品采集工作，检测贝类产品中的腹泻性贝类毒素（DSP）、麻痹性贝类毒素（PSP）、大肠杆菌（N）、菌落总数、铅、镉、多氯联苯等指标，均未检测出超标现象，合格率为100%。通过走访座谈等方式向食用水产品生产企业、渔业专业合作社、家庭农场等水产养殖单位，向各企业宣传“一品一码”与项目资金扶持、品牌认定、参展资格、信用评价、产地证明和检测报告相等挂钩的政策。发放《福建省水产品质量安全“一品一码”全程追溯系统生产经营主体操作手册》，督促各企业做好水产养殖三项纪录，并将记录上传福建省水产品“一品一码”工作APP，要求各家企业须实现源头赋码准出。截至12月底，注册5家。开展日常监管检查和专项整治行动，加强水产养殖企业（个人）养殖过程投入品和“养殖、用药、销售”三项纪录建立情况的检查，重点检查养殖、育苗过程是否使用禁用渔药、假劣渔药、原料药、人用药等。依法查处水产养殖违法违规行为，加大对未按要求建立三项记录的处罚力度，严厉查处药残超标的案件，对违法用药的养殖（育苗）单位发现一起、严厉查处一起、曝光一起。涉嫌刑事犯罪的，及时移送公安机关追究刑事责任。充分发挥各种协作机制，加强联动配合，适时组织全区联合巡查检查行动，共同打击各类水产养殖违法违规行为，执法检查过程中未发现违发情况。共开展渔业安全执法检查行动约250多人次，检查养殖场、渔排约120场次，严厉打击违法违规用海、用林行为，违法用海多发态势初步得到遏制，向附近渔民群众分发海洋环境保护宣传单累计800多张，督促乡镇、村级保洁队伍积极开展渔港码头卫生整治工作，加强对渔港码头环境卫生进行清理整治。海漂垃圾清理整治。组织执法人员联合灵川镇、东海镇海管站工作人员及村级保洁员在太湖水域一带开展海漂垃圾集中清理整治行动，对附近海域内漂浮的木头、塑料瓶、塑料泡沫等垃圾进行打捞、清理，对码头进行清扫。建立海漂垃圾整治长效机制，在沿海两镇十二个渔业行政村成立保洁队伍，通过保洁队伍日常在各村溪流入海口海域海漂垃圾的清理工作，以点带面，增强基层群众的海洋环保意识，促进城厢区海洋生态环境保护工作长效开展。入海排污源摸底排查。为进一步提高海洋综合管理能力，改善海洋生态环境，积极配合城厢区生态环境局进行入海排污源的摸底调查工作，经排查，城厢区20个排污源均无排污现象。完成《城厢区养殖水域滩涂规划（2018—2030年）》编制，制定《城厢区围填海历史遗留问题处理方案》，对国家下发区自然资源局围填海历史遗留问题图斑12个进行分类处理，其中确权图斑3个，面积24.78公顷；未确权图斑9个，面积16.54公顷。未确权图斑生态评估报告和生态保护修复方案通过专家论证，报送省厅审核。

【地质灾害治理】 2019年，区自然资源局认真防治地质灾害。完善群测群防网络，健全预警预报机制。主汛期期间，累计开展群测群防巡查75人次，专业排查17人次，发送预警短信93条，全区登记在册地灾隐患点74处，仅剩4处未完成治理，有力保障人民群众生命财产安全。

【改革创新】 2019年，区自然资源局全面推进“放管服”改革。全面落实“放管服”要求，梳理调整现有权责清单，编制《城厢区自然资源局三级统一审批服务事项目录清单》，推进工程建设项目审批制度改革，打造审批服务“马上办、网上办、一次办”新模式，推行“多证合一”整合优化建设项目选址意见书、建设用地预审、建设用地规划许可证审批流程，做到减流程、减环节、减材料、减时间，实现一张表单申请、一套材料申报、一次性办理。围绕实现建设用地三级联网审查审批，审查审批从30个工作日压缩为5个工作日。依托行政服务大厅，按照“前台综合受理、后台分类审批、统一窗口出件”的改革理念，推动政务服务从“多窗式”服务向“一窗式”服务转变，服务效率大大提升，全年受理办结审批事项154件。积极配合市局开展“多测合一”及二三维一体化校核信息平台建设工作，构建科学、便捷、高效的“多测合一”制度和管理体系。

【关注民生】 2019年，区自然资源局全面推行行政执法公示、执法全过程记录、重大执法决定法制审核等3项制度，有效落实行政执法主体责任。按时保质办理市人大代表建议4件、市政协提案1件；区人大代表建议3件、政协提案1件，满意率（含基本满意）达100%。扎实做好信访工作，共接听12336举报电话124宗，接待群众来访11批28人次，受理信访件36件，重复19件，作出答复意见书34份，受理12345政务服务平台投诉件1189件（包括重复件），作出反馈1154件，受理信息公开32件，群众满意度98%。持续推进脱贫攻坚。制定落实打赢脱贫攻坚战三年行动工作方案，推动自然资源领域脱贫攻坚工作。对省、市、区扶贫开发工作重点村、革命老区村优先安排扶贫专项用地指标，指导全区7个贫困村开展旧村复垦项目，获得指标交易资金为贫困地区解决资金困难提供帮助；紧盯解决贫困群众“两不愁三保障”问题，挂钩帮扶22户贫困群众顺利脱贫。

【党建工作】 2019年，区自然资源局压实从严治党主体责任。以政治建设为统领，充分发挥局党组把方向、管大局、保落实的领导作用，建立健全各项规章制度，定期研究部署从严治党各项工作，制定局党组全面从严治党主体责任清单，分解任务，层层传递、压紧压实从严治党政治责任；注重加强和改进意识形态工作，突出宣传报道、网站、微信工作群等意识形态新媒体建设，坚持正确的舆论导向，牢牢把握自然资源领域意识形态的主动权和话语权。全年主动公开政府信息23条、政务信息16条，在《海峡资源报》《湄洲日报》《侨乡时报》《城厢信息》《今日城厢》等媒体刊登宣传报道26篇。严格执行党风廉政建设责任制。落实“一岗双责”，聚焦自然资源重点领域和关键环节，全面开展风险点排查，制定城厢区自然资源局党风廉政防控清单，建立健全防控体系，全年召开党风廉政分析会2次，开展集体廉政谈话2次，开展个别谈心谈话38次（党组书记和局长分别对班子成员、重点股室负责人谈话，分管领导分别对分管的部门负责人谈话，部门负责人对本部门人员谈话）。持续深化党建工作。及时组建机关党委，优化党支部建设，严肃党内政治生活，加强党员干部政治理论学习和警示教育，围绕庆祝中华人民共和国成立70周年和闽中革命红色资源开展系列主题党日活动为抓手，扎实开展“不忘初心、牢记使命”主题教育，坚持开门听意见，靶向精准抓整改，深入基层开展7项专题调研，梳理问题16个，完成整改16个，牵头解决失地农民保障、安置房办证登记历史遗留问题、环境整治等群众关心、关注的热点难点问题。《海峡资源报》、《湄洲日报》、《侨乡时报》、《今日城厢》、城厢基层党建等媒体报道我局主题教育开展情况16次，深入推动学习贯彻习近平新时代中国特色社会主义思想往深里走、往心里走、往实里走。稳步推进机构改革。按时完成机构组建、挂牌、人员转隶、职责调整和“三定”制定等改革任务，严谨开展机关事业单位优化整合机构改革前期工作，将原国土资源监察、海洋渔业执法、林业执法整合为自然资源监察大队，将原凤凰山街道、龙桥街道、霞林街道三个国土资源所合并为城区中心所；坚持正确选人用人标准，配优机关及事业单位股级干部；组织全体干部职工业务知识培训9场、参训1000多人次，有效加快干部职工知识更新，促进机构、人员、业务深度融合，实现改革期间思想不乱、工作不断、干劲不减。持之以恒正风肃纪。坚持落实中央八项规定精神，驰而不息纠正“四风”，在自然资源系统开展“形式主义、官僚主义”问题集中整治行动，制定实施表格式工作法和项目化工作机制，强化效能监督检查，有力提升工作效能，着力锻造“严紧硬实”工作作风，切实推进“两个责任”向基层延伸。

【扫黑除恶】 2019年，区自然资源局深入推进扫黑除恶工作。健全完善涉黑涉恶线索初核会商等四项工作制度，聚焦征地、租地、拆迁、非法占地、涉海涉砂涉林、信访等重点领域深入线索排查。截至12月底，向区扫黑办报送2宗涉黑涉恶线索；同时突出行业重点，制定《关于开展打击违法开采砂石及堆砂洗砂非法占用破坏耕地整治行动的通知》，整治占用土地堆砂3家，整治占用海域堆砂1家。

（方琳）

财　政

【概况】 2019年，莆田市城厢区财政局（以下简称“区财政局”）在经济下行压力和减税降费力度加大的背景下，认真贯彻区委、区政府各项决策部署，在区人大及其常委会的监督支持下，以习近平新时代中国特色社会主义思想为指导，充分发挥财政职能作用，深挖税收增长潜力，筹措项目资金，提升财政管理水平，促进经济提质增效和社会事业协调发展。是年，全区一般公共预算总收入34.96亿元，比上年增长1.34%。其中：地方一般公共预算收入24.36亿元，比上年增长5.13%。全区一般公共预算支出27.39亿元，比上年增长4.82%。

【稳定收支】 2019年，区财

政局面对复杂的经济形势，紧盯收入年度目标，坚持依法组织收入。落实财税部门收入协调工作机制，完善重点税源企业联系监控制度，制定促进平台经济健康发展等政策，强化税源引导服务，夯实财源税源基础，加大潜在和流动税源的跟踪争取，强化税收收入征管，切实把经济增长、转型升级的成效体现到财政增收上来。严控一般性支出。贯彻落实党中央、国务院关于过“紧日子”和坚持厉行节俭反对浪费有关要求，在行政开支上打好“铁算盘”，当好“铁公鸡”。大力压减一般性支出，除刚性和重点项目支出外，一律按不低于 10% 的幅度压减本部门开支，节省资金优先安排用于落实“三保”（保工资、保运转、保基本民生）支出、“三大攻坚战”等重点领域项目，提高财政资金支出有效性和精准度。拓宽融资渠道。创新融资模式，积极对接国开行、农发行等金融机构，探索教育、污水处理、园区高质量发展项目等新型融资模式，夯实项目前期进度，保障重大民生项目资金需求。争取上级新增债券额度 56714 万元和置换债券额度 6667 万元，重点投向保障性安居工程、交通市政等基础性设施建设，有效弥补资金短板，促进经济社会发展。

【财政保障】 2019 年，区财政局支持打好三大攻坚战役。推动扶贫资金统筹整合工作。统筹整合扶贫资金 1554 万元，用于乡村振兴战略、“幸福家园”试点村、村级集体经济破壳消薄、建档立卡贫困家庭慰问金等脱贫攻坚项目。支持污染环保防治攻坚战。拨付资金 9054 万元，支持环境综合整治、城区环卫作业、农村家园清洁、公厕建设等。拨付资金 4167 万元，用于雨污水管整治工程建设，进一步改善污水处理设施。拨付资金 1535 万元，专项用于拆除补助和畜禽养殖污染整治，保护木兰溪流域及东圳水库饮水源。做好政府债务风险防控工作。加强全口径债务的动态监测和评估分析，继续实施债务风险预警提示通报制度，逐步降低债务风险指标，共拨付 16807 万元用于偿还政府债券本金利息，确保债券按期还本付息，积极稳妥防范化解政府债务风险。扶持重点产业转型升级。拨付工业发展专项资金 3007 万元，扶持规上、限上企业升级改造、扩大生产，促进工业经济稳定增长和企业转型升级，推动“三转一市”工作。拨付第三产业专项资金 2774 万元，优化商贸服务业发展，推动油画交易平台、电商小镇等项目建设和保障海丝动力摩托车交流文化节成功举办。拨付科技资金 2500 万元，支持企业提高自主创新能力，提升产品核心竞争力，营造科技创新引领高质量发展的良好氛围。拨付旅游专项资金 200 万元，用于挖掘旅游资源、鼓励旅游业壮大发展，全面提升旅游接待能力，促进全域旅游快速、健康发展。推进重点项目建设。统筹整合各类资金 22265 万元，用于保障性住房等省、市、区重点项目建设。拨付农村路网建设资金 9560 万元，用于木兰大道、灵华线、笏枫公路改扩建、城区 5 座人行天桥及“四好”农村路建设。拨付资金 2200 万元，用于推进滨溪北路、肖厝路、顶黄路、棠坡支一路、恒大上山路建设，新塘和月塘片区道路“白改黑”改造工程，完善城市基础设施。拨付资金 309 万元用于农村公路安保工程建设及公路养护。

【支持民生工程】 2019 年，区财政局推动公共事业发展，拨付资金 6246 万元，加大教育经费投入力度，保障中小学校公用经费足额拨付到位。拨付资金 3000 万元，用于续建新建筱塘幼儿园、滨溪幼儿园、圳湖幼儿园、文献小学、泗华小学、下黄小学、顶墩实验小学等学校。拨付资金 1418 万元，用于职业学校学生免学费补助，建设科技职校学生宿舍楼，支持职业教育事业发展。拨付资金 438 万元，用于农村有线广播村村响工程及村级综合文化服务中心示范点建设。提升社会保障水平，拨付资金 9972 万元，用于提高城乡居民社会养老保险基础养老金标准；拨付资金 9371 万元，用于推进机关事业单位养老保险制度改革；拨付资金7018万元，用于城乡居民医疗保险；拨付资金4886万元，用于支持公共卫生，实现基本公共卫生服务村居全覆盖；拨付资金2557万元，用于重病重残低保户、城市低保对象、农村低保对象、特困人员低保补助，提升城乡居民最低生活保障补助水平；拨付资金3340万元，用于拥军优属工作，及时兑现优抚待遇政策；拨付资金1582万元，用于全面推进区级公立医院综合改革；拨付资金1061万元，用于建设公共就业服务平台，加大困难人员就业扶持力度。构建平安和谐城厢，拨付资金4746万元，用于扫黑除恶综合治理、居住证实施惠民服务、户籍历史档案数字化、“智慧城市交通”等项目，提高保障公共安全和处置突发事件的能力；拨付资金3182万元，支持实施社会治安动态视频监控工作，健全大调解工作救助、道路交通事故救助制度，促进电子警察平安小区、网格化社会管理体系、社会管理服务中心建设，提升平安综合治理水平，促进社会安定和谐。

【财政管理】 2019年，区财政局规范国有资产监管，出台区直行政事业单位固定资产日常管理规定等相关文件，完善国有资产收益管理，将租金收入、对外投资收益、资产处置变价收入和残值收入等纳入公共预算管理，保证国有资产收入依法依规上缴财政。探索建立行政事业单位资产共享共用机制，加强和改进资产管理工作，科学整合调剂使用固定资产，防止资产流失，提高资产使用效率，实现价值最大化。创新预算绩效管理，在全市首创开展实施预算绩效管理示范点工作，出台全面实施预算绩效管理的实施意见，运用财政信息一体化系统、预算绩效管理系统等，推进预算绩效管理全过程“双监控”，及时纠偏、调整预算安排，建立预算绩效线上运行监控新模式。全面启动区级预算项目库管理，充分发挥预算示范、引导和杠杆作用，全面实施预算绩效管理。强化财政会计监督，推进会计信息质量监督检查工作，选择5家使用专项资金较多的一级预算单位作为检查对象，强化财政专项资金支出监督管理，共涉及资金52.87万元，其中进行账务调整35.35万元，收回退款0.4万元，补齐相关手续17.12万元。推进全区扶贫专项资金专项督查工作，盘活资金134万元用于其他扶贫项目，切实提高财政资金绩效。加强“三公”经费监管，健全区直单位“三公”经费支出月报公开工作机制，降低行政成本，强化监督问效。是年，全区“三公”经费支出共计157万元，同比下降27.09%。落实减税降费政策，采取有效措施，落实减税降费政策，出台印发减税降费工作细则，明确责任分工。会同税务和发改部门，开展深化增值税改革、降低企业收费、放宽小微企业标准和小微企业普惠性税费改革等政策辅导工作，强化对减税降费政策宣传，推进各项减税降费政策落地生根。全区累计新增减税降费近3亿元，所有行业均实现减税，让企业和群众有实实在在的获得感。

（林维博）

税　务

【概况】 2019年，莆田市城厢区税务局（以下简称“区税务局”）牢固树立任务目标意识和大局意识，严格执行组织收入原则，处理好组织收入与减税降费的关系，既要依法征税，把该收的收到位，又要确保落实好减税降费政策，把该减的减到位，不该收的坚决不收。截至12月31日，组织入库省局口径税收收入311536万元，完成市局调整任务数305000万元的102.14%，超收6536万元，同比减收8452万元，减少2.64%。组织入库政府口径税收收入310240万元，完成市局调整任务数310000万元的100.08%，超收240万元，同比减收7837万元，减少2.46%。

【减税降费】 2019年，区税务局开展减税降费工作，扎实推进各项工作部署，重点做好整体工作推进和统计核算工作。按照上级下发的任务清单按周发布任务清单25次303条；每周召开任务推进周例会；每周发布减税降费工作情况简报；收集上报执行过程中问题建议四大类34条，及时查找和整改自身存在的问题，确保减税降费政策落实到位。按照“硬账单、铁账本”核算要求，建立包括申报数据采集、审核校验、汇总上报、核算分析等各环节在内，自上而下的统计核算分析体系，确保按期生成减免税统计核算数据，客观反映减免税效果。

12月4日，区税务局参加国际志愿者日、宪法宣传日活动

（邱凌瑶 摄）

【税收法治】 2019年，区税务局完成上级局推送的暴力虚开增值税发票风险10户，共补缴入库税款220682.89元、入库滞纳金10602.15元。共向市局税收风险管理局移送涉嫌暴力虚开增值税专用发票企业17户，涉嫌虚开增值税专用发票584份，虚开金额5117.95万元，税额827.75万元，并及时将虚开发票信息录入异地协作平台，最大限度挽回国家税款流失。全年共受理、登记13件税收举报，市局稽查局转交办案件12件，荔城区局转办举报1件。截至年底办结11件，到期办结率100%，其中查有问题2户，共查补税款26620.93元，滞纳金2767.31元，合计29388.24元。

【纳税服务】 2019年，区税务局运用“专岗轮值+专家团队+专线咨询”模式三管齐下，增设政策辅导专岗，开通咨询服务专线，根据实时人流量变化、实际窗口业务受理情况，动态调整业务窗口职能及服务人员岗位设置及数量分配，采取征期错峰申报措施，依托“互联网+纳税服务”模式，推广福建网上电子税务局、闽税通APP、微信公众号等网上办税平台，设立24小时自助办税服务区，着力打造“全天候办税”“全自动售票”的自助办税服务，推广电子税务局扫码便捷登录功能，打开微信“扫一扫”，无需录入任何信息，即可直接登录办理企业和个人涉税事宜。共组织开展15场减税降费纳税人学堂，累计培训纳税人3215户次。积极组织开展民营企业大走访活动，各领导班子成员带领相关业务骨干，深入民营企业宣传减税降费等最新政策，征求企业意见、协调解决问题。利用早会时间有针对性的业务培训共举行21期，培训内容涵盖减税降费、服务礼仪、金三并库后的系统操作、最新的税收政策、增值税发票领用办理规范、纳税服务规范、征管规范等热点、堵点、难点的培训。

【税收优惠落实】 2019年，区税务局在小型微利企业所得税优惠方面，截至5月31日全区企业所得税应汇缴纳税户10,912户，汇缴面达99.97%，申报应补缴税款17059.04万元。是年共有3382户企业享受小型微利企业所得税优惠4978.90万元。普惠性税收优惠方面，年区共有8254户次纳税人享受小规模纳税人“六税”减免共计1278.42万元，其中房产税653.36万元，城镇土地使用税 321.31 万元，城市维护建设税 181.98 万元，印花税 84.92 万元，耕地占用税 26.66 万元。多缴税金退抵方面，年内共审批通过多缴税金退抵申请 662 笔，累计退抵各项税金共计 1014.17 万元。社保降费政策方面，共有 2835 户享受优惠，共减免 1345.37 万元。

【党风廉政建设】 2019 年，区税务局开展第二批“不忘初心、牢记使命”主题教育，紧紧围绕“守初心、担使命，找差距、抓落实”的总要求，坚持把学习教育、调查研究、检视问题、整改落实四项重要措施衔接起来，抓好抓实“规定动作”，积极创新“特色动作”，做到“三个聚焦”（聚焦落实党的政策、聚焦组织动员群众、聚焦培育壮大村级集体经济），力求主题教育高质量推进。紧跟上级要求，认真落实第二批主题教育时间节点，及时召开党委会，确保主题教育有序开展。坚持把学习贯彻习近平新时代中国特色社会主义思想作为重中之重，认真制定学习研讨方案，多形式、分层次、全覆盖加强学习教育。聚力宣传，氛围营造到位。充分利用党员活动室、党建宣传园地、会议室等醒目位置设置宣传展板，宣传栏、微信群等形式，广泛宣传主题教育精神、要求部署等，增强党员参加主题教育的积极性和主动性，激发新时代党员干部初心使命意识。

【队伍建设】 2019 年，区税务局弘扬税务文化促融合，积极开展践行中国税务精神、唱响中国税务之歌、参观学习红色教育基地、东圳精神展览馆、闽中革命史纪念馆、参加市局举办全市税务系统庆祝中华人民共和国成立 70 周年“礼赞新中国等活动，通过征文、书画、摄影、微视频、演讲、辩论等形式，让中国税务精神深入人心时加强对行政管理权和税收执法权的监督，年内共参与两权监督 10 次；推进“1+X”专项督查，共开展检查 18 次，检查单位 25 个，向区纪委移送问题线索 73 条；严格按照规定对申请因私出国（境）的税务干部的政治表现和廉政情况进行审查，共完成税务干部因私出国（境）申请审查 12 人次。出具职级晋升等廉政意见 7 人次。

（邱凌瑶）

统　计

【概况】 2019 年，莆田市城厢区统计局（以下简称“区统计局”）组织实施国民经济核算制度和全区投入产出调查，收集、汇编、提供国民经济核算资料。组织全区经济、社会、科技和资源环境统计调查，检查、审定、管理、公布、出版全区性基本统计资料，定期发布全区国民经济和社会发展情况的统计信息、统计公报，组织建立服务业统计信息共享和发布制度。组织指导全区统计法规的宣传和普及工作，监督统计法律、法规的贯彻实施，查处统计违法行为。推进统计改革，企业一套表联网直报取得成效。承担组织领导和协调全区统计工作，确保统计数据真实、准确、及时。贯彻执行国家统计政策、规划、基本统计制度和标准，拟订并组织实施全区统计工作规划、调查计划及方案。是年，全区生产总值完成 475.64 亿元，比上年增长 6.4%。农林牧渔业总产值完成 19.62 亿元，增长 5.9%。规模以上工业增加值增长 9.9%。财政总收入完成 34.96 亿元，增长 1.3%，其中地方级财政收入完成 24.36 亿元，增长 5.1%。社会消费品零售总额完成 290.15 亿元，增长 14.9%。全体居民、城镇居民和农村居民人均可支配收入分别完成 38220 元、45848 元和 21709 元，分别增长 8.7%、7.8% 和 9.0%。

【开展“不忘初心、牢记使命”主题教育活动】 2019 年，区统计局党支部根据上级的统一安排部署，在城厢区主题教育领导小组办公室的组织下，聚焦主题主线，坚持强化组织领导，切实做到“四个贯穿始终”；坚持以上率下，坚持紧密结合实际，力戒形式主义、官僚主义。通过开展“不忘初心、牢记使命”主题教育，支部党员干部着力增强党性、提高能力、改进作风、推动工作，进步增强“四个意识、坚定“四个自信”、做到“两个维护”，进一步强化守初心、担使命的思想自觉、政治自觉和行动自觉。抽调专门力量组建主题教育领导小组，成立工作小组，进一步强化组织领导。要求结合各自思想和工作实际，谈认识体会，找差距不足、提改进措施，让党员干部在交流中共同提升，实现理论学习入心入脑，切实提高思想认识，打牢理论根基。

【固定资产投资统计】　2019年，区统计局加强对投资项目的清理，搞好固定资产投资统计。结合城厢区加大基础设施建设和招商引资力度的实际情况，区统计局为积极配合项目年工作，加强对全区投资项目的清理和对项目完成情况的督查、通报工作，专业人员经常深入基层，督促各镇（街）做好新增固定资产投资项目和续建项目的清理工作，并主动加强与区直相关部门的联系和沟通，充分利用部门掌握的信息资源优势和有利条件，认真对区内的投资项目进行清理，及时将清理项目纳入统计范围。做到应统尽统，不重不漏。

【统计执法工作】　2019年，区统计局为了维护统计数据的严肃性，对基层统计单位进行统计执法检查。检查主要以自查和抽查方式进行，重点查处迟报、虚报、瞒报、拒报统计数据的违法行为。通过检查，增强统计人员的责任心和法律意识，树立依法统计，违法必究的观念，确保各专业统计数据真实可靠。

（黄裕楧）

审　计

【概况】　2019年，莆田市城厢区审计局（以下简称“区审计局”）按照省市审计工和会议精神，结合城厢区实际，开展区本级预算执行情况和其他财政收支的审计工作，并按照省、市工作方案对全省三级联审事项实施审计。是年，共完成审计项目18个，其中审计16个，专项审计调查2个。查出主要问题金额12594.00万元，其中违规金额44.00万元，管理不规范金额12550.00万元；审计发现非金额计量问题35个；出具审计报告和专项审计调查报告22篇，被批示、采用1篇次。审计处理处罚金额44.00万元，其中应上缴财政40.00万元、应归还原渠道资金4万元；审计促进整改落实有关问题资金20.00万元；审计提出建议50条，被采纳40条；提交审计信息9篇，采用3篇次。向社会公告审计结果1篇。

【政策跟踪审计】　2019年，区审计局围绕“稳增长、促改革、调结构、惠民生、防风险”总体目标，统筹兼顾、科学安排，重点关注重大政策的跟踪和落实、重大政策的效应评价，努力实现多重目标的有效统一。相继开展减税降费政策措施落实情况跟踪审计、清欠民营企业、中小企业账款审计、薄弱校改造资金“最后一公里”专项督查、政府隐性债务等审计项目，取得一定的成效。

【财政审计】　2019年，区审计局紧密结合财税改革和财政政策重点，进一步深化城厢区本级预算执行、决算草案和其他财政收支审计。重点关注全面实施预算绩效管理的情况和问题，以及转移支付等重点领域改革情况和问题，持续跟踪提升财政收支质量和防范化解财政风险的情况，促进财政资金规范、高效使用。是年，共安排预决算审计、财务收支审计、经济责任审计及专项资金审计等审计项目共18个，以促进公共资金安全高效使用为目标，着力构建财政审计大格局。按照全面覆盖、不留盲点和审计全口径预算决算的要求，以预算执行为主线，全部政府性资金为主要内容，财政专项资金为重点进行审计，切实把区委、区政府关注和广大人民群众关心的问题作为审计重点。并组织对上年度审计查出问题的整改情况进行跟踪检查。

【经济责任审计】　2019年，区

审计局根据区委组织部委托，共组织开展5个经济责任审计项目。通过开展对领导干部任期经济责任进行审计，在一定程度上促进党风廉政建设的有力开展，同时也加强领导干部自身建设，改进工作作风，在群众中树立良好的形象。

【民生审计】 2019年，区审计局认真组织开展对公办幼儿园建设项目、公办中小学校舍安全长效保障机制项目和高水平教师队伍建设项目进展情况及资金落实、到位和使用情况进行跟踪审计调查。同时对区教育局2018年度薄弱校改造专项资金的分配、使用和管理“最后一公里”进行专项审计调查，促进公共资金使用合理化、透明化。

【资源环保审计】 2019年，区审计局开展对区水利局领导在自然资源资产管理和生态环境保护相关责任履行情况进行审计，同时对东海镇自然资源管理和生态保护进行专项审计。对自然资源保护方面做出的成效给予充分的肯定，并对存在的问题给予一针见血地指出。

【专项资金审计】 2019年，区审计局根据莆田市审计局统一组织审计项目计划安排，开展对区工业和信息化局2018年省级工业企业技改专项资金进行审计调查。对省级技改资金在促进城厢产业结构调整升级、推动产业集聚发展方面所做出的成效表示赞同，对在审计中发现存在的问题提出整改意见和建议，同时希望企业能将有限的财政专项资金在提升产业能级、推动经济转型发展等方面进一步发挥更大的作用。

【综治平安宣传和精准扶贫】 2019年，区审计局按照区委、区政府的工作安排，结合主题教育，组织党员干部多次深入到常太镇顶坑村和凤凰山街道林桥村扶贫挂钩对象开展走访慰问。详细了解和掌握林桥村8户贫困户的基本情况、致贫原因，有效地开展帮扶工作，并坚持每季度不少于一次到常太镇顶坑村挂钩点开展综治平安宣传工作。同时还积极向“送温暖工程基金”捐款、参与城厢区“母亲健康1+1”公益募捐活动。

【党建工作】 2019年，区审计局严抓党建尽职责，强基固本促提升。认真研究部署党建工作要点，坚持落实“三会一课”制度，做好党务、政务公开，不断完善党内生活制度和工作制度；深入推进党风廉政制度建设，认真组织党员干部签订《2019年党风廉政工作责任书》。组织观看党风廉政视频4次，把党风廉政建设责任制与审计业务、创建文明单位相结合，做到同部署、同落实、同检查、同考核，严格落实“一岗双责”，不断强化党对审计工作的领导；深入学习贯彻习近平总书记关于意识形态工作的重要批示精神，严格落实意识形态工作责任制，始终坚持把意识形态工作纳入重要学习工作内容；以“不忘初心、牢记使命”主题教育为契机，不断丰富学习和活动方式。组织党员干部赴闽中革命史纪念馆、市博物馆、木兰坡文化公园等开展“走出去”参观学习活动；结合主题教育，扎实推进“两学一做”学习教育常态化、制度化和“大学习”热潮，局党组始终把学习教育作为强化审计干部政治素养、业务能力的重要抓手。局党支部共组织党员干部集中学习20余次，给全体党员上党课4次，专题学习党的十九届四中全会精神3次。组织收听收看审计署举办的第十期“审计大讲堂”及其他业务培训视频10余次。坚持认真学习《习近平谈治国理政》系列、《习近平新时代中国特色社会主义思想学习纲要》《习近平关于“不忘初心、牢记使命”重要论述选编》《中国共产党党章》《习近平在厦门》《习近平在福州》《习近平在宁德》系列采访实录等读物。不断强化审计人员思想政治素质，筑牢审计人员党风廉政建设防线。

（王宗泰）

市场监督

【概况】 2019年，莆田市城厢区市场监督管理局（以下简称“区市场监管局”）在区委、区政府的坚强领导下，全体干部职工团结奋进，紧紧围绕全区发展大局，抓住重点，突破难点，深化改革、奋力争先，取得较好成效，食品药品安全监管、打传、商标广告、“一品一码”等工作排名均居全市第一。当年该单位获评2019年度市级一类平安单位。

【机构改革】 2019年，区市场监管局根据2018年区委、区政府印发的《莆田市城厢区区级机构改革实施方案》，将区工商行政管理局、区质量技术监督局直属分局、市食品药品监督管理局城厢分局的职责，区政府办公室承担的区食品安全委员会办公室职责，区发展和改革局（区物价局）的价格监督检查与依法查处价格违法行为相关职责，区商务局牵头打击侵权和假冒伪劣商品职责，区科学技术局（区知识产权局）的知识产权管理相关职责等整合，组建区市场监督管理局，作为区政府工作部门，正科级，加挂区知识产权局牌子。保留区食品安全委员会，具体工作由区市场监督管理局承担。同时城厢辖区内市场监管行政处罚权由区市场监督管理局统一行使。5月10日，原三个单位实现集中合署办公，并明确机构改革期间局领导临时工作分工，组建办公综合协调组、人事和“三定”协调组等6个专项工作组，制定局长办公会议、党组议事规则、机关考勤等相关制度，确保机构改革与市场监管“两不误、两促进”。6月28日，区市场监督管理局挂牌成立。9月9日，省市场监管局局长黄培到城厢调研，对机构改革的做法及取得的工作成效予以充分肯定。

【推进审批提速】 2019年，区市场监管局在全省率先推行食品药品审批“证照同办”改革，实现营业执照与食品药品生产经营许可证“一次受理、一次审批、一次发证”。9月24日，李建辉市长为全市首家申请“证照同办”企业颁发证照；9月28日，市局专门发文肯定并在全市推广。实行个体户全程智能登记，实现“无纸化、零见面，24小时服务”，3656户个体户通过自主申报申请营业执照，数量全市最多。全面实行住所（经营场所）申报承诺制，扎实推进集群注册登记，全力服务平台经济和楼宇经济发展。年内全区成立运营公司11家，居全市前列。全区共新增市场主体23157户，其中新增企业5690户，同比增长31.14%；新增农民专业合作社8户，同比增长166.67%；新增个体工商户17559户，同比增长42.34%。新增数量和增幅均居全市前列，市场主体总量达8.61万户。新增

9月24日 市长李建辉为区市场监管局窗口办理的全市首家申请食品药品审批“证照同办”的企业“莆田市城厢区方菜菜市场管理有限公司”颁发了营业执照和食品药品生产经营许可证（林赛平 摄）

食品经营户3369户， 新增药品零售企业26户、第三类医疗器械经营企业33户。

【服务企业】 2019年，区市场监管局积极指导企业发展自主品牌，新增注册商标3258件，同比增长36.81%。加强知识产权试点企业培育，组织东南艺术纸品有限公司申报福建省知识产权试点企业，积极兑现区级财政奖励资金，锐马电气获得国家级知识产权优势企业奖励10万元，烛火信息，杰讯光电等5家市级知识产权试点企业奖励15万元；亚明食品、中科华宇等20多家企业获得专利奖励113.8万元。专利指数两项指标，每万人口发明专利拥有量4.018件，居全市第三，增长率39.2%，居全市第一；专利授权量增长率为28.22%，居全市第二。用足用好动产抵押、专利质押等措施解决企业融资难问题，共办理抵押29件，抵押金额达2.4亿多元，星华模具、嘉裕华等5家企业获得专利权质押贷款贴息61.2万元，降低企业的融资成本，减轻企业负担。

【质量提升工程】 2019年，区市场监管局积极引导才子、中科华宇、亚明食品等企业申报政府质量奖，工业产品省级抽检合格率稳定在较高水平。积极开展省级农业标准化示范区创建工作，2家企业分别获评《福建省金线莲林下种植标准化示范区》和《福建省级龙眼栽培标准化示范区》。积极引导企业通过标准制定提高行业话语权，共参与制修订国家标准3项、行业标准3项、地方标准3项、团体标准1项，制定标准数量为全市最多。11月12日，全市首个省级家政服务业标准化试点项目（凤凰家政）顺利通过终期评估。

【强化食品安全监管】 2019年，区市场监管局牵头开展国家食品安全示范城市创建、治理餐桌污染、食品安全提升工程等工作，提升食品安全治理水平。针对重点消费领域和突出问题，实行更加严格的监管，组织开展农村食品市场、小作坊等专项整治，查处案件43起，罚没入库80.78万元，移送公安机关6起。强化非洲猪瘟防控，严格落实城厢区外调进猪肉须凭准调证明制度，牵头开展全区猪肉市场专项整治，查处私宰案件2起，捣毁私宰窝点2个。推进食品安全“一品一码”追溯体系建设，主体注册率和主体数据录入率均为100%，综合排名居全市前列，其中食品生产、学校食堂、餐饮企业环节全市第一。在学校食堂全面推广“明厨亮灶”建设，全区 93家学校食堂全部完成“明厨亮灶”建设，在全市率先实现全覆盖，新创建省级“明厨亮灶”示范单位3家，11月28日全市餐饮服务单位“明厨亮灶”现场会在城厢召开。牵头开展整治食品安全问题联合行动，开展食品抽检365批次，发挥所所联动机制，成功处置1起涉及老年人的以会议营销方式进行虚假宣传的保健品案件，向市局执法支队移交案件线索28条。完成市两会、海峡论坛、艺博会、中高考等重大活动食品安全保障任务。

【强化药品质量监管】 2019年，区市场监管局深入药品、医疗器械、化妆品日常监管，开展疫苗流通、执业药师挂证行为整治等专项行动，检查药械经营使用单位556家次，约谈345家次，查办案件13起，移送市局执法支队二大队案件线索20件。在全市率先启动药品抽检工作，并提前完成抽检任务，年内共完成药品抽检344批次，不合格5批次，均移送市局执法支队二大队查处。强化与区卫健局的沟通，协调区卫健局将不良反应监测工作列入各公立医院年终考评，上报不良反应/事件监测报告460份，超额完成市局布置任务，妥善处置药品质量核实排查3次。注重示范引领，创建"平安药店"10家、"化妆品经营规范单位"6家。积极探索"互联网+药品流通"新模式，推行"药师远程药学服务"和"执业医师远程电子处方服务"工作，有效化解药品零售领域安全隐患与消费者方便快捷安全购买处方药之间的矛盾。开展药品、保健食品和化妆品进商超、进乡镇、进校园、进社区等大型宣传活动13场次。

【质量安全监管】 2019年，区市场监管局组织开展以电梯安全整治、大型游乐设施安全监管等为重点的特种设备安全百日攻坚促提升行动，共监察各类企业156家次，督促整改闭环"重要问题"43条、安全隐患7项。全面落实监察平台上重要事项问题整改，下达监察指令书24份，整改到位28家45台设备。市局下达特种设备日常监督检查计划数93家，于12月3日前全部完成检查，完成计划的100%；共报告重要问题数223条，均整改到位，落实率100%。组织开展日用塑料制品、儿童玩具、一次性使用卫生用品质量安全监督检查、儿童和学生用品安全守护行动、节日期间工业产品质量监督等工作，严厉打击质量安全违法行为。

【事中事后监管】 2019年，区市场监管局全力推进年报工作，企业年报率93.29%，居全市前列。开展2019年全省涉企跨部门双随机一公开联合抽查，联合抽查企业931户。开展箱包、食品和化妆品经营企业、药械经营使用单位等双随机抽查工作，抽查箱包企业308户、食品企业75户、化妆品经营企业11家、药械经营使用单位85户。依托信息公示平台，全力推进"一张网"建设，各归集部门的监管信息录入3万余条，居全市前列。完善市场退出机制，简化企业、个体注销登记程序，实现市场主体退出便利化，共办理企业注销登记1744户，同比增长90.19%。深化综治网格化监管，网格员共采集隐患事件数10262件，办结10262件，办结率100%。

【重点领域整治】 2019年，区市场监管局组织开展鞋服箱包商标侵权专项整治，从实体店、网店、快递点等多渠道入手，充分发挥无区域联动和错时监管机制，加大巡查力度，共查处侵权案件116起，罚没款650多万元，移送市执法支队二大队违法线索26条，移送公安部门2件，查扣假冒侵权物品2.4万余双，查处的"城厢区东弘鞋底加工厂涉嫌生产侵权鞋底案"被列入全国"2018知识产权行政执法典型案例"。深入推进民生领域突出问题专项治理，开展网络订餐食品安全突出问题治理，完成线上核查和信息比对890家次，检查线下入网餐饮主体285家次，查处案件16件，移送网络订餐第三方平台案件2件，对网络订餐平台分支机构、代理机构、外卖配送站点开展约谈8次。9月17日，在万达广场举办"全市网络订餐食品安全封签启动仪式"；开展药品零售环节违法违规经营突出问题治理，检查药品零售企业147家次，立案13件，督促注销18家、变更42家，并对立案的企业进行案后回查和约谈，计68家次。深入开展打击传销和变相传销工作，荣获2018-2019年全省创建无传销示范点省级达标单位。

【消费维权工作】 2019年，区市场监管局与市局联合在喜盈门广场举行纪念“3·15”国际消费者权益日现场宣传活动，举办消费维权年度工作成果图片展，分发宣传材料1200份，现场接受消费者咨询16件，销毁价值60余万元涉案物品。新增维权站点1个，对2018年消费者投诉数量靠前的经营者进行约谈。全年共受理各类投诉举报6003件（其中全国互联网平台2852件、“12345”平台1390件、省“12315”系统1619件、原“12331”平台142件），同比增长12.6%。省“12315”系统共收到投诉1397件，办结1267件，调解成功1188件，成功率93.7%，为消费者挽回经济损失97万多元。

6月28日，城厢区市场监督管理局挂牌成立　　（陈培青　摄）

【主题教育】　2019年，区市场监管局出台《中共城厢区市场监督管理局党组关于开展“不忘初心、牢记使命”主题教育的实施方案》，全面扎实做好学习教育、调查研究、检视问题、整改落实等各项工作，聚焦当前群众、企业关注的营商环境、食品药品安全、网络消费安全等问题，切实解决影响事业发展的突出问题和群众反映强烈的难点问题。11月14日，市委第三巡回指导组组长张丽冰莅临指导并肯定区市场监管局工作。11月29日，作为全市唯一一家区直部门，区市场监管局的做法在“全市学习贯彻中共十九届四中全会精神深入推进主题教育工作暨专项整治成果交流座谈会”上作经验介绍。

【廉政风险防控】　2019年，区市场监管局通过开好民主生活会、组织生活会、述责述廉及支部书记述职评议四场会议，加强领导班子建设、支部建设和队伍建设。继续推行手机“廉政课堂”，通过区局微信工作群平台发布违法违纪及扫黑除恶典型案例40多条，组织学习违法违纪典型案例4次，组织观看警示片2次，纪检组长作专题党课教育1次，召开典型案例通报会1次。对违纪违法行为一律严惩不贷，年内共办理初核3件，问责处理6人，其中谈话提醒1人、批评教育3人、诫勉谈话1人、政纪处分1人。

（陈培青）

农业农村管理

【概况】 2019年，莆田市城厢区农业农村局（以下简称“区农业局”）坚持以习近平新时代中国特色社会主义思想为指导，增强“四个意识”，坚定“四个自信”，做到“两个维护”，不忘初心，牢记使命，勇于担当，主动作为，全面完成上级下达的各项任务，年内农林牧渔业总产值完成19.64亿元，增幅5.9%，其中：农业3.49亿元，增幅-1.0%；林业0.82亿元，增幅6.0%；牧业9.95亿元，增幅8.6%；渔业3.78亿元，增幅4.7%；农林牧渔业服务业1.56亿元，增幅18.7%。农林牧渔业增加值10.75亿元、增幅5.3%。蔬菜种植面积665公顷，产量17912吨，水果产量22126吨，其中枇杷122970吨，龙眼6737吨；粮食作物1889公顷，产量11894吨，生猪出栏127841头，存栏29374头，家禽出栏15256292羽，存栏3538436羽。

【集体产权改革】 2019年，区农业局印发《城厢区农村集体经济组织成员认定工作流程及操作指南》（莆城农权改办〔2019〕3号）、《莆田市城厢区股份经济合作社示范章程》（莆城农权改办〔2019〕4号）、《关于做好农村集体资产清产核资工作自查验收的通知》（莆城农权改办〔2019〕1号）。完成成员调查摸底的村（居）120个，完成率100%；各村（居）完成成员身份界定工作方案120个，完成率100%；完成成员身份界定公示村120个，完成率100%。开展清产核资村数120个，完成公示结果确认120个村，完成率100%；乡镇（街道）完成校验核对的村数120个，完成率100%。清产核实资产总额15.06亿元，其中有经

常太镇岭下村农田 （许金珊 摄）

营性资产6.49亿元；集体土地资源面积5.84万公顷，其中农用地面积4.30万公顷。

【农田改造】 2019年，区农业局高标准农田建设任务共400公顷(含高效节水灌溉26.67公顷)，其中华亭镇66.67公顷（高效节水灌溉33.33公顷）、常太镇66.67公顷（高效节水灌溉6.67公顷）、灵川镇200公顷（高效节水灌溉13.33公顷）、东海镇66.67公顷（高效节水灌溉3.33公顷）。全年完成验收并上图入库3个项目共453.33公顷。常太镇确定102.27公顷地块，完成设计并通过市级评审。

【农业面源污染防治】 2019年，区农业局进行绿色防控面积1.77万公顷次，统防统治面积0.52万公顷次，发放农药安全使用技术宣传材料600份，绿色防控与统防统治意识增强，绿色防控与统防统治技术普及率达100%。全区农药使用量201吨，总用药量减少71吨，比上年度减少2%。建立2个“食心虫”监测点，发放“食心虫”性诱剂20000支。完成测土配方施肥技术推广0.9万公顷次、有机肥替代化肥技术推广0.68万公顷、豆科绿肥种植还田技术推广0.02万公顷、耕地质量监测点取土样33个、田间肥料试验1个、开展耕地质量提升和化肥减量增效技术培训97人次，开展科学施肥培训和现

华亭镇 五云村 （易振环 摄）

场观摩培训200人次，发放科学施肥技术手册9500本，科学施肥和测土配方施肥建议上墙卡200个，开展施肥观场检查和指导30多场次，全区化肥使用折纯5495.8吨，全区化肥总使用量比上一年度减少3%。是年，共组织督查263个村次，发出畜禽反弹复养整改函10份，答复反馈区河长办的畜禽养殖污染整治件5份。编发三期畜禽养殖污染整治《督查与通报》。完成编制《城厢区畜禽粪污资源化利用整县（区）推进项目实施方案（2019—2020年）》。

【落实强农惠农政策】 2019年，区农业局在耕地地力补贴面积3906.51公顷，补贴标准1559.25元/公顷，补贴资金609.12万元，完成育肥猪保险41800头，每头27.5元，计114.95万元，其中农民出资30%，计34.485万元；完成能繁母猪保险1545头，每头60元，计9.27万元，其中农民出资30%，共计2.78万元；全区共受理购机申请农户7单，购机机械9台套，金额10.78万元，惠及农户7户，补贴农机购置专项资金4.071万元。

【乡村振兴工作及农村人居环境整治】 2019年，区农业局推进乡村产业发展。全区列入2019年绿色产业（一产）专项行动计划重点项目共14个，项目总投资23130万元。其中：农林渔项目8个（列入莆田市专项行动重点项目有6个），项目总投资8400万元；水利项目6个，项目总投资14730万元。推进美丽乡村建设。完成30个初级版“绿盈乡村”认定工作。6个美丽乡村试点村（华亭镇圳头村、坪坂村；常太镇山坑村、党城村；东海镇东朱村及凤凰山街道白洋

村）完成投资350万元，完成年度计划的100%。在常太镇岭下村建设美丽乡村景观带，完成武埕公园到岭下美丽乡村公园山顶登山步道，全长约1千米，并配套休闲亭和排水沟等项目建设。建设库南污水干管项目，累计开挖23千米，埋管10千米。开展“移风易俗，文明过节”迎新春赠送春联活动40余场、移风易俗系列文艺会演20余场、开展“好家风好家训”宣传展示活动3场、开展群众性节日文化活动7场；编辑出版《家园记忆（灵川篇）》；举办城厢区2018年度践行社会主义核心价值观基层“最美人物”先进事迹观摩暨表彰会，对10名“最美人物”进行表彰；5家省级文明校园与5个乡村学校少年宫结对共建。完成闽中特委马院旧址陈列展览工程修缮，闽中游击队马院革命旧址申报莆田市第八批文物保护单位；完成30个村（社区）综合文化服务中心的选址任务；投资684万元，对全区未实现有线广播村村响91个行政村中38个村进行覆盖；“2131”电影放映工程下乡放映1445场次；2019年新建旅游公厕7座。整顿乡村软弱涣散党组织，年内共摸排曾受刑事处罚和涉黑涉恶村干部7名，并清理到位，调整撤换村两委干部5名，确定9个村级软弱涣散村党组织。全区共成立整顿工作组9组，完成对软弱涣散基层党组织班子成员培训48人次，全部整顿到位。全区基层中小学、幼儿园的设岗比例全部调整到位；完成比例为1.5:4:4.5基层水利专业技术岗位设置。全区有9名农村工作人员不占职数聘任专技七级。4名基层卫生人员参加全省基层高级卫生专业技术职务任职资格评审；67名农村教师参加中小学幼儿教师职称评审。共征集“三支一扶”岗位10个，对接市级“三支一扶”人员4名，累计组织各类职业技能培训1312人。打造平安乡村。加大农村地区公共区域视频监控系统建设，农村地区布建视频探头5960个；排查化解访调对接各类案件104件；成立村居民法律法规讲堂，完善31个法治文化阵地建设，推进14个村（社区）民主法治示范村建设和法治书屋、法治宣传栏、法治亭、法治长廊等建设；全区共评选84个平安和谐村（社区）。基础设施建设。投资2300万元，完成32条重点河道清淤疏浚工程建设，完成4座水电站生态下泄流量核定及“一站一策”整改方案编制工作，完成改造下泄设施4座，完成在线监控安装4座；“一革命四行动”全面完成。完成乡镇公厕（3座）、农村公厕（6座）、旅游公厕（7座）、户厕改造（1300户）。全区共有农村公厕221座，形成农村每1个村至少有1座及以上水冲式公厕的布局；新建污水管网1102.5千米，新建改造三格化粪池9064户；全区远程视频诊疗服务上线的村卫生所58个，接受远程会诊患者累计3900人次。新建13所农村幸福院、1所日间照料中心。实施垃圾整治。建立村庄保洁常态化机制，生活垃圾日产日清，沿线垃圾日转运垃圾12.5吨/天；城镇生活垃圾无害化处理率达99.5%以上。开展村庄清洁行动宣传活动137场次，发放宣传资料22731份，张贴宣传标语719条。投资48.52万元，建立华亭镇五云村省级生活垃圾分类试点村，将垃圾分类制度上墙，分发垃圾分类宣传册850份，张贴绿化带卡通宣传标语30余处，每户分发一套40L干湿分类桶，设置20个垃圾分类投放点，其中：垃圾分类收集亭7处。共投放240升分类桶72个，购置垃圾分类收集运输电动车一辆。整治“两高”沿线。完成裸房立面整治面积9.85万平方米、“平改坡”面积6.21万平方米，拆除乱搭乱建违章建筑面积0.84万平方米；整治畜禽养殖场面积6.53万平方米；坟墓覆绿整治56座；新建绿化带2.94万平方米，新种植梅花、碧桃、樱花等树700棵，完成点缀绿化面积2758平方米；完成清理废旧电杆及线路32处、违规广告26处，取缔沿线不符合规定的危险化学物品、易燃易爆物品等场所5个，整治违法施工行为2起，消除铁路桥（涵）下方及其附近道路停放车辆、堆砂堆土、堆放可燃物等影响铁路安全的问题5个。

【农产品质量安全监管】 2019年，区农业局开展专项整治行动。组织开展3个月的专项整治行动，共出动执法人员700多人次，检查食品生产主体103个次，食品经营主体530个次，餐饮服务主体138个次，各类市场60个次，摸排小作坊9家，开展农村食品监督抽检20批次（均合格），查处假冒伪劣食品案件8件，捣毁制假售假窝点1个，收缴假冒伪劣食品19.422千克，查处假冒伪劣食品货值0.8429万元，假冒伪劣食品案件罚没金额17.021万元，受理和处理消费者申诉和举报14件，为消费者挽回经济损失0.00678万元，组织开展食品生产经营者培训21场次，组织开展宣传活动329场次。配合主题教育活动。配合上级监督抽检禽肉、禽蛋、蔬菜7批次，区级监督抽检6批次；从9—12月共出动执法人员338人次，检查生产经营主体98家次，责令整改6起，指导培训27场次，培训106人次；下发镇（街）农产品质量安全监管专项资金61万元，用于购买监管设备及聘用农产品质量安全协管员。开展质量安全监测，共开展各级农产品质量安全监测抽样355批次，其中配合农业农村部150批次，配合省农业农村厅64批次，配合市农业农村局86批次，区本级监55批次。

【建设“一品一码”可追溯体系】 2019年，区农业局对本区经工商登记的食用农产品生产主体进行甄别，在省级追溯平台注册农产品生产主体共67家（其中1家为屠宰企业）。通过微信业务群、电话、现场指导等多渠道开展宣传活动，做到应告知尽告知，并全时段在线解答生产主体在推进过程中的疑点难点。实行区、镇街二级网格化管理，开展线上巡查2501次；建立并录入632个种养殖生产主体生产档案，整体建档率100%；种养殖环节累计产品赋码销售3440批次；屠宰主体累计追溯赋码销售100657批次。落实激励政策。按照市级5000元，区级再配套5000元的标准兑付，兑现“一品一码”追溯管理试点建设奖补资金88917.12元；采购追溯标签22万张免费发放给纳入省级追溯平台管理的企业。

【防控重大动物疫病】 2019年，区农业局对动物疫病防控。“春防”期间（3月12日至4月21日），共免疫家禽高致病性禽流感79.3万羽（其中鸡46.3万羽、鸭33万羽）；免疫牲畜口蹄疫2.401万头；免疫小反刍兽疫0.375万头；免疫生猪高致病性猪蓝耳病1.98万头，免疫猪瘟2万头。“秋防”期间（9月2日至10月22日），共免疫家禽高致病性禽流感87.1万羽（其中鸡58.6万羽、鸭28.5万羽）；免疫牲畜口蹄疫2.316万头；免疫小反刍兽疫0.29万头；免疫生猪高致病性猪蓝耳病1.95万头，免疫猪瘟2万头。应免畜禽免疫率达100%。动物卫生监督。全区养殖场及屠宰场抽检瘦肉精7564批次，结果全部阴性合格；全区生猪养殖场无害化处理病死猪3998头，其中现场监督指导无害化处理病死猪3202头。年内受理产地申报生猪28906头、家禽1531124羽，检疫生猪28906头、家禽1531124羽。屠宰检疫生猪119195头，屠宰检疫家禽248168羽，检疫病害猪肉产品2834公斤，全部按规定进行无害化处理。办理一般程序案件7件（动物防疫案件5件，饲料案件2件），办理简易案件5起，其中当场处罚“动物诊疗机构诊疗活动应当开具处方未开具处方的”3起，予以警告处理；当场处罚“动物饲养者不按规定做好兽药、饲料添加剂使用记录”2起，予以警告处理。

【行政执法】 2019年，区农业局开展农资打假，共检查农资生产经营单位212家次，整顿农资市场9个次，立案5起，其中兽药案件1起，肥料案件2起，农产品案件2起（结案1起，另1起移送公安查处），结案3起，罚没款0.4744万元。强化安全执法。纠正违章拖拉机3台次，排查一般隐患2台次，立案非法生猪屠宰2起，取缔非法屠宰场2个，办结涉嫌私宰生猪案件2件，没收非法私宰生猪7头、非法暂养生猪15头（无害化处理），罚款人民币27100元。

【脱贫攻坚工作】 2019年，区农业局落实产业扶贫，共完成10个，累计完成26个；强化产业扶贫项目落地生效，策划落实产业扶贫入库项目10个，完工10个，完工率100%；下发中央扶贫发展资金161万元，受益贫困户328户；筹集破壳消薄”资金715万元，推进村级集体经济“破壳消薄”， 24个村居与城厢区振兴公司投资合作，采取年化12%固定收益分红的模式，年增加村集体经济收入约80多万元。落实就业扶贫。新增公益性岗位就业43人（其中精准扶贫对象16人）；累计开发公益性岗位154个，在岗131人（其中精准扶贫对象79人）。落实光伏和生态扶贫。完成常太镇外东坪村、岭下村，华亭隆兴村及灵川径里村等4个村级光伏扶贫电站建设，其中外东坪累计发电量20.8万千瓦时，增收15.6万元；岭下村累计发电量16.85万千瓦时，增收12.85万元；隆兴村累计发电量15.04万千瓦时，增收5.92万元；径里村累计发电量17.25万千瓦时，增收6.73万元；生态护林员聘用贫困对象9人。落实兜底保障扶贫，建档立卡2230人，其中低保兜底1475人，约占比66.14%。农村低保对象1181户2789人，发放低保金1168.82万元；城市低保对象88户193人，发放低保金99.25万元。特困对象261人，发放城乡低保金313.56万元。年内共救助1535人次，发放救助金187.13万元。资金使用率为63.3%。落实贫困村整村推进。7个贫困村均落实1项产业扶贫项目，动工率100%；基础设施及公共服务等6个项目全部完工。全面落实“两不愁三保障”（不愁吃、不愁穿；义务教育有保障、基本医疗有保障、住房安全有保障），全年新识别0户0人，返贫0户0人。完成边缘户摸底情况4858户16622人，脱贫监测户摸底情况完成450户1346人；全区建档立卡贫困户人均可支配收入达到1.6万元，同比增长24%；全区发放补助资金21余万元，全面完成义务教育保障；全区一体化远程诊疗试点投入使用60家，建档立卡贫困人口家庭医生签约率达100%。是年，省精准扶贫医疗叠加保险补助84人38.02万元；贫困人口住院和特殊门诊就诊618人次，总费用1711.24万元，报销金额1600.72万元，报销比例93.54%；全区建档立卡贫困户住房安全全面排查鉴定，其中A级9户、B级739户；饮水安全保障情况。55个行政村331户贫困户，全面完成水质检测工作。

【推进现代农业】 2019年，区农业局推进14个项目被列入2019年绿色产业专项行动计划重点项目，其中市级重点项目6个，区级重点项目八个。项目总投资23130万元。市级6个重点项目全面完成。投资100万元乡村绿化项目全面完成，投资400万元年度造林项目全面完成，投资2000万元花蛤苗（蛏苗等）养殖项目全面完成，投资2309.7万元城厢区肉禽产业园养殖技术改造及肉制品加工项目完成。莆田市优质龙眼基地建设及桂圆加工设施建设项目完成对临近木兰溪的郊溪村占地面积约44.4公顷的龙眼基地进行评估论证工作，完成投资1006.5万元；大造阔叶树绿化全莆田3年行动项目完成投资500万元。八个区级重点项目有序推进，常太镇院里溪安全生态水系治理项目、常太镇东太溪安全生态水系治理项目、灵川镇东进下尾农田渠系重建项目、常太镇岭下村睿雪休闲农业教育基地、华亭镇西湖溪流域生态治理、华亭镇乡村花果景观提升工程等全面完成。灵川篁山溪防洪排涝工程完成投资4000万元，龙桥街道洋西溪上游生态补水及综合治理完成投资50万元。

（陈金楷）

水　务

【概况】 2019年，莆田市城厢区水务局（以下简称“区水务局”）在区委、区政府和上级水利部门的关心指导下，全局上下同心同德，积极践行习近平总书记治理木兰溪重要理念和新时代水利工作方针，以实施“六水共治”为抓手，统筹城厢水利改革发展，取得新成效，实现新跨越，为建设人文宜居新城厢作出新贡献。

【木兰溪流域治理】 2019年，区水务局治污水，组织实施全区农村污水管网建设，在88个村庄推行“三格式化粪池+污水管网”的污水处理模式，总投资3.4亿元，将污水接入镇、村污水管网，年内完成21个村，累计建成污水管网1166.8千米、小型一体化污水处理设施8座，新建改造三格化粪池9218户。排涝水，投资190万元实施霞林街道柳桥沟应急引水项目，通过河道淤疏浚铺管，打通北渠柳桥沟上下游水路，改善原有生态环境，同时解决霞林街道与荔城区交界处地带长期集涝恶臭问题，整治河道总长666米。保供水，成立《莆田市城厢区人民政府办公室关于成立莆田市城厢区城乡供水一体化工作领导小组的通知》（莆城政办网传〔2019〕23号），并起草《城厢区城乡供水一体化工作实施方案》，全力配合市水利局、市水务投资集团，主动融入全市城乡供水一体化建设试点城市建设，实现城乡供水“同网、同质、同价、同服务”。重点落实省道306线笏枫路自来水管迁建工程配水管线400-DN500管道铺设（由湄洲湾自来水引水至灵川、东海镇，长度约15.3千米）。华亭镇互通管道工程完成施工任务，解决朝阳水厂供水区供水保证率不足问题。全区贫困对象饮水安全问题得到有效保障，联合区卫健部门分批次对区内喝井水、山涧水的贫困户开展入户取水检测工作，共取样130个，涉及55个行政村，贫困户331户，实现全区农村贫困户饮水水质检测应“检”尽“检”，并对发现问题的逐一解决。3批共争取资金348.5万元，用于7个贫困村饮水工程建设，相关项目正在推进中。清河水，完成院里溪、东太溪、延寿溪莒溪段等3条河道共13.79千米安全生态河道建设，总投资1820万元。推动坑尾溪、西湖溪、长岭溪（上游段）等3条安全生态河道建设，实现动工有序推进，总投资2800万元。径里溪流域生态治理项目完成设计初稿。全区32条重点河道完成清淤疏浚，投资2300万元。年内重点推进3个水土流失治理项目，总投资450万元。完成灵川镇何寨社区硎头村水土保持生态村项目建设；华亭镇五云村市级水土保持生态村建设项目形象进度85%；长岭溪小流域水土保持综合治理项目进入网上招投标。全区4座小水电站按照省水利厅下泄设施改造及在线监控安装，运行良好。防洪水，篁山溪榜头片防洪排涝工程，分为4个标段实施，第一标段完工，第二标段完成90%，第三标段完成85%；第四标段完成70%。太湖工业园区田厝片防洪排涝工程项目，完成工程形象进度75%；水库除险加固2座：对常太过池水库、华亭镇霞皋水库进行常态化除险加固，项目总投资 400万元。通过开展“坚持节水优先，强化水资源管理”“为幸福家园，请节约身边水资源”骑行等多形式的宣传活动，唤起全社会关心水、珍惜水、节约水意识；投入200万元，通过开展创建节水型、节水型居民小区建设、推广节水器具进机关单位进企业进小区等活动，提高水的利用率。境内公共场所及新建小区节水型器具普及率达100%、工业用水计量达100%。是年，全市首个被省水利厅评定为“节水型社会达标建设县（区）”。

【落实河湖长制】 2019年，区水务局严格按照区级河长每月至少一巡河、镇级河长每周至少一巡河开展工作。年内区级河长开展巡河226次，镇级河长开展巡河3696次。分别由城厢区生态环境局、河长办牵头组建巡查队伍，围绕全区河道（水源地）乱占、乱采、乱堆、乱建、污水收集处理、非法入河排污口、畜禽养殖污染等问题，列出问题清单，并督促有关部门开展治理工作。区级开展巡查335次，发现问题405处，下发整改通知135件，并全部整改到位。利用福建河长APP、建立“河长微信群”，有效掌握巡河信息，及时解决河道

3月21日，城厢区在木兰溪公园开展“保护母亲河 ·我们在行动”志愿服务活动　　（林艳琴 摄）

问题；设置视频监控探头，在木兰溪干流及支流的村村交界断面设置109个水质监测点，实现24小时远程监控，将河道巡查轨道纳入数字系统实现网格化管理。通过落实“四个有”（有专管员、有保洁人员、有督查长、有河道警长），依托“三张网”（河长巡河APP网、治安探头监控网、环境水质监测网），成立“两队伍”（专管员队伍、志愿者队伍），建立“一只眼”（无人机日常巡河），推进木兰溪河务监管网格化。是年，10个乡镇交界断面水质优良率保持在90%以上。

【依法治水管水】 2019年，区水务局及时部署开展水利工程建设安全生产专项整治工作、水利工程建设领域安全生产专项执法检查工作、水利安全风险分级管控工作及2019年水利“安全生产月”和“安全生产专题行”活动，认真履行安全生产第一责任人的职责，确保水利设施运行管理和水利建设安全。年内组织督查98人次，共排查安全隐患18个，发出整改通知书6份，并全部落实整改。开展河道采砂专项整治行动，出动人员163人次，发现问题堆砂场14家，全部整改到位；开展“清四乱”专项行动，发现涉河范围内四乱38处，其中，清理河道（河岸）种植4660平方米，清除侵占河道简易设施230平方米，清除乱占河道1855平方米，清理砂石场、搅拌场2300平方米，并对全区河道管理领域乱象开展专项整治行动，以镇（街）为单元采取边查边改、查改同步的方式推进，全面查清河道管理乱象问题，逐河建立问题清单。与市公安局、联通公司联合开展“无人机巡河”活动，借助科技手段推行空地结合、人机结合巡河新模式，全方位、无死角观察河道情况。通过专项整治行动，实行对河沙“审批开采、运输流通、生产使用”等环节全过程监管，采取“盯采砂、查运砂、清砂场、核用砂”方式，精准打击河道采砂违法违规行为。全年组织巡查106多次，出动执法人员415人次，立案查处案件4件，办结3起，罚款18万元，移送公安依法诉讼1起。依法开展行政审批42件，办结率100%、群众满意率达100%。

（蔡夏夏）

工业

工业和信息化

【概况】 2019年，莆田市城厢区工业和信息化局（以下简称“区工信局”）。全区172家规模以上企业累计完成375.04亿元，同比增长11.4%，占全市的比重为10%；全区实现规模以上工业增加值107.1亿元，增长9.9%，增速位居全市第2位；规上工业用电量27705万千瓦时、下降5.5%。是年，规上工业企业产值增长率达到20%以上的有92家，占比53.48%；130家企业实现正增长，占比75.6%；负增长的企业有42家，其中停产企业25家，负增长面为24.4%，工业基本面稳定。全区家规模工业企业（除免税企业）实现税收4.51亿，比降10.7%。其中税收在100万以上的工业企业有71家。

【投资项目】 2019年，区工信局着力项目招商。重点对接协调中电科创城项目、三利谱偏光片生产项目、闽投电力储能电站项目等3个签约项目，总投资162.5万元。跟踪服务中电海西智能制造研究院项目、树标体育项目2个落地项目，总投资10.5亿元。着力项目推进，坚持“全系统、全覆盖、全过程”抓项目，扎实推进工业“五个一批”项目。建设美丽莆田·绿色二产2019年专项行动计划共23个项目，其中，中电海西智能产业园、凯达卫生用品生产等22个项目列入市级项目，年内计划投资21.69亿元，全年累计完成投资21.78亿元，完成全年计划投资的100%。着力技术改造，重点推进2019年省、市两级重点技改项目申报工作，全年共有锐马电气、万升鞋业等15个项目列入市级技改项目，其中，华源工贸、亚明食品、凯达卫生等10个项目列入省级重点技改项目。

【转型升级】 2019年，城厢区共有力奴、新星、祥麟等21家企业共投入5000多万元购置新

1月29日，中电互联网研究院举行揭牌仪式 （吴剑峰 摄）

设备，使生产工艺流程智能化，提高产能，同时破解招工难问题。

【两化融合】 2019年，城厢区有劲德电源科技、中科华宇、杰讯光电、郭氏鞋业等4家企业通过两化融合管理体系评定。亚明食品于11月11日荣获“省级高新技术企业”称号，12月11日“中式鱼糜菜肴加工关键技术的创新与应用”项目荣获第五届福建省食品工业科学技术进步奖。

【技术创新】 2019年，区工信局加强政策支持和引导，鼓励企业加大研发投入，提升自主创新能力。推进高新技术企业、科技型中小企业与高校、科研院所深度合作，构建院企、校企科技合作互动机制，促进科研与生产紧密衔接，加强核心关键技术的研发，促进科技成果转化和产业化应用。同时，积极争取各类国家、省创新资金扶持，争取更多新产品、新技术、新工艺类项目列入省级技术创新计划。杰讯光电、劲德电子等企业与省内外院校、科研机构实施联合技术攻关、实现科技项目成果转化。

【企业融资】 2019年，城厢区企业转贷9笔3.19亿元，累计提供411笔转贷金额73.32亿元，解决企业转贷困难，防止银行收贷压贷。

【节能宣传】 6月17日，2019年全国节能宣传周福建省暨莆田市启动日活动在城厢区万达广场举行，区工信局积极组织溢通环保等环保产业企业参与现场节能技术推广活动，并现场发放《节能宣传周倡议书》，践行低碳理念，倡导绿色出行，营造推广应用新能源汽车的良好氛围。

4月29日，“创客中国”海峡两岸中小企业创新创业大赛启动仪式在城厢举办 （吴剑峰 摄）

【安全工作】 2019年，区工信局开展隐患排查治理专项行动。印发方案《莆田市城厢区工业和信息化局关于组织开展安全生产隐患排查治理专项行动的通知》（莆城工信〔2019〕14号），成立由局主要领导任组长，相关分管领导任副组长，能源股、装备股、信息化股为成员的隐患治理专项行动领导小组，指导推进专项行动。是年，陆上油气长输管线保护专项整治活动，共出动人员84人次，发现的2处隐患，并整改到位。电力设施保护与电力安全专项整治活动，共出动人员72人次，发现隐患3处，并整改到位，以安全稳定的形势迎接中华人民共和国成立70周年大庆活动。

支柱产业

【鞋服纺织产业】 鞋革产业是城厢区的主导产业。全区共有规模以上鞋业企业74家，2019年企业完成产值155.29亿元，占全区规模以上工业产值的41.4%，鞋业产业有郭氏、力奴、新路等龙头企业。是年，鞋革企业贡献税收2.45亿元，占全部规上工业企业税收的54.2%。城厢区的鞋企主要从事运动鞋、橡胶鞋、皮鞋、特种鞋等生产，制鞋生产线160多条，年产能9000多万双，从业人员约2万人。鞋革生产企业产品涵盖鞋底、鞋材、皮革、鞋楦、鞋扣等鞋材辅料，基本形成完整的鞋业产业链。

纺织服装产业是城厢区工业发展的有力支撑。2019年，区内13家纺织服装企业完成产值39.22亿元，比增5.1%，占全部规模工业企业产值的10.4%，有才子省级龙头企业。产品涵盖服装、涤纶线、针织衫、织带、帐篷等，拥有生产线100多条，从业人员约5000多人，拥有才子、华源工贸、南兴针织等7家亿元企业。

附：典型企业

郭氏鞋业2019年度省级高成长企业。2019年，纳税2233万元，同比下降21.8%，主要生产“菲腊”品牌运动鞋，6条生产线，从业人员1500余人。企业投入800万购置自动化设备，预计可节约人工300余人。

华源工贸华源纺织城项目计划投资15亿元，占地33.33公顷，引进国外先进生产线，从新疆购进优质棉花原料，生产各种高端棉纱产品，技术达到国内先进水平，产品供应给华峰工贸等知名企业。

才子服饰中国服装行业百强企业，全国服装行业重点生产企业，2018年度省级龙头企业，通过国家两化融合贯标体系认证。公司拥有68条生产线，分别生产衬衫、西服、西裤、休闲裤、夹克等全系列服装，年生产能力近2000万件（套）。

力奴鞋业安踏战略合作伙伴，2019年产值10.29亿，税收1648万元，10条生产线，生产线数为全区鞋业最多，产品为运动鞋。公司采用海尔O E C管理模式、精益生产模式、E R P流程系统管理，生产管理水平省内领先。是年，投资800多万元购置设备，实施技改，预计可节约人工100多人。

【食品加工产业】 食品加工产业是城厢区的四大传统支柱产业之一，是工业发展的中坚力量，也是实现经济提质增效的有力抓手。2019年，全区规模以上食品加工企业达27家，占全区169家的15.7%，实现规模工业产值70.61亿元，下降1%，占全区规模工业总产值的18.3%。是年，食品加工企业贡献税收0.67亿元，占全部工业企业税收的14.9%。初步形成果蔬加工、水产品加工、饮料加工、肉制品加工、食品烘培等门类齐全的食品加工体系，成为全市重要的食品加工基地。食品产业成为城厢区发展前景最好的产业之一。

附：典型企业

天喔食品“天喔”商标系中国驰名商标、“天喔蜜饯”是福建省名牌产品，公司系省级企业技术中心，具有全国最大的鲜果处理加工基地，具有全国第一个全封闭的规模成品蜜饯紫外线晾晒房；拥有全市首家公用型保税仓库。2019年税收554万元，省级企业技术中心。

亚明食品2019年产值为2.71亿元，2019年税收为525万元。

【电子信息产业】 2019年，全区规模以上电子信息企业17家，其中电子产业亿元企业6家，全年电子规上企业实现产值20.83亿元，占全部规模工业的5.55 %，实现税收1864万元。从业人数1500多人。

附：典型企业

杰讯光电杰讯光电（福建）有限公司集光通信产品研发、生产、销售于一体的高新技术企业，是国内一家大型光通讯器件生产商。近年来连获城厢区“纳税大户”荣誉，有20多件自主专利，是国内主要的光电子元器件供应商之一。产品交付国内外龙头新信息公司使用，主要客户为华为技术有限公司、武汉光迅科技有限公司、台湾波若威、昂纳科技等大型信息公司。

嘉辉光电莆田市嘉辉光电有限公司是一家专业从事液晶显示屏（LCD）开发、设计、生产和销售的高新技术企业。公司占地面积约20000多平方米，总投资额达2亿元，拥有百级、千级、万级标准厂房25000多平方米，职工300多人，其中工程技术人员40多人。公司引进日本（ORC\NAKAN）、中国台湾友辉等最新LCD 生产设备，现有2条LCD生产线，是国内最大的CTP生产企业之一，年产、销TN、STN液晶屏25万平方米。产品广泛应用于工业仪器、仪表、家电、数码通信、钟表、车载、手机屏等电子领域。

三利谱三利谱公司自2007年成立以来一直致力于偏光片的研发、生产和销售，是国内偏光片行业最优秀的解决方案供应商之一。产品广泛应用于液晶电视、显示器、笔记本电脑、手机、3D眼镜、仪器仪表、车载显示等领域。公司在偏光片的自主研发、生产工艺、产品质量等方面一直领跑在行业的前列，引领着国内偏光片行业的发展。

【工艺美术产业】　工艺美术产业是城厢区工业的重要组成部分。全区有14家规上工艺企业，2019年实现产值30.98亿元，占全部规模工业企业产值的8.26%。拥有庄严苑、欧雅艺术、腾晖工艺、美诚达、金伯爵珠宝7家亿元工艺企业。产品涵盖佛像、木雕、红木家具、石雕、油画、珠宝加工等，从业人员达700多人。其中，佛像雕塑行业依托庄严苑工艺品有限公司，在传承老漆脱胎传统工艺的基础上融入现代新工艺，引进中国台湾地区、日本等造像、铸造、贴金工艺，以生产佛像为主及寺院配套产品。提升佛教文化性质，传承古老雕像艺术和现代化生产工艺为一体的新型佛像雕刻造型产业知名品牌创建示范企业影响力。油画行业依托莆田国际油画城以欧雅艺术为龙头，重视原创人才集聚，挖掘油画艺术附加值。发展原创油画、个性化定制油画，推出模板、铝塑板、金属油画，使画面效果更新颖独特提高国内市场占有率，深化与跨境电商合作，扩大产品出口，拓展油画框、新型颜料、自动化喷涂设备产业链。木雕行业依托庄严苑、郑春辉木雕艺术馆为龙头，推进工艺美术品与文化、科技融合，拓展大师高端艺术品、旅游工艺品、佛教文化用品，打造园林式观光工厂，大力提升城厢木雕的艺术魅力与文化自信。

附：典型企业

腾辉工艺中国木雕工艺大师、高级工艺美术师郑春辉创作作品被国家博物馆收藏4件，获得国家级金奖50多件，大型木雕清明上河图被收录到《吉尼斯世界纪录大全》一书，是福建省非遗传承基地，其木雕工艺技术在全国处于领先地位。

欧雅艺术主要生产油画、画框、镜框家具等系列产品，在全市率先引进6台过滤净化水帘，获得ISO 9001：2000质量管理体系认证，与国际主流设计师合作，开发国际主流艺术产品，产品主要出口欧洲、美国、中东等国家和地区，企业已形成品培训、研发、生产、销售为一体的产业化经营模式，成为我市工艺美术制品生产的龙头企业之一，系列产品的出口量居全省前茅。

（林劲腾）

华林经济开发区

【概况】　2019年，福建莆田华林经济开发区管理委员会（以下简称“华林开发区”）为省级经济开发区，是莆田市五大经济开发区之一，下设3个园区，分别为华林、太湖、樟林工业园。华林工业园区入园企业419家，其中规上81家，规下338家，总计从业人数约2.3万人，是年，规上工业企业完成总产值218.5亿元，占全区规上工业产值375亿元的58.3%，用地面积约207.33公顷，每公顷产值46.8万元；实现税收3.7亿元，每公顷税收0.78万元。太湖工业园入驻企业38家，员工约3380人，主要以食品、纺织鞋服、轻加工及建材4大产业为主。是年，园区规模以上企业达27家，实现产值82.59亿元、税收约5420万元。

【基础设施建设】　华林工业园2019年，华林工业园道路建设主要依托324国道，建有主干道三条华林路、竹林路和腾飞路，支路有创业路、华中路、利民路、霞皋路、腾达路、支一路、支二路、支三路、后角路、郑庄路，全部覆盖开发区内企业，道路中含有路灯、雨污排水、绿化、人行道。园区内现有110千伏变电站一座为园区内企业供电，企业生产和生活用水由市自来水公司供水，用气由莆田市旷远燃气公司提供，全部覆盖园区内企业。2010年建设污水提升泵站一座，由泵站提升至荔园路市政污水管网，园区内企业污水全部接入市政管网，防洪排涝工程建有郑庄沟、顺达沟、霞皋沟、宝溪沟等四条河道。园区绿化面积267.28公顷，绿地率41.32%，绿化覆盖率达到51.65%，主干道、建成单位均按标准绿化。

太湖工业园区　2019年，完成建设自来水管道、供电线路、通信线路、燃气管道、污水收集管道等工程，为进一步完善园区基础配套设施。是年，完成建设的配套设施有沿滨海大道北侧至凯达纸业项目自来水管道铺设工程，总投资29万元；田厝村排水沟工程，总投资105万元；新栖枫路至篁山溪雨水收集管网工程，总投资49万元；太湖园区400千伏变800千伏项目，总投资46万元。在建配套设施有污水二期管网改线工程，在变更设计图纸；沿滨海大道北侧至福铝家具、韩廷药业项目自来水管道工程，完成预算、财审。

【产业发展】　华林园区　2019年，华林园区基本形成鞋服、食品、电子信息、工艺美术等四大产业集群亮点。其中：鞋服产业规模以上企业42家，2019年工业产值为118.3亿元，占54.1%，比上年同期增长23.68%。重点企业有力奴鞋业、三迪鞋服、祥冠鞋业、郭氏鞋业、新路体育、三威鞋业等。电子产业规模以上企业15家，2019年工业产值为18.32亿元，占8.33%，比上年同期增长2.1%。重点企业有三利谱电子、嘉辉光电、杰讯光电等。食品产业规模以上企业11家，2019年工业产值为23.56亿元，占10.46%，比上年同期增长15.4%。重点企业有天怡现代、亚明食品、复茂食品等。工艺美术产业规模以上企业10家，2019年工业产值为28.7亿元，占13.08%，比上年同期负增长2.3%。重点企业有庄严苑工艺、腾辉工艺、艺峰工艺、欧雅艺术等。其他产业规模以上企业17家，2019年工业产值为29.62亿元，占13.5%，比上年同期负增长10.54%。重点企业有新旺隆、建工混凝土、溢通环保、荔城纸业等。

太湖工业园　2019年，太湖工业园区主要以食品、纺织鞋服、轻加工及建材4大产业为主。是年，园区规模以上企业达27家，实现产值82.59亿元、税收约5420万元。其中，食品类企业7家，产值24.6亿元，占园区总产值的29.8%；鞋服纺织类企业有7家，产值27.1亿元，占园区总产值的32.8%。轻加工类企业有11家，产值25.6亿元，占园区总产值31%；建材类企业2家，产值5.3亿元，占园区总产值的6.4%。园内现有公共型保税仓库一个，面积8.28万平方米，可带动莆田市进口贸易及转口贸易的发展。

【招商引资】　2019年，华林开发区对华林工业园建成区，保留优质或优势骨干企业，继续壮大鞋服、电子、食品三大产业龙头企业的体量及影响力，支持重点企业改制上市，引导科技型企业加大研发投入，争创国家级高新技术企业或技术中心。引导企业争创国家级省级品牌，提高产品市场占用率。华林园区对接引进三利谱偏光片、中电科创城、大唐5G产业东南总部基地等产业类重大项目，预计总投资165亿元，年新增产值300亿元，税收20亿元。太湖园区拟引进荔发建材、远东动力电池项目江南工业等8个项目，预计总投资20亿元，年新增产值50亿元，税收4亿元。

【生态环保】　2019年，华林开发区针对区内四条沟渠进行整治，组织网格挂钩干部并邀请技术单位全方位排查所有入河排污口，摸清底数，确定排污口所在具体位置，并立即彻底封堵。对有污水混入的雨水口，彻查污染源头，实施封堵、分流或深度治理等措施，从源头截断污染源。截至12月底，共发现河道两侧企业生活污水排放口21个，全部完成封堵。是年，开发区共排查“散乱污”企业116家，全部整治到位，其中50家环保备案，46家搬迁，10家关停取缔，10家查封，整改率100%。制定《华林经济开发区建立网格化环保监管体系实施方案》，并成立开发区环保网格化管理工作领导小组，建立以开发区、各网格、各企业为单元的三级环保网格化管理体系，形成辖区环保监管工作制度化、规范化的长效管理机制。

【安全生产】 2019年，华林开发区成立安全工作领导小组，指定领导班子成员具体抓安全工作，组织干部职工认真学习各级对抓安全生产工作的文件精神，严格执行“安全第一、预防为主”的方针，牢固树立安全管理意识；结合单位的行业特点和工作实际，健全安全生产责任制和各项安全生产规章制度；明确分工，落实责任，与企业签订企业隐患排查治理专项行动自查自改承诺书；为深入贯彻“党政同责、一岗双责、齐抓共管”要求，制定三级安全生产网格化管理工作实施方案，将开发区划分为6个网格，每个网格配备挂钩领导及挂钩干部，建立以开发区、各网格、各企业为单元的三级安全生产网格化管理体系，通过实施网格化管理，进一步明确开发区、各网格、各企业在安全生产管理中的工作职责，做到定区域、定人员、定责任，确保安全监管工作无遗漏、全覆盖，达到安全隐患排查工作“横到边、纵到底”，安全隐患整治责任明确，落实到位的要求，形成辖区安全监管工作制度化、规范化的长效管理机制。截至12月底，各网格对区内企业进行全覆盖排查，6个网格共排查企业300多家，开发区对存在隐患较为严重的企业联合派出所进行检查，共检查企业102家，发现安全隐患270条，整改242条，取缔3家企业，责令停产停业整顿企业11家，处罚15家企业，对尚未整改到位，指定网格跟踪人负责跟踪，直至整改到位。

【管理服务】 2019年，华林开发区强化“保姆式”服务意识，营造宜商环境，始终围绕“一站式受理，保姆式服务”的理念，与企业服务有关的规划、国土、住建等相关部门资源整合，为园区企业和新落户项目提供“一站式”服务，让企业办事少跑腿，做好企业项目手续代办服务；积极主动，勇于担当，建立完善领导干部挂钩项目服务、一般干部挂钩项目服务等机制，切实做到抓招商项目促落地、抓开工项目促进度、抓建成项目促投产的效果；牢固树立争先意识、实干意识、规矩意识、协作意识和服务意识，以“一切围绕企业、一切为了企业、一切服务企业”为宗旨，为确保企业可持续发展、项目按时序建设，园区采取推进例会、实地拉练等形式，针对企业、项目存在的问题，认真研究，找准重点，突破瓶颈问题，切实提升履职尽责能力。

【党建工作】 2019年，华林开发区党工委始终坚持“围绕发展抓党建，抓好党建促发展”的总体思路。加强思想建设，落实党建责任。积极打造活动阵地，进一步规范党员活动室、党群工作室、学习宣传园地，定期组织辖区内企业党支部开展主题党日学习及党员活动日，认真学习习近平谈治国理政、习近平新时代中国特色社会主义思想等精神。开展“不忘初心、牢记使命”主题教育系列活动，提升园区全体党员干部及辖区内所有企业党支部党员对主题教育的正确认识，扎实推动主题教育，确保学习取得实实在在的成果。着力推进干部队伍建设，组织干部队伍系统地有计划地加强学习，同时做好对干部队伍的日常监督管理，园区党群工作队伍结构进一步优化，党员队伍能力素质进一步提升，初步走出一条适应非公有制企业发展要求的党建工作新路子。建立复茂食品、亚明食品、郭氏鞋业、天喔食品、华润混凝土、华源纺织城等一批典型的党建示范点，有力促进非公经济组织党建工作和经济建设协调发展。

（林剑杭）

商贸

商 务

【概况】 2019年，莆田市城厢区商务局（以下简称“区商务局”）根据上级精神，积极开展各项相关工作。年内，全区共累计实现限上批发零售业商品销售额444.4亿元，同比增长12.1%，完成全年任务450亿元的98.76%。限上住宿餐饮业营业额10.57亿元，同比增长26.2%，完成全年任务。累计实现限额以上消费品零售额实现290.15亿元，同比增长14.9%，完成全年任务。纳入GDP核算的规上营利性服务业实现17.48亿元，同比增长32.8%，完成全年任务17亿元的102.8%。

【资金扶持】 2019年，区商务局组织兑现区级商贸服务业政策，共惠及企业152家，211家次，兑现资金725.6291万元，其中：城厢区商贸服务业政策惠及企业199家次，兑现资金621万元，三转一市政策惠及企业6家次，兑现资金12万元；家政政策惠及企业6家次，兑现政策12.6291万元；动漫政策惠及企业2家次，兑现资金80万元。

【对外贸易】 2019年，全年出口累计67.53亿元，同比增长7.92%，完成全年任务65.6亿元的102.94%。是年，全年累计到资1.23亿元，完成全年任务1亿元的123.35%。

【招商引资】 2019年，区商务局带队参加2019厦洽会，共对接签约外资项目11个，投资总额15.68亿美元，利用外资15.63亿美元。涉及文物修复、文化传媒、软件信息、农业种植等多行业。其中，城厢区共有4个项目上台签约，总投资86000万美元，合同利用外资80500万美元，其

8月13日，城厢区组团参加2019年厦门国际投资贸易洽谈会暨丝路投资大会莆田市分团项目签约仪式 （潘源懿 摄）

中合同项目1个，为文物修复中心项目，意向合同3个，分别为骠骑文化传媒项目、中电生态软件园项目、福建巨鼎绿能生物科技股份有限公司经济总部项目。

【电子商务】 2019年，区商务局致力于促进电商行业转型升级，全国首创举办“一带一路”跨境电商国际合作高峰论坛，论坛有来自“一带一路”沿线10多国家嘉宾和海内外1000多位电商人参加，反响热烈；首次举办“海丝动力”摩托车文化交流节，吸引海内外3000多名摩托车俱乐部骑手共聚莆田；全国电商讲师大赛首次在莆田落地并首次设东南赛区，而且延伸举办莆田市百名电商讲师专题培训和两岸电子商务发展新业态沙龙活动；全国电商讲师大赛总决赛首次出京并落地莆田，进一步巩固莆田电商领先优势。

（潘源懿）

电子商务

【概况】 2019年，城厢区安福电子商务城管理委员会（以下简称“区安福电商城”）将莆田市大部分的电商产业聚集在安福电商城及其联发莆田电商城、双洋环球电商等周边地区，业态覆盖网络零售、跨境电商、农村电商、移动电商、第三方平台和第三方服务商等。全区入驻电商企业超1000家，经营国内外品牌500多个，电商年交易量约500亿元，电商从业人员20万元，代理的国际一二线品牌包括史努比、鳄鱼、花花公子等50多个，本土自创自主淘品牌包括莫蕾蔻蕾、AU&MU、莱卡金顿等超100个，其中获得省著名商标6个、知名商标17个。截至12月底，有限额以上电商企业164家纳入统计，实现限上电商销售额177.52亿元，比增9.32%，占全区限上销售额比重77.42%，其中亿元以上电商企业超过65家。

【重点项目建设】 2019年，城厢区以安福电商城为核心区，委托商务部研究院进行莆田电商小镇规划设计，引导各类电子商务企业和人才、技术、资金等要素向产业基地集聚，培育形成多功能、多业态的电子商务集聚区，致力于打造成年交易额超千亿的省级电商小镇。其中，联发莆田电商城项目签约20多家优质电商品牌和企业，配套引进摄影、餐饮及通信、银行等机构，入驻率达80%以上，二期、三期在建设中，商贸综合楼在申报建设手续。城厢区跨境电商生态园项目施工全部完成，由福建省百盛大同投资有限公司入驻运营，为地区跨境电商提供货源稳定、货品保障的产品供应。园区线下办公场所和产品体验展示中心装修完毕，入驻企业28家。

【举办首届海丝动力摩托车文化交流节】 6月28—30日，以“力缘海丝·擎系莆田”为主题的首届海丝动力摩托车文化交流节在城厢区举办，这是全国首个大型规模的机车文化交流活动。活动紧扣弘扬海丝精神，紧密结合“妈祖文化”“海丝文化”和“机车文化”，举办七大主题30多项活动，突出莆田创新驱动发展和对外开放合作的新格局，有来自全国各地、港澳台地区和海外各地的领导及嘉宾3000人参加，参加活动的动力摩托车达1700辆，俱乐部达200家。不仅拉动莆田文化旅游业、酒店服务业、零售业、物流业等周边产业发展，也进一步提升莆田的美誉度和知名度，拓展相关产业和业态。

【承办第二届“一带一路”电子商务国际合作论坛】 11月29—30日，城厢区承办第二届“一带一路”电子商务国际合作论坛。论坛以“共建‘开放·普惠·创新’数字丝绸之路”为主题，设一场高峰论坛和跨境电商、平台经济、新业态新模式三场主题分论坛。邀请16个国家和地区的54位外国政府、协会、企业代表及商务部综合司、外贸司、电商司、国际贸易经济合作研究院领导，部分省市政府、商务厅、电子商务协会、跨境电商综合试验区、学术研究机构与企业代表近500位嘉宾出席。论坛期间举行莆田市平台经济暨“一带一路”电子商务国际合作项目签约仪式，共24个项目在本次签约仪式上进行现场签约，项目涵盖跨境集采中心、网络直播基地、共享经济服务平台、农产品新零售平台等发展热点。论坛作为“一带一路”电子商务交流合作的大平台，旨在进一步促进与“一带一路”沿线国家和地区电商平台、企业开展合作交流，为“一带一路”电子商务的开放发展、普惠发展、创新发展提供更多真知灼见和经验范式，推动“一带一路”沿线国家和地区电子商务产业更好更快发展。

【电商转型升级】 2019年，城厢引进莆田首个平行进口品牌项目，以平行进口方式经营NIKE、匡威等国际一线运动品牌的连锁批发零售，开辟国内销售新渠道；引进0594C&M众创供应链平台，推出“0594实体店+” 新型营销模式，整合生产商、品牌商、销售商、设计师等产业链资源，创新“原创公版”“品牌授权”“私人定制”三大业务模块，助力实现线上线下融合营销，为全区电商企业打通上游生产商与下游分销商产品供应链。建设品牌升级平台。建立中国·莆田电子商务区域创新合作中心（虚拟集采交易中心），以鞋服、美妆供应链为基础，搭建S2B2C数字分销平台，实现供应链商品流、信息流、资金流“三流合一”；建设跨境电子商务通关服务平台，为全市跨境电商企业提供一体化的报关、仓储、物流等服务，3月22日顺利启动首票业务，与百盛、青春之家、易捷乐等跨境电商企业，与邮政速递、DHL等物流公司合作或达成合作意向；打造油画电商B2B平台，吸引一批油画电商企业、艺术品拍卖平台、油画衍生产品销售、油画研学机构、自媒体电商等新业态入驻，加快推动油画产业“触网”，实现装饰油画线上采购，激活全区油画产业优势。截至12月底，完成整个平台框架和数据展示。规范电商市场秩序。全区采取“店面清查、住宅排查、路口检查、随机巡查”等方式，持续开展常态化夜间联合执法，保持打击“假海淘”“仿冒鞋”行动高压态势，打击侵权假冒工作取得一定进展，安福城内基本无“仿冒鞋”和“假海淘”产品；创建安福诚信电商小镇，有雅伦贸易有限公司等18户“十佳诚信经营商家”受到表彰，带头践行诚信承诺，致力营造“一诺千金、真诚待客、诚信经营”的创业环境，共同打造电商小镇诚信品牌。搭建平台沟通桥梁。积极对接天猫、京东、拼多多等大型电商平台，充分发挥集群优势，加快打造诚信、有序、创新、发展的电商创新示范之城，多形式推动全区电商持续稳健发展。是年，共举办招商交流活动6场，帮助85家有潜力的企业申请入驻天猫商城，助推全区电商发展强大。

（邹丽萍）

【新增两大电商交易中心】 2019年，中国·莆田电子商务区域创新合作中心、中国（国际）油画交易中心在城厢区建成投入运营。中国·莆田电子商务区域创新合作中心建有产品展示及物流配套综合服务区、示范企业及推广营销团队办公区、众创孵化及经验分享交流区等四大功能区，建立莆田与“海丝”沿线国家的交易展示窗口，入驻企业36家，主要有鞋类、服装、运动、眼镜、床上用品等产品货源供应商，以及国内大型优质跨境电商办公团队，孵化50多家跨境电商企业。中国（国际）油画交易中心通过打造油画电商B2B平台，改造提升莆田国际油画城商业及艺术氛围，吸引一批油画电商企业、艺术品拍卖平台、油画衍生产品销售、油画研学机构、自媒体电商等新业态入驻，加快推动油画产业“触网”，实现装饰油画线上采购，充分激活全区油画产业优势，2019年底该平台框架和数据展示基本完成，计划2020年初完成上线测试。

（邹丽萍）

供销合作

【概述】 2019年，莆田市城厢区供销合作社联合社（以下简称“区供销社”）按照区委、区政府和市供销社的决策部署，围绕改革、创新服务、参与农业产业化、优化资产配置、改造基层供销社的经营理念，推进社有企业的发展。努力克服经营困难，供销社的综合改革工作持续推进，在服务“三农”、活跃城乡市场、乡村振兴战略中做出重要贡献。6月26日上午召开城厢区供销合作社联合社第二次社员代表大会，选举产生第二届理事会、监事会。全年各项经济指标较上年同期都有明显增长，完成预定的目标。

【春耕备耕】 2019年，区供销社以庄稼院为龙头，以村级服务站（农资网点）为依托，增设春耕农资临时供应点，延长营业时间，方便农民就近购买优质价廉农资。加强化肥淡季储备，做好农资供应保障工作。牢记服务“三农”根本宗旨，突出职能，在春耕备耕、化肥冬储、农资科技下乡、放心肥下乡等方面为全区农业生产、农村发展、农民增收作贡献。

【合作经济组织建设】 2019年，区供销社推进“惠农工程”项目建设，抓好为农服务。进一步升级改造好城厢区华亭供销社农资庄稼医院，通过庄稼医院及农资化肥配送中心的不断改造完善，逐步建立健全区供销社农业化科技服务体系，进一步延伸网络终端，不断探索发展农资放心店网点，降低农民生产成本，服务于“三农”。

2月27日，区供销社开展农村假冒伪劣食品专项整治活动

（陈荣明 摄）

【安全生产】 2019年，区供销社切实抓好新形势下的安全生产工作，坚持做到安全生产工作逢会必讲、逢节假日及安全生产月必检、存在隐患必改；深化安全生产“三项行动”和“三项建设”，落实“一岗双责”安全监管工作机制；加大资金投入，切实抓好安全消防基础设施的更换、维护、维修工作，开展消防安全的知识培训演练。举办消防安全讲座、消防现场演练，参加安全生产标准工作培训班，落实安全生产责任主体。

实现零信访案件，安全生产零事故。开展“千名干部进村户，排忧解难保平安”进村入户综治平安宣传工作。开展农村假冒伪劣食品专项整治行动，2月26—27日区供销社分别在华亭镇、灵川镇组织举办农村假冒伪劣食品专项整治宣传培训会。

【党建工作】 2019年，区供销社深入开展“不忘初心、牢记使命”主题教育，完成主题教育各阶段各环节工作，取得预期效果。深入开展党员干部进基层进社区进挂钩村“三走进”主题实践活动和主题党日活动。区供销社党支部本着有利于党员干部参加、有利于活动取得实效的原则，围绕“创先争优当先锋，推动供销新发展”目标，分批次走进挂钩村、进社区、进基层开展以志愿者服务的形式进行定点服务，内容包括党的理论宣传，创建全国文明城市（文明城区）宣传及有关三农政策宣传等。开展“千名干部进村户、排忧解难保平安”活动。开展慰问困难干部职工活动，并拨付6000元资金扶持西湖、郑庄挂钩村文明综治平安建设。通过实践活动的开展进一步提高广大党员干部“为民、务实、清廉”的宗旨意识。加强理想信念和党规党纪、廉洁从政教育。坚决维护以习近平同志为核心的党中央权威，坚持全面从严治党，严肃党内政治生活，强化党内监督，把纪律挺在前面，持之以恒地贯彻执行中央“八项规定”。落实廉政谈话提醒机制，加强任职廉政谈话、廉政责任谈话，坚持早教育早提醒。4 月，区供销社主任林基立对班子成员及各基层主要负责人进行谈话廉政约谈及集体谈话，并指派专人做好记录和报送工作。加强廉政风险防控工作，进一步加强社有的资产运营管理，以公开、公平、公正的原则对外招租，全面实行阳光操作，自觉接受群众监督；认真贯彻落实中央“八项规定”，加强反腐败宣传教育，筑牢党员干部拒腐防变的思想道德防线，层层签订党风廉政建设责任书，为供销合作事业加快发展提供坚强保障。针对区委巡察办反馈的问题，区供销社召开专题会议研究，并全部整改到位。

（陈荣明）

油画产业

【概况】 2019 年，莆田国际油画城管理委员会（以下简称“油画城管委会”）莆田国际油画城地处莆田市中心，位于胜利路与荔园路交会处，总面积 3.1 万平方米，包括中国（国际）油画交易中心与 A、B 区。集聚中小型企业 100 多家，业态类型包括公用多功能综合展厅，油画类电商企业、“前店后厂”的企业展厅、原创油画家中高端工作室、以商业装饰油画为主的夫妻店、兄弟店、小团队店等。

11 月 29 日，中国（国际）油画贸易中心举办首届书画慈善拍卖会 （李琦 摄）

【提升园区氛围】 2019 年，油画城管委会为升级打造油画产品线上线下一体化供应链基地，展示城厢油画产业及电商产业的形

11 月 29 日，“人人都是艺术家”公益油画公开课 （李琦 摄）

11 月 29 日，“新艺术—新生活”艺术衍生品展　（李琦 摄）

象，根据实际情况及收集综合各入驻商户的意见建议，提升整个园区的商业及艺术氛围，其中包括关于油画城内部、外墙艺术氛围提升；增加景观雕塑和 LED 宣传灯。改造停车场，解决停车难问题等。

【重大活动开展】　2019 年，油画城管委会相继牵头主办系列大型创作及展览活动：为深入学习宣传贯彻习近平新时代中国特色社会主义思想和中共十九大精神，贯彻落实习近平总书记治理木兰溪的重要理念，增强中国特色社会主义文化自信，举办“木兰芳华”莆田市青年油画家写生采风活动。莆田国际油画城作为第十四届中国（莆田）海峡工艺品博览会分会场之一，在莆田市美术馆举办“木兰春秋”油画写生作品汇报展 +“弘扬清风正气、建设美丽城厢”廉政主题油画作品展 +“黄凤荣再创世界名画 100”作品展联展活动。在迪拜举办“海丝寻梦”中国（莆田）—阿联酋（迪拜）油画艺术周活动，展出数十位莆籍画家的 100 余幅原创油画作品，推动两地特色文化融合，拓展莆田油画产业新业态，助推莆田油画产业转型升级。参与 2019 海丝动力摩托车文化交流节，以“力缘海丝，擎系莆田”为主题，这是莆田首个“摩托车文化与海丝文化”相结合的大型活动，展现“开放包容”的海丝精神。活动精心策划四大系列共七大主题 30 多项，特别邀请知名竞技明星、演艺明星和 300 多家新闻媒体参加，吸引来自全国各地的领导及嘉宾 3000 人。

【新型业态】　2019 年，油画城管委会在中国（国际）油画交易中心通过打造油画电商 B2B 平台，吸引一批油画电商企业、艺术品拍卖平台、油画衍生产品销售、油画研学机构、自媒体电商等新业态入驻，加快推动油画产业“触网”，实现装饰油画线上采购，充分激活全区油画产业优势。是年，完成油画电商 B2B 平台框架和数据展示。

（李琦）

住房和城乡建设

【概况】 2019年，莆田市城厢区住房和城乡建设局（以下简称“区住建局”）坚持以习近平新时代中国特色社会主义思想为指导，增强“四个意识”，坚定“四个自信”，做到“两个维护”，不忘初心，牢记使命，勇于担当，主动作为，实施一批重点城市建设工程，切实抓好行业服务管理，推动全区住房和城建建设管理再上新台阶。是年，全区城建固投计划实施项目208个，年计划投资180.5亿元。1—12月份完成投资187.68亿元，占年计划的104%，超额完成全年目标任务。全区建筑业共创税收39841万元，比上年33819万元增长17.8%；房地产业共创税收149836万元，比上年158500万元略有下降。全区房地产业、建筑业两项共计创税收189677万元，约占全区税收总收入307386万元的61.7%，占全区财政总收入349582万元的54.3%。

【市政道路建设】 2019年，城厢区实施打通3个市政断头路项目，其中：九华西路、顶黄路建设工程完成交付使用；延寿路西伸及霞林路建设工程在预算编制中。完善8个片区周边道路项目，其中：洋西四期周边配套道路（规划一、二路）工程、洋西四期周边配套道路（山兜路、书院路）工程、洋西八期周边配套道路工程、泗华滨溪小区周边道路工程（一期）、泗华滨溪小区周边道路工程（二期）、泗华路拓宽改造工程建成投入使用。御龙天峰北侧上山路与施工单位对接进场事宜并处理征迁问题；莆田学院北区出让地周边道路进场围挡。

【园林绿化建设】 2019年，区住建局投资建成肖厝口袋公园、华亭宫利村口袋公园、走马亭村口袋公园及东海利角村口袋公园等4个口袋公园；启动实施荔园路立交桥与霞林万达安置区夹缝块绿化配套项目。

【市政配套设施建设】 2019年，区住建局以维护创城成果为契机，组织市政设施专业巡查维护小组，加大市政破损设施维护维修力度。全年共完成路面修复110处约400平方米；人行道修复40处约1800平方米；井盖修复62个；路沿石修复20处约356米；管道疏通750米，管道修复8处70米；路灯修复及新增约180盏，铺设路灯管线3千米。树木修剪500余棵，补植20棵，补植绿化面积50000余平米，完善城区市政配套设施。

【城区内河整治】 2019年，区住建局主要实施的内河治理项目有北渠：完成下黄桥旁、联创国际广场商业区排水口截污改造，以及北渠截污干管（黄头桥至荔园路）的清淤修复工作，同时利用一体式提升泵站分流提升北渠金海湾段截污干管污水至荔园路市政污水主干管。下黄内河：完成两岸截污改造，城厢区下黄内河污染整治顶黄沟工程完工，下黄河实现贯穿通水。棠坡沟：采取末端截污，收集接入荔园路污水市政管网，实现竣工运行。延寿溪：实施完成延寿溪上游溪南支路老叶树段污水管建设工程收集三和观山悦小区污水；南岸老叶树安置房污水管网完成改造及污水提升泵站建设，主要收纳恒大小区污水；泗华路拓宽配套污水管完成建设。新塘溪和新梅溪：新梅溪截污工程建成并投入使用，泵站正常运行将污水从提升泵站抽入筱塘南街污水管后汇入莆阳路市政污水管，截污规模日均约3000吨；实施完成新塘溪（凤翔巷至蘑菇私房菜段）污水收集工程；柳桥沟：完成沿岸民房建设明渠部分300米截污管建设，完成沿线居民污水收集，并将污水接入天妃路市政污水管内，确保污水收入污水管不入河。

【黑臭水体的治理】 城厢区列入生态环境部和住建部城市黑臭水体整治清单的有龙桥溪和下磨溪，近两年通过采取截污控源、清淤保洁、生态补水等综合整治措施基本消除黑臭，龙桥溪、下磨溪水质顺利通过中央黑臭水体督察组、省环保厅检测验收。

【城区污水管网建设】 2019年累计完成城区污水管网建设约15公里，主要是结合市政道路新建延伸及改造、片区改造和污水源普查发现问题整改等方面进行，具体有新塘—月塘片区道路“白改黑”配套污水管网、广化路配套污水管、兴安路—梅山街片区道路“白改黑”配套污水管网、荔华东大道配套污水管、下黄河南岸截污管、双面浪及南门市场截污管、宏基—霞林路污水管、崇福寺污水管建设、泗华路拓宽配套污水、泗华滨溪道路一期及二期配套污水管、洋西书院路及山兜路配套污水管、莆田西高速路出口—钟潭桥污水管、顶黄路配套污水管、天九湾市场截污管工程、棠坡沟截污管工程、延寿路西延霞林小学段污水管、擢英桥污水管建设等项目，并结合污水管网建设改造同步完成新塘—月塘片区、兴安路—梅山街周边、广化寺片区、洋西片区、区政府周边、莆田西周边等雨污分流改造工作。

【城区停车场建设】 2019年实施建设完成华亭镇霞皋停车场、美术馆停车场，新增停车位230个。

【安置房建设】 2019年城厢区安置房建设项目共23个。其中：莆田西霞林地块A安置房，已回迁467户、1175套，建筑面积12.98万平方米，店面48坎，建筑面积4406.58平方米；在建项目共22个，其中年内回迁项目2个、续建项目11个、办理前期手续项目6个、启动项目3个。是年，安置房建设（不含拟启动项目）总建筑面积154.95万平方米，总投资40.68亿元，计划投资11.8亿元，全年共完成投资4.62亿元。

【保障房建设】 2019年，区住建局启动祥和10号楼经济适用

9月27日，城厢区举行祥和10号楼经济适用房公开选房仪式

（林吓站 摄）

房报名申请工作，712户家庭提交材料报名审核，536户家庭通过审核，9月27日组织公开抽签选房，项目全部配售完成，回笼财政资金约7000万元。同时，坂头经济适用房292套办理产权证并发放到户。截至12月底，全区共有政府投资公租房519套（间），全部完成配租，并进行动态管理。并对辖区内符合廉租对象的最低收入住房困难群众进行应保尽保，在保廉租房51户（实物配租36户，租赁补贴15户）。

【房地产开发】 2019年，城厢区34个在建房地产项目共完成投资额90.97亿元，占年度计划78.6亿元的115.74%，超序时进度15.74个百分点，比上年同期78.5亿元增长15.9%；总销售面积76.92万平方米，占年度计划91.5万平方米的84.07%，慢序时进度15.93个百分点，比上年同期91.41万平方米下降15.9%。

【老旧小区改造提升】 2019年，城厢区共实施老旧小区改造项目3个，其中福兴小区改造工程列入省级项目，育华小区、泗华安置房改造工程列入市级项目2个，年计划投资2600万元。2019年共完成投资2800万元，占计划投资的107%。

【美丽乡村建设】 2019年，城厢区6个美丽乡村试点村（包括华亭镇圳头村、坪坂村；常太镇山坑村、党城村；东海镇东朱村及凤凰山街道白洋村）共计划投资350万元，主要的工作重点放在农村生活垃圾治理、农村水环境治理、农村厕所新建改造及农房整治。是年，美丽乡村各试点村总共累计完成投资300万元，完成年度计划投资的85.7%。试点村垃圾转运能力12.8吨/天，累计清扫清运垃圾1022多吨；拆除房前屋后、禽舍、旱厕等临时搭盖建筑面积400平方米；整治裸房26栋，涉及面积3850平方米。

【铁路沿线环境综合整治】 2019年，根据市里统一部署要求，城厢区编制三个方案（规划设计方案、整治工作方案、裸房和平改坡补助方案），突出四个工作重点（房屋整治、卫生治理、绿化美化、安全保障），实现“五个统一”（统一风貌、统一设计、统一施工、统一验收、统一补助）。“平改坡”涉及重点整治8个村全部都做，连片形成特色（居民小洋楼）；沿线杂乱低矮的6.53万平方米的养殖场拆除，并且复垦完毕；动员群众积极参与裸房整治，立面整治的费用村民自己负责（共计9.85万平方米），“平改坡”方面由政府补助（共计6.21万平方米，按照投影面积补助，其中三层半以下260元每平方米，四层及以上130元每平方米），实现“村民穿衣、政府戴帽”。完成2.38万平方米新建绿化，种植包括梅花、碧桃、樱花等700棵。

【建筑业市场】 2019年，城厢区完成建筑业产值161.58亿元，入库建筑企业108家，其中特级资质企业1家（宏峰）、一级资质企业9家、二级资质企业13家、三级资质企业69家，其他资质企业13家。以双特级企业中交建宏峰集团（福建）有限公司为龙头，支持城厢区一级资

五一前夕，肖厝路实现全线通车 （李劢 摄）

6 月 29 日，区住建局在莆田美术馆主办“城厢区住建杯”篮球比赛（李勐 摄）

【安全生产监管】 2019 年，区住建局开展 200 次建筑工地检查，发现 1585 项一般隐患，其中 1511 项整改到位。聘请省建筑机械协会专家共开展 3 次起重机械专项检查，检查 43 个在建工程项目、44 台塔吊、30 台施工电梯，发出 43 份整改通知单，全部整改到位。组织 7 次城镇燃气安全专项执法检查，取缔 7 处黑气窝点，暂扣 490 瓶违法销售液化气钢瓶，由公安部门拘留 3 人，注销 1 家燃气分销点。

【招投标监管】 2019 年，区住建局认真落实省市区出台的房屋建设和市政基础设施工程施工招标投标管理的相关文件精神，进一步规范下属单位承建的工程项目管理；并调整充实区招标办力量，加强业务培训，进一步加强对建筑工程公开招投标项目在开标过程中实时监督；及时受理调作作风、规范的窗口服务、快捷的审批效能；最大限度减少企业和群众跑政府的次数，不断优化办事创业和营商环境，全年住建局窗口共有行政许可事项 36 项，公共服务事项 21 项，其它行政权力事项 9 项，办结的行政许可、公共服务、行政确认事项及其他行政权力事项共 1284 件，其中建筑工程施工许可证核发 40 件，排水许可核发 146 件，经济适用住房申请受理 330 件，专业承包资质序列三级资质（不含公路、水运、水利、铁路、民航以及预拌混凝土专业承包资质）模板脚手架专业承包资质认定 28 件，房地产开发企业资质变更、注销、遗失补办 23 件，城市新建民用建筑修建防空地下室审批 9 件，建筑起重机械使用登记 134 件，房屋建筑和市政基础设施工程竣工验收备案 25 件，房屋建筑和市政基础设施工程施工招投标备案 203 件，房屋建筑和市政基础设施工程项目报建备案 103 件，房屋建筑和市政工程招标投标情况的书面报告备案 68 件，物业服务备案 42 件，设计变更备案、审批 30 件，维修资金一般使用申请 19 件，人防工程竣工验收备案 13 件，办结率达到 100%。

【物业服务管理】 2019 年，区住建局以“强化监管力度、规范管理程序，提高服务水平”为目标，认真履行职责，强化物业行业监督，倾力化解社会矛盾，及时调处物业投诉、及纠纷，积极化解小区物业矛盾纠纷，全年共调处 12345 平台物业诉求件 1304 余件，有效维护社会安定稳定。

（林吓站）

城市管理

【概况】 2019 年，莆田市城厢区城市管理委员会办公室（以下简称“区城管办”）在市有关部门的关心支持下，在区委、区政府的有力领导下，深入学习贯彻习近平新时代中国特色社会主义思想，学习习近平总书记在闽工作期间治理木兰溪的生动实践，以“打造人文宜居新城厢，建设美丽莆田先行区”为主题，强化执行力，强化干事担当，稳步提高城市管理水平，打造高品质的城市管理新面貌，城市面貌、城市形象和城市管理水平得到进一步提升，人居环境进一步美化优化。

【完善城市管理网格化机制】2019年，区城管办以深入开展城市管理网格精细化管理为主线，进一步理顺城市管理体制。明确管理职责，依托现有政务内网建成1个区级指挥平台、3个街道分指挥平台、19个社区网格站点，形成区网格化中心、街道网格化中心、社区村居网格站三级执法调度指挥机制。充分发挥城管+公安模式的作用，用好街道数字化城市管理平台，按网格部署好辖区内各个网格综合执法力量，进一步加快城厢区网格化执法管理制度落实，做到各级网格之间有机衔接，将城管条线各项工作囊括进入公安网格化管理，促进责任下沉、资源下沉。

【环境卫生】2019年，区城管办健全区、镇（街）、村（居）三级环卫保洁管理体制，落实专职管理人员，开展日常环卫保洁及管理工作。镇（街）农村配备垃圾清运类车辆50部、道路清洗清扫类车辆18部、垃圾收集车588部、各类道路垃圾桶2543个，清理收运设备基本齐全，坚持定期清扫和日常保洁相结合，形成生活垃圾收运处理长效机制。截至12月底，城镇生活垃圾无害化处理率达99.5%以上。同时，推进环卫专项治理。结合城区环境卫生提质增效、“市容环境大扫除·干干净净迎国庆”“清新城厢·本色行动”、创城常态化等，分组全力做好主次干道、背街小巷、公园广场、农贸市场、居民小区、河道、公厕、野广告等项目的卫生督查工作。是年，市、区级督查共发现问题4001个，全部整改到位。

6月3日，农村督查人员对灵川镇太湖工业园区沿线进行环境卫生专项督查　　（吴凡　摄）

【市容市貌专项整治】2019年，区城管办开展市容乱象专项整治、创城常态化夏季专项行动、露天烧烤专项整治、洗车店专项整治等，做好春节元宵、中高考期间的市容保障工作，对凤凰山广场、南湖广场等重要节点及石室岩进香民俗安保工作，全员上岗全力保障海丝动力摩托文化节市容整治有序。全年累计出动执法人员16174多人次、执法车辆4630台次，共纠正占道经营、摆摊设点及乱堆放行为6495起。有序开展户外广告整治，及时清理各类不符合标准的户外广告，拆除违规户外广告149块，清理各类广告牌2494块，清理横幅布条、气球、气拱门等229起。堵疏结合管理城市“牛皮癣”，将野广告清理工作列入市容市貌常态化事项，以132万元/年的费用承包给专业公司，配备专业清理人员29名，共清理野广告408946处（其中招租类、办证类广告占80%，其他类广告占比20%）。同时，由野广告公司组建劝导队，对粘贴广告源头进行劝导，并引导他们将广告粘贴到广告栏，截至年底，劝导源头有1096起。

【市政建设管理】2019年，区城管办推进市政基础设施维护，以维护创城成果为契机，加大市政破损设施维护维修力度。路面修复 110 处约 400 平方米；人行道修复 40 处约 1800 平方米；井盖修复 62 个；路沿石修复 20 处约 356 米；管道疏通 750 米，管道修复 8 处 70 米；路灯修复及新增约 180 盏，铺设路灯管线 3 公里。树木修剪 500 余棵，补植 20 棵，补植绿化面积 50000 余平米。加大滴撒漏整治力度。落实渣土车运输“滴撒漏”专项整治工作方案，组织交警、执法、住建等部门开展滴撒漏联合执法。将区内有渣土运输资质的运输车辆纳入工程运输车安全管控平台，强化工地源头管控和车辆运输动态检查，开展滴撒漏联合执法 31 次，日常巡查 711 次查处车辆 61 部。

7 月 23 日，区城管执法局、区交警在霞林街道坂头片区周边工地进行夜间”滴撒漏“专项联合执法　　（蔡笔娇　摄）

【智慧化城市管理】　2019 年，城厢区数字城管中心共受理各类城市管理案件 137063 起，按月统计的数据综合分析，平均结案率达 98% 以上，按照“大城管”发展趋势和工作格局，区数字城管中心牵头组织环卫、城管、住建、交警、生态环境等相关责任单位，建立案件处置“三级联动”常态协作机制，定期向联动单位通报工作动态、交流工作情况、发布考评成绩，确保涉及城管事项的立案、派遣、反馈、核查、结案各环节全过程快速反应、协作配合和高效处置。城市管理信息化水平不断提升，市容环境整治长效机制不断完善，为文明创建工作提供重要支撑。设立城市管理工作动态、市民心声、督查通报、城管风采、环卫投票、创城行动等栏目，将最新城市管理政策、知识、活动通过公众号平台进行推送宣传，使广大市民群众足不出户就能感受到创城氛围；将市民关注的城市管理政策、热点难点解决落实情况、创城风采等及时发布，努力提高城市管理公众满意度，提升城市管理质量。

（柯群城　陈志锋）

环境卫生管理

【概况】　2019 年，莆田市城厢区环境卫生管理处（以下简称“区环卫处”）对照中共中央总书记习近平“绿水青山就是金山经费投入、添置环卫设施设备、实施定人定岗管理、开展专项整治行动、出台活动应急预案等措施，全力推进环卫资金投入多元化、作业模式精细化、垃圾清运及时化、公厕服务人性化、河道保洁日常化、村容村貌整洁化，不断增强环卫作业管理水平，提高环卫作业质量，提升城厢区人居生活环境。落实资金保障，积极开辟筹资渠道，创新资金投入格局，全力保障经费支撑，城区环卫作业经费按每年每平方米 10 元进行保障，定期拨付到位；农村建立市、区、镇（街）、村（居）和农户共担的资金分担模式，落实市、区、镇（街）三级按户籍人口每人每年分别予以 10 元、25 元、20 元环卫作业补助，村民每户每年缴纳垃圾处理费 60—120 元（五保户、低保户免缴）；

10月31日—庆祝第二十四届环卫工人节之际，区环卫处为环卫工人免费测量血压　（张晓林　摄）

城乡垃圾分类经费，按照市、区1:1比例分别保障300万元；城区集镇公厕按每年每座5万、农村公厕按每年每座500元进行保障，为环境卫生长效管理提供经济保障。

【城乡卫生整治】　2019年，区环卫处按照全国文明城市测评标准，强化日常管理与督查，开展多项专项行动，促进环卫作业全方位提质。将野广告清理工作列入常态化保洁事项，以每年132万元的费用承包给专业公司，配备专业清理人员29名，截至12月底，共清理野广告601806处（其中招租类、办证类广告占80%，其他类广告占比20%）；结合城区环境卫生提质增效、“市容环境大扫除·干干净净迎国庆”“清新城厢·本色行动”、创城常态化等，分组全力做好主次干道、背街小巷、公园广场、农贸市场、居民小区、河道、公厕、野广告等项目的卫生督查工作。全年市、区级督查共发现问题4311个，全部整改到位。农村自2017年以来，实现所有镇（街道）和村庄农村生活垃圾治理全覆盖，按照“五有标准”建立村庄保洁常态化机制，生活垃圾日产日清并进行无害化处理，截至12月底，共清理农村生活垃圾3.38万吨，城镇生活垃圾无害化处理率达99.5%以上。根据“清洁家园、清洁水源、清洁沿线”等治理范围，突出做好村庄清洁行动季度战役、木兰溪流域沿线、东圳库区、滨海大道等重点区域整治，做好农村人居环境整治暨村庄清洁行动市级调研指导迎检工作，整改落实好市委木兰溪全流域专项巡察反馈问题。是年，共督促整改市、区级督导问题4001个。

【垃圾分类试点】　2019年，区环卫处实行分门别类先行先试，按照小区、机关（国企）、学校、医院、酒店、景区、村庄等七大区域筛选出25个小区、5个机关事业单位、3所学校、1家国有企业、2所医院、1个景区和2家饭店按不同类别不同标准开展试点，以点带动，面上推进。针对莆糖社区、塘里小区、锦塘小区等开放和半开放小区，由社区支部牵头，建立社区党员、干部、退休人员、家庭妇女等四支先锋队伍，模范带头示范，同步建立“督导员、培训员、志愿者”三支队伍，引领推广垃圾分类的日常管理工作；针对物业小区，在万辉国际城、和成天下、三信城市家园等有物业的封闭式小区，由物业服务公司作为垃圾分类主体，发挥自管自治作用，负责辖区的垃圾分类引导、管理、收集、清运等工作，并聘请督导员强化监督，达到“家家都做，人人都会”。在全市率先开展“环保酵素制作、生活垃圾减量”行动，重点在万辉国际、和成天下等小区宣传推广，每栋楼道口设立环保酵素自助制作点，动员广大市民利用厨余垃圾中新鲜的果皮、菜叶等发酵制作环保酵素，并利用环保酵素成品净化空气、清洗厨卫、清洗垃圾桶等，有效实现生活垃圾资源化。针对厨余垃圾

1月16日，城厢区第一实验幼儿园开展垃圾分类进校园活动
（唐雪晶 摄）

重点区域，在悦莱酒店打造地下室环保酵素制作场，从源头上推进厨余垃圾减量。

【环卫设施建管】 2019年，区环卫处完成市、区级为民办实事公厕18座建设任务（城区9座、集镇区6座、农村3座），完成投资额789万元。在全市率先建设二层公厕，新增体现人文关怀的调解、小型会议、医疗等三位一体室；结合本地特色打造3座具备莆田元素的公厕，融合莆仙戏、莆仙印象及木兰溪流域等主题。同时，强化公厕管理，实行“公厕长”管理责任制，城区、集镇区所有公厕落实专人管理，明确保洁标准、保洁范围、冲洗次数和时间节点，随脏随保，做到“十无五有”。投入150万元，在城区内设置15个环卫驿站，不断完善驿站内部布置，配备桌椅、饮水机、微波炉等，进一步改善环卫工人作业休息条件。

【环卫队伍管理】 2019年，区环卫处不断加强环卫队伍建设，抓稳定，提素质，拥有环卫工人1822名，其中：区环境卫生服务公司45名，三个街道及园区1078名，四个镇699名，实现城乡环卫全覆盖。城厢区以环境综合整治为切入点，不断规范作业标准，加强监督和管理，定期对环卫工人开展安全作业生产培训，要求统一着装，配备相关道具，保障环卫工人人身安全，提升作业水平，提高服务质量。积极发挥环卫工人关爱互助协会作用。是年，慰问处理环卫工人受伤等事件25起，慰问金额2.61万元，充分体现环卫“娘家”作用；组织开展春节慰问、夏送清凉、冬送温暖等系列慰问活动15余次，为环卫工人送去送去油、橘柚、大礼包等物资，并组织环卫工人代表上百人在万达影城观影，包粽子迎端午等，切实丰富环卫工人精神生活，从身心各方面给予环卫工人关爱。

【环境卫生宣传】 2019年，区环卫处强化社区宣传联动，深入挂钩的龙桥社区开展卫生大扫除、入户宣传等活动，通过联合开展环卫大扫除、主题党日活动的方式，加大与万辉、龙桥、莆糖、新塘等社区黏性，促进环卫各项工作有效落实；利用学校教育优势，与莆田学院环生系签订共建协议，定期培训湄洲湾职业技术学校学生，不断输出具备环卫专业知识的大学生志愿者，进入中小学课堂、环保教育站开展宣传。充分把握中小学开学第课、家长微信群、国旗下讲话等平台契机，发挥“小手拉大手”作用，普及环卫知识。谋求企业合作共赢，携手易太便利店、文献便民、凤凰百货等商家，打造62个环卫工人饮水点、2个垃圾分类积分兑换点，以温馨、实用的手段，为居民谋福利、谋便利。与湄洲日报社联合开设《美丽城厢进行时》专栏，在《城厢新闻》节目中开设《改善人居环境，共建美丽乡村》专栏，在区政府一楼LED屏幕及《今日城厢》公布考评结果，跟进镇（街）动态。

在荔城大道设置 10 个垃圾分类电子阅报栏点位，以群众喜闻乐见、触目可及的方式加深对垃圾分类知识的了解。

（张晓林　陈志锋）

城市管理行政执法

【概况】　2019 年，莆田市城厢区城市管理行政执法局（加挂莆田市城市管理行政执法局执法三大队）（以下简称“区城管执法局”）紧紧围绕城厢区委、区政府工作部署，深入学习贯彻习近平新时代中国特色社会主义思想，学习习近平总书记在闽工作期间治理木兰溪的生动实践，强化执行力，强化干事担当，强化重点突破，全面提高城市管理水平，打造高品质的城市管理新面貌，为“打造人文宜居新城厢，建设美丽莆田先行区”作出应有的贡献。加强党的建设，夯实队伍基础；全落实木兰溪全流域治理，打赢环保攻坚战；持续深入开展扫黑除恶工作，突出乱点乱象治理；完善城市管理网格化机制，做精城市管理；保持两违执法整治高压态势；各项工作全面推开，创建市级文明、平安单位。

【落实木兰溪全流域治理】　2019 年，区城管执法局高度重视木兰溪全流域系统治理专项巡察工作，提高政治站位，召开整改工作部署会，成立整改工作领导小组，对照整改清单逐条研究整改举措，逐项督促落实。制定下发《城厢区执法局关于木兰溪全流域系统治理专项巡察问题整改落实工作的通知》等 6 项机制，把任务分解到人，坚持依法行政，严格执法。重点对城区范围内的夜市摆摊、露天烧烤摊点进行拉网式排查，全覆盖整治。针对凤凰路夜间露天烧烤、占道经营乱象突出问题，联合公安、街道、社区等共 20 多人，采用 24 小时三班倒的方式进行不间断巡查及整治，有效遏制夜间占道摆摊和露天烧烤现象。是年，共开展联合执法 146 次，共劝离疏导夜市流动摊点 1797 个，取缔露天烧烤摊点 265 个。

【扫黑除恶】　2019，区城管执法局深入贯彻落实习近平总书记重要指示精神和中央、省、市、区各级关于扫黑除恶专项斗争的决策部署，对涉及共性问题整改表，多措并举，扎实有力推进扫黑除恶各项工作。召开专项斗争工作会议传达市、区扫黑除恶专项斗争会议、文件、指示精神。把扫黑除恶工作纳入局领导挂钩联系基层工作制度。重点抓好建筑渣土运输处置、城市规划监察、市容环卫管理、在打击“保护伞”等四个方面工作重点。全面梳理行政执法案件和信访案件，深挖隐藏在幕后的涉黑涉恶线索。共摸排行政执法案件 121 件，信访件 19 件。把校园周边整治作为治乱工作重点，对区内所有学校周边进行全面整治，并针对学校开学，及时部署加强对校园周边的治乱工作。对区内所有学校设置城管专班，对南门学校、兴安小学、文献中学等重点区域进行重点整治，并安排人员值守。是年，共出动执法人员 1621 人次，共清

9 月 27 日，区城管执法局举行庆祝中华人民共和国成立 70 周年活动

（陈国锋　摄）

理校园周边流动摊贩1198起。

【完善城市管理网格化机制】 2019年，区城管执法局常态化推进提升创城工作，完善“城管+公安”网格化机制，加强数字城管工作，以网格日常巡查与集中整治相结合，开展市容乱象专项整治、创城常态化夏季专项行动、露天烧烤专项整治、洗车店专项整治等，做好春节元宵、中高考期间的市容保障工作，对凤凰山广场、南湖广场等重要节点及石室岩进香民俗安保工作，全员上岗全力保障海丝动力摩托文化节市容整治有序。累计出动执法人员16174多人次、执法车辆4630台次，共纠正占道经营、摆摊设点及乱堆放行为6495起，处置各类数字城管案件15万多件。继续开展户外广告整治，及时清理各类不符合标准的户外广告，拆除违规户外广告149块，清理各类广告牌2494块，清理横幅布条、气球、气拱门等229起。

【两违执法整治】 2019年，区城管执法局加强投诉件办理，通过12345平台、电话投诉、信访件、群众来访、督办件等各种方式接收两违举报投诉。一是派出执法人员300多人次，参加对省市主体责任检查反馈的藏珑别墅区内违法建设和凤凰别墅山庄连体别墅的拆除执法工作，拆除违法建设面积约6000平方米。排查天马山生态敏感区违建别墅，全力配合街道进行拆除，做到“露头就打，出土就拆”。对凤凰山风景区移送的12起案件，认真调查核实，对属于违法建设的，坚决报告街道牵头组织拆除。是年，共移送“两违”案件210件，配合拆除112起，面积1万多平方米。

【党建工作】 2019年，区城管执法局班子认真履行“一岗双责”主体责任，坚持党的领导，牢牢掌握意识形态工作领导权主动权，坚决做到“两个维护”，坚定“四个意识”，认真组织学习习近平新时代中国特色社会主义思想，扎实开展“不忘初心，牢记使命”主题教育活动，认真落实“三会一课”制度，坚持开好每月的主题党日活动和推动“学习强国”学习活动。落实党风廉政建设主体责任，开展警示教育，坚决执行中央八项规定，做好省市官僚主义、形式主义通报问题和木兰溪全流域专项巡察问题的整改工作。

【创建文明、平安单位】 2019年，区城管执法局加强机关效能建设，加强队伍管理，调整班子分工，进行人员轮岗；加强宣传工作，通过电视、报纸、宣传单、车载广播等多种形式开展城市管理宣传，制作超级短信和微场景开展扫黑除恶和环保宣传；做好中华人民共和国成立70周年的氛围布置工作，营造庄重喜庆的节日氛围；做实挂钩帮扶工作，做好平安入户宣传，继续做好挂钩贫困户的脱贫跟踪帮扶，共帮扶慰问金、物品等2.8万元；开展执法人员法律和业务培训，提高业务水平，做到依法行政和严格执法；做好安全生产工作，全面排查户外广告、渣土车、燃气和两违等方面的安全隐患，确保社会安定稳定；做好各级人大政协建议和议案的办理工作，做好各种投诉、信访案件的办理，共完成X件。

（陈翔 陈国锋）

交通运输

【概况】　城厢区交通局（以下简称“区交通局”）坚持依法行政，加大交通运输行业安全生产监管，培育运输业，引导道路运输企业进行结构调整，规范寄递物流市场秩序。突出“四好农村公路”建设，落实路长制和农村道路专管员制度，全年交通工程项目投资完成15亿元，安排重点项目投资7个，列入省农村公路省级管理库的群养县道、乡道及村道共617.121公里。加强党建和廉政建设，通过集中学习、网络学习、开展主题党日活动方式抓学习教育，提高党员队伍思想政治修养。开展交通运输行业扫黑除恶工作；落实防控非洲猪瘟工作。

【国省干线项目】　联十一线城厢段　里程3.78千米，按一级公路标准建设。设计速度80千米／时，路基宽度32米，双向六车道。2019年完成全线工程的77%。

木兰大道一期工程　起点为324国道，终点为城港大道，道路全长为10.9千米，红线宽度60米，为区域性交通主干道，采用城市主干道标准，计算行车速度60千米／时，路幅形式为双向六车道＋辅道。总投资约14.8亿元，其中建安造价9.7亿元。2019年，一标段（兴沙段）完成竣工验收；二标段（樟林大桥段）完成初步验收；三标段（樟林大桥—城港大道）完成施工52%。

木兰大道三期建设工程城厢段　里程7.3千米。2019年，路基工程完成60%，桥梁工程完成30%，隧道工程完成90%。

滨海大道拓宽项目城厢段　全长14.5千米（与“联十一线”共线段长约10千米）。2019年，完成征迁工作与苏山取土点招投标。

【农村公路重点项目】　龟山路（X281龟山路至濑榜路）公路工程，里程14.88千米，起终点为龟山至华亭镇政府西侧。采用三级公路标准设计，路基宽度9.5米，设计时速30千米／时，双向两车道。2019年，完成施工10%。

县道X282灵川至华亭公路工程（灵华线）　总长11.649千米，按二级公路（兼城市道路功能）标准建设，设计每小时60千米，路基宽24.5米，预算总投资8.26亿元。工程于2017年10月底动工建设。至2019年，完成施工46%，贯通径里、羊角寨隧道。

笏枫公路改扩建工程（X208东龙线城厢段）　路线长15.868千米，全线采用二级公路标准（兼市政主干道功能），设计时速为60千米／时，路基宽度35米。工程于2016年4月29日动工建设。至2019年，完成主体工程。

【“四好农村路”建设】　2019年，

区交通局全面落实路长制和农村道路专管员制度。成立区、镇(街)两级路长办公室，完成区级路长办公室、七个镇（街）路长办公室挂牌，制定区级农村公路管理体制机制实施方案，同时对全区18名乡村道专管员进行培训，强化业务水平，具体负责乡村道监督管理工作，形成专管员、各镇街、区路长办三级联动机制。深入推进“四好农村路”建设。全年建设生命安全防护工程10千米，总投资260万元。是年，获得“四好农村路”省级示范县，为莆田市首家同时也是全市唯一示范县。

【公路货客运企业情况】 2019年，全区有客运企业1家，客车34部，座位1214个；水运企业3家；出租车企业3家，出租车430部；货运企业11家，货车1532部，总吨位13845.74吨；机动车维修企业31家；驾驶员培训机构8家，教练车516部。

【规范运输市场秩序】 2019年，区交通局重点整治非法营运、出租汽车不打表、拒载、甩客及客运车辆不按站点停靠等行为。年内共出动执法人员1038余人次，查处各类交通违法行为172起，处罚38.3851万元，其中：客运车辆违法行为9起，处罚1万元；驾培违法行为12起，处罚1.68万元；出租汽车违章行为55起，罚款1.37万元；查处非法营运车辆24辆，罚款25.5万元；货运车辆违法行为44起，处罚4.52万元；危货1起，处罚3万元；几何超限14起，处罚0.6801万元；查处摆摊设点案件7起，罚款350元。污染公路6起，罚款0.6万元。

【安全生产隐患排查治理活动】 2019年，区交通局强化安全检查，开展安全生产隐患排查治理专项行动、公共安全领域突出问题大排查大化解大整治攻坚行动、安全生产专项执法检查、防风险保平安迎大庆消防安全专项行动、安全生产风险防控和隐患排查治理百日行动、国庆70周年安保等重点工作。全年共排查并整改一般隐患154处，约谈企业负责8次，安全检查通报3份，对发现的隐患、督促企业逐一落实整改，对重大隐患及发生亡人事故的企业，约谈企业负责人。在建工程发动检查90人次，在建项目31家次，发出整改通知书31份。强化应急值守，建立应急抢险队伍，储备好应急抢险设备、物资，实行汛期、节假日、重要会议、活动期间24小时应急值守制度，确保信息畅通，及时协调处理各类突发事件。保障汛期生产安全，完善防汛备汛应急预案，充实抢险救灾物资储备，提高应急保障能力。全区交通运输系统有应急设备铲车12辆、挖掘机13辆，皮筏艇2艘，救生圈6个，救生衣32件，应急抢险车辆17辆，组建应急抢险队伍3队，人员19人。落实24小时值班制度和领导带班制度，并设立物资保障组，在汛期期间第一时间提供物资保障，确保一旦发生险情，能够抢险及时，救灾物资充沛。

【规范寄递物流市场秩序】 2019年，区交通局牵头组织召开

4月18日，区交通运输局、交通执法大队联合常太镇路长办，在X281天龟线松峰村，开展路域环境整治工作 （路刚 摄）

城厢区寄递物流安全管理工作联席会议2次，召开寄递物流安全管理培训会，组织人员对全区寄递物流企业（网点）进行安全检查，全年共排查寄递物流企业（网点）300家次，发现一般问题隐患63处，整改62处。完成“网格化+寄递安全”平台接入工作。全年共接办寄递网格信息108件，其中办结86件，无效信息22件，未整改0件；发放寄递安全“三项措施”、野生动物保护法摘选、物流货运安全管理宣传材料300余份；巡查市邮管局监控指挥平台视频356家次。

12月18日，笏枫公路城厢段东海镇海头桥，施工人员正在建设

（路刚 摄）

【开展扫黑除恶工作】 2019年，区交通局按照“有黑扫黑、有恶除恶、有乱治乱”的工作要求，认真按照上级扫黑除恶工作部署，结合交通运输工作实际，深入开展专项斗争。全年召开扫黑除恶专项斗争工作布置会议6次，做出批示指示文件14件，及时传达贯彻上级关于扫黑除恶专项斗争重要指示精神和有关会议精神。贯彻中央扫黑除恶第15督导组督导“回头看”工作反馈会精神，印发《整改方案》并逐步整改。发放扫黑除恶纪念品（扇子、购物袋）2000多份。加强对南门农贸市场、万达停靠站、灵川停靠站等非法营运比较集中区域的交通执法力度，打击非法营运违法行为，全年共查处各类出租汽车违章行为55起，罚款1.37万元；查处非法营运车辆24辆，罚款25.5万元。

【党风廉政建设】 2019年，区交通局增强干部职工防腐拒变意识，微信群典型案例通报51次，短信群发节前廉政短信400余条。对领导班子成员和局机关各股室负责人、工程人员进行集体廉政约谈；在中秋、国庆对股级以上领导干部进行集体廉政约谈。组织集体学习8次，“学习强国”每人每天不少于35分。利用市区红色教育基地，组织党员干部赴马院革命纪念馆、闽中革命司令部、仙游麦斜岩红军108团纪念馆等地开展党性教育。开展“不忘初心，牢记使命”主题教育活动，观看《建军大业》、参观档案文献展、木兰陂、陈国柱故居等爱国主义教育基地。召开党组理论中心组学习会11次，“不忘初心、牢记使命”专题研讨会6次。

（路刚）

工商银行

【概况】　2019年，中国工商银行股份有限公司莆田城厢支行（以下简称“工行城厢支行”）秉承服务客户、回馈社会的信念，发扬“工匠精神”，为建设“美丽莆田”贡献一份力量。在市分行党委的领导下，认真贯彻落实市分行工作会议精神，提高标杆，抢抓机遇，赶超同业，全力推动支行市场竞争力提升。是年，支行存款业务呈现阶梯式发展，效益质量稳中有进，实现拨备前利润16814万元，中间业务收入5547万元，实现本外币存款余额55.12亿元，比年初增长9.25亿元，本外币贷款余额44.71亿元，比年初下降1.23亿元，不良贷款1959万元，不良率为0.42%，公司贷款实现零的突破，做到“双下降”。

【存款业务】　2019年，工行城厢支行继续践行“存款立行、存款兴行”的经营理念，巩固基础，稳中求进，时点、日均一起抓。聚焦乡镇市场、拆迁客群、商户市场，着力揽存新资金新客户，善抓源头客户，拓展集群客户。做好日常行外吸金、存量维护走访工作。不断优化私人银行营销团队，提升服务水平和专业能力。截至12月底，实现储蓄存款29.01亿元，比年初增长7.13亿元。增量实现同业第一，创历史新高。致力做好信贷资金闭环管理；强化大户维护，授信方案的协调工作。截至12月底，实现公司存款6.6亿元，比年初增长0.68亿元；机构存款19.51亿元，比年初增长1.44亿元；

【贷款业务】　2019年度，工行城厢支行持续紧密围绕居民不断升级的金融需求，大力推广优惠便捷的分期业务，创品牌，提中收。实现网点竞争力的迅速提升，2019年度支行实现分期付款投放量3.34亿元，增量达1.34亿元。同时在工行总行第五季青年先锋队百日大会战e分期模块第四期的比拼中获得全国第二的佳绩。继续立足区域经济特色，紧紧围绕金融“服务实体经济，支持小微企业”经营思路，聚焦小微企业中的广大群体，履行普惠金融发展责任。致力线上线下并行，支持小微企业发展。线上大力推动小额白名单客户、用工贷、税务贷、跨境贷，线下以小企业周转贷款、个人经营贷款、个人消费与经营组合贷款、个人经营快贷、E抵快贷等利率优惠、手续简便的产品为利器，大力挖转拓户。

【客户拓展】　2019年，工行城厢支行致力于客户拓展工作，强化客户基础，重视场景建设项目和网金业务渗透，进一步加深与市民卡运营管理公司的合作，加强“惠民宝”APP的项目的产品渗透，推动残联卡和第三代社保卡发行推广工作。争取实现线上线下的双线发展，做到线上批量获客，线下产品配套。强化支行个人客户基础。紧抓机构重点工作，关注地方政府机构改革进程，攻坚克难拓新户，挖潜存量。机构团队积极以做好“向机构客户上级要增量、向机构客户本级要月均、向他行要份额”为工作方向。政府机构改革基本保持原有账户，新开相关机构账户 21 户。同时加大专项债资金营销，积极与两级财政及相关部门营销对接，3 月，支行成功营销首笔地方专项债资金 0.72 亿元，带动对公存款快速增长。

【深化改革】 2019 年，工行城厢支行响应上级行的政策导向和改革方案，不断开展的创新改革工作。支行辖区网点的撤并和本部部室整合，更加明确部室职能分工，市场一部和市场二部承担原公司部和个金部的工作职责，机构业务由市场三部独立承担，成立外拓部，负责在金融服务的空白点、城乡接合部、乡镇地区落地生根，与乡镇政府加强沟通交流，设置临时服务窗口以及组织承办支行大型外拓工作。持续推动“四改三”改革带动人力资源利用效能的优化提升，实现一线服务人员的通岗和岗位整合，最大限度发挥每个岗位的作用。开展纪检改革，在设置专职的纪检员，负责推动支行纪检监察、内控案防、反洗钱等方面的工作。优化渠道建设，对本部及辖区网点进行装修改造升级和选址搬迁工作。全面改善网点环境和员工工作生活区。加强网点工作人员的服务培训和业务培训，旨在为客户提供更专业、更智能、更便捷的金融服务。

【企业文化】 2019 年，工行城厢支行继续致力于强化团队协作，推动文化建设凝人心。支行以党建带领发展，开展“不忘初心 牢记使命”主题教育活动、“案件警示教育”等专题学习，召开纪律教育专题会、对照检查专题民主生活会，打造学习型支行；积极参与到上级行组织的分行“筑梦远航，共创辉煌”庆元宵暨表彰大会的文艺会演，“悦跑悦行”健身跑、第一届分行职工运动会等各项活动，同时在支行开展“三八”国际妇女节系列活动、中秋国庆游园知识竞赛活动、全民健身运动会趣味定向比赛等。积极响应城厢区政府脱贫攻坚的号召，确保未脱贫贫困户尽快脱贫的目标。班子成员带领脱贫帮扶小组成员深入结对帮扶点——坪洋村，为 30 户困难家庭送去慰问，把温暖送到贫困户的心中。

（梁琳）

建设银行

【概况】 2019 年，中国建设银行莆田分行城厢支行（以下简称“建行城厢支行”）围绕“全力推进三大战略，抢夺社会痛点”，深入开展支行既定“五个一批”的活动，关怀客户需求，努力开启“第二发展曲线”的思路，进一步深化价值创造，做透客群经营，强化转型创新，全面稳控风险，积极主动作为，巩固扩大资产、负债业务规模，各项业务继续保持良好的发展态势。至 2019 年末，一般性时点存款余额达 416848 万元，比年初新增 52900 万元，增幅 14.5%，新增额位居系统内全市第二位，其中：对公存款余额 294154 万元，比年初新增 38357 万元；个人存款余额 122693 万元，比年初新增 14543 万元，一般性日均存款新增 37775 万元，计划完成率 233%。各项贷款余额 398006 万元，比年初新增 91280 万元，增幅 14.53%，新增额位居系统内全市第一位，其中对公贷款余额 112880 万元，比年初新增 30598 万元，个人贷款余额 285126 万元，比年初新增 60682 万元。不良贷款 683 万元，基本控制在市分行下达的指标内。是年，实现利润 1.15 亿元，位居系统内全市第三位。

【存款业务】 2019 年，建行城厢支行将客户群体维护与拓展，抢账户争存款作为首要任务。在维护好重要存款客户、机构客户的同时，加强与发改局、工商局、住建局等政府部门的密切联系，充分发掘市场机遇，跟踪区域项目资金落地，年内跟踪落实区机关社保财政专户、盛祥房地产公司、福建奥莱特新材料公司等多个优质账户或项目资金。不断扩大客户基数，稳存增存，扎实存款基础，实现存款的持续增长，年内新增对公存款38357万元，居全市建行单点型支行第二位，对公存款日均新增17519万元，完成年计划244%。加强公私联动，充分发挥营销团队的作用，积极营销“三大战略”产品。挖掘存量信贷客户对个金产品的需求，争取在代发工资业务、电子银行业务及实物贵金属方面取得较大突破，通过推荐理财产品、手机银行来维护客户，以促进客户存款在我行存款与理财产品的良性循环。同时对高端客户积极营销贵金属、电子银行及分期等产品，满足客户的全方位金融需求，提高客户忠诚度。全年新增对私存款14543万元，居全市建行单点型支行第三位，对私存款日均新增22070万元，完成全年计划225%。

【贷款业务】 2019年，建行城厢支行积极响应总行“三大战略”发展指引，利用金融科技优势，大力发展普惠金融、蓝海租赁业务。充分运用“大数据”“大客群”及金融科技优势，发挥区域特色优势，推广小微企业快贷、云税贷、抵押快贷等业务，实现全年新增小微企业贷款户数105户，金额18832万元；普惠型个人贷款新增183万元。继续挖掘城厢房地产市场，在不断加强个人购房按揭贷款合作楼盘储备的同时，继续与房产中介公司合作，拓展房屋租赁、公租房租赁等业务，引导客户体验使用“建融家园”“建融公寓”“安心养老”等产品。是年，成功营销储备“兰溪大观二期”“国湄领秀三期”“兰溪雅郡”“联发君领兰溪”“建发磐龙府”等楼盘。全年实现各项贷款余额398006万元，比年初新增91280万元，新增额位居系统内全市第一位。

（陈建斌）

农业银行

【概况】 2019年，中国农业银行莆田城厢支行（以下简称“农行城厢支行”）认真贯彻落实省、市分行党委的各项决策部署，坚持从严治党、从严治行，在严控风险的基础上抓好经营发展，正视困难、面向市场，重点突破、增产增收，在全体员工的共同努力下，整体经营形势逐季向好，重点工作有序推进，各项工作走上稳健发展轨道，各项存款稳中有升，资金实力得到增强；信贷结构持续优化，个贷增量排名靠前；增收创收能力提升，经营效益逐步好转；打好“净表计划”攻坚战，法人不良贷款实现零余额；拓户提质不断深入，客户基础逐步夯实；“创服务品牌”工作扎实推进，社会形象有效提升，实现各项业务规模、质量、效益协调发展的目标。截至12月31日，全行本外币各项存款余额58.80亿元，较年初增长8.73亿元，同比多增13.11亿元；全行本外币各项贷款余额51.13亿元，比年初下降9246万元（还原呆账核销等因素，实际贷款增量4.83亿元）；全行实现中间业务收入4105.53万元，同比增收399万元，完成市分行年度计划的100.26%；全年共处置不良贷款57611.85万元，法人贷款实现零不良。

【服务地方经济】 2019年，农行城厢支行跟进“美丽莆田”中的水务集团项目，跟进城厢优质民营企业、小微企业的金融需求，助力普惠小微精准投放；优化信贷结构，加大个贷业务发展力度。抓重点项目的营销。持续跟进水务集团旗下存量项目的建设进度和收入归集情况，经多方协调沟通，成功实现西音水库、乌溪水库、港城科技项目和妈祖城水厂等4个项目的贷款投放，累计投放金额17390万元，取得较好成效。抓小微金融的拓展。加快推广微捷贷、数据网贷等线上业务，筛选一批经营情况较好、利润来源稳定、技术水平较高、具有较好市场前景的优质小微企业，开展名单制营销。实现小微企业贷款增量2031万元，小微企业客户户数较年初增加15户。以二手房贷款为重中之重，持续提升个贷占比。顺应市场趋势，积极对接优质二手房中介和房产交易中心，以“最优服务、最快速度”打造农行城厢支行个贷品牌，赢得市场认可，并发动全行，广拓市场，二手房贷款投放净增量同比增加1.99亿元，投放总额居全市农行首位，占全市投放量40.1%。

【普惠三农】 2019年，农行城厢支行以完善“惠农通”工程和推进“快农贷”工作为重点，加大服务三农力度。完善“惠农通”工程建设。加强与区农保联系，新增发放惠农卡1.45万张，实现挂钩自然村惠农通机具更新升级，做好后续服务工作，搭建新农保工作服务平台。推进“快农贷”扩面提质。认真组织抓好“快农贷”整村推进工作，成立整村推进领导小组和4个营销攻坚小组，领导班子带头主动作为，按照先易后难、由近及远原则，完成98个行政村走访全覆盖，上报综合经营村，加强村股份经济合作社开户营销，为快农贷可持续发展奠定基础，全行“快农贷”余额8274万元，较年初净增6775万元。

【创服务品牌】 2019年，农行城厢支行以争“做莆田市民最认可的银行”为目标，推行“注重细节、精益求精”的暖心服务，着力提升服务质效和客户体验。推进网点轻型化：对服务半径重叠、客流下降较明显、财务成本较高的网点进行梳理，关停低效离行式自助银行3个；合理调整网点营业模式，辖内4个网点调整为6+0营业模式，2个网点调整为5+0营业模式。推进网点智能化：加快自助机具布放，压缩低效自助设备7台，投放新超级柜台20台，布放现金一体机1台，精简人工操作，极大提升服务效率。推进网点多元化：细分网点附近主流客群需求，区内有11个网点积极响应省农行“暖心服务”理念，打造母婴小站、养生专区、特色图书角、儿童游乐区、爱心驿站等暖心服务区。全年实现超级柜台分流率94.5%，较年初提升4.53个百分点，客户平均等候时间9.29分钟，较去年缩短4.66分钟；网点服务类投诉、有责投诉同比分别减少13%和29%，全年累计提供上门服务159人次。

（祁菲菲）

中国银行

【概况】 2019年，中国银行莆田城厢支行（以下简称“中行城厢支行”）在全体员工共同努力下，各项工作呈现持续发展态势。截至12月底，中行城厢支行各项存款余额30298万元，其中储蓄存款余额28430万元，公司存款余额1868万元；各项贷款余额40371万元。

【市场拓展】 2019年，中行城厢支行切实围绕省行党委“优绩效、拼市场、控风险、重敬业”的战略导向，以客户为中心，重点拼抢“代发、商户”市场，夯实有效客户。深入各代发单位，主动上门服务，加强联动，提升负债业务；同时以来聚财、ETC为主打产品，打通“结算+清算”渠道，提高服务质量。

【服务实体经济】 2019年，中行城厢支行认真贯彻落实上级行普惠金融发展要求，多措并举，切实加大实体经济服务力度，支持莆田制鞋、珠宝等特色产业升级发展。依托普惠金融优惠政策，全年为企业及个体经营者发放普惠贷款2300多万元，并切实降低贷款利率，为企业减负，实现银企共赢。

【服务退役军人】 7月，莆田中行与莆田市城厢区退役军人事务局签署《拥军优抚合作协议》。2019年，中行城厢支行始终立足莆田、根植城厢，充分发挥中行特色优势，不断加大金融服务创新，全力拥军优抚。是年，招收一名退伍军人。长期开辟绿色通道，为广大退役军人等优抚对象办理退役军人卡，共开立 325 张退役军人卡，为退役军人提供优先、优质、优惠服务，免收转账、取款等手续费，享受中国银行和银联借记卡各类优惠活动，并提供其他个性化专属金融优惠服务。

【服务智慧城市】 2019 年，中行城厢支行为深入贯彻落实人行移动支付便民工程建设，积极参与莆田市首个智慧公交移动支付项目共建。全市一票制公交车全面实现银联手机闪付、云闪付、IC 卡闪付支付，客户只需使用手机付款码或银行卡挥卡即可完成支付。项目进一步提高车载售票机的非现金支付受理能力，也提升莆田市移动支付便民服务水平，也为打造智慧城市贡献一份力。

兴业银行

【概况】 2019 年，兴业银行股份有限公司莆田城厢支行（以下简称“兴业银行城厢支行”）把握经营导向，回归服务本源，积极履行社会责任，民营企业、小微企业融资规模稳步增长，绿色金融、普惠金融加快发展，优化业务结构、转变经营模式，加快存量资负结构的优化，加强有效基础客户建设，各项业务快速增长，取得较好成绩。截至 12 月底，支行存款余额 15.27 亿元，同比下降 15.82%，其中公对公存款余额 5.75 亿元，储蓄存款余额 9.05 亿元；贷款余额 28.16 亿元，同比下降 8.3%，其中对公贷款余额 5.46 亿元，个贷余额 22.7 亿元。

【助力经济发展】 2019 年，兴业银行城厢支行助力中小微企业，服务实体经济，提供“易速贷”“连连贷”“交易贷”“税易融”及“科技贷”等短期融资产品，技改、工业产房等中长期贷款。截至 12 月 31 日，共为城厢 14 户中小微企业提供融资服务，融资余额共计 2.4 亿元。支行以按揭贷款形式大力支持辖区房地产开发商，年内发放 5.07 亿元。服务的城相的楼盘主要有莆田恒晟置业有限公司的“恒大·御龙天峰”，港峰（福建）恒隆房地产开发有限公司的“名邦豪苑”，莆田市聚昌置业有限公司的“凤凰山·铂郡”，正荣系列的“正荣·国领”“正荣·懿品兰湾”以及“正荣·御府”，福建省莆田市汇通房地产开发有限公司的“南兴国贸中心”，莆田市佳盛房地产开发有限公司的“新世纪大厦”等。支行积极树立行业形象，为稳定城厢固定资产投资、税源发挥作用。

【提升服务效能】 2019 年，兴业银行城厢支行注重提升服务质量。贯彻落实总行、分行扶持中小企业发展的精神，积极推广产品，为中小企业量身定制，打造综合服务方案，创新升级专属产品，提高产品适用性和客户满意度，为不同类型、不同发展阶段的中小企业提供更加专业、高效、便捷的多元化综合性金融服务。丰富服务产品内容，进一步加大对小微企业的支持力度，推出“税易融”适用于国标小微企业，企业持续经营并拥有连续纳税记录满 2 年纳税信用等级在 B 级（含）以上，额度依据借款人承受能力等合理测算，其中信用免担保敞口最高可达 300 万元；推出“科技贷”产品，在福建省行政区域范围内依法设立、依法纳税、具有独立法人资格的，符合认定标准的科技型国标中小微企业，银政模式下贷款金额最高可达 2000 万元，银政保模式下贷款金额最高可达 500 万元。大力拓展银票贴现业务，利率低、速度快，操作简便，客户足不出户，线上操作，做到当天审批、当天放款。推出企金理财产品添利快线 24 小时可申购赎回，提高账户资金收益。积极开展营销服务，支行营销团队定期组织外拓营销活动，进驻永辉超市、财富中心、万达广场等商圈开展征信宣传信用卡推广、ETC 办理等各项金融服务，积极开展社区支行联动，走进社区，进一步提升客户体验、扩大金融服务半径，用真心实服务大众。

【反哺回馈社会】 2019 年，兴业银行城厢支行高度重视参与社会公益活动，围绕扶贫帮困总体目标，不断提高认识，落实包扶措施，履行帮扶工作职责，推进包扶工作顺利进行。从人力、物力、财力方面推进扶贫工作的深入开展。围绕行业特点，加强普惠金融。通过升级网点服务设施、美化营业厅环境，强化员工服务水平，持续开展金融知识进社区、下乡村等活动，竭力为广大群众提供高效、优质、满意的金融服务。利用厅堂客户等候办理业务的间隙，宣传存款保险制度，宣介保险的保障范围、偿付限额、报废的缴纳者等基础知识，让客户真正了解产品。积极开展宣传防范电信网络诈骗、宣传打击非法集资，共建和谐社会。坚持服务民生，开展志愿服务。结合推介营销，持续推进“金融有温度，服务暖社区”活动。在正荣润城小区开展便民系列活动，与天后站理发中心合作，前往小区为居民免费理发，此举受到小区居民高度好评。前往宏基现代城小区开展重阳节活动，联合物业为小区居民组织口腔义诊、天后站义剪、免费修鞋等惠民活动，切实为社区居民办实事、好事。

（黄智琼）

农商银行

【概况】 2019年，福建莆田农村商业银行股份有限公司城厢支行（以下简称“莆田农商城厢支行”）认真贯彻落实市行各项工作部署，为进一步发挥金融助力乡村振兴的积极作用，提升乡村、社区金融服务水平，在全省农信系统全面推广“党建+金融助理”模式、实施“万名金融助理驻万村”工程的背景下，在城厢区委组织部的大力支持和正确指导下，莆田农商城厢支行秉承红色农信基因，坚持党管金融，通过开展“党建+金融助理”驻村工程，不断提升金融服务水平，助力农业更强，农村更美，农民更富。截至12月31日，各项存款余额162898万元，比年初上升7733万元，其中个人储蓄存款余额81266万元，占比约50%；各项贷款余额85612万元，较年初上升6313万元，其中90%用于支持三农；新增1098户有效二维码收单、有效手机银行1452户、有效线上支付4746户。

【市场定位】 2019年，莆田农商城厢支行坚持以支农、支小信贷业务发展方向，发挥优势力量集中投放农户贷款，既巩固市场优势，又着力发展新产品的业务推广；既对原有客户进行深度挖掘，对着力建立新的拓展渠道，通过金融助理驻村契机，大力营销各项金融产品。结合区委组织部关于实施“党建+金融助理”工作的相关要求，扎实推进金融助理工作。同时，探索开展金融助理“四驻点”活动，即金融助理驻诚信经营示范街、驻小区、驻园区、驻校区，有效推动普惠金融工程建设，为助力乡村振兴贡献农信力量。

【责任分工】 2019年，莆田农商城厢支行严格落实金融助理工作制度和考核管理制度，持续采取分片挂钩的形式对金融助理驻村工作的落实情况进行跟踪管理，定期听取金融助理工作汇报，提供业务咨询指导，解决遇到的困难，并按季度组织召开金融助理、金融协理员工作交流会，增进团队内外交流。

【严防操作风险】 2019年，莆田农商城厢支行坚持支农支小定位，将推动金融助理工作与深化“不忘初心、牢记使命”主题教育相结合、与传承红色农信初心相结合，与信用工程建设、整村授信相结合，充分发挥党务工作者作用，通过制定整村授信工作计划，以村为单位，按月推进实施，全力助推乡村振兴战略实施，切实提高整村授信覆盖率、新增授信户数和新增用信户数，确保金融助理职责落实到位、乡村振兴信息员作用发挥到位，普惠金融工作落地落实。

【提高人员素质】 2019年，莆田农商城厢支行要求金融助理以客户经理掌上银行上线为契机，提升为客户提供一站式综合金融服务技能水平，在驻村工作中，坚持做到“三得”，即进得了门、聊得上话、送得出服务，在金融助理驻村服务中坚持做到“四要”：即要沉下心、要摆正位、要尽职守、要口碑好，打造更亲、更近、更实、更快、更优的福建农信服务新形象。

（谢敏敏）

邮储银行

【概况】 2019年，中国邮政储蓄银行莆田市城厢区支行（以下简称“邮储银行城厢支行”）坚决贯彻中央服务民营、小微企业的战略部署，始终坚持服务社区、服务中小企业、服务“三农”的战略定位，认真落实银行业监管机构推进的“百行进万企”、普惠金融“百千万”等重点工作，提升站位，大力服务小微企业，取得良好成效。是年，支行业务发展稳中有进，收入利润实现双超，资产质量实现双降。截至12月31日，支行存款规模4.25亿元，个人金融年均资产3.2亿元，累计贷款余额17.71亿元，其中普惠贷款余额4.50亿元，各项业务均名列全市前茅。

【产品创新】 2019年，邮储银行城厢支行不断创新产品和服务方式，结合市场经济特色，持续加强市场调研和业务申请开办力度，丰富信贷产品，提升服务能力。如携手国家易信贷平台专门从事信息系统工程、市政工程或承接政府、国企项目工程类小微企业推出的“全流程线上化”产品——工程信易贷；利用互联网、大数据技术，通过企业纳税信息、增值税发票信息，向企业发放的网络安全自助贷款——小微易贷；面向加油站推出专属信贷产品——加油站贷；面向个体工商户、小微企业推出的纯线上快速审批产品——极速贷；积极持续搭建银政、银园、银担合作平台，持续扩大邮储银行服务小微企业覆盖面。

【党建引领业务】 2019年，邮储银行城厢支行认真贯彻习近平总书记系列重要讲话精神，以“五个领先一步”为发展核心，支部建设与优化服务、业务发展、安全生产、提质增效相结合，不断创新党员管理模式，以党员积分管理为抓手，积极引导党员参与各项服务工作，发挥先锋模范作用，充分发挥党员+群众“1+1”模式，鼓励组队共同进步。积极做好支部共建共享共进工作，发挥党支部共建交流的优势，以平台对接为着力点，在支部工作交流、信用村建设、金融知识下乡、业务联动方面发挥重要的作用。在支部工作交流、信用村建设、金融知识下乡、业务联动方面发挥重要的作用。如支部通过与常太镇渡里村、华亭镇长岭村党支部对接，促进2个信用村的建设，开拓信用村信用贷、村委贷等业务，积极搭建乡村普惠金融平台；同时积极构建银企、银校等党建互动，优化企业金融服务便利度和覆盖面，如成立农民工党员服务小分队，通过党员群众1+1，成功开立6户农民工工资专户，实现代发317万元，开立银行卡96张；积极探索新业务，优化校园金融服务能力，成功开立1998张银行卡，联动缴收费917万元。持续加强反腐倡廉教育，强化支部纪检监察建设，进一步强化主动监督，落实党风廉政建设责任制检查考核效果。

【风控建设】 2019年，邮储银行城厢支行层层签订《案件防控及安全生产责任书》，确立支行长作为案件防控第一责任人的核心地位，逐级分解和落实案件防控工作责任，将案防风险要求细化到岗位的日常工作，工作责任具体到人，通过岗位责任制的落实，确保案件防控工作责任得以落实，全体员工签订合规承诺书，强化合规理念和责任意识，坚持底线思维，增强忧患意识，强化支行案件防控工作的建设。

【企业文化】 2019年，邮储银行城厢支行企业文化和谐向上。通过加强员工关怀，树立先进典型，持续推进和谐企业文化建设。根据需要及时开展慰问工作，将温暖送到员工心坎，增强员工的凝聚力、向心力。支行深入开展合规文化建设，通过全体员工大学习、大讨论和查摆、整改等多种形式，强化员工主动合规意识，推进合规文化建设纵向延伸、落地基层。

（陈爱萍）

光大银行

【概况】 2019 年，中国光大银行莆田城厢支行（以下简称“光大城厢支行”）贯彻落实省、市分行党委的各项决策部署，落实总行与省行的规划发展战略，抢抓机遇，加快发展，全力赶超，按照发展规划的目标任务，抢占重点市场和资金份额，强化源头客户拓展，在全行上下形成“支行发展靠大家”的积极发展共识。截至 12 月 31 日，零售开卡户数较年初新增 1804 户，零售业务创收贡献度同比上升，贷款不良率持续下降，对公户数较年初新增 98 户，信贷资产结构持续调整优化，实现各项业务规模、质量、效益协调发展的目标。

【创新服务】 2019 年，光大城厢支行网点环境优化，业务流程改善，网点营销服务竞争力持续提升，员工展现新风采，客户体验度和满意度大幅提升。同时紧紧围绕消费者关心的重点领域如防范套路贷、电信诈骗等方面开展金融知识普及和金融消费者教育服务工作。积极开展厅堂活动，创办周三光大超市节，利用超市节活动，拉近和客户的关系，进一步让客户了解我们支行，增加与客户的黏性，同时为客户普及金融知识，为支行周边的客户带来便利。

（蔡任航）

厦门银行

【概况】 2019 年， 厦门银行股份有限公司莆田城厢支行（以下简称“厦门银行城厢支行”）设有营业部、营销部 2 个部门，共有员工 14 人，开设 4 个业务服务窗口，布放 2 台 CRS，属于新型综合性银行网点。厦门银行城厢支行在全体员工共同努力下，各项工作呈现持续健康发展态势。截至 12 月底，各项存款余额达 38600 万元，比年初净增 7714 万元。各项贷款余额达 61770 万元，比年初净增 12532 万元。各项资产质量状况良好，各项业务取得高效益发展。是年，被厦门银行总行授予的“厦门银行三星级服务网点”荣誉称号。

【创服务品牌】 2019 年，厦门银行城厢支行秉承厦门银行“以同理心真诚服务客户”的服务理念，为周边社区、商圈提供优质的服务。持续优化经营环境、改善业务流程，增强客户体验感和满意度。认真履行金融服务地方的职责，紧紧围绕金融客户定期开展形式多样、内容丰富的活动，包括防范电信网络诈骗、保护消费者权益、人民币防伪特征识别等“接地气”的宣传活动；不断提高业务识别能动力，多次为客户挽回经济损失，获得群众赠送的“担当社会责任，服务温暖人心”锦旗一面。厦门银行城厢支行始终保持着零投诉的纪录，在提升服务水平的过程中形成自身的金融服务品牌特色，有效提升社会影响力和对客吸引力，以优质的服务温暖人心，促进各项业务的蓬勃发展。

【安全经营】 2019 年，厦门银行城厢支行进一步加强合规文化建设，强化员工风险意识，落实合规文化传导主体责任。推动全员主动合规，培育一线员工遵守合规习惯的良好作风。完善网点组织建设和内控管理，按照分层责任严格落实逐级审批制度，严格执行柜员轮岗制度，强化柜员内部管理，保持“零案件”“零不良”的记录。

【服务社会】 2019 年，厦门银行城厢支行积极协助厦门银行莆田分行开展服务乡村振兴及助力脱贫攻坚工作。认真贯彻落实扶贫领域重要指示，坚持精准扶贫精准脱贫基本方略，做好对扶贫开发重点村信贷支持。全年为 88 个扶贫开发重点村提供信贷支持，开辟绿色信贷业务通道。10月17日，为进一步落实脱贫攻坚挂钩帮扶和金融扶贫相关工作要求，厦门银行城厢支行深入华亭镇贫困开发重点村五云村的五云小学，开展“助力精准扶贫、关爱贫困学生”主题扶贫日捐赠活动。

厦门银行城厢支行立足地方经济，充分借鉴战略股东先进的金融服务与管理理念，持续在服务小微企业方面进行先行先试和金融创新，为莆商和在莆台商提供个性化的金融服务，助推莆田实体经济发展。为降低小微企业融资成本、减轻小微企业客户流动资金贷款到期还款压力，厦门银行城厢支行大力推动“接力贷”业务，解决企业贷款期限错配问题，大大降低企业的融资成本；为进一步满足小微企业，尤其是初创企业资金“短频急”的资金需求，加快推动“创业抵押贷”业务，满足企业中短期经营资金需求；为有效推进落实“银税互动”政策，联合税务部门精准定位莆田市纳税AB级企业，共同打造无抵押、免担保、纯信用的信贷产品——“税e融”，通过“在线申请、自动审批、自助提款、自助还款”的便捷模式，为企业提供高效、便利的融资服务，有效缓解企业融资“缺信息、缺信用、缺抵押”的痛点和难点，助力守信企业健康发展。

（吴婷霞　吴少博）

财产保险

【概况】 2019年，中国人民财产保险股份有限公司莆田市城厢支公司（以下简称“人保财险城厢支公司”）在上级公司和区委、区政府的正确领导下，在市、区文明办等有关部门的具体指导下，认真贯彻中共十九大精神和习近平总书记新时代中国特色社会主义精神，紧紧围绕保险业改革发展中心工作，以建设和谐文明的保险企业为主题，号召全体员工积极推进落实集团“3411”工程、总公司“十项重点工程”及省公司“七个重在”战略部署、市公司“九项行动”，业务经营稳中求进，效益发展逐步呈现出良好态势，全年公司实现保费收入6692.5万元，增长385万，增长率6.1%；2019年共支付各类赔款2714.9万元，综合赔付率为40.56%，实现承保利润465万元。是年，被莆田市城厢区人民政府授予“超500万元纳税大户”。

【推进公司的“三定”工作】 2019年，人保财险城厢支公司坚持优化协同高效原则，坚持综合设置，调整优化内设机构，中后台人员配置10人，11月内设部门由原来的综合团队，非车团队，车商团队，续保团队和综合内勤调整为城西、城南、城北、城厢本部、续保团队五个销售团队和综合内勤团队，实现人员平稳过渡。

【两个农网机构开业】 2月26日上午，中国人民财产保险股份有限公司莆田市城厢支公司滨海营销服务部举行揭牌开业仪式。

人民保险 服务人民　　（方丽华　摄）

滨海营销服务部位于城厢区灵川镇，该营业网点业务重点辐射灵川镇、东海镇两区域，以农险业务发展为契机，以发展养殖险、车险、企财险、责任意外险为主，同时协助人保财险城厢支公司开展辖区范围内的防灾防损、查勘定损等售后服务工作。使广大农村群众能够享受到家门口式的便捷保险服务，进一步实现“人民保险，服务人民”的核心理念。

9月29日，中国人民财产保险股份有限公司莆田市城厢支公司华亭营销服务部经过精心筹备，在公司领导及华亭镇镇政府的大力支持下顺利开业。华亭营销服务部将为华亭镇近12万农村居民提供更加便捷、优质的服务，打造老百姓家门口的保险公司，得到华亭镇政府各部门的一致好评。

【召开建档立卡贫困人员农业产业扶贫保险工作会议】 8月8日，人保财险城厢支公司与区扶贫办联合召开建档立卡贫困人员农业产业扶贫保险工作会议，城厢区扶贫办吴国良主任参加会议。会议主要部署全区建档立卡贫困人口农业产业扶贫保险工作，对具体工作进行明确分工。支公司经理陈绍敏表示精准扶贫是国家一项重要民生工程，也是一项公益事业，要结合承保业务加大政策宣传力度，积极配合乡镇扶贫办统筹安排投保清单和投保单的签署工作。会后，城厢支公司将抽调10名骨干分5个小组，下农村逐户审核，确保投保数据准确无误。

【为城厢贫困人员构筑意外伤害及医疗补充保险保障】 1月15日起，人保财险城厢支公司抽到10余个业务骨干，分5个小组，历经一周时间，深入贫困户家庭为2267名贫困人员办理保险保障，实现城厢区4镇3街道105个村建档立卡贫困人口全覆盖。

【续保环卫雇责险】 5月16日，人保财险城厢支公司成功续保莆田龙马环卫工程有限公司雇主责任保险业务，实现保费收入123万元，为该公司2112名环卫工人提供风险保障。

【蝉联“市级文明单位”荣誉称号】 5月，莆田市第十四届市级文明单位评选表彰结果揭晓，人保财险城厢支公司再次被授予为“市级文明单位”称号。这是该支公司自2002年以来连续五届被评为市级文明单位。2016—2018年间，人保财险城厢支公司始终坚持从行业特点和工作实际出发，以建设和谐文明的保险企业为主题，以建立社会主义核心价值体系为根本，以“讲文明树新风”为主线，坚持科学发展理念，全面动员，人人参与，不断提高公司整体精神文明建设水平，并着力推动各项业务工作扎实有效开展，牢牢地将精神文明创建工作融入到企业广大员工的日常工作、思想观念和行为方式中。

【高分中标市直单位公务车辆统一保险】 7月22日，人保财险城厢支公司接到莆田市采购中心发来的《莆田市直单位公务车辆统一保险公开招标通知书》（PTCG2019001-G-01）确认该公司代表市公司成功中标。先是，在接到招标文件时，人保财险城厢支公司第一时间向市分公司汇报招标情况。市分公司总经室高度重视，经过各产品线部门的周密安排、精心准备，研究拟定招标方案，最终以总分97分的高分第一名击败市内其他应标主体，成功获得为期三年的约450辆市直公务用车保险服务的独家承保权。

【签订全市首单农民工工资支付履约保险】 8月15日，人保财险城厢支公司与福建省百川建设发展有限公司签订农民工工资支付履约保证保险，为文献路政协桥桥梁改造工程提供80万元的保险保障。此保单的签订，标志着莆田分公司实现该险种零突破。农民工工资支付履约保证保险是为有效解决农民工工资被拖欠问题，提供因投保人未履行工资支付义务而造成农民工工资收入损失的保障。根据保险条款，依法从事各类新建、扩建、改建工程的建设单位和施工单位，均可作为保险合同的投保人，建设单位和施工承包单位依法招用的农民工，可作为保险合同的被保险人。福建省百川建设发展有限公司作为投保人，与人保财险城厢支公司合作，旨在引入商业保险力量防范农民工欠薪风险。

【保护消费者权益】 3月15日，人保财险城厢支公司在荔景小区开展“以消费者为中心优化服务”主题宣传活动。活动现场，搭设咨询台，悬挂横幅，摆放展架，发放宣传折页，引导关注公司微信公众号并体验违章查询让广大群众深入了解如何更好维护消费者自身权益，告知群众依法理性维权，并正确行使自身权利。

【保险宣传进庙会】 4月27日，人保财险城厢支公司借助宫利村文峰宫妈祖诞辰文艺活动举办之际，组织开展“保险进农村”宣传活动。当日庙会，文峰宫广场人山人海，善男信女云集。工作人员热情地为他们解答和介绍政策性农险产品和短期健康险产品，宣导理赔服务，同时注意收集客户的真实信息，方便后续的联系与签单，为下阶段农险业务深入拓展奠定基础。

【金融知识宣传进校园】 9月5日，为普及金融知识，引导广大学生提高防范风险意识，人保财险城厢支公司走进莆田第十二中学开展金融知识宣传活动。活动主要采取传统与创新结合的宣传形式，摆放宣传折页、悬挂宣传横幅、设宣传摊位等得到学生的欢迎。学生表示，自己不仅学到金融知识，更学到生活技能，提高防范意识，增强抵御违法违规金融活动侵害的能力。

5月7日，人保财险城厢支公司开展“三反”宣传月活动

（方丽华 摄）

【开展“你我共携手 呵护母亲河”志愿活动】 11月3日，为深入贯彻落实习近平生态文明思想和治理木兰溪重要理念，人保财险城厢支公司党支部前往木兰溪河堤开展“你我共携手 呵护母亲河”主题志愿服务活动。活动中，党员干部们一边对沿岸的生活垃圾、纸屑进行清理，一边向路人发放宣传单，普及环保知识，并对在绿道上行驶的机动车司机劝导文明出行。

【合规文化宣导月户外宣传行动】 5月20日，人保财险城厢支公司在荔城南大道，开展防范非法集资、反洗钱、扫黑除恶等合规文化宣传活动。通过向过往群众发放宣传折页，现场咨询、疑难解答等多种形式，揭示非法集资的欺骗性、风险性及社会危害性，提示保险消费者和社会公众要理性投资，增强保险消费者和社会公众“理性投资、风险自担”的意识，避免产生非法集资损失由保险机构或政府买单的错误认识和道德风险。向社会公众普及洗钱危害和后果，提高群众防范意识。持续发动群众举报黑恶势力违法犯罪线索。

（方丽华）

科　技

【概况】　2019年，莆田市城厢区科学技术局（以下简称“区科技局”）坚持以习近平新时代中国特色社会主义思想为指导，认真贯彻习近平总书记关于科技创新重要论述、对福建工作的重要指示精神和治理木兰溪的重要理念，认真贯彻中央、省、市和区委、政府的决策部署，全面实施创新驱动发展战略，加快建设创新型城区，强化科技项目带动，加大科技创新主体培育，推进科技创新平台建设，促进科技成果转移转化，深入推行科技特派员制度，完成年初确定的目标任务。全区拥有国家级高新技术企业20家，省级科技型企业41家，省科技小巨人领军企业17家，省级（企业）工程技术研究中心5家，省级众创空间5家。

【科技计划与项目】　2019年，区科技局争取省级科技计划项目4项，获项目资金260万元；市级科技计划项目8项，获项目资金220万元。其中，莆田市金日兴生物科技开发有限公司申报的“氨基酸在仔猪配合饲料中的产业化应用”项目，争取省补助经费100万元。莆田市城厢区诚味食品有限公司申报的“速冻预调理传统畜肉制品加工关键技术的研究与示范”项目，争取省补助经费100万元。福建省莆田市衡力传感器有限公司申报的“自动扭矩检定仪关键技术研发与推广”项目，争取省补助经费30万元。莆田市嘉辉光电申报的“小尺寸LCD面板显示缺陷检测关键技术研发及其产业化”项目，争取省补助经费30万元。莆田市嘉裕华制鞋工业有限公司申报的“磁性电脑花样机模板制鞋工艺研究”项目，争取市补助经费20万元。福建东南艺术纸品股份有限公司申报的“多层彩色印刷餐巾纸技术研究及产业化”项目，争取市补助经费20万元。莆田市协信制模有限公司申报的“运动鞋高效精密鞋模的技术研发及产业化”项目，获市补助经费20万元。莆田市城厢区诚味食品有限公司申报的“多段梯度变低温高湿牛霖解冻技术的研究与开发”项目，争取市补助经费20万元。福建省莆田市海源实业有限公司申报的“钝缀锦蛤规模化繁育及健康养殖关键技术开发与示范”项目，争取市补助经费30万元。杰讯光电（福建）有限公司申报的“MINI（迷你）型小光斑准直器精准距离的关键技术研发”项目，争取市补助经费40万元。福建省亚明食品有限公司申报的“牛肉类菜肴产品风味稳定与品质提升技术研究及产业化应用”项目，争取市补助经费40万元。国网福建省电力有限公司莆田供电公司申报的“基于泛在物联网的供电设备远程状态预测系统”项目，争取市补助经费30

万元。

【科技活动】 2019年，区科技局鼓励支持企业申报国家级高新技术企业、科技小巨人领军企业、众创空间等，壮大创新型企业群体。亚明食品、恒鑫鞋材等10家企业获得2019年国家级高新技术企业认定；劲德电源等1家企业获得省科技小巨人领军企业。落实《关于加强改进区级科研项目和资金管理的若干意见》，落实科技计划项目、高新技术企业、专利奖励等区级科研奖励补助资金配套302.6万元。其中：高新技术企业6家，每家奖励20万元，共计120万元；市级科技特派员后补助项目资金补助2家，区政府给予30%的项目资金配套共计4.8万元；市科技计划项目资金补助6家，区政府给予15%的项目资金配套共计9万元；国家级知识产权优势企业1家，奖励10万元；省级知识产权优势企业1家，奖励5万元；市级知识产权优势企业5家，每家奖励3万元，计15万元；发明专利36件，每件奖励2万元，计72万元；实用新型（含软件著作权）300件，每件奖励0.2万元，计60万元；外观设计68件，每件奖励0.1万元，计6.8万元。加强创新创业人才培养，组织推荐杰讯光电（福建）有限公司副总经理檀勤植申报莆田市科技创业领军人才。推行科技特派员制度，落实省、市级科技特派员工作经费42万元，下达区级科技特派员工作经费30万元；认定省级科技特派员69人，市级科技特派员14人；翔锦大、蛤老大等2家企业被认定为2019年市级科技特派员示范基地。深化院地合作，促进科技成果对接转化，促进萨拉曼、杰讯光电等多家企业与高校、科研院所建立长期合作关系，海源实业、国家电网（城厢区）等4家企业获得2019年度STS项目立项，组织实施2019年度清华大学研究生社会实践项目。

【科技宣传】 2019年，区科技局借助“科技活动周”、文化、科技、卫生“三下乡”、“知识产权宣传周”等大型科普活动，开展科技政策进企业、科技“三下乡”、知识产权保护等宣传活动，赠送科技图书、科普资料、科技致富小册子等宣传资料800多份。5月19日至26日举办2019年城厢区科技活动周，以“科技强国 科普惠民”为主题，重点开展科技政策进企业、科普宣传和科技“三下乡”等活动，发放科技图书、科普小册子、宣传资料等500多份。

【科技管理】 2019年，区科技局推进科技管理工作的制度化和规范化，科技项目管理运行实现网上公开规范运作，实现公开项目申报条件与时间、向社会公布审批流程和结果并全程接受监督。加大项目实施的监管，不定期开展项目实施情况、资金使用检查，促进实施单位做好科技项目规范化管理，提高科技项目实施质量，按进度完成科技项目计划，顺利完成项目验收。推进全面从严治党，贯彻落实中央“八项规定”，严控“三公”经费支出，强化机关作风建设，加强本局支部组织、党员队伍、党风廉政等建设，提高行政服务水平。

（林华 陈奕雪）

教 育

【概况】 2019年，莆田市城厢区教育局（以下简称“区教育局”）有中小学（幼儿园）155所：公办学校116所（省一级达标高中1所、省二级达标校2所、省三级达标校1所、省重点职业学校1所、九年一贯制学校8所、初中校4所、小学62所、教学点12所、独立幼儿园25所），民办学校39所，在校学生87291人，教职工7765人（含民办）。区教育局坚持以习近平新时代中国特色社会主义思想为指导，以创建“教育强区”为契机，以推进项目建设和教育集团化为抓手，改善办学条件，优化师资队伍，提高教学质量，教育综合实力全市领先，小学、初中、高中三个学段分别荣获“莆田市教育教学优质管理县区”。初中教学管理、学校食堂“明厨亮照”、学校交通安全、“诚信交通、精准劝导”等工作在全市作经验交流。

【集团办学成效明显】 2019年，区教育局持续抓好集团办学工作。逸夫实验小学教育集团统一导学案编写模板，各校每周集备一次，集团每月集体教研三次。优化试卷命制，统一质量监测，集团联考参照市考监测方式，采用网上阅卷。利用“在线无生课堂”，10门课程在线授课，惠及华一中心基层小学500多名学生。南门学校教育集团将命题纳入教师专业考试的范围，推广“同课异构”教研模式，开展6场校际同课异构活动。同时将品牌学校承担的省市级教研活动与集团活动结合起来，在成员校举办10场大型活动。莆田五中教育集团以提高中考、高考成绩为目标，发挥名师引领作用，林建明名师工作室、梁宏晖党员名师工作室等送教十二中、文献中学10多次。推行莆田五中教育集团自主招聘硕士研究生，南门学校教育集团自主招聘编外教师制度。持续落实“单月例会、双月交流会”和“三长”年度述职制度。区教育局班子成员挂钩教育集团工作。逸夫实小教育集团总校完善《教师年度工作评价指导方案》等7个制度。南门学校教育集团落实校长点课、随堂听课、行政巡课及学科中心组教学常规月检查制度。莆田第五中学教育集团落实《教研活动制度》等6个制度，促进教育教学质量稳步提高。逸夫实验小学教育集团投入800万元用于逸夫实小学术报告厅、太平小学三期工程、云峰小学新校区建设。莆田五中教育集团投入600多万元用于五中录播厅建设、文献中学配电扩容和解决莆田十二中拆迁问题。南门学校教育集团投入1000万元用于下黄小学扩建和成员校仪器设备购置。

【师资建设】 2019年，区教育

局有小学教职工2015人，初中教职工1134人，高中教职工629人，职高教职工189人，幼儿教职工777人，在职特教教师3人。注重实施“三名”培养。制定《城厢区“十三五”师资培训规划》，投入培训经费200多万元（其中区级129万元），组织名校（园）长、名师、骨干教师外出培训500多人次，是历史以来资金投入最大，培训人数最多的一年。建立第二批名师工作室21个，现有29个区级名师工作室，实施区级学科带头人、区级名师选拔培养工程。注重提高教师待遇。持续兑现教师一个月绩效工资、校级干部绩效奖励和名优教师奖励。提高乡村教师生活补助标准，每人每月再统一提高100元。6月、12月两次全市率先兑现文明学校奖金。调整中小学幼儿园岗位结构比例，增加中高级职数220人，教师积极性增强。注重师资校际交流。督促、考核231名校际交流教师教学和成果。实施区内城乡学校结对帮扶，开展名师、教研员、骨干教师送教下乡活动，促进农村青年教师专业成长和农村教学质量提高。注重解决教师缺编。探索新任教师补充机制，招聘编内新任教师76名、高中硕士研究生8名、职业学校专业教师5名、财务人员3名，招聘编外合同教师199名，一定程度上缓解高中综合改革、新办学校、扩容学校及部分学校结构性缺编问题，不断提升队伍素质。

【项目建设】 2019年，区教育局确定为教育类项目建设年，是投入最大、措施最实、进度最快的一年。文献小学、区一小扩建工程、太平小学、云峰小学、筱塘幼儿园、东海蔡亭幼儿园、兴安幼儿园、滨溪幼儿园、圳湖幼儿园、育英幼儿园、南园第二幼儿园、恒大御景半岛幼儿园、金棕榈幼儿园、小鑫星幼儿园、凰华第五幼儿园等15个项目或新校区投入使用，新增幼儿园学位2850个和小学学位1350个，有效缓解城区学校招生压力，基本满足人民群众就学需求。区内被列入市“十三五”中小学幼儿园规划项目15个，投入使用5个，装修项目1个（电商未来城幼儿园），在建项目7个（荔景幼儿园、泗华小学及幼儿园、下黄小学、顶墩实验学校及幼儿园、九华学校），前期项目2个（荔景小学、龙德井小学）。

【学生资助】 2019年，区教育局分两次发放学生助学金。春季发放学生助学金：学前教育阶段政府助学金。审批学前政府助学金人数171人，共计发放学前助学金13.9535万元。一档贫困幼儿117人，补助资金11.2535万元，其中建档立卡69人，补助资金6.6415万元；二类贫困幼儿54人，补助资金2.7万元。义务教育阶段贫困学生寄午、寄宿生活费补助。补助贫困寄宿、寄午学生128人（中学生124人；小学符合政策1人，不符合政策3人由学校校内资助），补助资金7.0875万元，其中建档立卡寄午学生41人，补助2.05万元，建档立卡寄宿学生53人，补助3.3125万元。春季农村义务教育阶段公办寄宿制学校寄宿生1711人（其中初中寄宿生1666人，小学45人），寄宿生营养改善资金85.55万元。普通高中阶段政府助学金，共审批高中国家助学金494人，共计发放补助资金48.035万元。一档困难学生93人，补助资金13.95万元；其中建档立卡贫困生45人，补助资金6.75万元；二档困难学生401人，补助资金34.085万元。高中免学杂费，共免除93位高中贫困学生学杂费，共免除7.44万元，其中建档立卡贫困生45人，免除学杂费3.6万元。中职阶段国家助学金，中职国家助学金共发放80人，共计发放金额8万元，其中建档立卡学生22人，发放助学金2.2万元。同时落实建档立卡市外就学补助，2月1日区扶贫办将盖章确认的2019年春学期教育精准扶贫资助券分发给各镇街，各镇街根据回函及走访情况对符合条件的8位建档立卡学生进行补助，发放补助金6425元，全部发放到位。

秋季发放学生助学金：学前教育政府助学金，共202人，合计180500元：一档1000元159人，合计159000元（其中建档立卡家庭学生101人，低保家庭学生 39 人，残疾学生 19 人）。二档 500 元 43 人，合计 21500 元。义务教育生活补助，合计 874 人，共 276562.5 元。四类家庭经济困难寄宿生 119 人，合计 74250 元（其中建档立卡家庭学生 63 人，低保家庭学生 38 人，残疾学生 16 人，孤儿 1 人，烈士优抚家庭子女 1 人）；四类家庭经济困难非寄宿生 755 人，合计 202312.5 元（其中建档立卡家庭学生 368 人，低保家庭学生 204 人，残疾学生 184 人）。义务教育营养改善计划，合计 1966 人，共计 983000 元。农村义务教育公办寄宿制学校的寄宿生 1931 人（其中，小学 27 人，初中 1904 人）；城乡义务教育公办寄宿制学校中建档立卡和低保家庭的寄午餐学生 35 人（其中，小学建档立卡 1 人，初中建档立卡 22 人，初中低保 12 人）。普通高中阶段政府助学金，合计 389 人，共计 385900 元。一档 1500 元 85 人，合计 127500 元（其中，建档立卡家庭学生 40 人，低保家庭学生 27 人，残疾学生 16 人，孤儿 2 人）；二档 850 元 304 人，合计 258400 元。普通高中建档立卡等家庭经济困难学生免学杂费，合计 85 人，共 68000 元（其中，建档立卡家庭学生 40 人，低保家庭学生 27 人，残疾学生 16 人，孤儿 2 人）；中职阶段国家助学金，合计 70 人次，共计 70000 元（其中，建档立卡家庭学生 21 人，低保家庭学生 17 人，残疾学生 4 人，普通困难 28 人）。高校贫困生助学金，合计 59 人次，共计 295000 元（其中，包含增补 2018 年秋至 2019 春学年 1 人 5000 元）。

【教育信息化】 2019 年，区教育局积极推进数字校园建设，投入 390 万元建设 16 间“智慧课堂”、270 万元建设 8 间录播室，100 万元建设全区视频会议系统，31 所学校图书馆实现自动化集群管理；应用“教育装备自动化管理平台”，91 所学校开通实验仪器入库及实验流转等操作功能。区第一实验小学等 8 个优质校带动 13 个薄弱校的“一校带多校”在线课堂全面启动，一批教学点和基层校与优质学校实现同上一堂课，弥补乡村学校教师结构性缺编、专业课教师业务水平不高等问题。

【党建工作】 2019 年，区教育局开展教育系统“不忘初心、牢记使命”主题教育工作，通过 6 个专题集中学习和民主生活会，切实把全区教育系统党员干部思想和行动统一到中央、省委、市委和区委关于开展主题教育的部署要求上来，着力在“为民服务”中践行初心使命，整理 4 个群众关心的问题作为专项整治，列出问题清单，制定 14 条整改措施，全部整改，高标准高质量完成教育系统主题教育。以达标创星为抓手，推动基层组织争先创优，三星级达标党组织 28 个，达到 60%。进一步落实全面从严治党主体责任清单和廉政防控实施方案，开展“转作风、强担当、重落实”集中整治形式主义、官僚主义行动，对于问题集中的部位要进行专项整治，实施师德师风建设年活动，推进作风明显好转。制定《开展“严规矩、强监督、重担当”集中整治形式主义、官僚主义的实施方案》《关于开展“推进达标创星　创建党建品牌”活动的通知》《关于进一步落实全面从严治党主体责任的实施意见》《关于加强和改进教育系统意识形态工作实施方案》和《关于意识形态工作责任制实施细则》等，进一步完善基层党建工作制度。落实周学习、三会一课、主题党日等活动制度。制定学习贯彻中共十九届四中全会精神实施方案，组织党员干部观看《黄大年》等影片，参观东圳水库原鲁山纪念馆、市博物馆、“不忘初心、牢记使命”档案文献展和木兰溪等，集中观看警示教育片 10 次。组织 21 名党组织书记参加第三期全国中小学校党组织书记网络培训，67 名党务工作者赴古田干部学院培训，提升党组织书记和党务工作者的政治素养和业务水平。创新“五个一批”创建活动，实施“党建 + 名师工程”，发挥 13 个“党员名师工作室”示范作用，辐射 130 名党员教师。30 个“党员师带徒典型”通过签订“师徒结对”方式带动年轻教师专业成长。150名党员申报党员示范，10多个支部申报党建工作示范点，2个民办学校申报民办学校党建工作基地等，开展“师德师风建设年”活动，结合建党98周年，表彰一批先进，推行“互查互比”活动，营造“让党建引领学校正能量”的良好氛围。改革干部任用标准、任用程序，调整充实南门学校教育集团班子6名、逸夫实验小学教育集团班子2名，由区委常务会议研究决定，对5位老化的校级干部予以调整，任命25名校（园）级干部，共有97位优秀青年教师走上中层干部岗位。

【德育工作】 2019年，区教育局学习贯彻全国、全省教育大会精神，明确办学方向，落细落实德育工作，开展“青少年扣好人生第一粒扣子”“我爱母亲河”主题实践、“进入新时代·改革开新篇”读书等系列教育活动，开展普法知识竞赛、“三爱三节”等活动，推动社会主义核心价值观入脑入心。区教育局被授予“全国第二十六届青少年爱国主义读书教育活动组织优秀奖”。

【智育工作】 2019年，区教育局注重学生脑力开发，在学校推广创意智造、3D作品、手工设计、人工智能、机器人项目建设等，20多个学校开展科技节，搭建学生创新益智平台。有48件学生作品在莆田市首届创客节上展示，其中5件获一等奖。莆田五中获福建省青少年航空航天模型锦标赛团体三等奖，郭鑫宇同学获福建省青少年航空模型锦标赛一等奖，林静爱同学获福建省中小学电脑制作活动一等奖。

【体育工作】 2019年，区教育局举办城厢区第十九届中小学生田径运动会、第六届教职工篮球赛、第二届中小学教师气排球赛和第一届少年儿童足球比赛。督促学校开展形式多样的体育活动，93%中小学生掌握一项体育运动技能。莆田五中参加2019年度福建省青少年乒乓球比赛荣获高中组团体总分第一名，文献中学参加福建省2019年学校体育足球联赛荣获二等奖。

【美育工作】 2019年，区教育局投入200万元美育专项资金，举办第三届教师“三笔字”书写现场比赛，组织教师外出培训，改善美育办学水平。举办庆七一文艺展演、中小学生合唱比赛等活动，区青少年学生校外活动中心开设琵琶等10多个艺术培训班，30多个学校开展校园文化节等活动，全面为学生接受艺术熏陶、展示才艺搭建平台。区内有36所美育特色学校，100多个兴趣小组。学生参加各级比赛获奖100多人次。逸夫实验小学、华林学校戏曲选段获福建省第六届中小学艺术展演二、三等奖。区教育局获全国第六届中小学生艺术展演活动优秀组织奖。

【劳动教育】 2019年，区教育局联合区青少年活动中心组织青少年学生开展“森林之子”“国梦少年”等6次圆梦蒲公英研学活动，引导青少年乐于劳动。莆田十八中、太平小学等一批学校组织学生参加国防教育研学实践活动，让学生接受多种劳动体验。

【民办教育】 2019年，区教育局有民办幼儿园民办园37所（25所普惠性），幼儿8577人；民办小学1所，在校生1300人；民办初级中学1所，在校学生3140人。民办学校学生数共计12285人。教职工1165人，其中专职教师705人。区教育局认真贯彻《中华人民共和国民办教育促进法》，落实区政府《关于印发城厢区进一步规范民办幼儿园办学行为实施意见》精神，坚持“积极鼓励，大力支持，正确引导，依法管理”的方针，促进民办教育健康发展。大力支持民办教育发展，印发《城厢区推进学前教育片区管理的实施方案》，进一步贯彻落实《3—6岁儿童学习与发展指南》，继续探索建立覆盖城乡的学前教育“片区管理、联动帮扶”管理机制，全区分12个小片区，每个片区以省、市示范园为龙头，带动扶持和规范区内各级各类幼儿园发展，努力实现“帮在关键处、扶在点子上”目标，积极推动学前教育有序、健康发展。3所市级示范性民办幼儿园及2所区级示范性民办幼儿园通过跟踪复评，复评结果在网上公示。3所保教改革建设幼儿园各项工作有序推进。进一步规范民办学校办学行为，明确各部门职责，规范办学行为。区教育局会同各镇（街）政府、消防、建设、食药监局等部门对申请设立的民办学校严格把关，符合设立条件的，及时出具证明或发给相关证件，不符合设立条件，立即告知举办者理由；对不具备办学条件的非法办学行为，一经发现立即上报区民办学校秩序整治工作领导小组，开展联合执法，坚决予以取缔。批准设立3所民办幼儿园，严格过程管理。区教育局等各相关部门按各自职责，每学期对民办学校进行“双随机”检查，对通过审批的民办学校，发现问题立即下达整改通知书，责令限期整改到位。区教育局对通过审批的民办学校执行年检制度，把年检结果在网上公示，接受社会监督。是年，评出年检合格学校32所，基本合格5所。对年检基本合格的学校，责令下学期整改到位，年检及年检复检不合格的民办学校责令停办。民办学校的发展缓解城厢公办学校的就学压力，促进城厢教育体制改革和教育事业的发展。

【党风廉政建设】 2019年，区教育局强化师资教育学习，开展集体廉政谈话253人，廉政谈话提醒11人次。举办党风廉政和财经知识培训会，开展八项规定执行情况监督检查和“双随机”检查，着力整治教育系统社会关注度较高的考风考纪、升学招生、校外培训机构、教辅征订、工程建设、物品采购等领域“四风”及信访问题，着力营建风清气正的政治生态，着力提升教师队伍整体形象。强化党风廉洁建设，落实主体责任，健全党风廉政建设和干部队伍管理建设长效机制，制定城厢区教育局机关廉政风险点及防控措施一览表等相关制度，针对教师职称评聘、民办学校审批等，从“事后监督”转向“事前和全程监督”，从制度上规范权力、管住干部。严格落实案件主办人员的工作责任制，认真梳理分析每一件来信来访，做好每一个案件的调查工作。是年，受理信访件33件，12345投诉件1422件，其中，立案7件，受党纪政纪处分10人；廉政谈话提醒10人次，整个系统工作作风持续好转。同时，认真办理人大建议和政协提案，区教育局连续三年评为区人大代表建议先进单位。落实行业扶贫政策，通过政策宣传、精准帮扶、控辍保学、随机督查、问责整改等形式开展教育扶贫工作，落实幼儿资助、义务教育建档立卡学生寄午、寄宿生生活补助和高中政府助学金杂费政策，发放补助资金84.79万元。结对帮扶东海上亭贫困户7户，每月一次进村入户，每季度一次物品慰问贫困户，每季度一次扶贫调研会，切实解决实际困难。区教育局干部捐资12600元帮助贫困户改善生活。

【校园安全稳定】 2019年，区教育局以安全稳定为导向，创新措施，全员参与，落实责任，全力抓好校园周边环境整治、信访维稳、食堂管理、“明厨亮灶”、民办幼儿园校车、火灾隐患排查整治和防溺水安全等工作，推动“平安校园”创建全面有效开展。聚力扫黑除恶专项斗争，发挥23个校园周边治安环境整治工作专班作用，联防群控，合力构筑学校安全防护网，启动区第二实验小学为试点的“群防群治‘全民护学’联动机制”，举行全区学校安保管理人员业务培训暨防爆恐应急处置实操演练等，巡查报告校园欺凌苗头性倾向25起，153所学校安装硬质防冲撞设施，153所学校安装一键报警装置，与公安机关联网，23所学校安装“人像识别+诚信交通”系统，校园周边综合治理成效明显。毒品预防教育工作有力推进，区教育局被省教育厅、省禁毒委授予“首届全省青少年毒品预防教育优秀课件评选活动”优秀组织奖。区内116所学校分别被评为AAAAA、AAAA、AAA级平安校园。

【校园卫生管理】 2019年，区教育局围绕《学校卫生工作条例》、《中华人民共和国传染病防治法》、《生活饮用水监督管理办法》、《食品安全法》、新版《餐饮服务食品安全操作规范》等法律、法规要求及《城厢区创建国家食品安全示范城市实施方案的通知》《在食品安全领域开展侵害群众利益问题专项整治活动实施方案的通知》，以及“一县区一专项”文件要求，按照区食品安全委员会办公室统一部署，结合该局工作实际，建立“城厢区学校食堂卫生群”，利用微信公众号平台，将上级有关文件精神及时传达到位，多形式、多平台、多方位开展宣传教育。各校充分利用校园广播、黑板报、宣传专栏、家校通短信平台、印发《致家长一封信》、发放宣传资料和调查问卷等形式，普及食品卫生安全知识，凝聚社会共识，形成全社会参与的良好氛围，提高学生的食品卫生安全意识，增强学生的食品卫生安全自我保护能力。围绕食品卫生安全工作开展“召开一次以食品卫生安全为主题的班会、上一堂以食品卫生安全为主题的教育课、办一期以食品卫生安全为主题的宣传板报、举行一场以食品卫生安全为主题的知识竞赛”的“四个一”主题教育活动，提高广大师生的参与率与知晓率。引导学校聘请专家举行食品卫生安全讲座，定期向学生传播食品安全知识，提高学生的食品卫生安全意识和食品安全鉴别能力，促进学生形成良好的饮食卫生习惯。严格按照创建国家食品安全示范城市的标准，督促学校抓好“食安”创建工作，扎实推进学校食堂明厨亮灶建设，学校食堂硬件设施得到有效改善，城区所有公立学校基本完成明厨亮灶建设，城区先引领示范，镇街紧随其后，其中，莆田五中、莆田文献中学、莆田第十二中学、莆田科技学校、砺成中学第一食堂五所学校被评为“福建省明厨亮灶示范单位”，确保师生“舌尖上的安全”，为美丽和谐校园保驾护航。

【学前教育】 2019年，全区共有幼儿园117所，其中公办80所（含教学点）、民办37所，幼儿21809人（公办13232人、民办8577人），学前三年入园率99%，普惠性幼儿比例达到90%。努力补齐学前教育短板，一方面推进筱塘等公办园建设，一方面鼓励民办园申报普惠性幼儿园，确认26所民办普惠性幼儿园并予以定级，在园人数6384人。普惠性幼儿园在园人数共19074人，占全区幼儿数90.2%，居全市第一。全区小区配套幼儿园25个，18个治理到位办成普惠性幼儿园（新增学位3000多个），6个在建，1个办理前期。有效解决人民群众“入公办园难、入民办园贵”问题。东海蔡亭幼儿园等10所幼儿园实施午托工程，增加寄午学位1000人，为民解忧。

【小学教育】 2019年，全区共有小学75所，其中九年一贯制学校小学部10所，公办完全小学62所、教学点2所，民办小学1所，在校小学生39921人，小学班级数929个，班生额42人。招收进城务工随迁子女7665人，适龄儿童入学率达100%。扩建太平小学、逸夫实验小学新增学位300个，新建兴安小学新增学校285个，有效消除城区超大班额。探索形成基于教育教学改革实践的教师专业发展新机制，我区现通过省级教育教改示范性建设学校有9所，为实现教育教学改革点上深化、面上推进。出台《印发〈城厢区中小学片区教研工作实施方案〉》，成立南门学校、霞林学校、逸夫实验小学、灵川中心小学等4所为牵头的片区教研，充分发挥牵头学校的引领作用，促进学校之间的合作与交流，让片区内各校在理念碰撞与信息共享中扬长避短，趋利弃弊，不断提高学校自身的办学水平，为教师提供一个进步、开放的教学教研环境，带领片区成员学校共同提高。出台《关于进一步加强和规范中小学教学常规管理若干工作的通知》，加强和规范学校教学管理，确保各学校教师按省颁的课程开齐上足，提高学校教学质量，是年，被莆田市教育局评为“小学教学教育管理先进县区”。坚持开展“义务教育管理标准化学校”创建工作，2019年19所学校顺利通过省级评估工作，有32所小学通过省评定为“义务教育管理标准化学校”。制定、印发《关于进一步加强农村留守儿童教育关爱保护工作的通知》（莆城教〔2019〕139号），要求各校按照一人一档要求，建立健全留守儿童档案，进一步加强农村留守儿童教育关爱工作，保障农村留守儿童健康成长。印发《关于进一步做好重度残疾儿童少年“送教上门”工作的通知》（莆城教〔2019〕211号），拓宽特殊教育服务领域，保障因生活不能自理等客观原因不能到学校接受教育的重度残疾儿童受教育权益，促进教育公平。为进一步推进“书香校园智慧阅读”工作，推进现代信息化阅读进入课堂，让学校多样化推进阅读，积极打造书香校园，培养各校阅读种子教师，来带动指导阅读，共同为建设阅读课程努力。

【普通中学教育】 2019年，全区初中学校13所（独立初中5所、九年一贯制8所），在校生17316人。全区高中学校4所，高级中学1所，完全中学3所，其中城区1所，农村2所，在校生6920人。有省一级达标校莆田五中，有省二级达标校莆田三中、莆田十二中，省三级达标校莆田十八中。普通高中容量能满足教育需要。坚持“做优做大”的发展思路，贯彻“积极鼓励、大力支持、正确引导、依法管理”的方针，坚持鼓励扶持和规范管理并重，促进规范办学，做大全区高中品牌。结合“两项督导”“双随机”检查对学校办学行为进行检查、督促，及时通报，责令整改。区教育局、区教师进修学校干部分片包校督促农村学校落实常规管理，确保课程开齐开足。创设活动平台，实施岗位练兵活动，选拔、指导教师参加教学技能、教学能手、优秀论文、说课、下水文等比赛，促进教师专业成长。抓好质量监测，加强全区教学质量管理，促进教育教学质量上新台阶。积极推进“三通两平台”建设，全面启动“一校带多校”在线课堂。加快学校图书馆信息化建设，实现图书馆自动化集群管理。深入开展教师网络空间创建活动，教师网络空间竞赛成绩喜人。是年，初高中教育教学质量再上一个新台阶，中考、高考全区总分、平均分均居七个县区第一名，初中、高中学段分别被莆田市教育局授予“教育教学优质管理县区”称号。莆田第三中学获高中教育教学优质管理奖；霞林学校、青山中学获高中教育教学优质管理奖，莆田第十二中学获初中教育教学进步奖。莆田五中顺利通过福建省教育厅“一级达标高中学校”复评；莆田第十二中学、莆田第十八中学顺利通过莆田市教育局“二三级达标高中学校”复评；南门学校、文献中学、莆田三中、霞林学校、东沙中学顺利通过“福建省义务教育教改示范性建设学校”中期评估；青山学校、柯朱学校、西厝中学、园头学校被评为福建省第四批“义务教育管理标准化学校”。

【职业教育】 2019年，莆田科技职业技术学校是福建省新一轮首批“达标中等职业学校”，教职工186人，学生1778人，43班。学校占地7.23公顷，建筑面积4.38万平方米，绿化面积3万平方米。校园布局合理，功能完善，建设现代化的校内实习实训基地。学校以服务发展为宗旨，以促进就业为导向，面向市场需求，优化专业设置，做强做大汽车、工艺美术、电子商务、美容美体等专业。专业特色明显，实施毕业证书、技能证书双证制，实现培养与就业有效衔接。是年，学校投资近3000万元完成两栋学生宿舍楼建设和校门改扩建工程，建成图书阅览室、消防池、笼式足球场，添置饮水机、热水器、空调和汽车、会计、数控等专业实训设备，办学条件明显改善，办学实力进一步增强。学校紧紧围绕区域产业发展布局和市场需求，大力推进理实一体化教学模式改革，积极打造高效课堂，教学质量不断提升。是年，学生学业水平考试中，2018级计算机应用基础考试合格率高达96.35%，2017级公共基础考试合格率达95.16%，2017级各专业合格率平均超过96%。在2019年莆田市中职学生技能大赛中，学校获得3个一等奖、8个二等奖、6个三等奖，获得团体三等奖；

汽车运用与维修专业学生代表莆田市参加省技能大赛，获汽车机电维修赛项三等奖。在 2019 年莆田市中等职业学校教师教学技能竞赛中，学校 4 名教师获得三等奖。学校积极推进产教融合，与众多知名企业深化校企合作，6 月成功举办学生就业暨顶岗实习推介会，有 50 多家资质企业来校设展招聘，26 家企业进驻学校汽车实训基地招聘现场。学校与西南交通大学青岛轨道交通研究院、莆田市大川实业有限公司、福建省汽车工业集团云度新能源汽车股份有限公司、福建高动人力资源管理有限公司、莆田星华模具有限公司、莆田市复茂食品公司、莆田市欧雅艺术制品有限公司、莆田市卓群文化发展有限公司等企业合作，探索实施人才订单式培养模式，拓展实习实训空间，提升实训质量。学校认真落实立德树人根本任务，校园文化建设倡导文明，守卫平安，开展“文明学生”“十佳进步奖”评选活动，把教会学生学会做人和学会学习结合。学校创造条件，锻炼学生才干，每年举办“红五月”校园文化艺术节、职业教育宣传周、技能节、学代会、运动会、元旦迎新晚会，在各节点开展富有特色的教育活动，不断提升校园文化内涵。学校被评为市级“平安校园”“文明校园”。优美的校园环境、严谨的内部管理、雄厚的师资力量、精良的实训设备和浓郁的育人氛围，使学校成为莘莘学子“求知的乐园，圆梦的地方”。

【成人教育（含莆田广播电视大学）】 2019 年，城厢区高度重视成人教育，把成人教育当作推动终身教育进程的先导，在制定终身教育发展计划中突显成人教育，全区终身教育成员单位联络员共 28 人，通过召开成员单位联络员工作例会，通报终身教育工作信息。同时结合全国“全民终身学习周活动”，创新“9·28”终身教育活动日活动形式，完善“9·28”终身教育活动日系列活动机制。运用互联网和移动终端等为载体的现代信息技术构建开放灵活的终身学习公共服务平台，全区现有 3 个学习网站。按照《中华人民共和国老年人权益保障法》要求，把老年教育摆在重要地位，年内参加区老年大学及镇街老年学校学习的人数达 129981 人。进一步加强城厢社区教育机构建设，拓展终身教育、终身学习基地的服务功能，全区现有社区教育兼职人员 100 名，社区教育志愿者 200 名。以社区教育学院为主阵地，与 7 个社区学校、60 个社区（或村居）教育学习点形成三级社区教育网络体系。建立互动合作机制，按照职责分工，认真做好教职员工、企业职工、农民等各类人员的职业技能培训和更新知识培训，全年开展教育培训 22410 人次。

（宋建伟）

莆田一中

【概况】 2019 年，莆田第一中学（以下简称“莆田一中”）有 57 个教学班，其中包含 1 个新疆预科班，8 个中美国际班，在校学生 2930 多人。专任教师 228 人，其中正高级教师 4 人，高级教师 77 人，具有硕士学位的教师 87 人，特级教师 1 人，国家级骨干教师 1 人，市级及以上名优教师（教学名师、学科带头人、骨干教师）67 人。学校在研国家级课题 1 个、省级课题 4 个。年内，学校被授予“全国青少年人工智能活动特色单位”“南京大学优质生源基地”“市 AAAAA 级平安校园”等称号、莆田市高中教育教学优质管理奖等。学校顺利通过落实意识形态、从严治党主体责任检查等评估检查。

【主题教育】 2019 年，莆田一中为认真学习贯彻习近平总书记在“不忘初心、牢记使命”主题教育工作会议上的重要讲话精神，全面落实省委、市委关于开展主题教育的部署和要求，乘着庆祝中华人民共和国成立 70 周年华诞的东风，积极开展形式多样、内容丰富的主题教育，集中学习 12 次、召开座谈会 2 次、征求意见 26 条、召开主题教育推进会 3 次，同时赴东圳水库纪念馆、木兰溪防洪工程奠基点开展主题党日活动，举行主题升旗仪式、“我和国旗合个影”活动、“墨香校园”书画展、“祖国颂”演讲比赛，高标准、高质量推进“不忘初心、牢记使命”主题教育。9月17日，莆田一中召开“不忘初心、牢记使命”主题教育动员部署会。市委第十三巡回指导组组长肖云敏、组员林光华，市委教育工委第四指导组组长曾国顺到会指导，学校党政领导及全体党员参加会议。校党委副书记、校长蔡金清主持会议，并传达学习市委教育工委主题教育实施方案，就开展“不忘初心、牢记使命”主题教育工作作出全面部署。校党委书记郑高翔作动员讲话，表示以坚强的党性、认真的态度、务实的作风，完成主题教育各项任务，以优异成绩迎接中华人民共和国成立70周年。巡回指导组组长肖云敏就落实主题教育各项任务提出要求。9月25日至10月10日，举办“墨香校园”师生书画展。9月27日，开展“祖国颂”青年教师演讲比赛。9月28日，中共莆田第一中学委员会各支部开展“不忘初心，牢记使命”主题党日活动，近200名党员先后赴东圳水库纪念馆和木兰溪防洪工程奠基点，参观原鲁山纪念馆，重温入党誓词。活动中，全体党员还以党支部为单位开展志愿服务，通过清扫卫生、捡拾烟头、清理小广告等方式，以实际行动践行初心使命，为美丽莆田增光添彩。9月30日上午，举行“壮丽70年，奋进新时代”主题——庆祝中华人民共和国成立70周年升国旗仪式。9月30日，组织“我和国旗合个影”活动，学生们整齐规范地完成“70”的造型演示，振奋人心。

【2019年学科奥赛亮点】 2019年，莆田一中五大学科奥赛（数学、物理、化学、生物、信息学）取得历史性的突破，共获得全国二等奖2人次，省级一等奖25人次，省级二等奖62人次，省级三等奖53人次。数学、物理、化学各科获省一等级人数均列全省第一，数理化生四科获省一总人数全省第一。在国际地球科学奥林匹克选拔赛中，3人荣获省一等奖，11人荣获省二等奖，15人荣获省三等奖奖，进入决赛人数和获奖总数全省第一。

【教师荣誉】 2019年，莆田一中有1人获全国优秀教师，1人获省五一劳动奖章。在“一师一优课、一课一名师”评比活动中，3位人获部级优课；10人获省级优课。在省中小学优质课（现场）评选活动中，2人获优质课第一名，2人获优质课第三名。在中小学实验教学说课活动中，1人获省三等奖。在第26届青少年爱国主义读书教育活动中，1人获省优秀组织者。

【教育交流】 2019年，莆田一中继续与美国比索里昂学校合作，开办中美班。暑期开展英国游学营。1月8日，举行2019年福建省普通高中省级教学开放活动（莆田一中分会场），开放教学活动含6节公开课和2场讲座，既有理论引领，又有教学实例示范，得到与会教师的一致好评。4月3日，在市教育局推动下，与福州三中缔结友好学校、福州十一中结成帮扶学校。与武汉市东湖中学、福清华侨中学等开展交流。开展对加盟协作校的帮扶，开展挂职管理、挂教交流、教研联动、外教讲座、送教送培等活动。5月9日，福州第十一中学一行22人在王恩奇校长、郭明书记的带领下到校参观交流，双方就学校管理、教学教研、复习备考等展开深入探讨，促进两校间的相互了解，增进友谊。11月16日，高二年级赴厦门开展以“畅游世界·梦想启航”为主题的两天一夜研学实践教育活动。12月17—20日，承办福建省2019年第二十场省级教学开放调研观摩活动，包含4场讲座、22节同题异构课和11场学科沙龙，共1360多人参加公开周活动（福莆联办）。组织莆田市普通高中第一联盟体联合教研活动。

【教育集团】 2019年，莆田一中选派4人赴莆田外国语学校等三校挂职，1人赴新疆支教，接收5人挂教，充分发挥示范辐射作用，帮扶莆田市外国语学校（莆田一中妈祖城校区），选派骨干教师支教，开展集团内教研联动。帮助擢英高中教学，坚持高三同进度、同教研、同考卷、同练习。切实提高擢英高三教育教学质量。开展对加盟协作校的帮扶，派驻挂职副校长，开展教研联动、挂教交流、外教讲座等活动，提高相关学校的管理、教学和德育等工作水平与层次。开展对加盟协作校的帮扶，开展教研联动、挂教交流、外教讲座、送教下乡、送培下乡等活动。5月22日，组织部分名优教师赴莆田十三中开展送教送培活动。

【新疆高中班】 2019年，莆田一中为学校新疆高中班同学提供良好的学习、生活环境，努力为新疆的发展培养德才兼备的合格建设者和接班人。坚持周工作例会、月学生大会。开展结对帮扶工作，加强学生的心理疏导与思想交流。举办古尔邦节等系列庆祝活动、5次外出社会实践活动，2场晚会。6月9日，举行莆田一中第四届新疆高中班毕业典礼。9月2日，45名新疆高中班新生到校，开启新的学习生活。11月5日，新疆教育厅教育协作中心党支部书记郭志宏一行5人到莆田一中调研新疆高中班工作，福建省委教育工委、省教育厅统战处处长余志丹、省教育厅统战处副处长、新疆驻福建省教育协调工作小组组长董卫等领导陪同调研。

【奖教助学】 2019年，莆田一中关心学生生活，大力开展扶贫助困工程。免除贫困学生学杂费，发动社会爱心企业及人士资助贫困生，共资助金额达88.31万元。其中，“超越”“力学”奖学金（2019年）颁奖颁发5.93万元，玫瑰基金奖学金颁发5万元。

【科技教育】 5月26日上午，莆田一中举办第八届“奇思妙想”创意节、2019年科技节、“百花齐放”社团节。创意节活动包括奇思妙想创意节、科技节、跳蚤市场、心理健康周等。创意活动有奇思妙想创意展、莆田一中新校区智慧校园设计作品展、“show”生涯第六届生涯梦想形象设计大赛等；科技活动有科学知识小竞赛、3D打印体验活动、电子创意体验区、机器人表演；社团活动有Mix-One街舞社、美食品尝、扇面书画、吉他弹唱等活动。活动除了有全校3000多名学生参与外，还有来自外校学生、家长和社会群众8000多人参加。

【莆田一中领导班子】 莆田一中党委副书记、校长：郑高翔；莆田一中党委书记：蔡金清；校党委委员、副校长：陈丽华；校党委委员、副校长：陈国文；（2019年11月调往莆田市教师进修学院）校党委委员、副校长：邹荔生； 副校长（2019年11月任副校长）：黄世举。

【全国、省级先进单位及个人】 年内，获得全国青少年人工智能活动特色单位。年内，蒲锦泉获全国优秀教师，陈丽华获省五一劳动奖章。

（吴天然　方建设）

莆田五中

【概况】 2019年，莆田五中不断提升办学质量，提高教育水平。该校共有60个教学班，其中包括8个中加国际班，在校学生2895人。专任教师共计264人，有硕士研究生学历教师42人，在聘高级教师占教师总数的35%。学校拥有2位省特级教师，2位全国优秀教师，14位省学科带头人和省骨干教师，6位省学科带头人培养对象，2位市教学名师，4位市名师工作室领衔名师，34位市学科带头人和骨干教师，45位市骨干教师培养对象，39位区级骨干教师。9月，获得2019-2020年度全市“五星级”基层党组织、2019—2020年度全市基层党建工作示范点等荣誉。年内，学校及学校党委获得全市一类“平安校园”、莆田市教育系统先进集体、学校扎实推进省示范性高中建设等荣誉。

【师生参赛情况】 该校3位老师获评福建省中小学优质课，6位老师获莆田市中小学优质课评选一等奖，8位老师获二等奖。校乒乓球队获得2019年福建省青少年乒乓球冠军赛高中组团体第一名，校足球队获得2019年福建省青少年校园足球联赛暨中学生足球锦标赛高中男子组二等奖。校网球队获2019年福建省示范性普通高中建设学校首次网球展示活动团体二等奖。学生6人获第九届全国青少年科学摄影节三等奖，1人获2019“外研社”杯全国中学生外语素养大赛全国三等奖，1人获省一等奖，10人获省三等奖。在2019年福建省青少年航空航天模型锦标赛中，学校获团队三等奖，1人获省一等奖、2人获省二等奖、1人获省三等奖。2人分获第三十五届全国中学生物理竞赛福建赛区二、三等奖。1人获第二十届福建省中小学电脑制作活动一等奖，2人获二等奖，4人获三等奖。1人获第二十届福建省中小学电脑制作一等奖，2人获二等奖，4人获三等奖。

【教育集团】 2019年，集团总校莆田五中在保持自身稳定发展的基础上，带动成员校文献中学和莆田十二中提高办学水平。两所成员校转变明显，教学常规更加规范，教研氛围日益浓厚，学生管理规范有序，成员校中考、高考获得佳绩，在民众中的口碑越来越好。

成员校莆田十二中在生源远落后于同类学校的情况下，全体师生勠力同心，努力拼搏，2019年高考获佳绩，本科上线人数233人。文史类林彬彬同学取得626分的优异成绩，居全省247名；艺体类上线80人，上线率81.6%。理工艺体类肖舟同学专业分全省排名第6名。

成员校莆田文献中学2019年中考实现新的突破，上莆田五中分数线129人，上莆田二中分数线99人，上省一级达标高中分数线253人。

【奖教助学】 莆田五中关心学生生活，大力开展扶贫助困工程，免除贫困学生学杂费。5月14日下午，莆田五中2018-2019学年弘毅奖学金颁奖大会在校运动场隆重举行。本次共有248位同学荣获弘毅奖学金。

【社团、志愿者活动】 莆田五中不断丰富思想政治教育的载体和方法。学校社团总数达45个，本学年开展高一羽毛球联赛、高二“三人篮球”联赛；锐质辩论社联合城区其他学校展开辩论比赛。5月25日，团委联合心育组、沐聆心理社开展“轻松备考12355与你同行”快乐高考减压活动；机器人社、航模社参加市、省级比赛获得优异成绩。6月23日，校团委举办以“青春心向党 建功新时代”为主题的2019年学生社团文化节。话剧社、音乐社、古诗文社、街舞社、歌唱社、广播站等十多个社团表演精彩的舞蹈、话剧、小品、朗诵等节目。书法社、设计社、手工文创社、3D打印社、机器人社等社团展出自己优秀作品。

学校团委广泛开展“我爱母亲河”“大手拉小手”等志愿服务活动，争做保护木兰溪的推动者、倡导者、践行者；开展“关爱·体验农民工”主题志愿活动，志愿者们到学校附近的南湖公园和广化寺参与保洁工作，体验环卫工人的工作，一起清扫扮靓城厢；开展“拥抱春天·播种绿色·放飞希望”主题志愿活动，师生们以实际行动助推环境绿化，共建和谐生态的美丽校园。8月初，团市委书记郭志诚一行到该校调研团建工作，对学校丰富多彩的校园文化活动、党建带团建工作给予高度肯定。

【莆田五中领导班子】 校长：吴志明 ；党委书记：黄家红；副校长：郑毓青、陈国勇（文献中学校长）、梁宏晖；党委副书记：傅锦国。

（陈玉水　吴志明）

莆田学院

【概况】 2019年，莆田学院共有22个机关教辅单位，18个二级学院，2个附属单位，全日制在校本科生1.7万人，拥有教职工1490人，其中专任教师1010

人，副高以上职称教师492人、硕士学位以上教师851人、双师双能型教师521人。校园占地面积111.12公顷，校舍建筑面积50.7万平方米，馆藏纸质图书110万册，教学仪器设备总值1.7亿元，固定资产总值10亿元（不含附属医院）。新校区占地198公顷，12月10日正式启用，文化与传播学院、音乐学院1027名学生首批搬迁入住新校区。有实验室38个，其中省级重点实验室3个、省级工程研究中心1个、省部级人文社科研究基地6个。直属附属医院1所，非直属附属医院4所，教学、实习医院38所。在省市党委、政府的正确领导下，学校按照“应用型、地方性、开放式、特色化”的办学定位，深化内涵提升行动计划，大力实施应用型示范校建设、硕士培育单位建设、新校区建设三大任务，着力推进十大工程，努力建设质量好、机制优、校园美的应用型大学。

【人才培养】 2019年，莆田学院新工科产业学院正式挂牌运行，开设软件工程、数据科学与大数据技术、物联网工程、智能科学与技术、机器人工程5个专业，为学校培养复合型、创新型卓越工程人才奠定坚实基础。深化本科教育教学改革，顺利完成审核评估整改与回访工作。根据示范校建设方案，开展应用型“典型案例集”整理工作，组织各二级学院凝练应用型人才培养成效及特色案例，积极开展转型改革的应用与推广，5个建设案例入选“校企合作双百计划”，示范校建设成效得到肯定。“一院一品牌”建设等人才培养模式获《光明日报》《中国教育报》《福建日报》多家主流媒体报道。组织修订2019版人才培养方案。2019届本科毕业生就业率达99.57%，签约率达75.14%。

【开设莆仙戏文化传播人才培养特色班】 6月19日晚，莆田学院文荣体育馆内一场特殊的结业汇报演出精彩上演。在这场以“古韵新芽”为主题的莆田学院音乐学院莆仙戏和莆仙音乐专场汇报演出上，莆田学院莆仙戏文化传播人才培养特色班的18名学生精彩演绎中国古代戏曲艺术形态的“活化石”——莆仙戏，传承非物质文化遗产技艺，赢得阵阵掌声。

【学科专业建设】 2019年，莆田学院明晰学科建设思路，优化学科结构，加强应用型学科建设。硕士学位授予单位建设取得新进展，部分硕士点达到申请基本条件，加强研究生联培合作，拥有联培硕士研究生55名，兼职硕士生导师71名。扎实推进专业建设，获批设立软件工程、智能科学与技术、机器人工程、数据科学与大数据技术4个本科专业。加强基础教育教学建设，开展师范专业认证准备工作。加强教学实践基地建设，立项建设校级大学生校外实践教育基地20个，新增省级示范性虚拟仿真实验教学项目1个。推进“金专金课”建设，获省级“金专”7个、省级“金课”5门、省级混合式课程立项培育建设20门、慕课教学团队1个。评选校级教学成果奖励项目30项，立项校级教育教学改革项目83项，获省级教育教学改革重大项目2项、一般项目6项。

【科研工作】 2019年，莆田学院共有5个项目获国家科学基金项目立项。莆田学院数学与金融学院阮其华教授申报的面上项目“黎曼－芬斯勒流形上几何分析的若干研究”、数学与金融学院曾闽丽博士申报的青年科学基金项目“时间谐波涡流电磁问题离散矩阵的预处理及快速计算”、陈智雄教授申报的国际（地区）合作与交流项目“傅里叶变换及其在序列密码设计中的应用”3个项目获得国家自然科学基金立项。妈祖文化研究院林孟蓉的“一带一路”的视野下台湾地区妈祖文化与海上经贸关系之研究”、文化与传播学院潘是辉的“妈祖信仰传播与清代台湾社会发展研究”2个项目获得国家社会科学基金立项。新增省厅级科研创新平台4个。获校外立项科研项目348项，其中，国家级项目5项、国家部委和省厅级项目95项，资助项目总经费 5228.1 万元。横向科研项目立项 192 项，横向科研项目合同经费达到 1598.3 万元。全校教师发表 700 多篇学术论文，其中 SCI 收录 47 篇，EI 收录 12 篇，A 级 16 篇，B 级 75 篇。获得授权专利 91 项，其中，发明专利 10 项。出版著作 16 部，获省社科优秀成果奖二等奖 1 项，三等奖 2 项。参加第十七届中国 • 海峡项目成果交易会优秀科研成果 37 项，成功对接签约 2 项。

【师资队伍】 2019 年，莆田学院实施高层次人才引进和培育支持专项计划，加大高层次人才引进力度，推进“高端人才引培工程”，引进博士 53 人，全职聘用台湾博士 25 人，11 位在职教师继续攻读博士学位，博士教师占比达到 26.04%，超额完成硕士点建设要求。新评聘正高级专业技术职务 4 人、副高级 32 人、中级 30 人。入选省“最美人物”提名奖 1 人、市优秀教师 1 人。选派教师赴国（境）外高校、学术机构访学进修 41 人次，获省高层次人才和青年优秀人才访学研修资助 2 人次。选派教师赴企事业单位开展深度实践 69 人次。全校有专任教师 1010 人，其中副高以上职称教师 451 人、具有硕士学位以上教师 851 人、双师双能型教师 521 人。8 月，福建省教育厅、福建省总工会公布关于授予毛文丑等 40 位同志第二届“最美教师”和“最美教师”提名奖荣誉称号的决定，莆田学院外国语学院教师郑若宜榜上有名，获得福建省第二届“最美教师”荣誉称号。郑若宜出生在台湾地区，1984 年毕业于台湾地区静宜女子学院，后到英国剑桥大学留学。郑若宜的父亲是莆田人，郑若宜于 2004 年为父圆梦，不忘桑梓，回到祖籍地莆田，加入刚升本不久的莆田学院，并扎根莆田学院，潜心育人十五载。

【对外交流合作】 2019 年，莆田学院深化与美国新奥尔良大学的合作办学，与马来西亚城市大学、美国德州健康与科学大学签署校际合作协议，开展中菲青年交流团等活动，开创对外交流新局面。7 月 31 日，莆田学院校长宋建晓在英国爱丁堡大学老学院与爱丁堡大学校方签订合作框架协议，在扩大对外合作交流方面迈出重要一步。双方同意本着“资源共享、合作共赢、互惠互利、共同发展”的原则，建立长期、紧密的合作关系，并在科学研究、人才培养、文化交流等方面开展深入合作。

【妈祖文化传承与发展】 2019 年，莆田学院发挥妈祖文化研究院、妈祖文化研究基地等平台作用，深入开展妈祖文化研究，获国家社科基金一般项目 2 项，获福建省社科基地重大项目 5 项，省社科基金一般项目 1 项。出版《妈祖民俗体育文化及产业化研究》等专著，发表学术论文 53 篇，研究报告《借鉴台湾经验推动妈祖文化与乡村治理融合发展》《关于发挥妈祖文化在 21 世纪海上丝绸之路建设中的积极作用的建议》得到省领导批示。4 月，参加两岸三校妈祖信俗艺文联展；7 月，在沈阳举办妈祖文化与“一带一路”建设学术研讨会；9 月，首次在台湾地区举办海峡两岸妈祖文化与地域发展研讨会，拓展海峡两岸妈祖文化交流新渠道。10 月，第五届国际妈祖文化学术研讨会在湄洲岛举行。积极参与妈祖祭典表演等重大活动志愿服务。

【学术研讨】 2019 年，莆田学院举办第五届国际妈祖文化学术研讨会、承办“福建省工程图学学会学术年会”“福建省非物质文化遗产学会年会”等学术会议，促进学术交流与合作。实施“百场讲座”计划，邀请 212 人次海内外知名学者来校讲学。7 月 3 日，故宫博物院故宫学院院长、故宫博物院原院长、中国文物学会会长单霁翔莅临莆田学院，开展“不忘初心，牢记使命——做中华传统文化的忠实守望者”专题报告。

【开展“不忘初心、牢记使命”主题教育】 2019 年，莆田学院根据上级统一部署要求，扎实开展“不忘初心、牢记使命”主题教育。坚持党对学校工作的领导，牢牢把握社会主义办学方向。组织班子到闽江学院特色档案馆参观，学习习总书记在闽江职业大学兼任校长期间办学治校的重要理念和生动实践。

【党建工作】 2019年，莆田学院认真开展党建“十百千万”创建活动，环境与生物工程学院第一党支部获全国党建工作样板支部培育创建单位，2个学院党委、20个党支部入选省高校“标杆院系”“样板支部”培育建设单位，获省高校“支部立项”活动三等奖2项。推进党风廉政建设和反腐败工作，重点领域、关键节点的风险防控和内部监督审计工作得到进一步加强。

【思想政治工作】 2019年，莆田学院持续开展“6个系列”活动和“三百”工程，发挥思想政治理论课主渠道作用，推动习近平新时代中国特色社会主义思想“三进”（进教材、进课堂、进头脑）。推进“互联网+思政”，加强思政教育新媒体建设，《中国教育报》专题报道莆田学院打造网上“思政熔炉”，《知恩于心，感恩同行》获福建省“宣传新思想、勇担新使命”思政网络课程设计大赛一等奖。

【三全育人】 2019年，莆田学院管理学院获省教育工委“三全育人”省级试点院系立项，涌现出离休老干部黄波生、附属医院儿科护士长张丽萍、护理学院学生李鑫、工艺美术学院学生曾继煌等先进典型。4月9日，“八旬老兵手写感谢信寻找‘最美女孩’”的故事在莆田当地的各大媒体、微信群、朋友圈陆续传开。4月11日，八旬老兵郑美烘在老伴的陪伴下，到莆田学院护理学院，当面感谢搀扶他过马路的莆田学院大三学生李鑫，并把自己唯一一枚珍藏40年的“参战纪念章”赠送给这位做好事不留名的大学生。

【“我和我的祖国”主题文艺晚会】 9月29日晚，莆田学院庆祝中华人民共和国成立70周年的文艺晚会——“我和我的祖国”点亮中区操场。晚会现场灯光璀璨，万名师生欢聚一堂，用自编自演的节目，用最真诚的方式献礼中华人民共和国成立70周年，为师生们献上一堂生动的爱国主义教育盛宴。整场晚会涵盖15个歌、舞、乐、戏等节目，融入莆仙戏、板鼓咚等具有地方特色的元素。此次晚会进行同步网络直播，当天晚上，共有近30万人次在线同步观看。

（林韬　许正）

附　录

校领导：

党委书记：陈柴生

党委副书记、校长：宋建晓

党委副书记：翁若平　黄志源

党委常委、副校长：

李文芳　蔡晃　黄鹏飞

党委常委、纪委书记：卢明光

办公室

主任：黄金象

副主任：黄素霞（女）许莉（女）林韬

纪委监察专员办

纪委副书记、综合室主任：

苏荔萍（女）

纪检监察室副主任：辛国荣

组织部

部长：罗仁河

副部长：阮莉立（女）

副处级组织员：曹桂和

宣传部

部长：林萍兰（女）

工会

常务副主席：廖爱武（女）

团委

书记：林　强

副书记：林超（女）

人事处

处长：俞国锋

副处长：肖方峥

教务处

处长：程德华

副处长：陈志勇　陈祖芬（女）

科研处

处长：陈智雄

副处长：郑洁红（女）

学生处

处长：戴杰孙

副处长：吴金荣　吴建展

后勤处

处长：徐玉锋

副处长：谢春霖

财务处

副处长：林国英　俞清海

资产管理处

处长：柯志松

副处长：吴继云

基建处

副处长：陈志聪曾永生　王峻

保卫处（武装部）

副处长：林键陈清隆

发展规划处（外事办）

处长：黄少强

副处长：黄蕾（女）

仙游校区管委会

主任：林征

副主任：许长城

图书馆

党总支书记：陈建美

馆长：陈春阳

信息化建设与管理中心

主任：陈培芳

副主任：许振和

文化与传播学院

院长：孟建煌

党委书记：林剑华

外国语学院

党委书记：陈　玲（女）

院长：姚鸿琨

党委副书记：曾伟

副院长：陈玉珍（女）

数学与金融学院

党委书记：徐卫民

院长：阮其华

副院长：林建伟

环境与生物工程学院

党委书记：王清水

院长：吴锦程

党委副书记：许荔仙（女）

副院长：黄建辉

机电工程学院

党委书记：蒋春兰（女）

院长：蒋长春

副院长：郑志霞　林振衡

信息工程学院

党委书记：刘卫红（女）

院长：黄金火

党委副书记：林文豹

副院长：黄朝辉

土木工程学院

党委书记：郑立新

院长：张秀成

党委副书记：杨海青

工艺美术学院

党委书记：林剑聪

院长：林永生

党委副书记：陈俊新

副院长：詹伟锋

音乐学院

党委书记：朱秋良

院长：林荣华

党委副书记：郑开忠

体育学院

党委书记：方建水

院长：王清生

党委副书记：黄志强

副院长：朱家新

管理学院

党委书记：林育堂

院长：徐国喜

党委副书记：朱秀兰（女）

商学院

党委书记：蔡少志

院长：林鸿熙

党委副书记：陈逸萍（女）

基础医学部

主任：王少华

副主任：王守安

护理学院

党委书记：蔡永兴

院长：魏碧蓉（女）

党委副书记：方向昭（女）

药学与医学技术学院

党委书记：程俊福

院长：林群英（女）

副院长：阮志鹏

党委副书记：李娜（女）

临床医学院

党委书记：庄惠龙

院长：林海滨

党委副书记：蔡志坚

副院长：连志明

基础教育学院

院长：宋　毅

党委副书记：蔡福兴

继续教育学院

院长：徐永辉

副院长：郭元龙

马克思主义学院

党委书记、院长：朱新华

党委副书记：郑秀红（女）

莆田学院附属医院

党委书记、院长：林海滨

党委副书记：蔡建荣　李励军（女）

副院长：蔡建荣　曾仁和　林群英（女）　吴黎敏　连志明

教育督导

【概况】　2019年，莆田市城厢区人民政府教育督导室（以下简称“区督导室”）在区委、区政府的正确领导下，深入学习贯彻党的有关精神，围绕《教育规划纲要》和《教育督导条例》精神，坚持督政与督学并举、监督与指导并重的方针，进一步强化综合督政机制，积极创新督导评估机制，加大教育督导工作力度，扎实推进各项工作；是年，完善督学责任区挂牌制度，推动城厢教育改革发展。

【党建工作】　2019年，区督导室强化学习制度，提升党员干部的党性修养，树牢“四个意识”，坚定“四个自信”，做到“两个维护”。坚持“三会一课”学习制度，推进主题党日活动，深入开展“不忘初心、牢记使命”主题教育，坚持召开组织生活会、民主生活会，加强党内组织生活活动。加强民主集中制度，落实“三重一大”工作制度，注重意识形态工作，落实意识形态工作责任制，加强党风廉政建设，坚持定期开展廉政约谈制度，提高全体党员干部政治修养和自律能力，提升党支部党建工作水平和能力。

【创新责任督学挂牌督导工作机制】　2019年，区督导室加强责任督学挂牌督导工作。落实工作机制，在区政府教育督导委的组织领导下，统筹推进责任督学挂牌督导工作，区政府印发《城厢区加强责任督学挂牌督导工作实施方案》，区教育督导室先后出台《关于建立完善责任督学挂牌督导制度》《关于建立督学责任区制度》《城厢区专兼职督学挂牌督导工作规程》《城厢区责任督学考核办法》等文件，落实保障、管理、考核等责任督学挂牌督导工作。加强队伍建设，全区共聘任33位兼职督学，均为一级职称以上，专业业务强，88%是学校的校级领导，素质高，学校管理经验丰富，工作能力强。是年，共建立7个责任督学挂牌督导责任区，形成全区所有中小学、幼儿园（含民办）全覆盖。扎实推进工作成效，落实责任督学工作制度，坚持每月下校督导1次，并按督导工作程序的具体要求，做好督导记录，查问题促整改，找亮点，树典型，取得一定的工作成效。

【教育质量监测工作】　2019年，区督导室迎接国家教育质量监测工作，切实做好与省、市督导室联络协调工作，按照区教育局的统一组织布置，单位全体人员全程积极参与，认真抓好落实，较好地完成工作任务。

【协调做好整改及迎评工作】　2019年，区督导室继续抓好落实省“两项督导”和“教育强区”问题整改工作，推进问题整改工作力度，按照区领导的指示要求，切实做好省对市政府履行教育工作职责督导涉及城厢区问题的整改。认真做好2019年度省“两项督导”系统平台材料上传工作，做好市对区党政主要领导履行教育职责督导评估迎评工作。

【督导工作常态化】 2019 年，区督导室认真做好“控辍保学”专项督导，开展学期工作随机性督导检查，有力推进幼儿园责任督学挂牌督导及幼儿园办园行为专项督导工作。

【日常管理工作】 2019 年，区督导室加强并完善各项单位管理制度，落实工作分工责任制，推进单位规范化管理。落实好区委第七轮巡察问题整改，加大平安单位、文明单位创建力度，加强扶贫、综治、挂钩村工作，做好保密工作，积极组建志愿者服务队，参与交通劝导、卫生服务，获得区级平安单位、市级文明单位。

（韩冰）

教师进修学校

【概况】 2019 年，莆田市城厢区教师进修学校（以下简称“区进修学校”）以习近平新时代中国特色社会主义思想为指导，在区委、区政府的正确领导下，按照区教育主管局的统一部署，遵循“内涵发展，服务至上”工作宗旨，立足岗位谋发展，达标建设有进展，各项工作有序推进，中心工作成效突出。结合主题党日、庆“三八”国际妇女节等节日开展常态化志愿服务活动，组织参加“传承木兰溪治理精神，保护最美家乡河”主题暨环保公益志愿服务及莆田市群众艺术馆非遗文化和妈祖故里风情写生展志愿服务等活动 3 场次，以实际行动弘扬志愿精神。在市烈士陵园协办 2019 年城厢区“扣好人生第一粒扣子”主题教育实践活动 -- 缅怀先烈 • 致敬英雄，与区委文明办等部门在坂头小学联合开展“我们的节日 • 中秋节”系列关爱慰问活动。选派 3 位教研员负责网络文明传播微博话题活动月上传工作，组织全体教职员工积极参加“助人为乐”等微信投票活动，参与率 100%。

【科研教研】 2019 年，区进修学校狠抓教研工作，教研室发挥岗位优势三服务有作为，创新举措促教育发展，取得一定成效。教研室多举措创新教研形式，促进全区教育管理水平、教学质量不断提升。组织举行观摩研讨活动，小学教研员分别在华一中心小学、南门学校等开展“小学寓言故事的教学”部编版教材教学、“探索群文阅读，打造书香校园”及“幼儿园艺术领域教学及”等主题教学观摩研讨活动达 45 场次。中学教研员分别在莆田五中等校举行高中数学教学观摩研讨活动、英语学科带头人示范课观摩研讨等教研活动达 50 场次。组织教研员下基层学校指导校本教研，开展教研员示范教学、复习指导课人均年度 2 节课；协助参与教学开放活动。按学科安排中小学教研员各自参加高中专场莆田五中等 3 个分场及初中专场文献中学等 2 个分场及外县区分场相应学科市教学公开周听评课活动，区内分场安排兼职教研员、中心组成员现场点评；组织召开专题研讨会议。围绕中高考质量分析、中高考复习策略等内容确定主题举行全区性专题教研，分别召开 2018—2019 学年第二学期期末统考暨 2019 届中高考各学科质量分析会、2019 年初中毕业班学科“复习备考”研讨会、中学教研工作例会等主题会 10 场次（分学科 24 场次）；小学教研室召开教研例会及语文、数学等 6 个统考学科质量分析会等研讨会共 12 场次；组织参加考务关联工作。教研室做好相关学科期末教学质量监测命题、监考等考务工作，并创新网上阅卷形式，高效完成考试评价阅卷工作，教研员全年参加高考、中考、抽考等考务工作共 16 场次，努力担当本职工作；参与教学常规督查评估。学校抽派中小学教研员积极配合区教育局开展期初“双随机”教学常规督查，形成书面反馈材料汇总通报。抽派 3 位教研员参加区教育局组织的校外培训机构专项评估，安排 2 位教研员参加区教育局组织的民办私立学校督查工作。激发片区教研新活力，出台《城厢区中小学片区教研工作实施方案》，建立片区教研制度，全区成立片区工作总领导小组机构，下设7个片区分设片区教研指导小组、专业指导组等联动机构。全区片区工作启动会议后，片区间互通共勉，纷搭平台，学科集体备课、专家讲座、连片统考教研活动竞放异彩，全区教研氛围愈加浓厚。巧施教学视导新抓手，制定《关于进一步加强中小学教育教学视导工作实施方案》，推进城厢区教育教学工作再上新台阶。中学教研员上半年重点以备考为专项抽查5所学校开展教学视导，下半年重点以常规为专项，以片区为单元，下灵川、华亭片区10所学校开展教学视导；小学教研员上半年重点以教学常规管理为专项对华亭学片2所小学开展集体视导，下半年安排灵川、东海片区6所小学、6所幼儿园开展教学视导。通过加大教学视导力度，及时召开教学视导工作布置会、反馈会，推进各校教研走向常态化，促进城乡各校教学质量不断提升。规范帮扶送教新增量，制定下发《城厢区教师进修学校送培送教下乡活动管理方案》，规范送教送培下乡活动的管理，提升我区送教送培下乡活动质量。中小学教研员分别在农村基层校组织举行送教送研进课堂28场次，参与开课和讲座教师超100人次，其中贯彻中央关于精准扶贫和乡村振兴的战略部署，在常太中心东青小学附设园开展精准扶贫专项活动。组织陈玉水名师工作室等市区级党员名师工作室、名师工作室团队开展精准帮扶、心理健康教育等送教送培下乡活动27场次，参与开课和讲座教师达110人次。区进修学校妇委会组织3位女教研员前往园头学校开展“巾帼文明岗”课堂教学研讨暨“送教下乡”活动，市级名师赖翩京党员名师工作室开展送教下乡16场次，福建省小学数学徐国裕名师工作室赴省定扶贫开发重点县开展2019年度送教援培等活动3场次，小学教研员吴丽红响应省教育厅号召报名参加支教，服从安排到南平市浦城县农村小学支教。引航课题研究新高度，教研室重视教育科研课题研究，教研员担任课题基地管理者和课题研究负责人或参与者，并加强教育科研基地校课题研究过程性管理指导。立项开题明科研方向，9月张宁建校长主持的高中语文思辨读写的策略研究、范国强副主任主持的以单元“语文要素”为核心的群文阅读体系的构建研究2个课题获得福建省教育科学“十三五”规划2019年度课题立项，兼职教研员一雅媛等主持的《基于核心素养的校本作业研发与管理的研究》4个课题被省教科所立项为2019年度的专项课题，分别在霞林学校和莆田五中举行开题报告会，邀请省教科所和市教师进修学院专家到会指导；研究实践提科研成效。中学教研员组织开展《提高道法课教育教学实效性研究》等课题研究系列活动近30场次。小学教研员在逸夫实验小学、霞林学校等组织举行省级“十三五”规划2019年度课题以单元“语文要素”为核心的群文阅读体系的构建研究课题观摩研讨、小学数学省级课题集体单元备课等活动达20场次，其中，在筱塘小学开展《筱竹》校本课程教学观摩暨省级课题智慧课堂理念下的小学项目式活动的实践研究研讨活动，《莆田晚报》就本场活动进行专题报道；评估指导展科研成果。对城厢区2018—2020年小学（幼儿园）教育科学研究立项的55个课题进行中期检查检查评估，并评出语文、数学等学科10个优秀成果，分学科举行全区课题研究优秀成果展示活动3场次，及时推广课题研究成果。中学教研员对2018—2019学年规划的57个课题进行督查指导，开展阶段研究成果申报及展示活动，推选20位课题负责人分享经验，推进课题研究有效开展。六是搭建评比竞赛新平台。教研室组织专家对各校选送的“一师一优课”教学视频进行评选，择优送报市级参评，共有36节课获奖。协助市第四届现场作文竞赛活动，做好城厢分场高二、初二参赛学生报名及考务工作。组织推荐65节优课参加市评，7节获得省优课，3节获得部优课。中小学教研员组织举行城厢区庆国庆中学生现场作文竞赛及幼儿园传统节日教育优秀活动案例评选活动等赛事9场次。小学教研员组织举行全区小学教师单项教学技能比赛，36位教师获奖。教研室组织举行2018—2019学年全区中小学幼儿教育教学优秀论文评选活动，制作汇编本分发交流。

【师资培训】 2019年，区进修学校秉持“面向全员、精推骨干、分层培训”的原则，健全培训机制，创新培训模式，顺利落实年度培训目标。继续教育培训兼顾合格率，按照区教育局文件通知的要求，培训处按照培训计划于7—9月对全区4673名中小学（幼儿园）教师进行网络远程继续教育全员培训，靠前做好报名、遴选培训指导教师工作，并出台对培训不合格的教师“全国教师管理信息系统”学时学分按规定不予登记认证的补充规定。依托奥鹏教育网运用三级联动管理模式，最终考核4669人达到合格标准，合格率99.9%，同时，评公布优秀指导教师和优秀学员名单。新任教师培训严把入格关，按照《城厢区新任教师见习期转正考核及评优方案》对2018—2019学年度199位小学、幼儿园教师进行转正考核，认定191名新任教师见习期表现合格，合格率达99.48%，并评选新任教师优秀学员、优秀带教教师、优秀专业导师各15名。暑假期间，对城厢区305位2019—2020学年中小学幼儿园新任教师进行岗前培训，秉承传统做法，执行上级创新举措，落实局长第一课制度和带教教师、专业导师以身示范开现场课等规定，聘请8位名师授课；通识主题集中培训，学科课程分班培训，做到理论与实践双向并举，高端引领与师徒帮带双管齐下，促进新教师岗位历练成长。小学校长（园长）培训注重领导力，12月初在福州组织举办城厢区“十三五”第一期小学校长（园长）任职资格培训班，全区59位小学校长（园长）参加培训。培训处通过召开座谈会等形式了解培训需求，选择确定“新视野·新理念·新变革·新常态背景下领导力能力提升”为主题设计培训课程，采用专家讲座、返校跟踪指导等5个培训形式，邀请福建广播电视大学资源部管理中心主任徐敏等12位知名专家、教授作专题讲座，前往鼓楼区第二中心小学等5所学校参观考察，确保培训成效运用到学校教育管理中。培训下移对接细化事务性，培训处积极配合市教育局、教师进修学院及区教育局做好上级委托的事务性培训工作，保证后续培训工作进展顺利。做好16位福建省“十三五”第二批中小学名校长后备人选培训对象、19位莆田市“十三五”中小学名校（园）长培养工程、10位莆田市“十三五”第二期市级乡村校长助力工程培训等报送工作。教师团队组建打造名优型，按照市教育局相关文件精神，对2019年市级及以上名优教师业绩进行考评，240位考核成绩优秀的名优教师分获相应奖励。组织对全区名优教师进行2016—2019三年大考核，确认推荐283位名优教师参加市级复审。严格按照文件规定对市级骨干教师培养对象进行认定考核，共27位培养对象通过区级评选，并向上一级教育主管局申请认定。按照工作安排，组织首届区级学科带头人培养对象选拔，共评选出高初中小学幼儿35名人选。加强区级名师工作室管理，对下拨的名师工作室经费使用进行监管，并督促推进工作开展。下半年组织评委评选出第二届区级名师工作室22个，确定22名领衔名师，同时开展工作室成员候选人选拔工作。跟岗学员研修落实导师制，落实《莆田市教育局关于做好2019年省级扶贫重点县教师校长来莆田跟岗学习工作的通知》精神和要求，成立跟岗学习领导小组、制定跟岗工作方案，指派徐国裕等5位教研员为相应学科跟岗学员导师，并做好古田、柘荣、屏南教师进修学校共3位跟岗学员的后勤保障工作，确保研修任务按时按质完成。校本课程研训突出学科性，中小学教研员参加省、市高三、九年级市质量检测研讨、省初中学科毕业班教学研讨及学科培训达15人次；小学教研员组织相关学科教师赴陕西师范大学、湄洲岛参加高级研修及中小学美术教师写生研修等专题培训共9场次，有效提升教师的学科教学素质。另外，小学教研室在内区组织举行2019年小学教师岗位练兵、“教育专家”论坛活动暨幼儿园课程实施、小学语文教师习作教学能力和教学论文写作等专题培训7场次，邀请福建师范大学教育学院吴荔红、省教科所钟建林等专家作“文章选题学术价值提炼”等专题讲座。

【党建工作】 2019年，区进修学校把抓党建促发展作为年度工作重要的政治性任务抓紧抓实，并统筹盘活创建大局，履行文明创建、平安单位创建的岗位职责和社会延伸职能。成立以张宁建校长兼党支部书记的新一届支部委员会，选举产生3位委员，协助分工负责日常工作。加强思想政治学习，深入学习贯彻中共十九大精神和《习近平在全国宣传思想工作会议上的讲话》、习近平关于“不忘初心 牢记使命”重要论述摘编等习近平总书记系列重要讲话精神和重要指示，集中学习《廉洁自律准则》《新时代公民道德实施纲要》等内容；组织观看《我和我的祖国》《古田军号》红色电影、优秀共产党员微视频及《变害为利，造福人民——习近平生态文明思想在福建木兰溪的先行探索》专题片；持续依托“学习强国”学习平台加强党员学习管理，及时通报学习进度；开展主题教育活动，下半年，党支部按照上级统一部署开展“不忘初心、牢记使命”主题教育活动，把开展主题教育与推进“两学一做”学习教育常态化制度化结合起来，邀请指导组为工作推进会作辅导讲座，确保教育成效，每位党员认真撰写主题教育心得体会1篇，做到深学悟透；规范党员目标管理，落实“三会一课”制度，定期召开领导班子民主生活会和党员组织生活会各2次，党员填写《党员教师互评表》等材料汇总存档。结合每月1次主题党日活动，开展“严明纪律规矩”等专题研讨8场次，并建立“支部主题党日”活动台账。开展党费自查工作，通过城厢教育党员在线微信按时足额缴纳党费；加强党风廉政建设，按照“六有”要求建立廉政档案，要求每位党员签订《党风廉政建设责任书》和廉洁自律承诺书，填写岗位廉政风险登记表，并召开元旦、春节党风廉政集体约谈会，营造风清气正的廉洁氛围。加大党建宣传力度，利用宣传栏、电子屏、微信公众号等传播平台强化舆论引导，进而深化主流意识形态工作；巡察反馈落实整改，学校领导高度重视区委对我校党组巡察工作，委派专人对接联络，并对区委巡察组反馈意见中指出的6个方面18项共42个问题，认真制定整改方案，在规定时限内落实整改，完成35个，基本完成2个，未完成5个，挽回损失0.768万元，为后续工作规范开展提供依据。

【创建工作】 2019年，区进修学校高度重视创建工作，重新成立创建活动领导小组机构，调整部分成员名单，各项创建工作别开生面。文明创建见行动，制定第十四届文明单位创建工作方案，提交《文明创建掀热潮 岗位担当有作为》创建市级文明单位汇报材料，精心整理迎评材料，顺利通过莆田市第十四届文明单位考评。平安创建促和谐，持续开展“平安单位”创建工作，制定《创建2019年度“六无六好”平安单位的实施方案》，与各室处（组）等负责人签订《2019年度安全目标管理责任书》，明确安全目标管理，责任分解到人。积极组织开展扫黑除恶专项斗争，利用学校的LED屏制作宣传标语和宣传栏营造氛围。做好平安综治宣传，组织志愿活动向行人分发《平安小常识》等宣传材料共200多份，并深入挂钩村—利角村开展“平安城厢”“法治城厢”等主题宣传教育活动，共走访160余户村民家庭。年内，未发生一起泄密事件，无发生安全事故，工作环境宽松和谐。学习贯彻城厢区工会第四次代表大会精神，组织教职工参与第八期职工医疗互助活动，每人缴纳互助金60元，教职工参与率100%。发动教职工积极参与“一日助”慈善捐款活动，每人捐助一天工资，补充各级“送温暖工程”基金，为困难职工献爱心。关心慰问长期患病的陈国文教师、困难教职工及其直系亲属，传递学校的关怀与问候。

【内务管理】 2019年，区进修学校注重内涵发展，加强内务管理，成立绩效管理工作、校务公开等对接工作管理领导小组，开展系列基础性常态管理工作。加强制度建设，做好《“三重一大”集体议事决策制度》《校务会议制度》和《教研员量化评分细则》等规章制度的修订工作；补充出台值班人员工作职责等管理规定，成立学校《日常工作督查领导小组》，严格考勤制度，细化请销假、申请临时外出等审批程序，考勤统计结果运用于年度考核量化及绩效工资奖惩中。加强财经管理，落实莆城财文件通知要求，严格执行财经纪律，各种报销按照程序实行一把手审批制和经审监督制，对就餐费用、下乡车辆补贴进行认真登记和统计核对，对新校区办公设备按照政府统一采购流程招投标购置。认真做好财务预算、财务决算工作，及时做好会计档案工作。学校各项办公用品和大宗物品的采购，规范采购行为，规范物品入出库登记。做好2019年度绩效工资发放工作，在绩效工资奖金分配上，严格执行制度，程序规范，公平公正。成立校务、财务公开工作领导小组，建立公开目录，细化公开内容，增加公开透明度。加强效能管理，制定《2019年度学校绩效管理工作实施方案》，细化指标考核及数据采集责任体系，责任分解到人，落实到位。对保密工作常抓不懈，强化对涉密人员的管理和教育，按要求做好内网收文流程管理，认真填写实施情况自查报告，保密材料单独存放归档。认真落实计划生育国策，做好人性化优先待遇等相应工作。重视档案管理工作，按档案规定标准，做好档案资料的立卷、装订和存档工作。做好学校大事记、年鉴编写以及报刊杂志订阅收发工作。学校加强领导班子建设，调入3位副职，发挥班子整体领导力作用。正式搬迁到新校区办公，挂牌成立城厢区教师进修学校附属兴安小学，加快推进创建省级示范性教师进修院校标准化建设。教研员撰写《感悟人物形象，直击小说教学核心》等10篇论文发表在《福建基础教育研究》《福建教育》等教育教学CN期刊，其中范国强老师的论文《“语言建构与运用”的核心内容》被中国人民大学复印报刊资料《小学语文教与学》2019.04期全文转载。2位教研员主持开发的《单元“语文”拓展型群文阅读》《绘说莆仙 童话壶兰》校本课程，获“福建省中小学精品校本课程”称号，中小学9位教研员获2019年莆田市优质课评选指导教师荣誉，9位中学教研员被评为“2018—2019年莆田市“初中教育先进个人”荣誉称号。学校被评为2018年度区级平安单位、第十四届市级文明单位。2020年，学校行政领导将带领全体教职员工立足岗位需要，创新工作思路，为城厢教育发展再立新功。

（李志兴 卓秀如）

文化事业

【概况】 2019年，莆田市城厢区文化体育和旅游局（以下简称“区文旅局”）深入贯彻中共十七届六中全会精神，认真落实习近平总书记文艺工作座谈会重要讲话精神和《中共中央关于繁荣发展社会主义文艺的意见》要求，推动群众文艺繁荣发展的主要思路，健全群众文艺工作机制、运行机制、激励机制，进一步加强服务基层文化工作，为构建和谐社会营造良好文化环境，取得显著成效。是年，区文旅局窗口共受理审批事项128件，其中：出版物经营许可项目新设立92件，变更3件；高危险性体育项目许可新设立7件；娱乐经营许可新设立项目9件，延续4件，退办件1件；演出团体新设立项目4件，延续1件；营业性演出申请1件；电影放映新设立3件；网吧变更1件，注销1件。3月，对电影和出版印刷等行业共107家进行年检。按照审批要求，全部事项都做到0超时，按时办结率达到100%。

【文体惠民工程】 2019年，区文旅局投入资金684万元对全区未实现有线广播村村响91个行政村中38个村进行覆盖，完成凤凰山街道林桥村、朱坑村、白洋村等3个村的施工，铺设完成东海镇、灵川镇、华亭镇等3个镇所涉及的35个村的线路。投入资金130万元新建（补充）完善30个村级（社区）文化服务中心，又资金补助20万完善2个文化服务中心点建设，7个镇（街）文化站每家下拨资金5万元—10万元不等用于日常开放。落实《全民健身计划健身纲要》和省、市级为民办实事与民生改善工程，争取上级资金123万元新建社区多功能场所1个，笼式篮球场1个、室内健身房1个，室外健身点12处。新建村级电子阅览室12个，图书2万多册，电脑24台，巩固提升农家书屋12个点投入资金20万元。

【基层文体活动】 2019年，区文旅局落实文化馆（站）公共文化设施免费开放制度。每周开放时间不少于42小时，每年天数时间不少于300天，公益培训、艺术普及、阅读欣赏、展示展览等基本服务项目健全，其中：少儿书画培训每年不少于400人次，爱国主义核心价值观展览吸引约2000人参观学习。持续打造“百姓大舞台”“我们的节日”等公益文化活动品牌，如东海镇按季度组织百姓舞台活动。落实公共文化服务“四进”活动。农村“2131”工程年放映数字电影每年1000多场次；积极推进“结对子、种文化”活动，培育基层文艺队伍10多支；打造“忘不了的乡愁”，举办非遗文化进校园、进社区等各类活动每年10

多场次；开展莆仙戏“进校园、进村居”活动，举办莆仙戏艺术讲座每年5场次。民间莆仙戏剧团演出每年1000多场次。推进全民阅读活动，创造良好的阅读氛围。成功举办区级全民健身比赛15项共50多场次、书画展览8场、庆祝新中国成立70周年大型书画展览、非遗传统武术大演练和非遗项目论证会。

【开展文艺活动】 2019年，区文旅局建起高标准乡镇宣传文化活动中心7个、农村文化活动室89个，为基层文化站配送各种文化器材，如组合健身器材、电脑、图书、书橱、培训桌椅、棋牌桌椅、体育器材、音响、电视、乐器等演出和培训必用电器。按文化部的标准规划指导各文化站的建设，按照“八个一”（一个教室、一个展览室、一个体育健身室、一个书刊阅览室、一个电子阅览室、一个广播室、一个文化信息资源共享工程服务室、一个科普活动室）的要求促成综合文化站的投入使用。充实完善基层文化站长、村级文化协管员的选拔聘任工作，举办多次村级文化协管员和文艺骨干培训班，规范协管员队伍的建设，提高协管员队伍的管理和组织能力，组建多支文艺团队到农村、到基层巡回演出；将活跃在文化馆周围的一些文艺、莆仙戏爱好者组织起来成立各种民间文艺团体，利用馆里的排练厅和音响设备，组织指导排练工作，并在社区和农村开展广场演出；组织社区和农村广场舞蹈队。派出专业人员，深入基层，对农村基层农民的文化团队进行业务指导。组织引导群众，开展各种文艺演出、比赛，推出精品在参加省、市级比赛和活动中获得较好的成绩。广场舞比赛获得市一等奖1个、二等奖2个、三等奖1个。组织文艺志愿队伍积极响应省艺术扶贫的倡议认真部署艺术扶贫工作，服务广大农民群众的子女。安排部署与农村贫困地区的学校和群体“结对”，选定艺术扶贫点开展工作。组织曲艺专业艺术人员为农民实施艺术扶贫活动，培训的内容有十音、车鼓、民间舞蹈、腰鼓、秧歌等项目。美术专业人员对贫困学生实施美术培训，涉及儿童画、素描、色彩、美术理论等科目，让农村贫困孩子也能受到艺术启蒙教育。组织艺术扶贫班的学生在文化馆举办书画作品展。文化馆对外免费开放，每周开放6天，每天8小时。主要免费开放的服务项目有：少儿书画免费培训、举办各种展览、举行文化协管员培训、活动室电子阅览等开放。少儿书画免费培训方面：面向社会公开招收在校少儿学生，利用每周星期日、假日时间免费为少儿举办书画培训，学生按年龄段分为小学组和初中组，培训内容为：书法、国画、素描、速写、色彩写生等。举办各种展览方面：每年举办3—5场美术、书法、摄影、非遗等专题展览，免费接收承办书画家的个人书画展及其他综合图片展览。组织各种形式的书画展览，走出莆田，走出福建促进文艺交流。举行文化协管员培训方面：举办一期文化协管员培训班，内容主要是基层文化工作管理、文化艺术普及和文化艺术、非遗保护等内容。活动室开放方面：免费向社会开放活动室，内容有：乒乓球、健身室、展览厅、排练厅、电子阅览室等，真正做到文化资源共享。按省文件精神进行宗祠文化普查，对区内宗祠信息资源进行系统普查，发现较完好的宗祠、祠堂一共有14个，其中：华亭镇3个（南湖村周氏宗祠、埔柳村卓氏宗祠和涧口村詹氏宗祠），常太镇3个（马院村滁川陈氏宗祠、溪北村涂氏宗祠和马院村邱氏宗祠），东海镇7个（蔡亭村陈氏宗祠、蔡厝村东蔡宗祠、东沙村度顶蔡氏宗祠、东沙村莆阳蔡氏宗祠、西黄村沈氏宗祠、东沙村行人公宗祠、东沙村度顶蔡氏宗祠），霞林街道1个（霞林社区翁氏宗祠）。

【振兴传统工艺】 2019年，区文旅局按照中央十八届五中全会关于“加强文化遗产保护，振兴传统工艺”的倡议，振兴传统工艺，提高传统工艺文化产业，促进就业，实现脱贫致富。区内传统手工技艺类项目有19项（国家级一项，省级一项，市级八项，区级九项），其中，传统美术类

4 项，传统技艺类 15 项。国家级非遗项目竹刻(莆田留青竹刻）获得中国传统工艺振兴计划首批国家资金补助 50 万元，使项目得以保护和传承。保护单位主体莆田留青竹刻传承人与莆田科技职业学校和莆田学院工艺美术学院合作办学，在校园内设立首个传习所——“留青竹刻工作室”。国家工艺美术大师郑春辉的《清明上河图》木雕浮雕作品获得吉尼斯世界纪录，吸引大量的游客前往福建腾晖工艺有限公司进行现场参观学习。庄严苑工艺品有限公司获得清新福建“福建观光工厂”称号，游客可以直接进入工厂参观传统工艺制作过程，直接购买具有旅游纪念文创产品，也可以亲手操作传统工具制作。境内 85% 的非遗项目能够依靠自身力量实现传承发展。红色旅游文创产品如：莆田悟仰堂文化艺术有限公司的红色旅游文创产品有伟人桌摆名片收纳盒、伟人纯银胸章、伟人像和小战士 U 形书签等；非遗旅游商品如：大同行（黄家门桂圆干）、大同行黄氏果膏等。在学术技术交流研讨活动方面，福建腾晖工艺有限公司和鲁迅美术学院合作，在腾晖工艺有限公司建立实训基地，为学生提供实训平台，这是两家单位为探索学院和企业产、学、研一体化的培养模式，学院发挥专业和学科优势，企业发挥自身资源优势，取长补短，相互协作。两家达成共识，决定在雕塑艺术研究雕塑艺术创作，学生今后就业等方面深入合作。福建腾晖工艺有限公司是鲁迅美术学院在莆田市第一个雕塑（木雕）教学实践基地和校企合作对象，同时也和福建艺术职业学院建立人才培养的校企合作关系，和莆田学院工艺美术学院建立实训基地。

【妈祖信俗】 东海金沙宫上元祈福习俗，是以金沙宫为中心，以蔡氏家族传承为主，按照传统约定的各村各境队伍顺序排列，以丰富多彩的文艺踩街为内容，伴随着金沙宫内的妈祖娘娘、慈感仙妃等神驾，人神同乐，共祈新春之福。传统戏剧类，如木偶戏（东海西厝）项目，农历三月二十三、九月初九参与妈祖城、妈祖宫、妈祖祖庙表演活动，主要表演作品有《目莲救母》《愿》《北斗戏》《仁宗出世》《彩戏》等。传统技艺类，比如：莆田传统美食制作技艺项目的妈祖白煎、妈祖家宴等；复茂饼家制作技艺项目的妈祖平安饼等；唐式佛像彩绘、贴金项目制作的妈祖木雕神像；郑氏山水木雕圆浮雕技艺项目的大型妈祖文化木雕作品《护海危灵》和《壶兰锦绣》等；传统体育、游艺与杂技类的莆田南少林武术受邀参加海峡论坛妈祖文化周，表演健身气功八段锦。

【文化市场管理】 2019 年，区文旅局认真落实文化市场管理责任制，定期开展文化市场的日常巡查，加大案件的查处力度，深入开展“扫黄打非”、扫黑除恶等专项治理斗争，围绕“清源”“净网”“护苗”“秋风”等专项行动，严厉打击政治性非法出版物、违法违规音像制品、非法印刷活动、打字复印店非法经营行为、盗版教材教辅读物、非法报纸期刊、非法安装地面卫星接收设施及涉黄涉政旅游纪念品销售行为等。年内共完成审批设立件 123 件，其中出版物审批设立 103 件，娱乐场所 14 件，高危许可 6 件。出动执法人员 3589 人次，组织专项执法行动 10 次，检查出版市场 467 家次，取缔非法经营摊点 16 家，盗版音像制品 8000 多张，盗版电脑软件 1200 多张，盗版图书 9000 多册，检查各类印刷企业 147 家，共立案查处 4 件，行政罚款 16500 元。与各经营单位签订守法经营承诺书 80 份。

【文物保护利用】 2019 年，区文旅局为加强对文物的保护，要求 63 处文物保护单位签订《文物安全责任书》，重点检查石室岩、五帝庙、梅峰寺等 12 处文保单位，落实人员、设施和制度，确保文物安全。省级文物保护单位东汾五帝庙第二期维修工程完工并通过验收，市级文物保护单位横江祖宫、龙山宫维修工程完工并通过验收。

【非物质文化遗产】 2019 年，

区文旅局推进非遗进校园，由省级非遗项目南少林武术传承人在莆田三中展演活动，在世界健身气功日进社区展演，组织非遗项目参加2019年中医中药中国行活动。认真普查境内非遗项目，其中：东海镇13个自然村有线索1047条，灵川镇15个自然村有线索1325条，常太镇28个自然村有线索2641条，华亭镇35个自然村有线索3100条，凤凰山街道3个自然村6个社区有线索556条，龙桥街道4个自然村5个社区有线索678条，霞林街道7个自然村4个社区有线索707条。境内有非物质文化遗产代表性项目146个项目，其中，国家级项目1个，省级项目4个，市级项目35个，区级项目106个。省级传承人郑春辉作品《清明上河图》是莆田市唯一一位在非物质文化遗产传统技艺类获得吉尼斯世界纪录者。区内有九个市级传承基地（传习所），分别为留青竹刻传承基地、闽台送王船传习所、复茂饼家制作技艺传承基地、莆田木雕（郑春辉）传承基地、莆田南少林武术传承基地、老蒲鲜（莆田传统美食）传承基地、华艺雕刻传习所、庄严苑传承基地、金沙宫上元祈福传承基地。中国工艺美术大师郑春辉建成莆田市首家民间展示馆——春晖木雕馆，并免费向公众开放。传统佛像制作技艺项目传承人王剑涯建成佛艺博物馆。

体　育

【群众体育】 创新全民健身活动形式和方法，引导和鼓励群众经常参加全民健身活动，举办不同层次、不同类型、不同人群的全民健身体育竞赛活动和健身展示活动，积极利用传统节假日，2019年，共投入35万元举办15项全民健身运动会，已经举办有“爱登娜”杯乒乓球比赛、“卡姬兰”杯跆拳道比赛、“道合”3X3小篮球联赛、羽毛球、篮球、飞镖等13项目比赛。开展体育场地普查。在接到普查任务后，积极主动靠前协调镇、村干部提前做好普查前期工作后，委托莆田学院体育学院进行普查，截至年底全面完成全区7个镇街的体育场地普查。共普查体育场地数量1064个，与“十二五”相比体育场地数量增加442个，增长107.8%；体育场地总面积为843457平方米，面积增加283307平方米，增长50.58%；全区人均场地面积达到1.95平方米。到2020年，全区人均场地面积可达到2.0平方米以上。

【体育赛事】 城厢区成功承办2019年莆田市锦标赛排球、散打、跆拳道、足球四个项目的办赛工作。为更好的促进城厢区青少年竞技的发展，年内城厢区举行中小学生田径、篮球、足球、排球、乒乓球、跆拳道等六个项目的比赛。2019年城厢区代表队参加全部的13个市锦标赛项目的比赛，其中获得跆拳道男女团、游泳男女团、乒乓球男团、篮球女团、排球女团、武术散打女团等团体第一的成绩，总共带入第五届市运会奖牌18金（团体第一8枚、承办赛事4枚、参加比赛6枚）。

2019年城厢区全民健身运动会暨城厢区百村体育联赛乒乓球比赛

（林逢春　摄）

2019 年度城厢区籍运动员参加国内外大赛（包括青少年比赛）成绩统计表

表 6

姓名	性别	出生年月	现单位（队）	参赛名称	时间	参赛地点	参赛项目	成绩	名次
刘欣宇	女	2004 年	省体工队	第二届全国青运会	2019 年 7 月	广东顺德体育中心	水球	个人	第一名
张琼丹	女	2001 年		第二届全国青年运动会	2019 年 8 月	山西太原	摔跤	体校甲组 68kg	第五名
江毅建	男	2001 年	省体工队	第二届全国青年运动会击剑决赛	2019 年 8 月	山西太原	击剑（重剑）	团体第二	第二名
陈子禛	男	2004 年		第二届全国青年运动会	2019 年 8 月	山西大同	篮球	乙组（体校）	第三名
田艺志	男	2004 年	莆田体育运动学校	第二届全国青年运动会	2019 年 8 月	山西忻州	拳击	男子乙组 57 公斤	第三名
吕敏贞	女	1998 年	福建省体工队	2019 全国激流回旋冠军赛	2019 年 2 月 21 日	四川	激流回旋单人皮艇	成人组	第一名
黄家骏	男	2005 年	莆田体育运动学校	中国击剑俱乐部联赛	2019 年 7 月 19 日	江西南昌站	击剑（重剑）	个人	第六名

旅　游

【概况】 2019 年，城厢区境内共有相对较为成熟的旅游点 40 多个，其中包括国家级 AAAA 级景区 1 个（九龙谷生态景区）、AAA 级景区 5 个（御庄园度假村、绶溪公园、马院人家、花果华亭和岭下村旅游景区），以及凤凰山、木兰陂、钟潭景区、东海灵川等特色旅游景点；规模以上酒店宾馆约有 70 多家；五星级酒店 1 家（希尔顿逸林酒店），四星级酒店 5 家（天妃大酒店、东方国际大酒店、阳光假日大酒店、悦莱温泉大酒店、明珠大酒店）、三星级饭店 1 家（壶兰大酒店）；现有旅行社 11 家，占全市旅行社的 60%，旅游从业人员 3400 多名，其中导游员 110 人，形成相对集中的旅游服务体系。此外，还有国际油画城、春晖艺术馆、庄严苑、百年复茂饼家、万隆古玩城、正和艺术馆等文化景观资源；绶溪公园、木兰陂公园、钟潭公园、南湖公园、荔枝公园、延寿公园等城市游憩资源；东岩山“三一教”祖祠、广化寺、梅峰寺、龟山寺、东汾五帝庙、石梯寺等宗教文化资源；东圳水库、常太马院村、岭下村，凤凰山街道坑洋村、林桥村，灵川径里村、下尾村、桂山村，华亭涧口村、后角村、柳园村、东海坪洋等乡村山水田园景观资源和东海、灵川滩涂、码头等滨海旅游资源。这些旅游资源类型多样，特色鲜明，具有较强的吸引力。

【旅游景点】 木兰陂、广化寺、九龙谷景区、御庄园温泉度假村、绶溪公园、花果华亭、乡村岭下、红色马院人家、凤凰山公园。辖区内还拥有莆田新旧“二十四”景中的“木兰春涨”“石室藏烟”“梅寺晨钟”“寿溪钓艇”“三紫凌云”“钟潭噌响”“龙谷奔泉”“圳湖映碧”“龟洋积雾”等盛景名闻遐迩。

（许少杭）

卫生 健康

卫生 计生

【概况】 2019年，莆田市城厢区卫生健康局（以下简称“区卫健局”）深入实施“健康中国”战略，推进“健康城厢”建设，聚力抓重点、补短板、强弱项，持续推进深化医药卫生体制改革，继续完善公共卫生体系，预防控制重大疾病，推进城乡医疗联合体建设。卫生资源总量逐步增加，医疗卫生服务能力和效率不断提高，群众“看病难、看病贵”问题得到进一步缓解。全区公立医疗机构总数（不含村卫生所）7个，其中：医院1个，镇卫生院3个，街道社区卫生服务中心3个；床位354张，门诊疗人次达97.7038万人次，住院达6115人次。全区村卫生所82个。以促进人口均衡发展为主线，贯彻落实全面两孩政策，扎实推进计划生育服务和管理，推进生育关怀关爱，积极应对人口老龄化，在持续人口监测和形势分析下，全区人口发展呈现健康态势。年末全区总人口41.6729万人，出生率10.7‰，死亡率4.33‰，自然增长率6.37‰，出生人口政策符合率92.95%，出生人口性别比114.18。

【医药卫生体制改革】 2019年，城厢区持续深化医药卫生体制改革，进一步完善医疗卫生体制机制。建立区公立医疗机构管理委员会工作机制，区医管委办公室设在区卫健局，负责区医管委日常事务；实行“一归口、三下放”的公立医疗机构管理机制改革，由区医管委统一归口管理全区公立医疗机构的人事、业务、经费等事项，将内部人事管理权、经营权、分配权下放给公立医疗机构自主管理，实行院长负责制。实行绩效考核与院长年薪、职工收入分配“双挂钩”制度，设立院长年薪制区级财政专项资金，院长年薪总额由区医管委每年一核定，依据考核结果确定院长年薪档次、医疗机构绩效工资总额、医保支付、财政补助，引导收入分配向关键岗位、业务骨干和做出突出成绩的医务人员倾斜，推进现代医院管理机制建立。改革编制人事管理机制，以区为单位实行区属医疗机构的人员编制总量控制、统筹安排、动态调整，按常住人口变化情况及时调整核编，采取互补余缺的调整方式，在编制总量的控制总数内，调配机构人员编制数和总量控制数；按区医院、镇卫生院和社区卫生服务中心等级别分类统筹岗位设置管理，在岗位职位的控制总数内调配同类机构的三类岗位各等级岗位数。破除“以药补医”机制，控制医疗费用增长，全区所有公立医疗机构全面实施药品和耗材零差率销售制度，取消药品和耗材加成政策，全面延伸到一体化村卫生所。全区公立医疗机构全面实施国家基本药物制度，实行省级药品统一网上集中采购和网络平台监控工作，基药采购占比达 85% 以上。全区村卫生所纳入基本药物实施范围，各卫生院通过药品询标形式对辖区内卫生所实行“三统一”（即“统一药品目录、统一药品价格、统一购药渠道）管理。

提升医疗机构服务能力。推进城区医疗联合体，构建以城厢区医院为龙头，以城区社区卫生服务机构为基础，组建城区医疗卫生服务联合体，对成员单位的人、财、物实行统一管理，实现“资源配置、人员编制、运行管理、医疗服务、医疗保障”五个一体化管理。二是健全完善分级诊疗体系，区医院与市第一医院医疗集团、厦门大学附属中山医院、省人民医院等三级医院建立合作共建机制，依托三甲医院的技术辐射，通过分级转诊和技术协作，提升区医院的慢性病科、消化内科、老年科、甲乳科及胃肠镜、内镜治疗等专科医疗服务能力。区医院设置“名医工作室”，由上级专家定期驻院开展门诊、手术及技术指导；与市第一医院共建“联合病房”20 床，缓解三级医院病床紧张问题。区医院与各镇卫生院、社区卫生服务中心签订双向转诊协议。家庭医生签约服务，以高血压、糖尿病等慢性病为抓手，依托区医院、镇卫生院、街道社区卫生服务中心和乡村医生等组建三级家庭医生管理团队，以社区为单位划分责任片区，实行网格化管理，推行家庭医生契约式服务。是年，全区家庭医生签约覆盖率 30.7%，重点人群签约覆盖率 60.5%，建档立卡贫困人口签约率达 100%。

【乡村卫生服务一体化管理】 2019 年，区卫健局推动乡村卫生服务一体化管理，实行村卫生所建设、人员、业务、药械、财务、信息化、绩效考核等统一归口镇卫生院管理。一体化村卫生所全面纳入医保定点单位，同步落实药品、耗材零差率销售和一般诊疗费政策。是年，全区共完成村卫生所一体化建设 64 家。

建立农村远程视频诊疗平台。推动“互联网 + 医疗”在一体化建设的村卫生所应用，由莆田移动公司建设视频诊疗信息平台，实现患者在村卫生所通过信息平台对接区医院专家在线问诊，区医院医生通过信息系统调阅患者既往诊疗记录和影像资料，完成远程就诊活动。群众可在村卫生所自助查询个人健康诊疗档案。是年，全区远程视频诊疗服务上线的村卫生所 64 个，在此基础上安排财政资金 200 万元，优化提升远程视频诊疗系统，健全远程示教和健康教育网络，接受远程会诊患者累计 6697 人次。

乡村医生队伍建设。优化卫生所人员配置，对村医不足的村卫生所由镇卫生院驻派医务人员，或从社会上具备执业（助理）医师、中专及以上学历的优先聘用。继续采取“订单定向”方式，每年由莆田卫生学校定向培养农村医学专业中专生，定向培养对象取得乡村执业（助理）医师证后进入村卫生所服务。村医可在镇范围内统一调配使用，实行统一管理和调配，提升村卫生所村医队伍专业技术能力。落实村医退岗制度，对年满 60 周岁的退岗村医，自 2017 年 1 月起按城厢城市居民最低生活保障的标准发放退岗养老生活补助，对符合条件的村医，一律组织参加养老保险制度，市区财政给予补助。是年，参加城镇企业职工养老保险的村医每人每月按 2400 元标准缴纳，参加财政城乡居民养老保险的村医每人每年按 3600 元标准缴纳，缴费档次补助标准按社保相关规定每年核定一次。

【医养结合】 2019 年，区卫健局应对人口老龄化，推进医疗卫生与养老服务融合发展，医疗卫生与养老机构合作共建，常太镇卫生院与常太镇敬老院签订合作协议，设立医务室开展驻点服务，选派专业医护人员，定期定时巡诊义诊服务，提供医疗、护理、健康检查等，并开通与上级医疗机构、老年康复疗养机构双向转诊。卫生院领办农村敬老院，由卫健部门、民政部门统筹协作，整合医疗与养老资源，将灵川镇中心卫生院原职工宿舍楼与敬老院资产进行置换，按照养老机构标准进行升级改造，建筑面积

1000平方米，设置床位40张，年内完成升级改造。华亭镇卫生院建设医养结合中心，建筑面积5000平方米、设置床位100张，年内完成主体建设；投资260万元改扩建康复楼，与市一医院康复科协作，开展老年病及心脑血管病康复治疗等服务。

【健康扶贫】 2019年，区卫健局为建档立卡贫困人口进行家庭医生签约服务，通过入户随访、健康教育、组织免费体检等形式进行履约服务，并建立个人健康档案。加强建档立卡农村贫困人口大病专项救治工作，及时更新建档立卡贫困人口核增核减名单，并对全区健康扶贫对象患大病情况进行全面追踪，完善更新专项救治分类管理台账。严格按照市卫健委"六个一"（一卡片、一标签、一档案、一窗口、一台账、一告示）要求，继续向建档立卡贫困对象宣传健康扶贫相关政策、家庭医生信息等，提高扶贫对象的政策知晓率；为贫困对象更新或新建电子健康档案；各医疗机构均设立综合服务窗口，开通建档立卡贫困人口专用绿色通道，实现"一站式"服务，落实先诊疗后付费的结算机制。

【妇幼健康保健】 2019年，区卫健局开展孕前优生健康检查、农村妇女"两癌"（宫颈癌、乳腺癌）筛查、地中海贫血防控试点项目、育龄妇女增补叶酸、孕产妇免费产前筛查、艾梅乙母婴阻断等妇幼健康保健项目，成立危重孕产妇和危重新生儿救治中心，畅通救治"绿色通道"，保障母婴安全。开展户籍新生儿耳聋基因免费检测，对全区35—64岁农村妇女进行免费"两癌"筛查。是年，新生儿耳聋基因免费筛查3461人，"两癌"免费筛查2900例，落实免费优生健康检查项目2010人次。全区孕产妇、婴儿和五岁以下儿童死亡率分别为0、3.55‰、5.42‰，孕产妇早孕建册率90.16%，产后访视率93.62%，0—6岁儿童健康管理率95.15%；育龄妇女增补叶酸3167人；预防艾滋病、梅毒和乙肝母婴传播工作，孕产妇艾滋病病毒检测5287人，无HIV阳性人，孕产妇梅毒检测5287人，检出感染者15人，孕产妇乙肝表面抗原检测5284人，检出阳性人数641人，对乙肝表面抗原阳性孕产妇所生新生儿免费接种乙肝免疫球蛋白。

推进城厢人流密集区域母婴设施建设，全区拥有南门中学妈妈小屋、万达广场母婴室等22处母婴设施。联合市妇幼保健院加强高危人群孕育过程的健康指导，举办准妈妈、准爸爸孕期、哺乳期、养育知识班，做好高风险夫妇孕前、孕期跟踪及妊娠结局随访等。

【国家基本公共卫生服务】 2019年，区卫健局以基本公共卫生服务为抓手，结合家庭医生签约服务项目，落实国家基本公共卫生服务均等化。以建立居民健康档案和免费健康体检为切入点，大力推进基本公共卫生服务项目进展，以专家坐诊、下乡宣传、定点义诊等形式多样的服务方式向城乡居民提供健康教育咨询服务，根据《国家基本公共卫生服务规范》等文件要求，同步利用网站、微信公众号等开展宣传活动，开辟"公共卫生"专栏，及时登载国家基本公共卫生服务均等化政策、新闻动态、工作进展、公共卫生风采等，提升群众接受免费服务的知晓率和依从性。是年，全区累计建立居民健康档案34.25万份，电子建档率达79.11%，覆盖所有镇（街）村（居）。

【疾病预防与控制】 2019年，区卫健局坚持"预防为主"，履行防病工作职能，落实重大疾病防控措施。监测和防治重点传染病，严格执行传染病报告制度，加强慢性病综合干预与管理，密切监测慢性病发病、患病、死亡及危险因素，巩固结核病"三位一体"综合防治模式。抓好扩大免疫规划工作，加强预防接种信息化管理，加强区疫苗流通和预防接种管理，落实疫苗冷链全程管理，在疫苗储存、运输的全过程中按要求定时监测、记录温度，保证疫苗质量；完善疫苗全程追溯管理，探索推进疫苗追溯信息系统建设，完善数字化预防接种门诊建设。加强疾控机构和哨点医院为主的食品安全风险监测体系及其能力建设，提高食源性疾病溯源能力和水平。落实严重精神障碍患者网格化“一历六单”救治管理模式，筑牢严重精神障碍患者管理。加大卫生应急防控，做好突发公共卫生事件应急处置，登革热疾病流行高峰季节，采取防蚊灭蚊为主的爱国卫生运动、疫情动态监测、发热病人严格筛查、防控知识宣传等防治措施，有效遏制登革热疫情进一步扩大。是年，无甲类传染病发生，乙类传染病发病率为452.88/10万，丙类传染病发病率为184.06/10万；法定传染病总发病率为636.94/10万。

【依法行政】 2019年，区卫健局深化“放管服”改革。优化政务服务，推行“自己批网上办”审批服务新模式，实行综合窗口一窗受理。按照“十个凡是”梳理精简部门事项申请材料，修订《印发市县区（管委会）两级卫生健康行政审批服务事项目录清单的通知》，梳理出行政审批和公共服务事项66项全部入驻窗口，实现“一趟不用跑”事项49个，“最多跑一趟”事项17个；出台《中共莆田市城厢区委机构编制委员会办公室 莆田市城厢区卫生健康局关于公布莆田市城厢区卫生健康局权责清单的通知》（莆城卫健〔2019〕171号），依法明确区卫健局权责事项共365项。

加强综合监管。全面推进“双随机、一公开”监管，对公共场所、学校卫生、生活饮用水、医疗卫生、消毒产品和传染病防治等专业序时监督；加强执法监督检查，采取专项治理与日常监督相结合方式，重点打击无证行医黑诊所、无行医资格的游医和借助虚假广告招摇行骗的行医者，开展辖区范围内餐饮具集中消毒监督检查、生活饮用水监督检查、食源性疾病监测、“一品一码”、食品安全风险监测及食品安全，严抓医疗卫生机构污水达标排放。是年，对辖区内3家集中式供水单位开展监督检查，进行水质采样检测，全年共检测样品87份，合格率为97.7%。是年，共出动执法监督人员4000人次开展监督巡查，立案查处35起，共处罚没款58.0745万元。开展社会抚养费专项治理，申请法院强制执行32例，列入失信黑名单23例。

【生育关怀】 2019年，区卫健局实施一系列生育关怀关爱活动。落实财政资金1244.952万元，兑现计生家庭奖励扶助、贡献奖励、特别扶助、独生子女奖励、农村二女奖励等13577人。落实财政资金12.44万元用于实施农村计生纯女户家庭房屋修缮资金补助、增加义务教育阶段寄宿生生活补助项目。计生家庭参加城乡居民基本医疗保险财政补助51806人，投入资金1186.746万元；为51名计生特扶对象办理城乡居民基本养老保险，投入资金39.8535万元。为60周岁以上农村独生子女、二女户父母提供免费健康体检1666人。推进计划生育特殊家庭联系人制度、就医绿色通道、家庭医生签约服务“三个全覆盖”。结合“两节”等一系列生育关怀救助帮扶活动，与区计生协会联合开展“温情母亲节，为贫困母亲送温暖”活动，现场免费测量血压、发放避孕药具等；为计生户学子减免高中学费488人次12.012万元，为209名农村独女、二女结扎计生家庭中考给予加分照顾。定期组织人员上门对失独或伤残家庭给予慰藉关怀，帮助他们重树生活信心。

【计生管理与服务】 2019年，区卫健局深化计划生育服务管理改革。全面推行生育登记和再生育审批网上办理，2019年，全区共登记一孩987对、二孩1056对、办理再生育审批60对，其中网上登记合计1306对。清理规范计划生育证明；落实首接负责制，推行承诺制、委托代办，实行限时办结，实现“一次不用跑”“最多跑一次”。

服务内涵延伸。开展生殖健康进校园、进课堂活动，为青少年提供性病、艾滋病预防及生殖健康咨询服务，开展生殖健康、避孕节育科普知识普及活动，进企业为务工育龄群众提供查环查孕查病、生殖保健咨询、避孕药具发放等优质服务。结合世界人口日，妇女节，文化、科技、卫生“三下乡”等开展义诊活动，解读全面两孩政策，宣传卫生保健知识。探索“互联网 + 药具发放服务”的新型药具服务模式，拓展药具发放渠道，全区药具免费发放网点 155 个，在人流密集场所安装自动取套机 16 台，有效提高发放服务可及性、易得性和便捷性。

【职业健康】 2019 年，职业健康管理职责正式由原安监局划转到区卫健局，组织开展职业健康监督、医疗机构放射性职业病危害控制、重点职业病监测及职业病防治宣传等工作。摸清底数，切实在矿山、冶金、建材、化工等重点行业领域开展尘毒危害专项治理及执法工作。组织用人单位职业病防治工作培训，开展职业病危害项目申报工作，督促用人单位落实职业病防治主体责任，加强职业健康管理工作。开展工作场所职业病危害因素监测，制定工作方案，由区卫生监督所负责用人单位职业病防治基本情况调查，区疾控中心负责现场监测，共完成 48 家工作场所职业病危害因素监测。开展重点职业病监测项目，审核网络直报内职业健康检查，组织职业性尘肺病病人随访与回顾性调查，完成 4 个职业性尘肺病病人随访调查。

【老龄工作】 2019 年，推进老年协会规范化建设。贯彻《福建省城乡社区老年协会三年建设实施方案（2018—2020）》（闽老龄办综〔2018〕2 号）文件精神，对城厢老年协会建档造册备案登记，掌握老年协会基本情况。是年，全区 120 个基层老协会全部向所在镇（街）登记备案。完善工作制度，规范组织建设、场所管理、经费列支和开展活动，组织 120 个基层老年协会年度考评，对考评验收合格的予以 1 万元运行经费。

推进老年优待政策。落实全区建立高龄老人补贴制度，申报核实 2019 年度我区新增的九旬、百岁老人名单，每季度发放高龄补贴和长寿营养补贴。是年，全区领取高龄补贴 1500 余人，金额达 200 余万元。南门社区开展争创全国“敬老文明号”工作。

落实“银龄安康工程”。为 2018 年城厢户籍 80 周岁以上老年人（含 80 周岁，不含离退休人员）由政府统一购买人身意外伤害保险，由市、区按 3：7 比例承担保费。与中国人寿莆田分公司荔城区支公司签约并跟踪掌握签约群众后续理赔情况。是年，全区符合条件的 7689 人，金额共计 15.378 万元。

开展首届老年健康宣传周。6 月 10 日，由市卫健委、区卫健局联合主办的 2019 年莆田市首届老年健康宣传周活动在华亭镇卫生院正式启动。启动仪式上，市卫健委党组副书记陈鸿星、区政府党组成员陈丽萍出席活动并致辞。活动现场，市第一医院、市疾控中心、区卫健局、区疾控中心、华亭镇卫生院等单位开展健康义诊、免费发放药品、开展老年健康知识讲座等，共发放《公民健康素养 66 条》《中医养生知识》等宣传材料 400 份，参与人数 300 人。宣传周期间，全区医疗机构及养老服务志愿者陆续开展“懂健康知识，做健康老人”为主题的健康宣传活动，提供健康咨询、义诊巡诊、老年健康宣传等服务，共召开 3 次大型活动，18 家单位参与，免费发放医药 5000 余元，发老人健康、饮食、保健、老年病防治等资料各 800 份。

开展“敬老月”系列活动。“温暖重阳”走访慰问百岁老人、困难老人。市委副书记、市长李建辉，区委书记王文才、区长吴文恩等分别带队前往各村（居）看望慰问百岁老人和困难老人，送上慰问金和慰问品，致以重阳节节日问候。开展敬老月暖心活动，市级慰问困难老人、高龄老人、突出贡献老人及老协会会长共 74 人，区级走访慰问百岁老人 40 人、困难老人 240 人，慰问金达 40 多万元。开展百岁老人免费体检和巡诊活动。组织城厢区医院、各镇卫生院对百岁老人免费体检和巡诊，为百岁老人们送去慰问品和各类药物。

（林丽）

计划生育协会工作

【概况】 2019年，莆田市城厢区计划生育协会（以下简称“区计生协会”）认真贯彻习近平新时代中国特色社会主义思想和中共十九大精神，按照省、市计生协会工作部署，紧紧围绕区委、区政府的中心任务，发挥群团优势，牢固树立以人为本、服务群众、服务人口计生工作、统筹解决人口问题大局的意识，抓好计划生育村（居）民自治，拓展生育关怀，开展基层建设、幸福工程等项目，为全区计生群众办实事、办好事，提升计生协会服务能力和水平。

【宣传教育活动】 2019年，区计生协会精心组织，周密部署，充分发挥舆论宣传作用，整合宣传资源，开展丰富多彩的系列宣传活动。5月10日，省、市计生协会在城厢区召开现场会，隆重庆祝“第二十三届母亲节暨幸福工程救助贫困母亲活动日”，国家人口基金会郝林娜理事长、省协会陈友茂副会长、市政协副主席彭丽靖、区政府党组成员陈丽萍出席活动。庆祝活动现场会上为50位困难母亲共发放5万元慰问金，为20位计生母亲发放87万元幸福工程帮扶款。区卫健局、区计生协会、区书画家协会、区文化馆联合在莆田市群众文化中心举办“城厢区2019年母亲节书画作品展览”。区计生协会、区计生服务站联合在万达广场门口开展“温情母亲节，为贫困母亲送温暖”活动，现场举行计生政策、生殖健康、孕期保健等计生知识咨询，解答来往群众提出的问题，免费发放避孕药具及宣传资料，对参与活动的妇女进行免费测量血压。

5月10日，城厢区举办庆祝“第二十三届母亲节暨幸福工程救助贫困母亲活动日”（吴元开 摄）

【计生家庭意外伤害保险】 2019年，区计生协会按照省、市计生协会的工作要求，开展2019年计生家庭意外伤害保险工作，年内全区参保计生户共计13000户，每户投保经费100元，保费130万元，由区、镇两级财政各承担50%，完成莆田市下达的保险任务。

【幸福工程项目】 2019年，区计生协会下属各级协会把实施“幸福工程项目”作为帮助计生母亲走上健康、富裕、幸福之路的有效载体，共发放幸福工程帮扶款274万元，帮扶75户计生家庭。

【访贫助困活动】 2019年，区计生协会开展生育关怀紧急救助，共救助帮扶对象3人，发放救助金2.5万元。元旦、春节期间慰问80户计生困难家庭，共送去救助金8.8万元；在“母亲节”活动中慰问50名困难母亲，共发放慰问金5万元。通过帮扶救助，为因灾、因祸的计生家庭和困难的基层计生协会会员渡过难关。

【关爱计生“失独”家庭】 2019年，区计生协会采取精神慰藉和经济扶助相结合，对计生特殊家庭进行摸底和建档，共摸底建档43户“失独”家庭。中秋节期间，慰问43户“失独”家庭，每户发放1000元，共计发放4.3万元。

【实施计生贫困家庭安居工程】 2019年，区计生协会按照省、市计生协会安排城厢区安居工程1户的任务，根据上报的初选名单，组织人员实地核实，择取上报1户困难计生纯女户作为2019年“生育关怀—计生贫困家庭安居工程”的扶助对象，共补助6万元，并完工入住。

【开展金秋助学】 2019年，区计生协会组织人员进村入户核实镇（街道）上报市、区助学对象，择取上报6位2019年考上大学本一院校的农村困难计生户作为市计生协会助学对象，每位资助5000元；8月21日举行城厢区2019年“生育关怀 金秋助学”资助金发放仪式，对26名考取本一院校的困难计生家庭子女开展秋季助学，资助标准为大学生每人2000元，发放助学金达5.2万元。

【儿童早期发展】 2019年，区计生协会在城区三个街道全面推广儿童早期发展教育。依托专业机构，共开展早教活动21期，全区769对亲子家庭参加，受益人数达1633人。举办育儿（早教）课堂专题讲座1 5场次，吸引婴幼儿家长约4000人次参加。举办大型亲子活动8场次，活动共吸引594对亲子家庭参加。举办早教公益讲座4场次，活动共吸引亲子家庭60对120人、婴幼儿家长60人参加。活动期间，分发省计生协会编制《育儿宝典》500多本。

【青春健康项目】 2019年，区计生协会在龙桥街道文献中学、凤凰山街道南门中学开展青春期心理健康、青春期生理健康知识讲座4场次，分发宣传材料3000份，并利用家长会等时机与家长互动，促进青春健康知识的传播，促进青少年健康成长。

（吴元开）

城厢区医院

【概况】 2019年，莆田市城厢区医院（以下简称“城厢医院”）在区委、区卫健局的正确领导下，坚持以习近平新时代中国特色社会主义思想为指导，以社会效益的提高促进经济效益的发展，使医院迈上新台阶。是年，医院实现医疗收入6286.35万元，增长13.72%，门诊量29.24万人次，门诊收入5361.79万元，增长21.95%，出院人数2517人次，住院收入924.55万元，年总收入8223.11万元，达到年初制定的年总收入8000万元以上目标，圆满完成各项目标任务。

【医疗改革】 “4+7”政策落地 2019年，城厢医院为贯彻《国务院办公厅关于印发国家组织药品集中采购和使用试点方案的通知》（国办发〔2019〕2号）等文件精神，认真落实“4+7药品带量采购”年度工作任务，进一步规范药品采购行为，切实降低药品价格，维护患者利益。是年，采购14个品种，订单金额达45.33万元，采购进度最高770.42%，最低58.33%，入库量皆达标。医院扩大宣传力度，将降价药品的信息提前公布给患者，同时引导患者养成科学合理的用药习惯，做医改的主动参与者、坚定执行者和创新推动者，为公立医院改革作出新的贡献。

深化推进远程视频 2019年，城厢医院在本院专家团队基础上邀请莆田市第一医院心血管内科、呼吸内科、老年病科三位专家参与我院远程会诊排班，进一步扩大远程会诊专家团队，使百姓足不出村就能获得市级三甲医院专家的诊疗。全年服务4300多人次，减轻患者往返上级医院求医等的一系列费用100余万元。为提升远程会诊效果，协调与福建中医药大学附属人民医院、厦门大学附属中山医院对接，开展远程会诊转诊工作，逐步与本区镇卫生院、村卫生所形成四级远程诊疗服务网络。

开展新技术新项目 2019年，城厢医院共开展10余项新技术、新项目，减轻病人痛苦同时让患者真正得到实惠，为群众减负10%以上。妇科成功开展系列宫腔镜手术，外科为骨折的病人实施切开复位内固定术，检验科全新开展25-羟基维生素D、B型钠尿肽（BNP）、血气分析、糖化血红蛋白、C肽、胰岛素等检测项目，儿科开展1岁内婴儿神经运动发育测查，超声科全市首家引进GE LOGIQ E8 XD Clear（晶准版），以剪切波弹性成像评价肝纤维化，皮肤科引进国内先进的医疗设备“co2超脉冲点阵激光治疗机”，治疗疤痕、皱纹、痔、睑黄瘤等。

联合病房正式挂牌　9月30日，作为全市试点单位，城厢医院与莆田市第一医院共建“联合病房”正式挂牌，开放联合病房床位20张。城厢医院积极探索，闯出新路子，结合院内在莆田市具有较高影响力的慢病专科，以老年病、慢病为切入点，助推分级诊疗工作。在管理机制上采用“双主任制”，由市一医院委派副主任职称以上业务骨干驻扎城厢医院“联合病房”担任科主任，对联合病房科室内人、财、物及绩效分配统筹管理。城厢医院病房组配备6名医生、8名护士参与联合病房工作，配合共同做好下转患者的后续治疗、康复和日常护理等工作。是年，门诊下转患者60余人次，上转患者46人次，“联合病房”接收患者40人次，其中心血管内科14人次，内分泌科10人次，外科9人次，妇科7人次。相关工作进展顺利，入住患者反响良好，福建日报、人民日报等新闻媒体对联合病房工作进行积极的报道。

医联体工作持续推进　2019年，城厢医院肛肠科“名医工作室”经过一年多的建设，充分发挥高技术人才“传、帮、带”作用，通过名医专家临床带教、师带徒等形式，将个人先进技术和经验转化为团队技术优势，年服务群众近1000人次。在厦门中山医院内镜中心博士团队带领下，内镜室成绩斐然，全年完成胃镜检查1700余例，肠镜检查1300余例。与莆田市第一医院医联体紧密合作合作，邀请市一医院心血管内科、内分泌科、妇科10余名副主任医师职称以上医师轮流坐诊，助推分级诊疗、双向转诊工作。利用和引进先进的医疗技术和管理方式，带领开展宫腔镜、骨科内固定等多项空白项目，促进人才成长，提升科室整体水平。以城厢医院为主体，联合龙桥、凤凰山、霞林3个街道社区卫生服务中心，组建城厢区医院医疗联合体，在3个社区加挂城厢区医院分院的牌子。举办3场基层医师培训班，对基层医师进行实用业务培训，赠送药箱，为群众提供优质、安全、高效、连续的医疗健康服务，极大地方便周边群众尤其是慢病患者就近看病取药。探索建立紧密型医联体，全面促进与凤凰山分院内部资源流通共享、信息互联互通、人财物统筹管理，真正使医联体成为服务同质、责任共担、利益共享、管理共赢的共同体。

【医疗服务】　提升医疗质量　2019年，城厢医院严格落实医疗质量安全18项核心制度，在上级医院管理专家的指导下，重新修订《莆田市城厢区医院医疗质量安全核心制度》，对医疗工作的内容、要求、操作流程进行细致规定，为我院医务人员的诊疗行为和工作规则提供明确的要求和参考。借助医疗信息化管理平台建设，对各科室的医疗质量安全考核更具操作性、针对性。是年，医务科共进行12次医疗质量大检查，抽查医疗文书400余份，下发整改意见书121份，各科室已初步建设完成科内质控管理，医务人员对各项核心制度的贯彻执行更加到位。

保障医疗安全　2019年，城厢医院新址搬迁以来，为检验并完善医护人员应急处理能力，提高协调作战和快速反应能力，保障医疗安全，先后组织急诊科院内应急救治演练、多人食物中毒综合演练、预防接种反应应急演练等急救技能大练兵，进一步提高城厢院综合救治能力和应急处置管理水平。

开展远程网络医疗培训　2019年，城厢医院在莆田首家引进北大燕园医院管理培训平台，开展探索开展叙事医学、基于患者维度的品牌塑造、做一个受人尊敬的医生等人文医学讲座，传递医者温度，构建和谐医患关系。开展领导协调与沟通艺术、护理层级管理与护士发展、如何通过清单管理提高医疗质量等管理培训，紧贴医院发展实际，将管理的理论与工作方法融入管理干部的思想当中。全年共开展远程网络医疗培训20余场，学习人数达4000人次，形成众志成城、上下联动、各司其职的良好氛围，科室执行力明显提高，医院管理逐步走向科学化、规范化。

改善医疗服务 2019年，城厢医院结合接收并处理的40余起医疗投诉，修订《莆田市城厢区医院奖惩细则》，进一步规范与约束医务工作者的诊疗行为与工作作风。在全院大会公开投诉"曝光台"，要求各科室对科内发生的投诉与纠纷进行总结与整改，进一步转变医疗作风。为坚持为人民服务的工作宗旨，根据实际情况，制定改善医疗工作方案。进一步优化诊疗流程，规范服务行为，提高医疗质量，改善群众就医体验，满足人民群众健康新需求。院内先后召开全院动员大会、中层干部会、全院改善医疗服务行动推进会，通过广泛宣传，层层发动，明确分工，落实责任，确保各项措施落到实处，将改善医疗服务作为一项长期的专项工作有条不紊开展下去。在莆田市医疗服务满意度抽样调查中，以91.14分获得第三名的名次。

【深化护理服务】 *落实人才培养计划* 2019年，城厢医院根据医院实际情况制定《2019年护理管理人员、骨干、专科护士的分层、分级外送、内训、轮转计划》，有计划地选派业务能力强、认真负责的护理骨干外出进修学习，年内选派手术室护士3名、ICU 3名、产科1名、急诊科4名。帮助护士规划职业生涯发展路径，做好分层（N1、N2、N3、N4）培训及管理，完善包括岗前培训、继续教育、专科培训在内的教育体系，健全护理人才培养体系，提升护士职业价值感。是年，开展护理业务学习27次，理论知识考核9次，护理技术操作考核12次，合格率达100%。

提高护理质量 2019年，城厢医院针对医院编外护士多、离职率高的状况，护理部积极探索管理新模式，打破正式与合同身份限制，为护理人员搭建一个平等竞争及展示个人实力的平台。开展优质护理服务明星评选活动，在全院范围内营造一种爱岗敬业、积极向上的良好氛围。制定护理质量监控计划表，做到月有重点、季综合质量检查。实施目标管理，加强对重点环节的管理，重点对查对制度、用药安全、输血管理、身份识别、手术安全核查、围手术期、正确标本采集、手卫生依从性等护理工作落实情况监管。每月召开护士长会议、每季度护理质量和安全管理专题会议，总结当月质控检查问题，及时反馈、分析、提出整改意见，次月对整改效果进行追踪评价，推进质量改进。

提升安全防范意识 2019年，城厢医院每月组织护理安全小组对各科室护理关键环节进行现场督查指导，对存在问题及时反馈，督促整改和追踪评价。各护理单元根据检查标准进行自查自纠，对发生隐患及时整改落实，护理部对科室安全生产隐患整改情况进行追踪评价，有效保障医疗环境安全。鼓励积极主动上报护理不良事件，通过护士长对典型案例分享，使大家能吸取教训，举一反三，加强护理质量管理，本年度上报不良事件6例。在全院护士进行《患者十大安全目标》知识讲座，进行不良事件案例分析，灌输护理人员安全防范意识，提高安全管理自觉性。加强重点环节应急预案的演练，通过点评提出不足和改进要求，有效提高护士应急反应、处理事件能力。

提升患者满意度 2019年，城厢医院为进一步提升医院服务内涵，简化服务流程，改善患者就医体验，在导诊台设立一站式服务中心，整合服务项目，将原来功能设置分散的非住院医疗证明盖章、门诊病人投诉接待、资料复印、残疾鉴定、特殊疾病证明等事项进行集中办理。优化服务流程，去繁存简，减少不必要的服务流程和环节，较好的解决患者及家属的办事难问题。一站式服务中心还与医院各楼层导诊

台、检查科室、坐诊医生保持密切沟通，搭建医护人员、窗口工作人员与患者之间的桥梁，给病人提供诊前、诊中、诊后全过程的一站式服务，给患者提供实实在在的帮助，切实让广大市民和患者少跑腿，快办事。

【开展两癌筛查】 2019 年，城厢医院为进一步提高农村妇女和城市已婚低保妇女宫颈癌和乳腺癌的早诊早治率，降低“两癌”死亡率，逐步提高妇女“两癌”防治能力。6 月起，医院为凤凰山街道、龙桥街道、霞林街道及常太镇 35-64 岁农村妇女和城市已婚低保妇女免费进行“两癌”筛查近 3000 人次，切实让妇女群众得实惠、普受惠、长受惠。

【队伍建设】 2019 年，城厢医院借力专家团队，推进与市一医院科室共建，聘请市一医院学科专家、管理专家，全面提升业务水平及管理能力。主动与厦门中山医院内镜中心建立协作关系，由陈建民主任带领的博士团队每周六在医院坐诊。与福建中医药大学附属人民医院签订医联体合作协议，在医院二楼门诊开设肛肠科“名医工作室”，聘请省人民医院的肛肠科专家教授定期坐诊，以专家门诊、手术示教、教学查房等方式全方位深入合作。围绕学科发展需要，招聘专业对口的医务人员，为实现医院可持续发展奠定基础。

【设备投入】 2019 年，城厢医院建立消毒供应中心、医学影像中心、临床检验中心、病理检验中心、心电诊断中心等五大辅助中心，实现医疗资源最大化共享。新建 6 间高标准层流净化手术室，先进的硬件设施，为手术患者提供优良的手术空间环境。购置安装 DR、富士能胃肠镜等价值 1000 多万元多台全市高端大中型先进医疗设备，实现大型医疗设备从无到有、从低端到高端的大步跨越。

【新址建设】 2019 年，城厢医院在区霞林街道顶墩片区内规划新院，项目总占地面积 2.32 公顷，总建筑面积为 26532 平方米，其中门诊楼面积 6926 平方米，医技楼面积 5741 平方米，住院病房面积 13405 平方米，编制床位 300 张。6 月底，顺利完成搬迁工作，门诊楼、医技楼投入使用。搬迁至新院址后，医院整体规划科学合理，环境整洁、功能齐全，设备更新换代，极大改善群众就医体验，为医院更好的发展奠定基础。综合病房楼工程在建设中。

（朱碧玉）

疾病预防控制

【概况】 2019 年，莆田市城厢区疾病预防控制中心（以下简称“区疾控中心”）坚持以马克思主义、习近平新时代中国特色社会主义思想为指导，深入学习贯彻中共十九大、十九届四中全会精神，深入开展“不忘初心、牢记使命”主题教育，自觉用习近平新时代中国特色社会主义思想武装头脑、指导实践，为中心提供坚强的理论支撑和政治保证。深入开展学习宣传贯彻落实中共十九大精神系列活动，确保全体党员干部切实做到学懂、弄通中共十九大精神，自觉把思想和行动统一到中共十九大精神上来，从思想上政治上行动上同以习近平同志为核心的党中央保持高度一致，扎实推动中共十九大精神在疾控工作中落地生根、开花结果。为圆满完成各项工作任务，全面提升中心职工的专业知识水平，选派各类专业技术人员到上级业务部门培训学习，共有 49 人次参加上级 23 个班次的脱产培训会议，通过学习培训，干部职工及时掌握国家最新的疾病预防控制策略、防制技术和工作要求，不断增强和更新专业知识，提高业务水平和工作效率。同时为提高基层防疫人员的专业技能和素质。是年，中心先后举办预防接种等培训班共举办各类培训 10 期，培训医务人员 256 人次，促进疾控工作正常有序地进行。全年卡介苗应种人数 3782 名，实种人数 3775 名，接种率 99.81%；脊灰应种人数 6087 名，实种人数 6078 名，接种率为 99.85%；无细胞百白破应种人数5936名，实种人数5927名，接种率为99.85%；乙肝应种人数5001名，实种人数4994名，接种率99.86%；乙脑应种人数7104名，实种人数7095名，接种率99.87%；A群流脑应种人数7559名，实种人数7550名，接种率99.88%；甲肝应种人数7926名，实种人数7917名，接种率为99.89%。总接种率应种人数160050剂次，实种人数159776剂次，接种率为99.83%。

【传染病管理】 2019年，区疾控中心加强法定传染病疫情报告管理和免疫规划接种工作管理。严格执行《中华人民共和国传染病防治法》《疫苗流通和预防接种管理条例》。年内全区无甲类传染病报告；报告乙类传染病1994例，发病率为471.39/10万；报告丙类传染病784例，发病率为185.34/10万；甲、乙、丙类传染病2778例，法定传染病总发病率为656.74/10万。与上年相比基本持平。

【艾滋病防治】 2019年，区疾控中心统计全区医疗机构累计报告病例352例，其中2019年度报告45例，与去年相比有所下降。按住址管理存活病例113例，男女性别比3.91，艾滋病患者随访检测率97.35%（110/113），在治病例104例，停药2例，治疗覆盖率92.04%（104/113），两项指标均达到综治指标90%的要求。中心每月组织人员在宾馆、KTV、美发美容、酒吧、会所等娱乐场所开展暗娼、男男等高危人群干预活动，干预覆盖率完成指标要求的90%以上。与监管场所密切合作，对莆田市第一、第二看守所、戒毒所新入所人员进行艾滋病筛查检测，实现看守所羁押人员100%宣教检测。按照要求实施开展学校青少年、流动人群、大众人群艾滋病21场次现场咨询、讲座等宣传活动。

【霍乱防治】 2019年，区疾控中心狠抓以霍乱防治为重点的肠道传染病防治工作，成立城厢区霍乱防治工作领导小组，组建技术过硬的霍乱防治队伍。加强疫情监测工作，提高监测敏感性，做到“有疑必检，有泻必治”“早发现、早诊断、早隔离、早治疗”，同时储备霍乱治疗药物、消杀药械、诊断试剂及抢救药品，做好控制疫情发生的各项准备工作，全区未发生霍乱传染病疫情。

【手足口病防治】 2019年，区疾控中心报告手足口病例222例，均治愈康复，无重症手足口病病例，无死亡病例。

【登革热防治】 2019年，全区共发生确诊病例7例（本地基例，输入性1例），并治愈康复出院，无死亡病例。共处置学校流感、水痘等疫情5起，报告病例27例，均治愈康复，无死亡病例。

【结核病防治】 2019年，全区核病门诊共登记治疗活动性肺结核患者168例，完成省市任务的91.80%（168/183），其中阳性患者68例，占比40.48%（68/168），活动性和阳性情况均为完成省市指标要求。去年同期登记患者178例，成功治疗163例。成功治疗率91.57%，达到省市90%的指标要求。

【食品安全风险监测】 2019年，区疾控中心按时完成采集样品686份，其中完成146份样品上报工作（146份样品送市疾控检测），及时审核上报食源性疾病病例491例，及时完成省级下达工作指标。

【饮用水与环境卫生监测】 2019年，区疾控中心就生活饮用水水质共监测686份，其中省级农村饮用水安全工程项目监测点126份，河长制水源水监测（厂内）15份，日常监测市政水53份，二次供水126份，贫困户饮用水建档（精准扶贫项目）监测181份，其他水质监测147份，应急监测水样38份。完成43户公共场所共206份样品的监测工作，17户游泳场馆的水质监测42份。

【职业卫生】 2019年，区疾控中心根据市卫健委关于职业病危害因素监测工作方案要求，监测企业任务数50家，完成监测50家，完成及时率100%；根据《福建省职业性尘肺病随访与回顾性调查方案》，对区内1986年以来的职业性尘肺病病人进行追踪调查并及时上报，完成及时率100%。

【健康教育】 2019年，区疾控中心借助中心微信、微博等新媒体，及时更新中心工作要点疾控动态、基层简讯、健康宣传等内容，加强与市疾控中心、区直部门、各基层医疗单位交流与沟通，增加疾控工作社会关注度和宣传力度。以开展新时代文明实践中心建设为契机、充分利用电台专栏、疾控信息、社区、学校讲座等形式，开展以重大传染病、慢性病、地方病防控及公共卫生安全为重点的卫生防病知识宣传和针对在校学生等重点人群的专题宣传。组织开展碘缺乏、病毒性肝炎、狂犬病等防控知识宣传20余次，提高群众的防病意识，全年共印刷宣传资料6万多份，制作宣传展板60块，悬挂标语38条、发放宣传品8000余份；中心微信、微博平台发布宣传信息640条，将我区卫生健康教育宣传工作深入社会最基层。

（王永佳）

红十字会

【概况】 2019年，莆田市城厢区红十字会（以下简称“区红十字会”）切实贯彻习近平总书记提出的“以人民为中心”思想，紧紧围绕红十字会职责使命，大力弘扬“人道、博爱、奉献”的精神，发挥红十字会的优势，积极开展应急救护培训“六进”活动、红十字博爱系列活动、体验式生命教育等活动，充分发挥政府人道工作领域的助手作用，持续提升红十字会工作的影响力和实效性、促进社会文明进步，为构建和谐城厢做出积极贡献。

【舆论宣传】 2019年，区红十字会积极做好“5•8”博爱周、世界急救日、志愿者活动日等重大纪念活动的宣传活动，围绕主题和红十字会性质、宗旨，积极开展红十字知识宣传、救护培训、义诊、咨询、社会志愿服务等形式多样的宣传活动，共组织各级各类宣传活动15场次，发放《应急救护手册》、《常见意外伤害应急救护突发急症》、《自救故事》、红十字掌上学堂折页、无偿献血以及造血干细胞等宣传材料3000份，使广大群众对红十字会精神有进一步理解，扩大红十字会的影响。

【应急救护“六进”活动】 2019年，区红十字会在全区广泛开展应急救护进社区、进农村、进学校、进机关、进企业、进家庭的“六进”活动。先后在万辉社区、华林学校、莆田市第五中学、莆田市文献中学、社会治理网格化中心等地开展急救培训活动，活动采取理论知识讲解、示范操作、现场模拟演示等多种形式。培训内容包括救护新概念、心肺复苏、创伤救护四项技术（止血、包扎、骨折固定及搬运护送）、气道异物梗阻急救法、常见急症现场处理、突发事件和意外情况现场应对，进一步保障群众生命安全和身体健康，参与总人数5000人。

【无偿献血】 2019年，区红十字会共组织无偿献血活动12场次，共有干部、群众1000多人次踊跃参加，采集健康血液14万多毫升，为市医疗临床用血提供保证，进一步弘扬“人道、博爱、奉献”的精神。

【造血干细胞捐献】 2019年，区红十字会通过形式多样的宣传活动，广泛宣传造血干细胞的相关政策。年内有5人捐献造血干细胞，捐献人数居全市之首。中秋佳节，组织慰问城厢造血干细胞志愿者，进一步弘扬博爱精神。

【体验式生命教育】 2019年，区红十字会举办应急救护培训班，组织为莆田市第五中学、莆田市文献中学师生进行应急救护暨防溺水安全教育知识授课。聘请救护师资为在校师生讲授救护知识，并分发《应急救护手册》等学习资料，起到较好的宣传普及效果。

（郭国荣）

居民生活

【城镇居民收入】 2019年，城厢区城镇居民人均可支配收入45848元，比上年增长7.8%，增速位居全市第三位。分季度看：一季度城镇人均可支配收入比上年同期增长7.4%，上半年人均可支配收入比上年同期增长7.9%，前三季度人均可支配收入比上年同期增长7.5%，全年人均可支配收入比上年同期增长7.8%，全年呈现加速上涨的良好态势。

【城镇居民消费支出】 2019年，城厢区城镇居民人均生活消费支出28186元，比上年增长9.3%，增速位居全市第三位。

【农村居民收入】 2019年，城厢区农村居民人均可支配收入21709元，比上年增长9.0%，增幅居全市第四位。

【农村居民消费支出】 2019年，城厢区农村居民人均生活消费支出16428元，比上年增长8.0%。

（黄裕模）

人力资源管理

【综述】 2019年，莆田市城厢区人力资源和社会保障局（以下简称“区人社局”）在区委、区政府的正确领导下，在市人社部门的大力支持和精心指导下，全面贯彻省、市、区政府和上级人社部门的决策部署，主动适应社会经济发展新常态，坚持以人为本，精准施策，理清工作思路，创新工作机制，认真履行部门职能，努力推进劳动就业、社会保障、劳动维权、人事人才等重点工作，全力服务经济发展，着力保障改善民生，切实维护社会稳定，为推进城厢区科学发展、跨越发展做出积极贡献。是年，该单位被评为市级二类平安单位、市级精神文明单位。

劳动就业

【概况】 2019年，全区城镇新增就业人员3473人，完成年计划指标的121.86%；帮助城镇失业人员再就业388人，完成年计划指标的125.16%；就业困难人员再就业167人，完成年计划指标的104.38%；期末全区城镇登记失业率为1.66%，低于市里要求的控制在3%以内的要求。

【就业扶贫】 2019年，区人社局新开发公益性岗位41个，安排精准扶贫对象就业16人。全区公益性岗位现有在岗人员133人，其中精准扶贫对象78人，落实补贴资金146.10万元。年内，落实灵活就业社保补贴398人，支出127.122万元。落实企业社保补贴 1 家，补贴人数 2 人，金额 6476.25 元。举办精准扶贫专场招聘会 2 场。安排 3 名有意愿参加技能培训的贫困户参加职业技能培训，并全部取得相关专业中级职称。

【惠企政策】 2019 年，区人社局向全区 2000 多家企业“点对点”宣传失业保险支持企业稳定岗位政策。其中，第 1—3 季度为 90 家符合失业保险稳岗补贴的企业发放稳岗补贴 138.6151 万元；第四季度受理稳岗补贴申请 31 家，发放 13.0149 万元。发放春节期间连续生产的企业稳定就业奖补 2 家，补贴金额 6.52 万元；发放 3—5 月份稳定职工队伍的企业稳定就业奖补 5 家，补贴金额 57.74 万元。面向城厢区第一批生产型鞋业“白名单”企业，举办“稳鞋企促升级”惠企政策宣讲会，召集相关部门对面临暂时性生产经营困难且恢复有望企业进行认定会审，有 4 家通过会审，2 家符合“受影响企业稳岗返还”申请条件，预计兑现“受影响企业稳岗返还”补贴资金 112.1185 万元，其中“白名单”鞋企 1 家。

【基层公共平台建设】 2019 年，区人社局确定霞林街道办事处为市级第三批乡镇（街道）基层平台建设点，拨付资金 42076.16 元，指导完成基层平台规范化建设，全区 7 个镇（街）实现平台建设全覆盖，对接市级就业服务软件系统，实现全域就业信息共享，进一步提升基层社会保障所服务水平。

8 月 25 日，城厢区“新路杯”制鞋工职业技能竞赛在福建省新路体育用品有限公司举行 （阮晓霞）

【公共就业服务】 2019 年，区人社局共收集各类用工信息 568 条，提供就业岗位 18251 多个，为各类求职人员办理求职登记 11052 人次，介绍推荐就业 10526 人，开展职业指导 10878 多人次。举办“春风行动”“精准扶贫”等系列专项现场招聘会活动共 7 场，组织 228 家企业进场招聘，提供就业岗位 4800 余个。

【技能人才队伍建设】 2019 年，区人社局结合区内企业用工和培训需求，制订职业技能培训计划，累计组织各类职业技能培训 1312 人，其中：就业技能培训 814 人次、“见证补贴”审核 498 人次。成功举办“江氏杯”焙烤职业技能竞赛、“新路杯”制鞋工职业技能竞赛 2 场次。建立技能大师工作室日常动态管理和考核制度，全区有国家级技能大师工作室 1 个、省级高技能人才培训考核基地 3 个、省级技能大师工作室 5 个、市级技能大师工作室 3 个。

【促进高校毕业生就业创业】 2019 年，区人社局实施高校毕业生就业见习计划，向区内 6 家见习基地新征集岗位 43 个，招聘见习人员 75 人。发放见习补助 6 人，共计 2.7 万元。全区拥有高校毕业生见习基地 6 个、创业孵化基地 4 个。

【大学生就业见习基地建设】 2019 年，区人社局组织区内符合条件的企业积极申报大学生就业见习基地，全区拥有复茂食品、郭氏鞋业、金博士网络、区医院、中交建宏峰、砺成中学等高校毕业生见习基地 6 个，百盛大同投资公司、油画城、复茂食品、国艺联融文化发展公司等创业孵化基地 4 个，为高校毕业生就业创业提供较好的平台。

【成立海峡人才市场城厢工作站】 2019 年，区人社局与中国海峡人才市场签订战略合作协议，设立中国海峡人才市场城厢工作站，由海峡人才市场派驻 3 名工作人员，协助做好高层次人才的引智对接，优秀毕业生和紧缺、急需人才招聘，企业用工需求服务等工作。

【提升人事人才公共服务水平】 2019 年，区人社局选聘首批 20 名国内知名高校的在外莆籍大学生联络员，负责宣传城厢区产业发展和人才政策，进一步提高在外人才对城厢的认识度和认同感。组织做好七中山人才公寓申报工作。落实省级工科类青年专业人才优惠政策，上报工科类青年人才 2 人。通过购买社会化服务的方式，委托海峡人才市场莆田分中心做好城厢区流动人员人事档案的基本公共服务，并建立统一的全区流动人员人事档案信息管理平台，进一步促进流动人员人事服务标准化。

社会保障

【概况】 2019 年，区人社局积极开辟农民工投诉“绿色通道”，加大劳动监察和查处力度，有力维护社会的和谐稳定，在全省劳动保障监察案例研讨会上做经验介绍。全年共受理监察投诉案件 116 件，结案 116 件，为 375 名劳动者追回工资 463.80 万元，法定期限内结案率 100%。办理工伤认定案件 522 件。立案办结劳动争议案件 195 件，其中调解 87 件、裁决 108 件，涉及劳动者 380 多人，涉及金额 594 多万元，结案率居全市第二。检查用人单位 240 家，涉及劳动者 2.51 万人。纠正用人单位违法规章 42 件，占全市的 87.5%。受理办结“12345”诉求件 511 件、群众来信来访 11 件。全面实施“全民参保”计划，全区基本养老保险参保率达 99%，完成年度计划目标的 104.2%，高于全市平均水平。

【推进“两法衔接”】 2019 年，区人社局对以转移财产、逃匿等方法逃避支付劳动者劳动报酬依法追究刑责。年内以“涉嫌拒不支付劳动报酬罪”移送公安机关立案处理恶意欠薪案件 2 起，依法对 4 家违反劳动保障法律法规的用人单位处以行政处罚 7.5 万元。

【建设劳动保障诚信体系】 2019 年，区人社局对城厢区 9 家用人单位的劳动保障守法诚信等级评价结果进行公布，其中 5 家列入 C 级暨严重失信单位名单；将 3 家拖欠农民工工资的用人单位列入拖欠农民工工资黑名单，并将劳动保障守法诚信 C 级用人单位和拖欠农民工工资黑名单用人单位录入全国企业信息系统进行联合信用惩戒。

【村级信息化服务平台实现常态化运行】 完成城乡居民养老保险和医疗保险村级便民信息化服务平台设备采购的招投标、安装调试和协管员培训工作。全区 120 个村（居）平台均按要求配备电脑、高拍仪、打印机等办公设施，为群众提供日常经办服务，实现业务经办“不出村”。推行城乡居民养老保险“待遇领取资格互联网人脸识别认证”，完成认证率达 99.33%，名列全市第一，得到群众的一致好评。

【落实城居保特殊群体代缴政策】 完成符合代缴政策特殊群体的身份认定工作，自 2019 年起将政府代缴标准从每人每年 100 元提高至每人每年 200 元，累计为 5433 名特殊群体及精准扶贫对象代缴基础养老金 108.66 万元。

【启动物价上涨联动机制】 自 2019 年 4 月起，根据物价上涨联动机制，对失业保险待遇申领人员发放物价上涨补贴，累计发放 1274 人次，金额 6.45 万元，进一步兜牢民生底线，保障低收入群众的基本生活。

【强化基金风险防控】 全面梳理排查基金风险防控薄弱点，从内控制度建设、业务经办流程、财务管理、信息系统建设等方面对标对表抓好整改。加大对重复领取及冒领社保待遇追缴力度，全区610名死亡多领或重复领取人员的存量欠款共计99.33万元已全部追回。

人事管理

【坚持事业单位公开招聘制度】 2019年，区人社局征集春季事业单位公开考试27个，拟聘25人，完成聘用手续23人；征集秋季事业单位公开考试岗位17个，拟招聘14人，在办理相关聘用手续；征集“三支一扶”（毕业生基层落实政策，指大学生在毕业后到农村基层从事支农、支教、支医和扶贫工作）岗位10个，拟招“三支一扶”人员15名；对接市级“三支一扶”4名人员介绍到单位报到。

【稳妥推进第四轮岗位设置】 2019年，区人社局根据《莆田市人力资源和社会保障局 莆田市教育局关于中小学幼儿园岗位结构比例调整的通知》（莆人社文〔2019〕109号）精神，落实莆田市乡村教师支持计划，对城乡学校实行统一的岗位结构比例，初中学校高级、中级、初级专业技术岗位结构比例控制在2:4.5:3.5，小学学校高级、中级、初级专业技术岗位结构比例控制在1:5.5:3.5，现已按照各校编制数全部调整到位。

【提高基层事业单位中高级专业技术岗位比例】 2019年，区人社局对在行动一线工作满一年以上的并在乡镇（街道）基层工作累计满25周年以上的专业技术人员且仍在乡镇（街道）基层工作，取得高级职务任职资格的，可不受所在单位核准岗位数限制，直接聘任在七级岗位。有1名符合条件人员不受职数限制，直接聘专技七级。对在农村工作满25年且仍在农村工作的专业技术人员，取得高级职称资格的，可不受岗位职数限制直接聘任专业技术岗位七级。全区有9名教师不占职数聘任专技七级。在基层医疗卫生、农村中小学幼儿园等基层单位实行“定向评价、定向使用”的基层专业技术职称评审管理制度，共有4名符合条件的基层卫生人员参加全省基层高级卫生专业技术职务任职资格评审；63名符合条件的农村教师参加中小学幼儿教师职称评审。

【规范机关事业单位工资和津补贴发放】 2019年，区人社局做好农业有毒有害保健津贴、环境保护监测津贴等特岗津的审批工作。是年，审核符合特岗津贴发放条件单位29家。持续开展“1+X”津补贴发放检查，组织开展检查15次，抽查单位15家，发现问题线索8条。

（徐媛清）

退役军人事务

【概况】 2019年，莆田市城厢区退役军人事务局（以下简称“区退役军人局”）以习近平新时代中国特色社会主义思想为指导，深入学习贯彻习近平总书记关于退役军人工作重要论述，落实中共十九大、以及中共十九届二中、三中、四中全会精神，结合“不忘初心、牢记使命”主题教育，不断增强“四个意识”、坚定“四个自信”、做到“两个维护”，着力建立健全退役军人组织管理体系、工作运行体系、政策制度体系，不断推进退役军人事务领域治理现代化，实现全区退役军人工作良好开局。

【移交安置工作】 2019年，区退役军人局移交安置退役士兵。实行“按属地分配、适度调剂、包干安置”“两公开”（服役量化评分和安置岗位计划公开）原则，按服役量化评分高低依序择岗的方法完成12名需安排就业转业士官的安置工作。发放退役士兵地方经济补助金491.1565

万元，发放退役士兵义务兵期间立功奖励金6.145万元。年内接收退役士兵，组织退役军人专属招聘会2次，组织退役军人参加莆田市退役军人专属招聘会1次，帮助解决退役军人就业问题。

【企业军转工作】 2019年，区退役军人局对企业军转干部的材料信息进行全面核实和造册，完成2019年度企业军转干部的医疗补助和体检费发放。核算、发放自主择业随调家属医保、社保费用；核算、发放随军家属未就业补助费用；发放原军干校学员的生活困难补助。

【军休服务管理工作】 2019年，区退役军人局组织军休干部学习传达各类文件精神12次，组织军休干部参加区政府工作通报会2次。做好军休医疗保障工作，11月，组织全区军休干部进行健康体检。完成军休干部个人信息录入，对2016年前的军休证件进行换证登记。

【优抚工作】 2019年，区退役军人局对“两参”人员姓名、个人服役相关材料、申请认定材料进行数据整理，装订成册，完成工作100%。完成烈士遗属、烈士子女、残疾军人等重点优抚对象档案归类整理。对遗留的退役士兵、转业士官档案按年度分类整理归档并建立电子台账。核查管理部分优抚对象数据，完善优抚对象数据信息。累计发放优抚对象定期抚恤及定期生活补助金1583.15万元。为475名优抚对象发放医疗补助门诊费 8.55万元，为优抚对象发放医疗补助0.7733万元。进一步做好全区慰问工作，春节慰问651人，发放慰问金6.51万元，“八一”中国人民解放军建军节慰问333人，发放慰问金6.66万元。

【信息采集工作】 2019年，区退役军人局印发个人申报表格1万多张，宣传海报500张，在120个村（社区）的公开栏和主要干道醒目位置张贴宣传海报。此外要求各单位、各村（社区）干部认真调查排查，对外出务工、居住在外人员点对点电话告知，做到家喻户晓，人人皆知。各镇（街道)民政办设立多个采集点，利用春节务工人员返乡高峰期进行大走访，做到采集点不撤、人员不少、力度不减，确保“信息采集不留死角、不漏一人”的工作目标。

【褒扬纪念工作】 2019年，区退役军人局开展《中华人民共和国英雄烈士保护法》颁布一周年系列宣传教育活动。开展“参观红色基地、弘扬闽中精神”活动，通过参观纪念馆、学习闽中革命发展史等方式，领悟红色精神精髓，弘扬红色文化。结合移风易俗活动，借助网络平台大力宣扬移风易俗，开展“传承•2019清明祭英烈”文明祭扫活动，清明节共1.2万人次参与手机端网络平台文明祭扫献花活动。

【光荣牌悬挂工作】 2019年，区退役军人局为落实中央决策部署、弘扬拥军优属优良传统，2月27日在万辉社区举行全区退役军人和其他优抚对象家庭悬挂光荣牌现场会。对全区退役军人和其他优抚对象家庭悬挂光荣牌，全区光荣牌悬挂工作至4月30日前全部完成。

【社保接续工作】 2019年，区退役军人局成立解决部分退役士兵社保问题工作专班，广泛宣传、多措并举开展部分退役士兵社保接续工作，组织工作人员上门进行政策解读，做到应知尽知、应办尽办。累计接待来访、来电咨询632人次，由专人进行政策解答和办理指导，100%完成社保接续申请办理工作。

【双拥工作】 2019年，区退役军人局广泛开展以爱国主义为核心的双拥宣传教育，推动双拥光荣传统发扬光大。运用主流媒体、新兴媒介大力宣传军政军民团结在军地改革建设中发挥的重要作用，宣传最美退役军人的先进事迹，强化广大干部群众和官兵“全民国防全民建、人民军队为人民”的理念。协调组织军营开放、缅怀革命先烈、组织机关干部、学生社会群众参观爱国主义和国防教育基地、在社区举办形势报告等形式，因地制宜开展双拥国防教育活动。帮助部队解决实际问题，由区住建局牵头代建武警田支队秀屿中队围墙翻修工程。拨付武警莆田支队秀屿中队年度保障性经费50万元，拨付武警莆田支队莆田中队营房维修改造经费12万元，拨付海警莆田大队城厢工作站办公生活条件改善经费10万元，解决部队实际困难。推动解决一批部队改革急需、备战急用、官兵急盼问题。完成3名随军家属安置工作。春节、“八一”中国人民解放军建军节等节日开展拥军慰问活动，到基层部队特别是边海防一线部队看望慰问官兵，累计慰问金额达76万余元。大力支持驻地保障和民生改善，增强人民群众的幸福感。积极参与打赢脱贫攻坚战，深入扶贫联系点和结对帮扶户，帮助扶贫户解决新年春节期间遇到的实际困难。广泛开展爱民为民活动，做好驻地环境卫生整治、便民设施建设、新年春节氛围渲染等工作，组织学雷锋小分队上门为困难群众送温暖献爱心。积极参加平安创建、和谐创建和民族团结进步创建活动，协助地方维护车站、码头等秩序，配合搞好社会治安治理，做好抢险救灾和应急救援各项准备，为群众欢度佳节创造良好环境。

【立功受奖】 2019年，该辖区内在部队立功受奖名单如下：

阮一高　霞林街道下黄社区2019年6月获得三等功

陈志鹏　华亭镇兴沙村2019年12月获得三等功

龚晶伟　华亭镇园头村2019年12月获得三等功

徐少健　灵川镇云庄村2019年12月获得三等功

蔡伟杰　东海镇上图村2019年12月获得三等功

蔡志杰　东海镇东沙村2019年12月获得三等功

（吴明山）

民　政

【概况】 2019年，莆田市城厢区民政局（以下简称区民政局）认真贯彻落实习近平总书记关于民政工作重要指示精神，以提高困难群众生活保障水平，加快民政公共服务设施建设、提高民政公共服务能力为重点，在区委、区政府的正确领导下，在上级民政部门的具体指导下，不断创新民政工作体制机制，健全多项制度措施，有效推进民政工作持续发展。4月，被省民政厅、省人社厅评为全省民政系统先进集体；常太镇马院等村作为全市老区建设典型作经验交流；全市城乡社区民主协商工作协商会在华亭镇埔柳村召开。

【城乡最低生活保障】 2019年，区民政局形成以城乡低保制度为主体，以临时救助为辅助，以慈善等配套救助为补充，以公开透明操作和银行发放为管理手段的立体多元的社会保障体系。年内城乡低保对象4149人，发放救助金1618.909万元，特困对象260人，发放特困救助金397.42万元，建档立卡低保兜底1475人，占比66.14%；救助临时救助对象2234人次，发放资金341.8460万元；新增城乡低保对象1793人。牵头并督促指导各镇（街道）按照“五个一”（“一人一档案”“一季一更新”“一类一对策”“一人一报告”“一人一委托”）工作要求，对区内126人留守儿童、155人困境儿童实行动态管理；整合教育妇联共青团等多方力量，扎实开展示范点创建工作；以政府购买服务方式引进社工组织，在村（居）中开展留守儿童关爱系列主题活动。

【城乡社区建设】 2019年，区民政局印发《加快推进社区协商试点工作实施方案》，成立社区协商领导小组，与区政法委联合下乡督促指导各个试点村申报开展“美丽莆田建设任务—城乡社区民主协商”一个示范单位。10月19日全市城乡社区协商工作试点现场会在华亭镇埔柳村顺利召开，7个试点村（居）工作顺利开展。积极指导推进常太镇汀洋村、灵川镇柯朱村2个省级农村幸福社区试点村工作，按照标准基本完成试点任务；持续推进2个市级“三社联动”活动，凤凰山街道筱塘社区“三社联动”居民自治良性互动，推动社会治理中心向基层下移。

【社会组织管理】 2019年，区民政局依法登记社会组织，严把审批关口，共审批社会组织成立登记1个，变更登记4个，注销登记8个，出具社会组织开设临时账户证明4张，指导10家社会团体开展换届工作。开展社会组织年度检查工作，对全区97家符合2018年度年检的社会组织进行年度检查，共60家社会组织办理年检手续。

【养老服务】 2019年，区民政局拨付30万元资金用于农村幸福院、日间照料中心运营补助；组织动员村（社区）利用现有场地、闲置房屋资源，提高居家养老服务设施覆盖率；结合村（社区）卫生所、体育设施等设施资源新建13所农村幸福院、1所日间照料中心。开展居家养老信息化服务和实体服务，做好居家养老购买服务招标工作，通过发放信息化手机，进一步提升居家养老服务水平。明确养老机构消防、卫生和健康、食品药品等规定及要求，做好养老机构安全风险评估、服务防护和管理工作，进一步增强安全生产意识，落实安全生产责任，加强安全隐患排查整改。联合多部门开展打击非法集资、养老领域保健乱象整治等专项治理，督促养老机构控制养老机构融资风险，开展防范和处置非法集资常态化宣传教育和“保健”专项整治工作，确保养老市场健康有序发展。

【老区建设】 2019年，区民政局下达各级老区扶建资金59万元。进一步落实对“五老”（1949年9月30日前参加革命，建国后仍然留在农村，现享受定期生活补助费的老游击队员、老交通员、老接头户、老联络员、老苏区乡干部）人员、“五老”遗偶和困难群众的各项救助政策，按规定给5个革命五老人员和5个五老遗偶共计发放4.63万元。常太镇马院等村作为全市老区建设典型作经验交流。

【“放管服”工作】 2019年，区民政局通过推行“互联网+政务服务”，推进全流程网办和“秒批”工作；建立电子证照库，实现信息资源共享；根据机构改革重新梳理权责清单，建立规范、有效的权责清单运行机制；加强监管，实现“双随机一公开”（随机抽取检查对象、随机选派执法检查人员，抽查情况及查处结果及时向社会公开）监管全覆盖，完善随机监管“两单两库一细则一平台”，健全随机抽查系统。推行婚姻登记窗口周六上班和市行政服务中心民政窗口非工作时间预约收件制度，优化便民服务。年内共办理婚姻登记4250件、办理门牌证7005件、社会组织登记24件。

【区划地名】 2019年，区民政局认真做好全国第二次地名普查的成果转化利用。落实推进街路牌、楼门牌的更新维护工作，整治清理不规范地名；积极财政专项补助，提高全区界桩巡护员的工资补助和管理水平；做好平安边界创建工作，开展常太—龙桥、常太—凤凰山两条区内乡级界线，城—仙游、城厢—荔城两条县级界线联检工作。

【殡葬改革】 2019年，区民政局积极宣传节地生态安葬，鼓励和引导群众采用树葬、海葬、深埋、格位存放等不占或少占土地、少耗资源、少使用不可降解材料的安葬方式；组织开展殡葬领域扫黑除恶“回头看”和违法违规私建各类墓地摸排工作，区委常委周敏、区政府副区长郭国辉带队督查全区“住宅式”坟墓、青山挂白、“三沿五区”（沿铁路、沿公路、沿通航河道两侧，水源保护区、文物保护区、风景旅游区、住宅区和开发区）乱建坟墓整治情况，整治乱建坟墓现象；出台相关工作方案，完成28个骨灰楼堂项目前期规划选址，报送国土部门进行项目建设手续审批，区级财政予以配套资金奖补。

（欧智杰）

库区移民

【概况】 2019年，莆田市城厢区水电站库区移民开发局（以下简称“区移民局”）根据上级精神，积极开展各项相关工作。年内，城厢区累计界定库区移民19428人，其中包括三峡水库移民5户计19人，省外大中型水库自主迁入6人；共编报下达后扶项目57个，移民资金3060.52万元。

【移民村环境综合整治】 2019年，区移民局按照“渠道不乱、用途不变、集中投入、各负其责、各计其功、形成合力”的原则，整合项目资金，统筹使用。完成道路拼宽工程2.7公里，硬化道路33450平方米，建立安全饮水处4处，并对多个移民村庄进行环境、景观、绿化建设，项目扶持共35个，总投资3679万元，受益村49个，其中受益移民总数达19428人。

2019年，区移民局把解决移民村饮水安全问题作为工作的重中之重，全力推进饮水安全工程建设力度，努力提高移民群众的生活质量，助推脱贫攻坚。其中侯山村、坑洋村、下莒村、埔头村，因地处偏远，水源匮乏一直影响着当地村民的生产、生活。投资112万元，在侯山村建设蓄水池1座，引水管道3000米，供水管网2000米；在坑洋村建设饮水管道1200米，供水管网2000米，修复蓄水池1座；在下莒村建设引水坝1座，蓄水池100立方米1座，引水管道5000米，供水管网3000米；在埔头村建设蓄水池两座，引水管道800米等。安全饮水工程，将切实解决1000余移民户的安全饮水问题。

2019年以实施乡村振兴战略为抓手，重点推进移民村环境整治和特色精品村建设，着力打造宜居、宜业、宜游的水库移民美丽家园。投资90万元，在常太村、党城村、利车村设立太阳能路灯各50套。投资471万元，在常太村建设乘风组库区移民仿古大门1座，周边配套及相关景观，建设库区公厕1座，建筑面积65平方米；洋边村修缮库区移民戏院1座，修缮面积980平方米，立面粉刷、屋顶修复450平方米，进行房前场地整理及绿化种植；溪北村建设步道300米，并建设配套景观绿化250平方米，广场铺装550平方米，搭建景观亭1座，景观墙2座；长基村修缮库区移民厝35开间，面积达1340平方米，屋顶修复1750平方米，并建设挡土墙护坡长30米，高约3米，广场铺装200平方米，栏杆30米，周边配套建设及绿化种植；山牌村五组建设50平方米公厕1座；岭下村建设景观台1处，铺装200平方米，完善果皮箱等配套设施；南川村建设配套景观绿化250平方米，广场铺装350平方米，搭建景观墙2座；径里村建设避雨长廊两边各20米，景观灯200米，休息凉亭3个，休息座椅40座，景观标识20板，垃圾桶数个，绘制文化墙1000平方米，并建设边坡防护100米，高2米，排水沟100米。移民村环境综合整治紧贴实际，突出重点，采取集中扶持资金、整村推进的方式，着力建设宜居、宜业、宜游的美丽移民新村，移民美丽家园建设不断取得新成效。

【直补资金发放】 2019年，区移民局严格按照省、市大中型水库移民后期扶持基金管理办法，坚持在上级后扶补助资金下达的有效工作日内，核对好后扶资金补助对象的实际情况，将补助资金足额发放到移民个人“一折通”。经省移民局批复，城厢区大中型水库后期扶持直补移民19428人，发放4个季度直补资金1165.68万元。

【奖学助学】 为进一步加大对移民扶持力度，切实改善提高移民生活水平，对2018年度被高等院校录取的全日制本科资金直补移民共25人，一次性奖（补）2000元/人，以此鼓励受助的学子们在今后的学习和生活中，树立远大理想，刻苦学习、奋发向上。

【电站扩容改造】 5月，城厢区筹集移民资金1650万元购置院里水力发电站，每年发电收入约 120 万元。计划投入改造资金 1136.24 万元其中中央补助 280 万元，省市补助 120 万元，公司自筹 736.24 万元，专项资金拨付 314.63 万元。增效扩容 1 号、2 号机组由原来 2×1600 千瓦，改为 2×2000 千瓦，其他机组容量不变，改造后总装机容量为 5460 千瓦，有效提高电站生产效率，增加库区移民收入。

【小额贴息贷款】 2019 年，经库区移民申请，区移民局核实移民身份，莆田农商银行城厢、常太、灵川等 3 个支行独立审贷，发放贷款 407 户，计 4045 万元；支付已到期贷款移民 408 户，贴息约 167 万元。通过贴息，加大对库区移民生产开发的帮扶力度，调动移民自主创业的积极性，更好地促进移民增收。

（陈根敏）

关心下一代工作

【概况】 2019 年，莆田市城厢区关心下一代工作委员会（以下简称“区关工委”）坚持以习近平新时代中国特色社会主义思想为指导，深入学习贯彻习近平总书记对关心下一代工作重要指示精神，按照区委、区政府和上级关工委的部署要求，围绕中心、服务大局，紧紧依靠各级关工委和广大“五老”（老干部、老战士、老专家、老教师、老模范），以“两史”（党史、国史）、“三爱”（爱学习、爱劳动、爱祖国）为主要内容，以“传承红色基因、争做时代新人”为主题，以做大做强“关爱报告团”“夏令营”“青少年活动阵地”为重点，以“五好”（领导班子建设好、五老作用发挥好、制度健全执行好、积极探索创新好、活动经常效果好）、“六有”（有班子、有队伍、有制度、有场地、有经费、有活动）为标准，主动作为，扎实开展青少年思想道德教育、普法教育、安全教育、感恩教育等，推动全区关心下一代工作创新发展。

【班子调整】 10 月，区关工委调整充实领导班子，成立以区人大原副主任周燕英为主任，区政协原副主席林丽娟为常务副主任，三位退休干部为副主任的新一届领导班子。新班子成立后，主任周燕英就围绕下半年重点工作，及时带领副主任们到七个挂钩镇街的关工委开展调研，了解、指导各镇街关工委的组织建设、队伍建设、工作开展等情况，挖掘每个镇街的工作亮点、典型经验以及存在的问题，肯定成绩，提出整改意见。

【理论宣讲】 2019 年，区关工委始终坚持党的领导，把政治建设作为根本性建设摆在首位，持续开展“不忘初心、牢记使命”主题教育，自觉用习近平新时代中国特色社会主义思想武装头脑，认真学习贯彻中共十九大精神，准确把握中共十九届二中、三中、四中全会精神实质和内涵，增强“四个意识”、坚定“四个自信”、做到“两个维护”，不断增强对习近平新时代中国特色社会主义思想的理论认同、实践认同、情感认同，进一步发挥好关工委的桥梁纽带作用，坚持服务青少年的正确方向，团结带领广大青少年坚定不移听党话、跟党走。全区各级关工委及广大“五老”通过参加培训班、专题研讨、辅导讲座等形式，深入学习习近平新时代中国特色社会主义思想，不断把握核心要义，进一步增强做好关心下一代工作的责任感和使命感，找准工作切入点和结合点，把学习成果转化为工作思路、工作举措和具体行动，带头落实“六个坚持总要求”，精确把握服务青少年的正确方向，努力为青少年办实事、做好事、解难事，引领关心下一代事业创新发展。《新时代爱国主义教育实施纲要》《新时代公民道德建设实施纲要》发布后，中央媒体集中宣传关心下一代工作情况后，引起区内各级关工委和广大“五老”的热议。各级关工委报告团、宣讲团、关爱工作团组织“五老”深入学校、社区、乡村、企业举办报告会、讲座，结合自身亲身经历，用通俗易懂的语言在青少年中开展宣讲。

【主题教育】 2019年，区关工委以中华人民共和国成立70周年为契机，坚持立德树人，注重铸魂育人，以“腾飞中国·辉煌70年”为主要内容，全方位推进党史国史教育，广泛开展“辉煌七十年·奋进新时代”主题教育活动，用合理合法的方式表达爱国之情，从日常点滴和身边小事的实践中感悟爱国真谛。全区各级关工委开展主题教育活动30余场次，受教育青少年达1.6万人次。依托马院村闽中游击区革命纪念馆、东圳移民精神纪念馆、东青村乡村家园记忆档案馆，作为各中小学爱国主义教育主要阵地，联合常太镇关工委组织中小学学生参观学习，缅怀先烈，传承红色基因，10月28日、31日邀请东青村士官叶剑涵分别为东青小学、常太学校师生作“同抒爱国情，共筑中国梦”主题报告。联合东海镇关工委多次组织中小学生到爱国主义教育基地、家风家训廉政教育基地蔡襄纪念馆，以及龙川书院、区级文物保护单位蔡氏宗祠等，进行“体验式”观摩学习。龙桥街道万辉社区在春节和元宵节期间开展“重家训·传家风”系列活动，在端午节举办“树文明新风·迎金砖宾客”古诗词大赛，打造融洽祥和的文化社区；龙桥、北磨社区多次组织“传家训、立家规、扬家风分享会”“运用情绪智慧，增进亲子关系”等家风家教专场讲座和分享会。凤凰山街道积极开展“一镇一孝廉”活动，摸排出典型孝廉人物唐代孝子公林攒，为广大青少年树立正能量的典型。

【特色活动】 2019年，区关工委开展“腾飞中国·辉煌70年”主题教育活动，促使全区各级关工委广泛开展读书、演讲、征文、绘画和摄影比赛等。全区开展2019年“中华魂”（爱我中华——中华人民共和国成立70周年）主题教育读书活动，引导青少年传承好红色基因；在南门学校组织开展军事夏令营活动；清明节组织城厢区筱塘小学学生到龙脊山公园开展烈士陵园祭英烈活动，自觉当好红色传人；联合团区委、区总工会、区教育局等，在全区中小学组织开展“弘扬雷锋精神，争做新时代好少年”志愿服务行动；联合区教育局、区教师进修学校等，在区内组织开展“扣好人生第一粒扣子”主题教育实践活动。

【普法教育宣讲活动】 2019年，区关工委积极开展“关爱明天·普法先行”青少年法治教育活动，发动全区法治战线老干部、老干警等力量，全年开展“五老”普法宣讲活动20余场次，受教青少年1万余人次。以“关爱成长，法律护航”为主题，积极开展“模拟法庭”、家长课堂、学生课堂、案例宣讲、法官与家长座谈会等活动，并将“零犯罪单位”争创工作纳入基层和部门的年度工作目标任务进行考核。利用“12•4”国家宪法日，分别与区司法局、区法院、团区委等组织普法志愿者深入东海镇、灵川镇、华亭镇、常太镇等各中心校开展法律宣传活动10余场次，为青少年提供法律服务，发放《未成年人法律援助服务手册》《法律援助条例》等法律读本500余册，增强家长和青少年的依法维权意识。

【开展夏令营活动】 7月，区关工委联合区少工委在南门学校开展“争当新时代好少年”第四届少年军校夏令营活动，来自全区7个镇街600余名品学兼优的寒门学子参与活动，进行5天紧张的军事训练和体验，观看《我和我的祖国》等红色主旋律影片、充分了解中国红色革命历史，并进行队列训练、内务技巧、安全知识等培训，引导青少年努力从意识上和行动中争做中国特色社会主义事业的合格建设者和可靠接班人。夏令营活动下沉，创新采取活动进校入村的模式，把夏令营办到留守儿童身边，办到社区、农村的家门口，联合华林园区关工委以华林学校为试点，服务非公企业内外来务工子女，打造“手拉手夏令营”品牌项目。优化资源配置，将全区200余所乡村青少年宫、留守儿童之家、青少年活动室等纳入活动阵地范围，鼓励和引导镇街、村居两级关工委组织结合实际、就近就地举办夏令营，将重心下沉、关爱下移，让更多的乡村孩子体验和参与夏令营活动。壮大服务力量，注重发挥“五老”作用，组织作辅导报告，开放农家书屋，交流暑期安全、卫生和交通法规知识，开展“家风家规”教育、暑期作业辅导等，同时吸引本地大学生志愿者回村参与夏令营活动。

【创建零犯罪学校活动】 2019年，区关工委紧紧围绕实现未成年人零犯罪的总体目标，结合全区实际，立足于服务未成年人健康成长，着眼于解决预防未成年人犯罪工作面临的突出问题，制定切实可行的创建方案，采取行之有效的工作措施，因地制宜地开展创建工作，在全区范围内继续宣传和推广莆田第五中学等8所“零犯罪学校”创建的典型经验。

【阵地建设】 2019年，区关工委推荐评选全省第二批传承红色基因教育基地2个，检查首批3个传承红色基因教育基地活动开展情况，指导关爱活动室、家长学校、假日学校等开展活动，帮助培养优秀儿童之家。福建九龙谷国家森林公园、绿丰园艺花卉世界生态园等4家单位被评为省级中小学生研学实践教育基地，积极开展暑期研学实践活动。

【队伍建设】 2019年，区关工委坚持党建引领，继续发挥区“党建带关建”联席会议制度作用，着力推进党建带关建，通过召开全区关工委“党建带关建”工作现场推进会。通过扎实开展创建“五好”基层关工委活动，以党建带动关工委建设，为全区关心下一代事业的高质量发展提供坚强的组织和队伍保障。截至12月底，全区共成立各级各类关工委组织160个，近1000名“五老”加入关爱队伍。

【关爱网络建设】 2019年，区关工委加强与宣传、教育、工会、团委、妇联等部门协作，在人员、阵地、活动等方面共建共享、互补相融，真正建立起“横向联合”的组织网络。全区7个镇街、120个村居、27个学校以及6家民营企业建立关工委组织，其中70个关工委达到省市区“五好”基层关工委标准。全区共有关爱工作团7个、关爱工作组120个、校外辅导站15个，建立爱国主义教育基地5个、爱心图书室15个，进一步完善学校、家庭、社会三结合的关爱保护网络。

【帮困助学】 2019年，区关工委认真贯彻关于进一步加强农村留守儿童关爱保护、加强困境儿童保障工作的部署，主动助力脱贫攻坚，以“五失”青少年、农村留守儿童、困境儿童等为重点，以“十百千万”五老关爱行动为抓手，配合有关部门，扎实开展爱心助学、助困、助孤、助残、助业和爱心帮教“五助一帮”行动，为青少年解难事、办实事。对全区贫困学生进行摸底排查，通过学校、镇街关工委了解学生的学习、生活情况，建立详细台账，做到底数清、情况明，为他们实时提供帮助，使这些贫困学生感受到浓浓的爱心。积极发动社会力量，对接爱心企业等社会组织，多形式、多渠道、多层次开展单位挂钩、结对子、一帮一等关爱帮扶工作，对区内贫困学生开展定向资助。广泛动员社会力量参与，组织关爱报告团（组）、关爱工作组、网吧监督员、校外辅导员、社区矫正志愿者等12支志愿者队伍，吸纳各类志愿者1万多人，积极开展扶贫助学活动。继续开展扶贫大学生活动，共资助贫困大学生4名，发放慰问金1万元；为兴安社区、下黄村、濑溪村、新塘社区、东海村、长青村等农家书屋送去图书5000多册，丰富村社区孩子们的文化生活；联合区残联、心连星儿童培训中心开展“牵手星星宝贝，共绘美好明天”庆六一活动关心关爱自闭症儿童。

【慰问活动】 2019年，区关工委先后走访慰问基层关工委困难老干部8人，送去慰问金1.6万元；看望生病老同志1人，送去慰问金1000元。

（林云景）

生态环境

【概况】 2019年，莆田市城厢区生态环境局（以下简称“区生态环境局”）坚持以习近平新时代中国特色社会主义思想和中共十九大精神为指引，全面贯彻落实习近平生态文明思想和治理木兰溪重要理念，不断提高城厢环境整体质量，以全面落实党政领导生态环境保护目标责任书为抓手，积极作为，取得一定成效。通过创新体制机制，建立领导责任体系，构建“党政同责”“一岗双责”纵向到底，横向到边新格局；城区环境空气质量二级标准以上天数比例为96.0%；水质稳中有升，国考园头桥断面全年水质达到或优于Ⅲ类，三江口断面水质达到Ⅳ类；7个省级考核小流域在全区内5个达标；东圳水库水质达标率100%，重要江河湖泊水功能区水质达标率达100%，东圳水库集中式饮用水源水质达到Ⅱ类，6个乡镇级集中式饮用水源Ⅰ—Ⅲ类水质比例达66.7%。

【环保专项行动】 2019年，区生态环境局开展“清水蓝天”“利剑斩污”等专项执法行动，严厉打击无证排污、超标排污、偷排漏排、私设暗管等处置废水的典型违法行为。执法行政立案处罚共48件，处罚金额约303.74万元，移送公安行政拘留案件6件，实施查封扣押64件，限产停产1件。其中：木兰溪汇水流域立案处罚25件，处罚金额208万元；第二轮中央环保督察期间立案处罚5件，处罚金额54万元。落实环保监管网格化。依托区综治社会治理服务中心的网格运行平台设立29个基础网格、281个大网格、120个村居，配备网格巡查人员145名。设立网格化分中心完成案件的受理、流转机制、部门协同配合、资源整合、协同配合机制完善，完成两期三、四级网格员培训，完成有效处理单1180件，全部办结。建立健全环保部门与综治部门沟通协作机制，对2家（众诚模具、辉鹏金属加工）违法环境行为现场实施查封；对不符合要求的小餐饮店送达区餐饮服务业污染整治的通告，对未按规范整改的餐饮店铺进行封条处置，责令其规范整改后，才能继续营业；要求网格员对中央环保督察信访件开展巡查，巡查频次为1次/月。实施生态环境网格监管热点指数，定期对试点网格热点指数运行情况进行评估。根据莆田市大气污染热点网格报警潜在污染企业名单，筛选出城厢报警潜在重点企业列表及通过现场排查。完善涉污企业在线监管机制。全程跟踪木兰溪沿线天怡屠宰场等9家重点企业排污情况，一旦发现违规排污行为，坚决依法从重处理。严把新上项目准入门槛。对不符合产业政策和环保要求的项目一律不予审批，在办理建设项目审批、核准、备案手续时，督促业主遵守环境影响评价法等相关法律。年内共办理审批建设项目 95 家，验收完成 83 家。

【碧水保卫战】 2019 年，区生态环境局实施挂图作战。聚焦木兰溪流域，绘制木兰溪流域及汇水支流水质提升攻坚行动作战图，实行挂图作战，铁腕推进，确保水质问题短时间见成效。突出“四个全”（畜禽污染防治全流域、污水收集处理全覆盖、污染源监管全过程、流域综合治理全环节），集中力量攻坚，年内木兰溪濑溪断面水质达到Ⅲ类。严控源头治理。全面排查入河排污口，共排查出排污口总数 2502 口，全部完成整治，完成整治率为 100%。推进木兰溪汇水支流治理，华林东段末端污水管改造工程于 8 月 20 日全线接通，并投入使用，解决污水溢流至郑庄沟、霞皋沟问题。加快管网建设。自 3 月农村污水处理工程 PPP（一期）项目解约后，至年底农村生活污水涉及的 88 个村全部开工，完成 21 个村，完成管网建设 1215.2 千米；小型一体化污水处理设施计划建设 16 座，完成建设 8 座。是年，新建改造三格化粪池 9434 户，超额完成任务 114.5%，接管率 95.9%。

【蓝天保卫战】 2019 年，区生态环境局开展“两无”企业排查情况。经过对全区所有企业进行全覆盖拉网式排查，共排查出企业 619 家，其中对环保不合规企业 286 家，争取整治一批、搬迁一批、取缔一批“三个一批”的方法，全部完成整治 286 家。涉 VOCs 治理提升改造的企业 103 家，其中完成整治并符合免于错峰生产条件的有 102 家，停产 1 家。推进餐饮业油烟整治，共排查出餐饮业 2275 家，不需要安装餐饮业油烟净化器 551 家，安装油烟净化器 1631 家，完成率 96%；不需要安装餐饮业油水分离器 340 家，安装油水分离器 1858 家，完成率 97%。

【净土保卫战】 2019 年，区生态环境局加强土壤污染管控和修复，编制农用地分类保护与安全利用方案，强化涉重金属行业企业监管，完成 9 家重点行业企业用地信息采集与风险筛查；完成灵川镇辖区内的一块污染地块初步管控，做到“三防一控”（防扬洒、防人体健康暴露、防渗漏，场地监控），并要求土地使用权人开展该地块详查工作；完成 5 家重点行业企业周边土壤环境监测工作；督促 5 家重点行业企业落实自身责任，开展完成年度自行监测工作。

【突出问题整改工作】 2019 年，区生态环境局按照“有部署、有方案、有推进、有成效”的要求，加快推进中央、省环保督察反馈问题、省“三合一”及市“四合一”督察交办清单整改。年内，第一轮中央环保督察信访件 25 件全部整改到位，中央环保督察反馈问题 16 个，完成 13 个；省环保督察反馈问题 24 个，完成 19 个；省“三合一”督查发现问题共 4 个，全部完成；市“四合一”督查反馈问题 15 个，完成整改 14 个。第二轮中央生态环保督察交办城厢的信访举报件共 28 批 57 件（办结 50 件，属实 15 件，部分属实 32 件，不属实 10 件、反馈率 100%，办结率 87.72%，阶段性办结 7 件），在生态云平台销号 45 件，完成销号率 78.9%，居全市之首。

【环保宣传工作】 2019 年，区生态环境局加大环境宣传力度，充分利用“6·5”世界环境日开展一系列环保宣传活动，通过环保知识猜谜活动、分发环保购物袋、布置宣传展板等丰富的宣传形式吸引众多群众参与。实行企业环境信息公布制度。坚持将企业环境违法信息在主流媒体和政府门户网站上进行公布，以促进各企业自觉遵守各项环保规章制度。

（唐澍芬）

镇街

龙桥街道

【基本情况】 龙桥街道办事处位于城厢区东部，东北、东南与荔城区西天尾镇、拱辰街道办事处、镇海街道办事处接壤，西北、西南与常太镇、凤凰山街道办事处接壤。辖区面积20.6平方千米，下辖龙桥、太平、北磨、下磨、兴安、万辉等6个社区居委会和泗华、延寿、洋西等3个村委会，共有常住人口5.90万人。

【概述】 2019年，龙桥街道面对经济下行的巨大压力，面对转型升级困难，坚持高质量发展，保持经济运行总体平稳，培育推动区域经济和产业从“量”向“质”转变的新引擎。全年街道财政总收入10.06亿元，固定资产完成投资39.43亿元，完成年度计划37.5亿元的105.15%。街道规模工业总产值累计完成3.83亿元，完成全年指标3.6亿元的106.39%，比上年增长15.4%。限上批零业累计完成57.11亿元，比上年增长12.6%。限上住餐业累计完成1.75亿元，比上年增长10.6%。营利性服务业累计完成3.64亿元，完成年度计划256.31%，比上年增长9.3%。

【项目建设】 2019年，龙桥街道库内“五个一批”共有56个项目，其中在建项目5个。街道开工项目5个，包括泗华小学建设项目、城厢区九华学校新建工程、田尾新村安置房项目、延寿绶溪公园御史长廊等。联发电商城地块的伦琴医学影像诊断中心、莆田伦琴健康体检中心、莆田瑞斯康复医院、爱丁堡医院及恒大御景半岛、三和广场、联发君领绶溪、电商·未来城、世全·时尚国际电商城等项目竣工。

【民生工程】 2019年，龙桥街道投资300万元在北磨居委会二楼建设一间居家养老服务照料中心，建筑面积580平方米，5月投入使用。全年主动救助低保户79户，发放临时救助资金14.3万元。街道党工委自觉把脱贫攻坚作为主责主业来抓，召开5次专题会议研究脱贫攻坚工作。9月25日，街道组织相关人员对28户79人2016年脱贫的贫困户进行入户普查，无出现返贫户。

【社会综合治理】 2019年，龙桥街道深化扫黑除恶专项斗争工作，采取宣传、摸排、打击、源头治理同步进行的方式，推进“扫黑除恶”专项斗争向纵深发展，增强人民群众获得感、幸福感、安全感。上半年，在全市54个乡镇（街道）扫黑除恶专项斗争活动成效好评率中排名第21名，群众安全感率为全市第7名。全年查处涉恶案件11起，共抓获涉恶犯罪嫌疑人40名，其中在逃人员16名。街道严格部署中华人民共和国成立70周年安保

1 月 25 日，龙桥街道举办学习贯彻习近平新时代中国特色社会主义思想暨移风易俗宣传活动 （陈梅荔 摄）

工作，成立由街道党工委书记为组长，办事处主任为副组长成立信访评理机制，逐项逐条化解历史遗留问题和信访事件，做到对重点群体、重点人员的防范到位，对重点矛盾纠纷的化解到位。6 月，成立历史遗留问题和积案化解小组，对 34 件历史遗留问题逐一梳理，并制定工作方案，抽调 17 名享受副科级工资待遇的干部组成 4 个化解工作小组，一对一、面对面、零距离与信访人接触。全年受理信访件 29 件，自办 1 件，不受理 3 件，化解 6 件，排查化解各类不稳定隐患 42 件。排查调处矛盾纠纷 87 件，调处成功率 100%，其中邻里纠纷 58 件，合同纠纷 3 件，土地纠纷 4 件，其他纠纷 16 件，家庭纠纷 6 件，做到“小矛盾不出村，大纠纷不出街”的要求。

【安全生产】 2019 年，龙桥街道建立健全专群结合的治安联防队伍，各村（居）网格巡逻员、平安志愿者、楼院长开展治安巡逻，实现群防群治格局。提升“雪亮工程”科技防范水平，落实 24 小时防控措施。安装“高空全景”探头 40 个，对辖区社会治安进行实时管控。逐一排查沿街店面安全隐患，对辖区 822 家存在消防安全隐患的店面进行专项整治，排查出“三合一”“多合一”经营场所 40 家，全部整改到位。在 2019 年综治平安“三率”测评中，街道群众安全感率为全市第 4 名，被市委、市政府评为一类“平安乡镇”。街道投资 300 多万元建设综治中心、网格中心、矛盾纠纷调处中心、信访接待中心及党群服务中心，成为全省综治中心规范化建设现场会的参观点。

【生态环保】 街道主动融入城厢发展的“木兰溪时代”，投入 1000 多万元整治辖区河道黑臭水体。为辖区每个入河口进行“一口一档”设立基础资料档案，按入河排污（水）口类型“雨洪排口、生活排污口、其他排口”类型，并制定排污口的分类施策方案并按该方案进行整治。对木兰溪支流沿线餐饮业开展油水油烟整治，共排查出现有营业餐饮店 432 家，发放《龙桥街道餐饮服务业油烟和污水整治宣传单》432 份，并现场执法劝导各门店安装油水、油烟处理设施。同时，

7 月 12 日，龙桥街道机关党支部组织党员开展“寻访初心印记，传承使命担当”为主题党日活动 （陈梅荔 摄）

持续开展大气环境及土壤污染整治工作，努力把龙桥建设成“经济强街、宜居龙桥”，切实提高人民群众生活水平。

【城市管理】 2019年，龙桥街道坚持对“违建”零容忍，加大“两违”查处力度，年内共出动人员1000多人次，拆除193宗，涉及违建面积约41708.5平方米。组织拆除生态敏感区违法建设38宗，涉及违法建筑面积约1900平方米。开展城市综合管理集中整治行动，重点取缔占道经营、流动摊点等城市顽疾。按照标准完成街道武装部规范化建设，并作为全市专武干部集训参观点，多次接受省、市、区武装系统参观指导。2月，被区人武部评为“民兵整组工作先进单位”；5月，被市征兵办评为“征兵工作先进单位”。开展家庭医生签约服务，对辖区内精神病患者、65岁以上的老年人及建档立卡的贫困户开展体检服务。受理“12345”热线诉求事项2866件，当期办结率达100%，回访率达100%，群众满意率达98%以上。

【党建工作】 2019年，龙桥街道以“不忘初心、牢记使命”主题教育为抓手，利用党群服务中心阵地优势，与辖区内共驻共建单位开展共建活动。7月24日省委编办参观指导，10月17日省委巡回指导组调研指导教育；年内与街道共建单位开展共建活动19次。辖区各社区通过1+N模式，辖区多家驻区单位分别签订共建协议书，共组建5个社区大党委，实现社区“大党委”组建工作全覆盖；按照“先行试点，先易后难，成熟一批，建立一批”的原则，率先成立骏欧龙盘、三信城市家园、金域华府、福兴小区4个小区党支部。

（陈梅荔）

凤凰山街道

【基本情况】 凤凰山街道办事处（以下简称“凤凰山街道”）位于城厢区西南部，总土地面积21.1平方千米。气候属南亚热带气候；主产水稻、花生、蔬菜等作物；街道办事处设在莆阳西路。街道辖南门、南园、龙德井、筱塘、月塘、新塘6个居委会及林桥、朱坑、白洋等3个村居委员会，有居民小组34个及11个自然村，24个村居民小组。2019年末，街道常住人口总数为45119人，人口出生数为472人，其中男孩267人，女孩221人，出生婴儿性别比120.81，政策符合率为97.95%。

【概述】 2019年，凤凰山街道规模工业新增1家，在库规上工业企业4家，年计划产值3.35亿元，年内累计完成3.88亿元，完成年计划115.8%。限上批零业年计划指标73亿元，全年累计完成销售额65.6亿元，比增16.9%。限上住餐业年计划指标4.9亿元，全年累计完成营业额5.09亿，完成年计划103.9%，比增27.6%。规上服务业年计划指标5.8亿元，全年累计完成营业收入6.36亿，完成年计划109.7%，比增39.6%。固定资产投资全年累计完成160820万元。农作物全年播种面积53.4公顷，其中水稻44.67公顷、235吨，其他豆类3.67公顷、9吨，甘薯2.73公顷、15吨，大豆2公顷、3吨，绿豆0.13公顷、1吨，其他杂豆0.2公顷、1吨。蔬菜10.53公顷，其中：油菜1.07公顷、24吨，雍菜0.87公顷、16吨，大白菜1.8公顷、41吨，其他白菜0.53公顷、8吨，卷心菜1.13公顷、21吨，丝瓜0.87公顷、13吨，茄子1.6公顷、30吨，蒜头0.6公顷、18吨，蒜苗0.47公顷、16吨，韭菜0.4公顷、10吨，小葱0.4公顷、11吨，豌豆0.2公顷、9吨，豇豆0.07公顷、1吨，其他豆类0.4公顷、15吨，芥菜0.13公顷、4吨，花卉12公顷。水果播种面积200.47公顷，香蕉3公顷、27吨，枇杷161.13公顷、807吨，杨梅1.67公顷、16吨，龙眼34.67公顷、120吨，花卉12公顷。

【项目建设】 2019年，凤凰山街道龙德井片区危旧房改造项目，总投资56.8亿元，完成地形测量、选址意见书、国有土地分类证明、可研批复、土地预审、建设用地规划许可证等前期手续办理工作；完成修建性详细规划，并于4月28日进行公示；6月10日组织片区内修建性详细规划交通影响评价报告专家论证；6月12日龙德井片区修规组织专家评审会。月塘南片区改造（一期）：项目一期完成民房《房屋征收补偿确认书》《房屋征收货币补偿协议书》签约工作，签约率达100%。《月塘南片区修建性详细规划》方案完成评审、公示，市自然资源局已审批。项目一期完成国有土地征收所有手续。完成民房拆除约80%、约5.0万平方米。新园路征收民房因电力管道施工原因未拆除。完成侨雄公司旧厂房拆除工作，拆除约2.5万平方米；因指挥部办公需要，暂时保留侨雄公司1幢3层原该司办公楼。侨雄地块完成征收签约；市政公司地块完成评估工作，评估结果经区政府研究确认。月塘南片区改造（二期）：项目二期于10月10启动民房签约工作，完成签约约83%。《月塘南片区修建性详细规划》方案完成评审、公示，市自然资源局完成审批。项目二期均完成国有土地征收所有手续。天妃饭店房地产完成评估工作；莆田汽车运输股份有限公司房地产完成评估报告初稿；才子印务房地产完成评估报告初稿。筱塘变电站整体迁移项目。莆田110千伏筱塘变原址在莆田市广化路月塘街，原有110千伏主变3台，主供莆田城区中心及西南部负荷，因莆田市城厢区月塘街提升改造升级工程，需将原变电站向西迁移1千米，变电站站区总用地面积4500平方米，全站布置一栋装配式配电装置楼，投资金额9600万元，项目竣工验收并投产。山区村（林桥、朱坑）饮用水安全提升工程：朱坑主体完成，林桥地基开挖及拦水坝开挖。大工美平台项目：APP端持续建设中。加快平台的升级，同时与大业传媒、深圳华友驿站等多加企业深入洽谈，积极融入跨界、跨行业的内容，拓展平台广度。由田格设计公司牵头，将联合数家本土企业，选取多款对莆田好礼的入围作品，正式进行设计成果转化。

【社会事业】 2019年，凤凰山街道共有公办九年一贯制学校1所，公办小学1所，民办小学1所，教育部门办幼儿园3所，其他部门办幼儿园1所和民办幼儿园5所。辖区内适龄儿童学前三年教育入园率91.5%。小学学龄人口入学率为99.8%，小学在校生辍学率为0%，初中学龄人口入学率98.1%，初中在校生辍学率为0%，6—14岁三类残疾人口义务教育入学率为95.8%。街道将扫盲教育与技能培训相结合，广泛开展实用技术培训和劳动力转移培训，加快发展社区教育，努力构建全民学习、终身学习的学习型社会；协调计生、农技、安监等部门的相关业务人员，共同参与文技校讲课，进一步充实文技校的师资力量。街道全面扫除15—50周岁人口的文盲。计划生育：街道共办理一孩生育服务登记164对，其中网上申请75对。办理二孩生育服务登记194对，其中网上申请111对。办理再生育审批10对，其中网上申请4对。免费孕前优生健康检查共登记60对；发放各类计生药具40000份。开展健康公益行、在波斯特幼儿园、城厢区第一实验幼儿园开展幼儿食品健康讲座2场；联合街道社区卫生服务中心开展山区村义诊3场，每月定期在月塘、筱塘等社区开展健康讲座。

【生态环保】 2019年，凤凰山街道通过宣传发动、街居（村）两级全面发动，发挥环保网格作用，完成辖区内涉嫌环保问题的19家“两无”企业（含个体户、不含餐饮业）的排查整治工作，其中：搬离5家，就地完成整改14家。完成辖区内42家涉“散乱污”企业的整治工作，其中：涉VOCs企业6家，全部完成整治（搬迁4家，就地整改1家，拆除限期无法整改达标的喷漆房1家）；其他“小散乱污”企业32家，全面完成整治整改：搬迁4家，完成备案整改28家。针对餐饮业污染情况，街道共排查763家餐饮业，完成安装油烟净化器663家，无油烟77家，关门停业 18 家，完成率达 99.2%；安装油水分离器家 743 家，关门停业 18 家，无洗（外订单配送）1 家，完成率达 99.8%。期间，街道环保站会同各居委会发放宣传单 1000 份，同区环保、城管执法、住建等部门多次开展餐饮业污染联合执法，发出督察整改单 500 份，查处、销毁餐饮店小煤炉约 300 个。

【精准扶贫】 2019 年，凤凰山街道积极对接爱心企业向阳坊、凤翔公司等，对年人均收入低于 5000 元的贫困户量身定制安排就业岗位。开发公益性岗位，继续落实 5 名贫困户人员就地就近就业，月增收不少于 1500 元。通过医疗叠加保险、综合补助，各住院贫困人口享受医疗补助，节约开支超 30 万元。白洋村洪敏提供给贫困户洪文家每月 300 元的爱心资助。5 月 20 日，结合“青力扶贫，联创梦想”活动，对接伟创科技、四季苏梅、星球珠宝、巴肚吆食品、思阳律师事务所、向阳坊等 6 家企业，与白洋村 6 户贫困户结对挂钩，通过资金资助、安排就业岗位、定期走访慰问等方式，为贫困户提供帮扶。3 月，成立扶贫农副产品购销群，探索“微信 + 扶贫”等方式，帮扶贫困户、贫困村销售扶贫产品枇杷、香菇等，助力贫困户、贫困村增收，巩固稳定脱贫成效。持续落实陈亮、黄碧霞等 2 位中职学生每年 3000 元的教育扶贫补助政策。国家扶贫日期间，牵头携手爱心企业画狄教育综合体，走访慰问街道 8 名在莆在校贫困学生，送去各类常用学习用品、用具等，并向每位学生免费送出一份价值 3680 元的周末课程，以助力困难户的孩子们在学校学习之外也拥有五彩童年。

【综合治理】 2019 年，凤凰山街道以网格化管理为基础，各部门通力协作、齐抓共管，逐步提高街道平安创建水平，提升人民群众安全感满意度，为街道发展提供稳定的社会环境。在群众安全感测评中，街道安全感率为 98.28%、扫黑除恶专项斗争活动成效好评率 98.65%。南门和筱塘社区被选为区级提升乡村治理活力重点典型社区，白洋村被作为市级乡村振兴战略法治乡村，南门社区“妈祖故里家家亲”试点逐步完善。配备人民调解员及矛盾纠纷信息员 47 人。健全和完善 2 个行业调解会，成功调解 38 起，其中邻里纠纷 35 起，其他纠纷 2 起，损害赔偿纠纷 1 起，为当事人挽回各类经济损失 5.6 万元。注重加强平安宣传，组织开展“拥抱法治新时代、踏上平安新征程”等主题宣传活动，利用手机彩信、超级短信、微信段视频宣传，共发送信息 20 万条，分发《平安城厢》《平安凤办》、“扫黑除恶”宣传彩页 10 万份，发放笔记本、圆珠笔、购物袋、厨裙等宣传品约 4 万件。营造浓厚的扫黑除恶氛围，运用微信、短信、车载音响、条幅、宣传栏、沿街 LED、宣传单等媒体渠道进行宣传发动，制作广告板面 300 块、条幅 100 条、马克杯 3000 个、购物袋 2 万个、宣传彩页 1 万张、印制举报公告 1000 份，形成家喻户晓、人人喊打的氛围。经过街道、公安、社区和相关部门的合力协作，扫黑除恶现取得阶段性成果。年内，凤凰山派出所共接处警 10071 起，刑事立案 798 起，破案 424 起，破案率为 53.13%，刑拘 427 人；查处行政案件 981 起抓获吸毒违法人员 62 名，破获涉毒刑事案件 9 起。查处涉赌行政案 59 起，抓获嫌疑人 256 人，破获涉赌刑事案件 13 起；查处涉黄行政案件 49 起，抓获嫌疑人 96 人。

【征地拆迁】 2019 年，凤凰山街道月塘南片区改造项目占地面积约 10.4 公顷，238 户，涉及侨雄、供电公司、经开机械基础工程公司、富邦房地产公司、市政公司等 5 家企业，拆迁总建筑面积约 13.5 万平方米。短短 55 天内，完成入户动员、丈量摸底、方案制定、手续报批、确认签约等各个环节，《房屋征收补偿确认书》《房屋征收货币补偿协议书》签约工作，签约率达 100%，民房拆除量约为 90%，刷新城厢征迁速度。

【民生保障】 2019 年，凤凰山

街道实施城乡低保应保尽保、应退尽退政策，年内街道保障城市低保对象 12 户、20 人；保障农村低保对象 23 户、55 人，特困户（农村特困户 2 户 2 人，城市“三无”特困 7 户 7 人），按区民政局的要求每月对低保户进行摸底排查，做到低保户资金的精准发放，落实应保尽保、应退尽退工作。街道按要求成立避灾工作领导小组和村（居）民小组配备信息员，做好救灾应急预案，完成灾情信息网络，确保在第一时间及时、客观、全面了解核实报送、反映实情，做到不瞒、不漏、实情。4 月，共发放救济资金 1 万元，解决因台风等自然灾害期间受灾困难群众基本生活。街道实行领导干部包片，工作人员包村（居），值班人员防汛期间 24 小时值班的工作模式，做到责任明确，分工合作。按照“扶贫帮困，分类施救”的指导思想，将城乡低保户、特困户、家庭重病户、重点优抚对象等作为救助的重点，在救助资金和救助力量上尽量倾斜。年内共发放城乡临时救助资金 63720 元。做好社区居家养老服务工作，为 48 位老年人办理老年人优待证，共慰问特困老人 18 人，百岁老人 2 人，协会会长 2 人，慰问金共 2.6 万元；年内新增 8 位 90 岁以上老年人，每人每月发放高龄补助 100 元；在筱塘居委会三楼成立日间照料中心，完成室内装修。区内共有残疾人 500 多名，街道积极开展慰问走访，春节慰问 17 人，每人 1000 元；国际助残日慰问贫困残疾人 10 人，每人 500 元；全年发放一户多残补助资金 42 户 76 人 89000 元；发放残疾人两项补贴约 6100 人次 452600 元，其中生活补贴 2900 人次，补贴金额 204000 元，护理补贴 3200 人次，补贴金额 248600 元；发放残疾人托养补助区级 18 人，省级 8 人，每人补助资金 2000 元，发放扶助困难残疾人创业就业 1 人，每人补助资金 5000 元。

【精神文明建设】 2019 年，凤凰山街道把精神文明建设的成效作为衡量各项工作质量的关键标准，坚持以制度建设推进创建工作的正常化、规范化，制定督促检查等一系列规章制度，明确工作制度和岗位职责，确保各项工作落实到位。街道以学习习近平新时代中国特色社会主义思想和中共十九大精神为主题，深化理论教育，提高思想素质，为建设文明和谐社会奠定思想理论基础。采取课堂授课、专题讲座、座谈、观看电教片、知识竞赛等灵活多样的形式营造浓厚的学习氛围，教学内容既有国家方针政策、科普知识、社交礼仪规范，也有日常医疗健康知识、法律法规的解答、社会主义核心价值观教育，把社会公德、职业道德、家庭美德和文明礼仪融入日常生活中，进一步增强机关干部的学习意识、法律意识、成才意识和自立意识。利用“凤凰卫计”微信公众号平台开展健康宣传教育服务；依托“五大课堂”开展母婴保健、健康科普、常见病防治、早教亲子活动 12 场。组织社区、居民召开展道德讲堂活动，并把道德讲堂活动与道德模范相结合，用身边人讲身边事、身边人讲自己事、身边事教身边人，促使道德讲堂活动取得良好成效。各社区深入开展扶贫济困、环境美化、义务检修等形式多样的志愿服务活动，促进志愿服务活动在辖区常态化发展。

（蔡婷婷）

霞林街道

【基本情况】 霞林街道办事处位于城厢区东南侧，木兰溪畔，东临城笏路，北靠福厦路，西与华亭镇接壤，南与新度镇相邻，总面积 17 平方公里。总耕地面积 161.25 公顷（其中水田 149.66 公顷，水浇地 10.63 公顷，旱地 0.96 公顷）；园地 107.89 公顷；林地 69.95 公顷，人均耕地面积 0.006 公顷。最低海拔 50 米以下，最高海拔 277.9 米，位于云洞山峰。气候属南亚热带海洋性季风气候；年平均气温 20.2℃，年平均降雨量 1200—1700 毫米。主产蔬菜、水果、食用菌等作物；主要资源有以温泉为代表的地下水。街道办事处所在地沟头社区，距城区1千米。

街道辖顶墩、下黄、坂头、屿上、木兰、铁岭6个村民委员会，霞林、沟头、棠坡、莆糖、肖厝5个社区居民委员会，182个村（居）民小组，22个自然村。2019年末，全街道总人口30534人。

【概述】 2019年，霞林街道在区委、区政府的坚强领导下，深入贯彻落实习近平关于木兰溪治理重要理念，砥砺作为、奋力拼搏，经济社会保持赶超发展的良好态势。西城国际创意园、中央商务区、中国油画交易中心共入驻企业171家。固定资产投资完成82.2亿元，占据全区固投三分之一，为确保本区在全市争先进位取得较好名次做出突出贡献。全力推进木兰新城木兰片区、铁岭片区、万达南片区、坂头东片区改造等重点项目59个，总投资额464亿元，全年财政收入达到8.27亿元。是年，累计完成规模以上工业总产值19.2亿元，完成年计划18亿的106.67%，同比增长14%。累计完成固投82.2亿元，同比增长73.4%，完成全年任务80亿的102.77%。累计完成限上住餐营业额3.72亿元，完成年计划3.6亿元的103.33%；完成限上批发零售额28.25亿元，完成年计划28亿元的100.89%。累计完成财政收入8.27亿元，完成年计划10.31亿元的80.2%，下降19.8%。当年，该街道获得市级“一类平安乡镇”“2016—2018年度市级文明单位”等光荣称号，街道党工委被评为市级“先进基层党组织”。

【项目建设】 2019年，霞林街道贯彻落实美丽莆田行动，突出“三改一拆”，围绕“一区一溪”，推动城市“南进西拓”。共推进项目59个，总投资额464亿元。其中：在建项目37个，总投资212亿元。预备项目15个，总投资127亿元。前期项目7个，总投资125亿元。完成木兰新城木兰片区、铁岭片区房屋丈量，共1127户，丈量完成率99.6%。完成坂头东片区改造项目签约853户，签约率99.30%，拆除房屋约38万平方米。完成万达南片区改造项目签约786户，签约率99.74%，拆除房屋约40万平方米。顶墩下黄片区整村改造项目扫尾基本完成，安置房建设项目已进场地质勘探。屿上棚户区改造项目扫尾涉及民房签约并拆除到位。坂头东地块三、棠霞路北侧地块、万达南出让地（正荣御府）三块地块共109.31公顷，拍卖出让合计11.829亿元。

【培育平台经济】 2019年，霞林街道聚集产业发展，加快动能转换，搭建服务平台，发展总部经济。盘活莆田西写字楼、西城国际创意园、中央商务区写字楼等资产，与区招商局对接，引进平台经济落户。新签约中联建商平台，第一年交易额可达100亿元，创税1亿元；粤港台综合平台第一年可实现税收5000万元；齐物志研学教育科技有限公司建成后年收入8000万元，创税400万元以上，可提供就业岗位100个。打造总部经济，西城国际创意园已入驻企业6家，年内创产值13.75亿元；中央商务区建筑业总部大楼已入驻企业26家；中国油画交易中心已签约入驻企业139家。纳云川新能源汽车销售总部、喜盈门设计产业园、九龙山公园及周边配套工程等已投入使用。

【社会事业】 教育事业优先发展。霞林学校、下黄小学新校区建设工程年内开工建设，顶墩实验学校及幼儿园建设工程、荔景小学建设工程下年度开工。荔景幼儿园正在报总平规划方案评审。安置回迁继续推进。注重解决历史遗留问题，基本完成霞林安置房、莆田西安置房、钟潭安置房等回迁工作，年内共回迁套房4940套，交房3669套，车位申购1435个。启动肖厝油画城安置房建设。卫生、养老事业健康发展。城厢区医院新院区于7月1日正式启用。街道养老服务照料中心托管经营项目拟于12月投入运营。完善全民健身设施。建成下黄、坂头、万达3个激情广场。社会救助工作有序落实。当年内共发放低保补助226人

103.22万元，救助特困人员29人共39.74万元，临时救助113人次共15.75万元。做好低保扩面工作，当年内新增低保户75人，处于系统审核230人。推进乡村振兴。顶墩、下黄、坂头、肖厝、屿上等5个村实现“村改居”。5月份组织对木兰、铁岭两个村房屋进行丈量，启动项目征迁，促进木兰、铁岭两个村“破壳消薄”。深入开展农村人居环境整治工作，提升农村人居环境。

【社会治安综合治理】 2019年，霞林街道纵深推进“扫黑除恶”专项斗争，突出信访维稳及安全生产排查整治，努力建设更高水平“平安霞林”。深化“扫黑除恶”专项斗争。全年组织召开11次专题会议，街道主要领导15次作出批示要求，共投入经费约160万元。排查移送涉及征地拆迁的线索1条，由霞林派出所核实办理。对照中央、省、市督导提出的问题清单，街道共梳理20项共性问题，年内完成整改。是年，霞林派出所立案626起，破案312起，刑拘303人，逮捕89人，移送起诉230人。街道纪工委共立案13件，给予12名干部党纪处分，形成有力震慑。社会治安状况明显好转，人民群众满意度、幸福感明显提高。开展平安创建活动。组织街道干部、职工、网格员等160人开展平安宣传入户6000余户，发放综治平安宣传单、反邪教宣传手册2万份和扫黑除恶宣传品12000余份，调查问卷5000份。深化信访积案大排查大化解。年内，街道共受理初信初访48件，办结41件，按期办结率为100%，息访34件，息访率为82.92%。三是深化安全生产大排查大整治。认真落实安全生产责任制，街道主官带队、两委主动参与开展拉网式安全生产执法检查，共检查生产经营场所150家，发现安全隐患142处，限时整改84处，限期整改58处，整改138处。发现“三合一”场所9家、责令停产6家，取缔关闭3家。充分利用网格力量，年内共处理消防工单1267件，辖区内没有发生安全责任事故和伤亡事件。

【城市管理工作】 2019年，街道狠抓城市管理提升，推进“绿化美化”“网格管理”，推进39个城建项目建设:木兰陂公园、陂头温泉建成开放，增添市民休憩空间。棠坡公园、金海湾小游园、陂头温泉公园、莆田西屿上口袋公园建设相继完成。集绿化、凉亭、小广场、景观灯为一体，占地面积3700平方米的肖厝公园建成。实施“城管+网格城市化”管理新模式，提升智慧化城市管理水平，共受理案件21542条，办结案件21465条。着力治理城市环境“脏乱差”，全年共清理群众生活垃圾780余吨，河道专项清理垃圾380吨。开展市容市貌综合整治，整治摊外摊、店外店、占道摆摊、夜市烧烤等260处。做好城市垃圾分类工作，以莆糖社区、塘里小区、宏基现代城为试点实施垃圾分类管理。投入120L塑料分类垃圾桶170个，有毒有害垃圾箱1个，莆糖社区还新增组智能垃圾桶。共建美丽乡村，开展农村人居环境治理和“厕所革命”，新建公厕3座。保持“两违”整治高压态势，共拆除违建150宗，面积9050平方米。

【扶贫攻坚】 2019年，街道全面落实扶贫政策，为26户68人免费办理医保和意外险，26户全部签约家庭医生。为1户贫困户进行危房修缮，让10名贫困户家庭学生享受到教育补助，安排公益性岗位4个。突出产业扶贫资金利用效能，先后两次用产业扶贫资金与福建省绿丰园艺工程有限公司合作，为所有贫困户办理委托种植，每户实现年收益12%。采取“户贷企用”的方式，为24户申请小额贷款120万元，使贫困户每月收益625元。街道建档立卡26户贫困户均实现“两不愁三保障”。

【生态环保整治】 2019年，霞林街道强化木兰溪水质全流域治理理念，持续推进“河长制”，坚决打好污染防治攻坚战。全面摸清辖区内排污口，实行“一口一档一策”，落实“封堵改造、应急引水、截留收集”等措施。共排查入河排污口141口，整治到位138口，整治到位率97.9%。投资198万元完成北渠（顶墩段、下黄段、中特小区段）污水整治工程和棠坡沟（霞林段）等水4个毁修复工程。强化污染治理，共排查628家餐饮业，其中需安装油水分离器420家、油烟净化器384家，全部安装到位。建立企业“一月两核查”机制，完成“小散乱污”企业整治80家，关闭搬迁“反弹复产”企业2家。落实“村周巡查、街道月督查”和“考核问责”机制，全年共整治散养家禽60户576只。抓好中央生态环保督察问题的整改，整改到位7个，阶段性整改到位3个。第一批土地卫片违法用地8个问题全部整改到位。加强河道整治，开展河道“清四乱”专项整治，配备河道保洁人员12人，船只7艘，共清理占用河道河岸种植蔬菜9处、清理河道垃圾380余吨。建立河道卫生管理机制，在沿木兰溪、北渠等设置24小时电子监控视频设备11个，严防乱扔乱倒行为。发动各村（居）充分利用标语、横幅、LED显示屏、短信、微信等媒介宣传水质提升工作，开展3场次“关爱木兰溪、保护母亲河”志愿者活动，共有117人次参与。

【基层组织建设】 2019年，霞林街道落实全面从严治党要求，坚持以法治思维和创新精神推动各项工作落实，努力打造忠诚履职、担当作为的干部队伍。加强学习教育，组织党员干部认真学习新理论、新思想。机关干部共集中学习17次，中心组共集中学习14次。机关党员参与学习强国学习平均积分11540分。组织开展“不忘初心、牢记使命”主题教育，通过原原本本学、研讨交流学、实地体验学、专家辅导等多种形式，共学习教材6册，文章10篇、观看专题片6个。街道两委成员共开展调研25人次，撰写村情调研材料11篇，梳理出问题14个，制订整改措施19条，整改问题6个，阶段性完成问题3个，待整改问题5个。抓好意识形态工作，全年共召开意识形态专题会议2次。落实公共领域宣传审批制度，整改过时、破旧的宣传标语22处。坚持依法行政，办理市区人大建议意见11件、政协提案9件，解决一批代表委员关注的难点热点问题。推进“放管服”改革，便民服务事项全部开通网上申办功能。全年共办理门牌证、公交一卡通、残疾人证、计生服务等事项941件。受理办结12345热线投诉件1292件。公开政府信息和政务，让权力在阳光下运行。支持和保障纪检监察机关履行职责，强化审计监督。构建法治霞林，打造“全力义务游步道”“民主法治示范社区”“法治书屋”等法治阵地，实现“一村（居）一法律顾问”全覆盖，全年组织开展普法宣传活动近10场。建立健全矛盾纠纷排查化解机制，建立多元调解工作站，全年共成功调解各类矛盾纠纷89件。人民武装、意识形态、民族宗教、工青妇等各项工作有序开展。执行中央“八项规定”，纠“四风”树新风，“三公”经费支出下降10%。开展效能督查，全年问责3人次。践行“马上就办、真抓实干”和“一线工作法”。领导干部以上率下，靠前指挥，组织党员干部清障拔钉，为项目攻坚注入“红色动力”。坚持把监督执纪“四种形态”融入日常监督，全年共立案12 件，结案9件，谈话提醒14人。抓好区委巡察问题整改工作，召开巡察整改推进会6次，对涉及反馈的51个问题制定整改措施150条，确保件件有落实，事事有回音。加强“六提倡六反对”（提倡崇尚科学，反对封建迷信；提倡健康娱乐，反对聚众赌博；提倡婚姻自由，反对买卖婚姻；提倡村邻和睦，反对宗族纠纷；提倡艰苦创业，反对铺张浪费；提倡少生优生，反对计划外生育）系列宣传，倡导科学健康、文明节俭新风气。重要节庆日期间开展禁燃燃放专项整治。开展乱建坟墓治理，共清理乱建坟墓28座。与区人社局联合在下黄社区举办“深化移风易俗、推进文明新风”移风易俗文艺晚会，把婚事新办、丧事简办，抵制大操大办、禁放烟花爆竹等内容纳入村规民约，引导群众自我教育、自我管理，自我提升。针对部分村居班子年龄老化，新老断层，干部缺乏担当、能力不足、发展思路不清等问题相应制定整改措施12条并全部整改落实到位。抓好发展党员工作，共发展预备党员7名，培养入党积极分子55名。注重培育亮点、树立品牌，投资30万元在肖厝佳园小区建设“党建文化园”，争创城市基层党建示范点。下黄社区办公场所集党的建设、社区管理、便民服务、信访化解等多种管理服务功能为一体，成为全市“妈祖家家亲”建设示范点。

（李强）

华亭镇

【基本情况】 华亭镇位于城厢区西部，南北长133千米，东西宽13.1千米，土地总面积174.23平方千米，耕地总面积1.31万公顷，人均耕地面积0.12公顷，最低海拔6.8米，最高海拔768米，位于紫微山峰。属亚热带气候，年平均气温20℃，年平均降雨量1524毫米，主要农作物为水稻、花生、大豆、番薯等，矿产资源有花岗石、非土、铝钒土、石英等。镇政府所在地位于华亭社区，距离城区14千米。全镇共辖华亭、霞皋、南湖、郊溪、兴沙等33个村民委员会，2个社区，297个自然村，448个村民小组。全镇总户数32790户，总人口112989人。其中男57049人，女55940人，农业人口104369人，非农业人口8620人，人口密度648.5人/平方千米。

华亭镇人口总数占城厢区的三分之一左右，是城厢区的人口大镇、工业重镇、重点侨乡、水果之乡，是省级经济开发区、农民创业园所在地、莆田市小城镇综合改革、“幸福家园”建设的试点镇，是一个以半山区为主的乡镇。拥有龟山寺，西冲岩、酒池寨、将军岩、钱碑故址等名胜近20处，横贯莆田市的母亲河木兰溪中段贯境而过，沿途遍布新石器时代、汉唐之前的古迹遗址10处之多，是居山大名果之首的龙眼（桂圆）的全国乃至东南亚地区的干果集散地。自古为陆路通往岭南地区的咽喉要道。著名的白石港码头、盐仓巷码头直接诠释3000多年前的木兰溪中段地区的文赋里文明盛况。又是莆田是范围内数一数二的侨乡，侨乡文化在本地区熠熠生辉。同时也是发展闽台文化的较佳区域。福厦324国道穿境而过，莆永高速路通车，木兰溪治理工程在开展。先后荣获“全国人口计生服务示范站”“福建省绿色乡镇”“生态乡镇”“人口计生依法行政示范镇”“莆田市人口计生优质服务一类乡镇”“市级先进基层党组织”等荣誉称号。

【农业】 2019年，华亭镇牢牢把握“乡村振兴战略”的有利契机，立足华亭地理位置、果蔬种植、花卉栽培等优势，推动龙眼产业园、花卉世界、利农等特色现代农业提质增效。大力推进“破壳消薄”工程，全镇35个村（居）集体经济全部实现超10万元。坚持先行先试，先后共有埔柳、园头、五云、油潭、涧口、云峰等6个村入选为莆田市乡村振兴“百村示范”试点村中、初级版；霞皋村为农村综合性改革试点实验项目。油潭、霞皋2个村方案设计相继完成，两个首尾呼应的乡村振兴示范点初具轮廓。

【工业商贸】 2019年，华亭镇规模以上工业总产值累计完成198.75亿元，完成年计划218亿的91.17%，比增12.23%。在商贸服务业方面，华亭镇全力打好项目攻坚战，积极谋划“五个一批”项目建设，全年新增项目41个，总投资150.2亿元，“五个一批”项目考评位居全区七个镇街前列。樟塘片区全面完成征迁，霞皋、山牌等片区相继完成征地丈量，中电·科创城、三利谱等一批重大电子信息产业项目签约落地，经济高质量发展后劲进一步增强。

【社会事业】 2019年，华亭镇坚持以强化民生保障为宗旨，全面推进“惠民实事”“民心工程”，群众获得感持续增强。城乡差距不断缩小。着力提升农村“三资”（资金、资产和资源）管理科学化水平，深入推进土地确权工作，有效提升农村集体资产和土地的收益，贯彻落实乡村振兴战略。持续实施精准脱贫，有效促进全镇256户贫困户稳定脱贫，顺利通过省级验收工作。科教文卫协调发展。合理配置教育资源，加大教育资源供给，妥善解决农民工随迁子女入学难等问题。医疗卫生服务水平进一步提高，全力推进视频远程诊疗卫生所改造，年内共完成19个村的改造工作，全面落实药品、耗材零差率销售和医保门诊定点报销。华亭卫生院医养结合楼在装修。持续办好区青少年校外体育活动中心、镇综合文化站，提升各村“春风文化中心”建设，村级组织活动场所、老年人活动中心、老年教育学校建设成效显著。多途径筹集资金，广泛开展访贫问苦、送温暖解忧难和资助入学、帮助弱势群众等活动，认真落实最低生活保障制度，抓好新型农村合作医疗和农村养老保险工作，城乡居民社会养老保险领取养老金资格认证96.17%，农村群众“病有所医，老有所养”问题有效缓解。积极促进再就业政策，及时妥善处置劳资纠纷，切实维护辖区务工人员合法权益。全面落实河湖长制，开展黑臭水体专项整治工作，重点围绕木兰溪及13条支流开展日常巡查整治工作，累计排查整治沿线排污口840口，有效提升木兰溪流域水质，木兰溪华亭段干流园头桥、濑溪桥断面和西湖溪走马亭断面、长岭溪西许断面全部达标。持续开展重点小流域整治提升项目建设，西湖溪走马亭段生态安全水系建设在施工中。切实抓好中央督查发现问题整改工作，第一时间解决各类信访举报件4件。全面开展“两无”企业和餐饮业油烟、油水排查整治工作，累计整治“两无”企业74家、餐饮业140家；在前柳溪后山段成功取缔反弹的芡实加工坊23家；及时组织执法队对沙里溪后角段排查出来牛蛙场和五云生猪畜杨反弹进行取缔。结合创城工作常态化建设，全面全域推进共建美丽乡村建设，环境卫生整治有力推进。全镇共投入资金801.3423万元，完善垃圾分类试点村和主要道路范围内的垃圾分类配套设施。统筹城乡发展和落实美丽乡村“一事一议”等政策，积极向上级争取财政奖补项目资金2000多万，建成一批口袋公园、景观绿化、水利排洪、旅游公厕等，人文宜居环境更加优美。

【基础设施建设】 2019年，华亭镇主动投入木兰片区大开发，注重服务功能升级提升，积极补齐健全基础设施，城乡面貌焕然一新，群众获得感更加优越。安置区建设取得突破。全镇11个村市级“幸福家园”试点村建设工作稳步推进，其中万坂完成选房回迁；后枫、坪板、西许、兴沙4个安置区在进行水电等基础配套建设；濑溪、樟塘、山牌等安置区在抓紧施工。城镇路网建设逐步完善。灵华线樟塘至灵川径里隧道成功打通；木兰大道华亭镇沿线的征迁工作全部完成，一期华亭段实现通车；龟山路征地基本完成，并施工建设。村道拓宽改善，先后投入资金1000多万元，累计修建、修缮山牌村、后山、湖头等村村道10余千米；华五线“白改黑”项目在施工中。市政配套设施加速推进。以埔柳为试点，探索创新农村污水收集新模式，全力推开全镇农村污水项目建设。截至12月底，全镇累计新建三格式化粪池4285个；完成污水管网建设约460多千米，先后完成后山至园头污水市政管网修复和濑榜路污水市政管网疏通工程，累计修复、疏通污水市政管网7.1千米；完成湖头提升罐和云峰污水泵站溢流问题的修缮；农村污水初步实现统一收集、规范处理。积极加大镇财政投入，相继完成濑榜路沿线景观亮化，群众出行安全得到保障。

【社会治安综合治理】 2019年，华亭镇深入开展“千名干部进村户、排忧解难保平安”活动，有效提升“群众安全感满意度”。积极推行“多心合一”，整合多方资源力量搭建基层便民平台，及时化解信访积案5件，调解矛盾纠解117件。以埔柳为试点，探索推行“妈祖故里家家亲”基层社会治理综合平台，打通服务群众“最后一公里”。深入开展扫黑除恶专项斗争，严厉打击“村霸”“套路贷”“黄赌毒”、电信诈骗等违法犯罪分子累计共破获涉恶案件11起，破获“套路贷”、电信诈骗案件17起，抓获涉恶嫌疑人230多人，取得良好社会效果。组织园头、埔柳等村举办“国家宪法日”“习近平新思想”“综治平安”等主题晚会，社会风气持续向好。统筹做好侨情普查、统战、对台等工作，社会大局和谐稳定。

【安全生产】 2019年，华亭镇深入开展“道路交通安全整治”活动，加大隐患排查力度，完善福厦路、濑榜路、三紫路和农村主干道道路安保设施。结合“六打六治”（打击矿山企业无证开采、超越批准的矿区范围采矿行为，整治图纸造假、图实不符问题；打击破坏损害油气管道行为，整治管道周边乱建乱挖乱钻问题；打击危化品非法运输行为，整治无证经营、充装、运输，非法改装、认证，违法挂靠、外包，违规装载等问题；打击无资质施工行为，整治层层转包、违法分包问题；打击客车客船非法营运行为，整治无证经营、超范围经营、挂靠经营及超速、超员、疲劳驾驶和长途客车夜间违规行驶等问题；打击″三合一″″多合一″场所违法生产经营行为，整治违规住人、消防设施缺失损坏、安全出口疏散通道堵塞封闭等问题）专项行动，统筹开展危险化学品、建筑施工等21个安全生产专项整治，累计组织开展各领域排查整治活动2333人次，查处一般隐患1416条，严格做到按时整改、对表销号，确保全年没有发生重特大安全生产事故。

【信访工作】 2019年，华亭镇坚持每半月组织一次矛盾纠纷排查，有问题早处理，有纠纷早解决，切实做到复杂矛盾、陈旧积怨等各种易发纠纷底数清，情况明。严格落实领导干部信访接待日制度，每天由一名党政班子成员负责信访接待，尤其是国庆、“两会”期间，接待人员耐心做好上访人思想工作，尽可能地把问题解决在基层，尽量不发生越级上访。一般矛盾做到随接访随办理，使信访问题得到及时妥善处理。认真梳理存在的陈年信访个案，全部落实领导班子个案承包，从信访案件的初核、立案到处理，一包到底，并参与其中，随时听取案件调查的情况汇报，亲自指挥和协调。对化解的信访案件，及时将解决情况入户回访，真正做到案结事了。

【党建工作】 2019年，华亭镇认真履行全面从严治党“一岗双责”，牢固树立“四个意识”，坚定“四个自信”，坚决做到“两个维护”，严格落实意识形态工作责任制，着力加快政府职能和作风转变，政府自身建设进一步加强。恪守法律底线、弘扬法治精神、依法履行职责，自觉接受人大、政协及社会各界监督，办理人大建议、意见8件，通过政协联络室向上提交建议意见6件。严格执行权力清单、责任清单制度，严格依照法定权限和程序行使权力、履行职责。继续推进政务公开和政府信息公开。大力践行“马上就办”，继续深化“放管服”改革，梳理公布镇级部门“一趟不用跑”和“最多跑一趟”办事清单，引导华亭工商所入驻便民大厅，完善镇便民服务大厅建设。加强政府绩效管理，完善电子政务平台，强化政府信息公开，健全保密审查机制。综合平安考评，组织“进村入户”大走访，提升为民服务的主动性和实效性，镇村干部共走访农户7800多户，重点联系党员、村民代表、困难群众900多户。严格执行中央“八项规定”，着力构建廉政风险防控长效机制。加强农村“三资”管理，通过催缴，共收回款项14笔计593392元，截至4月，收回合同租金9笔474586元；5—6月，收回合同租金4笔19430元，收回垫付工程款一笔99376元；7—8月，收回合同租金6笔50826元。做好招投标和审计工作，严格控制行政成本和“三公”经费支出。深入治理“中梗阻、庸懒散”，是年，共开展各类效能督查52次，给予内部通报67人次，个人扣款11500元，效能问责3人次。坚决惩治腐败，严

12 月 19 日，城厢区常太镇第十八届人民代表大会第三次会议召开（蔡仲清 摄）

明纪律，共查处案件 15 件，有力地震慑不作为和腐败行为。

（刘建波）

常太镇

【基本情况】 常太镇，位于城厢区西北部，南北长 18 千米，东西宽 16.3 千米，总面积 201 平方千米。土地总面积 1.62 万公顷（其中耕地 500 公顷，山地 1.50 公顷），人均耕地面积 0.012 公顷，复种指数 100%；人均山地 0.39 公顷，森林覆盖率 87.3%。最低海拔 80 米，最高海拔 832.6 米，位于古山尾。主产枇杷、龙眼、橄榄、香蕉等作物。气候属南亚热带海洋性季风气候；年平均气温 17—20℃，年平均降雨量 1446 毫米。主要矿产资源有铁、镍、蛇纹岩、滑石等，镇政府所在地常太村利洋 1 号，距城区 14 千米。常太镇有光荣的革命历史，20 世纪 30 年代中期即为闽中革命根据地之一（现有老区基点村 27 个）。境内山峦起伏，著名的东圳水库（莆田新二十四景为圳湖映碧）横卧境内，还有国家级森林公园九龙谷 AAAA 风景区（莆田新二十四景为龙谷奔泉）。全镇辖松峰、利车、照车、东太、东青、山门、汀洋、侯山、常太、坑洋、霞山、渡里、金川、马院、党城、顶坑、外东坪、内东坪、南川、过溪、下莒、埔头、溪南、溪北、山坑、洋边、长基、岭下等 28 个村（居）民委员会，320 个村（居）民小组，246 个自然村。2019 年末，全镇总户数 11220 户，总人口 45296 人，其中：男 23045 人，女 22251 人；农业人口 40282 人，非农业人口 5014 人；少数民族（畲族为主）人口 1282 人，占总人口的 2.83%。人口密度为 225.3 人 / 平方千米。

【概述】 2019 年，常太镇地方财政收入 1262 万元，地方财政支出 1760 万元；年末各项存款余额 5.5 亿元，人均存款 12142 元；全镇固定投资累计 5.4 亿元；农民人均纯收入 16570 元。

【农业】 2019 年，常太镇全年农作物总播种面积 289.27 公顷其中粮食播种面积 162.13 公顷，产量 1142000 千克，公顷产 31.33 千克。蔬菜 82.87 公顷，产量 1638000 千克，公顷产 87.87 千克。全镇水果种植面积 2027.07 公顷，其中枇杷面积 1760.2 公顷（品种有“解放钟”、“早钟 6 号”、“长红”、“白梨”、“贵妃白梨”、“三月白”、“亚舜本”），产量 8248000 千克；龙眼面积 169.47 公顷，产量 1527000 千克；橄榄面积 29.2 公顷，产量 545000 千克；香蕉面积 40.2 公顷，产量 455000 千克；其他水果 1.93 公顷，产量 17000 千克。中草药材面积 3.87 公顷，产量 23000 千克，公顷产 26.47 千克。

【社会事业】 2019 年，常太镇抓好枇杷传统产业，大力调整枇杷结构，推广“三月白”等新品种；全部完成 28 个村土地承包经营确权登记发证和农村集体产权制度改革，稳定农村土地承包经营。全镇有5所完全小学，1个小学教学点，1所独立中心幼儿园，14所公办幼儿园；2018—2019学年，全镇适龄儿童入园率达100%，小学学龄入学率为100%，初中学龄儿童入学率为100%，初中年辍学率0%；6—14周岁三类残入学率100%；教育资金到位率为100％。开展金秋助学活动，召开庆祝第35个教师节表彰大会，表彰奖励优秀教师21人、优秀班主任10人、优秀教育工作者5人。镇内有1个镇级农民文化广场和6个村级农民文化广场，农家书屋28个；集镇成立两支广场舞队，各村相应开展老年人广场舞活动；全镇有省级文物保护单位1个、市级文物保护单位3个、区级文物保护单位1个、文物点1个，市级非物质文化遗产（常太山歌—俚歌、方氏家酿）2个。推动卫生健康事业发展，积极开展预防“登革热”卫生消杀活动，完成15个村卫生所标准化建设，实现乡村卫生服务一体化管理和远程视频诊疗服务；围绕“四美”“五清楚”“六重点”目标任务，每月发动群众集中开展环境卫生大扫除，重点整治清理房前屋后、村道沿线水沟、绿化带及乱堆放建筑垃圾；开展爱国卫生运动，经常性开展以“灭蚊、灭蝇、灭鼠”为重点的除四害工作；城乡居民基本医疗保险达98.9%；围绕“保基本、强基层、建机制”的要求，转变服务方式，稳妥地推进医药卫生体制改革，开展健康档案建立、健康教育、老年人、慢性病、防疫、儿童保健、妇女保健等工作管理的基本公共卫生，定期举办乡村医生业务培训；开展食品安全示范镇创建活动，组织食品安全进农村、进学校、进生产经营单位宣传活动，强化校园及周边食品安全专项整治和旅游景点食品安全专项整治，排查食品加工小作坊、食杂店、小摊贩、餐饮店66家，督促整改餐饮店食品卫生隐患6条；积极开展非洲猪瘟防控工作，取缔农村定点屠宰，由天怡公司负责猪肉配送。全镇28个行政村开通“村村通”广电网络光缆，开通全业务数字信号，完成视频会商系统的安装调试，完成马院村、照车村广电光纤化改造、常太社区16公里主干光缆架设，受益用户580户，渡里村被福建广电网络集团授予“4K智能终端示范村”荣誉称号。坚持以现行计生法律法规为宣传导向，以村民自治为基础，以依法奖惩为措施，以优质服务为宗旨，全面落实“两孩”政策，依法落实各类奖扶2532人，独生、二女免费参加医保8937人、养老和伤残保险缴费补贴3437人、发放养老金有824人，政策落实率100%；实施生育关怀，发放“幸福工程”项目贷款、金秋助学金近60万元。

11月5日，莆田市县区老区工作座谈会在常太镇召开（纪瑾 摄）

【社会治安综合治理】 2019年，常太镇通过传统媒体和新媒介进行全方位、无盲点深入宣传；结合“三率”平安宣传工作，围绕重点打击对象，深入摸排涉黑涉恶犯罪线索；把扫黑除恶与反腐败斗争和基层“拍蝇”结合起来，推动扫黑除恶向纵深发展。认真落实综治工作领导责任制，健全“横向到边，纵向到底”的网格责任体系；扎实开展“千名干部进村户、排忧解难保平安”活动；健全完善“多元调解”紧密衔接、相互补充的“大调解”工作体系，提高以案代补标准；排查管控社区服刑人员、刑释解教人员、邪教人员以及吸毒人员、精神病患者等重点人员；落实信访领导包案责任制，高度重视初信初访，实施信访总量控制，切实解决一批老信访户问题，没有出现进京集体访、集体越级访和个人极端行为，实现国家重大活动时期零进京非访；深入开展无邪教镇村创建和校园安全工作，确保社会安定稳定。严格落实“党政同责，一岗双责”，以整治消防、食品安全、道路交通、危化品、烟花爆竹及农村住房安全隐患为重点，以防范和遏制重大事故为目标，认真开展宣传月安全生产咨询活动和“防风险、除隐患、迎大庆”专项行动，全面推动安全生产整治攻坚，排查整改安全隐患26处。

【旅游产业发展】 2019年，常太镇依托资源优势，发展乡村生态旅游，第三产业蓬勃发展，以九龙谷AAAA景区为龙头，岭下村、马院村为支点的全域旅游初具规模，旅游全年收入1.2亿元，年接待旅客近120万人次，转移就业人数1000多人。岭下村与睿雪教育集团合作，成立睿雪研学实践教育基地（城厢区中小学生研学实践教育基地），将“读万卷书”和“行万里路”有机融合在一起；马院村建成闽中游击区（马院）革命史展示馆。岭下移民精神展示馆和闽中游击区（马院）革命史展示馆列入城厢区20个党日活动基地，“马院人家”荣获“2019年福建省四星级旅游村”，马院村、岭下村被评为福建省森林村庄。

3月22日，“纪念第二十七届世界水日、第三十二届中国水周宣传活动”在常太镇举办 （纪瑾 摄）

【民生保障】 2019年，常太镇开展精准扶贫、重病、重残对象摸底核实工作，按照脱贫路上一个都不落下的精神，经过精准识别，全镇共有低保家庭172户324人，特困人员55人，享受生活补助资金200多万元；积极开展农村临时救助工作，全年共救助49户201人，发放救助资金32万元；累计完成退役军人、现役军人等十二类人员信息采集，累计发放重点优抚对象生活补助120多万元。切实做好社会保障各项工作，基本完成社会保障覆盖率指标。全镇范围内机关、企事业单位干部、职工全部纳入医疗保险范畴，参保率100%。推进企业退休人员管理服务社会化工作，对企业退休人员情况建立台账纳入管理。城乡居民基本医疗保险和养老保险参保率均达98%以上。完成松峰、岭下、坑洋、埔头、溪北等5个村农村幸福院的建设，免费为农村籍90周岁以上老年人统一缴纳基本医疗保险费。纵深推进精准扶贫，以“两不愁、四保障”（吃不愁、穿不愁，义务教育保障、基本医疗保障、安全住房保障、安全用水保障）为基础，充分利用厅级领导挂钩帮扶优势，深入推进岭下、外东坪2个贫困村产业发展，光伏发电效益明显，道路、农家乐等部分基础设施进一步完善；进一步夯实挂钩帮扶责任，开发5个公益性岗位、扶贫超市3个、枇杷产业补助近20

万元，助力贫困户造血脱贫。镇内享受残疾护理补助、生活补助对象954人，发放残疾两费83万元、发放重点优抚对象生活补助156万元。

【生态环境保护】 2019年，常太镇开展畜禽养殖污染整治“回头看”活动，落实主体责任，加强日常巡查，依法开展行政执法活动，拆除场舍1000平方米，变卖处理生猪20头；集中整治管控九龙谷公园外的餐饮污染、砂石加工场、生猪屠宰点等污染源，清理一级保护区违规种植面积20公顷，26家餐饮服务业全部安装油烟净化器和油水分离器。完成23个村的生活污水收集管网建设，铺设管网381千米、化粪池1924个，实现28个行政村生活污水收集全覆盖；推进库区污水主干管建设。积极整治农业污染，推广测土配方施肥，禁止滥用农药化肥，与省农科院生态研究所合作，深入分析农业面源污染问题并提出切实可行的整治方案，完成宏耕生态园试点建设；继续实施东圳库区退果还林工程，完成退果还林57公顷、桉树林赎买改造46公顷。建设安全生态水系，投资1250万元全面完成院里溪、东太溪生态整治工程；省级为民办实事项目坑尾溪安全生态水系建设项目开工建设；加快推进“六水共治”（治污水、清河水、防洪水、排涝水、保供水、抓节水），全面落实河长制，依托福建河长APP，结合“河长微信群”“随手拍”、定期监测河道水质等，进一步推进河务监管网格化，实现河道流域监管全覆盖；排查整治排口140处，整治率100%，其中生活排污口通过封堵或接管方式整改，对排污口按照一口一档的标准，进行分门别类，实行红绿牌管理。落实木兰溪专项巡察问题整改。17个问题整改完毕，干部处理通报批评5人、谈话提醒7人。

【基础设施建设】 2019年，常太镇实施生态河道整治、环境综合整治、道路设施建设、教育文化建设等各类重点项目；投资1170万元实施移民基础设施建设；推进顶南线、东汀线道路扩宽工程建设，基础设施进一步完善。下莒村“幸福家园”新建区（一期）规划用地面积2万平方米，建筑占地面积7000平方米，总建筑面积2万平方米，预计总投资5000万元，年内完成投资500万元。

【精神文明建设】 2019年，常太镇全面深入开展群众性文明创建活动，组织开展“星级文明户”“最美人物”等评选活动。常太镇被评为2018—2021年度省级文明镇，马院村被评为省级文明乡风示范点。

【共建美丽乡村】 2019年，常太镇成立城厢区常清环卫管理有限公司，环卫工作实现企业化、市场化运作。全年共支出环卫资金1000万元，持续加大环卫基础设施建设，推进“厕所革命”；积极开展岭下村垃圾分类试点工作；开展餐厨垃圾专项整治，全镇26家餐厨垃圾产生单位实行动态管理、上门收运；全镇保洁面积60万平方米，其中机械清扫率达40%，全年共清理清运生活垃圾4000多吨。

（纪瑾）

灵川镇

【基本情况】 灵川镇地处城厢区南部，东与秀屿区笏石镇、东庄镇接壤，南濒临湄洲湾内海，西与东海镇相邻，北与华亭镇毗连。总面积56平方千米，全镇有山地3200公顷，耕地1546.67公顷。海岸线长13.71千米，海堤总长12.01千米，滩涂浅海面积820公顷，淡水域面积91公顷，属于亚热带季风海洋性气候。灵川镇人民政府位于城厢区康富西路85号，下辖14个行政村、1个社区，设基层党委3个、党支部25个。

【概述】 2019年，灵川镇在区委、区政府和镇党委的正确领导下，在镇人大的监督支持下，全镇上下深入学习贯彻中共十九届四中全会和习近平新时代中国特色社会主义思想精神以及省、市、区一系列决策部署，紧紧围绕年初确定的目标任务，攻坚克难，奋力拼搏，转作风、提效率，各项工作取得一定成效。全镇生产总值完成82.59亿元，增长12.15%；全社会固定资产投资完成16.64亿元。

【农业】 2019年，灵川镇山海田具备，土地肥沃，耕地面积1546.67公顷，盛产甘薯、花生、大豆、四季蔬菜等。山峦叠翠，山源自壶公山脉，主峰海拔771米，大小山峰16座，林业用地3200公顷。滩涂和浅海面积较大，海域资源丰富，盛产花蛤、牡蛎、对虾等海产品。灵川充分发挥背山靠海的独特区位优势，大力发展特色种植业、海产品养殖业。以生产基地化为目标，以发展集约型农业为重点，扶持和培育一批农业产业化龙头企业，建设成为现代农业示范镇。发挥农产品基地的优势，因地制宜发展农贸市场、超市，实现农超对接。积极引进食品工程新技术，培育发展以天喔、台兴、金山辣木等一批龙头企业为主的食品产业集群，带动名优果品、水产品精深加工，延长产业链，增加附加值。实施桂山现代农业种植园、温氏生态养殖、径里观光农业种植等项目。扶持农民创业园，加快蛤老大、金山辣木、威利思等龙头企业实施技改，提升农业龙头企业发展水平。坚持和完善农村土地基本经营制度，全面完成农村土地承包经营权确权登记颁证，实施农村土地连片经营，推广公司+农户模式，提高土地公顷产效益。

【商贸服务业】 2019年，灵川镇党委、政府主动融入湄洲湾港口城市中心城区核心区建设大局，着力建设乡村休闲旅游度假基地：以径里休闲垂钓，桂山农业观光，下尾特色海鲜餐饮，书峰海边宿营，五帝庙两岸宗教文化体验，台兴现代食品园参观等“四村一庙一园”为主题的旅游圈，围绕“三横三纵”（滨海大道城厢段、笏枫路、通村农业观光道；联十一线、灵华线、新桂路）的路网格局和产业布局，结合区位优势促进第三产业发展，初步形成乡村旅游、生态休闲旅游业，向“打造生态宜居新灵川，建设美丽城厢示范镇”迈进。

【社会事业】 2019年，灵川镇推进“教育强镇”，各项教育工作进展顺利，办学条件明显改善。学校布局调整取得重大进展，全镇19所中小学校安配套工程不断完善、学校操场全部实现塑胶化；西墩教师周转房建成。办学水平不断提升，教学特色逐步凸显，灵川中心小学乡村少年宫书法、剪纸等活动丰富校园文化；莆田十八中学硬笔书法得以更广泛推广，2019年高考美术类考生专业分数全部达本科线。持续加快实施教育强镇，尊师重教成为文明新风尚，个人捐资助学、集体筹资办学、企业投资办学的资金不断增多，教学教育质量显著提升，顺利通过教育强镇验收评估。积极倡导志愿服务，全镇干部职工中有90%报名参加志愿服务。镇团委积极创建志愿服务站，开展志愿服务。开展各类志愿服务50多次，帮扶孤寡老人、留守儿童100多人次。全面实施新农保，全镇群众参保率达99.89%，继续实施新农合，全镇参合率达100%。

【基础设施建设】 2019年，灵川镇滨海大道、联十一线、笏枫公路拓宽等一批重大交通路网项目加快扫尾。太湖园区田厝片排涝工程、篁山溪综合治理工程基本完成。东进下尾农田渠系重建项目、沿海片防洪挡潮工程西墩海堤、太青联合堤完成。新建农村公厕3座、集镇公厕1座、城市公厕1座，其中3座农村公厕于8月底竣工完成验收，于9月份投入使用。启动河道清淤疏浚专项行动，对5条共40.5千米河道进行全面彻底地清淤，同时加强河道管理保护综合执法，依法取缔关停2家无证非法养殖场，对3家有环保手续的养殖场非法排污进行立案查处，263家无证畜禽养殖户全部关闭拆除到位，拆除面积12.9万多平方米，辖区水质得到进一步改善。15个村的污水管网建设全部开标并动工，完成污水管网77千米。径里、桂山两个市级幸福家园试点建设稳步推进。桂山村人行道景观工程完成道路扩宽、铺石、绿化排洪沟等工程并实现亮灯。水系景观工程完成80%，乔木种植、建筑工程、园路铺设、水电工程相继完成。桂山村科技发展中心工程、桂山白岭老人活动中心完成全部工程；径里村盘活集体闲置资源，发展美丽乡村生态休闲旅游项目，打造“党建＋产业＋旅游＋人文”融合发展的绿色和谐径里品牌，走出一条“山美、水美、人更美”的党建强村富民之路，积极争取上级资金进行库区环境综合整治提升，建成生态公厕4座。建设径里休闲广场、库区移民活动中心、多功能运动场，栽种1000多棵观景树，村庄绿化600多平方米、墙体美化500多平方米。

【社会保障】 2019年，灵川镇有贫困户180户506人，其中，国定贫困户48户137人，省定贫困户132户369人，重点贫困户4户18人。灵川加大对精准扶贫的投入力度，多措并举打好脱贫攻坚战，所有贫困户全部脱贫。加强挂钩帮扶责任落实方面，协调区直15个部门挂钩15个村帮扶建档立卡贫困户，为贫困户送去物质慰问以及慰问金共约4.5万元。省、区级选派灵川镇驻村干部共4人，帮扶挂钩村资金到位20万元，投资建设项目1个。就业转移方面，共为贫困户安排公益性岗位13人，为贫困大学生提供寒暑假实习岗位1名，径里村委会也为1名贫困大学生提供就业机会。实施贫困户危房改造14户56人，其中重建9户36人，修缮5户20人，均通过验收。同时为5户C级，6户D级住房户实施房屋修缮，全部修缮到位。充分利用省级产业扶贫剩余资金193321元，通过代购代养代售的方式发展产业，促进贫困户收益。建立灵川镇爱心帮扶群，自愿献爱心，一日一捐，年内共收到爱心帮扶金6万多元，用于帮扶困难群众。

【信访工作】 2019年，灵川各村居、镇直各部门每周开展横到底、纵到边的信访积案、初信初访及矛盾纠纷排查化解工作。不断健全完善人民调解、行政调解、司法调解三位一体的“多元大调解”工作体系和访调对接模式，因土地纠纷、邻里纠纷全部引导到调解室调解办理，共成功化解各类矛盾纠纷100多件，其中信访积案12件。全面开展“信访积案化解百日攻坚”活动，由镇两委包案，因案施策，分类化解，加大信访老户的化解力度。进一步严肃规范办理信访事项，在规定的时间内受理告知单和答复意见书，对以前区信访工作督查通报中存在超期受理、办理时限超期限等问题，全部加以整改，各包案领导对答复意见书内容把关审核后，按时限要求报送信访办办理。加大对到省、进京非信访接待场所上访的打击力度，对越级进京非访的固定证据，多次非访的将按照法律程序给予判刑。宣传信访失信黑名单制度，对无理信访、缠访、闹访、到非接待场所上访等严重扰乱社会公共秩序，扰乱信访秩序，且情节严重的失信人员，列入失信黑名单。引导信访人员依法、逐级、理性反映自身诉求。

【安全生产】 2019年，灵川镇开展安全生产宣传教育，全面提高群众的安全生产意识。坚持每月一次集中学习。在主要道路路口悬挂横幅20条，张贴宣传画600张，制作安全生产板报4期，发送安全宣传资料1500份，设置LED显示屏2个。检查各个场所，突出建筑工地、民房、出租房消防安全、道路安全、学校安全、燃气、危化品、“三合一”等重点场所行业，累计发出安全生产隐患整改通知书62份，排查整改各类安全隐患问题185件，立即整改169件，限期整改3件，其中对企业发出签订安全生产自查自改承诺书35份。加强应急救援能力建设，及时调整充实应急救援队伍力量，修订完善自然灾害、重大安全事故应急预案2个，开展应急预案演练1次，参演人数约100余人次，整体应急能力得到提升。

（吴欣 林伟清）

东海镇

【基本概况】 东海镇地处城厢区南部，位于北纬25°16′2′′—25°17′1′′，东经118°54′20′′—118°57′1′′。东与灵川镇相邻，南临湄洲湾内海，与秀屿港隔海相望，西至仙游县枫亭镇交界，北与华亭镇毗连。人民政府驻地为东海镇海头村1号，距城厢城区23千米，莆田市区25千米。至2019年末，下辖东沙、大埔、上图、利角、海头、东海、上亭、蔡厝、东朱、西厝、西黄、蔡亭、坪洋等13个村民委员会，下设118个村（居）民小组，51个自然村。

2019年末，东海镇总人口61065人，其中常住人口58368人。男性30991人，占50.75%；女性30074人，占49.25%；14岁以下14216人，占23.28%；15—64岁41169人，占67.42%；65岁以上5680人，占9.3%。总人口中，以汉族为主。是年，人口自然增长率为6.76‰。

东海镇东西最大距离6.4千米，南北最大距离8.9千米，总面积96平方千米，其中陆地面积47平方千米，水域面积49平方千米。人口密度为每平方千米574人。

【自然条件】 东海镇地处湄洲湾畔，地形依山面海，地势自北向南倾斜。海堤总长度7.2千米。境内最高处位于西北部的西柳山太子峰山峰，海拔660米；最低处多为平地，海拔5米。境内属南亚热带气候；年平均气温21.8℃，年平均降雨量1663毫米。境内河道属自然流域，主要河道有板溪、海头溪、蔡厝溪、东坑溪、大埔溪等5条，河流总长度20千米。境内最大的河流为板溪从团结水库至海头溪流经境内上图、东海、枫亭，长3千米，流域面积0.025平方千米，年均流量30立方米/秒。境内主要矿产资源有铝、铁、锰、黄铁矿等金属矿，但储量较少；有高岭土、蛇纹石、滑石、叶蜡石、花岗石、钾长石、硅线石、铝土、石油、明矾等非金属矿藏；主产水稻、地瓜、花生、大豆等作物。境内主要自然灾害有地震、台风、洪涝、干旱、暴雨、寒害、冰雹和雷击等。台风灾害年均发生4次，主要发生在5月至10月，最严重的一次发生1999年9月9—10日全镇辖区。

【概述】 2019年，东海镇在区委、区政府的坚强领导下，贯彻中共十九大精神以“实践科学发展，加快富民强镇”为目标，团结和带领广大党员干部群众，坚定不移地实施项目强镇战略，积极推进工业化、产业化、城镇化进程，构筑经济繁荣、社会稳定的和谐社会，全面脱贫攻坚取得重要进展，全面从严治党纵深推进，全年经济社会发展主要目标任务完成，全镇经济和社会各项事业继续保持持续、稳定、健康发展的良好势头。受税收新政策及市场大环境影响，2019年度财税收入1.15亿元，同比减少20.14%。

【农业发展】 2019年，东海镇紧紧围绕保投入、保增长、保民生、保稳定，凝心聚力，迎难而上，境内耕地面积369.67公顷，人均0.006公顷。粮食作物以水稻、地瓜、花生、大豆为主。是年，生产粮食2659吨，其中水稻1399吨，花生355吨，地瓜858吨，大豆等32吨。主要经济作物有蔬菜、花生、地瓜等。种植业总产值5401万元，占农业总产值的22%。畜牧业以鸡、鸭为主。羊饲养量1321只；牛饲养量22头；家禽饲养量726041羽。全年生产肉类950吨，总产值为9195.62万元，占农业总产值的30.1%。截至12月底，完成商品林赎买88.8公顷，完成植树造林95.47公顷，森林覆盖率为68.87%，林业产值为331.12万元。渔业以养殖、捕捞为主。可用于水产养殖的海水水面52平方千米。拥有大型农业机械155台（辆）。

【工业商贸】 2019年，东海镇工业总产值48.16亿元，工业增加值1.35亿元，比上年增加11.57%。规模以上企业30家，规上工业企业产值达47.2亿元，同比增长11.48%。固定资产投资达13.4亿元，同比增长48.06%。商贸服务业：限上商贸业实现销售额5亿元，同比增长65.56%。

【社会事业】 科技 2019年，东海镇全面落实科教兴镇的战略，开展多次培训，开办农村实用人才带头人培训班，为群众提供技能培训；深入村委会，为村民提供免费义诊；在全国科普日在学校开展科普日活动，提高在校学生科普意识。截至12月底，拥有各类科技人才3953人，其中专业技术人才98人，经营管理人才874人，技能人才241人，农村实用人才2740人。

教育 2019年，东海镇共有幼儿园6所（其中3所独立幼），在园人数1622人，学前教育入园率达99.5%，各级示范幼儿园就读幼儿与在园人数比率91.9%，公办幼儿园在园幼儿比率78.13%；共有11所完全小学，在校小学生4252人，小学适龄儿童入学率100%，6—14周岁三类残入学率96.77%；小升初升学率100%，九年义务教育覆盖率100%。小学教职工232人，幼儿教师80人。专任教师实行持证上岗，持证率100%，学历达标率100%。各类学校均有较规范的运动场、篮球场，小学有60米的直跑道，中学有250米的环形跑道、100米的直跑道。全镇各中小学共接收到来自振兴旅游、珍中工贸、辉特体育等20多家爱心企业奖教助学金共80多万元，奖励优秀师生，改善办学条件。

文化体育 2019年，东海镇大力发展文化事业，不断完善文体基础设施建设，共有市级非物质文化遗产项目3个；市级文物保护单位3个，县级文物保护单位5个；市级爱国主义教育基地1个；省级民间信仰活动场所2个；仿古戏台4个；扩建文化广场1个，新建文化广场1个；国家级农民健身公园1个；国家一级乡镇综合文化站1个；深入开展移风易俗，倡树文明婚嫁新风，广泛深入开展群众性文体活动，连续11个年头开展春节文体赛事元宵节游灯等活动、“廉政宣传月”、“移风易俗三率调查”、“70周年红色电影展播”、“70周年宣讲报告与观摩学习”系列活动等，满足和丰富人民群众文体生活，掀起全民健身热潮，传播开放、文明、包容、大气的东海新风尚。举办1场移风易俗主题晚会，扎实推动移风易俗工作向纵深开展，营造浓厚的文明过节氛围，积极汇聚乡村发展动力，形成“文化成果全民共享”的良好共创局面。

卫生 2019年，东海镇以“三清一改”（清理农村生活垃圾、清理村内塘沟、清理畜禽养殖粪污等农业生产废弃物，改变影响农村人居环境的不良习惯）为工作重点，精心组织开展农村人居环境整治，持续推进村庄清洁行动，切实做好农村生活垃圾治理工作。常态化保洁：按照500人配置一名保洁员的要求，共配备环卫保洁员130人，明确责任区域，落实奖惩制度。共配置垃圾运输车14辆，其中：垃圾压缩车3部、扫路王3部、农用车1部，钩臂车6部、铲车1部；同时全镇配置2立方米垃圾箱100个，小桶12173个，实行一户2桶分类收集和集中定点收集投放；东海垃圾转运站建成并投入使用，每天清运垃圾30多吨，确保垃圾日产日清，生活垃圾无害化处理达99.3%，形成“户分类、村收集、镇转运”的农村生活垃圾收集转运网格化、自动化运作体系。专项整治行动：全年共开展集镇区环境卫生专项整治、滨海大道临时建筑垃圾专项整治、河道沿线垃圾专项清理、“文明莆田”常态化创建暨集镇区环境卫生综合整治行动、大埔鞋服基地环境卫生专项整治、“镇容环境大扫除 干干净净迎国庆”活动、铁路沿线综合环境整治等专项治理工作，实现整治效果全域化全覆盖。完善餐厨垃圾管理机制：制定《东海镇餐厨垃圾管理工作实施方案》，将全镇77家餐厨垃圾产生单位纳入管理，签订二级收运协议，督促落实日登记台账和“三联单”管理制度，实现餐厨垃圾产生、收运、处置体系化运作。四是做好垃圾分类工作。投入7.7万元资金，购置20L分类垃圾双桶1000只，40L分类垃圾双桶 500 只，发放给各村。在集镇区全段配置 120L“一蓝一绿”干湿分类桶 30 只。以生活垃圾干湿分离试点村西黄村为示范点，切实推动生活垃圾分类工作。推进“厕所革命”：全年新建农村公厕2座（利角1座、西黄1座），集镇公厕 1 座（蔡亭村部 1 座），完工并投入使用。加强公厕管理，对公厕（农村公厕 26 座，集镇公厕 5 座）进行制度上墙（公厕管理监督台、农村公厕管理制度、公厕质量管理标准），统一安装公厕标识牌，落实专人管理、保洁，保障公厕管理资金（农村公厕每年每座 6000 元，集镇公厕每年每座 50000 元），强化督查考核，切实将公厕面向社会免费开放政策落实到实处。强化资金保障：省、市、区配套资金，镇财政加大对各村环境卫生整治的投入统筹并列入全镇年度财政预算，每月对各村给予1000元补贴，同时按每户 60—120 元征收 2019 年度农村生活垃圾处理费共征收 1270756 元。

计划生育 2019 年，东海镇紧紧围绕年度人口计生责任工作目标，认真清理出生人口，及时录入人口数据系统。是年，全镇出生 613 人，自然增长率达 6.76‰；政策内生育 504 人，政策符合率 82.22%；出生男孩 359 人，女孩 254 人，出生性别比为 141.3。全年共开展 6 次宣传教育服务活动，发放宣传品 3000 多份、宣传资料 5000 多份。

社会治安综合治理 2019 年，东海镇党委、政府始终站在保稳定、促发展、讲政治、顾大局的高度，进一步强化责任意识、风险意识，有序推进重点整治、调解衔接、社区网格化建设、打击防范、平安创建、综治宣传等工作，进一步提升“平安东海”建设水平，有效增强民众的安全感，有力地维护辖区内安定稳定。全年共接待群众的来信来电来访 39 件，其中经调解息访息诉 9 件，处理答复 34 件。共接处警 1333 起（其中治安警情 563 起，刑事接警 97 起，其他纠纷、求助类警情 673 起）；共受理案件 401 起，其中治安案件 267 起，查结 214 起；立刑事案件 134 起，共破 46 起。在打击走私成品油方面，共查获无合法、齐全手续成品油 12 起、涉案车辆 23 辆，铲除窝点 3 个，抓获嫌疑人 15 人，查获成品油共 63.07 吨。深入开展安全生产大排查大整治工作，组织大型联合执法 11 次，职能部门执法 68 次，按照安全生产 25 个专项整治领导小组的分工，开展安全生产大检查、大整治、大排查工作截至目前检查各类企业共 531 家，查出安全隐患 578 处，发出整改通知书 176 家，整改到位 576 处。发出整治、整改提醒单 86 份。生产企业存在“二合一”“三合一”场所及人员密集场所等开展大排查大整治工作。组织检查企业单位 366 家，排查出安全隐患 186 条，发出整改通知书 118 份，即查即改 68 条，整改到位 117 条。学校方面：督促各学校每月对校舍安全、寄宿制学校安全管理、食品卫生、消防、教学设备安全、交通安全、门卫值班情况、校园及周边社会治安综合治理情况等 8 个重点项目进行自我排查整改，共检查学校、幼儿园 16 所，查出一般安全隐患 6 处，全部整改到位。全年共排查社会矛盾纠纷 124 件，其中婚姻家庭纠纷 17 件、房屋宅基地 5 件、邻里纠纷 51 件，损害赔偿纠纷 6 件，其他纠纷 45 件，调处成功 124 件，调处率 100%，调处成功 100%。其中民事案件提请法院司法确认 0 件。综治网格化中心录入基础信息：群防群治组织 84 条、群防群治队伍 3142 条、常住人口 50419 条、流动人口 3827 条、实有房屋 18297 条、非公有制经济组织 730 条、宗教信息 39 条；常态化信息：单位组织管理 965 条、环保工单 339 条、工商工单 3190 条、食药工单 2284 条、消防工单 7330 条、燃气安全工单 64 条、城管工单 2272 条、质监工单 165 条；一历五单信息：刑满释放人员 159 条、社区矫正人员 22 条、精神病障碍患者 237 条、吸毒人员 25 条；专项工作：矛盾纠纷 189 条、烟草店 138 条、残疾人员 1401 条；民生诉求及网格大走访信息：社情民意 876 条、平安宣传 13703 条。

【民生保障】 2019 年，东海海民政坚持把民生放在心上、抓在手上，持续加大投入，扩大公共服务供给，增加农民收入，使广大人民群众有更多获得感。全年新型农村合作医疗参缴人数50827人，参保金额每人220元，参缴率95%。提高社会救助福利水平，落实优抚政策，全镇共有农村低保户351户850人，月保障金额391513万元；特困户23户，月保障金额38493多元。新型农村养老保险60周岁以上领取人数8069人，45-59周岁参保人数11176人，16-44周岁参保人数13451人，参保率100%，完成缴费295.68万元，共发放养老金1340.13万元。全面落实就业促进政策，新增就业岗位193个，社会就业率97%，处置化解劳资纠纷17起。全面实施二孩政策，并为8463人妇女进行免费健康检查。深化残疾人和老龄工作，开展各类慈善救助，关爱妇女儿童，重点节日共发放慰问金23万余元，让弱势群体过一个愉快的佳节。加强对社会福利中心（农村敬老院）的管理。东海镇社会福利中心（农村敬老院）建筑总面积1100平方米，总投资200万元，有居住室20间，每间均有单独卫生间，可供养80位老人居住。发放60周岁农村籍退役士兵、重点优抚对象［“三属”、在乡老复员军人、带病回乡退伍军人、参战退役人员、在乡（职）残疾军人、抗美援朝铁道兵］优抚金、精退定补及遗属补助共计130余万元，保障国家对退伍军人的抚恤优待。整顿全镇基干民兵、应急分队排。举行全镇应急分队点验，镇人员和装备点验率达95%以上。

【残疾人帮扶】 2019年，东海镇共办残疾人证459本；残疾人参加区残联组织举办的实用技术和职业技能培训53人次；残疾人两项补贴（生活补贴和护理补贴）共发放资金119万元；居家托养35人（省级14人，区级21人），每人2000元，共发放资金7万元；发放一户多残资金37.17万元；残疾人配发辅助器具：手杖15支，盲杖11支；辅助器具补贴：普通轮椅5辆，电动轮椅1辆，护理床4架，助听器2副，小腿假肢1例，共计补贴资金1.97万元；残疾人创业就业补助5人，每人5000元，发放资金2.5万元；残疾人无障碍改造5户，每户4000元，发放资金2万元；春节慰问18人次，金额1.9万。

【精准扶贫】 2019年，东海镇共有精准扶贫建档立卡贫困户146户491人，其中国定116户378人，省定30户113人，全部实现脱贫，其中，2016年脱贫66户224人，17年脱贫80户267人，2018年稳定脱贫7户30人，2019年自然脱贫1户1人。东海镇始终围绕“两不愁四保障”的工作要求，因户施策、因人施策，为贫困户提供多种帮扶政策扶持。其中造福工程完成33户111人（国定30户98人，省定3户13人），完成4户15人危旧房改造，完成6户26人D级住房户修缮，公益性岗位16户18人，低保保障81户266人，残疾补助保障77户109人，小额信贷69户264人（2019年到期还款还贷完成33户），协调宏峰集团为13户重点扶贫户提供宏峰基金补助共计7.8万元。东海镇共有一个贫困村——坪洋村，经上级批准实现贫困村脱贫摘帽。是年，坪洋村继续切实用好上级补助资金，完善相关村基础设施，发展中草药产业基地，进一步壮大村集体经济收入。完成3.13公顷金丝皇菊种植、石梯寺至坪洋道路修复工程、东岭自然村至蔡片与西头自然村至蔡片路灯改造工程等项目，建设坪洋饮水安全升级改造项目和坪洋村集体活动中心工程。

【基础设施建设】 公路建设 2019年，东海镇交通框架形成“五横四纵”路网格局，“五横”即福厦铁路和福泉高速公路、笏枫公路、滨海大道（联十一线）、新建福厦铁路客运专线横穿东海镇境内。除新建福厦铁路客运专线、滨海大道（联十一线）“两横”在建外，其余“两横”均建成并投入使用，“四纵”即金沙路、金桥路、忠惠路、洋滨路，其中：金桥路、洋滨路土路基完成，金桥路（公路部分）列入笏枫路改扩建工程海头段连接线建设资金拼盘，完成施工图设计、论证。忠惠路、金沙路在办理前期规划手续中。“四纵”路网与“五横”路网相互交织，形成东海镇的交通大路网，并主动承接仙游枫亭省级经济开发区和闽南经济发达地区，实现互动互联，依托东沙幸福家园、浮山岭天誉首府房地产、东海鞋服辅料生产基地、海头商业城、蔡襄文化园等开发建设，形成以金桥路、笏枫路为纽带的新集镇镇区。

东海鞋服辅料生产基地建设 2019年，东海镇规划总用海面积33.65公顷，规划建设厂房、员工社区房总建筑面积55.69万平方米，计划总投资9.1亿元。截至12月底，生产基地基础设施建设工程全部竣工，海域使用证填海验收全部完成换证，具备项目招商条件，招商选企工作有序开展中。

浮山岭开发项目 2019年，浮山岭开发项目由莆田市滨城城镇建设发展有限公司进行开发建设，项目开发名称：天誉首府房地产，总占地面积9.46公顷，规划总建筑面积23万平方米，规划总住户1180户，总投资6.5亿元。分三期开发，截至12月底，一、二期工程全部完工并交付使用，引进凤凰超市、农业银行等商业服务网点，形成新集镇效应，三期工程总占地面积约2.67公顷，规划建设商品住宅总建筑面积达11万平方米，将建设4幢高层建筑和1栋幼儿园建设，计划总投资约2亿元。完成总平及建筑方案、建筑施工许可审批。

莆田坪洋风电场工程建设 2019年，总装机容量30兆瓦，拟安装20台1.5兆瓦风力发电组，总投资5亿元。福能电力发电有限公司作为业主，2013年动工建设，2018年全部建成投产，累计投入运营并网发电达一年多，经济效益可观，形成东海镇周边旅游的一个风景点。

大埔山兜造福工程新村建设 2019年，大埔山兜造福工程总规划占地面积4.48公顷，规划建设联排式住宅143幢，总建筑占地面积1.57万平方米，总建筑面积5.22万元平方米，总投资达8000万元。一期约2.67公顷120幢联排式住宅全部完工，形成错落有致的农村版别墅区，市政管网工程施工大部分完成。新建民俗文化场所（崇德堂）成为群众茶余饭后休闲运动的好去处，累计完成投资达6000多万元。

新建福厦铁路客运专线 2019年，省重点建设项目，途经东海镇西黄、西厝、蔡厝、东海、大埔、东沙六个村海域，总长4.45千米，涉及征收红线内海域面积14.58公顷，2018年全部完成征海工作，2019年全面进行工程基础施工，承建单位：中铁十一局施工队正在紧张有序进行桥基施工。

笏枫公路改扩建工程 2019年，市重点建设项目笏枫公路改扩建工程涉及东海镇总长6.667千米，扩宽后路基宽度35米。需拆除旧房360户，拆除房屋总建筑面积6.4万平方米，截至12月底，拆除旧房359户，剩余1户将采取保主线后拆房方式推进，主线工程施工自2016年动工建设以来，完成水泥路面浇灌97%，雨水、污水管道铺设完成总量的98%，通信管道完成98%等，全线电力杆线全部迁移拆除到位，主线全面畅通，推进人行道铺砖等征迁扫尾工作。

【幸福家园项目】 坪洋西头幸福家园建设项目 项目从2015年开始策划，建设单位为坪洋村委会，并成立坪洋村幸福家园建设有限公司进行开发建设，安置区规划占地面积2.05公顷，规划安置房总建筑面积27717平方米，分A、B两个片区，是年，进行A区共6幢安置房建设，其中：3幢主体工程完工，另外3幢主体工程施工因上级拨补资金有部分未到位，致使后续工程施工缓慢。置换复垦耕地指标1.74公顷，申请上级补助资金900多万元用于安置房建设。

东沙幸福家园建设项目 东海镇东沙村幸福家园（旧村改造）建设项目于2014年列入市、区重点民生工程建设项目，是莆田市2015年第三批幸福家园试点项目。先后完成旧房改造区的选定、征迁方案的讨论商定，规划设计方案的出台，涉及征迁拆除旧房 286 户 109 幢，人口 2776 人，总用地面积 5.55 公顷，总拆迁建筑面积约 6.74 万平方米。新区规划建设 17 幢多层、3 幢 9 层小高层，容积率 1.2，拟建总建筑面积 6.67 万平方米，总投资 1 亿元。截至 12 月底，签约拆除房屋和空地户 177 户，未签约 78 户，签约未拆除 31 户。拆除区域场地全部平整，建设两户型联排式安置房 22 幢计 44 套基础圈梁统一建设施工，其余在稳步推进中。涉及征地拆迁方案在上报区政府办公会议研究。

【蔡襄文化园建设】 位于东海镇浮山岭，占地面积 3.53 公顷，规划总投资达 5000 多万元。主要建设蔡襄文化活动中心、蔡襄公园及蔡襄文化宣传室及配套设施等，截至 12 月底，筹资 1070 多万元，动工建设，其中：蔡襄文化活动中心：建筑占地面积 2776 平方米，总建筑面积 2901 平方米，由泉州博文古建筑设计有限公司设计，建设单位为莆田蔡襄文化活动中心筹建委员会，工程预决算价 1560 万元，中标价 1328 万元，完成主体框架结构施工，在挑檐施工中。蔡襄文化活动中心分主殿、前殿、回廊三个部分，主殿总建筑面积 1293 平方米，框架二层，重檐歇山式屋顶建筑，正脊高度 20.46 米。前殿总建筑面积 368 平方米，框架一层，重檐歇山式屋顶建筑，正脊高度 12.64 米。回廊总建筑面积 1240 平方米，框架一层，蔡襄文化活动中心将设有蔡襄政绩展厅、廉政教育教育展厅、书画展厅、接待室等。蔡襄公园占地面积 1.54 公顷，是年，文化中心主体工程完工，装修工程接近完成，累计完成投资达 2000 多万元。

【精神文明建设】 2019 年，东海镇充分发挥精神文明建设在农村全面小康建设进程中立心铸魂、成风化人的作用，大力推进移风易俗，农村环境面貌、社会风尚、阵地设施、文化服务、队伍建设等方面取得明显进步。通过设立莆田市蔡襄学术研究会等民间机构，加强蔡襄廉政文化专题研究，依托东沙宫、蔡襄纪念馆、大埔廉政公园，建设有东海特色的廉政文化宣传基地。深入开展移风易俗行动，开展多渠道、全方位、宽领域宣传，充分利用微信公众号、微信群等宣传平台，采取群众喜闻乐见的方式，以移风易俗为主题的木偶戏巡演、“家风家训进祠堂”、“移风易俗进课堂”、开办春节文体赛事等，做好乡风引导工作。在蔡亭小学举办“谱写文明新韵 共建美丽东海”东海镇共建美丽乡村主题晚会，通过百姓舞台的形式，用舞蹈、歌曲、小品、三句半等文艺节目，弘扬时代新风精神，强化群众性精神文明建设。注重发挥红白理事会、老人会、企业家等作用，利用他们根植乡土、回报家乡的嘉言善行感召群众，“红白喜事简办、省钱来做慈善”这一新风尚在东海渐渐深入人心，不少东海籍企业家慷慨解囊支持家乡发展。

（蔡建文 秦拓）

2019年城厢区新任处级领导简介

吴彦继 2019年12月起任城厢区委常委，现任城厢区委常委、城厢区人武部政委。

陈国忠 1974年10月出生，福建莆田秀屿东庄人，1997年11月参加工作，1996年10月加入中国共产党，中央党校在职大学学历，现任城厢区政府党组成员、副区长。

1994年9月至1997年7月在福建建筑高等专科学校村镇规划专业学习。1997年11月至1999年11月任福建省莆田市北岸管委会灵川镇干部、村建站副站长。1999年11月至2002年1月任福建省莆田市北岸管委会东海镇纪委副书记、村建站站长（2001年8月至2003年12月参加中央党校函授学院本科班经济管理专业学生）。2002年1月至2002年5月任北岸管委会灵川镇党委委员、纪委书记。2002年5月至2002年10月任城厢区灵川镇党委委员、纪委书记。2002年10月至2010年7月任城厢区灵川镇党委副书记、纪委书记。2010年7月至2010年9月任城厢区纪委常委。2010年9月至2015年3月任城厢区纪委常委（正科级）。2015年3月至2016年3月任城厢区纪委常委（正科级）、第二纪检监察室主任。2016年3月至2017年4月任城厢区纪委常委（正科级）。2017年4月至2017年7月任城厢区纪委常委（正科级）、监察局副局长。2017年7月至2019年2月任城厢区霞林街道党工委书记。2019年2月至2020年3月任城厢区政府党组成员、副区长、霞林街道党工委书记。2020年3月起任城厢区政府党组成员、副区长。

田爱珍 1979年8月出生，湖南永顺灵溪人，土家族。2003年7月参加工作，湖南省委党校在职研究生学历。现任湖南省永顺县政协副主席（兼）、工商联主席。

1999年7月至2003年7月在湖南省吉首大学中文系汉语言文学专业学习。2003年7月至2005年9月为湖南省永顺县青坪镇政府办公室秘书。2005年9月至2011年3月任湖南省永顺县吊井乡人民政府副乡长。2011年3月至2013年1月任湖南省永顺县车坪乡人民政府乡长。2013年1月至2015年11月任湖南省永顺县高坪乡人民政府乡长（2014年12月至2015年11月挂职任湘潭市旅游外事侨务港澳局局长助理）。2015年11月至2019年1月任湖南省永顺县旅游和文化广电新闻出版局局长（2013 年 9 月至 2016 年 7 月参加湖南省委党校在职研究生经济管理专业学习）。2019 年 1 月起任湖南省永顺县政协副主席（兼）、工商联主席（2019 年 4 月至 2020 年 1 月挂职任城厢区人民政府副区长）。

陈朝晖　1974 年 1 月出生，福建仙游龙华人，1996 年 8 月参加工作，1994 年 1 月加入中国共产党，福建师范大学本科学历。现任莆田市公安局城厢分局党委副书记、政委、四级高级警长。

1992 年 9 月至 1996 年 7 月在福建师范大学思想政治教育专业学生。1996 年 8 月至 1999 年 3 月为莆田市公安局涵江分局办公室见习干部、科员。1999 年 3 月至 2002 年 3 月为莆田市公安局外联办科员。2002 年 3 月至 2004 年 2 月为莆田市公安局政治部队伍管理科科员。2004 年 2 月至 2006 年 12 月任莆田市公安局政治部队伍管理科副科长（副科级）。2006 年 12 月至 2011 年 2 月任莆田市公安局政治部队伍管理科科长（正科级）。2011 年 2 月至 2014 年 5 月任莆田市公安局政治部副主任（正科级）。2014 年 5 月至 2017 年 6 月任莆田市公安局湄洲湾北岸经济开发区分局党委副书记、政委（正科级）。2017 年 6 月至 2019 年 6 月任莆田市公安局湄洲湾北岸经济开发区分局党委副书记、政委（副调研员，2018 年 9 月评为四级高级警长）。2019 年 7 月起任莆田市公安局城厢分局党委副书记、政委、四级高级警长。

2019 年城厢区在职领导干部名录表

表 7

姓名	现单位及职务	民族	籍贯	
区委				
王文才	书记	汉族	秀屿东庄	续任
吴文恩	副书记 区政府区长 区政府党组书记	汉族	秀屿埭头	续任
郑松青	副书记（正处长级） 党校校长	汉族	仙游榜头	续任
陈洪武	常委 统战部部长	汉族	秀屿山亭	续任
余丽红（女）	常委 纪委书记 监察委主任	汉族	荔城黄石	续任
陆建琪	常委、组织部部长 区直机关党工委书记 总工会主席	汉族	仙游鲤城	续任
吴建銮	常委 宣传部部长	汉族	秀屿东庄	续任
陈庆王	常委 政法委书记	汉族	秀屿埭头	续任

续表 7

姓名	现单位及职务	民族	籍贯	
肖志雄	常委 区政府副区长 党组副书记	汉族	涵江国欢	续任
黄美光	常委 区政府党组成员	汉族	荔城镇海	续任
吴彦继	常委 区人武部政委	汉族	海南临高	2019 年 12 月起
人大常委会				
王国太	主任 党组书记	汉族	仙游鲤南	续任
黄光明	副主任 党组副书记	汉族	城厢凤凰山	续任
王乌妹（女）	副主任（兼）	汉族	秀屿平海	续任
林少敏	副主任 党组成员	汉族	城厢霞林	续任
林晋居	副主任 党组成员	汉族	荔城西天尾	续任
政府				
吴文恩	区委副书记 区长 党组书记	汉族	秀屿埭头	续任
肖志雄	区委常委 副区长 党组副书记	汉族	涵江国欢	续任
黄美光	区委常委 区政府党组成员	汉族	荔城镇海	续任
施清芳	副区长	汉族	涵江国欢	续任
李文杰	副区长 党组成员		仙游盖尾	续任
谢长征	副区长 党组成员	汉族	城厢霞林	续任
杨碧静（女）	副区长 党组成员	汉族	仙游榜头	续任
郭国辉	副区长 党组成员	汉族	秀屿月塘	续任
莫彩华	科技副区长（挂职） 党组成员	汉族	浙江长兴	续任
陈国忠	副区长、党组成员	汉族	秀屿东庄	2019 年 12 月起
张伟国	党组成员 华林经济开发区党工委书记（副处级）	汉族	荔城黄石	续任

续表 7

姓名	现单位及职务	民族	籍贯	
陈丽萍（女）	党组成员 华林经济开发区管委会主任 党工委副书记（副处级）	汉族	秀屿山亭	续任
政协				
黄志强	主席 党组书记	汉族	涵江涵东	续任
林素香（女）	副主席 党组副书记	汉族	城厢凤凰山	续任 2019 年 3 月起
郑尚庆	副主席（兼） 司法局主任科员	汉族	涵江梧塘	续任
黄斌华	副主席 党组成员	汉族	城厢灵川	续任
何剑锋（女）	副主席	汉族	福州福清	续任
华林经济开发区				
张伟国	党组成员 华林经济开发区党工委书记（副处级）	汉族	荔城黄石	续任
陈丽萍（女）	党组成员 华林经济开发区管委会主任 党工委副书记（副处级）	汉族	秀屿山亭	续任
法院、检察院、公安局				
陈志权	区法院党组书记 院长、三级高级法官	汉族	秀屿平海	续任
林秀冰（女）	检察院党组书记 检察长	汉族	秀屿东峤	续任
林一虎	公安分局局长、党委书记 （副处级）	汉族	荔城镇海	续任
陈朝辉	公安分局政委、党委副书记（副处级）	汉族	仙游龙华	2019 年 6 月起
人大内设机构				
陈庆中	办公室主任、四级调研员 党组成员	汉族	城厢龙桥	续任
林德龙	财经委主任	汉族	秀屿埭头	续任
刘祖耀	侨（台）委主任、四级调研员	汉族	涵江江口	续任
陈铁山	人事代表工作室主任	汉族	城厢常太	续任
孙曙文	人大法制委主任	汉族	山东寿光	续任
何福水	环城委主任、四级调研员	汉族	荔城新度	续任
卓永安	农经委主任、四级调研员	汉族	仙游园庄	续任
黄建山（女）	教科文卫委主任	汉族	荔城镇海	续任
翁福铭	区人大常委（正科长级）	汉族	城厢灵川	2019 年 6 月起
林　丽（女）	信访室主任	汉族	荔城镇海	续任

续表 7

姓名	现单位及职务	民族	籍贯	
陈建国	办公室副主任	汉族	城厢霞林	续任
郭凤祥	办公室副主任	汉族	秀屿东峤	2019 年 9 月起
陈文桂	区人大常委 区委办二级主任科员	汉族	荔城拱辰	续任
政协内设机构				
蔡玉坤	办公室主任	汉族	城厢霞林	2019 年 6 月起
陈剑冰	提案委员会主任	汉族	荔城拱辰	续任
章建平	农业农村委主任、四级调研员	汉族	涵江梧塘	2019 年 6 月起
黄黎明	常委、四级调研员	汉族	涵江涵西	2019 年 6 月起
詹雄志	四级调研员（编制在政协）、华林经济开发区党工委副书记（挂职）	汉族	秀屿平海	2019 年 6 月起
陈德胜	经济科技和人口资源环境委员会副主任	汉族	秀屿月塘	续任
龚金忠	办公室二级主任科员	汉族	城厢凤凰山	续任
纪委监委				
余丽红（女）	区委常委 纪委书记 监察委主任	汉族	荔城黄石	续任
林雪琳（女）	副书记 监察委副主任	汉族	荔城镇海	续任
吴智杰	副书记 监察委副主任	汉族	城厢龙桥	续任
陈颖珊（女）	常委 区委巡察办主任	汉族	秀屿平海	2019 年 7 月起
林清华	常委（正科长级） 监察委委员	汉族	秀屿埭头	续任
陈宜宓	常委（正科长级） 监察委委员	汉族	涵江白沙	续任
陈旭清	办公室主任	汉族	仙游赖店	续任
柯　立	组织和宣传部部长	汉族	城厢灵川	续任
吴海婷（女）	纪检监察干部监督室主任	汉族	涵江涵东	2019 年 9 月起
余　晨	党风政风监督室主任	汉族	城厢凤凰山	2019 年 9 月起
刘武生	第一纪检监察室主任	汉族	龙岩武平	2019 年 9 月起
戴智宇	第二纪检监察室主任	汉族	城厢凤凰山	续任
傅建彬	第三纪检监察室主任	汉族	仙游赖店	续任
林国煌	第四纪检监察室主任	汉族	秀屿埭头	续任
李　健	第五纪检监察室主任	汉族	荔城西天尾	续任
陈碧金（女）	案件审理室主任	汉族	秀屿平海	续任
陈金凤	二级主任科员	汉族	荔城拱辰	续任
吴朝阳	二级主任科员	汉族	涵江涵西	续任

续表 7

姓名	现单位及职务	民族	籍贯	
林云英（女）	二级主任科员	汉族	荔城新度	续任
唐金辉	二级主任科员	汉族	秀屿东峤	续任
郑仁泉	二级主任科员	汉族	城厢凤凰山	续任
林世忠	驻区委办公室纪检组副组长	汉族	城厢龙桥	续任
潘建生	驻区人大常委会机关纪检组组长	汉族	城厢霞林	2019 年 9 月起
陈　杰	驻区人大常委会机关纪检组副组长	汉族	浙江萧山	续任
郑冠群	驻区政府办公室纪检组组长	汉族	城厢凤凰山	2019 年 9 月起
黄青锋	驻区政府办公室纪检组副组长	汉族	荔城镇海	续任
苏新添	驻区政协机关纪检组组长	汉族	秀屿东庄	2019 年 9 月起
许丽莉（女）	驻区政协机关纪检组副组长	汉族	秀屿东峤	续任
欧许晖	驻区委宣传部纪检组组长	汉族	荔城镇海	2019 年 9 月起
区委巡察办				
陈颖珊（女）	主任 区纪委常委	汉族	秀屿平海	2019 年 7 月起
陈天疆	副主任	汉族	秀屿埭头	续任
区委巡察组				
田林华	巡察一组组长	汉族	涵江涵西	续任
吴立锋	巡察二组组长	汉族	荔城黄石	续任
何震宇	巡察三组组长	汉族	城厢灵川	续任
陈贤仁	巡察一组副组长	汉族	涵江新县	续任
叶晨曦（女）	巡察二组副组长	汉族	荔城北高	续任
陈文林	巡察三组副组长	汉族	安溪桃舟	续任
法院				
陈志权	院长、党组书记 三级高级法官	汉族	秀屿平海	续任
林文兴	副院长 党组成员、四级高级法官	汉族	秀屿平海	续任
郑炳素（女）	副院长 党组成员、四级高级法官	汉族	仙游鲤城	续任
余金灿	副院长 党组成员、四级高级法官	汉族	秀屿东峤	续任
陈玉志	纪检组组长 党组成员、四级调研员	汉族	秀屿埭头	续任
陈　静（女）	政治处主任 党组成员、一级法官	汉族	荔城镇海	续任
钟丽华（女）	专职审委会委员、党组成员、四级高级法官	汉族	涵江国欢	续任
林少斌	专职审委会委员、四级高级法官	汉族	秀屿平海	续任

续表 7

姓名	现单位及职务	民族	籍贯	
曾可嘉	区法院执行局（庭）局（庭）长、一级法官	汉族	城厢凤凰山	续任
陈建郭	刑事审判庭庭长、四级高级法官	汉族	荔城镇海	续任
方新福	民事审判庭（家事少年审判庭）庭长、四级高级法官	汉族	仙游榜头	2019 年 6 月起续任
陈俊武	灵川人民法庭庭长、一级法官	汉族	秀屿东庄	续任
宋立强	法警大队大队长、四级高级警长	汉族	荔城拱辰	续任
徐　荖（女）	监察室主任、二级主任科员	汉族	涵江国欢	2019 年 6 月起续任
魏新华	法警大队政委、二级警长	汉族	仙游鲤城	续任
陈玲亚（女）	审判管理办公室主任 一级法官	汉族	仙游龙华	2019 年 6 月起续任
吴　晨	刑事审判庭副庭长、四级法官助理	汉族	荔城黄石	续任
许国珍	民事审判第一庭副庭长、一级法官	汉族	涵江三江口	续任
陈颖盈（女）	综合办公室（司法警察大队）主任、四级主任科员	汉族	秀屿平海	2019 年 6 月起
林吉辉	立案庭（诉讼服务中心）庭长、一级法官	汉族	泉州安溪	2019 年 6 月起
何冠荔（女）	行政审判庭（综合审判庭）庭长、一级法官	汉族	荔城新度	2019 年 6 月起
陈良发	四级调研员	汉族	仙游榜头	续任
戴爱富（女）	一级法官	汉族	城厢灵川	续任
王少甫	一级法官	汉族	荔城镇海	续任
刘世民	二级主任科员	汉族	城厢凤凰山	续任
宋国仁	二级法官助理	汉族	荔城新度	续任
程省立	二级法官助理	汉族	荔城黄石	续任
检察院				
林秀冰（女）	检察长、党组书记 三级高级检察官	汉族	秀屿东峤	续任
康青永	副检察长、党组成员、四级高级检察官	汉族	涵江梧塘	续任
张丽琼（女）	副检察长、党组成员、四级高级检察官	汉族	荔城新度	续任
沈　威	副检察长、党组成员、四级高级检察官	汉族	秀屿笏石	续任
杨金春	纪检组组长 党组成员、四级调研员	汉族	秀屿东埔	续任
陈建明	政治部主任（正科长级） 党组成员	汉族	仙游榜头	续任
陈予方（女）	党组成员、正科级检察员	汉族	涵江涵西	续任
徐金模	专职检委会委员、四级高级检察官	汉族	荔城黄石	续任
吴智群	法律政策研究室主任、一级检察官	汉族	荔城黄石	续任
刘国富	侦查监督科科长、一级检察官	汉族	城厢凤凰山	续任

续表 7

姓名	现单位及职务	民族	籍贯	
张春阳	司法警察大队大队长 一级警长	汉族	城厢凤凰山	续任
张纪英（女）	一级检察官	汉族	荔城黄石	续任
游龙熙	办公室主任、四级主任科员	汉族	宁德古田	续任
佘晓冬（女）	公诉科科长、一级检察官	汉族	涵江江口	续任
区委办				
陈福平	主任	汉族	仙游榜头	续任
林平凡	副主任（保留正科长级待遇）、台港澳办主任、四级调研员	汉族	城厢常太	2019 年 6 月起
郭雪寒	副主任	汉族	秀屿平海	续任
黄晨宇	副主任	汉族	荔城黄石	续任
陈士忠	副主任（兼） 区政府信访局局长	汉族	城厢凤凰山	续任
陈文桂	二级主任科员 区人大常委会委员	汉族	荔城拱辰	续任
林风棋	室务会成员（正科长级） 督查室主任 区国家保密局局长	汉族	荔城新度	续任
黄敢力	二级主任科员 区机要局局长	汉族	仙游榜头	续任
雷碧霞（女，畲）	室务会成员 区档案馆馆长、四级调研员	畲族	城厢常太	2019 年 6 月起 2019 年 3 月起
区委区政府信访局				
陈士忠	局长 党组书记 区委办公室室务会成员	汉族	城厢凤凰山	续任 2019 年 3 月起 2019 年 6 月起
陈丽娟（女）	副局长 党组成员	汉族	涵江新县	续任 2019 年 3 月起
连益斌	副局长	汉族	涵江白沙	续任
蔡剑鸣	四级主任科员 党组成员	汉族	仙游枫亭	续任 2019 年 3 月起
组织部				
陆建琪	区委常委、组织部部长 区直机关党工委书记 总工会主席	汉族	仙游 鲤城	续任
林祖宪	常务副部长	汉族	秀屿笏石	2019 年 6 月起
林鸿伟	副部长（正科长级） 团区委书记	汉族	城厢灵川	2019 年 7 月起 续任
陈珊珊（女）	部务会成员、四级调研员	汉族	涵江涵西	2019 年 4 月起

续表 7

姓名	现单位及职务	民族	籍贯	
吴凌燕（女）	二级主任科员	汉族	城厢龙桥	2019 年 3 月起
许燕桢（女）	四级主任科员	汉族	城厢龙桥	续任
陈秀模（女）	四级主任科员	汉族	秀屿平海	2019 年 3 月起
非公有制企业党工委				
胡　宏	专职副书记（副科级）	汉族	城厢凤凰山	续任
关工委				
蔡朝晖	秘书长、二级主任科员	汉族	城厢灵川	续任
宣传部				
吴建銮	区委常委 部长	汉族	秀屿东庄	续任
郑国树	常务副部长	汉族	秀屿月塘	2019 年 6 月起
许国清	副部长 文明办主任、四级调研员	汉族	涵江秋芦	续任
陈　斌	二级主任科员	汉族	荔城西天尾	续任
陈俊奇	二级主任科员 宣传系统党委专职副书记	汉族	城厢华亭	续任
林少勇	部务会成员 文明办二级主任科员 市民素质教育办主任	汉族	城厢凤凰山	续任
宣传系统党委				
陈俊奇	专职副书记 区委宣传部二级主任科员	汉族	城厢华亭	续任
文明办				
许国清	主任、四级调研员 宣传部副部长	汉族	涵江秋芦	续任
林少勇	二级主任科员 宣传部部务会成员 市民素质教育办主任	汉族	城厢凤凰山	续任
许秋兰（女）	二级主任科员	汉族	秀屿月塘	续任
社科联				
林其委	主席	汉族	仙游榜头	续任
吴金世	二级主任科员	汉族	秀屿埭头	2019 年 6 月起
文联				
林宗哲	主席、四级调研员	汉族	荔城镇海	续任
张珍发	副主席、二级主任科员	汉族	秀屿南日	续任
报道组				
易振环	组长 地震办二级主任科员	汉族	涵江庄边	续任

续表 7

姓名	现单位及职务	民族	籍贯	
统战部				
陈洪武	区委常委、统战部部长	汉族	秀屿山亭	续任
黄锦南	常务副部长、四级调研员 民宗局局长	汉族	城厢龙桥	2019 年 6 月起
叶建平	副部长（正科长级）、四级调研员	汉族	荔城黄石	续任
宋超英（女）	副部长、四级调研员 工商联党组书记、常务副会长	汉族	荔城黄石	续任
黄国祥	部务会成员（正科长级）、四级调研员	汉族	城厢龙桥	2019 年 3 月起
程文革	部务会成员（副科长级）	汉族	荔城黄石	2019 年 3 月起
林文桃	四级调研员	汉族	秀屿东峤	续任
林素玉（女）	二级主任科员	汉族	秀屿埭头	2019 年 9 月起
杜金发	四级主任科员	汉族	秀屿埭头	2019 年 3 月起
工商联				
宋超英（女）	党组书记、常务副会长 区委统战部副部长、四级调研员	汉族	荔城黄石	续任
谢金灿	二级主任科员、党组成员	汉族	仙游游洋	续任
吴　迈（女）	四级主任科员	汉族	荔城拱辰	续任
侨联				
陈玉萍（女）	主席	汉族	涵江江口	续任
李永鑫	副主席	汉族	涵江江口	2019 年 9 月起
政法委				
陈庆王	区委常委 政法委书记	汉族	秀屿埭头	续任
俞学军	副书记（正科长级）	汉族	荔城镇海	2019 年 3 月起
蔡爱国	委务会成员（正科长级）	汉族	荔城黄石	2019 年 3 月起
柯锦扬	政法系统党委专职副书记	汉族	城厢霞林	续任
黄永国	委务会成员（副科长级）	汉族	城厢东海	2019 年 3 月起
林清发	四级调研员	汉族	秀屿东埔	续任
林　伟	二级主任科员	汉族	荔城镇海	续任
王岩清	四级主任科员	汉族	仙游盖尾	续任
政法系统党委				
柯锦扬	专职副书记	汉族	城厢霞林	续任
大调解工作办公室（股级）				
陈　洄（女）	九龙谷管委会主任 区大调解工作办公室专职副主任	汉族	荔城镇海	续任
编办				
阮剑文	主任	汉族	秀屿平海	续任

续表 7

姓名	现单位及职务	民族	籍贯	
郑开荣	副主任	汉族	荔城新度	续任
事业单位登记管理局				
陈俊洪	局长	汉族	荔城西天尾	续任
移民局				
陈　婷（女）	四级主任科员	汉族	城厢龙桥	续任
区直机关党工委				
陆建琪	书记 区委常委、组织部部长 总工会主席	汉族	仙游鲤城	续任
傅元泉	常务副书记、四级调研员	汉族	城厢霞林	续任
孙　翠（女）	党工委委员、二级主任科员	汉族	荔城拱辰	续任
吴国晖	党工委委员	汉族	仙游鲤城	续任
林　德	二级调研员	汉族	城厢凤凰山	续任
党校				
郑松青	区委副书记（正处长级） 党校校长	汉族	仙游榜头	续任
林晓伟	常务副校长	汉族	秀屿东峤	2019 年 9 月起
陈建辉	副校长	汉族	秀屿埭头	续任
林志勇	四级主任科员	汉族	仙游郊尾	续任
区委党史和地方志研究室				
林建如	主任	汉族	仙游游洋	2019 年 9 月起
林丽洪（女）	副主任	汉族	涵江梧塘	2019 年 9 月起
谢　彬	四级主任科员	汉族	城厢霞林	2019 年 9 月起
档案馆				
雷碧霞（女，畲）	馆长、四级调研员 区委办室务会成员	畲族	城厢常太	2019 年 3 月起 2019 年 6 月起
黄淑霞（女）	副馆长	汉族	北岸山亭	2019 年 1 月起
陈夏莉（女）	副馆长	汉族	荔城镇海	2019 年 3 月起
马炳臻	四级调研员	汉族	涵江新县	2019 年 3 月起
总工会				
陆建琪	主席 区委常委、组织部部长 区直机关党工委书记	汉族	仙游鲤城	续任
陈开水	常务副主席 党组书记	汉族	荔城新度	续任
庞丽香（女）	副主席、二级主任科员、党组成员	汉族	荔城拱辰	续任

续表 7

姓名	现单位及职务	民族	籍贯	
连炳辉	二级主任科员、党组成员	汉族	涵江梧塘	续任
翁文理	二级主任科员、党组成员	汉族	荔城北高	续任
团区委				
林鸿伟	书记 区委组织部副部长（正科长级）	汉族	城厢灵川	续任 2019 年 7 月起
林 琳 （女）	副书记	汉族	城厢龙桥	2019 年 1 月起
妇联				
谢芳菁 （女）	主席 党组书记	汉族	荔城镇海	2019 年 6 月起
林 琳 （女）	副主席、二级主任科员 党组成员	汉族	秀屿月塘	续任
陈丽琴 （女）	二级主任科员 党组成员	汉族	秀屿埭头	续任
科协				
林荣聪	主席 党组书记	汉族	涵江新县	续任
范弦歌	四级调研员 党组成员	汉族	涵江庄边	2019 年 5 月起 续任
王 伟	二级主任科员 党组成员	汉族	荔城镇海	续任
残联				
郭 樱 （女）	理事长 党组书记	汉族	涵江涵西	续任
欧奇翔	副理事长 党组成员	汉族	城厢霞林	续任
政府办				
蔡建志	主任、四级调研员 政府办公室党组书记 政府党组成员	汉族	城厢东海	续任
吴胜飞	副主任、二级主任科员 党组成员 外事侨务办主任	汉族	荔城镇海	续任
陈敬阳	副主任、二级主任科员 党组成员	汉族	荔城拱辰	续任
郑英杰	副主任	汉族	仙游榜头	2019 年 9 月起
肖超雄	二级主任科员 党组成员	汉族	仙游盖尾	续任
姚子镰	二级主任科员 党组成员	汉族	湄洲岛	续任
林金维	党组成员 三级主任科员 法制办主任	汉族	涵江新县	续任

续表 7

姓名	现单位及职务	民族	籍贯	
徐志群	四级主任科员 党组成员	汉族	城厢常太	续任
政府系统党委				
沈　军	专职副书记、二级主任科员、区府办党组成员	汉族	秀屿埭头	续任
审计局				
涂铁军	局长 党组书记	汉族	城厢常太	续任 2019 年 3 月起
九龙谷管委会				
陈　洄 （女）	主任 区大调解工作办公室专职副主任	汉族	荔城镇海	续任
发展和改革局				
陈志军	局长 党组书记	汉族	荔城拱辰	2019 年 6 月起
郑灵辉	党组副书记（正科长级）	汉族	仙游	2019 年 5 月起
程秀莲 （女）	副局长、二级主任科员 党组成员	汉族	荔城黄石	续任
蔡庆明	副局长 党组成员	汉族	城厢东海	2019 年 9 月起
蔡东明	二级主任科员 党组成员	汉族	城厢灵川	续任
陈成瑞	党组成员 二级主任科员	汉族	仙游郊尾	2019 年 9 月起
郑宪星	二级主任科员		涵江	2019 年 5 月起
刘德新	局务会成员（副科长级）		仙游	2019 年 5 月起
城乡一体化办公室（股级）				
郑圣柏	区发改局党组成员 广化寺佛教名胜区管委会副主任 区城乡一体化办公室副主任	汉族	仙游游洋	续任
人力资源和社会保障局				
沈国发	局长 党组书记	汉族	秀屿埭头	续任 2019 年 3 月起
林思壮	副局长 党组成员	汉族	荔城镇海	续任
胡晨耀	二级主任科员 党组成员	汉族	秀屿埭头	续任
蔡新凯	四级主任科员 党组成员	汉族	荔城新度	续任
统计局				
曾　锋	局长 党组书记	汉族	城厢凤凰山	2019 年 6 月起
蔡金铭	副局长 党组成员	汉族	城厢灵川	续任

续表 7

姓名	现单位及职务	民族	籍贯	
陈光豹	二级主任科员 党组成员	汉族	秀屿平海	续任
蔡国珍	二级主任科员 党组成员	汉族	城厢灵川	续任
经调队				
工业和信息化局				
林春生	局长、四级调研员 党组书记	汉族	秀屿东峤	续任 2019 年 3 月起
谢铁群	副局长 党组成员	汉族	仙游郊尾	2019 年 3 月起
吴碧娟（女）	副局长 党组成员	汉族	城厢常太	2019 年 3 月起
方碧娴（女）	副局长	汉族	城厢华亭	2019 年 3 月起
林国春	二级主任科员、党组成员 经贸系统党委专职副书记	汉族	秀屿埭头	2019 年 3 月起 续任
潘宏程	二级主任科员 党组成员	汉族	涵江秋芦	2019 年 3 月起
吴建荣	四级主任科员 党组成员	汉族	荔城新度	2019 年 3 月起
经贸系统党委				
林国春	专职副书记 工业和信息化局二级主任科员、党组成员	汉族	秀屿埭头	续任 2019 年 3 月起
商务局				
陈丽娟（女）	局长 党组书记	汉族	秀屿埭头	续任
汤国恩	副局长 党组成员	汉族	荔城新度	续任
林　君（女）	副局长 党组成员	汉族	荔城镇海	续任
黄元清	二级主任科员 党组成员	汉族	荔城新度	续任
安福电子商务城管委会				
杜子雄	党工委书记、管委会主任（聘任） 莆田国际油画城管委会负责人	汉族	湄洲岛	续任
许文泉	党工委专职副书记	汉族	城厢常太	2019 年 1 月起
郑颖瑛（女）	副主任 党工委委员	汉族	荔城镇海	续任
陈慕珊（女）	副主任 党工委委员	汉族	城厢龙桥	2019 年 10 月起
应急管理局				
刘国文	局长 党组书记	汉族	秀屿埭头	续任 2019 年 3 月起

续表 7

姓名	现单位及职务	民族	籍贯	
戴志朋	副局长 党组成员	汉族	秀屿东埔	2019 年 9 月起
郑国庆	二级主任科员 党组成员	汉族	荔城北高	2019 年 3 月起
潘金珍	二级主任科员 党组成员	汉族	湄洲岛	2019 年 9 月起
防汛抗旱指挥部办公室				
吴洪云	防汛办主任（副科级）	汉族	秀屿埭头	续任
地震办（待三定）				
黄国武	主任 区应急管理局党组成员	汉族	秀屿东庄	2019 年 9 月起
易振环	二级主任科员 报道组组长 区应急管理局党组成员	汉族	涵江庄边	续任 续任 2019 年 3 月起
郭玉章	二级主任科员 区应急管理局党组成员	回族	涵江大洋	续任 2019 年 3 月起
黄慧娟 （女）	三级主任科员 区应急管理局党组成员	汉族	荔城镇海	2019 年 10 月起 2019 年 3 月起
贸促会				
茅良杰	副会长	汉族	仙游赖店	续任
朱金焰	二级主任科员	汉族	荔城镇海	续任
财政局				
许玉树	局长 党组书记	汉族	秀屿东峤	续任
林琦媛 （女）	副局长、二级主任科员	汉族	秀屿笏石	续任
陈屹楠	副局长 党组成员	汉族	北岸山亭	2019 年 9 月起
张茂元	二级主任科员 党组成员	汉族	仙游郊尾	续任
周东明	党组成员 四级主任科员	汉族	荔城新度	2019 年 9 月起
交通运输局				
郑黎明	局长 党组书记	汉族	荔城新度	续任
林建兴	副局长 党组成员	汉族	秀屿埭头	续任
苏启泰	副局长 党组成员	汉族	涵江萩芦	续任
陈志杰	二级主任科员、党组成员 华亭镇党委委员（挂职）	汉族	城厢龙桥	2019 年 3 月起
郭妙桑 （女）	总工程师（副科级） 项目前期办副主任	汉族	荔城北高	续任

续表 7

姓名	现单位及职务	民族	籍贯	
交通运输管理所				
吴正兴	所长 区交通运输局党组成员	汉族	仙游大济	续任
交通综合行政执法大队				
朱明穗	大队长 区交通运输局党组成员	汉族	仙游枫亭	续任
吴开金	区交通运输局党组成员 保留副科级待遇干部	汉族	涵江江口	续任
市场监督管理局				
李德奋	党组书记、局长	汉族	涵江白塘	2019 年 6 月起
胡志海	党组副书记（正科长级）、四级调研员	汉族	秀屿平海	2019 年 5 月起
陈凤英（女）	党组成员、四级调研员	汉族	秀屿笏石	2019 年 5 月起
戴建雄	党组成员、副局长、二级主任科员	汉族	城厢龙桥	2019 年 5 月起
林美华（女）	党组成员（负责纪检工作）	汉族	秀屿东庄	2019 年 5 月起
陈育飞	党组成员、副局长	汉族	城厢霞林	2019 年 5 月起
魏金发	党组成员、二级主任科员	汉族	湄洲岛	2019 年 5 月起
宋仁洪	副局长	汉族	荔城新度	2019 年 5 月起
王金辉	二级调研员	汉族	涵江白沙	2019 年 5 月起
张国胜	二级主任科员	汉族	秀屿东峤	2019 年 5 月起
黄志良	二级主任科员	汉族	荔城黄石	2019 年 5 月起
曹金中	副局长	汉族	江苏通州	2019 年 5 月起
柯福星	副局长	汉族	城厢常太	2019 年 5 月起
林锦煌	四级调研员	汉族	荔城黄石	2019 年 5 月起
陈金树	四级调研员	汉族	秀屿南日	2019 年 5 月起
唐顺英	四级调研员	汉族	荔城新度	2019 年 5 月起
林建英（女）	副局长	汉族	秀屿埭头	2019 年 5 月起
陈军峰	食品药品安全总监	汉族	城厢华亭	2019 年 5 月起
林东波	副局长	汉族	秀屿埭头	2019 年 5 月起
杨佳嘉	四级主任科员	汉族	仙游榜头	2019 年 5 月起
卢朝阳	凤凰山工商所所长	汉族	城厢华亭	续任
唐淑婷（女）	凤凰山工商所政治指导员	汉族	秀屿月塘	续任
林罕英（女）	凤凰山工商所四级主任科员	汉族	城厢龙桥	续任
吴礼敏	龙桥工商所所长	汉族	仙游榜头	续任
叶榕霞（女）	龙桥工商所政治指导员	汉族	城厢龙桥	续任
曾叶峰	龙桥工商所四级主任科员	汉族	城厢龙桥	续任

续表 7

姓名	现单位及职务	民族	籍贯	
欧建武	霞林工商所所长	汉族	秀屿平海	续任
陈建平	霞林工商所政治指导员	汉族	秀屿笏石	续任
黄莉莉（女）	霞林工商所四级主任科员	汉族	仙游社硎	续任
陈盛字	华亭工商所所长	汉族	仙游赖店	续任
陈建锋	华亭工商所政治指导员	汉族	仙游盖尾	续任
吴文才	华亭工商所四级主任科员	汉族	荔城新度	续任
李清雄	灵川工商所所长	汉族	涵江三江口	续任
吴继胜	灵川工商所政治指导员	汉族	荔城拱辰	续任
刘天盘	灵川工商所四级主任科员	汉族	仙游榜头	续任
舒易刚	龙桥食药监所所长、二级主任科员	汉族	湖南溆浦	续任
蔡冠清	凤凰山食药监所所长	汉族	城厢东海	续任
黄继华	华亭食药监所所长	汉族	建宁黄坊	续任
教育局				
刘永贤	局长 党组书记	汉族	涵江江口	续任
佘智敏	副局长、二级主任科员 党组成员	汉族	荔城拱辰	续任
陈　进	副局长、二级主任科员 党组成员	汉族	城厢华亭	续任
张宁建	局务会成员、党组成员 教师进修学校校长、党支部书记	汉族	城厢龙桥	续任
黄玉成	二级主任科员 党组成员	汉族	荔城拱辰	续任
教育督导室				
胡洪九	主任	汉族	秀屿埭头	2019 年 6 月起
柯金芳	副主任	汉族	城厢灵川	2019 年 9 月起
洪茂兴	保留原职级干部	汉族	城厢华亭	续任
陈洪元	保留原职级干部	汉族	秀屿埭头	续任
教师进修学校				
张宁建	校长、党支部书记 教育局局务会成员、党组成员	汉族	城厢龙桥	续任
陈金荣	党支部副书记	汉族	荔城新度	2019 年 1 月起
俞聪妹（女）	副校长	汉族	城厢霞林	2019 年 1 月起
赖翩京（女）	副校长	汉族	涵江大洋	2019 年 1 月起
莆田五中				
吴志明	校长	汉族	涵江涵西	续任
黄家红（女）	党委书记	汉族	涵江涵西	续任

续表 7

姓名	现单位及职务	民族	籍贯	
郑毓青	副校长	汉族	城厢华亭	续任
陈国勇	副校长 文献中学校长	汉族	荔城新度	续任
梁宏晖	副校长	汉族	荔城镇海	续任
傅锦国	党委副书记	汉族	城厢凤办	续任
莆田三中				
荣秀庆	党支部书记	汉族	城厢华亭	续任
韩志勇	副校长	汉族	城厢霞林	续任
俞为民	副校长	汉族	荔城西天尾	续任
文化体育和旅游局				
许淑珍 （女）	局长 党组书记	汉族	秀屿平海	续任 2019 年 3 月起
程正中	副局长 党组成员	汉族	仙游枫亭	2019 年 3 月起
姚正扬	二级主任科员 党组成员	汉族	涵江国欢	2019 年 3 月起
许建平	二级主任科员	汉族	荔城镇海	2019 年 3 月起
林劲松	二级主任科员 党组成员	汉族	城厢华亭	2019 年 3 月起
旅游局（待三定）				
林双法	局长 区文化体育和旅游局党组成员	汉族	仙游园庄	续任 2019 年 3 月起
黄荔民 （女）	副局长 区文化体育和旅游局党组成员	汉族	荔城镇海	续任 2019 年 3 月起
蒋荔明 （女）	二级主任科员 区文化体育和旅游局党组成员	汉族	秀屿笏石	续任 2019 年 3 月起
曾景德	二级主任科员 区文化体育和旅游局党组成员	汉族	荔城拱辰	续任 2019 年 3 月起
卫生健康局				
陈清汉族	局长、四级调研员 党组书记	汉族	秀屿平海	续任 2019 年 3 月起
林的华	副局长 党组成员	汉族	秀屿埭头	2019 年 3 月起
黄顺华	副局长 霞林街道党工委副书记（挂职）	汉族	城厢龙桥	2019 年 3 月起
张建峰	党组成员（副科长级）、二级主任科员	汉族	涵江涵东	2019 年 3 月起
林文富	四级主任科员 党组成员	汉族	荔城黄石	2019 年 3 月起
郑友山	四级主任科员 党组成员	汉族	城厢灵川	2019 年 3 月起
计生协会				
许文龙	常务专职副会长、党组书记	汉族	秀屿笏石	2019 年 9 月起

续表 7

姓名	现单位及职务	民族	籍贯	
郑友洪	专职副会长、党组成员、二级主任科员	汉族	荔城拱辰	续任
吴元开	党组成员、二级主任科员	汉族	城厢灵川	续任
陈玉爱（女）	党组成员、四级主任科员	汉族	荔城新度	续任
区医院				
刘华山	院长	汉族	涵江国欢	续任
吴武中	党支部书记	汉族	秀屿埭头	续任
疾控中心				
郭　伟	主任	汉族	城厢凤凰山	续任
红十字会				
科学技术局				
孙桂芳	局长、四级调研员 党组书记	汉族	城厢灵川	续任
陈平越	副局长、二级主任科员 党组成员	汉族	城厢华亭	续任
陈宝卫	二级主任科员 党组成员	汉族	荔城拱辰	续任
苏美金（女）	二级主任科员 党组成员	汉族	仙游度尾	续任
民政局				
石志坤	局长 党组书记	汉族	城厢华亭	2019 年 6 月起
黄国生	副局长、二级主任科员 党组成员	汉族	城厢常太	续任
陈毓卿（女）	副局长 党组成员	汉族	秀屿平海	2019 年 9 月起
陈金华	二级主任科员 党组成员	汉族	秀屿平海	续任
司法局				
陈志平	局长 党组书记	汉族	荔城拱辰	续任
林长春	副局长 党组成员	汉族	城厢灵川	续任
施荔红（女）	四级调研员 党组成员	汉族	秀屿笏石	续任
柯子鹏	二级主任科员 党组成员	汉族	涵江白沙	2019 年 9 月起
林　毅	四级主任科员 党组成员	汉族	城厢华亭	续任
吴章福	法律援助中心一级主任科员	汉族	荔城拱辰	2019 年 10 月起

续表 7

姓名	现单位及职务	民族	籍贯	
住建局（人防办）				
黄志汉族	局长、党组书记 区人防办主任	汉族	荔城西天尾	续任
林建东	副局长 党组成员	汉族	秀屿埭头	续任
李晓忠	副局长 党组成员	汉族	涵江江口	续任
建设系统党委				
陈臻华	专职副书记 区住建局党组成员	汉族	荔城镇海	续任
退役军人事务局				
黄鹏远	局长 党组书记	汉族	城厢龙桥	续任 2019 年 3 月起
林丽清（女）	四级主任科员 党组成员	汉族	秀屿平海	续任
城市管理行政执法局				
蔡智勇	局长 党组书记	汉族	城厢东海	2019 年 6 月起
陈　翔	副局长 党组成员	汉族	城厢东海	续任
陈志辉	副局长 党组成员	汉族	仙游郊尾	续任
杨春锦	副局长 党组成员	汉族	仙游榜头	2019 年 1 月起
何国文	二级主任科员 党组成员	汉族	城厢华亭	续任
环卫处（城管办）				
陈志锋	主任（聘任）	汉族	仙游榜头	2019 年 9 月起
欧宗辉	环卫处党支部书记	汉族	涵江庄边	续任
生态环境局				
林桂祖	局长	汉族	秀屿东峤	2019 年 3 月起
王志强	副局长、二级主任科员	汉族	城厢华亭	2019 年 3 月起
王国阳	副局长	汉族	涵江梧塘	2019 年 3 月起
黄锦菁	副局长	汉族	涵江梧塘	2019 年 3 月起
陈振达	四级主任科员	汉族	荔城拱辰	2019 年 3 月起
水利局				
陈　攀	局长 党组书记	汉族	城厢霞林	续任 2019 年 3 月起
龚　勇	副局长 党组成员	汉族	荔城新度	2019 年 3 月起
吴清松	副局长	汉族	城厢霞林	2019 年 9 月起

续表 7

姓名	现单位及职务	民族	籍贯	
林密腾	二级主任科员 党组成员	汉族	城厢华亭	2019 年 3 月起
谢玉仙	总工程师（聘任，副科级） 党组成员	汉族	荔城拱辰	2019 年 3 月起
农业农村局				
肖建耀	局长 党组书记	汉族	秀屿东庄	2019 年 6 月起
陈玉华	副局长 党组成员	汉族	城厢霞林	2019 年 3 月起
胡元良	副局长 党组成员	汉族	仙游枫亭	2019 年 9 月起
吴国良	二级主任科员 党组成员	汉族	秀屿埭头	2019 年 3 月起
农业系统党委				
自然资源局				
林宇家	局长、党组副书记	汉族	秀屿月塘	2019 年 6 月起
高奇峰	党组书记、四级调研员	汉族	涵江涵西	2019 年 6 月起
宋佩杰	副局长、党组成员、二级调研员	汉族	辽宁新滨	2019 年 6 月起
郑向高	二级主任科员、党组成员	汉族	秀屿山亭	2019 年 6 月起
黄世高	党组成员 国土资源监察大队大队长	汉族	荔城西天尾	2019 年 6 月起 续任
海洋与渔业执法大队				
戴剑晗	大队长 区自然资源局党组成员	汉族	涵江江口	续任 2019 年 6 月起
供销社				
林基立	主任	汉族	仙游鲤城	续任
刘开贵	党支部书记	汉族	仙游度尾	2019 年 9 月起
林垒镕（女）	副主任	汉族	涵江三江口	续任
王　晶（女）	副主任	汉族	仙游鲤城	2019 年 1 月起
蔡腾达	四级主任科员	汉族	城厢东海	2019 年 9 月起
行政服务中心管委会				
林清飞	主任	汉族	仙游社硎	2019 年 6 月起
林雄峰	副主任（聘任）	汉族	荔城镇海	续任
郑秋焕（女）	副主任	汉族	秀屿东庄	2019 年 9 月起
颜颖频	党支部专职副书记（聘任）	汉族	荔城拱辰	续任
广化寺佛教名胜区管委会				
郑圣柏	副主任 区城乡一体化办公室副主任	汉族	仙游游洋	续任

续表 7

姓名	现单位及职务	民族	籍贯	
陈永光	副主任	汉族	城厢龙桥	续任
华林经济开发区				
张伟国	党工委书记（副处级） 区政府党组成员	汉族	荔城黄石	续任
陈丽萍（女）	党工委副书记 管委会主任（副处级） 区政府党组成员	汉族	秀屿山亭	续任
詹雄志	党工委副书记（挂职）、区政协四级调研员（编制在政协）	汉族	秀屿平海	2019 年 6 月起
柯黎明	党工委委员（聘任） 太湖工业园党委副书记兼副主任	汉族	城厢华亭	续任
柳军英（女）	党工委委员（聘任）	汉族	北岸山亭	续任
陈国霖	管委会副主任	汉族	秀屿笏石	续任
蔡国贤	管委会副主任 华林工业园党委委员兼副主任	汉族	城厢东海	续任
陈光青	管委会副主任	汉族	秀屿平海	续任
吴海东	管委会副主任（聘任）	汉族	荔城新度	续任
陈金明	管委会副主任	汉族	荔城黄石	2019 年 1 月起
太湖工业园				
郑　雄	党委书记兼管委会主任（聘任）	汉族	仙游榜头	续任
柯黎明	党委副书记兼副主任 华林经济开发区党工委委员（聘任）	汉族	城厢华亭	续任
吴奇伟	党委委员兼副主任	汉族	荔城镇海	续任
华林工业园				
张朝阳	党委委员兼副主任 （聘任，副科级）	汉族	仙游榜头	续任
蔡国贤	党委委员兼副主任 华林经济开发区管委会副主任	汉族	城厢东海	续任
华亭镇				
蒋万顺	书记	汉族	城厢灵川	续任
苏顺琪	副书记 镇长	汉族	城厢东海	续任
徐振海	二级主任科员	汉族	城厢霞林	2019 年 3 月起
陈志杰	党委委员（挂职） 区交通局二级主任科员	汉族	城厢龙桥	2019 年 3 月起
陈　伟	副书记 政法委员	汉族	城厢凤凰山	2019 年 9 月起 2019 年 12 月起
杨少龙	委员 纪委书记	汉族	城厢常太	2019 年 9 月起
林明钟	组织委员	汉族	涵江新县	2019 年 7 月起

续表 7

姓名	现单位及职务	民族	籍贯	
庄且静（女）	宣传、统战委员	汉族	涵江梧塘	续任
王谟兵	委员 武装部部长	汉族	江苏赣榆	续任
林俊嘉	副镇长	汉族	秀屿埭头	续任
陈扬鑫	副镇长	汉族	南平延平	续任
翁高武	司法所所长	汉族	城厢华亭	2019 年 9 月起
宋　锋	综治办专职副主任	汉族	城厢凤凰山	2019 年 9 月起
林　凡	锻炼干部 区信访信息中心干部	汉族	仙游榜头	续任
常太镇				
沈海霞（女）	副书记 镇长	汉族	城厢东海	续任
林志伟	委员 人大主席	汉族	城厢龙桥	续任
刘剑萍（女）	二级主任科员	汉族	秀屿南日	2019 年 3 月起
林朝阳	二级主任科员	汉族	秀屿埭头	2019 年 3 月起
许宇宙	副书记	汉族	秀屿笏石	2019 年 9 月起
方　智	委员 纪委书记	汉族	荔城西天尾	2019 年 9 月起
张少俊	组织委员	汉族	荔城新度	续任
林　宇	宣传委员 统战委员	汉族	荔城黄石	续任
贾　昱	委员 武装部部长	汉族	江西萍乡	续任
戴玉腾	委员 副镇长	汉族	城厢华亭	续任
蔡莉娜（女）	综治办专职副主任	汉族	城厢常太	续任
灵川镇				
林俊杰	书记	汉族	城厢凤凰山	续任
林　根	副书记 镇长	汉族	仙游鲤城	续任
黄智强	委员 人大主席	汉族	仙游榜头	2019 年 9 月起
许晋芳	二级主任科员	汉族	城厢华亭	2019 年 3 月起
陈志敏	二级主任科员	汉族	秀屿笏石	2019 年 3 月起
黄超群	副书记	汉族	秀屿平海	2019 年 9 月起
姚剑雄	委员 纪委书记	汉族	荔城拱辰	2019 年 9 月起

续表 7

姓名	现单位及职务	民族	籍贯	
林窕婧（女）	组织委员	汉族	仙游鲤城	续任
陈清龙	宣传、统战委员	汉族	城厢凤办	续任
张印忠	委员 武装部部长	汉族	河北巨鹿	续任
江　波	委员 副镇长	汉族	城厢龙桥	2019 年 7 月起
许志勇	副镇长	汉族	秀屿东峤	续任
蔡明华	司法所所长	汉族	城厢东海	续任
蔡赛梅（女）	综治办专职副主任	汉族	城厢霞林	2019 年 9 月起
郑宜立	锻炼干部 区信访信息中心干部	汉族	仙游榜头	续任
东海镇				
刘都峰	副书记 镇长	汉族	秀屿笏石	2019 年 6 月起
陈俊成	委员 人大主席	汉族	秀屿埭头	续任
黄俊飞	二级主任科员	汉族	城厢灵川	续任
林　航	委员 纪委书记	汉族	仙游鲤城	续任
许　震	组织委员	汉族	城厢华亭	续任
陈丽丽（女）	宣传委员 统战委员	汉族	秀屿东埔	续任
沈庆海	委员 武装部部长	汉族	城厢东海	2019 年 9 月起
林梅红（女）	副镇长	汉族	仙游盖尾	续任
阮成伟	副镇长	汉族	仙游郊尾	2019 年 7 月起
黄剑恒	综治办专职副主任	汉族	涵江白塘	续任
蔡金敏	司法所所长		城厢东海	2019 年 9 月起
龙桥街道				
张洪宾	书记	汉族	仙游榜头	续任
宋朝阳	副书记 主任	汉族	秀屿平海	续任
柳军勇	委员 人大主任	汉族	北岸山亭	续任
蔡金平	副书记	汉族	城厢霞林	2019 年 9 月起
吴俊熹	委员 纪工委书记	汉族	秀屿东庄	续任
郑碧樊（女）	组织委员	汉族	城厢龙桥	续任

续表 7

姓名	现单位及职务	民族	籍贯	
翁朝晖	宣传、统战委员	汉族	荔城镇海	续任
陈建华	委员 武装部部长	汉族	城厢灵川	续任
陈　扬	副主任	汉族	涵江国欢	续任
谢雨林	副主任	汉族	城厢凤凰山	2019 年 9 月起
方海英（女）	司法所所长	汉族	荔城拱辰	续任
曾秋泉	综治办专职副主任	汉族	秀屿湄洲	续任
霞林街道				
陈国忠	副区长、党组成员 霞林街道党工委书记	汉族	秀屿东庄	2019 年 2 月起 续任
陈元兴	党工委副书记、办事处主任	汉族	荔城新度	续任
许庆明	委员 人大主任	汉族	秀屿东峤	续任
黄顺华	副书记（挂职） 区卫生健康局副局长	汉族	城厢龙桥	续任
刘清伟	副书记	汉族	仙游榜头	2019 年 3 月起
姜大银	委员 纪工委书记	汉族	重庆开县	续任
林天虎	组织委员	汉族	荔城西天尾	续任
吴敏红（女）	宣传委员 统战委员	汉族	荔城黄石	续任
杨　勇	委员 武装部部长	汉族	江苏海安	续任
黄志伟	委员 副主任	汉族	城厢龙桥	2019 年 3 月起 续任
郑婷婷（女）	副主任	汉族	城厢龙桥	续任
沈剑芳（女）	副主任	汉族	城厢龙桥	2019 年 9 月起
郑荔涵（女）	司法所所长	汉族	涵江涵西	2019 年 9 月起
黄伟泓	综治办专职副主任	汉族	城厢常太	续任
凤凰山街道				
徐达威	书记	汉族	秀屿笏石	2019 年 6 月起
蔡辉彬	副书记 主任、一级主任科员	汉族	城厢东海	续任
杨智伟	委员 人大主任	汉族	仙游榜头	2019 年 9 月起
方　晖	副书记	汉族	城厢灵川	2019 年 9 月起
陈鹏远	委员 纪工委书记	汉族	涵江涵东	续任

续表 7

姓名	现单位及职务	民族	籍贯	
黄 敏（女）	组织委员	汉族	城厢灵川	续任
黄雪峰	宣传委员 统战委员	汉族	荔城拱辰	续任
沈耀森	委员 武装部部长	汉族	漳州诏安	续任
蔡妹玉（女）	副主任	汉族	荔城镇海	续任
周荔山	副主任	汉族	城厢霞林	续任
崔建行	司法所所长	汉族	秀屿月塘	续任
苏剑炜	综治办专职副主任	汉族	城厢龙桥	续任
黄智深	四级主任科员	汉族	秀屿平海	续任

（区委组织部 供）

城厢区高级专业技术职称人物表

表 8

姓名	工作单位	技术职称	获任职资格时间
陈剑芳	城厢区政府投资审计特派室	高级 审计师	2016 年 2 月
郑 靖	城厢区劳动就业中心	高级经济师	2018 年 9 月
林献焰	城厢区机关事业单位社会保险中心	高级经济师	2010 年 2 月

2019 年城厢区好人好事人物表

表 9

姓名	工作单位	荣誉称号	授予单位	表彰级别	授予时间
林 毅	中科华宇（福建）科技发展有限公司 / 总经理	莆田市“身边好人”	市委市政府	市级	2019 年 6 月
俞明华	莆田市城厢区灵川镇径里村	莆田市“身边好人”	市委市政府	市级	2019 年 8 月

（区委文明办 供）

2019 年城厢区百岁以上老人名表

表 10

序号	姓名	性别	出生年月	民族	居住地
1	魏他妹	女	1912 年 12 月	汉族	龙桥街道泗华村
2	宋照妹	女	1918 年 8 月	汉族	龙桥街道洋西村

序号	姓名	性别	出生年月	民族	居住地
3	林西至	女	1919年9月	汉族	霞林街道坂头村
3	陈九妹	女	1915年3月	汉族	凤凰山街道林桥村
4	宋启宁	男	1917年12月	汉族	凤凰山街道龙德井社区
5	翁淑兰	女	1919年7月	汉族	凤凰山街道南园社区
6	程亚幼	女	1916年8月	汉族	华亭镇濑溪村
7	林亚水	男	1917年10月	汉族	华亭镇后枫村
8	卓大张厝	女	1917年10月	汉族	华亭镇后塘村
9	郑淑珍	女	1917年2月	汉族	华亭镇前柳村
10	郑吓阻	女	1917年12月	汉族	华亭镇霞皋村
11	许企石	女	1918年10月	汉族	华亭镇云峰村
12	倪林厝	女	1918年8月	汉族	华亭镇油潭村
13	刘天松	男	1919年4月	汉族	华亭镇樟塘村
14	张福清	男	1919年11月	汉族	华亭镇长岭村
15	林吓贵	女	1914年11月	汉族	常太镇顶坑村
16	刘　世	女	1917年5月	汉族	常太镇溪北村
17	陈金通	男	1918年1月	汉族	常太镇山门村
18	叶好治	女	1919年11月	汉族	常太镇利车村
19	陈兰妹	女	1919年8月	汉族	常太镇南川村
20	洪珍光	女	1919年7月	汉族	常太镇长基村
21	蔡瑞烟	女	1915年5月	汉族	灵川镇西墩村
22	黄文林	男	1916年11月	汉族	灵川镇西墩村
23	李亚贞	女	1917年3月	汉族	灵川镇下尾村
24	林春发	男	1918年12月	汉族	灵川镇张边村
25	蔡亚尾	女	1919年1月	汉族	灵川镇张边村
26	黄亚香	女	1915年4月	汉族	灵川镇桂山村
27	杨秋妹	女	1918年9月	汉族	灵川镇桂山村
28	詹金玉	男	1918年8月	汉族	灵川镇东进村
29	朱顺珠	女	1918年10月	汉族	灵川镇东进村
30	黄头厝	女	1918年10月	汉族	灵川镇东进村
31	方红朋	男	1919年9月	汉族	灵川镇书峰村
32	黄焰治	女	1919年11月	汉族	灵川镇书峰村
33	林玉梅	女	1919年10月	汉族	灵川镇硋灶村

续表 10

序号	姓名	性别	出生年月	民族	居住地
34	沈四妹	女	1919 年 5 月	汉族	灵川镇柯朱村
35	朱八口	女	1915 年 12 月	汉族	东海镇海头村
36	朱红冇	女	1915 年 6 月	汉族	东海镇东海村
37	郝吉仔	女	1918 年 8 月	汉族	东海镇西黄村
38	蔡桂清	男	1919 年 11 月	汉族	东海镇利角村
39	朱阿尾	女	1919 年 11 月	汉族	东海镇蔡厝村

（区卫健局 供）

2019年度获得市级以上先进单位及先进个人荣誉一览表

2019年城厢区获市级以上表彰先进集体一览表

表11

获奖单位	奖项名称	表彰级别	表彰时间
城厢区统计局	被国务院第四次全国经济普查领导小组评为“第四次全国经济普查国家级先进集体”	国家级	2019年12月
龙桥街道司法所	被司法部评为“2018年度全国先进司法所”	国家级	2019年1月
城厢区教育局	被教育部评为“全国第六届中小学生艺术展演活动优秀组织奖”	国家级	2019年4月
城厢区安福电商城管委会	被中国商品交易市场专家指导委员会和中国市场学会批发市场发展委员会评为“中国商品交易市场著名品牌市场”	国家级	2019年12月
城厢区市场监督管理局	报送的“查处生产侵犯“NIKE”注册商标专用权商品案”被人民日报评为“全国2018年知识产权行政执法十大典型案例之一”	国家级	2019年3月
城厢区人民检察院	课题组撰写的《防范冤假错案视野下资源型虚假认真之实证研究——以认真认罚从宽制度改革为视角》被最高人民检察院检察技术信息研究中心评为“第三届‘科技强检’征文活动优秀奖”	国家级	2019年8月
城厢区	被省交通厅、省农业农村厅和省扶贫办评为“第三批‘四好农村路’省级示范县区”	省级	2019年8月
城厢区人武部	被省军区评为“先进人武部”	省级	2019年12月

续表 11

获奖单位	奖项名称	表彰级别	表彰时间
城厢区人武部龙桥街道武装部	被省军区评为“2019 年征兵先进单位”	省级	2019 年 12 月
城厢区人民检察院	被省妇联评为“福建省三八红旗集体”	省级	2019 年 2 月
城厢区人民检察院	被省总工会评为“福建省五一先锋号”	省级	2019 年 4 月
城厢区民政局	被省民政厅和省人社厅评为“福建省民政系统先进集体”	省级	2019 年 4 月
灵川镇	被省司法厅评为“福建省人民调解先进集体”	省级	2019 年 6 月
华亭镇计生协会	被省计划生育协会评为“乡级先进单位”	省级	2019 年 8 月
城厢区司法局	被省司法厅评为“‘七五普法中期’先进单位”	省级	2019 年 12 月
城厢区商务局电商股	被省商务厅和省人社厅评为“商务系统先进集体”	省级	2019 年 9 月
城厢公安分局	70 周年大庆安保维稳工作集体被省公安厅授予“集体二等功”	省级	2019 年 11 月
城厢公安分局	第五届世界佛教论坛安保工作集体被省公安厅授予“集体二等功”	省级	2019 年 5 月
城厢公安分局	“6·21”黑社会性质组织案专案组被省公安厅授予“集体二等功”	省级	2019 年 5 月
城厢公安分局	被省公安厅评为“2018 年度全省公安机关执法质量优秀单位”	省级	2019 年 4 月
城厢区教育局	被省教育厅和省禁毒委员会办公室评为“首届全省青少年毒品预防教育优质课件评选活动优秀组织奖”	省级	2019 年 10 月
城厢食药监分局	被省委和省政府评为“第五届世界佛教论坛筹备和服务保障工作先进集体”	省级	2019 年 4 月
城厢区人民法院灵川法庭	被省总工会评为“福建省五一先锋号”	省级	2019 年 4 月
城厢区	2018 年度市对区绩效考评中获“财政资金绩效管理覆盖率全市第一名”	市级	2019 年 3 月
城厢区	2018 年度市对区绩效考评中获“政府债务风险防控全市第一名”	市级	2019 年 4 月
龙桥街道办事处	被市委市政府评为“全国文明城市创建工作集体二等功”	市级	2019 年 6 月
灵川镇下尾村党委	被市委评为“先进基层党组织”	市级	2019 年 7 月
城厢区发改局	被市政府评为“莆田市 2017—2018 年度建设美丽莆田先进集体”	市级	2019 年 12 月
霞林街道企业服务中心	被市政府评为“莆田市 2017—2018 年度建设美丽莆田先进集体”	市级	2019 年 12 月

（区委办 供）

2019年获市级以上表彰先进人物一览表

表12

姓名	工作单位	奖项名称	表彰等级	表彰时间
吴彦继	城厢区人武部	被军委国防动员部评为“优秀共产党员”	国家级	2019年10月
林槟琪	城厢区组织部	被中组部评为“优秀网宣员先进个人”	国家级	2019年3月
李传宝	城厢区消防救援大队龙桥中队	被应急管理部消防局授予“二等功”	国家级	2019年12月
陈国智	城厢区消防救援大队	被应急管理部消防局授予“三等功”	国家级	2019年11月
陈　帆	城厢区检察院	被检察日报社评为“2018年度全国检察宣传先进个人”	国家级	2019年7月
关毅敏	城厢区农业农村局	被农业农村部评为“全国农牧渔业丰收奖贡献奖”	国家级	2019年12月
陈　挺	城厢公安分局	被公安部评为“2018年度刑事案件现场勘查工作成绩突出民警”	国家级	2019年12月
朱志斌	城厢公安分局	被公安部评为“2019年1月刑事技术破案会战优秀刑事技术民警”	国家级	2019年3月
陈家波	城厢区生态环境局	被生态环境部评为“2019—2020年蓝天保卫战重点区域强化监督定点帮扶第十六轮次表现突出人员”	国家级	2019年12月
黄锦菁	城厢区生态环境局	被生态环境部评为“长江入河排污口现场排查工作（第三批）表现突出人员”	国家级	2019年12月
陈　静	城厢区人民法院	被省委省政府评为“福建省‘人民满意的公务员’”	省级	2019年9月
陈国忠	霞林街道办事处	被省发改委、省人社厅和省总工会评为“2016—2018年度福建省重点项目建设先进工作者”	省级	2019年3月
陈贞玉	城厢区消防救援大队	被省消防救援总队评为“巾帼建功标兵”	省级	2019年3月
黄淑霞	城厢区档案馆	被省档案局评为“福建省首届‘档案工匠’”	省级	2019年4月
陈元龙	城厢区水利局	被省水利厅和省人社厅评为“全省水利系统先进个人”	省级	2019年1月
黄志汉	城厢区住建局	被省住建厅评为“全省和谐征收项目先进个人”	省级	2019年12月
陈　麟	城厢区住建局	被省住建厅和省人社厅评为“2019年全省住建系统先进个人”	省级	2019年7月
戴艳芳	城厢区检察院	被省检察院政治部评为“2018年全省新媒体建设60强‘先进工作者’”	省级	2019年1月
沈　威	城厢区检察院	被省法学会评为“福建省法学法律人才库”	省级	2019年2月
赵　丰	城厢区税务局	被省税务局授予“国家税务总局福建省税务系统国税地税征管体制改革三等功”	省级	2019年11月
谢莉菁	城厢区税务局	被省税务局授予“国家税务总局福建省税务系统国税地税征管体制改革嘉奖”	省级	2019年11月
林惠钦	华亭镇人民政府	被省计划生育协会评为“先进个人”	省级	2019年8月
许帅娟	城厢区司法局	被省司法厅评为“‘七五普法中期’先进个人”	省级	2019年12月

续表 12

姓名	工作单位	奖项名称	表彰等级	表彰时间
侯 毅	城厢区司法局	被省司法厅评为“人民调解先进个人”	省级	2019 年 6 月
林洪海	城厢区农业农村局	被省绿色食品发展中心评为“2019 年全省‘三品一标’优秀检查员”	省级	2019 年 12 月
林一虎	城厢公安分局	被省公安厅评为“2018 年度现场勘查优秀县级公安机关负责人”	省级	2019 年 1 月
陈 挺	城厢公安分局	被省公安厅评为“2018 年度现场勘查优秀刑事技术民警”	省级	2019 年 1 月
方海星	城厢公安分局	被省公安厅评为“大庆安保维稳工作成绩突出个人”	省级	2019 年 8 月
方海星	城厢公安分局	被省公安厅授予“个人二等功”	省级	2019 年 11 月
黄世雄	城厢公安分局	被省公安厅评为“大庆安保维稳工作成绩突出个人”	省级	2019 年 8 月
朱天宝	城厢公安分局	被省公安厅授予“三等功”	省级	2019 年 10 月
林鸿伟	团区委	被团省委评为“福建省优秀共青团干”	省级	2019 年 5 月
郑荔双	城厢区商务局	被省商务厅和省人社厅评为“商务系统先进个人”	省级	2019 年 9 月
林丽珍	城厢区商务局	被省商务厅和省人社厅评为“商务系统先进个人”	省级	2019 年 9 月
杨智伟	凤凰山街道办事处	被省人口和计划生育领导小组评为“全省计划生育协会先进个人”	省级	2019 年 8 月
陈元兴	霞林街道办事处	被市委市政府授予“佛教论坛个人二等功”	市级	2019 年 3 月
黄志军	城厢区公安分局	被市委市政府授予“二等功”	市级	2019 年 4 月
黄志军	城厢区公安分局	被市委市政府评为“全国文明城市创建工作作出突出贡献先进个人（二等功）”	市级	2019 年 12 月
张洪宾	龙桥街道办事处	被市委市政府评为“全国文明城市创建工作作出突出贡献先进个人（三等功）”	市级	2019 年 6 月
许国清	城厢区委文明办	被市委市政府评为“全国文明城市创建工作作出突出贡献先进个人（三等功）”	市级	2019 年 6 月
蔡冠清	城厢区市场监督管理局	被市委市政府评为“全国文明城市创建工作作出突出贡献先进个人（三等功）”	市级	2019 年 6 月
周 东	常太镇	被市委市政府评为“莆田市十佳木兰溪护河使者”	市级	2019 年 9 月
祁敢聪	霞林街道办事处	被市委市政府评为“莆田市 2017—2018 年度建设美丽莆田先进工作者”	市级	2019 年 12 月
林宇家	城厢区自然资源局	被市委市政府评为“2017—2018 年度建设美丽莆田先进工作者”	市级	2019 年 12 月
石志坤	城厢区民政局	被市委市政府评为“莆田市 2017-2018 年度建设美丽莆田先进工作者”	市级	2019 年 12 月
林雪琳	城厢区纪委监委	被市委评为“莆田市优秀共产党员”	市级	2019 年
余晨	城厢区纪委监委	被市委评为“莆田市优秀共产党员”	市级	2019 年

续表

姓名	工作单位	奖项名称	表彰等级	表彰时间
黄鹏远	城厢区退役军人局	被市政府授予“三等功”	市级	2019年6月
徐金贵	城厢区自然资源局	被市委市直机关工委评为“优秀党务工作者”	市级	2019年6月

（区委办 供）

2019年城厢区获奖科技成果表

表13

项目名称	获奖名称和等级	授予单位	授予时间	完成单位和主要人员（前三名）
鞋及鞋材等轻纺产品质量控制与提升关键技术研究与应用	2018年度省科学技术奖二等奖	福建省人民政府	2019年9月30日	莆田出入境检验检疫局综合技术服务中心
鲍鱼深加工及综合利用关键技术迎新与产业化应用	2018年度省科学技术奖二等奖	福建省人民政府	2019年9月30日	福建省亚明食品有限公司
高性能碳纤维复合芯导线工程化关键技术及应用	2018年度省科学技术奖二等奖	福建省人民政府	2019年9月30日	国网福建电力有限公司莆田供电公司
电子式互感器可靠性检测关键技术及工程应用	2018年度省科学技术奖二等奖	福建省人民政府	2019年9月30日	国网福建电力有限公司莆田供电公司 叶国雄、庄建煌

附 录

2019 年 1—12 月份全市及各县（区）主要经济指标一览表

表 14

指标名称	单位	全市	城厢区	涵江区	荔城区	秀屿区	北岸	湄洲岛	仙游县
1. 地区生产总值（GDP）	亿元	2595.39	475.64	545.22	565.79	361.44	95.30	18.48	533.52
比上年同期增长	%	6.6	6.1	6.1	6.8	7.5	3.0	4.7	7.5
增幅位次	位	—	4(4)	5	2	2	7	6	1
2. 农林牧渔业总产值	亿元	231.85	19.62	28.98	32.47	79.05	25.22	7.59	38.92
比上年同期增长	%	3.0	5.9	5.1	3.1	0.6	5.3	2.6	5.2
增幅位次	位	—	1(1)	4	5	7	2	6	3
3. 规模以上工业增加值	亿元	—	—	—	—	—	—	—	—
比上年同期增长	%	8.6	9.9	6.9	9.8	13.3	-5.4	—	8.2
增幅位次	位	—	2(2)	5	3	1	6	—	4
4. 建筑业总产值	亿元	809.07	161.58	163.86	221.06	67.85	72.86	2.36	119.50
比上年同期增长	%	12.8	-9.7	12.3	12.3	31.5	57.9	106.8	24.0
增幅位次	位	—	7(5)	5	5	3	2	1	4
5. 固定资产投资（不含农户）	亿元	—	—	—	—	—	—	—	—
比上年同期增长	%	6.0	8.8	2.0	12.7	-4.3	22.8	-41.5	10.5
增幅位次	位	—	4(3)	5	2	6	1	7	3
6. 财政总收入	亿元	226.39	34.96	40.05	47.59	22.60	9.01	2.02	40.17
比上年同期增长	%	0.2	1.3	-1.1	-0.5	-3.2	6.0	3.9	8.9
增幅位次	位	—	4(2)	6	5	7	2	3	1
#地方级收入	亿元	143.12	24.36	23.44	28.38	13.80	5.46	1.71	26.20
比上年同期增长	%	1.5	5.1	-1.5	3.3	5.6	-6.1	-0.2	7.1

续表 14

指标名称	单位	全市	城厢区	涵江区	荔城区	秀屿区	北岸	湄洲岛	仙游县
增幅位次	位	—	3(3)	6	4	2	7	5	1
7. 社会消费品零售总额	亿元	833.38	290.15	143.13	199.87	65.43	16.26	2.54	116.00
比上年同期增长	%	9.0	14.9	10.9	0.8	4.9	15.3	8.2	9.7
增幅位次	位	—	2(1)	3	7	6	1	5	4
限上批零业销售额	亿元	1950.04	444.40	318.38	549.98	259.00	175.09	0.11	203.10
比上年同期增长	%	16.7	12.1	21.6	9.4	14.2	25.1	30.1	41.6
增幅位次	位	—	6(4)	4	7	5	3	2	1
限上住餐业营业额	亿元	26.47	10.57	3.95	4.57	2.09	0.50	0.40	4.40
比上年同期增长	%	23.7	26.2	32.9	12.5	4.0	40.4	36.6	32.0
增幅位次	位	—	5(3)	3	6	7	1	2	4
8. 实际利用外资	万元	90035	12335	13000	64567	0	0	133	0
比上年同期增长	%	65.3	-77.1	-48.5	3621.4	-100.0	—	-76.2	-100.0
增幅位次	位	—	4(3)	2	1	5	—	3	5
9. 规模以上服务业其他营利性营业收入（错月值）	亿元	—	17.48	—	—	—	—	—	—
比上年同期增长	%	12.0	32.8	22.8	15.2	-32.3	4.2	31.5	35.7
增幅位次	位	—	2(2)	4	5	7	6	3	1

注：1. 除地区生产总值（GDP）、农林牧渔业总产值、规模以上工业增加值增幅按照可比价格计算外，其他指标均按照现价计算。

2. 由于统计制度改革，规模以上工业增加值、固定资产投资总量不对外公布。

3. 规模以上服务业其他营利性营业收入其他县区总量数据未反馈。

4. 城厢区括弧内为5个县区排名。

（区统计局　供）

2019年全年市县居民人均可支配收入情况一览表

表 15

单位名称	全体居民累计（元）	全体居民增幅（%）	位次（位）	城镇居民累计（元）	城镇居民增幅（%）	位次（位）	农村居民累计（元）	农村居民增幅（%）	位次（位）
莆田市	30520	9.2	—	40065	7.8	—	19687	9.4	—
城厢区	38220	8.7	5	45848	7.8	3	21709	9.0	4
涵江区	34323	8.9	3	38062	8.5	1	18972	8.9	5
荔城区	37823	8.8	4	44771	7.3	5	22145	9.4	3
秀屿区	23858	9.7	1	33587	7.9	2	20564	10.0	1
仙游县	24398	9.5	2	34519	7.7	4	17910	9.9	2

（区统计局　供）

2019 年城厢区宣传稿件题录

新华社

2019.1.25　有颜值有品质，现在的厕所啥模样——三省厕所改造情况见闻（新华网）
2019.1.17　大型木雕作品《清明上河图》福建莆田展出（新华网）
2019.2.2　福建莆田：“摆棕轿跳火”迎春祈福（新华网）
2019.4.12　福建莆田：生态治水舒展水美城乡画卷（新华网）
2019.5.16　莆田木兰陂：福建的“都江堰”（新华网）
2019.5.31　【八闽非遗纪行】福建莆田：传承百年的“莆式”清甜（新华网）
2019.6.30　福建莆田举办摩托车文化交流节（新华社照片）
2019.6.30　福建莆田：摩托车巡游“海丝”城市（新华社照片）
2019.7.27　福建莆田鞋业产业稳步发展（新华网）
2019.7.28　福建莆田经济稳步增长（新华网）
2019.7.30　莆田经济稳步增长（新华每日电讯 6 版）
2019.8.16　互联网赋能 新业态转身——福建莆田代工厂的变迁（新华网）
2019.10.17　【美丽河湖】福建莆田：生态治水再现大美城乡画卷（新华网）
2019.10.21　从代工到定制 莆田鞋业正经历深刻的转型之变（新华网）

人民日报

2019.3.30　福建首家法院残联共设残疾人法律救助站成立（人民网）
2019.10.17　保绿线、守水脉、拓文脉：福建莆田城市绿心“绘”出“人水和谐”画卷（人民网）
2019.10.23　河长制从“有名”到“有实” 绘就“美丽河湖”锦绣画卷（人民网）

中央电视台

2019.10.15　【美丽河湖】福建莆田：一代接着一代干 打造蓝色海湾的生态样本（央视网）
2019.12.25—12.27 《变害为利 造福人民——习近平生态文明思想在福建木兰溪的先行探索》系列报道（综合频道、新闻频道《焦点访谈》）

中国纪检监察报

2019.2.27　警示，就在身边（7 版）
2019.3.8　一部凝聚党群深情的电台　（7 版）
2019.5.27　图片新闻：区纪检监察干部与镇党委干部在华亭镇埔柳村农户家中了情况。（3 版）
2019.6.11　升级“火车头” 脱贫“加速跑”　（3 版）

2019.7.12	挑水浇石头	（7版）
2019.11.18	图片新闻：城厢区纪检监察干部在华亭镇后园头村走访，向种植户了解相关问题。（1版）	

福建日报

2019.01.10	13版	百里兰溪十里景治理规划同步走
2019.01.17	13版	木兰溪治理站上新起点
2019.01.24	13版	木兰溪畔乡村兴
2019.01.24	14版	城厢：破获148起涉恶案件
2019.02.12	8版	老技艺迸发创新活力
2019.02.16	1版	莆田：开足马力生产
2019.02.18	1版	城厢：助力企业招工
2019.02.21	14版	和谐征迁的樟塘实践 ——莆田华亭镇樟塘片区整村改造项目征迁侧记
2019.02.21	16版	城厢：棕轿民俗过元宵
2019.2.28	15版	“厕所革命”让城乡更宜居
2019.03.06	7版	莆田：致力高质量协同发展
2019.03.07	14版	城厢区推行“扁平化”巡逻防控模式
2019.03.21	16版	寻找抗日英烈雷光熙的“丢失”时光
2019.03.23	2版	莆田跨境电商出口首票通关
2019.03.26	3版	莆田鞋业发力标准化
2019.03.28	14版	小康路上，老区村一个都不能少
2019.04.04	13版	木兰溪畔兴起“文化绿洲”
2019.04.18	2版	打造国内“第三桶油”
2019.04.18	14版	木兰大道三期（城厢段）项目加快推进
2019.04.18	15版	城厢区首季财政收入超10亿
2019.04.19	9版	“木兰春涨”新解
2019.05.13	3版	书中有嘉树，兴化有桂圆
2019.05.16	14版	城厢：“五个一批”带来发展新动力
2019.05.29	3版	“厕所革命”城厢区：“内外兼修”的“厕所革命”
2019.06.06	13版	“六水共治”构建碧水城厢
2019.07.04	13版	攥紧的拳头更有力——莆田探索推行中心村党委模式
2019.07.11	14版	平台经济：城厢发展新引擎
2019.07.11	14版	城厢建成21个主题党日活动基地
2019.07.25	14版	口袋公园，转角遇到美
2019.08.25	26版	木兰溪综合治理，释放高质量发展新动能
2019.08.28	3版	“检察蓝”守护“溪水清”
2019.08.29	10版	城厢上线智能商事登记系统

2019.08.29	10 版	城厢区 12 个教育类项目秋季竣工投用
2019.09.12	5 版	木兰溪治理：“人水和谐”的生动实践
2019.09.12	14 版	党建品牌　激发乡村振兴新动能
2019.09.12	15 版	蔚然公益风 助学不停步
2019.09.26	12 版	释迦文佛塔：石塔不言　下自成蹊
2019.10.10	10 版	不忘初心 办人民满意教育——城厢区巧用“加减法”破解“入学难”
2019.10.17	9 版	转型升级 园区走向高质量发展
2019.10.31	13 版	活力港城 魅力莆田
2019.10.31	14 版	生态画卷 美丽莆田
2019.10.31	16 版	比翼齐飞 富美城厢
2019.11.14	11 版头条	“老”居民过上“新”生活
2019.11.28	9 版头条	莆田越变越美
2019.11.28	11 版	城厢设立一站式财产保全服务中心 莆田首家
2019.12.12	11 版	化繁为“专”重点攻关
2019.12.12	10 版	敲开幸福门　环境优美的圳湖华苑小区
2019.12.19	11 版	垃圾分类 新风劲吹——莆田破解垃圾分类三大难题，巩固文明城市成果
2019.12.27	1 版	水患一去不复返 美丽莆田展新姿
2019.12.28	1 版	久久为功，走好绿色发展之路
2019.12.29	1 版	生态优等生，执着前行
2019.12.29	2 版	革命老区村变身旅游区

湄洲日报

2019.01.05	B5B8	专版　精雕细琢高颜值 人文宜居新城厢——城厢区坚持高质量发展落实赶超奋力开创建设美丽莆田先行区新局面
2019.01.09	B2	乘势而上绘新卷——城厢区加快高质量发展落实赶超综述
2019.01.11	A1	一线奋战 加快推进　福厦客专项目灵川段房屋征迁集中签约启动
2019.01.16	B2	党建领航 相融共进——城厢区非公企业“强党建、促发展”联合行动成效显
2019.01.23	B2	精准打好脱贫攻坚战——城厢区常太镇开辟新途径促扶贫提质增效
2019.01.25	A1	城厢区做细群众工作全力推进　月塘南片区改造项目征迁签约完成
2019.01.30	B2	精准打好脱贫攻坚战——城厢区常太镇开辟新途径促扶贫提质增效
2019.02.20	A4	55 天，再次刷新速度——城厢区月塘南片区改造项目征迁侧记
2019.02.26	A1	激发干劲　激励争先　城厢区出台『五个一批』项目综合考评办法
2019.02.27	B2	聚焦项目 争先进位——城厢区比学赶超促重点项目攻坚开门红
2019.03.06	B2	利剑出鞘保安宁——城厢区推进扫黑除恶专项斗争向纵深发展
2019.03.13	B2	共筑城市风景线——城厢区多举措推动志愿服务常态化品牌化
2019.03.20	B2	绘就全域党建同心圆——城厢区龙桥街道构建城市基层党建“大家庭”

2019.03.27	B2	巾帼抒写华章——城厢区凝聚妇女力量为建设美丽莆田先行区作贡献
2019.04.03	B2	抢抓“春”机　植树造林——城厢区提升生态文明建设水平
2019.04.10	B2	织好调解网络 筑牢和谐防线——城厢区灵川镇探索化解矛盾新机制
2019.04.17	A7	攻坚克难勇向前——城厢区凝心聚力靠前服务激发经济新活力
2019.04.24	B2	脱贫致富干劲足——城厢区“一村一品”产业扶贫巩固脱贫成果
2019.05.08	B2	守护碧水清波——城厢区积极探索整治城区黑臭水体及内河清理工作
2019.05.09	B1	优化服务保障 推进项目建设——城厢区一季度“五个一批”开新局
2019.05.15	B2	护航青春助成长——城厢区扫黑除恶进校园预防未成年人犯罪
2019.05.22	B2	培育发展新动力——城厢区商贸服务业快速发展
2019.05.24	A1	打通断头路方便市民出行　肖厝路实现全线通车
2019.05.29	B2	擦亮形象窗口——东海镇持续推进铁路沿线环境综合整治
2019.06.05	B2	构筑和谐莆田模式——城厢区积极探索信访事项矛盾纠纷化解工作新机制
2019.06.12	B2	筑牢汛期安全屏障——城厢区多举措精准防汛保障安全度汛
2019.06.17	A1	县道灵华线径里隧道贯通
2019.06.19	B2	关爱暖人心共建新时代——城厢区总工会关爱职工凝聚力量服务发展
2019.06.26	B2	党建引领凝聚法治合力——城厢区司法局多举措牢筑法治社会阵地
2019.07.03	B2	让绿色生活成为习惯——城厢区加强垃圾分类推广助力美丽莆田建设
2019.07.04	A4	党建引领谱新篇 蓄力扬帆正当时——城厢区聚焦“新使命”对标“高质量”全面提升新时代组织工作水平
2019.07.10	B2	“党建+”凝聚党群共建合力——凤凰山街道基层党建不断迈上新台阶
2019.07.17	B2	释放新动能 提升竞争力——城厢区多举措推动建筑业健康发展
2019.07.22	B1	科学规划 精细管理　城厢区多管齐下提升城市品质
2019.07.24	B2	激活“红色引擎” 聚力城市治理——城厢区下好城市基层党建“一盘棋”
2019.07.25	A1	『水患河』变身『生态河』　院里溪安全生态水系工程完工
2019.07.31	B2	增强核心竞争力——城厢区多举措推动工业高质量发展
2019.08.07	B2	便民利企跑出“加速度”——城厢区市场监管局深化“放管服”改革优化营商环境
2019.08.14	B2	城乡面貌焕新颜——城厢区综合施治提升人居环境
2019.08.21	B2	社会治理打出“组合拳”——城厢区华亭镇率先开展“多心合一”建设
2019.08.23	A1	199个排污口有了『身份证』　龙桥街道加强河道治理常态化管理
2019.08.28	B2	给孩子一个温馨的共享乐园——城厢区倾力打造城乡社区“儿童之家”
2019.09.04	B2	让百姓圆安居梦——城厢区创新思路积极推进安置工作
2019.09.11	B2	撑起一片温暖天空——城厢区残联多举措推进残疾人服务工作
2019.09.13	B3	巡逻防控“无死角” 服务群众“无漏洞”——凤凰山派出所扁平化指挥体系和巡逻防控机制成效显
2019.09.18	B2	释放新动能 谱写新篇章——城厢区发改局聚焦聚力高质量发展
2019.09.25	B2	织乡村路网 筑康庄大道 ——城厢区全力打造“四好农村路”

2019.10.09	B2	奏响乡村振兴最强音——城厢区农业农村局创新支农模式推动高质量发展
2019.10.16	B2	紧扣主线学 瞄准实效改——城厢区扎实推进“不忘初心、牢记使命”主题教育侧记
2019.10.23	B2	华丽嬗变显活力——龙桥街道构建宜居宜业新家园
2019.10.30	B2	气韵蝶变展新姿——霞林街道打造生态宜居城市新家园
2019.11.06	B2	凤凰山下“凤凰飞”——凤凰山街道打造和谐美丽家园
2019.11.13	B2	紫山兰水绘华章——华亭镇加快乡村发展提升群众幸福感
2019.11.20	B2	人杰地灵 腾飞之川——灵川镇打造乡村振兴样本
2019.11.21	B1	机器换工 换出动能——城厢区加快传统产业向智造型转变
2019.11.27	A4	勇立潮头谱新篇——东海镇强化社会治理展新颜
2019.12.04	B2	聚力推动经济高质量赶超——城厢区发改局优化营商环境促发展
2019.12.11	A1	工地党建共创 引领项目攻坚　木兰大道（三期）将军岩隧道实现左右幅全面贯通
2019.12.11	B2	幸福美丽新常太——常太镇打造乡村振兴新样本
2019.12.18	B2	打造莆田电商小镇名城——城厢区推动电子商务产业高质量发展
2019.12.25	B2	污水进管道 绿水绕村边——城厢区推进农村生活污水处理设施建设

（区融媒体中心　供）

索引

说明

一、本索引采用主题词分析法，按主题词首字汉语拼音字母顺序排列。

二、栏目、分目标题用黑体。“特载”“专记”“大事记”“人物”“名录”“附录”内容不作索引。

三、索引主题词后的数字表示页码。

四、空一字起排的款目为上一主题的“附见”。

A

B

C

H

J

K

P

Q

T

W

X

Y

Z